MANUAL DE PROCESSO ADMINISTRATIVO DISCIPLINAR

TEORIA E PRÁTICA

CB054897

DEBORA VASTI DA SILVA DO BOMFIM DENYS

Roberto Coutinho
Prefácio

Isabella Maria de Lemos
Apresentação

MANUAL DE PROCESSO ADMINISTRATIVO DISCIPLINAR

TEORIA E PRÁTICA

Revisado, atualizado e ampliado, de acordo com a Lei Geral de Proteção de Dados (Lei nº 13.709, de 14.08.2018), Lei de Acesso à Informação (Lei nº 12.527, de 18.11.2011 e Decreto nº 7.724, de 16.05.2012), Jurisprudências e Súmulas do Supremo Tribunal Federal e do Superior Tribunal de Justiça, Novo CPC, Lei Anticorrupção, Portaria Normativa CGU nº 27, de 11.10.2022, e Enunciados da Controladoria-Geral e Corregedoria-Geral da União.

3ª edição revista e atualizada

Belo Horizonte

CONHECIMENTO JURÍDICO

2024

© 2007 Editora Fórum Ltda.
2019 2ª edição revista, atualizada e modificada
2024 3ª edição revista e atualizada

É proibida a reprodução total ou parcial desta obra, por qualquer meio eletrônico,
inclusive por processos xerográficos, sem autorização expressa do Editor.

Conselho Editorial

Adilson Abreu Dallari
Alécia Paolucci Nogueira Bicalho
Alexandre Coutinho Pagliarini
André Ramos Tavares
Carlos Ayres Britto
Carlos Mário da Silva Velloso
Cármen Lúcia Antunes Rocha
Cesar Augusto Guimarães Pereira
Clovis Beznos
Cristiana Fortini
Dinorá Adelaide Musetti Grotti
Diogo de Figueiredo Moreira Neto (*in memoriam*)
Egon Bockmann Moreira
Emerson Gabardo
Fabrício Motta
Fernando Rossi
Flávio Henrique Unes Pereira

Floriano de Azevedo Marques Neto
Gustavo Justino de Oliveira
Inês Virgínia Prado Soares
Jorge Ulisses Jacoby Fernandes
Juarez Freitas
Luciano Ferraz
Lúcio Delfino
Marcia Carla Pereira Ribeiro
Márcio Cammarosano
Marcos Ehrhardt Jr.
Maria Sylvia Zanella Di Pietro
Ney José de Freitas
Oswaldo Othon de Pontes Saraiva Filho
Paulo Modesto
Romeu Felipe Bacellar Filho
Sérgio Guerra
Walber de Moura Agra

FORUM
CONHECIMENTO JURÍDICO

Luís Cláudio Rodrigues Ferreira
Presidente e Editor

Coordenação editorial: Leonardo Eustáquio Siqueira Araújo / Aline Sobreira de Oliveira
Revisão: Fabiana Guimarães Coelho
Capa e projeto gráfico: Walter Santos
Diagramação: Derval Braga

Rua Paulo Ribeiro Bastos, 211 – Jardim Atlântico – CEP 31710-430
Belo Horizonte – Minas Gerais – Tel.: (31) 99412.0131
www.editoraforum.com.br – editoraforum@editoraforum.com.br

Técnica. Empenho. Zelo. Esses foram alguns dos cuidados aplicados na edição desta obra. No entanto, podem
ocorrer erros de impressão, digitação ou mesmo restar alguma dúvida conceitual. Caso se constate algo assim,
solicitamos a gentileza de nos comunicar através do *e-mail* editorial@editoraforum.com.br para que possamos
esclarecer, no que couber. A sua contribuição é muito importante para mantermos a excelência editorial. A
Editora Fórum agradece a sua contribuição.

Dados Internacionais de Catalogação na Publicação (CIP) de acordo com a AACR2

D417m	Denys, Debora Vasti da Silva do Bomfim
	Manual de processo administrativo disciplinar/ Debora Vasti da Silva do Bomfim Denys. 3. ed .– Belo Horizonte : Fórum, 2024.
	675p.; 17cm x 24cm ISBN: 978-65-5518-473-0
	1. Direito Administrativo. 2. Processo Administrativo. 3. Direito Penal. I. Título.
	CDD 341.3 CDU 342

Elaborado por Daniela Lopes Duarte - CRB-6/3500

Informação bibliográfica deste livro, conforme a NBR 6023:2018 da Associação Brasileira de Normas
Técnicas (ABNT):

DENYS, Debora Vasti da Silva do Bomfim. *Manual de processo administrativo disciplinar*. 3. ed. Belo
Horizonte: Fórum, 2024. 675p. ISBN 978-65-5518-473-0.

Aos meus filhos Thalita e Davi, com amor, pois trazem luz e cor à minha vida;

à minha mãe, Olga, com gratidão, por seu apoio incondicional, seja nos vendavais, seja na bonança;

à minha irmã Sulamita, com carinho, por sua generosidade sem medida;

à minha amiga Adriane Lins, cuja amizade vale mais do que rubis.

Agradeço, em primeiro lugar, a Deus, a Quem devo tudo o que tenho e sou, fonte de toda sabedoria, meu refúgio e fortaleza na dificuldade; aos meus filhos *Thalita e Davi*, minha maior realização, pela alegria que trazem à minha vida e pelos momentos subtraídos do convívio, dedicados à pesquisa e ao estudo; a meu marido *Paulo Denys (in memoriam)*, que se foi tão cedo e deixou saudades; à minha mãe *Olga Bomfim*, eterna professora, incansável incentivadora desta nova edição, esteio indispensável, por assumir o cuidado com a educação formal e familiar das crianças, para que eu pudesse revisar, atualizar e aprimorar esta edição; a meu pai *Manoel Bomfim (in memoriam)*, pelo incentivo à cultura e ao estudo; à minha avó *Cenira Fonseca da Silva (in memoriam)*, pelas orações diárias e que ainda estão sendo atendidas; à minha irmã *Sulamita*, Professora de Língua Portuguesa, Literatura e Espanhol, e ao meu cunhado *Ricardo Castello Branco Almendra*, sempre disponíveis para ajudar no que for preciso; ao meu tio *Moysés Fonseca da Silva*, pelo inestimável amparo para a minha colação de grau, e a todos os meus queridos tios que sempre me apoiaram e incentivaram, de uma forma ou de outra: *Marilda, Marlene* e *Altamiro, Milton* e *Maria, Wanderley* e *Antonia, João* e *Ana, Wanda* e *Reginaldo, Lecir* e *Rubens*; aos meus primos *Elenay, Emerson, Márcia Elayne* e *Elrick, Luciana Mara* e *Wellington, Eunice* e *Ellen, Markel* e *Mayara, Diego, Thaíse* e *Matheus, Monique* e *Michel*, e aos respectivos cônjuges e agregados: todos são como irmãos; ao Dr. *Roberto Coutinho*, Vice-Procurador-Geral da Justiça Militar, meu primeiro professor de Direito Penal na faculdade e amigo até hoje, e sua esposa *Márcia*, amiga e irmã do coração; à Desª *Dagma Paulino dos Reis*, a quem tive a honra de assessorar no TJMS e com quem muito aprendi; ao Dr. *Felix Balaniuc*, que me empregou no seu escritório quando ainda era sua aluna e muito me ensinou e auxiliou; à minha amiga-irmã *Adriane de Almeida Lins*, com quem tive o prazer de trabalhar por oito anos ininterruptos, cuja parceria rendeu a primeira versão desta obra e a quem agradeço profundamente a confiança na cessão da sua parte do livro para atualização e continuidade; ao Dr. *Sebastião Azevedo*, pela convicção no encaminhamento de inúmeros desafios profissionais na área disciplinar que, ao final, proporcionaram a oportunidade de entender e ensinar a parte prática do processo administrativo disciplinar; às minhas amigas e ex-colegas do INCRA, *Fabiani Fadel Borin* e *Marta Freire de Barros Refundini*: trabalhamos, viajamos a serviço e aprendemos muito do Direito, também na prática; aos meus ex-colegas *Wencerly Ramos Rodrigues* e *Arivaldo Guimarães Vivas (in memoriam)* pelo incentivo inicial para que escrevesse um livro sobre o processo administrativo disciplinar; à Anette Consuelo Barata Figueiredo, colega de comissões disciplinares que muito nos ensinaram; à minha amiga de longa data, *Isabella Maria de Lemos*, profissional de calibre notável, Diretora de Gestão de Pessoas da PGF, ex-Subprocuradora-Chefe da Procuradoria Especializada do Incra, ex-Secretária-Geral de Administração da AGU, que nos deu o prazer de apresentar esta edição, e com quem também tive a oportunidade de trabalhar em três órgãos diferentes (INCRA, IBAMA e Procuradoria-Geral Federal) e compartilharmos o estilo incansável e nossa tripla jornada; aos meus amigos Rosa Maria de Vassimon Brandão e Gastão Eduardo de Figueiredo, pela acolhida ímpar em Lisboa, quando retornava de um de meus inúmeros cursos no exterior; à minha família do coração Nilza e Gladstone Almendra (*in memoriam*), Paula e Alamir Mesquita (e minhas sobrinhas Luiza, Beatriz e Júlia) Eduardo Almendra, Lucia Helena Maffia e Alice Maffia Mesquita (*in memoriam*) e meus amigos, Andrea e Marcelo Judice, pelo aconchego e apoio durante o doutorado; à minha orientadora no Doutorado (UniCEUB), Doutora Alice Rocha da Silva e meu coorientador Doutor Sandro Lúcio Dezan, e a meus professores Doutores Marcelo Dias Varella, Arnaldo Sampaio de Moraes Godoy, Inocêncio Mártires Coelho e Antonio Graciano Suxberger, por mudarem minha maneira de pensar o Direito; às amizades que fiz no Doutorado (UniCEUB), Doutoras Monique Fernandes Santos Matos, Michelle Lucas Cardoso Balbino, e às integrantes do Grupo de Pesquisa que criamos (50 Tons de Hermenêutica), Doutoras Tanise Zago Tomasi, Lauren Lautenschlager Scalco, Ana Rachel Freitas e Christiane Splicido Guirra, e, por fim, a todos aqueles que não foram citados, que são muitos, e que contribuíram direta ou indiretamente para que esta obra saísse do plano das ideias.

A principal qualidade do estilo é a clareza.

É fazendo que se aprende a fazer aquilo que se deve aprender a fazer.

(Aristóteles)

SUMÁRIO

PREFÁCIO
Roberto Coutinho..23

APRESENTAÇÃO
Isabella Maria de Lemos..25

NOTA DA 3ª EDIÇÃO 27

INTRODUÇÃO 29

PARTE TEÓRICA

CAPÍTULO 1..35

1.1   Processo administrativo disciplinar na Lei nº 8.112/90 35

1.2   Autoridade instauradora 41

1.3   Prazos...42

1.4   Comissões que dão continuidade a trabalhos iniciados 44

1.5   Servidor e ex-servidor público..48

1.5.1   Ocupante de cargo em comissão puro (não ocupante de cargo efetivo)..............49

1.5.2   Aposentado..50

1.5.3   Servidor demitido 51

1.6   Exoneração (de cargo em comissão), remoção e afastamento.............53

1.6.1   Exoneração...53

1.6.2   Remoção – Acusado lotado em local diverso da apuração....................53

1.6.3   Afastamento...55

CAPÍTULO 2...57

2.1   Denúncia 57

2.1.1   Prescrição da pretensão punitiva da Administração e prescrição penal 58

2.1.2   Denúncia anônima...65

2.1.3   Denúncia confidencial..66

2.2   Mecanismos de proteção ao denunciante..68

2.3   Limites ao interesse do denunciante no processo disciplinar 70

2.4   Responsabilidade administrativa e civil...70

2.5   *Compliance* 72

CAPÍTULO 3
OUVIDORIA...75

3.1   Ouvidoria..75

3.1.1   Ouvidoria e o *whistleblower*...76

3.1.2   Ouvidoria e *Accountability* 78

3.2   Corregedoria..81

CAPÍTULO 4
SINDICÂNCIA...85

4.1   Sindicância investigatória (ou sindicância inquisitorial) 86

4.1.1   Finalidade, procedimento e resultado dos trabalhos 86

4.1.2   Composição das comissões de sindicância investigatória 88

4.1.3   Portaria inaugural e duração dos trabalhos...89

4.1.4   Cabimento 90

4.1.5   Vantagens de sua instauração 90

4.2   Sindicância punitiva (ou sindicância autônoma ou sindicância acusatória)..........92

4.2.1   Origem, finalidade e procedimento 92

4.2.2   Composição das comissões de sindicância punitiva 93

4.2.3   Portaria inaugural...94

4.2.4   Cabimento...94

4.3   Quadro comparativo/diferenças entre comissões de sindicância
            investigatória e sindicância punitiva..95

CAPÍTULO 5
PROCESSO DISCIPLINAR (ESPÉCIE) 97

5.1   Finalidade e procedimento...97

5.2   Composição das comissões de processo disciplinar....................98

5.3   Portaria inaugural 99

5.4   Cabimento...99

5.5   Contagem de prazo prescricional...100

CAPÍTULO 6
PROCESSO ADMINISTRATIVO DISCIPLINAR DE RITO SUMÁRIO.......105

6.1   Finalidade, cabimento e procedimento......................................105

6.1.1   Fase da instrução sumária 106

6.1.1.1   Acumulação ilegal de cargos, empregos ou funções públicas 108

6.1.1.2   Abandono de cargo e inassiduidade habitual 110

6.2   Perícia médica oficial e incidente de sanidade mental 112

6.3   Composição das comissões de rito sumário 112

6.4   Portaria inaugural 113

CAPÍTULO 7
TIPIFICAÇÃO LEGAL OU ENQUADRAMENTO LEGAL................................115

7.1   Tipificação legal e ilícito administrativo....................................115

7.2   Tipificação legal "em tese" ou enquadramento legal "em tese"............116

7.3   Irregularidade e transcrição da tipificação legal não se confundem....................117

7.4   Tipificação legal e fundamento legal para aplicação da penalidade não se
           confundem 118

7.5   Quadro comparativo: diferenças entre comissões de sindicância punitiva,
           processo disciplinar e rito sumário 119

CAPÍTULO 8 123

8.1   Julgamento..123

8.2   Competência para julgar...124

8.3   Irregularidade praticada por servidor em situações especiais................129

8.3.1   Por servidor cedido ou requisitado 129

8.3.2   Por servidor cedido a órgão posteriormente extinto 132

8.3.3   Por servidor temporário...132

8.4   Vínculo entre o julgamento e a conclusão da comissão 133

8.5   Nulidade do processo..134

8.6   Nulidade *ex officio* após a aplicação e o cumprimento da penalidade 135

8.7   Penalidades 137

8.7.1   Penalidade correspondente e penalidade cabível 138

8.7.1.1   Advertência e suspensão 138

8.7.1.2   Demissão 143

8.7.1.3   Cassação de aposentadoria e destituição de cargo em comissão...................145

8.7.1.3.1   Cassação de aposentadoria 145

8.7.1.3.2   Destituição de cargo em comissão (conversão da exoneração em destituição de cargo em comissão) 147

8.7.2   Circunstâncias atenuantes 148

8.7.2.1   Aplicação das circunstâncias atenuantes..149

8.7.2.1.1   Demissão 149

8.7.2.1.2   Suspensão..150

8.7.2.1.3   Advertência...150

8.7.2.1.4   Destituição de cargo em comissão e cassação de aposentadoria 150

8.7.2.2   Inocência e isenção de responsabilidade não se confundem...................151

8.7.2.3   Aplicação e cumprimento das penalidades 151

8.7.2.3.1   Aplicação das penalidades 151

8.7.2.3.2   Cumprimento das penalidades..151

8.7.2.3.2.1   Advertência...152

8.7.2.3.2.2   Suspensão..152

8.7.2.3.2.3   Demissão, destituição de cargo em comissão e cassação de aposentadoria 153

8.7.3   Conversão da penalidade de suspensão em multa.....................................153

8.7.4   Falta residual autônoma 154

8.7.5   Pena acessória (perda do cargo público) 155

CAPÍTULO 9

PORTARIAS 157

9.1   Portaria inaugural...157

9.2   Espécies de portarias 158

9.2.1   Portaria genérica 158

9.2.2   Portaria específica 158

9.3   Sindicância investigatória 160

9.4   Processo disciplinar, sindicância punitiva e rito sumário 161

9.5   Portaria de aplicação de penalidade 163

CAPÍTULO 10...165

10.1   Viatura oficial – Uso correto pelos membros das comissões disciplinares:
         Decreto nº 9.287, de 15 de fevereiro de 2018 (*Dispõe sobre a utilização de
         veículos oficiais pela administração pública federal direta, autárquica e fundacional*) ...165

10.2   Termo de Ajustamento de Conduta (TAC): Portaria Normativa CGU nº 27,
         de 11 de outubro de 2022 166

10.3   O devido processo legal: ampla defesa e contraditório 168

10.4   Cerceamento de defesa – O polo oposto da ampla defesa e do contraditório.....180

10.5   Exemplos práticos 181

10.6   Lei de Acesso à Informação 185

10.7   Lei Geral de Proteção de Dados...186

10.8   Conclusão 189

         Referências 189

PARTE PRÁTICA

CAPÍTULO 1 193

1.1   Introdução à parte prática 193

MODELOS BÁSICOS – PROCESSO DISCIPLINAR
E SINDICÂNCIA PUNITIVA..197

Modelo 01   Autorização para deslocamento................................197

Modelo 02   Formalização de processo disciplinar e documentos meios.................201

Modelo 03   Pedido de material de consumo.................................203

Modelo 04   Ata de instalação dos trabalhos.................................206

Modelo 05   Ata de instalação simultânea de duas comissões compostas pelos mesmos
            membros..214

Modelo 06   Comunicação à Corregedoria ou ao Recursos Humanos 216

Modelos 07 e 08   Comunicação de instalação para a autoridade instauradora e ao Recursos
Humanos do órgão 218

Modelo 07   Comunicação de instalação para a autoridade instauradora 219

Modelo 08   Comunicação de instalação ao Recursos Humanos........................220

Modelo 09   Comunicação à chefia imediata do servidor acusado 221

Modelo 10   Comunicação ao presidente de órgãos ou entidades de classe
ou categoria..223

Modelo 11   Notificação prévia do acusado..225

Modelo 12   Termo de juntada 231

Modelo 13   Portaria de designação de secretário da comissão e secretário *ad hoc*..........233

Modelo 14   Termo de fidelidade ou compromisso 235

Modelo 15   Pedido de resumo da ficha funcional do servidor acusado........................237

Modelo 16   Comunicação de dedicação integral e dispensa de ponto 240

Modelo 17   Ata de trabalhos 242

Modelo 18   Mandado de intimação para denunciante e testemunha........................244

Modelo 19   Comunicação ao chefe imediato da testemunha........................251

Modelo 20   Mandado de intimação – Comunicação de datas e horários dos
depoimentos para o servidor acusado..253

Modelo 21   Ofício ao Chefe do Acusado Flexibilidade de horário e carga horária
compatível com sua defesa – 255

Modelo 22   Termo de inquirição do denunciante/testemunha........................257

Modelo 23   Solicitação de providências para deslocamento ou diligência dos membros
da comissão..262

Modelo 24   Solicitação de prorrogação do prazo da portaria instauradora 264

Modelo 25   Mandado de intimação – Indicação de testemunhas e apresentação de
provas e contraprovas 266

Modelos 26 e 27   Certidão pós mandado e certidão de decurso de prazo........................268

Modelo 26   Certidão pós-mandado 269

Modelo 27   Certidão de decurso de prazo 271

Modelo 28   Ata de trabalhos 272

Modelo 29   Mandado de intimação – Acesso aos documentos........................274

Modelo 30   Mandado de intimação – Interrogatório........................275

Modelo 31   Comunicação ao chefe imediato do servidor acusado – Interrogatório 277

Modelo 32   Termo de interrogatório 279

Modelo 33   Termo de encerramento de instrução e indiciação.................283

Modelo 34   Mandado de citação..286

Modelo 35   Relatório final 290

Modelo 36   Devolução do material utilizado 299

Modelo 37   Comunicação à Corregedoria ou ao setor de Recursos Humanos sobre o encerramento dos trabalhos 300

Modelo 38   Termo de encerramento 301

Modelo 39   Termo de entrega 302

Modelo 40   Despacho da autoridade julgadora em pedido de vistas e apresentação de defesa após o Relatório Final 303

CAPÍTULO 2
MODELOS BÁSICOS – SINDICÂNCIA INVESTIGATIVA 307

Modelo 01   Autorização para deslocamento..307

Modelo 02   Formalização de processo de sindicância investigatória e processo para arquivar documentos-meio 310

Modelo 03   Pedido de material de consumo...312

Modelo 04   Ata de instalação dos trabalhos...314

Modelo 05   Ata de instalação simultânea de duas comissões 320

Modelo 06   Comunicação à Corregedoria do Órgão e ao Recursos Humanos: número do processo e quem foi designado como secretário.........................323

Modelo 07   Comunicação de instalação para a autoridade instauradora e Recursos Humanos 325

Modelo 07   Recursos Humanos (II)..327

Modelo 08   Termo de juntada 328

Modelo 09   Portaria de designação do secretário da comissão sindicante.....................329

Modelo 10   Termo de fidelidade ou compromisso 331

Modelo 11   Comunicação de dedicação integral e dispensa do ponto do membro 333

Modelo 12   Ata de trabalhos 335

Modelo 13   Mandado de intimação 337

Modelo 14   Comunicação ao chefe imediato do depoente 341

Modelo 15   Termo de inquirição do depoente..343

Modelo 16   Solicitação de providências para o deslocamento/diligências dos membros 346

Modelo 17   Solicitação de prorrogação de prazo da portaria instauradora 348

Modelos 18 e 19 Certidões 350

Modelo 18   Certidão (I) 351

Modelo 19   Certidão (II) 352

Modelo 20   Ata de trabalhos 353

Modelo 21   Relatório final 355

Modelo 22   Devolução de material 361

Modelo 23   Comunicação à Corregedoria ou ao setor de Recursos Humanos sobre o encerramento dos trabalhos 362

Modelo 24   Termo de encerramento 363

Modelo 25   Termo de entrega 364

CAPÍTULO 3

MODELOS BÁSICOS – PROCESSO ADMINISTRATIVO DISCIPLINAR DE RITO SUMÁRIO: ACUMULAÇÃO ILEGAL DE CARGOS, EMPREGOS OU FUNÇÕES PÚBLICAS; ABANDONO DE CARGO; INASSIDUIDADE HABITUAL 365

Modelo 01   Autorização para deslocamento 365

Modelo 02   Formalização de processo de rito sumário e documentos-meio 371

Modelo 03   Pedido de material de consumo 373

Modelo 04   Ata de instalação dos trabalhos 375

Modelo 05   Ata de instalação simultânea de duas comissões compostas pelos mesmos membros 381

Modelo 06   Comunicação à Corregedoria ou ao Recursos Humanos 384

Modelos 07 e 08 Comunicação de instalação para a autoridade instauradora e ao Recursos Humanos do órgão 386

Modelo 07   Comunicação de instalação para a autoridade instauradora 387

Modelo 08   Comunicação de instalação ao Recursos Humanos 388

Modelo 9   Comunicação à chefia imediata do servidor indiciado 389

Modelo 10   Termo de indiciação 391

Modelo 11   Termo de Indiciação (Abandono de Cargo) 393

Modelo 12   Termo de Indiciação (Inassiduidade habitual) 394

Modelo 13   Mandado de citação 395

Modelo 14   Mandado de citação – Abandono de cargo 399

Modelo 15   Mandado de citação – Inassiduidade habitual 401

Modelo 16   Termo de juntada 403

Modelo 17   Portaria de designação de secretário da comissão 405

Modelo 18   Termo de fidelidade ou compromisso 407

Modelo 19   Pedido de resumo da ficha funcional do servidor indiciado..........................409

Modelo 20   Comunicação de dedicação integral e dispensa de ponto 411

Modelo 21   Ata de trabalhos 413

Modelo 22   Solicitação de prorrogação do prazo da portaria instauradora 415

Modelos 23 e 24 Certidão pós mandado e certidão de decurso de prazo..............................417

Modelo 23   Certidão pós mandado..418

Modelo 25   Certidão de decurso de prazo 420

Modelo 26   Mandado de intimação – Acesso aos documentos..421

Modelo 27   Relatório final 422

Modelo 28   Ofício encaminhando relatório parcial para continuidade dos trabalhos
               por outra comissão..428

Modelo 29   Devolução do material utilizado 430

Modelo 30   Comunicação à Corregedoria ao setor de Recursos Humanos do
               encerramento dos trabalhos 431

Modelo 31   Termo de encerramento 432

Modelo 32   Termo de entrega 433

CAPÍTULO 4
MODELOS INCIDENTES – PROCESSO DISCIPLINAR, RITO SUMÁRIO
E SINDICÂNCIA PUNITIVA..435

Modelo 01   Pedido de substituição de membros 435

Modelo 02   Pedido de afastamento de servidor acusado 438

Modelo 03   Notificação da portaria de afastamento ao servidor acusado 441

Modelo 04   Ofício para solicitar portaria de continuidade...443

Modelo 05   Ata de reinstalação dos trabalhos...445

Modelo 07   Ação judicial de quebra de sigilo bancário 449

Modelo 08   Ofício à autoridade instauradora para requerer ajuizamento de Ação de
               Quebra de Sigilo Bancário 457

Modelo 09   Termo de reinquirição de testemunha 460

Modelo 10   Ofício expedido à testemunha (autoridade) da comissão............................462

Modelo 11   Ofício expedido à testemunha (autoridade) de defesa............................465

Modelo 12   Solicitação de perito..466

Modelo 13   Termo de compromisso de perito..468

Modelo 14   Intimação do acusado da realização de perícia (apresentação de quesitos
e indicação de assistente técnico)..469

Modelo 15   Intimação do acusado para ciência e manifestação sobre o laudo pericial...471

Modelo 16   Força policial..473

Modelo 17   Pedido de vista em ação judicial ou inquérito policial.......................475

Modelo 18   Despacho de indeferimento de pedido de dilação do prazo de defesa........478

Modelo 19   Intimação do despacho de Indeferimento....................................481

Modelo 20   Termo de revelia..483

Modelo 21   Comunicado à autoridade instauradora da ocorrência de revelia
e solicitação de nomeação de defensor dativo por portaria 485

Modelo 22   Incidente de sanidade mental 486

Modelo 22   Ofício...494

Modelo 22   Quesitos Complementares/exemplos 495

Modelo 23   Citação por edital 496

Modelo 24   Citação e notificação por hora certa 498

Modelo 25   Notificação prévia por hora certa 500

Modelo 26   Intimação para o servidor acusado designar representante para acompanhar
diligência ou depoimento fora do local de instalação da comissão 501

Modelo 27   Despacho de indeferimento de pedido de acesso aos autos e cópia de
processo disciplinar em andamento – requerimento de terceiro -
Lei de Acesso à Informação 503

Modelo 28   Despacho de orientação ao requerente: onde a informação disponível ao
público pode ser obtida - Lei de Acesso à Informação 507

Modelo 29   Ofício de comunicação de indeferimento do pedido de acesso e cópia de
processo disciplinar em andamento – Lei de Acesso à Informação 509

Modelo 30   Termo de Entrega dos autos à autoridade instauradora (ou julgadora)
com informação de que deverá ser mantido o sigilo legal dos dados
referente à prova emprestada...510

ANEXOS

ANEXO A

LEGISLAÇÃO ESPECIAL – LEIS ORDINÁRIAS E DECRETOS FEDERAIS 515

LEI Nº 8.112, DE 11 DE DEZEMBRO DE 1990 515

LEI GERAL DE PROTEÇÃO DE DADOS...529

LEI Nº 13.709, DE 14 DE AGOSTO DE 2018 529

LEI Nº 12.846, DE 1º DE AGOSTO DE 2013..551

LEI Nº 12.813, DE 16 DE MAIO DE 2013..557

LEI DE ACESSO À INFORMAÇÃO 561

LEI Nº 12.527, DE 18 DE NOVEMBRO DE 2011 561

DECRETO Nº 7.724, DE 16 DE MAIO DE 2012......................................573

LEI Nº 11.440, DE 29 DE DEZEMBRO DE 2006 591

LEI Nº 9.704, DE 17 DE NOVEMBRO DE 1998 595

LEI Nº 9.784, DE 29 DE JANEIRO DE 1999..597

LEI Nº 9.265, DE 12 DE FEVEREIRO DE 1996..607

LEI Nº 9.296, DE 24 DE JULHO DE 1996..609

LEI Nº 8.429, DE 2 DE JUNHO DE 1992..611

LEI COMPLEMENTAR Nº 105, DE 10 DE JANEIRO DE 2001 625

DECRETO Nº 10.571, DE 9 DE DEZEMBRO DE 2020 629

DECRETO Nº 11.123, DE 7 DE JULHO DE 2022......................................633

LEI Nº 9.327, DE 9 DE DEZEMBRO DE 1996 635

DECRETO Nº 9.287, DE 15 DE FEVEREIRO DE 2018.............................637

DECRETO Nº 5.480, DE 30 DE JUNHO DE 2005......................................641

ANEXO B

SÚMULAS DO STF E DO STJ – ENUNCIADOS E INSTRUÇÕES NORMATIVAS DA CONTROLADORIA-GERAL DA UNIÃO...645

SÚMULAS DO SUPREMO TRIBUNAL FEDERAL 645

SÚMULAS DO SUPERIOR TRIBUNAL DE JUSTIÇA...................................647

CONTROLADORIA-GERAL DA UNIÃO 649

ENUNCIADOS E INSTRUÇÕES NORMATIVAS 649

PORTARIA NORMATIVA CGU Nº 27, DE 11 DE OUTUBRO DE 2022 653

Debora Vasti da Silva do Bomfim Denys, procuradora federal, pela qual possuo profunda admiração de não pouco tempo, como dedicada e incansável estudiosa das ciências jurídicas, brinda-nos agora com esta maravilhosa obra sobre Processo Administrativo Disciplinar, área que, sem desmerecer os esforços dos célebres autores do passado e do presente, exige cada vez mais o preenchimento de lacunas, as quais, com a crescente complexidade das relações jurídicas, mormente aquelas de natureza administrativa, suplicam por obras qualitativas que são e sempre serão bem-vindas.

Trata-se inegavelmente de um verdadeiro manual orientador, arcabouço diretivo concedido aos diversos operadores do direito, compêndio lastreado em mais de década e meia de experiência e exercício de destreza intelectual e não é por acaso que a doutrinadora vem demonstrando proficiente labor jurídico de excelência, desde quando augurou vitória em exigente concurso público para a carreira que, até hoje, exerce com destacada maestria, sem se falar em outros importantes cargos e funções exercidos, os quais só lhe atribuiu mais desenvoltura, alicerçada em conhecimentos teóricos e práticos específicos, já acumulados anteriormente na matéria.

Não é surpresa alguma que o amor que tem dedicado ao direito não permita limites ao enriquecimento de tão qualificado trabalho, através dos acréscimos legislativos, doutrinários e jurisprudenciais.

Se o presente trabalho da já renomada jurista se resumisse somente na descrição textual de todo o apanhado pragmático apresentado, já teríamos uma excelente obra, mas a percuciente produção jurígena vai além da teoria construtivista e da fértil e embasada descrição roteirística, chegando mesmo a complementar as brilhantes ministrações com exemplos práticos, concretizados em modelos de peças indefectíveis dentro da processualística administrativa.

É indiscutível que o preceito didático aplicado resultou em uma produção científica de ponta, sem descurar da objetividade de um produto que assume o condão de servir como importante instrumental para utilização, não só dos iniciantes da matéria, mas até mesmo dos doutos mais experientes que, com certeza, vão lançar mão, cada vez mais, desse utilitário ímpar, tanto em suas conclusões científicas, quanto em seus trabalhos cotidianos.

Não desejo à autora sucesso, pois este já lhe é inato e cristalino, mas sim um efusivo agradecimento, em nome de todos nós, operadores do direito, que vemos, assim, o engrandecimento do mundo jurídico pátrio, com a ilustrada e importante obra.

Parabéns!

Roberto Coutinho
SubProcurador-Geral, ex-Vice-Procurador-Geral da Justiça Militar,
ex-Corregedor-Geral e ex-Coordenador da Câmara de Coordenação e
Revisão do Ministério Público Militar

Na Administração Pública Federal, o processo administrativo disciplinar tem como base legal a Constituição Federal, que veio a ser regulamentado pela Lei nº 8.112/90.

O Poder Disciplinar tem origem e razão de ser no interesse e na necessidade de aperfeiçoamento progressivo do serviço público, e pode ser conceituado como a força inerente à Administração Pública de apurar irregularidades e infligir sanções a pessoas adstritas ao regime disciplinar dos órgãos e serviços públicos.

Assim, o Direito Administrativo Disciplinar é um ramo do Direito Administrativo, que tem por objetivo regular a relação da Administração Pública com seu corpo de servidores, estabelecendo regras de comportamento a título de deveres e proibições, bem como a previsão da penalidade a ser aplicada.

Por se tratar de uma garantia constitucional, não pode a Administração Pública desobedecer aos ritos previstos em lei, quando da instauração de um processo administrativo disciplinar.

Esta obra, de autoria da Procuradora Federal Debora Vasti da Silva do Bomfim Denys, com vasta experiência na condução e análise de processos disciplinares, bem como em cursos e treinamentos desenvolvidos no âmbito da Administração Pública Federal, visa justamente a auxiliar os membros das comissões de processos administrativos disciplinares, bem como os seus julgadores, na condução desses processos disciplinares e na aplicação das penalidades, de acordo com os princípios constitucionais, em especial o do contraditório e do devido processo legal.

Trata dos aspectos gerais do processo disciplinar, incluindo exemplos para a fiel observância dos princípios do contraditório, da ampla defesa e do devido processo legal, com a inclusão do previsto na Lei de Acesso à Informação (Lei nº 12.527, de 18.11.2011 e Decreto nº 7.724, de 16.05.2012), Jurisprudências e Súmulas do Supremo Tribunal Federal e do Superior Tribunal de Justiça, Portaria Normativa CGU nº 27/2022 e Enunciados da Controladoria-Geral da União. Traz, inclusive, os mais recentes reflexos da Lei nº 13.709, de 14.08.2018 – Lei Geral de Proteção de Dados (LGPD), no processo administrativo disciplinar.

Os procedimentos tratados nesta obra são exaustivamente detalhados desde a sua instauração até a conclusão, com exemplos práticos e apresentação de modelos de todas as modalidades de processo administrativo disciplinar, bem como de seus possíveis incidentes.

É, sem sombra de dúvidas, uma obra doutrinária que veio para contribuir com a Administração Pública, posto que auxilia, orienta e capacita os membros das comissões, operadores do direito, servidores e agentes públicos.

Parabéns à Autora! E que todos os servidores públicos federais envolvidos na condução, no exame e no julgamento dos processos administrativos disciplinares saibam aproveitar o que este livro nos proporciona – o conhecimento prático em questões relevantes para a Administração Pública e para os seus servidores.

Isabella Maria de Lemos
Procuradora Federal
Diretora de Gestão de Pessoas da PGF
Ex-Subprocuradora-Chefe da Procuradoria Federal Especializada junto ao INCRA
Ex-Secretária-Geral de Administração da Advocacia-Geral da União,
ex-Diretora de Gestão de Pessoas e Desenvolvimento Institucional da AGU, e
ex-Coordenadora-Geral de Pessoal da Procuradoria-Geral Federal

Nesta 3ª edição, buscamos atualizar o trabalho com as relevantes e significativas mudanças legislativas – Lei Geral de Proteção de Dados (LGPD) e Lei de Improbidade Administrativa – na jurisprudência, com os julgamentos da ADPF 418-DF e ADI 2975-DF, em 2020, e a edição de novas Súmulas do STF e do STJ, na área disciplinar.

Além da inclusão da mais recente jurisprudência do Supremo Tribunal Federal, e do Superior Tribunal de Justiça, que abriu a possibilidade de se proceder intimações e citações por meio de aplicativo de celular (*WhatsApp* e similares), houve a atualização dos enunciados e a inclusão da Portaria Normativa CGU nº 27/2022, que consolidou as normas na Controladoria-Geral da União, incluindo-se a regulamentação para a utilização de recursos tecnológicos para a realização de atos de comunicação em processos disciplinares.

A legislação citada na obra consta no Anexo, e a jurisprudência dos Tribunais Superiores e atos normativos da Administração Pública Federal constam na referência de rodapé e, estes últimos, na íntegra, também no Anexo.

A atualização dos modelos na parte prática seguiu as partes teóricas, mantendo-se os comentários próprios de cada modelo, em ordem cronológica dos eventos, a fim de facilitar a sua utilização no processo administrativo real.

Destaquem-se, também, na parte teórica, importantes noções doutrinárias acerca de temas atuais, proteção de dados sensíveis, anonimização e pseudonimização (LGPD), denúncia confidencial (projeto de lei em trâmite), mecanismos de proteção ao denunciante, limites ao interesse do denunciante no processo administrativo disciplinar, *compliance*, ouvidoria, *whistleblower*, *accountability* e corregedoria.

Quanto ao mais, o livro foi bem recepcionado pelos servidores públicos que atuam na área disciplinar, e os demais operadores do direito, merecendo relevância a citação da obra no Manual de Processo Administrativo Disciplinar da Controladoria-Geral da União e nas Bibliografias Selecionadas em Processo Administrativo Disciplinar do Superior Tribunal de Justiça, em 2020.

Brasília, janeiro de 2024.

A Autora

INTRODUÇÃO

Esta obra retrata experiências práticas, fruto de vivência adquirida ao longo dos anos trabalhados, exclusivamente, com processos administrativos disciplinares na Administração Pública federal.

Todas as colocações foram feitas conforme as experiências profissionais, retratando a melhor interpretação do Direito.

Por ser uma atividade exercida por pessoas com formações diversas, esta obra é direcionada não apenas aos juristas que atuam na *área pública e privada, como também a todos os servidores públicos federais* que estão sujeitos à Lei nº 8.112/90

Portanto, não se restringe aos servidores que atuam nos setores que lidam com a matéria ou aos servidores que compõem as comissões, mas alcança, de igual forma, os estudantes de direito e aqueles que se preparam para concursos públicos bem como os servidores públicos estaduais e municipais que utilizam a Lei nº 8.112/90 subsidiariamente às suas normas legais, e alcança inclusive os próprios denunciados e acusados, que têm a obrigação e o direito de entenderem tudo sobre o assunto e acompanharem o atendimento de seus interesses.

A exigência da sociedade pela transparência no serviço público, além do cumprimento da obediência aos princípios constitucionais da legalidade, impessoalidade, moralidade, publicidade e eficiência, bem como a preservação do Erário, vem aumentando a cada dia, o que intensificou a atuação dos órgãos controladores do governo no combate à corrupção e na defesa da imagem do serviço público federal.

A certeza da impunidade incentiva a prática de irregularidades, por isso os órgãos públicos têm intensificado as apurações das denúncias de irregularidades, por meio das comissões de processo administrativo disciplinar.

E isso se dá não apenas em função das cobranças constantes, efetuadas pelos órgãos controladores e fiscalizadores, como a Controladoria-Geral da União e a Corregedoria-Geral da União, Tribunal de Contas da União, Ministério Público Federal, Corregedorias Seccionais, mas também, considerando a necessidade de preservar a moralidade pública e prevenir a ocorrência de ilícitos administrativos e os danos daí decorrentes para os cofres públicos.

Conhecedora, em primeira mão, das dificuldades enfrentadas por todos aqueles que trabalham com processos administrativos disciplinares, tendo em vista as omissões e controvérsias decorrentes da legislação pertinente, apresentam-se aos leitores as sugestões e soluções práticas de questões que surgem no dia a dia de todos que atuam na área disciplinar, com a utilização de termos, modelos e exemplos simples, para uma melhor compreensão do tema.

Basta uma simples consulta ao sumário ou ao índice alfabético-remissivo para constatar que foram escolhidos temas relevantes, colocados didaticamente, de forma que sejam facilmente encontrados.

Visando a um treinamento prático e objetivo, foi desenvolvida uma metodologia de ensino extremamente didática e de fácil aprendizado, destinada não somente àqueles que conduzem os trabalhos das comissões de processo administrativo disciplinar, mas também àqueles que atuam nos processos administrativos e judiciais atinentes ao assunto.

Assim, a obra apresenta utilidade também aos servidores que trabalham nos setores de recursos humanos, nos gabinetes das autoridades instauradoras e julgadoras, nas auditorias e corregedorias, bem como nos órgãos jurídicos, que analisam os processos administrativos relativos às denúncias de irregularidades e às conclusões dos trabalhos das comissões de processo administrativo disciplinar, e elaboram peças judiciais.

Recomenda-se a leitura e a consulta de todo o livro, e não apenas do capítulo que corresponde às atividades exercidas pelo leitor, pois o mesmo assunto é exposto em momentos distintos e sob ângulos diferentes, o que facilita a compreensão e a memorização da matéria.

Por exemplo, os servidores que integram comissões de processo administrativo disciplinar como membros, independentemente de sua formação, devem ler e consultar todo o livro – inclusive as seções atinentes às análises dos processos, que trazem de forma resumida e explicativa o passo a passo da comissão – e não somente a parte referente aos modelos dos atos das comissões.

É bom registrar o peso que carregam os profissionais que atuam em procedimentos disciplinares, por ser um trabalho árduo, desgastante e de grande responsabilidade.

Ao se apurar a responsabilidade administrativa de um servidor não se está lidando apenas com sua vida profissional, mas também com sua vida pessoal e de toda sua família, pois em caso de pena de demissão, deixará de se contar com aquela fonte de sustento. Logo, as normas e os princípios gerais do Direito devem ser observados e cumpridos de forma justa e sensata.

Aliás, em qualquer fase que se atue no processo administrativo disciplinar (análise, instauração, condução dos trabalhos e julgamento), torna-se muito importante a utilização do bom senso, que deve estar sempre presente, acima de quaisquer outras qualidades.

Ressalte-se a necessidade, durante o curso das investigações de se fazer um trabalho preventivo, procurando evitar não só a nulidade, mas o questionamento da própria nulidade.

Uma comissão de processo administrativo disciplinar implica dispêndio de recursos financeiros e de pessoal, pelo que deve ser conduzida com o máximo de perfeição e observância de todas as formalidades legais, desde seu primeiro ato, que é a portaria inaugural.

Apesar de a presente obra atingir um público extremamente heterogêneo, como visto anteriormente — havendo leitores com muita, pouca e nenhuma experiência prática no tema abordado, bem como de áreas e formações variadas — a metodologia utilizada e constante neste livro é um verdadeiro sucesso, pois os treinamentos que a utilizaram atingiram o objetivo esperado, e preparou a todos de forma satisfatória para a execução de seus trabalhos, com *quorum* absoluto, pois prendeu a atenção dos participantes durante todo o tempo, independentemente das diferenças e formações de cada um.

Nesta *terceira* edição foi efetivada a revisão *e* atualização da obra, incluindo a ampliação da legislação, dos recentes entendimentos e procedimentos adotados *por juristas que atuam no* Processo Administrativo Disciplinar, incluindo exemplos e modelos novos, bem como as alterações introduzidas pela Lei Geral de Proteção de Dados (Lei nº 13.709, de 14.08.2018), Lei de Acesso à Informação (Lei nº 12.527, de 18.11.2011, e Decreto nº 7.724, de 16.05.2012), Jurisprudência e Súmulas do Supremo Tribunal Federal e do Superior Tribunal de Justiça, Portaria Normativa CGU nº 27/2022 e Enunciados da Controladoria-Geral da União.

PARTE TEÓRICA

1.1 Processo administrativo disciplinar na Lei nº 8.112/90

O processo administrativo disciplinar consiste num processo administrativo atípico, bem diferente dos demais, extremamente peculiar, subjetivo, que exige raciocínio próprio, adquirido mediante capacitação específica, e somente a prática, a experiência e o bom senso podem garantir um bom resultado.

Constitui gênero que compreende as seguintes *espécies:* sindicância investigatória (ou investigativa ou inquisitorial), sindicância punitiva, processo disciplinar e rito sumário. As *regras gerais* do processo administrativo disciplinar aplicam-se a *todas as suas modalidades.* As *regras específicas,* por sua vez, aplicam-se às suas espécies.

Vigora, no processo administrativo disciplinar, o "princípio do formalismo moderado", que consiste, em primeiro lugar, na previsão de ritos e formas simples, bastantes para propiciar um grau de certeza, segurança, respeito aos direitos dos interessados, o contraditório e a ampla defesa. Em segundo lugar, atende à exigência de interpretação flexível e razoável quanto a formas, de modo a evitar que sejam vistas como um fim em si mesmas, afastadas das verdadeiras finalidades do processo.[1]

Tem por *objetivo* apurar apenas a *responsabilidade administrativa,* pelo que só será instaurado se houver indícios de ocorrência de ilícito administrativo (infração disciplinar), nos termos do art. 148 da Lei nº 8.112/90.

Há *ilícito administrativo* quando um servidor público pratica uma irregularidade — ou deixa de praticar um ato — no exercício de sua função que viole um, ou alguns, dos deveres dos servidores (previstos no art. 116 da Lei nº 8.112/90, em regulamentação ou norma interna) ou uma, ou algumas, das proibições funcionais (previstas no art. 117 da Lei nº 8.112/90). Logo, se não houver servidor público envolvido nos fatos denunciados, torna-se incabível a instauração de qualquer uma das modalidades de processo administrativo disciplinar.

---

[1]   MEDAUAR, Odete. *Direito Administrativo Moderno.* 20. ed. São Paulo: Revista dos Tribunais, 2016. p. 208.

Entretanto, a Administração não deve permanecer inerte diante da denúncia de irregularidade ocorrida no âmbito do Poder Público, praticada por terceiro. Nesse caso, faz-se necessária a adoção das medidas cabíveis de acordo com o caso concreto, para que sejam apuradas as responsabilidades civis e penais, com observância da legislação aplicável ao caso.

Assim, temos que (a) compete ao Poder Judiciário apurar a *responsabilidade penal* (ilícito penal), e (b) a Tomada de Contas Especial é o procedimento administrativo específico para garantir o atendimento aos princípios constitucionais do devido processo legal, do contraditório e da ampla defesa, no que diz respeito à *responsabilidade civil*, visando a promover a efetiva quantificação do dano, individualização da responsabilidade e restituição ao Erário.

A respeito da restituição ao Erário, o Supremo Tribunal Federal proferiu decisão paradigma no julgamento do Mandado de Segurança nº 24.182/DF, da Relatoria do Ministro Maurício Correa, cujo precedente tratou do caso de servidor a quem foi atribuída a responsabilidade pelo dano ao Erário, consoante apuração em processo administrativo disciplinar, e determinado pela Administração que o valor do débito correspondente fosse restituído mediante descontos mensais em sua remuneração, sem entretanto haver consentimento do servidor.

Na decisão ficou assente que o pagamento pelo servidor, na forma do art. 46 da Lei nº 8.112/1990, somente poderia ser efetivado após sua anuência com a conclusão administrativa ou a condenação judicial transitada em julgado. Assim, julgou pela ilegalidade do desconto em folha sem a prévia concordância do servidor, porque inaplicável a autoexecutoriedade do procedimento administrativo. Nesse mesmo sentido, o Ministro Ricardo Lewandowski, ao relatar o Mandado de Segurança nº 28.416,[2] reportou-se ao Mandado de Segurança nº 24.182 pela ilegalidade do desconto em folha sem a anuência do servidor. Desse modo, o Relator do MS 24.182 foi categórico ao afirmar que "as disposições do art. 46 da Lei nº 8.112/1990, longe de autorizar a Administração a executar a indenização apurada em processo administrativo, apenas regulamenta a forma como poderá ocorrer o pagamento pelo servidor, logicamente após sua concordância com a conclusão administrativa ou a condenação judicial transitada em julgado".

O STF reconheceu a repercussão geral do alcance da imprescritibilidade da pretensão de *ressarcimento ao erário*, ainda que o prejuízo não decorra de ato de improbidade administrativa,[3] de cujo julgamento destaca-se o voto do relator no sentido de

---

2   Esta Corte, por ocasião do julgamento do MS 24.182/DF, Rel. Min. Mauricio Corrêa, assentou que o pagamento pelo servidor, na forma do art. 46 da Lei nº 8.112/1990, só poderá ocorrer com sua concordância com a conclusão administrativa ou a condenação judicial transitada em julgado.
Ocorre que o caso tratado era de uma condenação indenizatória, por desaparecimento de 187 (cento e oitenta e sete) talonários de tíquete alimentação, que estavam sob sua guarda e responsabilidade do servidor.
Nesse sentido, concluiu o Tribunal pela *ilegalidade do desconto em folha sem a anuência do servidor, sob o fundamento de que não se aplicaria, àquele caso, a autoexecutoriedade do procedimento administrativo, dado que a competência da Administração é restrita às sanções de natureza administrativa em face de ato ilícito praticado pelo servidor, não podendo alcançar, compulsoriamente, as consequências civis e penais, estas sujeitas à decisão do Poder Judiciário.* (destaques nossos).

3   ADMINISTRATIVO. PRETENSÃO DE RESSARCIMENTO AO ERÁRIO. PRESCRIÇÃO. INTERPRETAÇÃO DA RESSALVA FINAL PREVISTA NO ARTIGO 37, §5º, DA CONSTITUIÇÃO FEDERAL. EXISTÊNCIA DE REPERCUSSÃO GERAL. Apresenta repercussão geral o recurso extraordinário no qual se discute o alcance da imprescritibilidade da pretensão de ressarcimento ao erário prevista no artigo 37, §5º, da Constituição Federal. (RE 669069 RG / MG - MINAS GERAIS, REPERCUSSÃO GERAL NO RECURSO EXTRAORDINÁRIO, Relator Min. TEORI ZAVASCKI, Tribunal Pleno, Julg.02/08/2013, pub. 26/08/2013.

que a imprescritibilidade a que se refere o §5º do art. 37 da Constituição Federal diz respeito às ações de ressarcimento de danos decorrentes de ilícitos tipificados como de improbidade administrativa e como ilícitos penais.[4]

Acerca da imprescritibilidade da pretensão de ressarcimento ao erário, trazemos as discussões contidas no PARECER nº 00001/2019/CNPAD/CGU/AGU (NUP 00688.000720/2019-10), da Câmara Nacional de Processo Administrativo Disciplinar.[5]

Resta induvidoso que a regra insculpida no artigo 37, §5º, da Constituição Federal (*A lei estabelecerá os prazos de prescrição para ilícitos praticados por qualquer agente, servidor ou não, que causem prejuízo ao erário, ressalvadas as respectivas ações de ressarcimento*) contém dois comandos: o primeiro, da prescritibilidade dos ilícitos administrativos praticados por qualquer agente público, segundo dispuser a lei; e o segundo, o da imprescritibilidade das ações de ressarcimento, não podendo a lei, obviamente, dispor em contrário. Assim, a expressão "ressalvadas as ações de ressarcimento" retirou a possibilidade de fixação de prazos prescricionais na hipótese, restando suficientemente clara e expressa a imprescritibilidade.

O STF reconheceu a repercussão geral do alcance da imprescritibilidade da pretensão de ressarcimento ao erário, ainda que o prejuízo não decorra de ato de improbidade administrativa.[6] Nos termos do voto do Relator:

---

[4] O que se mostra mais consentâneo com o sistema de direito, inclusive o constitucional, que consagra a prescritibilidade como princípio, é atribuir um sentido estrito aos ilícitos de que trata o §5º do art. 37 da Constituição Federal, afirmando como tese de repercussão geral a de que a imprescritibilidade a que se refere o mencionado dispositivo diz respeito apenas a ações de ressarcimento de danos decorrentes de ilícitos tipificados como improbidade administrativa e como ilícitos penais.

[5] EMENTA: INFRAÇÃO ADMINISTRATIVA DISCIPLINAR. PRESCRIÇÃO DA PRETENSÃO PUNITIVA. IMPOSSIBILIDADE DE INSTAURAÇÃO DE PAD. PREJUÍZO AO ERÁRIO. INDEPENDÊNCIA DAS INSTÂNCIAS. POSSIBILIDADE DE RESSARCIMENTO AO ERÁRIO POR OUTROS MEIOS. JURISPRUDÊNCIA STF E STJ. DOUTRINA.
1. Independência das instâncias e possibilidade de cumulação das sanções administrativa, civil e penal, em caso de prática de irregularidades pelo servidor público no exercício de suas atribuições.
2. Verificada a prescrição e extinta a punibilidade, deixa de existir potencial formação processual de culpa, havendo impedimento absoluto de ato decisório condenatório ou de formação de culpa definitiva no âmbito administrativo (Parecer GMF nº 3 - PARECER N. 005/2016/CGU/AGU).
3. Na possível ocorrência de prejuízo ao erário e em face da prescrição administrativa, deve-se instaurar processo próprio, com vistas ao ressarcimento dos cofres públicos, ante a imprescritibilidade das ações de ressarcimento ao erário decorrentes de atos de improbidade ou atos cometidos no âmbito das relações jurídicas de caráter administrativo (Repercussão Geral nº 666 no RE 669.069 e nº 897 no RE 852.475).
4. Na ocorrência de dano quantificado e atualizado monetariamente, o recolhimento pode ser voluntário, nos termos do art. 46, da Lei n. 8.112/90.
5. Caso não seja quantificado o débito, a apuração do dano pode dar-se por meio de processo administrativo simplificado, nos termos da Lei nº 9.784/99.
6. O valor devido ao erário poderá ser inscrito em dívida ativa, nos casos decorrentes de ilícitos administrativos cometidos por servidores públicos ativos ou inativos, desde que submetido a processo administrativo prévio, consoante precedente do STJ.
7. Exauridas as medidas administrativas, nas hipóteses em que for cabível, será instaurada Tomada de Contas Especial para apuração do fato, identificação do responsável e quantificação do dano, garantindo-se o devido processo legal, para posterior recolhimento do débito.
8. Poderá ainda ser manejada ação judicial específica para cobrança do valor devido ao erário, independentemente do esgotamento das medidas administrativas. Precedente do STJ.

[6] Ementa: ADMINISTRATIVO. PRETENSÃO DE RESSARCIMENTO AO ERÁRIO. PRESCRIÇÃO. INTERPRETAÇÃO DA RESSALVA FINAL PREVISTA NO ARTIGO 37, §5º, DA CONSTITUIÇÃO FEDERAL. EXISTÊNCIA DE REPERCUSSÃO GERAL. Apresenta repercussão geral o recurso extraordinário no qual se discute o alcance da imprescritibilidade da pretensão de ressarcimento ao erário prevista no artigo 37, §5º, da Constituição Federal.
(RE 669069 RG / MG - MINAS GERAIS, REPERCUSSÃO GERAL NO RECURSO EXTRAORDINÁRIO, Relator Min. TEORI ZAVASCKI, Tribunal Pleno, Julg.02/08/2013, pub. 26/08/2013).

O que se mostra mais consentâneo com o sistema de direito, inclusive o constitucional, que consagra a prescritibilidade como princípio, é atribuir um sentido estrito aos ilícitos de que trata o §5º do art. 37 da Constituição Federal, afirmando como tese de repercussão geral a de que a imprescritibilidade a que se refere o mencionado dispositivo diz respeito apenas a ações de ressarcimento de danos decorrentes de ilícitos tipificados como de improbidade administrativa e como ilícitos penais.

Nos debates daquela sessão de julgamento, o Relator esclareceu que o que é imprescritível – aliás, decorre do próprio §5º – é a ação de ressarcimento de danos ao erário. A decisão do RE 669.069, no qual se discutiu a Repercussão Geral nº 666 (Imprescritibilidade das ações de ressarcimento ao Erário, ainda que o prejuízo não decorra de ato de improbidade administrativa), firmou o entendimento quanto à prescritibilidade das ações de ressarcimento ao erário decorrentes de ilícitos civis. A questão constitucional acerca da abrangência da pretensão ressarcitória decorrente de ilícito de natureza civil, pela regra da imprescritibilidade do art. 37, §5º, da Carta Magna, ficou assim definida:

> Assentou-se, assim, a tese de que "é prescritível a ação de reparação de danos à Fazenda Pública decorrente de ilícito civil".
>
> Nos debates travados na oportunidade do julgamento ficou clara a opção do Tribunal de considerar como ilícito civil os de natureza semelhante à do caso concreto em exame, a saber: ilícitos decorrentes de acidente de trânsito. O conceito, sob esse aspecto, deve ser buscado pelo método de exclusão: não se consideram ilícitos civis, de um modo geral, os que decorrem de infrações ao direito público, como os de natureza penal, os decorrentes de atos de improbidade e assim por diante. Ficou expresso nesses debates, reproduzidos no acórdão embargado, que a prescritibilidade ou não em relação a esses outros ilícitos seria examinada em julgamento próprio.
>
> Recentemente, o Supremo Tribunal Federal reconheceu a repercussão geral de dois temas relacionados à prescritibilidade da pretensão de ressarcimento ao erário: (a) Tema 897 – "Prescritibilidade da pretensão de ressarcimento ao erário em face de agentes públicos por ato de improbidade administrativa"; e (b) Tema 899 – "Prescritibilidade da pretensão de ressarcimento ao erário fundada em decisão de Tribunal de Contas". Desse modo, se dúvidas ainda houvesse, é evidente que as pretensões de ressarcimento decorrentes de atos tipificados como ilícitos de improbidade administrativa, assim como aquelas fundadas em decisões das Cortes de Contas, não foram abrangidas pela tese fixada no julgado embargado.
>
> (...)
>
> De outra monta, a leitura dos precedentes prolatados por esta Corte que reproduziam o entendimento da **imprescritibilidade das ações de ressarcimento ao erário** diziam respeito, em sua maioria esmagadora, **a atos de improbidade administrativa ou atos cometidos no âmbito de relações jurídicas de caráter administrativo**. Essas discussões também não são abrangidas pela tese firmada no julgado embargado, que, conforme já esclarecido, <u>aplica-se apenas a atos danosos ao erário que violem normas de Direito Privado</u>. (Grifo nosso).
>
> (EMB. DECL. NO RE 669.069 MG, Rel. Min. TEORI ZAVASCKI, julg. 16/06/2016, Tribunal Pleno STF).

Portanto, restou intocável a tese da imprescritibilidade das ações de ressarcimento ao erário decorrentes de atos de improbidade ou atos cometidos no âmbito das relações jurídicas de caráter administrativo, cujo alcance restringe-se a atos danosos ao erário que violem normas de Direito Privado.

Nos termos do voto do Relator, ficou clara *"a opção do Tribunal de considerar como ilícito civil os de natureza semelhante à do caso concreto em exame, a saber: ilícitos decorrentes de acidente de trânsito. O conceito, sob esse aspecto, deve ser buscado pelo método de exclusão: não se consideram ilícitos civis, de um modo geral, os que decorrem de infrações ao direito público, como os de natureza penal, os decorrentes de atos de improbidade e assim por diante"*.

No mesmo sentido, a Repercussão Geral nº 897 do STF, no julgamento do RE 852.475.[7] Em outras palavras, o STF considera *como ilícito civil* o de natureza semelhante ao do caso concreto em exame no RE 669.069, que tratou de danos decorrentes de acidente de trânsito. *Estes prescrevem.* O STF entendeu que haveria sim a prescrição neste caso, por se tratar de ação de ressarcimento por ilícito civil, o acidente de trânsito, hipótese em que diferenciou o ilícito civil do ilícito penal e, ainda, do ilícito de improbidade administrativa. Imprescritível é apenas a demanda a ser proposta pela Fazenda Pública em relação ao ressarcimento decorrente de improbidade administrativa.

E, ao final, o PARECER nº 00001/2019/CNPAD/CGU/AGU concluiu que em caso de infração administrativa atingida pela prescrição da penalidade, praticada com dolo ou erro grosseiro, e havendo prejuízo ao erário, pode a Administração Pública providenciar o ressarcimento do dano ao erário, independentemente da instauração do processo administrativo disciplinar, pelas seguintes formas: i) desconto em folha devidamente autorizado pelo servidor, na forma prevista no art. 46 da Lei nº 8.112/90; ii) por processo administrativo, nos termos da Lei nº 9.784/99; por protesto extrajudicial ou execução fiscal, precedido de processo administrativo prévio (jurisprudência do STJ); iii) por Tomada de Contas Especial, na qual será apurado o fato, identificado o responsável e quantificado o dano; ou iv) ação judicial específica.

O Capítulo IV do Título IV (arts. 121 a 126) da Lei nº 8.112/90 disciplina a matéria, merecendo destaque o art. 125, que estabelece a independência das responsabilidades civis, penais e administrativas.

No que se refere às espécies de apuração disciplinar, destaca-se que há várias diferenças entre a sindicância investigatória, a sindicância punitiva, o processo disciplinar e o rito sumário. Os dois *Quadros Comparativos,* ao final do capítulo, mostram detalhadamente as diferenças entre sindicância investigatória e sindicância punitiva e entre sindicância punitiva, processo disciplinar e rito sumário.

---

[7] O Tribunal, por maioria, apreciando o tema 897 da repercussão geral, deu parcial provimento ao recurso para afastar a prescrição da sanção de ressarcimento e determinar o retorno dos autos ao tribunal recorrido para que, superada a preliminar de mérito pela imprescritibilidade das ações de ressarcimento por improbidade administrativa, aprecie o mérito apenas quanto à pretensão de ressarcimento. Vencidos os Ministros Alexandre do Moraes (Relator), Dias Toffoli, Ricardo Lewandowski, Gilmar Mendes e Marco Aurélio. Em seguida, o Tribunal fixou a seguinte tese: "São imprescritíveis as ações de ressarcimento ao erário fundadas na prática de ato doloso tipificado na Lei de Improbidade Administrativa", vencido o Ministro Marco Aurélio. Redigirá o acórdão o Ministro Edson Fachin. Nesta assentada, reajustaram seus votos, para acompanhar a divergência aberta pelo Ministro Edson Fachin, os Ministros Luiz Fux e Roberto Barroso. Presidiu o julgamento a Ministra Cármen Lúcia. Plenário, 8.8.2018.

A *sindicância é originariamente* investigatória, sempre existiu com o fim de complementar a denúncia, quando necessário, visando a identificar a autoria e a materialidade dos fatos denunciados, sendo que:

a) identificar a materialidade = investigar e definir se os fatos denunciados ocorreram ou não; e se ocorreram, se são irregulares ou não;

b) identificar a autoria = apontar os prováveis responsáveis pela ocorrência das irregularidades.

Entretanto, a Lei nº 8.112/90 inovou, ao atribuir à Sindicância a *competência* para *resultar* na *aplicação* das *penalidades* de advertência e de suspensão de até 30 dias (inciso II do art. 145, da Lei nº 8.112/90), sem ter, porém, estabelecido um procedimento próprio para garantir aos acusados o atendimento aos princípios constitucionais do contraditório e da ampla defesa.

O resultado foi a criação da figura da sindicância punitiva, a qual se serve do mesmo procedimento do processo disciplinar, por analogia, exceto no que diz respeito às peculiaridades da Sindicância (prazo da comissão e competência para penalizar).

Logo, a *sindicância investigatória* é instaurada com o objetivo de *identificar a autoria e a materialidade* dos fatos denunciados, e, a *sindicância punitiva,* o *processo disciplinar* e o *rito sumário* são instaurados quando já se *tem autoria e materialidade identificadas,* com o *objetivo* de *garantir ao acusado o atendimento aos princípios constitucionais do contraditório e da ampla defesa.*

Para compreender melhor as diferenças das espécies de processo administrativo disciplinar, seus procedimentos, e suas peculiaridades, bem como para interpretarmos melhor a Lei nº 8.112/90, principalmente, quando diante de dúvidas decorrentes de suas falhas e omissões, deve-se *observar dentro de qual título,* de qual *capítulo* e de qual *seção* se *encontram as normas,* da seguinte forma:

a) Título IV (arts. 116 a 142) trata do Regime Disciplinar (de modo geral), dispondo em seu:
   - Capítulo I (art. 116), sobre os deveres dos servidores;
   - Capítulo II (art. 117), sobre as proibições dos servidores;
   - Capítulo III (art. 118 a 120), sobre a acumulação ilegal de cargos, empregos e funções públicas;
   - Capítulo IV (art. 121 a 126), sobre as responsabilidades civis, penais e administrativas;
   - Capítulo V (art. 127 a 142), sobre as penalidades. Foi incluído neste capítulo, de forma desordenada e sem qualquer lógica, o procedimento sumário (art. 133 e 138 a 140);

b) Título V (art. 143 a 182) trata do processo administrativo disciplinar, que em seu:
   - Capítulo I (art. 143 a 146) traz as disposições gerais do processo administrativo disciplinar (gênero) e das sindicâncias (art. 145), sem distinguir a sindicância investigatória da punitiva;
   - Capítulo II (art. 147) discorre sobre o afastamento preventivo do servidor (denunciado ou acusado) do exercício de seu cargo;
   - Capítulo III (art. 148 a 182) estabelece o procedimento do processo disciplinar (espécie).

c) Suas seções dispõem sobre as fases do processo disciplinar (relacionadas no art. 151) e sobre sua revisão, da seguinte forma:
   - Seção I: fase do inquérito (art. 153 a 166);
   - Seção II: fase do julgamento (art. 167 a 173);
   - Seção III: trata da revisão (art. 174 a 182).

Constata-se a *importância* de situar a matéria dentro dos títulos, capítulos e seções, quando se trata, por exemplo, do *afastamento preventivo* do servidor, das *portarias* e da *composição das sindicâncias investigatórias*.

O *servidor que integrará* uma *Comissão* de Processo Administrativo Disciplinar, na condição de membro, deverá preencher os requisitos legais, bem como ter o *perfil ideal* para o caso concreto (bom senso + conhecimento técnico + experiência + capacitação). Tais exigências, somadas ao volume de irregularidades denunciadas constantemente e à carência de recursos financeiros e de pessoal que enfrenta o serviço público federal, justificam as dificuldades que têm os órgãos públicos, para conseguirem instaurar as comissões de forma eficaz, desde a captação de membros.

1.2 Autoridade instauradora

A única previsão legal sobre esse assunto está no art. 143, da Lei nº 8.112/90, que não especifica quais são as autoridades que têm competência para instaurar cada uma das espécies de processo administrativo disciplinar, mesmo porque as estruturas dos órgãos públicos são as mais diversas possíveis. Estabelece o artigo, apenas, que a autoridade que tiver ciência de irregularidade no serviço público é obrigada a promover a sua apuração imediata, mediante sindicância ou processo administrativo disciplinar, assegurada ao acusado ampla defesa.

Não há dúvida, porém, de que as *autoridades máximas dos órgãos públicos* têm competência para instaurar qualquer uma das modalidades de processo administrativo disciplinar, com o fim de apurar as irregularidades ocorridas no âmbito de seu respectivo órgão, pelo que não só pode, como deve, *delegar* essa competência, regulamentando internamente a matéria.

Depende de normatização interna a competência para julgar e aplicar as penalidades de advertência e de suspensão de até 30 dias, considerando o que preceitua o inciso III, do art. 141 da Lei nº 8.112/90.[8]

Pode acontecer, ainda, de estarem *envolvidos servidores de vários órgãos na mesma irregularidade*, o que pode ser resolvido mediante a instauração da Comissão de Processo Administrativo Disciplinar por ato conjunto entre os dirigentes máximos de cada órgão.

Os mesmos fatos devem ser apurados, sempre que possível, pela mesma comissão, para evitar decisões controvertidas, que podem ocorrer até mesmo pelo fato de que comissões distintas colhem provas diferentes.

---

[8] Art. 141. As penalidades disciplinares serão aplicadas:
I – (...)
II – (...)
III – pelo chefe da repartição e outras autoridades *na forma dos respectivos regimentos ou regulamentos*, nos casos de advertência ou de suspensão de até 30 (trinta) dias;
IV – (...). (Grifos nossos).

As Comissões de Processo Administrativo Disciplinar são *autônomas e independentes*, sendo *vinculadas*, apenas, a suas respectivas *autoridades instauradoras*. Tudo o que precisarem para o bom desenvolvimento de seus trabalhos devem solicitar à autoridade instauradora, que encaminhará ao setor competente para as providências pertinentes. Logo, cabe à autoridade instauradora fornecer a estrutura necessária aos trabalhos das comissões.

1.3 Prazos

Os *prazos das Comissões* de Processo Administrativo Disciplinar, seja de Sindicância Investigatória, de Sindicância Punitiva, de Processo Disciplinar ou de Rito Sumário contam-se na forma estabelecida no art. 238 da Lei nº 8.112/90, ou seja, em *dias corridos*, *excluindo-se o dia do começo* e *incluindo-se o do vencimento*, ficando prorrogado, para o primeiro *dia útil* seguinte, o prazo vencido em dia em que não haja expediente.

Os *prazos determinados* pelas Comissões de Processo Administrativo Disciplinar *aos acusados e indiciados*, durante seus trabalhos, nas *notificações, intimações* e *citações*, também são contados na forma estabelecida no art. 238 da Lei nº 8.112/90.

Embora a lei não especifique que o prazo *iniciará em dia útil*, não se inicia sua contagem em finais de semana e feriados por *aplicação subsidiária* do §3º do art. 224, do Código de Processo Civil,[9] até mesmo por ser a *forma mais benéfica* para os acusados e indiciados.

A Súmula nº 310 do Supremo Tribunal Federal dispõe que quando a intimação tiver lugar na sexta-feira, ou a publicação com efeito de intimação for feita nesse dia, o prazo judicial terá início na segunda-feira imediata, salvo se não houver expediente, caso em que começará no primeiro dia útil que se seguir.

O que o art. 238 da Lei nº 8.112/90[10] quis dizer com:

a) *dias corridos* = uma vez iniciada a contagem do prazo, conta-se continuamente durante os feriados e finais de semana (não pula o feriado, nem o fim de semana).

b) *excluindo-se o dia do começo* = o dia da publicação não é contado. O prazo inicia-se no dia seguinte ao da publicação, se for *dia útil*. Se não, pula o feriado e o fim de semana para começar no dia útil seguinte. A lei não especifica essa questão do dia útil, mas, como visto, pode-se aplicar subsidiariamente o §3º, do art. 224 do CPC.

c) *incluindo-se o do vencimento* = o prazo encerra-se exatamente no seu último dia. Aqui sim, a lei prevê que este último dia tem que ser *dia útil*. Ou seja, se o último dia da contagem do prazo for feriado ou fim de semana, prorroga-se para o primeiro dia útil seguinte.

---

[9]   Art. 224. Salvo disposição em contrário, os prazos serão contados excluindo o dia do começo e incluindo o dia do vencimento.
     §1º (...)
     §3º A contagem do prazo terá início no *primeiro dia útil* que seguir ao da publicação. (Grifos nossos).

[10] Art. 238. Os prazos previstos nesta Lei serão contados em dias corridos, excluindo-se o dia do começo e incluindo-se o do vencimento, ficando prorrogado, para o primeiro dia útil seguinte, o prazo vencido em dia em que não haja expediente.

Exemplos

1. Portaria publicada no dia 03, quinta-feira = o prazo da comissão começa a contar, continuamente, no dia 04, sexta-feira.
2. Portaria publicada no dia 03, quinta-feira, sendo que dia 04 (sexta-feira) é feriado = o prazo da comissão começa a contar, continuamente, no dia 07, segunda-feira.
3. Portaria publicada no dia 04, sexta-feira = o prazo da comissão começa a contar, continuamente, no dia 07, segunda-feira.
4. Portaria publicada no dia 08, terça-feira, sendo que dia 09 (quarta-feira) é feriado = o prazo da comissão começa a contar, continuamente, no dia 10, quinta-feira.
5. Portaria publicada no dia 07, segunda-feira, sendo que dia 09 (quarta-feira) é feriado = o prazo da comissão começa a contar continuamente, no dia 08, terça-feira.
6. Último dia da contagem do prazo (trigésimo dia da Comissão Sindicante e de Rito Sumário, ou, sexagésimo dia da Comissão Disciplinar) é no dia 03, quinta-feira = no dia 04 (sexta-feira) o prazo já está encerrado (a comissão já está desconstituída, automaticamente).
7. Último dia da contagem do prazo (trigésimo dia da Comissão Sindicante e de Rito Sumário, ou, sexagésimo dia da Comissão Disciplinar) é no dia 05, sábado = prorroga-se o prazo para o dia 07 (segunda-feira). Logo, no dia 08 (terceira-feira), o prazo já está encerrado (a comissão já está desconstituída, automaticamente).
8. Último dia da contagem do prazo (trigésimo dia da Comissão Sindicante e de Rito Sumário, ou, sexagésimo dia da Comissão Disciplinar) é no feriado do dia 07 (segunda-feira) = prorroga-se o prazo para o dia 08 (terça-feira). Logo, no dia 09 (quarta-feira) o prazo já está encerrado (a comissão já está desconstituída, automaticamente).

O *prazo* para encerramento dos trabalhos *de uma comissão prorrogada* é *contado continuamente* a partir da data de *publicação da portaria inaugural*, ao qual se somam os dias acrescentados pela portaria de prorrogação. Ignora-se a data da publicação da portaria de prorrogação.

Os *prazos* de todas as modalidades de processo administrativo disciplinar — previstos no §7º do art. 133[11] (para o rito sumário); no parágrafo único do art. 145[12] (para as Sindicâncias); e no *caput* do art. 152[13] (para o processo disciplinar) — *podem ser inferiores*, mas *nunca superiores ao limite estipulado*, uma vez que em todos os momentos o legislador usou o termo "não excederá".

---

[11] Art. 133 (...)
§7º O prazo para a conclusão do processo administrativo disciplinar submetido ao rito sumário *não excederá trinta dias*, contados da data de publicação do ato que constituir a comissão, admitida a sua *prorrogação por até quinze dias*, quando as circunstâncias o exigirem.

[12] Art. 145 (...)
Parágrafo único. O prazo para conclusão da sindicância não excederá 30 (trinta) dias, podendo ser prorrogado por igual período, a critério da autoridade superior.

[13] Art. 152. O prazo para a conclusão do processo disciplinar *não excederá 60 (sessenta) dias*, contados da data de publicação do ato que constituir a comissão, admitida a sua *prorrogação por igual prazo*, quando as circunstâncias o exigirem. (Grifos nossos).

Dessa redação extrai-se também que todas as espécies de processo administrativo disciplinar *só podem ser prorrogadas uma única vez*. Logo, se a comissão não for prorrogada, nem conseguir concluir seus trabalhos a tempo, não resta outra alternativa senão *instaurar uma nova comissão para dar continuidade aos trabalhos*, já que *encerrado seu prazo a comissão é desconstituída automaticamente*, deixando de existir.

O prazo estipulado na portaria inaugural das *Comissões de Processo Disciplinar e de Sindicância* (Investigatória e Punitiva) tem que ser observado quando das respectivas *prorrogações*, uma vez que a lei estabeleceu que a prorrogação é admitida "por igual período". Assim, se a sindicância for instaurada por 20 dias, só poderá ser prorrogada por mais 20 dias.Se o processo disciplinar for instaurado por 50 dias, só poderá ser prorrogado por mais 50 dias.

Normalmente as sindicâncias são instauradas por 30 dias e prorrogadas por mais 30, e os processos disciplinares são instaurados por 60 dias e prorrogados por mais 60.

Já a *prorrogação* do prazo da Comissão de Processo Administrativo Disciplinar *de Rito Sumário independe* do prazo inicial, já que só pode ser feita por "*até* quinze dias". Ou seja, a Comissão de Rito Sumário pode ser prorrogada por prazo inferior, mas não superior a 15 dias.

É importante observar que as *prorrogações* dos prazos de todas as espécies de processo administrativo disciplinar têm que ser feitas *dentro do prazo de suas respectivas validades*. Afinal, não se prorroga prazo vencido.

A comissão foi prorrogada dentro de sua validade quando:

a) a portaria de prorrogação é assinada e publicada na vigência do prazo inicial da comissão (para isso, é necessário que a comissão solicite sua prorrogação antes de encerrar seu prazo, com a devida antecedência). É o ideal;

b) a portaria de prorrogação for assinada na vigência do prazo inicial da comissão, mesmo que sua publicação ocorra depois de encerrado o prazo inicial (para isso, é necessário também que a comissão solicite sua prorrogação antes de encerrar seu prazo). Deve-se evitar essa situação sempre que possível, pois não é o ideal.

O que não se pode é deixar de publicar a portaria de prorrogação, tendo em vista o princípio da publicidade do ato administrativo. Conclui-se que a portaria inaugural só produz efeito com sua publicação, uma vez que a comissão só existe a partir da data da publicação da portaria, por força de lei (inciso I do art. 151 da Lei nº 8.112/90). A portaria de prorrogação existe desde sua assinatura, e a publicação é feita para atender o princípio constitucional da publicidade do ato administrativo.

1.4 Comissões que dão continuidade a trabalhos iniciados

Podem ocorrer as seguintes situações, várias vezes e de acordo com a necessidade, em todas as espécies de processo administrativo disciplinar:

a) uma Comissão de Processo Disciplinar, de Sindicância Punitiva, ou de Rito Sumário ser *anulada parcialmente*, nos termos do art. 169[14] da Lei nº 8.112/90.

---

[14] Art. 169. Verificada a ocorrência de vício insanável, a autoridade que determinou a instauração do processo ou outra de hierarquia superior declarará a sua nulidade, total ou parcial, e ordenará, no mesmo ato, a constituição de outra comissão para instauração de novo processo.

Não se inclui aqui as Sindicâncias Investigatórias, porque visam, apenas, a identificar autoria e materialidade dos fatos denunciados, e por não estarem sujeitas ao atendimento dos princípios constitucionais do contraditório e da ampla defesa, não são passíveis de nulidade.

b) a Comissão de Processo Disciplinar, de Sindicância Punitiva, de Sindicância Investigatória ou de Rito Sumário *não* conseguir *concluir* seus *trabalhos dentro do prazo*;

c) a Comissão de Processo Disciplinar, de Sindicância Punitiva, de Sindicância Investigatória ou de Rito Sumário *não ser prorrogada dentro do prazo*.

Essa hipótese é semelhante à *situação da letra "b" supra*, já que a nova comissão foi instaurada para dar continuidade aos trabalhos da anterior, que não concluiu seus trabalhos dentro do prazo, simplesmente porque não foi prorrogada.

Como não se prorroga prazo vencido, se uma comissão não for prorrogada dentro do prazo (porque não pediu, ou pediu depois de expirado o prazo, ou, embora tenha pedido no prazo, não lhe foi concedida tempestivamente), só resta instaurar uma nova comissão para dar continuidade aos seus trabalhos.

d) a Comissão de Processo Disciplinar, de Sindicância Punitiva, de Sindicância Investigatória ou de Rito Sumário concluir os trabalhos, mediante apresentação de relatório final, sem ter esgotado todos os meios apuratórios, não trazendo aos autos os elementos necessários à formação da convicção da autoridade instauradora.

Nas Comissões de Processo Disciplinar, de Sindicância Punitiva e de Rito Sumário, mesmo que não haja qualquer nulidade, a autoridade instauradora poderá determinar a recondução dos trabalhos, mediante a instauração de nova comissão com o fim de dar continuidade, *complementar o conjunto probatório* e formar o convencimento da autoridade julgadora quanto à inocência ou à responsabilidade do servidor, a teor do disposto no §1º do art. 165 da Lei nº 8.112/90.

Da mesma forma que se instaura uma nova Comissão de Processo Disciplinar, ou de Sindicância Punitiva, ou de Rito Sumário, para dar continuidade aos trabalhos iniciados pela comissão anterior, por ter sido anulada parcialmente (administrativamente ou judicialmente), se instaura, também, uma nova Comissão de Processo Disciplinar, de Sindicância Punitiva, ou de Rito Sumário, e até mesmo de Sindicância Investigatória, para dar continuidade aos trabalhos não concluídos pela comissão anterior, dentro do prazo.

Ao perceber que não tem condições de concluir seus trabalhos, dentro do prazo, a comissão deverá *solicitar* à autoridade instauradora, com a devida antecedência, *antes de encerrar seu prazo*, a constituição de uma *nova comissão para dar continuidade* aos trabalhos, mediante *apresentação de relatório parcial*. Não se faz necessária a devolução do processo, pois a restituição dos autos só servirá para retardar o andamento do feito.

O *relatório parcial deve especificar* a fase em que se encontra a comissão, fundamentando, *conforme o caso*, (a) que não foi prorrogada, daí não ter concluído seus trabalhos, ou (b) acerca da complexidade dos fatos objetos de apuração, e do grande número de acusados, que impossibilitaram o encerramento dos trabalhos dentro do prazo legal.

Poderá, ainda, apresentar um cronograma informando os próximos atos a serem praticados, para justificar o prazo solicitado, necessário para a conclusão dos trabalhos.

A Comissão de Processo Administrativo Disciplinar instaurada com o fim de dar continuidade aos trabalhos iniciados por outra *é uma comissão nova*, pelo que *pode ser prorrogada*, normalmente, e *composta* pelos mesmos membros da anterior, ou não.

O ideal é que:

a) no caso de se instaurar uma nova Comissão de Processo Administrativo Disciplinar para dar continuidade aos trabalhos de uma comissão que *não conseguiu concluir* seus *trabalhos* dentro do prazo, sejam *mantidos* os *mesmos membros*, por já estarem inteirados do assunto. *Poderão*, no entanto, *ser substituídos* (um ou todos os membros), de acordo com os motivos que os levaram à não conclusão dos trabalhos dentro do prazo legal.

Convém ressaltar que o processo disciplinar não está sujeito ao princípio do juiz natural, simplesmente, porque a Comissão Disciplinar não julga, como demonstra o art. 166[15] da Lei nº 8.112/90, mas encaminha o processo disciplinar, com o relatório, à autoridade que determinou a sua instauração, para julgamento.

b) no caso de se instaurar uma nova Comissão de Processo Administrativo Disciplinar para dar continuidade aos trabalhos de uma comissão *anulada parcialmente* ou de uma comissão que concluiu seus trabalhos sem qualquer nulidade, porém, sem trazer aos autos os elementos necessários à formação da convicção da autoridade instauradora, *recomenda-se a substituição dos membros*.

Na primeira hipótese, para *evitar novas nulidades*, e na segunda, para que as *novas provas* sejam *buscadas por outros membros*, já que os membros anteriores concluíram seus trabalhos por entenderem que havia provas suficientes.

Quando o *prazo* de uma comissão se *expira,* ela está *automaticamente desconstituída* (não existe mais), pelo que a nova comissão deve se identificar pela portaria inaugural nova (e não pela anterior).

A comissão de continuidade *deve ser instaurada* imediatamente após o término ou ao final do prazo da comissão anterior, *para:*

a) no caso da comissão de continuidade ser instaurada *muito antes* de encerrado o prazo da anterior, *evitar* que fiquem instauradas duas comissões, simultaneamente, para apurar os mesmos fatos;

b) no caso da comissão de continuidade ser instaurada *muito depois* de encerrado o prazo da anterior, *evitar* que durante o período em que não houver comissão em vigência seus membros recebam diárias indevidamente. Quando isso ocorre, geralmente, os membros aproveitam o tempo para organizar o trabalho, e muitas vezes ajudar no serviço de rotina do órgão, no local onde estão instalados.

Nessa hipótese, os membros da comissão desconstituída, que aguardam a instauração da nova comissão para dar continuidade aos trabalhos, não podem cumprir o cronograma inicial, já que suas atividades ficam interrompidas, pois não pode ser praticado qualquer ato *durante essa vacância.*

Os atos praticados durante a vacância são *nulos*, uma vez que não há comissão constituída.

Acontece que as portarias são publicadas no *Boletim de Serviço Interno* do órgão, que não costuma ser diário, e às vezes nem semanal, dificultando o desenvolvimento dos trabalhos da forma ideal.

---

[15] Art. 166. O processo disciplinar, com o relatório da comissão, será remetido à autoridade que determinou a sua instauração, para julgamento.

Cabe à nova comissão instaurada para dar continuidade aos trabalhos repetir os atos praticados pela comissão anterior durante a vacância, se for necessário. A comissão não precisa repetir atos desnecessários, como atos que não viciam o processo, ou mesmo depoimentos que por não acrescentarem nada à elucidação dos fatos não embasarão a conclusão da comissão, nem do julgamento, podendo ser desprezados. Exemplo: se a comissão não for embasar sua convicção no depoimento de *Y*, ouvido durante a vacância, é só desconsiderá-lo.

Outra situação que pode ocorrer diante da instauração de uma nova comissão para dar continuidade aos trabalhos e que deve ser observada para se evitar nulidade ou questionamento de nulidade é o *prazo da defesa iniciar em uma comissão e terminar na outra*.

Exemplo

A comissão cita o indiciado para apresentar defesa em 10 dias (10 dias porque é apenas um indiciado – art. 161,[16] §1º, da Lei nº 8.112/90), quando só faltavam 06 dias para expirar seu prazo. A nova comissão, instaurada com o fim de dar continuidade aos trabalhos, prossegue com a contagem, dando mais 04 dias para encerrar o prazo de defesa.

Se uma comissão foi desconstituída automaticamente ao encerrar seu prazo, ela não existe mais, então, não tem lógica que um prazo comece durante sua vigência e termine durante a vigência de uma nova comissão. Prorroga-se prazo ainda em curso.

A nova comissão criada com o fim de dar continuidade aos trabalhos da anterior deve citar novamente os indiciados, restituindo o prazo na íntegra, para que corra continuamente perante a mesma comissão. Trata-se de hipótese de recondução da Comissão Sindicante ou Processante.

A comissão instaurada para dar continuidade aos trabalhos da anterior notificará o acusado ou indiciado acerca da instauração, instalação e início dos seus trabalhos *a partir do último ato do processo*, ocasião em que o acusado ou indiciado, conforme o caso, receberá cópia do último ato do processo anterior, para se situar e acompanhar o prosseguimento do feito.

Em suma, tem-se quanto à verificação das formalidades concernentes às portarias de instauração, prorrogação e continuidade:

a) a portaria inaugural tem que conter todos os requisitos essenciais para sua validade;

b) a prorrogação da portaria inaugural tem que ocorrer, preferencialmente, dentro do prazo vigente;

c) os atos praticados na vacância entre uma comissão e a comissão seguinte, instaurada com o fim de dar continuidade aos trabalhos da anterior, são nulos, uma vez que não há comissão formalmente constituída; e

d) o encerramento dos trabalhos da comissão tem que ocorrer dentro do prazo da portaria de vigência;

e) registre-se que quanto ao Relatório Final, o excesso de prazo para sua confecção e entrega dos trabalhos, não configura nulidade, quando não demonstrado

---

[16] Art. 161. Tipificada a infração disciplinar, será formulada a indiciação do servidor, com a especificação dos fatos a ele imputados e das respectivas provas.

§1º O indiciado será citado por mandado expedido pelo presidente da comissão para apresentar defesa escrita, no prazo de 10 (dez) dias, assegurando-se-lhe vista do processo na repartição.

prejuízo ao servidor indiciado.[17] Embora não seja recomendável, é possível a entrega do Relatório Final fora do prazo de prorrogação estabelecido em portaria de constituição do colegiado, vigorando o princípio *pas de nullité sans grief*.[18]

1.5 Servidor e ex-servidor público

O conceito legal de servidor público, nas legislações que tratam de conduta de servidor, inclusive, do Código Penal Brasileiro, define-se como: i) pessoa legalmente investida em cargo público (art. 2º[19] da Lei nº 8.112/90 – Regime Jurídico Único); ii) agente público: o agente político, o servidor público e todo aquele que exerce, ainda que transitoriamente ou sem remuneração, por eleição, nomeação, designação, contratação ou qualquer outra forma de investidura ou vínculo, mandato, cargo, emprego ou função nas entidades públicas mencionadas na lei (art. 2º[20] da Lei nº 8.429/92 – Lei de Improbidade Administrativa – com a redação dada pela Lei nº 14.230, de 25.10.2021); iii) todo aquele que, por força de lei, contrato ou de qualquer ato jurídico, preste serviços de natureza permanente, temporária ou excepcional, ainda que sem retribuição financeira, desde que ligado direta ou indiretamente a qualquer órgão do poder estatal, como as autarquias, as fundações públicas, as entidades paraestatais, as empresas públicas e as sociedades de economia mista, ou em qualquer setor onde prevaleça o interesse do Estado (item XXIV[21] do Decreto nº 1.171/94 – Código de Ética Profissional do Servidor

---

[17]   4. Consoante jurisprudência firmada por esta Seção, o excesso de prazo para conclusão do processo administrativo disciplinar não é causa de sua nulidade quando não demonstrado prejuízo à defesa do servidor. Precedentes. (RMS 038952, Rel. Min. Regina Helena Costa, decisão monocrática, pub. 29/06/2018.
V. Súmula nº 592 do STJ, de 13/09/2017:
Ementa: O excesso de prazo para a conclusão do processo administrativo disciplinar só causa nulidade se houver demonstração de prejuízo à defesa.

[18]   APRESENTAÇÃO DO RELATÓRIO FINAL APÓS O PRAZO
5. Quanto ao argumento de que o Relatório Final foi apresentado 6 (seis) meses após o término da vigência da última Portaria que reconduziu os membros da CPAD, de forma que a peça não poderia ter sido acolhida, por ser nula de pleno direito, verifico que a defesa não aponta prejuízo, apenas reforça a não observância de formalidade estrutural no caso.
Não tendo demonstrado ou alegado a ocorrência de prejuízo, é incabível a declaração de possíveis nulidades no processo administrativo disciplinar. Aplicação do princípio *pas de nullité sans grief*. Nessa esteira: MS 14.150/DF, Rel. Ministro Reynaldo Soares da Fonseca, Terceira Seção, DJe 7/10/2016; MS 20.052/DF, Rel. Ministro Gurgel de Faria, Primeira Seção, DJe 10/10/2016. Com efeito, a jurisprudência do STJ é no sentido de que o excesso de prazo para a conclusão do processo administrativo disciplinar só causa nulidade se houver a demonstração de prejuízo à defesa do servidor: MS 13.527/DF, Rel. Ministro Rogerio Schietti Cruz, Rel. p/ Acórdão Ministro Nefi Cordeiro, Terceira Seção, DJe 21/3/2016. (MS 17744-DF, Rel. Min. HERMAN BENJAMIN, 1ª Seção, STJ, julg.23.08.2017, pub. DJe 19.12.2017)

[19]   Art. 2º Para os efeitos desta Lei, servidor é a pessoa legalmente investida em cargo público.

[20]   Art. 2º Para os efeitos desta Lei, consideram-se agente público o agente político, o servidor público e todo aquele que exerce, ainda que transitoriamente ou sem remuneração, por eleição, nomeação, designação, con-tratação ou qualquer outra forma de investidura ou vínculo, mandato, cargo, emprego ou função nas entidades referidas no art. 1º desta Lei. (*Redação dada pela Lei nº 14.230, de 2021*)

[21]   XXIV - Para fins de apuração do comprometimento ético, entende-se por servidor público todo aquele que, por força de lei, contrato ou de qualquer ato jurídico, preste serviços de natureza permanente, temporária ou excepcional, ainda que sem retribuição financeira, desde que ligado direta ou indiretamente a qualquer órgão do poder estatal, como as autarquias, as fundações públicas, as entidades paraestatais, as empresas públicas e as sociedades de economia mista, ou em qualquer setor onde prevaleça o interesse do Estado.

Público Civil do Poder Executivo Federal) e; iv) quem, embora transitoriamente ou sem remuneração, exerce cargo, emprego ou função pública. (art. 327[22] do Código Penal Brasileiro).

1.5.1 Ocupante de cargo em comissão puro (não ocupante de cargo efetivo)

Considera-se o ocupante de cargo em comissão, não ocupante de cargo efetivo, legalmente como servidor público federal durante o período em que ocupar o cargo, sujeito, pois, ao Regime Jurídico Único e, consequentemente, ao processo administrativo disciplinar.

Logo, *depois de exonerado*, é *considerado ex-servidor* e nessa condição responde a processo administrativo disciplinar, por irregularidades que praticou no exercício de suas funções, à época em que exercia o cargo.

O legislador prevê como *penalidade própria* para o *servidor* comissionado, que não é do quadro efetivo, e que cometer um ilícito administrativo passível de aplicação das penalidades de suspensão ou de demissão, a *destituição de cargo em comissão*, nos termos do inciso V do art. 127 c/c o *caput* do art. 135 da Lei nº 8.112/90.[23]

No caso de já ter sido exonerado, ao *ex-servidor* (que quando servidor era comissionado, sem ser do quadro efetivo), responsabilizado administrativamente depois de atendidos os princípios constitucionais do contraditório e da ampla defesa por meio de processo disciplinar, será *aplicada a penalidade de destituição de cargo em comissão com a determinação da conversão de sua exoneração em destituição do cargo em comissão*, conforme preceitua o parágrafo único do art. 135 da Lei nº 8.112/90.

Observe-se que a "conversão da exoneração em destituição do cargo em comissão" *não está prevista* no art. 127 da Lei nº 8.112/90, mas *apenas* a "destituição de cargo em comissão". Conclui-se daí que a "conversão da exoneração em destituição de cargo em comissão" é a *forma de se aplicar a penalidade* de "destituição de cargo em comissão" ao servidor comissionado não ocupante de cargo efetivo, depois de exonerado.

Por essa razão, para o ex-servidor, deve constar na portaria de aplicação da pena que a autoridade julgadora resolve "aplicar ao indiciado W, a penalidade de destituição de cargo em comissão, determinando a conversão de sua exoneração em destituição de cargo em comissão".

---

[22] Art. 327 - Considera-se funcionário público, para os efeitos penais, quem, embora transitoriamente ou sem remuneração, exerce cargo, emprego ou função pública.
§1º - Equipara-se a funcionário público quem exerce cargo, emprego ou função em entidade paraestatal, e quem trabalha para empresa prestadora de serviço contratada ou conveniada para a execução de atividade típica da Administração Pública.

[23] Art. 127 São penalidades disciplinares:
(...)
V – destituição de cargo em comissão;
(...)
Art 135 A *destituição de cargo em comissão* exercido por não ocupante de cargo efetivo será aplicada nos casos de *infração sujeita* às *penalidades* de *suspensão* e de *demissão*.
Parágrafo único. Constatada a hipótese de que trata este artigo, a *exoneração* efetuada nos termos do art. 35 *será convertida em destituição de cargo em comissão*. (Grifos nossos).

1.5.2 Aposentado

O servidor aposentado *responde* processo administrativo disciplinar, na condição de servidor inativo, pelas irregularidades que praticou no exercício de suas funções (antes de sua aposentadoria).

Dessa forma, o legislador estabeleceu como *penalidade própria* para o aposentado que cometeu um ilícito administrativo, passível de aplicação da penalidade de demissão, a *cassação de aposentadoria*, a teor do disposto no inciso IV do art. 127 c/c o art. 134 da Lei nº 8.112/90.[24]

A autoridade julgadora determinará a cassação da aposentadoria do inativo se concluir que a penalidade cabível ao indiciado é a de demissão.

O STF julgou improcedente a Ação de Arguição de Preceito Fundamental nº 418-DF[25] e reconheceu a constitucionalidade da pena de cassação de aposentadoria. Entretanto, na Proposta de Emenda Constitucional da Reforma Administrativa – PEC 32/2020 – foi inserida alteração ao art. 40, §10-A, para prever que "a lei não poderá prever a cassação de aposentadoria como hipótese de sanção administrativa".[26]

---

[24] Art. 127 São penalidades disciplinares:

(...)

IV – cassação de aposentadoria ou disponibilidade;

(...)

Art 134 Será *cassada a aposentadoria* ou a disponibilidade do inativo que houver praticado, na atividade, *falta punível com a demissão*. (Grifos nossos).

[25] EMENTA: ARGUIÇÃO DE DESCUMPRIMENTO DE PRECEITO FUNDAMENTAL. CONSTITUCIONAL E ADMINISTRATIVO. ARTS. 127, IV, E 134 DA LEI 8.112/1990. PENALIDADE DISCIPLINAR DE CASSAÇÃO DE APOSENTADORIA OU DISPONIBILIDADE. EMENDAS CONSTITUCIONAIS 3/1993, 20/1998 E 41/2003. PENALIDADE QUE SE COMPATIBILIZA COM O CARÁTER CONTRIBUTIVO E SOLIDÁRIO DO REGIME PRÓPRIO DE PREVIDÊNCIA DOS SERVIDORES. PODER DISCIPLINAR DA ADMINISTRAÇÃO PÚBLICA. AÇÃO JULGADA IMPROCEDENTE. 1. As Emendas Constitucionais 3/1993, 20/1998 e 41/2003 estabeleceram o caráter contributivo e o princípio da solidariedade para o financiamento do regime próprio de previdência dos servidores públicos. Sistemática que demanda atuação colaborativa entre o respectivo ente público, os servidores ativos, os servidores inativos e os pensionistas. 2. A contribuição previdenciária paga pelo servidor público não é um direito representativo de uma relação sinalagmática entre a contribuição e eventual benefício previdenciário futuro. 3. A aplicação da penalidade de cassação de aposentadoria ou disponibilidade é compatível com o caráter contributivo e solidário do regime próprio de previdência dos servidores públicos. Precedentes.

4. A perda do cargo público foi prevista no texto constitucional como uma sanção que integra o poder disciplinar da Administração. É medida extrema aplicável ao servidor que apresentar conduta contrária aos princípios básicos e deveres funcionais que fundamentam a atuação da Administração Pública. 5. A impossibilidade de aplicação de sanção administrativa a servidor aposentado, a quem a penalidade de cassação de aposentadoria se mostra como única sanção à disposição da Administração, resultaria em tratamento diverso entre servidores ativos e inativos, para o sancionamento dos mesmos ilícitos, em prejuízo do princípio isonômico e da moralidade administrativa, e representaria indevida restrição ao poder disciplinar da Administração em relação a servidores aposentados que cometeram faltas graves enquanto em atividade, favorecendo a impunidade. 6. Arguição conhecida e julgada improcedente.

(ADPF 418, Rel..Ministro Alexandre de Moraes, Plenário do STF, julgado em 15/04/2020, publicado DJe 30/04/2020).

[26] Câmara dos Deputados. COMISSÃO ESPECIAL DESTINADA A PROFERIR PARECER À PROPOSTA DE EMENDA À CONSTITUIÇÃO Nº 32, DE 2020, QUE ALTERA DISPOSIÇÕES SOBRE SERVIDORES, EMPREGADOS PÚBLICOS E ORGANIZAÇÃO ADMINISTRATIVA. Disponível em: https://www.camara.leg.br/proposicoesWeb/prop_mostrarintegra;jsessionid=node0155f19ik7c6qk140hbfn1tvxcr13491479.node0?codteor=2078687&filename=Parecer-PEC03220-23-09-2021. Acesso em: 01 dez. 2021.

1.5.3 Servidor demitido

O servidor demitido *responde* processo administrativo disciplinar, na condição de ex-servidor, por irregularidades que praticou no exercício de suas funções (antes de ser demitido), desde que tais *irregularidades* sejam *diversas* das que motivaram sua demissão, posto que ninguém pode responder duas vezes pelos mesmos fatos (*bis in idem*). Nesse sentido tem-se a Súmula nº 19, do Supremo Tribunal Federal (STF): É inadmissível segunda punição de servidor público, baseada no mesmo processo em que se fundou a primeira.

A *irregularidade* (o ato irregular praticado pelo servidor) *não se confunde com a tipificação legal, nem com sua transcrição*, conforme exemplos que se seguem e que ilustram melhor a teoria:

Exemplo

Y foi demitido em dezembro de 2018, por restar comprovado no processo disciplinar instaurado pela Portaria nº 001/16 que em março de 2017 alterou, indevidamente, situações no sistema de cadastro para regularizar a situação de A *(ato irregular praticado por Y)*, que era seu parente.

Diante das provas, aludida Comissão Disciplinar concluiu que Y violou o inciso IX do art. 117 *(tipificação legal)* da Lei nº 8.112/90, ilícito administrativo passível de aplicação da penalidade de demissão, por força do *caput* e inciso XIII do art. 132 da Lei nº 8.112/90.

A autoridade julgadora acatou o relatório final da Comissão Processante e determinou a aplicação da penalidade de demissão ao indiciado Y, nos termos e fundamentos *supra*. A penalidade foi devidamente aplicada e cumprida, com a publicação da portaria, e os registros no sistema próprio do servidor.

Observe-se que, ao descrever o ato irregular praticado pelo acusado/indiciado é comum confundir a irregularidade com a transcrição da tipificação legal. Se isso tivesse ocorrido no exemplo *supra*, Y teria sido demitido por se valer de seu cargo para lograr proveito de outrem, em detrimento da dignidade da função pública *(transcrição da tipificação legal, ou seja, da proibição [inciso IX do art. 117] violada, como se fosse a irregularidade)*, o que é errado.

Em 2019, foi protocolada denúncia contra Y de que, em julho de 2017, ele deixou de autuar W, seu amigo, quando durante uma ação fiscalizatória ficou constatado que W desmatou, indevidamente, áreas de sua propriedade. Encontrando-se identificadas autoria e materialidade — tendo em vista os documentos que acompanhavam a denúncia —, instaurou-se uma Comissão de Processo Disciplinar, nos termos do art. 146 c/c o art. 148 da Lei nº 8.112/90.

A Comissão Processante observou todas as formalidades legais, garantindo a Y o atendimento aos princípios constitucionais do contraditório e da ampla defesa.

Dentro do prazo legal, apresentou relatório final conclusivo no sentido de que restou demonstrado nos autos que Y deixou de autuar W, por desmatar áreas de sua propriedade, irregularmente *(irregularidade praticada por Y)*, tendo, portanto, transgredido o inciso IX do art. 117 *(tipificação legal)* da Lei nº 8.112/90, ilícito administrativo passível de aplicação da penalidade de demissão, por força do *caput* e inciso XIII do art. 132 da Lei nº 8.112/90.

A autoridade julgadora acatou o relatório final da Comissão Processante e determinou a aplicação da penalidade de demissão ao indiciado Y, nos termos e fundamentos acima. A penalidade foi aplicada, mas não produziu efeito, já que não foi cumprida, uma vez que Y *já estava demitido*.

De qualquer forma, a *penalidade de demissão poderá ser cumprida posteriormente*, na hipótese de Y ser reintegrado em seu cargo anterior, se for concedida a segurança, no mandado de segurança que porventura vier a impetrar com o objetivo de anular a Comissão de Processo Disciplinar da qual resultou sua demissão.

Nota-se no exemplo supra que Y respondeu dois Processos Disciplinares (o segundo depois de ter sido demitido), e restou comprovado em ambos que infringiu o inciso IX do art. 117 da Lei nº 8.112/90 (tipificação legal). Porém, apesar de ter violado a mesma proibição legal (inciso IX do art. 117 da Lei nº 8.112/90), não ficou caracterizada a ocorrência de *bis in idem*, pois as irregularidades praticadas por Y eram diversas (respondeu duas vezes por fatos diferentes).

Se, nas apurações disciplinares, tivessem confundido a irregularidade com a transcrição da tipificação legal, *daria a impressão* de que Y teria sido penalizado duas vezes pelos mesmos fatos, ou seja, por "valer de seu cargo para lograr proveito de outrem, em detrimento da dignidade da função pública".

Por essa razão, reafirma-se que *o servidor se defende dos fatos e não da tipificação legal*, conforme jurisprudência pacífica do Superior Tribunal de Justiça.[27]

Assim, em que pese o dispêndio de recursos financeiros e de pessoal que envolvem os trabalhos das Comissões, *justifica-se* a instauração de uma das modalidades de Comissão de Processo Administrativo Disciplinar, com o fim de apurar a responsabilidade do ex-servidor demitido, tendo em vista:

a) que reintegrado em seu cargo anterior, se a Comissão Processante que efetivou sua demissão for anulada, sofrerá a penalidade decorrente do processo disciplinar que respondeu na condição de ex-servidor (depois de demitido);

b) o disposto nos arts. 124, 126 e 143 da Lei nº 8.112/90 (o art. 126 da Lei nº 8.112/90 preveem a única hipótese de exclusão da responsabilidade administrativa, que ocorre "no caso de absolvição criminal que negue a existência do fato ou sua autoria");

c) o fato de o denunciado ter o direito de provar sua inocência, se for o caso;

d) havendo outros servidores envolvidos na irregularidade: se vai ser instaurada uma comissão disciplinar para apurar os fatos em relação aos demais servidores, deve-se também apurar contra o ex-servidor (demitido). Com isso evita-se um retrabalho e dispêndio desnecessário de recursos financeiros e de pessoal, com a instauração de nova Comissão Disciplinar para apurar os fatos apenas contra o ex-servidor reintegrado em seu cargo anterior, em face de discussão judicial.

Quanto ao aposentado, demitido, exonerado (cargo efetivo ou em comissão) e destituído do cargo em comissão, veja-se o teor do Enunciado CGU nº 02, publicado no DOU de 05 de maio de 2011: A *aposentadoria, a demissão, a exoneração de cargo efetivo*

---

[27] É pacífica na jurisprudência no Superior Tribunal de Justiça o entendimento de que, no processo administrativo disciplinar, o indiciado se defende dos fatos descritos na peça acusatória, e não da capitulação legal nela contida (MS 14.045/DF, Min. Napoleão Nunes Maia Filho, DJe de 29/04/2010; MS 12.386/DF, Min. Felix Fischer, DJ 24/09/2007; MS 13.364/DF, Min. Napoleão Nunes Maia Filho, DJe de 26/05/2008; MS 9.719/DF, Min. Gilson Dipp, DJ de 06/12/2004; MS 7.157/DF, Min. Gilson Dipp, DJ 10/03/2003). (MS 17515 / DF, Rel. Ministro TEORI ALBINO ZAVASCKI, Primeira Seção, STJ, j. 29/02/2012, publ. DJe 03/04/2012).

ou em comissão e a destituição do cargo em comissão não obstam a instauração de procedimento disciplinar visando à apuração de irregularidade verificada quando do exercício da função ou cargo público.

1.6 Exoneração (de cargo em comissão), remoção e afastamento

A exoneração, a remoção e o afastamento não são sanções disciplinares, pois *não estão relacionados no rol das penalidades disciplinares previstas no art. 127* da Lei nº 8.112/90. Não podem, portanto, serem aplicadas no lugar de punição.

Se fossem penalidades estariam sujeitos ao atendimento dos princípios constitucionais do devido processo legal, do contraditório e da ampla defesa, já que ninguém pode ser penalizado (administrativa ou judicialmente) sem o devido processo legal. Por esta razão a exoneração (de cargo em comissão), a remoção e o afastamento podem ser efetivados sem tais formalidades, como adiante se verá.

1.6.1 Exoneração

A exoneração não se trata de punição, mas de *ato discricionário* da autoridade competente, podendo ocorrer a seu juízo ou a pedido do servidor, nos termos do art. 35 da Lei nº 8.112/90,[28] não sendo necessário, portanto, o atendimento dos princípios constitucionais do contraditório e da ampla defesa para sua efetivação.

Basta a *quebra da confiança* que levou a autoridade competente a nomear alguém para ocupar o cargo comissionado — que nada mais é do que um cargo de confiança — para que haja a exoneração.

1.6.2 Remoção – Acusado lotado em local diverso da apuração

A remoção também não é punição, podendo ocorrer a pedido do servidor ou de ofício, nas hipóteses previstas no art. 36 da Lei nº 8.112/90.

Na *remoção de ofício* tem que ser demonstrado o interesse da Administração e não pode, de maneira alguma, ter a conotação de punição. Embora não haja impedimento legal para que o servidor acusado ou indiciado em um processo disciplinar em andamento ou pendente de instauração seja removido, tal remoção deve ser evitada, sempre que possível.

Isso porque a *remoção* desse servidor *para localidade diversa de onde ocorreram os fatos* dificultará os trabalhos da comissão processante, que tem que instalar seus trabalhos

---

[28] Art. 35. A exoneração de cargo em comissão e a dispensa de função de confiança dar-se-á: (Redação dada pela Lei nº 9.527, de 10.12.97)
I - a juízo da autoridade competente;
II - a pedido do próprio servidor.

no local onde ocorreu a irregularidade, o que facilita a produção de provas e também pode gerar dificuldade para que o acusado acompanhe pessoalmente a apuração.

O *não acompanhamento pessoal* por parte do acusado *não gera*, porém, qualquer *nulidade*, pois pode ser feito por meio de seu procurador. O art. 156 da Lei nº 8.112/90 assegura ao servidor o *direito de acompanhar o processo pessoalmente ou por intermédio de procurador*, arrolar e reinquirir testemunhas, produzir provas e contraprovas e formular quesitos, quando se tratar de prova pericial. Vê-se que o legislador não impôs que o acusado acompanhasse o processo pessoalmente, dando-lhe a opção de acompanhar o processo por intermédio de procurador.

Assim, quando *o acusado estiver lotado em local diverso de onde ocorreram as irregularidades* objeto de apuração, por cautela, deverá ser *intimado* para nomear um procurador com o fim de acompanhar o processo, no prazo de 10 dias, nos termos do art. 156 da Lei nº 8.112/90. A intimação deve ser *específica para essa finalidade*.

Nesse momento, em atendimento aos princípios constitucionais do contraditório e da ampla defesa, o presidente da Comissão Processante deverá esclarecer ao acusado que ele não precisa contratar um advogado, se não tiver condições (já que a lei não exige), e que pode nomear um colega de trabalho ou um amigo como seu procurador, de preferência que tenha conhecimento dos fatos.

Se o *acusado* que *reside* e trabalha no *local onde ocorreram as irregularidades* objetos de apuração, onde a Comissão Disciplinar está instalada, depois de devidamente intimado, não comparecer à(s) audiência(s), não haverá qualquer nulidade, já que, a princípio, não há qualquer obrigatoriedade de comparecimento ou de acompanhamento do processo. Entretanto, *por cautela*, recomenda-se a *nomeação de um defensor ad hoc*, para cada ato, com o fim de acompanhar os atos da comissão em que o acusado estiver ausente. Importa, nessa situação de *falta de interesse do acusado em se defender*, que as formalidades legais foram cumpridas.

Por outro lado, se o *acusado* que *reside* e trabalha em *local diverso de onde ocorreram as irregularidades* objetos de apuração, onde a Comissão Disciplinar está instalada, devidamente intimado, não comparece à(s) audiência(s), *não se pode atribuir à falta de interesse do acusado* em acompanhar o processo e se defender, mas sim à *impossibilidade de seu comparecimento* às audiências, e consequentemente, de acompanhar o processo. Daí recomenda-se a expedição de uma intimação especificamente para conceder ao acusado um prazo para nomeação de um procurador ou a informação de que a oitiva ou participação do representado se dará por meio de videoconferência, inclusive de seu interrogatório (Enunciado CGU nº 7/2013), uma opção mais econômica para as partes, tanto a Administração quanto o acusado/indiciado.

Se mesmo depois da intimação, o acusado não nomear um Procurador, a comissão de processo administrativo disciplinar deverá nomear um *defensor ad hoc*, para cada ato, com o fim de acompanhar os atos da comissão em que o acusado estiver ausente, no caso de impossibilidade logística de se realizar a audiência por videoconferência.

O *defensor ad hoc*, não se confunde com o *defensor dativo*, considerando que só há previsão legal para a nomeação deste último quando o *indiciado* for declarado *revel*, conforme previsão expressa do §2º do art. 164 da Lei nº 8.112/90.[29]

---

[29] Art. 164. Considerar-se-á revel o indiciado que, regularmente citado, não apresentar defesa no prazo legal.
§1º (...)

Entende-se por *ad hoc* o substituto ocasional, designado para a feitura ou prática de um ato ou solenidade, dada a ausência ou impedimento do servidor ou funcionário efetivo, equivale ao temporário de uma função pública. O *dativo*, derivado do latim *dativus*, de *dare* (o que é dado) exprime o que é dado ou quem é nomeado pelo juiz, ou em virtude de testamento, para distinguir do que é dado ou nomeado *ex vi legis*.[30]

1.6.3 Afastamento

Um servidor pode ser afastado do exercício de seu cargo, pelo prazo de até 60 dias, prorrogável por igual prazo, por força do disposto no art. 147 da Lei nº 8.112/90,[31] por *determinação* da *autoridade instauradora* de um processo administrativo disciplinar, sempre que houver a possibilidade de que ele venha influenciar na apuração. O servidor pode ser afastado por determinação da autoridade instauradora de *qualquer* uma das *modalidades de processo administrativo disciplinar*, já que o art. 147, está inserido dentro do Capítulo II do Título V, que trata do processo administrativo disciplinar, como gênero.

Essa determinação só seria restrita ao acusado do processo disciplinar ou da sindicância punitiva, que segue o procedimento do processo disciplinar por analogia, se o art. 147 estivesse inserido dentro do Capítulo III (Título V), que trata das normas específicas do processo disciplinar.

No mais, o art. 147 não é destinado ao acusado — o que poderia restringir sua aplicação aos procedimentos disciplinares que visam atender o contraditório e a ampla defesa (sindicância punitiva, processo disciplinar e rito sumário) — pois menciona servidor.

Esse afastamento não é punição, tanto que o servidor afastado recebe sua remuneração, normalmente, durante o período não trabalhado. Trata-se de uma *medida preventiva*, com objetivo de evitar que o servidor denunciado/acusado/indiciado elimine provas que demonstrem sua autoria e/ou a ocorrência da irregularidade.

O importante é impedir a destruição de provas, o que pode ocorrer até mesmo diante de uma Comissão de Sindicância Investigatória. Afinal, para o responsável pela prática de um ilícito administrativo, não faz diferença qual a espécie de Comissão de Processo Administrativo Disciplinar irá apurar os fatos, pois desde que comprovado seu envolvimento, ele acabará sendo penalizado após o atendimento aos princípios constitucionais do devido processo legal, do contraditório e da ampla defesa.

Assim, conclui-se que, preenchidos os requisitos legais da competência para determinar o afastamento — autoridade instauradora, e da possibilidade de que o servidor venha influir na apuração —, o afastamento *pode ser determinado*:

---

§2º Para defender o *indiciado revel*, a autoridade instauradora do processo designará um servidor como *defensor dativo*, que deverá ser ocupante de cargo efetivo superior ou de mesmo nível, ou ter nível de escolaridade igual ou superior ao do indiciado. (Grifos nossos).

[30] De Plácido e Silva. *Vocabulário Jurídico*, Rio de Janeiro: Forense, 32. ed., 2016

[31] Art. 147. Como medida cautelar e a fim de que o *servidor* não venha a influir na apuração da irregularidade, a *autoridade instauradora* do processo disciplinar poderá determinar o seu afastamento do exercício do cargo, pelo prazo de até 60 (sessenta) dias, sem prejuízo da remuneração.
Parágrafo único. O afastamento poderá ser prorrogado por igual prazo, findo o qual cessarão os seus efeitos ainda que não concluído o processo.

a) na *portaria inaugural* se, tendo em vista a natureza e a gravidade dos fatos, houver nos autos elementos que demonstrem a possibilidade dos prováveis responsáveis pela ocorrência das irregularidades influenciarem na apuração. Neste caso, inclui-se na portaria instauradora um artigo determinando o afastamento;

b) quando a própria comissão solicita, fundamentadamente, à autoridade instauradora o afastamento de um ou de todos os acusados. Nesse caso o afastamento é determinado por *portaria própria para este fim*.

O art. 147 estabelece, ainda, que o afastamento pode ser determinado pelo *prazo de até* 60 dias, e *prorrogado* por *igual* prazo. Isso significa (quando fala em "até") que o *prazo pode ser inferior*, mas *não superior* a 60 dias, e a *prorrogação* deve ser, exatamente, *igual ao prazo inicial* (quando fala em igual prazo).

Exemplo

O afastamento determinado na portaria inaugural de uma Comissão Sindicante tem que ter o prazo de 30 dias, podendo ser prorrogado por mais 30. Afinal, a sindicância tem esse prazo para concluir seus trabalhos. Se o objetivo do afastamento é impedir a eliminação de provas (arquivos e documentos), a lógica é que o servidor fique *afastado do órgão*.

Faz-se necessário que conste na portaria de afastamento um artigo determinando que o servidor afastado deverá ficar à *disposição* da *comissão durante* o *horário normal de expediente,* em *local certo* e *conhecido* (normalmente ficar em sua residência), a contar da ciência do ato. A medida visa a: (a) *evitar* que o servidor afastado viaje, ou passe o dia todo na rua em lugar incerto, criando obstáculos aos trabalhos da comissão, e (b) *reforçar* que o não atendimento a tal determinação implica desobediência a ordens superiores, constituindo atos de indisciplina e desrespeito, o que configura a prática de novas irregularidades, e podem ter como consequência a instauração de outra Comissão de Processo Administrativo Disciplinar. O acusado deverá ser *notificado* dos termos da portaria de afastamento, para que possa cumpri-la na íntegra.

O afastamento só deve ser determinado *quando estritamente necessário*, mesmo porque o servidor *continua recebendo sua remuneração*, sem trabalhar. Além do mais, pode ter o indesejado efeito de prejudicar o bom desenvolvimento dos trabalhos do colegiado, pois apesar de ciente de que tem que ficar à disposição da comissão, pode criar dificuldades para o recebimento das notificações, intimações, citação, e até se ocultar do colegiado.

Por último, na impossibilidade de o servidor continuar exercendo suas atribuições normais por ter sido apontado como o provável responsável pela ocorrência de uma irregularidade de natureza grave, e não podendo ser afastado imediatamente, por não haver uma comissão instaurada, ele poderá ser redesignado, discricionariamente, para ter exercício em outro setor, por necessidade de serviço, desde que não se dê a conotação de punição (por exemplo, colocando a possibilidade de opção entre dois ou mais setores).

2.1 Denúncia

A denúncia *pode ser oferecida* ao órgão onde ocorreram os fatos:

a) por *qualquer cidadão* (servidor ou não), pessoalmente, por escrito ou por telefone. Se o denunciante comparecer pessoalmente no órgão onde ocorreram os fatos, a denúncia é reduzida a termo, na presença de duas testemunhas. Por escrito, a denúncia pode se apresentar sob a forma de carta ou petição, devidamente protocolada no Protocolo Geral ou em qualquer outro setor do órgão onde ocorreram os fatos, mesmo que o órgão tenha um setor específico para esse fim (Ouvidoria ou Corregedoria, por exemplo), bem como por e-mail. A denúncia por telefone ocorre quando o órgão tem uma linha (um número) específica para esse fim.

b) por qualquer *ente público*, principalmente pelos órgãos controladores, por meio de ofício. Ao ter ciência da ocorrência de um ilícito penal com envolvimento de servidor, o Ministério Público Federal ou estadual comunica o órgão onde ocorreram os fatos, para que sejam adotadas as medidas disciplinares cabíveis. O cidadão muitas vezes faz a denúncia no Ministério da Transparência e Controladoria-Geral da União, que oficia o órgão onde ocorreram os fatos para ciência e adoção das providências pertinentes. O Tribunal de Contas da União envia seus acórdãos ao órgão onde ocorreram os fatos para cumprimento da decisão. Pode ocorrer de constar no acórdão determinação de instauração de uma das modalidades de processo administrativo disciplinar.

c) pela *corregedoria ou auditoria interna* do órgão onde ocorreram os fatos. Ao constatarem em seus trabalhos de inspeção a ocorrência de irregularidades, seus relatórios são enviados ao departamento jurídico, para análise, manifestação acerca da instauração, ou não, de uma das modalidades de processo administrativo disciplinar e adoção das medidas cabíveis.

Convém lembrar que o *órgão que ofereceu a denúncia deverá ser informado acerca das medidas adotadas e seus resultados, atualizados* (depois de efetivada cada providência), *enviando cópia*:

1º da *portaria inaugural da Comissão Sindicante Investigativa*, quando houver (já que nem todo processo disciplinar é precedido de sindicância investigatória);

2º do *resultado* (relatório final, manifestação jurídica e julgamento) *da Comissão Sindicante Investigativa*, quando houver (já que nem todo processo disciplinar é precedido de sindicância investigatória);

3º da *portaria inaugural do processo disciplinar*; da *sindicância punitiva* ou do *rito sumário*, conforme o caso;

4º do *resultado* (relatório final, manifestação jurídica, julgamento, aplicação e cumprimento da penalidade, quando houver, já que nem toda comissão resulta em aplicação de penalidade) *da Comissão de Processo Disciplinar*; da *Sindicância Punitiva* ou do *Rito Sumário*, conforme o caso.

Os órgãos devem estabelecer critérios internos, por meio de regulamentação ou banco de decisões, para aceitar as denúncias, principalmente as denúncias feitas por telefone e por e-mail, para *evitar excesso de denúncias inconsistentes, aleatórias e levianas*, o que só serve para criar uma sobrecarga de procedimentos apuratórios desnecessários e, consequentemente, desperdício de recursos financeiros e de pessoal.

Não é incomum que o administrado (particular) que tem seus interesses contrariados faça uma *denúncia* contra o agente público que cumpriu estritamente com sua obrigação, apenas *como represália*. Acontece também de o particular fazer a denúncia acreditando, realmente, que está certo e que o agente público agiu irregularmente, simplesmente *porque desconhece os procedimentos de rotina e as normas internas* do órgão.

Daí a importância da análise da denúncia pela unidade jurídica, para definir se os fatos noticiados constituem ilícito administrativo, havendo necessidade, muitas vezes, da *manifestação preliminar da área técnica*. Quando o assunto tratado na denúncia envolver questões e procedimentos exclusivamente técnicos, a unidade jurídica só tem condições de se pronunciar conclusivamente a respeito da instauração, ou não, de uma das modalidades de processo administrativo disciplinar depois que a área técnica esclarecer acerca da regularidade e até mesmo da legalidade dos fatos denunciados.

Para *cada denúncia* deve ser *formalizado um Processo* Administrativo, com o fim de ter seu curso normal com o devido controle e acompanhamento.

Após a autuação da denúncia, o Processo deve ser submetido à *análise da unidade jurídica*, para se *manifestar a respeito da instauração, ou não, de uma das modalidades de processo administrativo disciplinar, opinando acerca da modalidade cabível* para apuração dos fatos denunciados, *se for o caso*, ocasião em que poderá solicitar manifestação preliminar da área técnica, se necessário, como se viu anteriormente.

Há algumas questões relevantes para a análise da denúncia, tratadas a seguir.

2.1.1 Prescrição da pretensão punitiva da Administração e prescrição penal

O instituto da prescrição tem força jurídica para assegurar a estabilidade social, pois fixa o limite temporal para o exercício de um direito, a fim de evitar que o litígio dure por tempo indeterminado.[32] A matéria da prescrição encontra-se disciplinada também na Lei nº 9.873, de 23 de novembro de 1999.

---

[32] MS 23.262/DF, Voto do Min. Dias Toffoli, Tribunal Pleno do STF.

A súmula 635 do STJ[33] pacificou o entendimento acerca do marco inicial da prescrição da pretensão punitiva: *Os prazos prescricionais previstos no art. 142 da Lei nº 8.112/1990 iniciam-se na data em que a autoridade competente para a abertura do procedimento administrativo toma conhecimento do fato, interrompem-se com o primeiro ato de instauração válido sindicância de caráter punitivo ou processo disciplinar e voltam a fluir por inteiro, após decorridos 140 dias desde a interrupção.*

Assim, verifica-se a ocorrência, ou não, da prescrição da pretensão punitiva da Administração em quatro momentos distintos:

i) entre o conhecimento do fato e a instauração do processo administrativo disciplinar (processo disciplinar ou sindicância punitiva): neste caso a Administração não pode mais se basear no fato atingido pela prescrição para adotar medidas disciplinares contra o servidor. Neste sentido, o Ministro Dias Toffoli manifestou-se na declaração incidental de inconstitucionalidade do art. 170, da Lei nº 8.112/90, no MS 23.262/DF, que, consumada a prescrição *antes de instaurado o processo administrativo disciplinar* ou *em seu curso*, há impedimento absoluto da prática de ato decisório condenatório ou formação de culpa definitiva por atos imputados ao investigado no período abrangido pelo instituto. Por se tratar de matéria de ordem pública, deve a *autoridade julgadora*, no momento em que instada a se manifestar, reconhecer ou não a estabilização da relação intersubjetiva entre a Administração Pública e o servidor pelo decurso do tempo;[34]

ii) entre a cessação da interrupção da prescrição e o julgamento: após o decurso de 140 (cento e quarenta) dias sem que haja decisão definitiva (a instauração do processo administrativo disciplinar interrompe o curso do prazo prescricional da infração, que volta a correr a partir do dia em que cessar a interrupção: §4º, do art. 142,[35] da Lei nº 8.112/90), assim a prescrição pode ocorrer antes do julgamento, pelo transcurso de tempo entre o término dos trabalhos de apuração e o ato da autoridade competente para o julgamento . Há casos em que os processos disciplinares demoram a ser julgados e não há mais possibilidade de se aplicar sequer a pena de advertência, que prescreve em seis meses (180 dias);

iii) entre a cessação da interrupção da prescrição e a aplicação da penalidade, ou seja, após o julgamento e;

iv) a cessação da interrupção da prescrição e o cumprimento da penalidade, também após o julgamento, pois nestas duas últimas hipóteses a Administração *pode demorar ou deixar* de (a) *aplicar* a penalidade, ou (b) *providenciar o cumprimento* da penalidade, depois de sua aplicação, por motivos diversos, desde extravio dos autos, falha do setor competente ou desconhecimento acerca das providências a serem adotadas após o julgamento. Essas hipóteses encontram-se melhor detalhadas no Capítulo 5.

---

[33] Primeira Seção, julgado em 12/06/2019, DJe 18/06/2019, DJe 17/06/2019.

[34] MS 23.262/DF, Rel. Min. Dias Toffoli, Tribunal Pleno, STF, julg 29/10/2014, pub. 30/10/2014.

[35] Art. 142. A ação disciplinar prescreverá:
I - em 5 (cinco) anos, quanto às infrações puníveis com demissão, cassação de aposentadoria ou disponibilidade e destituição de cargo em comissão;
II - em 2 (dois) anos, quanto à suspensão;
III - em 180 (cento e oitenta) dias, quanto à advertência.
§1º (...)
§2º *Os prazos de prescrição previstos na lei penal aplicam-se às infrações disciplinares capituladas também como crime.*

A prescrição só se interrompe com a abertura de sindicância ou a instauração de processo disciplinar, consoante a primeira parte do §3º do art. 142 da Lei nº 8.112/90. Portanto, não *há previsão legal* para *se interromper* a *prescrição com o julgamento,* ou *com a aplicação da penalidade,* ou *com o cumprimento da pena.* A *contagem* do *prazo prescricional* reiniciada quando cessada sua interrupção *continua correndo* normalmente após o julgamento, possibilitando a ocorrência da prescrição punitiva depois do julgamento e antes da aplicação ou do cumprimento da penalidade. Conclui-se daí que o processo tem que ser julgado, assim como a penalidade aplicada e cumprida, antes de ocorrer a prescrição punitiva.[36]

Importante destacar que *não cabe à Comissão Processante ou Sindicante alegar a prescrição para deixar de instalar seus trabalhos.* A análise prévia da ocorrência da prescrição deve ter sido feita pela Administração, por meio de sua unidade jurídica. Caso tenha ocorrido a prescrição, o procedimento disciplinar sequer é instaurado. Entretanto, caso a prescrição ocorra no curso da apuração (e o ilícito administrativo não configure crime, o que poderia dilatar o prazo prescricional), faz-se necessário elaborar o relatório final à autoridade instauradora.

A Advocacia-Geral da União, em parecer vinculante para toda a Administração Pública Federal, vez que aprovado pelo Excelentíssimo Senhor Presidente da República, manifestou-se no sentido de que instituto da prescrição, ao exigir a extinção do processo em curso ou impedir a instauração de um novo procedimento, em virtude da extinção da punibilidade, garante a regularidade e a estabilidade das relações entre indivíduo e Estado, e obsta, da mesma forma, quaisquer medidas restritivas fundadas no fato abarcado pela prescrição.[37]

Nesse aspecto, a Administração Pública Federal observou a decisão do Supremo Tribunal Federal no Mandado de Segurança nº 23.262/DF, que declarou a inconstitucionalidade do art. 170 da Lei nº 8.112/90. Portanto, no âmbito dos processos administrativos disciplinares, uma vez extinta a punibilidade pela prescrição, a autoridade julgadora não poderá fazer o registro do fato nos assentamentos individuais do servidor público.[38] O voto do Relator, concluiu que "o *status* de inocência deixa de ser presumido somente após a decisão definitiva na seara administrativa, ou seja, não é possível que qualquer consequência desabonadora da conduta do servidor decorra tão só da instauração de

---

[36] EMENTA
MANDADO DE SEGURANÇA. PRESCRIÇÃO. PRETENSÃO PUNITIVA. AÇÃO DISCIPLINAR. PENA DE ADVERTÊNCIA. ARTS. 142, III, §§1º, 3º E 4º, 152, 167 E 169, §§1º E 2º – LEI Nº 8.112/90.
1 – Conquanto o §3º do art. 142 da Lei nº 8.112/90 determine que a abertura de sindicância ou a instauração de processo disciplinar interrompe a prescrição, até a data da decisão final proferida por autoridade competente, *o efeito obstativo do reinício do curso prescricional desaparece a partir do encerramento do prazo legal.*
2 – *In casu,* o processo disciplinar foi instaurado em 11/02/94 (fls. 30), através da Portaria nº 081 do Ministro da Justiça, *tendo a decisão final ocorrido* em 14/02/96 (fls. 57), *quando já transcorridos* 180 (cento e oitenta) dias do *prazo prescricional, previsto quanto à pena de advertência* (art. 142, III), considerando o termo *a quo* em 02/07/94, ou seja, 141 (cento e quarenta e um) dias após o início do processo, ao cessar o impedimento do curso da prescrição, nos termos dos arts. 152 e 167 da Lei nº 8.112/90.
3 – Segurança concedida. (MS 7.792-DF. Rel. Min. Paulo Medina, julgado em 24/03/2004.)
[37] AGU, PARECER GMF nº 3 (PARECER Nº 005/2016/CGU/AGU), parecer vinculante aprovado pelo Excelentíssimo Senhor Presidente da República em 19-XII-2016. Disponível em: http://www.agu.gov.br/atos/detalhe/1532556. Acesso em: 7 nov. 2017.
[38] AGU, PARECER GMF nº 3 (PARECER Nº 005/2016/CGU/AGU), parecer vinculante aprovado pelo Excelentíssimo Senhor Presidente da República em 19-XII-2016. Disponível em: http://www.agu.gov.br/atos/detalhe/1532556. Acesso em: 7 nov. 2017.

procedimento apuratório (sindicância ou PAD) ou da decisão que reconheça a incidência da prescrição antes de deliberação definitiva de culpabilidade".

O Supremo Tribunal Federal posicionou-se no sentido de que a manutenção da anotação da ocorrência, após o reconhecimento da prescrição, viola o princípio constitucional da presunção da inocência, possui efeitos deletérios para a carreira do servidor e atenta contra a sua imagem funcional.[39]

O Enunciado CGU nº 4,[40] de caráter orientativo, dispunha sobre a prescrição e a instauração de procedimento disciplinar no âmbito da Administração Pública Federal, no sentido de que se poderia deixar de instaurar o processo disciplinar, caso se verificasse a ocorrência da prescrição antes de sua instauração.

Agora, com o advento do Parecer vinculante da AGU,[41] tendo em vista a garantia da presunção de inocência, prevista no art. 5º, LVII, da Constituição, e em razão da decisão do Supremo Tribunal Federal no Mandado de Segurança nº 23.262/DF, há impedimento de que o servidor sofra antecipadamente os efeitos jurídicos sem a consolidação processual de um status de culpabilidade, com bloqueio de qualquer medida restritiva da condição funcional do servidor se, verificada a prescrição e extinta a punibilidade, deixou de existir a potencialidade de formação processual da culpa.

Por outro lado, se o acusado alegar a ocorrência da prescrição, mesmo após a análise prévia pelo órgão jurídico e conclusão pela sua não ocorrência antes da instauração, com o intuito de não responder ao processo administrativo disciplinar, o presidente da comissão deve despachar denegando o pedido, conforme previsão contida no art. 156, §1º[42] da Lei nº 8.112/90 e fundamentar que não é o momento adequado para a arguição, o que pode ser feito no momento de sua defesa, após a indiciação, se a prescrição ocorrer no curso da apuração, garantindo-se a observância do princípio constitucional do devido processo legal.

Por sua vez, o colegiado processante ou sindicante deve concentrar seus esforços em desenvolver a investigação com o objetivo de elucidar os fatos. Depois de instaurada a comissão de processo disciplinar ou de sindicância punitiva, em que se garante o atendimento dos princípios constitucionais acima mencionados, quando o processo for submetido à apreciação da autoridade competente, serão examinados os aspectos formais, e se verificará uma das hipóteses da ocorrência ou não da prescrição punitiva, quando a autoridade julgadora determinar a penalidade cabível, pois a referida autoridade pode acolher ou não as conclusões do relatório final, se contrário às provas constantes nos autos, e agravar, atenuar a penalidade ou isentar o servidor de responsabilidade.[43]

---

[39] STF, disponível em: http://www.stf.jus.br/portal/cms/verNoticiaDetalhe.asp?idConteudo=265280. Acesso em: 11 set. 2018.

[40] Enunciado CGU nº 04 - Prescrição. Instauração. A Administração Pública pode, motivadamente, deixar de deflagrar procedimento disciplinar, caso verifique a ocorrência de prescrição antes da sua instauração, devendo ponderar a utilidade e a importância de se decidir pela instauração em cada caso. (publicado no DOU de 05/05/2011, Seção 01, p. 22).

[41] AGU, PARECER GMF nº 3 (PARECER Nº 005/2016/CGU/AGU), parecer vinculante aprovado pelo Excelentíssimo Senhor Presidente da República em 19-XII-2016. Disponível em: http://www.agu.gov.br/atos/detalhe/1532556. Acesso em: 7 nov. 2017.

[42] §1º O presidente da comissão poderá denegar pedidos considerados impertinentes, meramente protelatórios, ou de nenhum interesse para o esclarecimento dos fatos.

[43] Art. 168. O julgamento acatará o relatório da comissão, salvo quando contrário às provas dos autos.
Parágrafo único. Quando o relatório da comissão contrariar as provas dos autos, a autoridade julgadora poderá, motivadamente, agravar a penalidade proposta, abrandá-la ou isentar o servidor de responsabilidade.

Conclui-se, no caso de ocorrência prescrição da pretensão punitiva e a extinção da punibilidade da Administração, ante a declaração incidental de inconstitucionalidade do art. 170, da Lei nº 8.112/90, no MS 23.262/DF, que: i) não se anota mais a penalidade nos assentamentos funcionais do servidor; ii) não se instaura o processo administrativo disciplinar correspondente; iii) se a prescrição ocorrer no curso do processo administrativo disciplinar, a autoridade julgadora deve reconhecer a prescrição e extinguir o processo disciplinar desde o exaurimento do prazo prescricional.

Consoante destacou o relator Min. Dias Toffoli em seu voto no MS 23.262, deve ser prestigiado o princípio da segurança jurídica no caso de aplicação de regras sancionadoras e da incidência de seus efeitos, de forma que se impeça que a controvérsia subsista por tempo maior que o lapso temporal previsto pelo legislador ordinário no art. 142, da Lei nº 8.112/90.

Considere-se ainda a hipótese de a infração administrativa também está capitulada como crime, caso em que o prazo a ser considerado para fins de prescrição é o da lei penal, segundo o consignado no §2º da Lei nº 8.112/90.[44] Na maioria dos casos o prazo prescricional do ilícito penal é maior do que o prazo prescricional do ilícito administrativo, o que faz com que não se configure a prescrição punitiva, nem momento de análise da denúncia, nem no julgamento, aplicação ou cumprimento da penalidade.

Se o denunciado praticou uma irregularidade que seja ao mesmo tempo ilícito penal e ilícito administrativo, alarga-se o lapso temporal para a apuração administrativa.[45] A conduta do servidor público também tipificada como crime faz com que o prazo prescricional previsto no art. 109, do Código Penal aplique-se às infrações disciplinares capituladas também como crime.[46] Além disso, a jurisprudência do STF reconhece que a capitulação da infração administrativa como crime faz com que o prazo prescricional da respectiva ação disciplinar tenha por parâmetro o estabelecido na lei penal (art. 109 do CP), conforme determina o art.142, §2º, da Lei nº 8.112/1990, *independentemente da instauração de ação penal*.[47]

---

[44] Art. 142. A ação disciplinar prescreverá:
(...)
§2º – Os prazos de prescrição previstos na Lei Penal aplicam-se às infrações disciplinares capituladas também como crime.

[45] §2º Os prazos de prescrição previstos na lei penal aplicam-se às infrações disciplinares capituladas também como crime.

[46] É inocorrente, na espécie, a prescrição da pretensão punitiva, qualquer que seja seu fundamento, tanto o art. 142, I da Lei nº 8.112/90 como o §2º do mesmo dispositivo legal. Isso porque a Administração tomou conhecimento do fato em 09.03.2005 e a Comissão de Inquérito foi instaurada em 04.03.2010, culminando com a publicação do ato punitivo em 24.02.2012, não alcançando o prazo de cinco anos. Ademais, aplica-se, no caso concreto, o prazo prescricional previsto na lei penal, uma vez que o impetrante foi denunciado – e condenado em primeira instância – pela suposta prática, dentre outros crimes, do crime previsto no art. 3º, III da Lei nº 8.137/90 (crime contra a ordem tributária consistente em patrocinar, direta ou indiretamente, interesse privado perante a administração fazendária, valendo-se da qualidade de funcionário público), punido com pena máxima de quatro anos, do que resulta o prazo prescricional de oito anos, nos termos do art. 109, IV do CPB, haja vista a correspondência com o ato ilícito administrativo apurado, qual seja, elaborar defesas administrativas junto ao Fisco, na condição de servidor lotado no setor de análise dessas defesas.
(MS 18666 / DF, Rel. Ministro Napoleão Nunes Maia Filho, Primeira Seção do STJ, j. 14/08/2013, pub. DJe 07/10/2013)

[47] RECURSO ORDINÁRIO EM MANDADO DE SEGURANÇA. PROCESSO ADMINISTRATIVO DISCIPLINAR. PENA DE DEMISSÃO. FATO CAPITULADO COMO CRIME. PRESCRIÇÃO PUNITIVA ESTATAL. PRAZO FIXADO A PARTIR DA LEI PENAL (ART. 142, §2º, DA LEI Nº 8.112/1990). PRECEDENTES. RECURSO ORDINÁRIO EM MANDADO DE SEGURANÇA AO QUAL SE NEGA PROVIMENTO.
(RMS 33858/DF, Rel. Ministra Cármen Lúcia, Segunda Turma do STF, julg. 17/12/2015, pub. 18/12/2015)

Nos termos do Parecer nº JL-06, aprovado pelo Exmº Senhor Presidente da República vinculante para toda a Administração Pública Federal, consolidou-se o entendimento no sentido de que a aplicação do art. 142, §2º, da Lei nº 8.112, de 1990, prescinde de persecução penal, ou seja, para a aplicação dos prazos prescricionais criminais às infrações disciplinares é suficiente que as infrações também sejam, em tese, capituladas como crime pela Administração Pública, sendo absolutamente irrelevante a existência ou não de inquérito policial ou ação penal, ressalvada a existência de absolvição criminal que negue a existência do fato ou sua autoria (art. 126 da Lei nº de 1990).[48]

---

[48] Processo nº 00405.007812/2019-41. Parecer nº JL - 06, de 10 de novembro de 2020, do Advogado-Geral da União, que adotou, nos termos estabelecidos no Despacho do Consultor-Geral da União nº 00916/2020/GAB/CGU/AGU e no Despacho nº 00732/2020/DECOR/CGU/AGU, o Parecer nº 81/2020/DECOR/CGU/AGU da Consultoria-Geral da União. Aprovo. Publique-se para os fins do disposto no art. 40, §1º, da Lei Complementar nº 73, de 10 de fevereiro de 1993. Em 12 de novembro de 2020. **ADOTO**, para os fins do art. 41 da Lei Complementar nº 73, de 10 de fevereiro de 1993, nos termos do Despacho do Consultor-Geral da União nº 00916/2020/GAB/CGU/AGU e do Despacho nº 00732/2020/DECOR/CGU/AGU, o anexo Parecer nº 81/2020/DECOR/CGU/AGU e submeto-o ao EXCELENTÍSSIMO SENHOR PRESIDENTE DA REPÚBLICA, para os efeitos do art. 40, §1º, da referida Lei Complementar, tendo em vista a relevância da matéria versada. DESPACHO nº 00732/2020/DECOR/CGU/AGU. NUP: 00405.007812/2019-41. INTERESSADOS: Procuradoria-Geral da União. ASSUNTOS: Interpretação do art. 142, §2º, da Lei nº 8.112, de 1990. Exmo. Senhor Consultor-Geral da União,
1. Aprovo o Parecer nº 81/2020/DECOR/CGU/AGU, e elevo à apreciação superior proposta de revogação do Parecer nº AM-02 e do Parecer nº AM-03 (DOU 12.4.2019).
2. Por conseguinte, consolide-se o entendimento no sentido de que a aplicação do art. 142, §2º, da Lei nº 8.112, de 1990, prescinde de persecução penal, ou seja, para a aplicação dos prazos prescricionais criminais às infrações disciplinares é suficiente que referenciadas infrações também sejam, em tese, capituladas como crime pela Administração Pública, sendo absolutamente irrelevante a existência ou não de inquérito policial ou ação penal, ressalvada a existência de absolvição criminal que negue a existência do fato ou sua autoria (art. 126 da Lei nº 8.112, de 1990).
3. Conforme demonstrado no Parecer ora aprovado, do preceito da independência relativa das instâncias administrativa e criminal, de que trata os arts. 125 e 126 do Estatuto dos Servidores Públicos Federais, decorre a conclusão no sentido de que eventual enquadramento de infração disciplinar como crime para os fins do §2º do art. 142 da Lei nº 8.112, de 1990, é atividade tipicamente administrativa, realizada em estrito cumprimento de expresso comando legal e para a exclusiva finalidade de determinar o prazo prescricional aplicável à persecução disciplinar, não representando, portanto, interferência nem tampouco indevida intromissão da Administração na atuação da jurisdição penal.
4. O entendimento ora consolidado decorre, outrossim, do princípio da segurança jurídica, uma vez que a prescrição é seu corolário e se presta justamente para consolidar situações jurídicas em virtude do lapso temporal decorrido, desta maneira é impróprio que a determinação do prazo prescricional aplicável na esfera disciplinar dependa da atuação da instância penal.
5. O posicionamento do Parecer AM-02 e do Parecer nº AM-03 decorreu, precipuamente, dos termos da jurisprudência então vigente no âmbito do Superior Tribunal de Justiça, a qual exigia que houvesse ao menos inquérito policial em trâmite para que à Administração Pública fosse possível proceder a persecução disciplinar a partir dos prazos prescricionais penais. Observa-se, não obstante, que após a edição do Parecer nº AM-02 e do Parecer nº AM-03, aprovados pelo Excelentíssimo Senhor Presidente da República em 9 de abril de 2019, e publicados no Diário Oficial da União que circulou em 12 de abril de 2019, a jurisprudência do Superior Tribunal de Justiça consolidou-se no sentido oposto, conforme bem lançado no Parecer nº 81/2020/DECOR/CGU/AGU, e consoante se verifica do recente precedente que segue:
ADMINISTRATIVO. PROCESSO ADMINISTRATIVO DISCIPLINAR. PRESCRIÇÃO. TERMO INICIAL. CIÊNCIA DA AUTORIDADE ADMINISTRATIVA COMPETENTE. PENALIDADE DE DEMISSÃO. PROPORCIONALIDADE. HISTÓRICO DA DEMANDA
(...)
8. A Primeira Seção firmou o entendimento de que, "para que seja aplicável o art. 142, §2º da Lei nº 8.112/1990, não é necessário demonstrar a existência da apuração criminal da conduta do servidor" (MS 20.857/DF, Rel. Min. Napoleão Nunes Maia Filho, Rel. p/ Acórdão Min. Og Fernandes, DJe 12.6.2019).
(...)
(AgInt nº RMS 58.488/BA, Rel. Ministro HERMAN BENJAMIN, SEGUNDA TURMA, julgado em 15/09/2020, DJe 02/10/2020)

Sobre o Princípio da Incomunicabilidade das Instâncias, o STJ já decidiu que a imposição de sanção disciplinar pela Administração Pública, quando comprovado que o servidor praticou ilícito administrativo, prescinde de anterior julgamento na esfera criminal.[49]

Para Dezan, apesar dessa interferência das regras penais sobre as regras administrativas, o princípio da razoável duração do processo imprime que não se aguarde a final manifestação judicial criminal acerca dos fatos com reflexo na seara disciplinar. Neste caso, se o servidor for condenado na instância penal, não restará prejuízo à Administração e se for absolvido, nas hipóteses de inexistência de autoria ou materialidade, ou mesmo por alguma cláusula excludente de ilicitude, esta absolvição fará coisa julgada na seara disciplinar, invalidando a sanção eventualmente aplicada, e não trará prejuízos ao servidor.[50]

No entanto, registre-se que a absolvição do servidor na instância penal não traz reflexos para a seara disciplinar, pelo princípio da independência relativa entre as instâncias administrativa e penal, o que significa que a atuação simultânea das esferas não se afetam, ressalvadas as hipóteses de reconhecimento da inexistência do fato ou da negativa de autoria.

O caso de absolvição não remete ao prazo prescricional previsto na legislação administrativa, mas *o legislador determina a incidência do prazo prescricional penal para o caso de infração disciplinar também capitulada como crime em razão da gravidade da conduta.*[51]

---

6. Destaque-se, igualmente, que em recente julgamento ocorrido no âmbito do Supremo Tribunal Federal (RMS 35383 AgR, Segunda Turma, julgado em 28/06/2019, PROCESSO ELETRÔNICO DJe-170 DIVULG 05-08-2019 PUBLIC 06-08-2019), constou explicitamente do voto do eminente Ministro Relator Gilmar Mendes que: "(...) Assim, é indiferente o argumento de que o agravante 'nunca foi indiciado, denunciado ou muito menos condenado por qualquer crime, em especial aquele capitulado no art. 325 do Código Penal', uma vez que a jurisprudência firmou-se no sentido de ser irrelevante a instauração de processo penal a respeito da caracterização de crimes pelas infrações administrativas imputadas ao impetrante, para fins de cálculo da prescrição, ressalvadas as hipóteses de reconhecimento, na esfera penal, da inexistência do fato ou negativa de autoria. (...) Dessa forma, sendo necessária apenas a capitulação da infração administrativa como crime para ser considerado o prazo prescricional previsto na lei criminal, não prospera o recurso, no ponto".
7. Nestes termos, a superveniente alteração e consolidação da jurisprudência a respeito da matéria recomenda a revogação do Parecer nº AM-02 e do Parecer nº AM-03.
8. Por fim, acerca da infração disciplinar de abandono de cargo de que cuida o art. 138 da Lei nº 8.112, de 1990, e objeto do Parecer nº AM-02, verifica-se que o prazo prescricional para sua apuração disciplinar é regido, em princípio, pelo inciso I do art. 142 do Estatuto dos Servidores, não obstante, nas hipóteses em que a infração disciplinar também se caracterizar, em tese, como crime tipificado no art. 323 do Código Penal, incidirá o §2º do art. 142 da Lei nº 8.112, de 1990, e aplicar-se-á o prazo prescricional criminal.
9. Caso acolhido, recomenda-se que o Parecer nº 81/2020/DECOR/CGU/AGU e os subsequentes Despachos de aprovação sejam submetidos à apreciação do Advogado-Geral da União, após o que devem ser elevados para aprovação do Excelentíssimo Senhor Presidente da República e ulterior publicação no Diário Oficial da União para os fins do art. 40, §1º, e art. 41 da Lei Complementar nº 73, de 1993.
49 MS 21544/DF, Rel. Ministro Mauro Campbell Marques, Primeira Seção STJ, julg. 20/02/2017, pub. 07/03/2017). V. também: 10. Portanto, como os fatos narrados pela comissão processante configuram os crimes previstos nos arts. 89 e 90 da Lei 8.666/1993, o prazo prescricional para a adoção da pena administrativa de demissão não se regula pelo art. 142, I, da Lei 8.112/1990 (cinco anos), mas pela regra do art. 142, §2º, da mesma norma, a estabelecer: "Os prazos de prescrição previstos na lei penal aplicam-se às infrações disciplinares capituladas também como crime." Nesse sentido: MS 23.608/DF, Rel. Ministro Napoleão Nunes Maia Filho, Rel. p/ Acórdão Ministro Og Fernandes, Primeira Seção, DJe 5.3.2020; MS 21.937/DF, Rel. Ministro Napoleão Nunes Maia Filho, Rel. p/ Acórdão Ministra Assusete Magalhães, Primeira Seção, DJe 23.10.2019; MS 17.538/DF, Rel. Ministro Napoleão Nunes Maia Filho, Primeira Seção, DJe 22.8.2016; MS 17.536/DF, Rel. Ministro Mauro Campbell Marques, Primeira Seção, DJe 20.4.2016.
50 DEZAN, Sandro Lucio. *Direito Administrativo Disciplinar. Direito Processual.* v. III, Curitiba: Juruá, 2013, p. 327
51 (RECURSO ORD. EM MANDADO DE SEGURANÇA 33.858/DF, Rel. Ministra Cármen Lúcia, JULG. 01/12/2015, pub. Dje 18/12/2015

Pode ocorrer de só depois de instaurado o devido processo legal, no qual se forma o conjunto probatório necessário ao esclarecimento dos fatos, ficar constatado que uma irregularidade que parecia ser leve, na verdade foi um ilícito grave. Essa situação não é incomum para as comissões processantes e sindicantes que, ao aprofundar as investigações trazem provas da prática de ilícitos de natureza grave, aos quais correspondem penas capitais.

Por último, importante esclarecer também que, diante de uma denúncia parada por muito tempo, *não se instaura* uma das modalidades de *processo administrativo disciplinar para "apurar a responsabilidade de quem deu causa a prescrição", mas sim para "a paralisação do processo por x anos".*

2.1.2 Denúncia anônima

Para se compreender um texto, há que se deixar levar e ser receptivo ao que o texto tem a dizer.[52] Assim, não cabe interpretação isolada do art. 144 da Lei nº 8.112/90,[53] pois mesmo não estando presentes os requisitos previstos no *caput* do art. 144, *a denúncia tem que ser considerada*, o que se verifica de uma leitura conjunta com o disposto no art. 143 da Lei nº 8.112/90.[54]

A questão da denúncia anônima encontra-se sumulada pelo STJ (Súmula 611), nos seguintes termos: *desde que devidamente motivada e com amparo em investigação ou sindicância, é permitida a instauração de processo administrativo disciplinar com base em denúncia anônima, em face do poder-dever de autotutela imposto à Administração.*[55]

De acordo com Vallés, as denúncias anônimas podem fornecer informações úteis para iniciar uma investigação, mas em um sistema que respeite minimamente a presunção de inocência de modo que não pode ser atribuído a elas valor probatório absoluto. As investigações realizadas a partir do oferecimento da denúncia não prosperarão sem que venha acompanhada de evidência para apoiar o fato alegado. Além disso, um sistema que efetivamente dê muito valor a essa informação pode acabar promovendo denúncias efetivadas de má-fé, sem qualquer fundamento, o que faz com que um indivíduo possa querer prejudicar outro sem correr o risco de ser descoberto.[56]

Encontrar esse meio-termo entre a aceitação e a recusa de uma denúncia anônima é arte que não descura de critérios objetivos. Alguns órgãos da Administração pública federal abrem procedimento preliminar para averiguar a veracidade da denúncia, a exemplo do que existe no âmbito da Controladoria-Geral da União (CGU), previsto no

---

[52] GADAMER, Hans-Georg. *Verdade e Método*. Traços fundamentais de uma hermenêutica filosófica. Trad. Flávio Paulo Meurer. Rev trad. Ênio Paulo Giachini. Petrópolis: Vozes, 1997. p. 405.

[53] Art. 144. As denúncias sobre irregularidades serão objeto de apuração, desde que contenham a identificação e o endereço do denunciante e sejam formuladas por escrito, confirmada a autenticidade. Parágrafo único. (...)

[54] Art. 143. A autoridade que tiver ciência de irregularidade no serviço público é obrigada a promover a sua apuração imediata, mediante sindicância ou processo administrativo disciplinar, assegurada ao acusado ampla defesa.

[55] Súmula 611, Decisão de 09/05/2018, pub. DJe 14/05/2018, STJ

[56] VALLÈS, Ramon Ragués. *Whistleblowing*. Uma aproximación desde el Derecho Penal. Marcial Pons, Madrid, 2013. p. 62-63

art. 38, da Portaria Normativa nº 27, de 11/10/2022.[57] No mesmo sentido o Enunciado CGU nº 03, publicado no DOU de 05 de maio de 2011: *a delação anônima é apta a deflagrar apuração preliminar no âmbito da Administração Pública, devendo ser colhidos outros elementos que a comprovem.* A jurisprudência do Superior Tribunal de Justiça admite a denúncia anônima para deflagrar investigação, quando corroborada em outros elementos.[58]

Por outro lado, ausentes a narrativa clara e objetiva dos fatos narrados, as circunstâncias em que ocorreram, a individualização do envolvido ou os indícios relativos à irregularidade ou ilegalidade imputadas, configura denúncia ou representação deficiente, em relação à qual a providência a ser adotada é o arquivamento, consoante o §2º do art. 38 da Portaria Normativa CGU nº 27, de 2022.[59]

Atende-se, assim, aos princípios da eficiência e do interesse público, por meio da racionalização dos procedimentos administrativos e a necessidade de desburocratizar a Administração Pública, por meio da eliminação de controles cujo custo de implementação seja manifestamente desproporcional em relação ao benefício.

No caso do direito disciplinar tal observação é particularmente importante, pois não raro o gestor público tem à sua disposição diversos outros instrumentos de cunho administrativo, orgânico ou gerencial para desestimular condutas lesivas e fomentar comportamentos desejáveis no âmbito do serviço público.

Entra em cena, para complementação das informações no caso de denúncia anônima, a Instrução Preliminar Sumária (IPS), regulamentada nos art. 40 a 45 da Portaria Normativa CGU nº 27, de 2022, que consolidou vários atos normativos da CGU. A IPS constitui procedimento administrativo investigativo, de caráter preparatório, não contraditório e não punitivo, de acesso restrito, que objetiva a coleta de elementos de informação para a análise acerca da existência dos elementos de autoria e materialidade relevantes para a instauração de processo administrativo disciplinar acusatório, processo administrativo sancionador ou processo administrativo de responsabilização.

2.1.3 Denúncia confidencial

Embora o serviço público federal receba inúmeras denúncias anônimas, nas quais intencionalmente o denunciante opta por resguardar a própria identidade, e

---

[57] Art. 38. As denúncias, as representações ou os relatos que noticiem a ocorrência de suposta infração disciplinar ou de ato lesivo contra a Administração Pública praticado por pessoa jurídica, inclusive anônimos, deverão ser objeto de juízo de admissibilidade que avalie a existência de indícios que justifiquem a sua apuração, bem como a espécie de procedimento investigativo ou processo correcional cabível.
§1º Para subsidiar o juízo de admissibilidade, o titular da unidade setorial de correição poderá se valer dos procedimentos investigativos previstos neste Capítulo.
§2º A denúncia ou representação que não contiver os indícios mínimos que possibilitem sua apuração será motivadamente arquivada.
§3º A autoridade competente pode, motivadamente, deixar de deflagrar procedimento correcional, caso verifique a ocorrência de prescrição antes da sua instauração.
§4º No caso de infração disciplinar de menor potencial ofensivo a que se refere o caput do art. 62 desta Portaria Normativa, deverá ser proposta a celebração de TAC.

[58] AgRg no AREsp 656.569/PA, Rel. Ministro Rogerio Schietti Cruz, Sexta Turma, STJ, julgado em 03/12/2015, DJe 15/12/2015.

[59] §2º A denúncia ou representação que não contiver os indícios mínimos que possibilitem sua apuração será motivadamente arquivada.

dispense o tratamento abordado no tópico anterior, ainda não há legislação no Brasil que contemple a confidencialidade.

A denúncia confidencial, consoante consta na justificativa da proposição legislativa em trâmite,[60] seria um novo mecanismo voltado à defesa da moralidade pública e da probidade administrativa, com a finalidade de regular o sigilo da fonte da informação que deu causa à investigação relacionada à prática de atos de corrupção. O informante confidencial distingue-se do informante anônimo, cuja identidade se desconhece. Assim, a identidade do informante confidencial será conhecida, mas não revelada por importante razão de interesse público. O comum é que se obtenham provas materiais do ato corrupto, após uma notícia de corrupção.

Com a edição dessa norma pretende-se criar um ambiente no qual os cidadãos que têm conhecimento de atos corruptos noticiem a prática ilícita, mesmo quando temem algum risco à sua integridade física ou à de alguém próximo, o que é comum.

Ninguém poderá ser condenado com base exclusivamente no depoimento de um informante confidencial, uma vez que a defesa não terá possibilidade de avaliar criticamente a credibilidade do depoente. A preservação da identidade do informante vai existir desde que ele não incrimine falsamente alguém. Caso o juiz entenda imprescindível a revelação da identidade do informante, o Ministério Público poderá escolher entre revelar a identidade e perder o valor probatório exclusivamente do depoimento prestado pelo informante, com base no art. 5º, inciso XIV, da Constituição Federal.

Com frequência surgem testemunhas que compareçam voluntariamente e condicionam seu depoimento sobre certo fato, até então desconhecido das autoridades públicas, à preservação da confidencialidade de sua identidade, diante do temor de riscos à sua integridade física. A preservação da fonte nesses casos torna-se essencial ao trabalho investigatório, na defesa dos direitos fundamentais sociais e daqueles direitos fundamentais tutelados pelas normas penais. A previsão expressa em norma objetiva conferir segurança jurídica à testemunha que pretende colaborar sobre fato inédito do qual teve conhecimento, sob condição de confidencialidade, cujo depoimento não poderia ser obtido sem garantia de sigilo. As pessoas serão incentivadas não só a informar crimes já cometidos, contribuindo com a investigação, mas também crimes em vias de serem cometidos, constituindo importante medida para prevenir a prática ou a continuidade de esquemas criminosos.

Essas circunstâncias legitimam a interpretação do art. 5º, XIV, CF/88, de modo a fundamentar a figura do informante confidencial no ordenamento brasileiro. A utilização do informante confidencial torna-se necessária na investigação e persecução de atos de corrupção, especialmente o exercício da ação penal e a proteção do patrimônio público e dos demais bens jurídicos atingidos pelos atos ilícitos. Os órgãos de Estado, ao se desincumbirem de suas funções, devem fazê-lo na exata medida necessária ao atingimento da finalidade proposta. Daí decorre a necessidade de que a atuação estatal seja pautada pelo princípio da proporcionalidade, não apenas a clássica e difundida feição negativa, de abstenção estatal, como também sua feição positiva, identificada modernamente como "princípio da vedação à proteção deficiente". Assim, o Estado

---

[60] Projeto de Lei nº 4260/2016 do Dep. Diego Garcia. Disponível em: https://www.camara.leg.br/proposicoesWeb/fichadetramitacao?idProposicao=2076607. Acesso em: 21 dez. 2021. Atualmente encontra-se apensado ao PL 2808/2015.

não pode empregar meios e condutas além do necessário para o atingimento dos fins propostos (feição negativa), ao mesmo tempo em que lhe é vedado agir aquém do necessário para que suas atribuições sejam exercidas plenamente (feição positiva).[61]

Na Espanha, de acordo com Vallès,[62] há limites para a garantia da confidencialidade:

> (...) dicha confidencialidad no podrá garantizarse a los informantes hasta el punto de que la empresa pueda negarse a facilitar dicha información si se la requiere em juezemna vez aberto um procedimento penal: si tal requerimento se produce, la empresa deberá revelar la identidad o los responsables de la negativa podrán incueemr en un delito de deobediencia. Y, obviamente, tampoco podrá garantizarse la confidenciemidade en aquellos empuestos en los que se descubra que la información no sólo es falsa, sino que además fue enviada cone el animo de perjudicar.

Por fim, informante confidencial não se confunde com testemunha. A distinção é fundamental para a adequada compreensão do papel de tais figuras, considerando-se o princípio do contraditório e o direito ao confronto que dele deriva. O contraditório é pleno quanto à testemunha, de maneira que o valor probatório de seu depoimento é acentuado, podendo servir de amparo, por si só, a uma decisão. Trata-se de decorrência do sistema de livre convencimento motivado, que permeia a valoração da prova em nosso sistema jurídico. Informante confidencial é aquele que disponibiliza aos órgãos investigativos informações sobre o cometimento de crimes ou atos de improbidade administrativa. Sua identidade pode ser desconhecida (informante anônimo) ou conhecida e mantida em sigilo pelos órgãos de controle por razões de interesse público (informante confidencial). Devido ao anonimato ou confidencialidade, o informante não será chamado como testemunha do caso. De outro lado a testemunha tem sua identidade conhecida por todos os sujeitos processuais e declara o que conhece sobre o fato ilícito e de suas circunstâncias, sob o compromisso de dizer a verdade.[63]

2.2 Mecanismos de proteção ao denunciante

Os denunciantes podem temer por sua segurança ou recear retaliações ao reportar um fato supostamente ilícito em andamento ou em vias de ser cometido. Algumas razões também podem ser apresentadas como justificativa para não se informar às autoridades competentes para a apuração desses fatos: i) pelo fato das práticas ilícitas serem institucionalizadas; ii) pelo impacto negativo na instituição; iii) o arquivamento ser considerado a melhor opção para o interesse público. Os denunciantes devem, então, ter uma opção segura para informar às autoridades competentes para a apuraçao dos fatos ou aos respectivos órgãos de supervisão. Isso se torna imprescindível nos casos em que existe um risco imediato para a saúde ou a segurança das pessoas.[64]

---

[61] GUALTIERI, Lucas de Morais; CERQUEIRA, Marcelo Albuquerque. Pelo MP: *O informante confidencial como instrumento de combate à corrupção.* Disponível em: https://jota.info/especiais/pelo-mp-o-informante-confidencial-como-instrumento-de-combate-corrupcao-29032016. Acesso em: 28 ago. 2017.

[62] VALLÈS, Ramon Ragués, p. 125-126.

[63] GUALTIERI, Lucas de Morais; CERQUEIRA, Marcelo Albuquerque. *Op. cit.*

[64] TRANSPARENCY INTERNATIONAL. *The global coalition against corruption* Whistleblowing: an effective tool in the fight against corruption p. 4.

Entre as medidas de proteção recomendadas pela Transparência Internacional[65] estão: i) proteção da identidade (*protection of identity*) a lei deve assegurar que a identidade do denunciante não possa ser divulgada sem o seu consentimento, deve providenciar a possibilidade da informação anônima; ii) proteção contra retaliação omport*tion against retribution*) – a lei deve proteger o denunciante contra qualquer desvantagem sofrida como resultado de denúncia. Isso deve abranger todos os tipos de danos, incluindo demissão, sanções no trabalho, transferências punitivas, assédio, perda de *status* e benefícios, e outros. iii) Inversão do ônus da prova (*reversed burden of proof*) – quaisquer medidas tomadas em detrimento de um denunciante devem ser motivadas por razões diferentes da divulgação dos fatos ilicitos feitas por ele. Este ônus pode ser dispensado pelo decurso de tempo suficiente; iv) imunidade para o delator de boa-fé (*waiver of liability*) – qualquer divulgação feita no âmbito da lei gozará de imunidade de procedimentos disciplinares e de responsabilidade nos termos de leis criminais, civis e administrativas, incluindo leis de difamação, difamação e atos (oficiais) de segredos; v) ausência de sanções na hipótese de denúncias equivocadas, se fundadas em erro honesto (*no sanctions for misguided reporting*) para o caso de denúncias equivocadas: a lei deve proteger qualquer divulgação que seja feita com base em um erro honesto; vi) Direito de recusa (*right to refuse*) a lei deve permitir que o denunciante decline a participação como denunciante nos casos de suspeitas de irregularidades em que não há garantia de ausência de sanção ou tenha como resultado uma desvantagem; vii) Sem transações prejudiciais (*no circunvenctions*) a lei invalidará qualquer regra ou acordo que obstrua os efeitos da legislação de denunciantes.

As únicas medidas de proteção para o denunciante existentes na legislação brasileira voltam-se para o servidor público. Com efeito, a Lei nº 8.112/90, que dispõe sobre o regime jurídico dos servidores públicos civis da União, das autarquias e das fundações públicas federais, estabelece em seu artigo 116, inciso VI, ser dever do servidor levar as irregularidades de que tiver ciência em razão do cargo ao conhecimento da autoridade superior ou, quando houver suspeita de envolvimento desta, ao conhecimento de outra autoridade competente para apuração. A Lei nº 12.527/2011 – Lei de Acesso à Informação, por sua vez, determina no artigo 126-A, que nenhum servidor poderá ser responsabilizado civil, penal ou administrativamente por dar ciência à autoridade superior ou, quando houver suspeita de envolvimento desta, a outra autoridade competente para apuração de informação concernente à prática de crimes ou improbidade de que tenha conhecimento, ainda que em decorrência do exercício de cargo, emprego ou função pública.

Mesmo nesses casos, muitas vezes o servidor prefere o anonimato e a Ouvidoria, via de regra, é o canal escolhido por possibilitar a denúncia de irregularidades e apresentação de indícios de provas (número do processo administrativo, documentos escaneados, fotos, dentre outros), mantendo-se a salvo de retaliações, ou risco à própria integridade física, por parte do denunciado.

---

[65] TRANSPARENCY INTERNATIONAL. *Recomended Draft principles for whistleblowing legislation*º 2009. Disponível em: http://www.right2info.org/resources/publications/09_12_02%20ti-draft%20principles%20WB%20legislationºpdf/view. Acesso em: 28 ago. 2017.

2.3 Limites ao interesse do denunciante no processo disciplinar

O denunciante não se confunde com a testemunha e nem é parte no desenvolvimento do processo que se iniciou. A partir do momento em que faz a denúncia ao órgão e é dada a destinação ao setor competente para apuração do ilícito, cria-se um processo administrativo específico para aquela finalidade. Essa relação processual dá-se entre a Administração e o servidor investigado.

Existirá, então, um limite à atuação do denunciante? Se a denúncia for anônima, essa limitação dá-se por vontade do próprio denunciante. Ao optar por se manter no anonimato, seja quais forem as razões alegadas, perde-se a oportunidade de atuar no processo disciplinar como informante. Nesse caso, eventuais novas provas ou indicações de onde a Administração poderia obtê-las para chegar aos esclarecimentos dos fatos ficam perdidas.

No caso de o denunciante se identificar perante a Ouvidoria ou Corregedoria e fornecer dados de sua localização, ele poderá, a critério da Comissão de Processo Disciplinar porventura instaurado, ser ouvido e trazer elementos que corroborem a denúncia, ou apontar onde se pode obter tais provas.

Além desse limite autoimposto, o denunciante não pode recorrer da decisão da autoridade julgadora, seja por falta de expressa previsão legal, seja pela ausência de interesse processual.

Embora a Administração possa, como acontece em muitos órgãos federais, informar e até enviar cópia de relatório final e atos subsequentes no processo disciplinar (manifestação jurídica, julgamento e comprovante da aplicação e cumprimento da finalidade) ao órgão de controle que solicitou a apuração, este fato não estabelece relação jurídica entre o denunciante e a Administração ou entre aquele e o acusado, de forma que não é afetado pela decisão administrativa, o que justificaria seu interesse em agir.

2.4 Responsabilidade administrativa e civil

O processo administrativo disciplinar visa a apurar somente a responsabilidade administrativa (ilícito administrativo = infração disciplinar). Se na análise da denúncia ficar constatada a ocorrência de ilícito administrativo (responsabilidade administrativa) e de prejuízo ao erário (responsabilidade civil), deve ser instaurado o procedimento específico para apuração de cada uma das responsabilidades (civis e administrativas).

Convém lembrar que as *responsabilidades civis, penais e administrativas*, previstas nos arts. 121 a 126 da Lei nº 8.112/90 são independentes entre si (art. 125 da Lei nº 8.112/90). Exemplo: o motorista que paga o dano causado em veículo oficial resolve apenas a responsabilidade civil, persistindo a responsabilidade administrativa.

A *instauração de uma* Tomada de Contas Especial – TCE *simultaneamente* com uma Comissão de Processo Administrativo Disciplinar – CPAD, com o mesmo objeto, não é aconselhável. Costuma gerar confusão, pois os processos terão manifestações e encaminhamentos distintos, podendo resultar, até mesmo, na ocorrência de *bis in idem*;

A TCE é um procedimento contábil e o processo disciplinar um procedimento administrativo, com ritos completamente diferentes, o que dificultaria a escolha dos membros para integrarem as duas comissões e a conciliação dos trabalhos. Logo, só se torna recomendável a *instauração simultânea da Tomada de Contas Especial e do processo disciplinar* em *situações excepcionais*, quando o decurso do tempo, a natureza, a gravidade e o valor do prejuízo exigirem providências urgentes.

Consoante lição contida no sítio do Tribunal de Contas da União-TCU,[66] a tomada de contas especial é um processo administrativo devidamente formalizado, com rito próprio, para apurar responsabilidade por ocorrência de dano à administração pública federal com o objetivo de obter o respectivo ressarcimento. Essa dinâmica tem por base a apuração de fatos, a quantificação do dano, e a identificação dos responsáveis, nos precisos termos do art. 2º da IN TCU 71/2012.

A instauração da tomada de contas especial tem por pressuposto as seguintes irregularidades, a teor do art. 8º da Lei nº 8.443/1992:

a) omissão no dever de prestar contas;
b) não comprovação da aplicação dos recursos repassados pela União;
c) ocorrência de desfalque ou desvio de dinheiros, bens ou valores públicos;
d) prática de qualquer ato ilegal, ilegítimo ou antieconômico de que resulte dano ao erário.

Em regra, a TCE deve ser instaurada pela autoridade competente do próprio órgão ou entidade jurisdicionada (responsável pela gestão dos recursos), em face de pessoas físicas ou jurídicas que deram causa ou concorreram para a materialização do dano, depois de esgotadas as medidas administrativas internas com vista à recomposição do erário ou à elisão da irregularidade.

Entretanto, as TCEs só devem ser instauradas pelas unidades competentes e encaminhadas ao TCU para julgamento se o dano ao erário, atualizado monetariamente, for de valor igual ou superior a R$100 mil (valor de alçada vigente), nos termos do art. 6º, inc. I, da IN TCU 71/2012, alterada pela IN TCU nº 76, de 23/11/2016, e IN TCU nº 88, de 09/09/2020. Se o dano for de valor inferior a esse limite, a autoridade administrativa federal competente, ainda assim, deverá esgotar as medidas administrativas visando ao ressarcimento pretendido.

Os procedimentos poderiam ser instaurados, simultaneamente, nas seguintes hipóteses: (a) nos mesmos autos, compondo as duas comissões (TCE e PAD) com os mesmos membros para serem instauradas e instaladas, concomitantemente, ou, (b) formalizando outro processo administrativo exclusivamente para a apuração da responsabilidade civil. Nesse caso, deixa-se bem especificado nos dois processos o fim a que se destinam, devendo ser citado, inclusive, o número de um processo no outro, para que não se extraviem e possam ser consultados e analisados juntos, sempre que necessário.

Assim, por recomendação do próprio TCU, primeiramente se instaura *o processo administrativo disciplinar*, seja qual for a modalidade cabível, *desde que* se cumpram os prazos e não se perca de vista a necessidade de se apurar a responsabilidade civil.

A Comissão de Processo Administrativo Disciplinar, seja de Sindicância (Investigatória ou Punitiva), seja de processo disciplinar ou de rito sumário, pode ser instituída antes da TCE, desde que haja um acompanhamento de seus prazos, sem se

---

[66] Tribunal de Contas da União. Tomada de Contas Especial (TCE). Disponível em: https://portal.tcu.gov.br/contas/tomada-de-contas-especial/conheca-a-tomada-de-contas-especial.htm. Acesso em: 19 set. 2018.

esquecer de que deverá suceder-lhe, imediatamente, a instauração da TCE, tendo em vista que o resultado dos trabalhos de apuração constitui importante fonte de coleta de informações.

Os elementos constitutivos do processo administrativo disciplinar, como os relatórios da sindicância ou do inquérito,[67] devem constar dos autos da TCE, quando pertinentes, revelando de modo inequívoco que a normatização infrarregimental procedida pela Corte Federal de Contas permite que se aguarde o momento oportuno para a instauração da TCE.

Assim, a Súmula 86[68] do TCU ressalta que, no exame e julgamento das tomadas e prestações de contas dos responsáveis por bens e dinheiros públicos, quando se verificar qualquer omissão, desfalque, desvio ou outra irregularidade de que resulte prejuízo para a Fazenda Pública, levar-se-á em linha de conta, como elemento subsidiário, o inquérito administrativo instaurado pela autoridade competente. Aponta, também, para a conveniência de se esperar a conclusão do processo administrativo disciplinar e/ou da sindicância, desde que conduzidos dentro de razoável normalidade, no que diz respeito ao cumprimento de prazos.[69]

2.5 *Compliance*

A expressão *Compliance* não se confunde com o mero cumprimento de regras formais e informais, mas diz respeito às ferramentas de concretização da missão, da visão e dos valores de uma empresa. Seu alcance é mais amplo, pois se trata de um conjunto de regras, padrões, procedimentos éticos e legais, que são definidos e implantados em uma instituição e se tornará a linha mestra que orientará o comportamento da instituição no mercado em que atua, bem como a atitude dos seus funcionários. *Compliance* vem a ser, assim, o instrumento responsável pelo controle dos riscos legais ou regulatórios ou de reputação. Envolve questão estratégica e se aplica a todos os tipos de organização, pois o mercado exige cada vez mais que as empresas adotem condutas legais e éticas em seu comportamento, de forma que a lucratividade na condução dos seus negócios, com foco no desenvolvimento econômico e socioambiental, se desenvolva de forma sustentável.[70]

Compliance vem do Inglês (*to comply*) e significa cumprir. Ingressou no vocabulário do Direito Administrativo após a edição da Lei Anticorrupção[71] – Lei nº 12.846, de 01.08.2013 – mais especificamente no inc. VIII, do art. 7º da lei, que leva em consideração na aplicação das sanções a existência de mecanismos e procedimentos internos de

---

[67] Processo administrativo disciplinar, uma vez que o inquérito administrativo é uma fase do processo disciplinar, a teor do inciso II do art. 151 da Lei nº 8.112/90, e não um procedimento disciplinar.

[68] SÚMULA Nº 086: No exame e julgamento das tomadas e prestações de contas de responsáveis por bens e dinheiros públicos, quando se verificar qualquer omissão, desfalque, desvio ou outra irregularidade de que resulte prejuízo para a Fazenda Pública, levar-se-á em linha de conta, como elemento subsidiário, o inquérito administrativo instaurado pela autoridade competente.

[69] FERNANDES, Jorge Ulisses Jacoby. *Tomada de Contas Especial,* 2. ed., Brasília: Brasília Jurídica, p. 204.

[70] RIBEIRO, Marcia Carla Pereira; DINIZ, Patrícia Dittrich Ferreira. *Compliance* e Lei Anticorrupção nas Empresas. *Revista de Informação Legislativa.* Ano 52 nº 205 jan/mar. 2015, p. 88.

[71] MEDAUAR, Odete. *Direito Administrativo Moderno.* 20. ed. São Paulo: Revista dos Tribunais, 2016. p. 159.

integridade, auditoria e incentivo à denúncia de irregularidades e a aplicação efetiva de códigos de ética e de conduta no âmbito da pessoa jurídica.

A Lei Anticorrupção objetiva a responsabilização administrativa e civil de pessoa jurídica, pela prática de atos contra a administração pública, nacional ou estrangeira (art. 1º), e pode alcançar atos ilícitos de seus dirigentes ou administradores ou de qualquer pessoa natural, autora, coautora ou partícipe do ato ilícito.

A instauração e o julgamento de processo administrativo para apuração da responsabilidade de pessoa jurídica cabem à autoridade máxima de cada órgão ou entidade dos Poderes Executivo, Legislativo e Judiciário, que agirá de ofício ou mediante provocação, observados o contraditório e a ampla defesa (art. 8º).

A Controladoria Geral da União – CGU possui competência concorrente para instaurar processos administrativos de responsabilização de pessoas jurídicas, para avocar os processos instaurados para exame de sua regularidade ou para corrigir-lhes o andamento (§2º, do art. 8º). Possui também competência para a apuração, o processo e o julgamento dos atos ilícitos previstos nessa Lei, praticados contra a administração pública estrangeira, observado o disposto no Artigo 4º da Convenção sobre o Combate da Corrupção de Funcionários Públicos Estrangeiros em Transações Comerciais Internacionais, promulgada pelo Decreto nº 3.678, de 30 de novembro de 2000 (art. 9º).

O processo administrativo para apuração da responsabilidade de pessoa jurídica será conduzido por comissão composta por 2 (dois) ou mais servidores estáveis, designada pela autoridade instauradora, e poderá requerer as medidas judiciais necessárias para a investigação e o processamento das infrações, inclusive de busca e apreensão, por meio do seu órgão de representação judicial, ou equivalente, do ente público. O prazo para a conclusão é de 180 dias, prorrogáveis, contados da data da publicação do ato de instauração.

A pessoa jurídica terá o prazo de trinta dias para defesa, contados a partir da intimação. Concluído o processo, segue-se o julgamento pela autoridade instauradora e em caso de não pagamento (sanções pecuniárias previstas no art. 6º, da Lei Anticorrupção), o crédito apurado será inscrito em dívida ativa da fazenda pública. A personalidade jurídica poderá ser desconsiderada sempre que utilizada com abuso do direito para facilitar, encobrir ou dissimular a prática dos atos ilícitos ou para provocar confusão patrimonial, sendo estendidos todos os efeitos das sanções aplicadas à pessoa jurídica aos seus administradores e sócios com poderes de administração, observados o contraditório e a ampla defesa.

A comissão, ao final, apresentará relatório conclusivo sobre os fatos apurados e apontará eventual responsabilidade da pessoa jurídica, sugerindo de forma motivada as sanções a serem aplicadas. A comissão dará conhecimento ao Ministério Público de sua existência, para apuração de eventuais delitos.

CAPÍTULO 3

OUVIDORIA

3.1 Ouvidoria

A ouvidoria, nos moldes concebidos atualmente, em nada lembra a antiga figura do Ouvidor no Brasil Colonial, mas remete ao sistema criado na Suécia em 1809, quando se registra a implantação constitucional do *ombudsman*, cuja missão era verificar a observância das leis pelos tribunais, e que detinha poderes de processar aqueles que cometessem ilegalidades ou negligenciassem o cumprimento de seus deveres.[72] No Brasil Colonial havia os ouvidores indicados pelo Rei de Portugal para atuar como Comissários de Justiça, uma espécie de juiz ou auxiliar direto dos donatários das capitanias hereditárias, e ouvir reclamações e reivindicações da população sobre improbidades e desmandos por parte dos servidores da Coroa.[73]

Atualmente, a Ouvidoria consiste em um canal de manifestação do cidadão, verdadeiro mecanismo de exercício da cidadania e meio estratégico de apoio à gestão das organizações, seja na melhoria da qualidade dos serviços oferecidos, seja para atender às crescentes necessidades de transparência, arejamento e revisão de processos impostas às organizações pela nova ordem social globalizada.[74]

A Ouvidoria surge como instrumento de diálogo entre o cidadão e o órgão estatal, dadas as garantias de sigilo e anonimato que preservam a fonte de possíveis retaliações por parte dos denunciados. Promove a abertura da Administração e assegura a transparência e o controle social sobre os atos administrativos.

Como exemplo de atuação em um determinado órgão da Administração Pública Federal, o sítio da Advocacia-Geral da União – AGU apresenta sua Ouvidoria como um canal aberto ao cidadão, às instituições e aos servidores das áreas administrativa e jurídica da AGU, com a incumbência de receber reclamações, elogios, críticas, sugestões e denúncias, assegurando resposta ao interessado.[75]

---

[72] LIVIANU, Roberto; LÍDICE, Roberta. *Ouvidoria é instrumento fundamental para a cultura de transparência.* Disponível em: http://www.lecnews.com.br/art/ouvidoria-e-instrumento-fundamental-para-a-cultura-de-transparencia/. Acesso em: 3 jun. 2015.

[73] *Idem.*

[74] *Idem.*

[75] AGU – Ouvidoria da Advocacia-Geral da União – Registro de Demandas. Disponível em: http://www.agu.gov.br/ouvidoria.

Como instrumento democrático, privilegia a participação popular com o objetivo de humanizar as relações interpessoais, promover a articulação entre cidadania e ética, além de aprimorar os serviços prestados pela AGU. No próprio sítio o interessado preenche um formulário para encaminhar reclamações, elogios, críticas, sugestões ou denúncias e recebe o número de registro da sua demanda e senha de acesso, para acompanhar o resultado junto à AGU. Pode-se enviar uma resposta direta ou solicitar informações adicionais necessárias ao tratamento de sua demanda, além de manter tais dados sob sigilo, se assim o interessado se manifestar. O interessado/requerente também indica, no próprio formulário, se o atendimento é preferencial e a forma pela qual pretende que seja recebida sua resposta. Portanto, a Ouvidoria encaminha a demanda ao setor competente, monitora e cobra resposta da área responsável, em tempo razoável. Atua como fiscalizador do setor competente, uma vez que necessita apresentar o resultado ao demandante.

A Ouvidoria provoca a atuação de outros setores dentro do órgão, realiza a dimensão de *enforcement* da *accountability* (cumprimento ou execução da responsabilidade), fundamentais para a punição daqueles que transgridem as regras da *res publica*. Indiretamente monitora as atividades do órgão e os resultados da ação na responsabilização do agente denunciado e, ao fazer o encaminhamento da notícia de ilícito trazida pelo *whistleblower* (reportante), age como intermediário entre este e a Administração, não no papel correcional, mas numa zona cinzenta em que suas atividades parecem se sobrepor ao da Corregedoria do órgão.

A Ouvidoria participa desse sistema interno, de competência distinta da Corregedoria, ao responder às consultas feitas sob a forma de denúncia, nos casos em que o cidadão ou servidor não identificado tem dúvidas na atuação de um membro da carreira, se haveria ou não conflito de interesses com sua atuação dentro do órgão. Ao responder ao denunciante, a Ouvidoria presta um serviço de informação que vai além do previsto na norma e esclarece o cidadão. Aqui está o ponto de convergência na atuação da corregedoria e da ouvidoria: ambos orientam acerca de condutas que podem ou não configurar ilícitos administrativos, passíveis de instauração de um processo disciplinar.

3.1.1 Ouvidoria e o *whistleblower*

A palavra *whistle* é traduzida livremente como 'assobio' ou 'apito', sendo o agente *whistleblower* aquele que dá notícia de possível infração, independentemente de efetiva apuração administrativa ou judicial.[76] O termo *whistleblowing* aplica-se à denúncia e à revelação de informações sobre malfeitos – ou risco da ocorrência destes – detectados em uma organização por indivíduos ou entidades capazes de ações efetivas para proteger o interesse público. O objetivo seria provocar a atuação das pessoas ou órgãos que estão em condições de prevenir danos, investigar ou tomar medidas contra os responsáveis pelo ilícito.[77]

---

[76] OLIVEIRA, Juliana Magalhães Fernandes. *A urgência de uma legislação whistleblowing no Brasil*. Núcleo de estudos e pesquisas da Consultoria Legislativa. Textos para Discussão 175. Maio 2015. Disponível em: https://www12.senado.leg.br/publicacoes/estudos-legislativos/tipos-de-estudos/textos-para-discussao/td175.

[77] TRANSPARENCY INTERNATIONAL. *The global coalition against corruption*º Whistleblowing: an effective tool in the fight against corruption. Disponível em: http://www.cism.my/sites/default/files/publications/Whistleblowing%20An%20Effective%20Tool%20In%20The%20Fight%20Against%20Corruptionpdf.

Assim, tem-se que o agente *whistleblower* age por razões morais, levado pela repugnância natural diante da constatação de um crime (ou ato ilícito, em geral), desta-cadamente aqueles cometidos em desfavor da Administração Pública. Ou seja, não tem interesse na incriminação do comparsa, pois disso não se beneficia, tampouco integra qualquer grupo criminoso.[78]

O conhecimento que o *whistleblower* tem acerca dos fatos pode vir ou não do ambiente onde trabalha, e pode ser um auxílio indispensável às autoridades públicas para coibir os ilícitos administrativos. Certo é que o *whistleblower* pode tratar-se apenas um cidadão honesto, não necessariamente um servidor público, que não participou dos fatos que relatou, mas deseja que as irregularidades cheguem ao conhecimento da autoridade pública competente para instaurar um procedimento apuratório.

Segundo Vallès a figura do *whistemblower* é *"un instrumento básico de prevención y descomportamentosomportamientos delictivos, especialmente de losemlacionados con la empresaem la corrupción en la administración pública."*[79]

Uma das principais características da corrupção é o fato de ocorrer em segredo. Os envolvidos não têm interesse em que terceiros estranhos às transações tomem conheci-mento de seus atos, justamente para não denunciá-los. Restam os colegas de trabalho e os concorrentes, em geral, prejudicados pelos acordos entre corrupto e corruptor. Como sempre há o receio de retaliação ao denunciante, o desejável é que se criem mecanismos de incentivo e de proteção aos denunciantes, inclusive com o preparo para lidar com denúncias anônimas, que podem se revelar uma fonte sólida e confiável.[80]

Um conjunto de medidas pode ser adotado para incentivar e recolher informa-ções do *whistleblower*: a) nomear funcionários descentralizados para lidar com anticor-rupção ou ética, disponível para público interno e externo; b) estabelecer uma Central Anticorrupção; c) estabelecer uma linha telefônica exclusiva para a informação anônima; d) nomear –m Ouvidor externo – se o Ouvidor for um advogado, a informação forne-cida a ele é privilegiada e protegida, e os denunciantes são mais propensos a prestar a informação; e) estabelecer sistema eletrônico de coleta de informação que preserve o anonimato, mas permita a abordagem e a comunicação com o denunciante, sem violar seu anonimato, de forma a separar as informações úteis das inúteis.[81]

A Ouvidoria pode ser vista como canal de comunicação de denúncia de possíveis ilícitos administrativos. Ao encaminhar à área competente para análise de sua admis-sibilidade – a Corregedoria ou a divisão/departamento internos, responsável pela área disciplinar – se resultar na instauração de um processo administrativo disciplinar, sua atuação aponta para o papel intermediário entre o *whistleblower* e o órgão estatal, para investigar os possíveis responsáveis pelo cometimento do ilícito noticiado.

A atuação do *whistleblower*, interno ou externo, tem sido fundamental para apontar falhas estruturais e de atuação dos membros da carreira, direcionando o órgão para a correção dessa falha e para o aprimoramento dos serviços.

---

[78] OLIVEIRA, Juliana Magalhães Fernandes. *A urgência de uma legislação whistleblowing no Brasil.* p. 6-7.

[79] VALLÈS, Ramon Ragués. *Whistleblowing.* Uma aproximación desde el Derecho Penal. Marcial Pons, Madrid, 2013. p. 21.

[80] OLAYA, Dr. Juanita and WIEHEN, Michael. *How to Reduce Corruption in Public Procurement*: The Fundamentals (2006). Handbook for curbing corruption in public procurement, part I, p. 13-105, Transparency International, 2006. Available at SSRN: Disponível em: https://ssrn.com/abstract=1313787.

[81] OLAYA, Dr. Juanita and WIEHEN, Michael. *Op. cit.* p. 65-66.

Como afirma Oliveira, justamente pelo Estado ser o responsável por áreas estratégicas, que passam pela saúde pública e defesa nacional, dentre outras, torna-se natural que os servidores públicos sejam potenciais *whistleblowers*. A própria burocracia estatal cria um ambiente propício para denúncias sobre fraudes, pelo fato de cuidar de aspectos extremamente relevantes da vida pública e da promoção do bem-estar social. Assim, pode-se afirmar que uma postura *whistleblower* é intrínseca ao serviço público, ainda que lei nenhuma preveja o instituto no Brasil.[82]

A ausência de uma legislação específica no Brasil para o *whistleblower* não tem impedido a atuação dessa figura, seja no âmbito da Ouvidoria, seja na própria Corregedoria. A distinção é que a Ouvidoria disponibiliza, via de regra, formulário eletrônico via sítio oficial, que possibilita a formalização de denúncia ao tempo em que preserva a identidade do denunciante, sendo, portanto, o meio preferido porque dificulta ou mesmo impossibilita a retaliação.

3.1.2 Ouvidoria e *Accountability*

A ideia contida na palavra *accountability*, do inglês, traz implícita a responsabilização pessoal pelos atos praticados, e explicitamente a exigente prontidão para a prestação de contas, seja no âmbito público ou no privado. Em suma, *accountability* encerra a responsabilidade, a obrigação e a responsabilização de quem ocupa um cargo em prestar contas segundo os parâmetros da lei, com a possibilidade de ônus, o que seria a pena para o não cumprimento.[83]

A *accountability*, em termos aproximado e sintético, pode ser associada à transparência, ao engajamento dos governantes com a prestação de contas, e também a responsabilização desses governantes pelos seus atos. Cidadãos organizados, vigilantes e conscientes de seus direitos propiciam condições para a *accountability*, o que não é possível enquanto o povo se definir como tutelado e o Estado como tutor.[84] Seu conceito envolve a responsabilidade (objetiva e subjetiva), controle, transparência, obrigação de prestação de contas, justificativas para as ações que foram ou deixaram de ser efetivadas, premiação ou castigo.[85]

Nos dois modelos existentes, a *accountability* vertical refere-se ao processo eleitoral no qual há participação dos eleitores, enquanto que a *accountability* horizontal se encontra definida em relação a uma rede de instituições relativamente autônomas com capacidade de cobrar do governante suas responsabilidades e de exercer a punição caso necessário. O Brasil estaria em uma situação de *accountability* fraca, ou seja, aquela em que não existe pressão por parte da sociedade no sentido de maior transparência do Estado, e este se comporta de acordo com um modelo histórico de insulamento e isolamento em relação à sociedade civil.[86]

---

[82] OLIVEIRA, Juliana Magalhães Fernandes. *Op. cit.* p. 8.

[83] PINHO, José Antonio Gomes de; SACRAMENTO, Ana Rita Silva. *Accountability*: já podemos traduzi-la para o português? Revista de Administração Pública RAP — Rio de Janeiro 43(6):1343-1368, nov./dez. 2009, p. 1347-1348.

[84] PINHO, José Antonio Gomes de. *Investigando portais de governo eletrônico de estados no Brasil: muita tecnologia, pouca democracia*. Revista de Administração Pública, Rio de Janeiro 42(3):471-493, maio/jun. 2008, p. 478.

[85] PINHO, José Antonio Gomes de; SACRAMENTO, Ana Rita Silva. *Op cit.* p. 1364.

[86] *Idem*, p. 478.

Há também a proposta da *accountability* diagonal, uma forma híbrida que busca garantir à sociedade civil o acesso continuado a informações governamentais detalhadas por meio de sua inclusão nas estruturas de controle horizontal, ou seja, os cidadãos se tornam reivindicadores ativos de *answerability* em espaços institucionalmente legitimados para a responsabilização do gestor. Nessa proposta de diagonalidade, os governados são empoderados nos dois pilares do controle social da gestão pública: de modo direto, no acesso aos dados e às motivações dos atos político-administrativos do Estado; de modo indireto, no que corresponderia à segunda dimensão desse controle, o *enforcement* ou penalização.[87]

Tem-se, então, a identificação de três questões necessárias para a eficácia da *accountability*: informação, justificação e punição. As duas primeiras, informação e justificação, remetem ao *answerability*, isto é, a obrigação dos detentores de mandatos públicos informarem, explicarem e responderem pelos seus atos. A última, punição, diz respeito à capacidade de *enforcement*, ou seja, a capacidade de impor sanções e perda de poder para aqueles que violarem os deveres públicos.[88]

Accountability não é sinônimo de controle. Tem-se como controle a capacidade de um ator em fazer que outro atenda às demandas daquele, pela imposição de restrições, penalidades e incentivos. A *accountability* envolve um conceito mais amplo, que inclui a existência de condições para os cidadãos participarem da definição e avaliação das políticas públicas, premiando ou punindo os responsáveis. Para tanto, deve constar nessas condições a disponibilidade de informações sobre a atuação dos governos e seus resultados, bem como a existência de instituições que permitam contestar as ações do poder público. Assim, controle é um dos componentes da *accountability*, embora sejam, num regime democrático, indissociavelmente ligados, porque não há efetivação da *accountability* sem a utilização de instrumentos institucionais de controle.[89]

A transparência, princípio geral de direito administrativo, pode ser reconhecida no Texto Constitucional, que estabelece, em seu artigo 37, a obrigação do Estado brasileiro garantir o máximo de publicidade às suas ações. Em uma interpretação tanto axiológica quanto teleológica percebe-se que o princípio da publicidade – utilizado como sinônimo do princípio da transparência – se reveste de condição *sine qua non* no que diz respeito à possibilidade de ter o cidadão condições mínimas para exercer sua função de verdadeiro *controlador do Estado*. O princípio da transparência, além de estabelecer o diálogo entre a Administração e o cidadão, a fim de que este participe das decisões administrativas, denota um dever de promover a disseminação de informações relevantes e precisas, de forma acessível a todas as partes interessadas.[90]

Assim, a transparência está associada à *accountability*, pois gera um dever moral ou legal para os interessados, uma vez que necessita estar inserida em uma sociedade civil forte, para que os mecanismos de prestação de contas/responsabilização possam ser

---

[87] PINHEIRO, Douglas Antonio Rocha. A Legitimidade do controle social da gestão pública: uma resposta a Herbert Wechsler. *Revista de Administração Pública* — Rio de Janeiro 50(5):867-883, set./out. 2016, p. 876.

[88] PINHO, José Antonio Gomes de; SACRAMENTO, Ana Rita Silva. *Op cit.* p. 1349.

[89] PÓ, Marcus Vinicius; ABRUCIO, Fernando Luiz. Desenho e funcionamento dos mecanismos de controle e accountability das agências reguladoras brasileiras: semelhanças e diferenças. *Revista de Administração Pública* Rio de Janeiro 40(4):679-98, jul./ago. 2006. p. 686.

[90] SILVA, Alice Rocha da; SANTOS, Ruth Maria Pereira dos. A influência do Direito Administrativo Global no processo brasileiro de Contratação Pública à luz do Princípio da Transparência. *Revista Brasileira de Políticas Públicas* (Online), Brasília, v. 6, nº 2, 2016 p. 65-88.

exigidos. Representa, também, uma diminuição das desigualdades de informações entre os agentes públicos e os cidadãos, com a finalidade de melhorar a gestão no setor público e minimizar os erros da gestão pública, permitindo maior controle da ação estatal.[91]

Nesse sentido, a Ouvidoria, provoca a atuação de outros setores dentro do órgão, importantes para a realização da dimensão de *enforcement* da *accountability* (cumprimento ou execução de responsabilidade), fundamentais para a punição daqueles que transgridem as regras da *res publica.* Como mecanismo de *accountability*, proporciona o rastreamento e o monitoramento de atividades do órgão indiretamente, pelos cidadãos, senhores últimos da legitimidade em um regime democrático. Ainda que esse mecanismo não garanta a execução da *accountability*, proporciona aos cidadãos condições de aferir o comportamento e os resultados da ação dos órgãos, atuando na responsabilização do agente denunciado.[92]

Embora a atuação da Ouvidoria, por si só, não seja suficiente para garantir a *accountability*, no sentido de capacitar os cidadãos a obrigarem os órgãos a cumprir com o seu dever, pois estes sempre terão informações privadas sobre seus objetivos e sobre as relações entre políticas e seus resultados. Assim, talvez uma maior independência da Ouvidoria possa ser a resposta para a redução da assimetria informacional e da ficção do controle perfeito do poder.[93] A resolução do problema de atuação da Ouvidoria deve ocorrer em duas frentes: i) para o cidadão; ii) internamente, com o aprimoramento da atuação do órgão.

A atuação da Ouvidoria, atualmente, tem se desenvolvido para além do canal de diálogo, mais participativa, pois sua monitoração da atuação do órgão tem impelido para um redesenho do quadro institucional, de forma a não só atender as demandas, mas aprimorar a atuação dos servidores, notadamente aquelas passíveis de apuração pela via disciplinar. A Ouvidoria participa da engrenagem interna da estrutura do órgão como executora de *enforcement* da *accountability* ao provocar e monitorar a atuação de outros setores internos e servir de elo entre a Administração e o cidadão.

A Ouvidoria acaba por adentrar na seara própria da Corregedoria, quando presta orientação nas respostas às consultas/denúncias formuladas, situação em que ocupam simultaneamente um espaço destinado à consulta, atividade eminentemente preventiva, ora voltada ao denunciante externo, ora ao servidor público. Com isso consegue-se sair do binômio repressão/punição e formatar políticas públicas voltadas para a prevenção, resultando em economia para os cofres públicos, uma vez que processos disciplinares representam um gasto considerável, não só com o remanejamento dos membros das comissões para trabalhar exclusivamente na apuração disciplinar, mas muitas vezes com despesas adicionais com diárias e passagens.

Assim, o cidadão dispõe de um canal de atividade e interação com o órgão, púbico ou privado, pelo qual faz solicitações, reclamações, denúncias, elogios e sugestões encaminhadas por meio de formulário eletrônico, telefone, correio ou pessoalmente, conforme orientações disponíveis nos próprios sítios eletrônicos da do ente estatal. O resultado esperado é a melhoria dos serviços prestados, uma vez que se espera que o

---

[91] *Idem.*

[92] PÓ, Marcus Vinicius; ABRUCIO, Fernando Luiz. *Op. cit.* p. 686.

[93] PINHO; SACRAMENTO. *Op. cit.*, p. 1352.

órgão identifique e corrija o problema apontado, mediante alteração de sua atuação interna ou externa.

A Ouvidoria, num desenho ainda mais contemporâneo, pode também ser importante instrumento de análise e avaliação de política pública, uma vez que as denúncias e representações encaminhadas apontam falhas estruturais, no caso específico, que são encaminhadas aos setores competentes para corrigir essas rupturas na estrutura do órgão, de forma abrangente, e garantir que não ocorram mais.

Uma das formas de demonstrar a evolução da Ouvidoria como instrumento fundamental para a transparência da gestão, essencial à administração pública dos tempos atuais, ao possibilitar a materialização de programas e planos na macrogestão do órgão, passa pela sua atuação como intermediária entre o *whistleblower* e o órgão correcional e pela aposta na sua independência como forma de redução de assimetria informacional, derrubando essa premissa inquestionável de reservas de informações na atuação do órgão, nas relações governo/cidadãos, que não envolvam os sigilos constitucionais.

3.2 Corregedoria

A Corregedoria-Geral da União, instituída pela Medida Provisória nº 2.143-31 transformou-se, posteriormente, na Controladoria-Geral da União pela Lei nº 10.683, de 28 de maio de 2003, revogada pela Lei nº 14.600, de 19 de junho de 2023, e estabeleceu a sua competência para supervisão e realização de atividades de caráter disciplinar no âmbito do Poder Executivo Federal. O Decreto nº 11.330, de 01.01.2023, cujo Anexo I dispõe sobre a Estrutura Regimental da Controladoria-Geral da União, alterou a sua estrutura, conferindo maior organicidade e eficácia ao trabalho realizado pela instituição, da qual faz parte a Corregedoria-Geral da União.[94]

As competências no Ministro de Estado da Controladoria-Geral da União encontram-se previstas no art. 49 da Lei nº 14.600, de 19 de junho de 2023, que estabelece a organização básica dos órgãos da Presidência da República e dos Ministérios e outras providências, dentre as quais destacamos a de acompanhar procedimentos e processos administrativos em curso em órgãos ou entidades da administração pública federal, realizar inspeções e avocar procedimentos e processos em curso na administração pública federal, para exame de sua regularidade, com a possibilidade de propor a adoção de providências ou a correção de falhas e celebrar acordo de leniência ou termo de compromisso com pessoas jurídicas, quando cabível (inc. II e III, do art. 49).

Em 2005 foi criado o Sistema de Correição do Poder Executivo Federal- SISCOR, com a publicação do Decreto nº 5.480, de 30.06.2005. O SISCOR compõe-se de unidades correcionais, interligadas tecnicamente, que tem como missão precípua a realização e acompanhamento de apurações de irregularidades com caráter disciplinar, velando pelo

---

[94] Art. 1º A Controladoria-Geral da União, órgão central do Sistema de Gestão de Riscos e Controle Interno do Poder Executivo federal, do Sistema de Correição do Poder Executivo Federal, do Sistema de Ouvidoria do Poder Executivo federal e do Sistema de Integridade, Transparência e Acesso à Informação da Administração Pública Federal, tem como áreas de competência os seguintes assuntos: (...) V - correição e responsabilização de agentes públicos e de entes privados;
Art. 3º A Controladoria-Geral da União tem a seguinte estrutura organizacional:
c) Corregedoria-Geral da União:

escorreito processo legal. A missão primordial consiste no fomento de ações preventivas, educadoras e saneadoras junto a servidores e aos órgãos e entidades.[95]

O Decreto nº 10.768/2021 alterou o Decreto nº 5.480 para redimensionar o SISCOR, alterando o conceito de Unidade Setorial, bem como os requisitos para o cargo de Corregedor no âmbito do Poder Executivo Federal.[96] Por força do Decreto nº 9.681/2019, a supervisão do SISCOR passou a ser da Diretoria de Gestão do Sistema de Correição do Poder Executivo Federal, da Corregedoria-Geral da União, unidade da Controladoria-Geral da União (DICOR/CRG/CGU).

A Corregedoria-Geral da União (CRG), por sua vez, possui suas competências regulamentadas pelo art. 18, do Decreto nº 11.330, de 01/01/2023. A CRG tem como propósito o exercício das atividades relacionadas à prevenção e apuração de irregularidades praticadas por agentes públicos na esfera administrativa federal. Essa atividade não se confunde com as de auditoria, fiscalização e recuperação de valores do erário. A CRG tem, ainda, como finalidade normatizar, orientar, apoiar e supervisionar o exercício das funções disciplinares dos órgãos e entidades do Poder Executivo Federal. Outro de seus objetivos consiste na promoção de cursos regulares de capacitação em Processo Administrativo Disciplinar e em Responsabilização Administrativa de Pessoas Jurídicas.[97]

As unidades seccionais atuam e fazem parte dos órgãos que compõem a estrutura dos Ministérios e suas entidades vinculadas (autarquias, fundações, empresas públicas e sociedades de economia mista) – com supervisão técnica da CRG.[98]

As Corregedorias-Seccionais têm responsabilidade por uma parte, uma secção, da Administração Pública Federal. Cada Corregedoria Seccional exerce suas atribuições em um órgão ou entidade da Administração Pública Federal. As atribuições podem ser analiticamente divididas em funções de coordenação, supervisão e execução. A Corregedoria seccional será competente para coordenar as atividades correcionais sob sua responsabilidade com as atividades dos demais integrantes do Sistema de Correição, dentre as quais: i) organizar e fornecer informações sobre os processos em curso; ii) participar de atividades conjugadas com os demais integrantes e; iii) sugerir medidas de aprimoramento para o melhor funcionamento do sistema correcional.[99]

---

[95] Corregedoria-Geral da União. Guia para a Unidades Correcionais. Maio de 2023. Disponível em: https://www.gov.br/corregedorias/pt-br/servicos/conhecimentos-correcionais/correicao-em-temas/manuais/manuais-2023/crg-guia-para-corregedores.pdf . Acesso em: 22 fev. 2024, p. 8.

[96] Art. 2º Integram o Sistema de Correição:
I - como Órgão Central, a Controladoria-Geral da União, por meio da Corregedoria-Geral da União; e (Redação dada pelo Decreto nº 10.768, de 2021).
II - como unidades setoriais, as unidades de correição dos órgãos e das entidades que sejam responsáveis pelas atividades de correição. (Redação dada pelo Decreto nº 10.768, de 2021).
§2º As unidades setoriais ficam sujeitas à orientação normativa e à supervisão técnica do Órgão Central do Sistema de Correição. (Redação dada pelo Decreto nº 10.768, de 2021).

[97] Controladoria-Geral da União. Orientações para Implantação de Unidades de Corregedoria nos Órgãos e Entidades do Poder Executivo Federal. Brasília. Outubro de 2019. Disponível em: https://corregedorias.gov.br/utilidades/conhecimentos-correcionais/manuais/manual_implcorregorgao_web.pdf . Acesso em: 22 fev. 2024, p. 8-18.

[98] Idem.

[99] Controladoria-Geral da União. Orientações para Implantação de Unidades de Corregedoria nos Órgãos e Entidades do Poder Executivo Federal. Brasília. Outubro de 2019. Disponível em: https://corregedorias.gov.br/utilidades/conhecimentos-correcionais/manuais/manual_implcorregorgao_web.pdf . Acesso em: 22 fev. 2024, p. 11-15.

Exerce, também, o papel de supervisão do funcionamento e execução dos processos e procedimentos correcionais em curso no órgão ou entidade de que faça parte, ou seja, a Corregedoria Seccional supervisiona as atividades das Comissões Disciplinares instauradas e atuando dentro do órgão: comissões de processo administrativo disciplinar, comissões de sindicância investigativa, comissões de sindicância patrimonial e comissões de investigação preliminar. Possui atribuição de execução, pois dentro da estrutura de que faz parte, compete à Corregedoria Seccional instaurar os processos e procedimentos disciplinares que se façam necessários.[100]

O aperfeiçoamento da atuação da Corregedoria passa pelo estabelecimento de canais de comunicação mais diretos e dinâmicos, com avaliação e monitoramento dos resultados obtidos. Essa atividade de avaliação, no dizer de Suxberger,[101] ultrapassa o nível de informalidade individual e sua compreensão toma de empréstimo a purgação ou a catarse como metáfora. O ponto alto da avaliação da modelagem de uma política pública pode vir da constatação do fracasso ou da frustração da ação individualizada (desvio). Uma conduta que reclama atuação fiscalizatória pode levar ao aprimoramento e melhoria dos procedimentos dirigidos à formulação, implementação e ao funcionamento de práticas que servem de lastro a uma medida ou proposta de aprimoramento institucional. As avaliações, quanto ao enfoque, podem ser de dois tipos: de processos e de resultados.

Como a atividade correcional não permite uma total abertura dos dados do processo, dada a reserva e até sigilo que paira sobre os atos disciplinares, conforme disposição na Lei nº 8.112/90,[102] a assimetria informacional continuará a existir. Como afirmou Pinheiro, a assimetria informacional existente entre governantes e governados dificilmente será completamente superada, pois decorre da própria opacidade do poder: afinal, todo arranjo institucional garante certos espaços de confidencialidade legítima em que decisões são discutidas e planejadas de modo restrito e nem sempre podem vir a público.[103]

---

[100] *Idem.*
[101] SUXBERGER, Antonio Henrique Graciano. A atuação fiscalizatória das Corregedorias do Ministério Público como Instrumento de avaliação de políticas públicas. *Revista Jurídica Corregedoria Nacional*: a atuação fiscalizadora das Corregedorias do Ministério Público, volume III/Conselho Nacional do Ministério Público. Brasília: CNMP, 2017, p. 38-39.
[102] Art. 150. A Comissão exercerá suas atividades com independência e imparcialidade, assegurado o sigilo necessário à elucidação do fato ou exigido pelo interesse da administração.
Parágrafo único. As reuniões e as audiências das comissões terão caráter reservado.
[103] PINHEIRO, *Op. cit.* p. 873.

CAPÍTULO 4

SINDICÂNCIA

A sindicância é *originariamente investigatória*, ou seja, sempre existiu com o fim de complementar a denúncia, quando necessário, com o objetivo de identificar a autoria e a materialidade dos fatos denunciados, sendo que:

a) identificar a materialidade significa investigar e definir se os fatos denunciados ocorreram ou não. Se ocorreram, se são irregulares ou não;

b) identificar a autoria consiste em apontar os prováveis responsáveis pela ocorrência das irregularidades.

A Lei nº 8.112/90 inovou ao incluir a redação do inciso II no seu art. 145,[104] ao dispor sobre a possibilidade de aplicação de penalidade de advertência ou suspensão de até trinta dias. Como o legislador atribuiu à Sindicância a competência para resultar na aplicação das penalidades, consequentemente há a necessidade de atendimento aos princípios constitucionais do contraditório e da ampla defesa, uma vez que ninguém pode ser penalizado (administrativamente ou judicialmente) sem o atendimento dos princípios constitucionais do devido processo legal, contraditório e ampla defesa, tendo em vista o disposto nos incisos LIV e LV do art. 5º da CF.[105]

Como não se estabeleceu *um rito* próprio *para* a Comissão de Sindicância *garantir* aos acusados o contraditório e a ampla defesa, criou-se *a figura da sindicância punitiva ou acusatória* concedendo-lhe, *por analogia*, o mesmo procedimento do processo disciplinar, *exceto* no que diz respeito às peculiaridades previstas em lei, para a Sindicância: (a) competência para penalizar (inciso II do art. 145), e (b) prazo (parágrafo único do art. 145), seguindo, portanto, o procedimento previsto no art. 148 a 166 da Lei nº 8.112/90, com exceção do disposto no *caput* do art. 152.

---

[104] Art. 145 Da sindicância poderá resultar:
I – arquivamento do processo;
II – *aplicação de penalidade de advertência ou suspensão de até 30 (trinta) dias;*
III – instauração de processo disciplinar.

[105] Art. 5º Todos são iguais perante a lei, sem distinção de qualquer natureza, garantindo-se aos brasileiros e aos estrangeiros residentes no País a inviolabilidade do direito à vida, à liberdade, à igualdade, à segurança e à propriedade, nos termos seguintes:
(...)
LIV – ninguém será privado da liberdade ou de seus bens sem o devido processo legal;
LV – aos litigantes, em processo judicial ou administrativo, e aos acusados em geral são assegurados o contraditório e ampla defesa, com os meios e recursos a ela inerentes;

Portanto, passou a chamar-se de *sindicância investigatória* ou *sindicância inquisitorial* aquela instaurada com o objetivo de identificar a autoria e a materialidade dos fatos denunciados e de *sindicância punitiva, sindicância autônoma* ou *sindicância acusatória* aquela instaurada com o objetivo de garantir ao acusado o atendimento aos princípios constitucionais do contraditório e da ampla defesa, uma vez que já se encontram presentes autoria e materialidade, detalhadas mais amiúde a seguir.

4.1 Sindicância investigatória (ou sindicância inquisitorial)

4.1.1 Finalidade, procedimento e resultado dos trabalhos

A sindicância investigatória tem por *finalidade* identificar a autoria e a materialidade dos fatos, quando não estiverem presentes na denúncia, ou quando constarem na denúncia de forma inconsistente, sem os elementos necessários a sustentar uma acusação. Seu objetivo nada mais é que complementar a denúncia, trazendo os elementos necessários à instauração do procedimento disciplinar que vise a garantir ao acusado o atendimento aos princípios constitucionais do contraditório e da ampla defesa e evitar acusação leviana.

Primordialmente, instaura-se a sindicância investigativa ou inquisitorial para identificar:

a) a *materialidade,* que significa demonstrar se os fatos denunciados são irregulares ou não; e sendo irregulares, se realmente aconteceram;

b) a *autoria,* para apontar os nomes dos prováveis responsáveis pela ocorrência das irregularidades objetos de apuração; "provável", porque o servidor ainda não exerceu seu direito do contraditório e de ampla defesa.

A Comissão de Sindicância Investigativa, conforme o caso, deverá trazer aos autos:

a) todos os *elementos necessários à instauração do processo disciplinar, ou da sindicância punitiva*, a teor do inciso III do art. 145 da Lei nº 8.112/90, materializando os fatos e indicando a autoria, acaso constatada a ocorrência da irregularidade.

Afinal, os fatos devem constar na portaria inaugural (portaria específica) das comissões de processo disciplinar e de sindicância punitiva que iniciam seus trabalhos, e possibilita a notificação do servidor denunciado de sua condição de acusado e dos fatos que lhes estão sendo imputados. Entretanto, só há essa possibilidade ante a existência de provas [indícios] que justifiquem a acusação); *ou,*

b) todos os *elementos necessários a impor o arquivamento dos autos*, no que diz respeito à responsabilidade administrativa, a teor do inciso I do art. 145 da Lei nº 8.112/90, desde que fique demonstrado: (1) que os fatos não ocorreram, ou (2) que ocorreram, mas são regulares, ou (3) que embora tenham ocorrido e sejam regulares, não foi possível identificar a autoria.

O processo deverá prosseguir quanto à responsabilidade civil, com o ressarcimento do dano, e quanto à responsabilidade administrativa, pode-se firmar Termo de Ajustamento de Conduta (TAC), presentes as condições e requisitos estabelecidas pelo art. 62, da Portaria Normativa CGU nº 27, de 11.10.2022, para os casos de infração disciplinar de menor potencial ofensivo, assim entendida a conduta punível com advertência ou suspensão até 30 dias, ou com penalidade similar, prevista em lei ou regulamento interno.

Para fins de ressarcimento ao erário, considera-se prejuízo de menor valor aquele cujo preço de mercado para aquisição ou reparação do bem extraviado ou danificado seja igual ou inferior ao limite legal estabelecido como de licitação dispensável, que atualmente é de R$ 50.000,00, valor constante no Decreto nº 11.871, de 29 de dezembro de 2023, que atualizou os valores da Lei nº 14.133, de 1º de abril de 2021.

A sindicância investigatória ou inquisitorial *não tem por objetivo* atender os princípios constitucionais do contraditório e da ampla defesa, sendo um procedimento exclusivamente investigatório, pelo que não há formalidades a serem atendidas, nem acusado, nem indiciado, e *não gera* qualquer *nulidade*.

Esta a razão pela qual convém que as "testemunhas" das Sindicâncias Investigatórias sejam ouvidas como "informantes", "declarantes" ou "depoentes", já que suas oitivas visam a esclarecer os fatos denunciados, apenas para que se identifique a autoria e a materialidade. Há ainda a possibilidade da "testemunha" da Comissão Sindicante Investigativa vir a se tornar o acusado do processo disciplinar que lhe suceder.

Se o depoimento prestado pelo "informante", "declarante" ou "depoente" na sindicância for essencial para formar o conjunto probatório e o convencimento da autoridade julgadora quanto à inocência ou culpabilidade do acusado, terá mesmo que ser colhido novamente na Comissão Processante, ocasião em que será compromissada e poderá ser reinquirida pelo acusado.

Como afirmado anteriormente, informante não se confunde com testemunha. A distinção é fundamental para a adequada compreensão do papel de tais figuras, considerando-se o princípio do contraditório e o direito ao confronto que dele deriva. O contraditório é pleno quanto à testemunha, de maneira que o valor probatório de seu depoimento é acentuado, podendo servir de amparo, por si só, a uma decisão. Trata-se de decorrência do sistema de livre convencimento motivado, que permeia a valoração da prova em nosso sistema jurídico. A testemunha declara o que conhece sobre o fato ilícito e de suas circunstâncias, sob o compromisso de dizer a verdade.[106]

Conclui-se que a Comissão de Sindicância de cunho Investigatório *pode resultar*, nos termos do art. 145 da Lei nº 8.112/90:

a) no *arquivamento* do processo se *ficar demonstrado* que o *fato apurado não ocorreu ou* embora tenha ocorrido *não constitui ilícito administrativo* (inciso I do art. 145);

   a.1) não ocorre ilícito administrativo na medida em que o ato praticado pelo servidor não viola um dos deveres dos servidores previstos no art. 116 da Lei nº 8.112/90, em regulamentação ou norma interna, e/ou uma das proibições funcionais previstas no art. 117 do mesmo diploma legal;

b) no *arquivamento* do processo quanto à responsabilidade administrativa se, embora o fato apurado tenha ocorrido e constitua ilícito administrativo, a comissão *não conseguiu apontar os prováveis responsáveis* pela prática da irregularidade (inciso I do art. 145);

   b.1) neste caso, pode acontecer de as irregularidades terem causado danos aos cofres públicos, ocasião em que o processo prosseguirá quanto a

---

106 GUALTIERI, Lucas de Morais; CERQUEIRA, Marcelo Albuquerque. *Op. cit.*

responsabilidade civil, devendo a comissão sugerir em seu relatório final a instauração da Tomada de Contas Especial, com vistas a promover a efetiva quantificação do dano, a individualização da responsabilidade e o ressarcimento ao erário, bem como para atender os princípios constitucionais do devido processo legal, do contraditório e da ampla defesa, no que diz respeito à *responsabilidade civil*.

A adoção de tal providência é possível, tendo em vista a *independência das respon-sabilidades civis, penais e administrativas*, a teor do art. 125 da Lei nº 8.112/90.

A Comissão de Sindicância Investigatória só deve fazer o enquadramento legal "em tese" se seus membros estiverem capacitados para isso. Não tendo condições de fazê-lo, deverá concluir "pela instauração do procedimento disciplinar cabível", pois a assessoria jurídica responsável pela análise de seus trabalhos, com o fim de subsidiar a decisão da autoridade julgadora, fará a tipificação legal "em tese", uma vez que é necessária para se definir o procedimento disciplinar adequado que irá garantir ao acusado os princípios do contraditório e da ampla defesa.

Quanto ao prazo, de acordo com o parágrafo único do art. 145 da Lei nº 8.112/90, o *prazo* para a conclusão da Sindicância *não excederá 30 (trinta) dias*, podendo ser *prorrogado por igual período*, a critério da autoridade superior.

4.1.2 Composição das comissões de sindicância investigatória

A Comissão Sindicante Investigativa ou inquisitorial deve ser composta por dois servidores ou por apenas um,[107] como dispõe o art. 47 da Portaria Normativa nº 27 da CGU, de 11.10.2022, podendo ser instáveis e sem formação em curso superior, porque, como visto anteriormente, da sindicância investigatória não resulta nulidade, objetiva apenas identificar a autoria e a materialidade dos fatos noticiados nos autos, não acusa nem indicia, não tendo, portanto, que atender qualquer formalidade legal.

A instauração de uma Comissão Sindicante Investigatória ou inquisitorial não é a única forma de se materializar os fatos ou apontar os prováveis responsáveis pela ocorrência das irregularidades denunciadas. A investigação pode ser feita por uma IPS, ou até mesmo por um servidor designado para tal fim. A constituição de uma Comissão Sindicante Investigatória ou inquisitorial é preferível em vez da designação de um servidor ou da criação de um grupo de trabalho, pois, por mais que a sindicância investigatória tenha um *procedimento informal*, exclusivamente investigatório, há um acompanhamento de seus trabalhos e análise de seu resultado mais rigoroso por ser o procedimento legal específico para esse fim. Também os órgãos controladores costumam cobrar a instauração de uma das modalidades de processo administrativo disciplinar sempre que têm ciência da possível ocorrência de uma irregularidade.

---

[107] Art. 47. A SINVE poderá ser conduzida por um único servidor efetivo ou empregado público, ou por comissão composta por dois ou mais servidores efetivos ou empregados públicos, atribuindo-se a presidência a um de seus membros no ato instaurador.
§1º A instauração da SINVE será realizada por despacho, dispensada a sua publicação.
§2º Não se exige o requisito da estabilidade para o sindicante ou para os membros da comissão de SINVE.
§3º Admite-se a designação de suplente para substituir membro da comissão durante os afastamentos legais deste, devendo o substituto atuar exclusivamente nestes períodos.

Nota-se que o art. 149 da Lei nº 8.112/90 dispõe sobre a composição da Comissão de Processo Disciplinar, por estar inserido dentro do Capítulo III, do Título V, que diz respeito ao procedimento específico do processo disciplinar, sendo aplicado, também, à sindicância punitiva que segue por analogia o mesmo procedimento.

As normas específicas das Sindicâncias estão previstas no Capítulo I, do Título V, da Lei nº 8.112/90, e só estabelecem regras sobre prazo e resultado dos trabalhos (art. 145).

O fato de a sindicância investigatória ter por objetivo complementar a denúncia, materializando os fatos e apontando a autoria (não havendo acusado nem indiciado, e não podendo resultar em nulidade), *somado* à ausência de exigência legal para sua composição, bem como à carência de recursos financeiros e de pessoal que todo o serviço público enfrenta, justificam a indicação de apenas dois membros para compor as Comissões Sindicantes Investigativas ou inquisitoriais.

A Comissão de Sindicância de cunho Investigatório deve ser *presidida* por servidor pertencente à categoria funcional compatível com seu objeto, por ser um trabalho técnico e não jurídico, exigindo, portanto, conhecimento técnico específico acerca dos fatos investigados.

4.1.3 Portaria inaugural e duração dos trabalhos

A Comissão de Sindicância de cunho investigatório ou inquisitorial deve ser instaurada por *portaria genérica*, para que aprofunde e amplie suas investigações ao máximo, utilizando-se de todos os meios disponíveis e necessários ao esclarecimento dos fatos. Mesmo que estes sejam conhecidos, por estarem materializados na denúncia, com a necessidade da instauração da Comissão Sindicante Investigatória, apenas para identificar a autoria, não se recomenda que a portaria inaugural seja específica, para *não limitar* os trabalhos da comissão.

Portaria genérica consiste naquele ato "aberto", que diz somente o número do processo no qual constam os fatos que serão apurados pela comissão, sem especificá-los, ainda que de forma ampla. Aprofundar e ampliar ao máximo a apuração significa dizer que a Comissão Sindicante Investigativa ou Inquisitorial deve se esforçar em *atingir o seu objetivo*, que é identificar a autoria e a materialidade dos fatos objetos de sua apuração, *e não*:

a) desviar o assunto ou incluir fatos novos sem qualquer conexão com seu trabalho. No caso de ter conhecimento de novas irregularidades, deverá enviar comunicado à autoridade instauradora denunciando-as, para que sejam apuradas em processo próprio;

b) perder tempo atrás de provas além das necessárias à materialização dos fatos e à identificação da autoria. Afinal, a prova que servirá realmente para embasar a penalidade cabível terá que ser repetida pela Comissão de Processo Disciplinar (ou de Sindicância Punitiva), pois o acusado tem o direito de acompanhar sua produção, em atenção aos princípios constitucionais do contraditório e da ampla defesa.

Os membros das Comissões de Sindicância Investigatória têm que se conscientizar de seus objetivos e manterem o foco para encerrar suas atividades no momento certo, a fim de evitar maiores atrasos e dispêndio de recursos financeiros e de pessoal desnecessários.

Não é porque a lei prevê para as Comissões de Sindicância um prazo de até 60 dias, quando prorrogado, que ela tem que entregar seus trabalhos só quando encerrar esse prazo. Se a denúncia é consistente, estando os fatos materializados, e persistindo a dúvida apenas quanto à autoria, por exemplo, verificada que pode ser identificada com uma *investigação rápida* de 10 a 20 dias, a comissão deverá concluir seus trabalhos nesse período e pode, inclusive, *ser instaurada com tais prazos*.

4.1.4 Cabimento

A Comissão de Sindicância de cunho investigatório ou inquisitorial *deve ser instaurada* sempre que *houver dúvida*:
- quanto à autoria e à materialidade, simultaneamente;
- apenas quanto à autoria;
- apenas quanto à materialidade.

A sua instauração, sempre que necessária, complementa a denúncia e traz os elementos indispensáveis à instauração do processo disciplinar, da sindicância punitiva ou do rito sumário, conforme o caso, além de evitar acusações levianas.

Como o primeiro ato praticado pelas Comissões de Processo Disciplinar e de Sindicância Punitiva consiste na expedição da notificação prévia constando a condição de acusado do servidor e os fatos irregulares que lhe são imputados, torna-se imprescindível uma definição clara dos ilícitos perpetrados. Na portaria instauradora das comissões subsequentes devem constar as irregularidades objetos de apuração (portaria específica), o que exige que os fatos estejam bem definidos.

A instauração de Comissão de Processo Administrativo Disciplinar de Rito Sumário depende de que as irregularidades e seus responsáveis estejam presentes nos autos, pois devem constar de forma precisa desde a portaria, nos termos do art. 133, inciso I e §1º, e do art. 140, *caput*, e inciso I, todos da Lei nº 8.112/90.

A necessidade de instauração de *Comissão Sindicante Investigativa ou inquisitorial* nos casos de *abandono de cargo, inassiduidade habitual e acumulação ilegal de cargos*, empregos ou funções públicas que são os ilícitos administrativos a serem apurados pelo procedimento sumário é rara, pois as denúncias costumam vir acompanhadas de provas materiais suficientes a justificarem a instauração da Comissão de Processo Administrativo Disciplinar de Rito Sumário.

Nesses casos, quando há necessidade de mais elementos, normalmente o setor de Recursos Humanos é instado para complementar a instrução processual, não sendo preciso instaurar uma sindicância investigatória ou inquisitorial, uma vez que aquele setor dispõe do histórico funcional do denunciado.

4.1.5 Vantagens de sua instauração

Em primeiro lugar, pode-se apontar como uma das vantagens de se instaurar Comissão de Sindicância Investigatória o fato de *evitar acusação leviana*, quando:

(a) houver qualquer dúvida se os fatos denunciados, realmente, constituem ilícito administrativo; ou (b) não estiver bem definido qual (quais) servidor(es) foi(ram) o(s) provável(eis) responsável(eis) pela ocorrência da irregularidade denunciada.

Embora, frise-se mais uma vez, na sindicância investigatória não há acusado nem indiciado, e tem como objetivo apenas identificar autoria e materialidade, o *denunciado muitas vezes prova sua inocência* perante a Comissão Sindicante Investigatória, ou inquisitorial, quando chamado para prestar esclarecimentos e apresentar informações ou documentos que descaracterizam o ilícito administrativo ou sua autoria, da mesma forma que os demais depoentes podem juntar os documentos ou apontar provas para o Colegiado.

Em segundo, a Comissão de Processo Disciplinar ou de Sindicância Punitiva precedida por Comissão Sindicante de cunho Investigatório, quando necessária, desenvolve um trabalho muito mais rápido e eficiente, dificultando a ocorrência de nulidade ou o questionamento posterior de nulidade.

As Comissões de Processo Disciplinar, de Sindicância Punitiva e de Rito Sumário devem ter foco em *evitar não apenas a nulidade, mas* também *qualquer questionamento de nulidade*, fazendo o trabalho o mais próximo possível da perfeição, nem que para isso tenha que repetir alguns atos. O resultado da sindicância investigatória facilita, agiliza e colabora na eficiência do trabalho da Comissão Processante na medida em que:

b) possibilita que ela inicie seus trabalhos com segurança, expedindo de imediato a notificação prévia constando a condição de acusado do servidor e os fatos que lhe estão sendo imputados; não vai precisar ouvir depoimentos ou realizar diligências para melhor identificar a autoria e a materialidade antes da expedição da notificação prévia, evitando com isso a nulidade desse ato, e, mais ainda, o questionamento de nulidade, mediante a judicialização que assoberba a Administração Pública.

Imprescindível constar na notificação prévia a informação de que é assegurado ao acusado o direito de acompanhar o processo pessoalmente ou por intermédio de procurador, arrolar e reinquirir testemunhas, produzir provas e contraprovas e formular quesitos, quando se tratar de prova pericial, consoante disposto no art. 156 da Lei nº 8.112/90, em atendimento aos princípios constitucionais do contraditório e da ampla defesa.

b) a Comissão Processante não precisa perder tempo na busca de provas, uma vez que na sindicância investigatória se desincumbiu da sua produção, ou pelo menos boa parte delas, pelo que resta somente repeti-las (pois o acusado tem que acompanhar sua produção, o que não acontece na sindicância investigatória) e, quando preciso complementar as provas existentes, bem como dar ao acusado a oportunidade de produzir suas provas e contraprovas, atendendo as formalidades legais. Afinal, a sindicância investigatória integra o processo disciplinar apenas como peça informativa da instrução, nos termos do art. 154 da Lei nº 8.112/90.

Em terceiro lugar, *os* servidores *envolvidos* na irregularidade *respondem ao mesmo processo disciplinar* (ou Sindicância Punitiva), que sucederá à Comissão Sindicante Investigatória, evitando-se, assim, a instauração de mais de uma comissão para apurar os mesmos fatos, evita-se o desperdício de recursos financeiros e de pessoal e possibilidade de decisões controvertidas, diante das mesmas irregularidades, em relação a todos os envolvidos. Pode ocorrer de as comissões direcionarem seus trabalhos e aprofundarem suas apurações de forma diferente emitindo conclusões diversas, embora diante dos mesmos fatos.

Por último, se restar demonstrado na sindicância investigatória que os fatos não constituem ilícitos administrativos, apontam-se as seguintes vantagens:

a) apuração feita por meio da modalidade de processo administrativo disciplinar que tem o procedimento mais informal e que não gera nulidades;

b) economia de recursos financeiros e de pessoal, por ter sido a comissão composta por apenas 02 (dois) membros ou apenas um, a teor do art. 47, da Portaria Normativa nº 27/2022 da CGU, inclusive sem estabilidade, pois não está sujeita ao disposto no art. 149 da Lei nº 8.112/90;

c) prazo mais exíguo;

d) a comissão não precisou ser presidida por servidor com formação jurídica, nem por servidor estável ou com formação superior, já que não objetiva atender os princípios constitucionais do contraditório e da ampla defesa, não sendo, portanto, um procedimento jurídico.

O Ministro de Estado da Controladoria-Geral da União regulamentou a Investigação Preliminar Sumária (IPS) também por meio da Portaria Normativa nº 27/2022, procedimento administrativo de caráter preparatório, informal e de acesso restrito, que objetiva a coleta de elementos de informação para a análise acerca da existência dos elementos de autoria e materialidade relevantes para a instauração de processo administrativo disciplinar acusatório, processo administrativo sancionador ou processo administrativo de responsabilização, nos termos do seu art. 40.

Como procedimento simplificado, não pode resultar na aplicação de sanção e, por isso, prescinde a observância dos princípios do contraditório e da ampla defesa. Pode ser instaurada de ofício ou com base em representação ou denúncia recebida, inclusive anônima, pelo titular da corregedoria ou pela unidade diretamente responsável pela atividade de correição, na inexistência de unidade correcional, podendo ser objeto de delegação. A autoridade supervisiona a instrução da IPS e aprova as diligências na sua esfera de competência, zelando pela completa apuração dos fatos, observância ao cronograma de trabalho estabelecido e utilização dos meios probatórios adequados. A instauração da IPS faz-se por despacho, dispensada a sua publicação.

4.2 Sindicância punitiva (ou sindicância autônoma ou sindicância acusatória)

4.2.1 Origem, finalidade e procedimento

A sindicância punitiva, como espécie de processo administrativo disciplinar, tem por finalidade garantir ao acusado o atendimento aos princípios constitucionais do devido processo legal, do contraditório e da ampla defesa, uma vez que a autoria e a materialidade já se encontram identificadas, por constar:

a) na denúncia elementos suficientes, para sustentar a acusação, como documentos;

b) nos autos da Comissão de Sindicância Investigatória;

Se durante seus trabalhos, a Comissão Sindicante de cunho punitivo não observar os aspectos formais previstos na legislação pertinente — para atender referidos princípios — poderá ser declarada *nula* "Poderá", e não "deverá" porque não se declara nulidade, por exemplo, se for reconhecida a inocência do acusado/indiciado, caso em que vigora o princípio *pas de nullité sans grief* (*não há nulidade sem prejuízo*).

A Comissão de Sindicância Punitiva precisa dar atenção e se dedicar tanto às formalidades legais, quanto ao mérito (cuidados que devem ser observados também por quem analisa os processos), para evitar não só a nulidade como sua arguição e esgotar todos os meios de provas necessários em busca da verdade real, com o fim de formar a convicção da autoridade julgadora.

Em decorrência do disposto no inciso II do art. 145 da Lei nº 8.112/90, a Sindicância Punitiva, Autônoma ou Acusatória, *segue, por analogia, o mesmo procedimento do processo disciplinar, exceto* no que diz respeito às peculiaridades previstas em lei, para a Sindicância: (a) competência para penalizar (inciso II do art. 145), e (b) prazo (parágrafo único do art. 145).

A Comissão Sindicante Punitiva tem que cumprir, portanto, as formalidades estabelecidas nos arts. 148 a 166, com exceção do disposto no *caput* do art. 152, todos da Lei nº 8.112/90. As diferenças entre o processo disciplinar e a sindicância punitiva (prazo e competência para penalizar) *decorrem da redação* do parágrafo único e inciso II do art. 145,[108] *em confronto* com o disposto no art. 146[109] e *caput* do art. 152.[110]

O art. 151 da Lei nº 8.112/90 traz as fases do processo disciplinar, consequentemente da sindicância punitiva.

4.2.2 Composição das comissões de sindicância punitiva

Como segue por analogia o procedimento do processo disciplinar, sua composição dá-se por três servidores estáveis, e a presidência pelo membro ocupante de cargo efetivo superior ou de mesmo nível, ou ter nível de escolaridade igual ou superior ao do indiciado, conforme preceitua o art. 149 da Lei nº 8.112/90.

Se os membros da Comissão Sindicante Punitiva não preencherem estes requisitos, a *portaria é nula*, e por consequência todos os atos posteriores. O ideal, porém, é que a sindicância punitiva seja presidida por servidor com formação jurídica, ante a necessidade de atender os princípios constitucionais do contraditório e da ampla

---

[108] Art. 145. Da *sindicância* poderá *resultar*:
I – (...)
II – aplicação de penalidade de *advertência* ou *suspensão* de *até 30* (trinta) *dias*;
III – (...)
Parágrafo único. O *prazo* para conclusão da Sindicância não excederá *30* (trinta) *dias*, podendo ser *prorrogado* por *igual período*, a critério da autoridade superior.

[109] Art. 146. Sempre que o ilícito praticado pelo servidor ensejar a imposição de penalidade de *suspensão* por *mais de 30* (trinta) *dias*, de *demissão*, cassação de aposentadoria ou disponibilidade, ou destituição de cargo em comissão, será *obrigatória* a instauração de *processo disciplinar*.

[110] *Art. 152. O prazo para a conclusão do processo disciplinar não excederá 60 (sessenta) dias, contados da data de publicação do ato que constituir a comissão, admitida a sua prorrogação por igual prazo, quando as circunstâncias o exigirem.* (Grifos nossos).

defesa, o que não exclui a capacidade de servidores com outras formações superiores especializarem-se e cumprirem as exigências constitucionais.

A lei não exige que as Comissões de Processo Administrativo Disciplinar sejam presididas por advogado ou servidor com formação jurídica, *podendo ser presididas*, a princípio, por *servidor* de *formação diversa, desde que preenchidos* os *requisitos* constantes no *art. 149* da Lei nº 8.112/90, e *o servidor* nomeado para tal encargo *tenha capacitação específica* nessa área, *bom senso* e *experiência* suficiente para garantir o bom desenvolvimento dos trabalhos, com observância das formalidades legais.

4.2.3 Portaria inaugural

A Comissão de Sindicância Punitiva, idealmente, deve ser instaurada por *portaria específica* quanto aos fatos, ainda que de forma ampla, pois nessa fase os fatos ainda dependem de apuração.

Não há necessidade de constar os nomes dos servidores a serem acusados, para não expô-los, considerando que a ausência dos nomes não acarreta qualquer nulidade, mesmo porque o primeiro ato da comissão será a expedição de uma notificação prévia ao servidor denunciado, constando sua condição de acusado, para acompanhar o processo. Neste sentido, a Súmula nº 641, do STJ: *A portaria de instauração do processo administrativo disciplinar prescinde da exposição detalhada dos fatos a serem apurados.*[111]

Denomina-se portaria específica aquela que relaciona os fatos a serem investigados, com o adendo de que fazem parte do objeto de apuração "os fatos conexos".

Na *portaria inaugural* e nas notificações prévias também *não deve constar* a tipificação legal, porque nesta fase ela ainda é "em tese", nem sua transcrição – que, infelizmente, costumam confundir com a irregularidade em si –, pois, nesse momento, é apenas "em tese". Significa que foi feita apenas para definir qual era o procedimento adequado para garantir ao acusado o atendimento aos princípios constitucionais do contraditório e da ampla defesa, se o processo disciplinar ou se a sindicância punitiva.

4.2.4 Cabimento

Presentes autoria e materialidade dos fatos denunciados, feito o enquadramento legal "em tese", e constatado que os atos irregulares praticados pelos servidores apontados como prováveis responsáveis, a princípio, constituem ilícitos administrativos passíveis de aplicação das penalidades de advertência ou de suspensão de até 30 (trinta) dias, *o procedimento apuratório adequado* para garantir o atendimento aos princípios constitucionais do contraditório e da ampla defesa *é a Comissão Sindicante de cunho Punitivo*, a teor do inciso II do art. 145 da Lei nº 8.112/90.

A importância dessa definição entre a apuração por sindicância punitiva ou por processo disciplinar reside na descentralização e agilização dos processos, uma vez

---

[111] Primeira Seção, em 18/02/2020. DJe 19/02/2020, ed. 2.853.

que o prazo da sindicância punitiva é mais exíguo, e as normas internas dos órgãos costumam determinar, de forma ampla, a competência para a instauração de Comissão Sindicante Punitiva e seu respectivo julgamento até o limite da penalidade fixado na aludida norma. Com isso os órgãos podem atender melhor as demandas dos processos relativos ao assunto.

Por essa razão importa que o enquadramento legal "em tese" seja o mais amplo possível, para evitar que uma sindicância punitiva conclua pela instauração de um processo disciplinar, o que acarretaria um retrabalho desnecessário.

De acordo com o assunto, a natureza e a gravidade dos fatos, torna-se possível a escolha do procedimento adequado e, na dúvida, é melhor optar pela instauração do processo disciplinar, que pode resultar na aplicação de todas as penalidades previstas no art. 127 da Lei nº 8.112/90. Esta a razão da preferência pela instauração de um processo disciplinar, na maioria dos entes públicos, sendo rara a instauração de sindicâncias punitivas, o que fez com que caísse em desuso.

4.3   Quadro comparativo/diferenças entre comissões de sindicância investigatória e sindicância punitiva

(continua)

COMISSÃO DE SINDICÂNCIA INVESTIGATÓRIA	COMISSÃO DE SINDICÂNCIA PUNITIVA
· instaura-se quando não estão identificadas autoria e materialidade	· instaura-se quando se têm identificadas autoria e materialidade
· tem por *objetivo identificar* a autoria e a materialidade dos fatos denunciados, pelo que não visa a garantir o atendimento aos princípios constitucionais do devido processo legal, do contraditório e da ampla defesa, não havendo acusado, nem indiciado. Como não há aspectos formais a serem observados, *não gera nulidade*	· tem por *objetivo garantir* ao acusado e/ou indiciado o atendimento aos princípios constitucionais do devido processo legal, do contraditório e da ampla defesa. Inobservados os aspectos formais, *poderá ser declarada sua nulidade*
· *pode resultar* no arquivamento do processo ou na instauração de processo disciplinar, ou de sindicância punitiva, ou de rito sumário, a teor dos incisos I e III do art. 145 da Lei nº 8.112/90	· *pode resultar* na aplicação de penalidades de natureza leve, ou seja, advertência e suspensão de até 30 (trinta) dias, a teor do inciso II do art. 145 da Lei nº 8.112/90
· pode ser *instaurada pelo prazo* máximo de 30 (trinta) dias, e admite prorrogação por igual período, pelo que tem, no máximo, 60 (sessenta) dias para concluir seu trabalho, nos termos do parágrafo único do art. 145 da Lei nº 8.112/90	· pode ser *instaurada pelo prazo* máximo de 30 (trinta) dias, admite prorrogação por igual período, pelo que tem, no máximo, 60 (sessenta) dias para concluir seu trabalho, nos termos do parágrafo único do art. 145 da Lei nº 8.112/90
· deve ser *composta por 02 (dois)* servidores ou por apenas um, a teor do disposto na Portaria Normativa nº 27/2022 da CGU, que poderão, inclusive, não ter estabilidade, nem formação em curso superior, pois visa, apenas, a complementar a denúncia, identificando autoria e materialidade	· deve ser *composta por 03 (três)* servidores estáveis, sendo o seu presidente ocupante de cargo efetivo superior ou de mesmo nível, ou ter nível de escolaridade igual ou superior ao do indiciado, conforme disposto no art. 149 da Lei nº 8.112/90

(conclusão)

COMISSÃO DE SINDICÂNCIA INVESTIGATÓRIA	COMISSÃO DE SINDICÂNCIA PUNITIVA
· deve ser *presidida por* servidor pertencente a categoria funcional compatível com seu objeto de apuração, por se tratar de um trabalho mais técnico do que jurídico	· deve ser *presidida por* servidor com formação em qualquer curso superior, de preferência com capacitação em processo administrativo disciplinar, pois objetiva a atender aos princípios constitucionais do devido processo legal, do contraditório e da ampla defesa
· *portaria* genérica	· *portaria* específica quanto ao objeto de apuração, e não quanto aos acusados
· não interrompe o prazo prescricional	· interrompe o prazo prescricional, que recomeça a partir do 81º dia (30 dias + 30 da prorrogação + 20 de julgamento): §§3º e 4º do art. 142 da Lei nº 8.112, de 1990

CAPÍTULO 5

PROCESSO DISCIPLINAR (ESPÉCIE)

5.1 Finalidade e procedimento

O processo disciplinar, como uma espécie de processo administrativo disciplinar, tem a finalidade de garantir ao acusado o atendimento aos princípios constitucionais do devido processo legal, do contraditório e da ampla defesa, uma vez que a autoria e a materialidade *encontram-se identificadas*, por constar:
   a) na denúncia elementos suficientes para sustentar a acusação (como documentos que demonstram que a irregularidade ocorreu e apontam os prováveis responsáveis);
   b) nos autos da Comissão de Sindicância Investigatória;

Se durante seus trabalhos, a Comissão Disciplinar não observar os aspectos formais previstos na legislação pertinente — para atender referidos princípios constitucionais —, poderá ser declarada *nula.* A nulidade não será declarada, por exemplo, se for reconhecida a inocência do acusado/indiciado, como se verá adiante.

Assim, deve esgotar todos os meios de provas necessários em busca da verdade real, com o fim de formar a convicção da autoridade julgadora e cumprir as formalidades estabelecidas nos arts. 148 a 166 da Lei nº 8.112/90.

As fases do processo disciplinar constam no art. 151 da Lei nº 8.112/90: i) *instauração*, com a publicação do ato que constituir a comissão; ii) – *inquérito administrativo*, que compreende instrução, defesa e relatório, e; iii) III – *julgamento*.

A Comissão de Processo Disciplinar é considerada instaurada com a publicação da portaria inaugural (*fase da instauração*), momento em que passa a existir e estabelece-se o marco para a contagem do prazo.

A *fase do inquérito* administrativo está prevista nos arts. 153 a 166 da Lei nº 8.112/90, sendo que:
   a) a *instrução* deve ser realizada conforme determinam os arts. 153 a 160 e o *caput* do art. 161, terminando no Despacho de Encerramento de Instrução e Indiciamento. O indiciamento será elaborado somente após o encerramento de toda a instrução processual, que ocorre com os interrogatórios dos acusados. Importante destacar que os interrogatórios terão lugar após a produção de todas as provas pela comissão e pelos acusados;

b) a *defesa* encontra-se prevista nos parágrafos do art. 161 e nos arts. 163 a 164;

c) o *relatório* disciplina-se pelos arts. 165 e 166.

A última *fase* de uma Comissão Disciplinar consiste no *julgamento*, cujas normas se encontram inseridas nos arts. 167 a 171 da Lei nº 8.112/90.

Porém, se houver o menor indício (por menor que seja, tem que haver indício) de que um servidor esteja envolvido nas irregularidades, objetos de apuração, a opção de *acusá-lo e depois não indiciá-lo é melhor do que deixar de acusá-lo e depois não ter como indiciá-lo*. Isso porque, na segunda hipótese a única alternativa será a instauração de uma nova Comissão Processante contra ele, o que poderá trazer as seguintes consequências:

a) prejuízos para a Administração, que investirá novamente recursos financeiros e de pessoal para apurar, de novo, os mesmos fatos;

b) possibilidade de decisões divergentes para os responsáveis pelas irregularidades, considerando que comissões distintas podem apresentar um contexto probatório diferente e chegar a conclusões diversas, até mesmo em função da subjetividade da matéria, o que não seria justo. Essa a razão para o sistema processual civil brasileiro estabelecer que os processos com fatos conexos devem ser apensados;

c) possibilidade de favorecimento aos servidores que responderam a um processo disciplinar nulo, uma vez que comissões distintas observarão as formalidades legais de forma diferente, com risco de uma delas ser anulada administrativamente ou judicialmente.

Convém lembrar que, de acordo com o art. 152 da Lei nº 8.112/90, o prazo para a conclusão do processo disciplinar não excederá 60 (sessenta) dias, contados da data de publicação do ato que constituir a comissão, admitida a sua prorrogação por igual prazo, quando as circunstâncias o exigirem.

5.2 Composição das comissões de processo disciplinar

A Comissão de Processo Disciplinar tem que ser composta por 03 (três) servidores estáveis, e o seu presidente deve ser ocupante de cargo efetivo superior ou de mesmo nível, ou ter nível de escolaridade igual ou superior ao do indiciado, conforme preceitua o art. 149 da Lei nº 8.112/90. Se os membros da Comissão Disciplinar não preencherem aludidos requisitos, a portaria é nula, e por consequência todos os atos subsequentes.

Constitui-se, assim, no procedimento disciplinar adequado para apurar os fatos de maior gravidade e complexidade, *a teor do disposto* no art. 146 da Lei nº 8.112/90, *que obriga* a apuração dos ilícitos que ensejarão a aplicação das penalidades de natureza grave e gravíssima, por meio de processo disciplinar.

A complexidade dos objetos de apuração das Comissões Disciplinares e a possibilidade de resultar na aplicação de penalidades de natureza grave ou gravíssima (suspensão acima de 30 (trinta) dias, demissão, cassação de aposentadoria ou disponibilidade, destituição de cargo em comissão e destituição de função comissionada) costumam gerar incidentes processuais, mais facilmente resolvidos por servidor com formação jurídica, daí a recomendação deste na condução do processo administrativo disciplinar. Não como regra, mas a fim de facilitar o desenvolvimento dos trabalhos, uma vez que serão observados os princípios constitucionais do contraditório e da ampla defesa.

De qualquer forma, a Lei nº 8.112/90 não exige que as Comissões Processantes sejam presididas por procurador, advogado, ou por quem tenha formação jurídica, e pode ser presidida por servidor de formação diversa, desde que preenchidos os requisitos constantes no art. 149 da Lei nº 8.112/90 e o servidor nomeado para tal encargo tenha capacitação específica nessa área e experiência suficiente para garantir o bom desenvolvimento dos trabalhos, com observância das formalidades legais.

5.3 Portaria inaugural

A Comissão de Processo Disciplinar deve ser instaurada por portaria específica quanto aos fatos, de forma ampla, já que nesta fase os fatos ainda dependem de apuração. Não se recomenda que constem os nomes dos servidores a serem acusados, para não expô-los, considerando que a ausência dos nomes não acarreta qualquer nulidade. O primeiro ato da comissão costuma ser a expedição da notificação prévia ao acusado, constando sua condição de acusado, para que acompanhe o processo. Denomina-se portaria específica aquela que relaciona os fatos a serem investigados, devendo constar, sempre, que fazem parte do objeto de apuração "os fatos conexos".

Na portaria inaugural (e nas notificações prévias) não deve constar a tipificação legal, nem sua transcrição (infelizmente costuma-se confundir com a irregularidade em si), pois nesse momento ela é apenas "em tese", tendo sido feita apenas para definir qual era o procedimento adequado para garantir ao acusado o atendimento aos princípios constitucionais do contraditório e da ampla defesa: se o processo disciplinar ou se a sindicância punitiva.

5.4 Cabimento

Presentes a autoria e materialidade dos fatos denunciados, feito o enquadramento legal "em tese", e constatado que os atos irregulares praticados pelos servidores apontados como prováveis responsáveis, a princípio, constituem ilícitos administrativos passíveis de aplicação de penalidade grave ou gravíssima, o *procedimento apuratório adequado* para garantir ao acusado o atendimento aos princípios constitucionais do contraditório e da ampla defesa *é a Comissão de Processo Disciplinar*.

A instauração de processo disciplinar *é obrigatória* para a apuração de ilícitos que ensejam imposição de penalidade grave ou gravíssima (suspensão por mais de 30 [trinta] dias, demissão, cassação de aposentadoria ou disponibilidade, ou destituição de cargo em comissão), a teor do art. 146 da Lei nº 8.112/90.[112] Por outro lado, entende-se por *facultativa* para a apuração de ilícitos que ensejam imposição de penalidades leves (advertência e suspensão de até 30 [trinta] dias), uma vez que tais apurações podem ser

---

[112] Art. 146. Sempre que o ilícito praticado pelo servidor ensejar a imposição de penalidade de suspensão por mais de 30 (trinta) dias, de demissão, cassação de aposentadoria ou disponibilidade ou destituição de cargo em comissão será *obrigatória* a instauração de processo disciplinar. (Grifo nosso).

feitas também por meio de sindicância punitiva, conforme previsão contida do inciso II do art. 145 da Lei nº 8.112/90.

Em verdade essa faculdade é relativa, pois quando *não há dúvida* de que o ilícito praticado pelo servidor ensejará a imposição das penalidades de advertência ou suspensão de até 30 (trinta) dias, considerando a natureza e a gravidade dos fatos, o ideal é que se instaure sindicância punitiva, que tem prazo mais exíguo.

Evita-se o retrabalho, que ocorre na hipótese de instauração de uma sindicância punitiva, de depois constatar-se que a irregularidade é passível de aplicação de uma penalidade grave ou gravíssima, que foge de sua alçada, resultando, por consequência, na instauração de um processo disciplinar. Extrai-se daí que, na dúvida acerca da gravidade dos fatos, é melhor instaurar logo o um processo disciplinar.

De qualquer forma, da Comissão Disciplinar pode resultar a aplicação de todas as penalidades previstas no art. 127 da Lei nº 8.112/90 (advertência, suspensão, demissão, cassação de aposentadoria ou disponibilidade, destituição de cargo em comissão, e destituição de função comissionada).

5.5 Contagem de prazo prescricional

A contagem do prazo prescricional encontra-se definido nos §§3º e 4º do art. 142 da Lei nº 8.112/90.[113]

Para Hélio Ribeiro Couto,[114] a definição do *dies a quo* da contagem do prazo prescricional é uma das questões mais tormentosas relacionadas ao instituto da prescrição. O §1º do artigo 142 estipulou que o início da contagem do prazo prescricional da ação disciplinar coincide com a data em que o suposto ato infracional torna-se conhecido, mas não foi claro e preciso o suficiente para indicar o momento exato em que o prazo prescricional se inicia,[115] pois deixou indeterminada a autoridade investida na competência para tomar conhecimento do ato infracional e fazer iniciar a contagem do prazo prescricional.

Entretanto, de acordo com a jurisprudência pacificada no Superior Tribunal de Justiça, o termo inicial (*dies a quo*) da prescrição é a *data do conhecimento do fato pela autoridade competente para instaurar o processo administrativo disciplinar – PAD*

---

113 §3º *A abertura* de sindicância ou a instauração de processo disciplinar *interrompe a prescrição*, até a *decisão final* proferida por autoridade competente.
§4º *Interrompido* o curso da *prescrição, o prazo começará* a correr a partir *do dia em que cessar a interrupção*. (Grifos nossos).

114 COUTO, Hélio Ribeiro. A problemática do *dies a quo* da contagem do prazo prescricional do §1º do art. 142 da Lei nº 8.112/90: uma interpretação sobre quem deve ser a autoridade competente para tomar conhecimento de ato infracional para fins de ação disciplinar. Publicações da Escola da AGU. Pós-Graduação em Direito Público – UnB 2014. Eixo Administrativo. v. 34, nº 1, fev. 2014, Brasília-DF, p. 284.

115 COUTO, *op. cit.* p. 307-308: "Como sugestão legislativa, o §1º do art. 142 da Lei nº 8.112/90 poderia dispor da seguinte forma:
§1º O prazo de prescrição começa a correr da data do conhecimento do fato por qualquer pessoa que se encontre em posição hierarquicamente superior ao servidor infrator.
(...)
Portanto, entende-se aqui que a modificação acima proposta tem o condão de sanar a atual omissão legislativa referente à determinação da autoridade competente para tomar conhecimento do fato."

(art. 142, §1º), e não a ciência de qualquer autoridade da Administração Pública.[116] Neste sentido, a Súmula nº 635 do STJ: *Os prazos prescricionais previstos no art. 142 da Lei nº 8.112/1990 iniciam-se na data em que a autoridade competente para a abertura do procedimento administrativo toma conhecimento do fato, interrompem-se com o primeiro ato de instauração válido sindicância de caráter punitivo ou processo disciplinar e voltam a fluir por inteiro, após decorridos 140 dias desde a interrupção.*[117]

Interrompe-se a prescrição quando da instauração da Comissão Sindicante Punitiva, da Comissão Disciplinar e da Comissão de Rito Sumário (por aplicação subsidiária).

A modalidade de sindicância que interrompe a prescrição é a de cunho punitivo, porque visa a atender os princípios constitucionais do contraditório e da ampla defesa, assim como acontece no processo disciplinar e no rito sumário. Logo, a instauração de uma sindicância investigatória, que objetiva apenas identificar autoria e materialidade dos fatos denunciados, não interrompe a contagem do prazo prescricional, como tem reiteradamente decidido os tribunais superiores.[118]

Cessada a interrupção, a contagem do prazo prescricional *reinicia* do zero. A interrupção da prescrição cessa a partir do término do prazo legal para o encerramento dos trabalhos da comissão somado ao prazo legal para o julgamento (é o que o §3º do art. 142 quis dizer com "*até a decisão final* proferida por autoridade competente").

Encerrado o prazo legal para a autoridade competente *proferir o julgamento*, de 20 (vinte) dias para o processo disciplinar e para a sindicância punitiva (*caput* do art. 167 da Lei nº 8.112/90), e 05 (cinco) dias para o rito sumário (§4º do art. 133 da Lei nº 8.112/90), *julgado, ou não o processo, reinicia a contagem do prazo prescricional*, interrompido com a instauração da comissão. Afinal, se o §2º do art. 169 da Lei nº 8.112/90

---

[116] PROCESSUAL CIVIL E ADMINISTRATIVO. AGRAVO INTERNO NO RECURSO ESPECIAL. SERVIDOR PÚBLICO FEDERAL. PROCESSO ADMINISTRATIVO DISCIPLINAR. PROCURADOR AUTÁRQUICO E EXERCÍCIO DA ADVOCACIA PRIVADA. INEXISTÊNCIA DE DIREITO ADQUIRIDO A REGIME JURÍDICO. PRESCRIÇÃO. TERMO INICIAL. CIÊNCIA DOS FATOS PELA AUTORIDADE COMPETENTE.
O termo inicial da prescrição é a data do conhecimento do fato pela autoridade competente para instaurar o Processo Administrativo Disciplinar - PAD (art. 142, §1º), e não a ciência de qualquer autoridade da Administração Pública, como pretende o autor. Precedente: AgInt no AREsp 374.344/MG, Rel. Ministro Napoleão Nunes Maia Filho, Primeira Turma, DJe 5/3/2018. (AgInt no REsp 1439251 / PR, AGRAVO INTERNO NO RECURSO ESPECIAL, 2014/0045676-8.
Relator Ministro Benedito Gonçalves, Primeira Turma STJ, julg. 23/08/2018, pub. DJe 30/08/2018.

[117] Primeira Seção, julgado em 12/06/2019, DJe 18/06/2019, DJe 17/06/2019.

[118] ADMINISTRATIVO. MANDADO DE SEGURANÇA. SERVIDORA PÚBLICA ESTADUAL. DEMISSÃO. PRESCRIÇÃO QÜINQÜENAL. INTERRUPÇÃO. CORREIÇÃO ORDINÁRIA. INQUÉRITO DISCIPLINAR. INSTAURAÇÃO. AUTORIDADE ADMINISTRATIVA. VINCULAÇÃO. PORTARIA DE ENQUADRAMENTO. PENA SUGERIDA PELA COMISSÃO.
- A interrupção do prazo prescricional qüinqüenal das ações disciplinares ocorre com a abertura da Sindicância ou, quando for o caso, com a instauração do processo disciplinar.
- *A Sindicância que interrompe o fluxo prescricional é aquela realizada como meio sumário de apuração de faltas e aplicação de penalidades outras que não a demissão, e não o procedimento meramente apuratório e esclarecedor de fatos, desprovido do contraditório e da ampla defesa* e que não dispensa a posterior instauração do processo administrativo.
- Na hipótese, tendo sido aplicada a pena de demissão quando ainda não transcorrido o prazo de cinco anos contado a partir da Portaria de instauração do processo administrativo, único marco interruptivo, não há que se falar em prescrição.
- Em sede de processo administrativo, *pode a autoridade* administrativa, *na aplicação da condenação, conferir* ao fato descritivo na Portaria de Enquadramento *definição jurídica diversa, não se vinculando,* ainda, *ao parecer da comissão processante,* mesmo que tenha que aplicar a pena mais severa, *desde fundamentadamente.*
- Recurso ordinário provido. *Segurança concedida. (STJ/ROMS nº 10.316/SP. Relator Ministro Vicente Leal).* (Grifos nossos).

refere-se a "autoridade julgadora que der causa à prescrição", é porque a prescrição pode ocorrer antes do julgamento:

a) a partir do 81º (octogésimo primeiro) dia da instauração da Comissão de Sindicância Punitiva, julgada ou não, *reinicia a contagem* do prazo prescricional (30 dias + 30 dias de prorrogação + 20 dias para julgamento = 80 dias);

b) a partir do 141º (centésimo quadragésimo primeiro) dia da instauração da Comissão de Processo Disciplinar, julgado ou não, *reinicia a contagem* do prazo prescricional (60 dias + 60 dias de prorrogação + 20 dias para julgamento = 140 dias).

c) a partir do 51º (quinquagésimo primeiro) dia da instauração da Comissão de Processo Administrativo Disciplinar de Rito Sumário, julgado ou não, *reinicia a contagem do prazo prescricional* (30 dias + 15 dias de prorrogação + 05 dias para julgamento = 50 dias).

Considerando que a prescrição é interrompida com a instauração da comissão e que após a cessação da interrupção é iniciada nova contagem do prazo prescricional, devemos *observar se ocorreu a prescrição punitiva entre*:

a) *o conhecimento do fato* (§1º do art. 142 da Lei nº 8.112/90) *e a instauração* do processo disciplinar, da sindicância punitiva, ou do rito sumário;

b) *a cessação da interrupção da prescrição* (interrupção ocorrida na instauração do processo disciplinar, da sindicância punitiva, ou do rito sumário) *e o julgamento*;

c) *a cessação da interrupção* da prescrição (interrupção ocorrida na instauração do processo disciplinar, da sindicância punitiva, ou do rito sumário) *e a aplicação da penalidade*;

d) *a cessação da interrupção* da prescrição (interrupção ocorrida na instauração do processo disciplinar, da sindicância punitiva ou do rito sumário) *e o cumprimento da penalidade*;

A ocorrência da prescrição punitiva deve ser verificada *entre o conhecimento do fato e a instauração* do processo disciplinar, da sindicância punitiva, ou do rito sumário (letra "a" *supra*), refere-se ao *prazo prescricional da penalidade cabível*. No momento da análise do resultado do trabalho da comissão, após o atendimento dos princípios constitucionais do contraditório e da ampla defesa, tem-se a *penalidade em concreto* (penalidade cabível), de acordo com a tipificação legal "definitiva", pelo que não interessa mais qual era a *penalidade em abstrato* (aquela indicada quando da análise da denúncia com base na tipificação legal "em tese").

Em *todos* os *períodos mencionados nas letras "a" a "d" supra*, deve-se *verificar se ocorreu*, ou não, a *prescrição* punitiva, *considerando o prazo prescricional específico da penalidade em concreto* (penalidade cabível), nos termos dos incisos I a III do art. 142 da Lei nº 8.112/90.

Sobre a "interrupção da prescrição" diante de um processo disciplinar nulo, tem-se que *comissão anulada integralmente não interrompe a contagem do prazo prescricional*, uma vez que o ato nulo não produz efeito, ou seja, é como se não existisse.[119]

---

[119] EMENTA ADMINISTRATIVO. PROCESSO DISCIPLINAR. PRESCRIÇÃO. INTERRUPÇÃO. DECLARAÇÃO DE NULIDADE DO PROCESSO EXTENSÃO DOS EFEITOS. CONTAGEM DO PRAZO PRESCRICIONAL.
- O *reconhecimento da nulidade* do processo administrativo implica na desconstituição de todos os seus atos, inclusive o de instauração da Comissão Disciplinar, o que *resulta na inexistência do ato interruptivo da prescrição*, que deve ser contada, consequentemente, desde o conhecimento do fato lesivo até a instauração do segundo processo disciplinar.

A instauração de uma comissão com o fim de dar continuidade aos trabalhos iniciados por uma comissão anterior também não interrompe a contagem do prazo prescricional. Só *há interrupção* do *prazo prescricional na instauração* da *primeira Comissão* Disciplinar *válida*. Reiniciada a contagem quando cessada a interrupção da prescrição, o prazo prescricional continua correndo normalmente, *independentemente* de quantas *Comissões* forem *instauradas posteriormente, com o objetivo de dar continuidade* aos *trabalhos*.

Dizemos que a *ocorrência* da *prescrição deve ser verificada não apenas entre a instauração da comissão e o julgamento* (letra "b" *supra*), mas *também entre a* instauração da comissão *e a* aplicação da penalidade (letra "c" *supra*), ou *entre a* instauração da comissão *e o* cumprimento da penalidade (letra "d" *supra*), *uma vez que a Administração* (por motivos diversos, como desconhecimento ou não tramitação do processo) *pode demorar ou deixar* de (a) *aplicar* a penalidade, depois do julgamento, ou (b) *providenciar o cumprimento* da penalidade, depois de sua aplicação.

A primeira parte do §3º do art. 142 da Lei nº 8.112/90, que estabelece que a abertura de sindicância ou a instauração de processo disciplinar interrompe a prescrição deixa claro que a prescrição *só é interrompida com a instauração* da comissão. Logo, *não há previsão legal* para *se interromper a prescrição com o julgamento, ou com a aplicação da penalidade, ou com o cumprimento da pena*. A *contagem* do *prazo prescricional* reiniciada quando cessada sua interrupção *continua correndo* normalmente após o julgamento, possibilitando a ocorrência da prescrição punitiva depois do julgamento e antes da aplicação ou do cumprimento da penalidade. Conclui-se daí que o processo tem que ser julgado, assim como a penalidade aplicada e cumprida, antes de ocorrer a prescrição punitiva.[120]

Como afirmado no Capítulo 2, na ocorrência da prescrição da pretensão punitiva e a extinção da punibilidade da Administração, após a declaração incidental de inconstitucionalidade do art. 170, da Lei nº 8.112/90, no MS 23.262/DF: i) não se anota mais a penalidade nos assentamentos funcionais do servidor; ii) não se instaura o processo administrativo disciplinar correspondente; iii) se a prescrição ocorrer no curso do processo administrativo disciplinar, a autoridade julgadora deve reconhecer a prescrição e extinguir o processo disciplinar desde o exaurimento do prazo prescricional.

- *In casu, entre o conhecimento do fato*, que se deu em dezembro de 1997, *e a instauração do procedimento disciplinar válido*, ocorrida em julho de 1998, *exauriu-se o prazo prescricional* de 180 (cento e oitenta) dias *previsto* no inciso III do art. 142 da Lei 8.112/90 *para* as *infrações apenadas com advertência*. Recurso especial não conhecido. (Resp 456829/RNº Rel. Ministro Vicente Leal. 6ª Turma). (Grifos nossos).
EMENTA ADMINISTRATIVO. SERVIDOR PÚBLICO. PROCESSO ADMINISTRATIVO DISCIPLINAR. PRESCRIÇÃO. NULIDADES. INOCORRÊNCIA. INSTAURAÇÃO. CERCEAMENTO DE DEFESA. DEMISSÃO. PROPORCIONALIDADE.
I – Inocorrência de prescrição, tendo em vista que, *anulado o primeiro processo disciplinar, a causa interruptiva da prescrição surgida com a sua instauração desaparece*, de modo que o prazo prescricional será contato entre a data em que o fato se tornou conhecido e a instauração do novo processo. Precedentes do c. STF. Segurança denegada. (STJ/MS 7081/DF – 2000/0066042-6. Relator Ministro Felix Fischer). (Grifos nossos).
120 EMENTA. MANDADO DE SEGURANÇA. PRESCRIÇÃO. PRETENSÃO PUNITIVA. AÇÃO DISCIPLINAR. PENA DE ADVERTÊNCIA. ARTS. 142, III, §§1º, 3º e 4º, 152, 167 e 169, §§1º e 2º – LEI Nº 8.112/90.
1 – Conquanto o §3º do art. 142 da Lei nº 8.112/90 determine que a abertura de sindicância ou a instauração de processo disciplinar interrompe a prescrição, até a data da decisão final proferida por autoridade competente, *o efeito obstativo do reinício do curso prescricional desaparece a partir do encerramento do prazo legal*.
2 – *In casu*, o processo disciplinar foi instaurado em 11/02/94 (fls. 30), através da Portaria nº 081 do Ministro da Justiça, *tendo a decisão final ocorrido* em 14/02/96 (fls. 57), *quando já transcorridos* 180 (cento e oitenta) dias do *prazo prescricional, previsto quanto à pena de advertência* (art. 142, III), considerando o termo *a quo* em 02/07/94, ou seja, 141 (cento e quarenta e um) dias após o início do processo, ao cessar o impedimento do curso da prescrição, nos termos dos arts. 152 e 167 da Lei nº 8.112/90.
3 – Segurança concedida. (MS 7.792-DF. Rel. Min. Paulo Medina, julgado em 24/03/2004).

Isso porque deve ser prestigiado o princípio da segurança jurídica no caso de aplicação de regras sancionadoras e da incidência de seus efeitos, de forma que se impeça que a controvérsia subsista por tempo maior que o lapso temporal previsto pelo legislador ordinário no art. 142, da Lei nº 8.112/90, consoante destacou o relator Min. Dias Toffoli em seu voto no MS 23.262.

PROCESSO ADMINISTRATIVO DISCIPLINAR DE RITO SUMÁRIO

6.1 Finalidade, cabimento e procedimento

Procede-se a instauração do processo administrativo disciplinar de rito sumário, assim como na Comissão Sindicante Punitiva e na Comissão Disciplinar, quando se tem autoria e materialidade identificadas, com a *finalidade* de garantir aos acusados ou indiciados o atendimento aos princípios constitucionais do devido processo legal, do contraditório e da ampla defesa. Portanto, cabe a utilização do rito sumário para apurar os ilícitos administrativos relativos à acumulação ilegal de cargos, empregos ou funções públicas, o abandono de cargo e a inassiduidade habitual.

O procedimento próprio, estabelecido nos arts. 133, e 138 a 140 da Lei nº 8.112/90, exige que seja *instaurado* quando estiverem presentes os elementos exigidos na norma legal para sua instauração, uma vez que estes fatos irão constar na portaria inaugural:

a) a prova da ausência intencional/injustificada ao serviço – para o abandono de cargo e a inassiduidade habitual;

b) a prova do exercício de mais de um cargo, emprego ou função pública, e da falta de opção do servidor, embora notificado – para a acumulação ilegal de cargos, empregos ou funções públicas.

O prazo da Comissão de Rito Sumário é exíguo[121] por se tratar de um procedimento sumário, exatamente em função de estar presentes desde sua instauração a prova da ausência ao serviço e do exercício de mais de um cargo público, conforme o caso, restando à comissão buscar a verdade real e demonstrar a legalidade, ou não, dos fatos.

A Comissão de Rito Sumário cumprirá rigorosamente, sob pena de nulidade, as formalidades previstas nos arts. 133 e 138 a 140, e, *subsidiariamente*, as previstas nos arts. 148 a 166, todos da Lei nº 8.112/90, por força do disposto no §8º do art. 133[122] do mesmo diploma legal.

---

[121] §7º do art. 133 da Lei nº 8.112/90 "O *prazo* para a conclusão do processo administrativo disciplinar submetido ao rito sumário *não excederá trinta dias*, contados da data de publicação do ato que constituir a comissão, admitida a sua *prorrogação por até quinze dias*, quando as circunstâncias o exigirem." (Grifos nossos).

[122] §8º O procedimento sumário rege-se pelas disposições deste artigo, observando-se, no que lhe for aplicável, subsidiariamente, as disposições dos Títulos IV e V desta Lei.

O *caput* e incisos do art. 133 (para a acumulação ilegal de cargos, empregos ou funções públicas) e o *caput* do art. 140 (para o abandono de cargo e a inassiduidade habitual) da Lei nº 8.112/90,[123] trazem as fases do processo administrativo disciplinar de rito sumário.

Considera-se instaurada a Comissão de Processo Administrativo Disciplinar de Rito Sumário com a publicação da portaria inaugural (*fase da instauração*), momento em que passa a existir, pelo que o prazo começa a correr, com a publicação da portaria inaugural.

A *fase da instrução sumária* está prevista nos §§2º e 3º do art. 133, e no inciso II do art. 140 da Lei nº 8.112/90, sendo que:

- a *indiciação* deve ser realizada conforme determina a primeira parte do §2º do art. 133 (para a acumulação ilegal de cargos, empregos ou funções públicas, bem como para o abandono de cargo e a inassiduidade habitual);
- a *defesa* deve ser feita de acordo com a segunda parte do §2º do art. 133 (para a acumulação ilegal de cargos, empregos ou funções públicas, bem como para o abandono de cargo e a inassiduidade habitual), observando-se o §5º do art. 133 no caso da acumulação ilegal de cargos, empregos ou funções públicas;
- o *relatório* deve ser elaborado na forma estabelecida no §3º do art. 133 (para a acumulação ilegal de cargos, empregos ou funções públicas) e no inciso II do art. 140 (para o abandono de cargo ou a inassiduidade habitual).

A *fase do julgamento* obedece, subsidiariamente, nos termos do §8º do art. 133 da Lei nº 8.112/90, às disposições dos arts. 167 a 171 da Lei nº 8.112/90, exceto no que diz respeito à peculiaridade prevista em lei para o rito sumário: o prazo para a autoridade julgadora proferir a decisão, no teor do §4º do art. 133 da Lei nº 8.112/90.[124]

No julgamento, o processo administrativo disciplinar de rito sumário não está sujeito ao prazo estabelecido no *caput* do art. 167 da Lei nº 8.112/90, tendo em vista previsão específica de prazo de cinco dias para essa modalidade.

6.1.1 Fase da instrução sumária

De uma leitura rápida do disposto no §2º do art. 133 da Lei nº 8.112/90,[125] observa-se que o dispositivo legal *divide-se em 02* (duas) *partes*:

---

[123] Art. 133. Detectada a qualquer tempo a acumulação de cargos, empregos ou funções públicas, a autoridade a que se refere o art. 143 notificará o servidor, por intermédio de sua chefia imediata, para apresentar opção no prazo improrrogável de dez dias, contados da data da ciência e, na hipótese de omissão, adotará procedimento sumário para a sua apuração e regularização imediata, cujo processo administrativo disciplinar *se desenvolverá nas seguintes fases*:
I – *instauração*, com a publicação do ato que constituir a comissão, a ser composta por dois servidores estáveis, e simultaneamente indicar a autoria e a materialidade da transgressão objeto de apuração;
II – *instrução sumária*, que compreende indiciação, defesa e relatório.
III – *julgamento*.
Art. 140. Na apuração de abandono de cargo ou inassiduidade habitual, também *será adotado o procedimento sumário a que se refere o art. 133* (...). (Grifo nosso).

[124] Art. 133 (...)
§4º No *prazo de cinco dias*, contados do recebimento do processo, a *autoridade julgadora proferirá* a sua *decisão*, aplicando-se, quando for o caso, o disposto no §3º do art. 167. (Grifo nosso).

[125] §2º A comissão *lavrará*, até *três dias* após a publicação do ato que a constituiu, *termo de indiciação* em que serão transcritas as informações de que trata o parágrafo anterior, bem como *promoverá a citação* pessoal do servidor indiciado, ou por intermédio de sua chefia imediata, para, no prazo de *cinco dias, apresentar defesa* escrita, assegurando-se-lhe vista do processo na repartição, observado o disposto nos arts. 163 e 164. (Grifo nosso).

1. na primeira parte, que a comissão terá 03 (três) dias para lavrar o termo de indiciação e promover a citação do indiciado;
2. na segunda parte, que o indiciado terá 05 (cinco) dias para apresentar defesa escrita.

A Comissão de Rito Sumário terá, portanto, *03 (três) dias para*, sucessivamente:

a) instalar e dar início aos trabalhos, como primeiro ato de todas as modalidades de Comissão de Processo Administrativo Disciplinar;

b) lavrar termo de indiciamento, constando a condição de indiciado do servidor e os fatos que lhes estão sendo imputados, com as especificações contidas na portaria inaugural ("... serão transcritas as informações de que trata o parágrafo anterior..." — o parágrafo anterior [§1º] estabelece os fatos que devem constar na portaria inaugural).

c) promover a citação do indiciado, pessoalmente ou por intermédio de sua chefia imediata, para que apresente sua defesa no prazo de 05 (cinco) dias, assegurando-lhe o direito de acompanhar o processo pessoalmente ou por intermédio de procurador, arrolar e reinquirir testemunhas, produzir provas e contraprovas e formular quesitos, quando se tratar de prova pericial, com a aplicação subsidiária dos direitos previstos no art. 156 da Lei nº 8.112/90.

Embora se considere que 03 (três) dias é um prazo muito curto para esse impulso inicial com todas essas diligências, o envio dos autos ao *presidente da Comissão* Processante de Rito Sumário, *antes mesmo de publicar a portaria instauradora* para cientificá-lo acerca da data de sua publicação, e consequentemente da data do início do prazo da comissão, viabiliza o estudo do processo e a confecção das minutas dos atos da comissão que deverão ser praticados dentro do prazo de 03 (três) dias, o que possibilita o cumprimento do prazo legal.

Recomenda-se que o mandado de citação do indiciado transcreva os termos do art. 156 da Lei nº 8.112/90, para que se estabeleça o devido processo legal, garantindo ao indiciado, de forma absoluta, o atendimento aos princípios constitucionais do contraditório e da ampla defesa. Com isso, caso o indiciado queira produzir provas, *será observada, subsidiariamente, a fase da instrução do processo disciplinar*, a teor do §8º do art. 133 da Lei nº 8.112/90.

A comissão pode também expedir junto com o mandado de citação do indiciado, um mandado de intimação para a oitiva de testemunhas arroladas pela comissão, se desde o primeiro momento entender necessária a coleta de depoimentos. Nessa hipótese, deverão ser obedecidas as formalidades previstas para o processo disciplinar: *primeiro* serão ouvidas as testemunhas da comissão e realizada a perícia, se houver (ocasião em que o indiciado será intimado para indicar um assistente técnico e apresentar quesitos), *depois* o indiciado será intimado para apresentar sua prova e contraprova. *Por último*, *após* a oitiva das testemunhas da defesa, finalizadas a produção de todas as provas, realizar-se-á o interrogatório do indiciado.

A Comissão de Rito Sumário vai *deliberar a respeito dos próximos atos*, de acordo com as conclusões a que chegaram seus membros diante do conjunto probatório necessário para a formação de suas convicções e da autoridade julgadora, e *podem*, de acordo com a prova constante dos autos:

a) lavrar *novo termo de indiciamento*, retificando ou ratificando o anterior, e agora sim, depois de atendidos os princípios constitucionais do contraditório e da ampla defesa, expedir novo mandado de citação para o indiciado apresentar sua defesa escrita no prazo de 05 (cinco) dias; ou

b) elaborar o *relatório final*, fundamentando acerca da inocência do indiciado, com base no §4º do art. 167 da Lei nº 8.112/90.

Apresentada a defesa escrita, cabe à comissão elaborar o relatório final, com análise pontual das arguições constantes na defesa e conclusão acerca da *inocência ou responsabilidade do servidor*, nos termos do §3º do art. 133 da Lei nº 8.112/90, quando se tratar de acumulação ilegal de cargos, empregos ou funções públicas, e nos termos do inciso II do art. 140 da Lei nº 8.112/90, quando se tratar de abandono ilegal de cargo e inassiduidade habitual.

Não há previsão na Lei nº 8.112, de 1990, para conversão do rito sumário em ordinário para produção de provas. A análise de admissibilidade deve assegurar que há elementos de prova, pré-constituidas, de autoria e materialidade suficientes para a sua instauração. As contraprovas serão trazidas pelo indiciado, junto com a defesa. Segue-se a elaboração do relatório final, acolhendo ou não a defesa.

Apesar de seguirem o mesmo rito, a "acumulação ilegal de cargos, empregos ou funções públicas", o "abandono de cargo" e a "inassiduidade habitual" têm peculiaridades próprias, como se verá adiante.

6.1.1.1 Acumulação ilegal de cargos, empregos ou funções públicas

A acumulação ilegal de cargos, empregos ou funções públicas pode ocorrer em duas hipóteses:

a) quando for considerado ilícito o exercício cumulativo de dois ou mais cargos, empregos ou funções, por força de lei, conforme disposto nos arts. 118 a 120 da Lei nº 8.112/90.

b) quando houver incompatibilidade de horário, ainda que lícita a cumulação, pois ainda que a lei permita o exercício cumulativo dos cargos, empregos ou funções, os horários devem ser compatíveis, conforme preceitua o §2º do art. 118 da Lei nº 8.1112/90.

O STF possui precedentes e entendimento consolidado no sentido de que, havendo compatibilidade de horários, verificada no caso concreto, a existência de norma infraconstitucional limitadora de jornada semanal de trabalho não constitui óbice ao reconhecimento da cumulação de cargos.[126]

---

[126] Ementa: AGRAVO INTERNO. RECURSO EXTRAORDINÁRIO. DECISÃO AGRAVADA EM CONSONÂNCIA COM A JURISPRUDÊNCIA DO SUPREMO TRIBUNAL FEDERAL. 1. Nestes autos, o Tribunal Regional Federal da 2ª Região indeferiu a pretensão de acumulação de cargos públicos ao entendimento de que a OIT – Organização Internacional do Trabalho considera a jornada de 48 horas semanais como limite razoável. 2. O SUPREMO TRIBUNAL FEDERAL tem entendimento consolidado no sentido de que, havendo compatibilidade de horários, verificada no caso concreto, a existência de norma infraconstitucional limitadora de jornada semanal de trabalho não constitui óbice ao reconhecimento da cumulação de cargos. 3. Precedentes desta CORTE em casos idênticos ao presente: RE 1061845 AgR-segundo, Relator(a): Min. LUIZ FUX, Primeira Turma, DJe 25-02-2019; ARE 1144845, Relator(a): Min. ROSA WEBER, DJe 02/10/2018; RMS 34257 AgR, Relator(a): Min. RICARDO LEWANDOWSKI, Segunda Turma, DJe 06-08-2018; RE 1023290 AgR-segundo, Relator(a): Min. CELSO DE MELLO, Segunda Turma, DJe 06-11-2017; ARE 859484 AgR, Relator(a): Min. DIAS TOFFOLI, Segunda Turma, DJe 19-06-2015. 4. Agravo Interno a que se nega provimento.

O STJ adequou-se ao posicionamento do STF sobre o tema, no sentido de que o único requisito estabelecido para a acumulação é a compatibilidade de horários no exercício das funções, cujo cumprimento deverá ser aferido pela administração pública.[127]

Constatada a acumulação ilegal de cargos, empregos ou funções públicas, a autoridade competente *só poderá instaurar* o processo administrativo disciplinar de rito sumário se o servidor, devidamente notificado, *não exercer*, no prazo de 10 (dez) dias, seu *direito de opção*, conforme previsão do *caput* do art. 133 da Lei nº 8.112/90.

Uma vez instaurada a Comissão de Rito Sumário, o servidor ainda tem *até o último dia* de prazo para a apresentação *da defesa*, para *exercer* seu direito de *opção*, previsto no §5º do art. 133 da Lei nº 8.112/90.[128] Ao fazer a opção, considera-se a *boa-fé do servidor*, e descaracteriza-se a acumulação ilegal de cargos, empregos ou funções públicas. O outro órgão com o qual tem vínculo será comunicado imediatamente, pois a opção de um cargo converte-se, automaticamente, em pedido de exoneração do outro cargo.

Não sendo feita a opção, considera-se a *má-fé do servidor* e a caracterização da acumulação ilegal de cargos, empregos ou funções públicas.

Atendidos os princípios constitucionais do contraditório e da ampla defesa — conforme visto na fase da instrução sumária — e caracterizada a acumulação ilegal de cargos, empregos ou funções públicas, o que ocorre sempre que ficar provada a má-fé, as *penalidades* cabíveis são: a demissão, a destituição, ou a cassação de aposentadoria ou disponibilidade, de acordo com a situação funcional do indiciado, nos termos do §6º do art. 133 da Lei nº 8.112/90.

A princípio, não se percebe a razão de um dispositivo específico para prever tais penalidades, já que o inciso XII do art. 132 da Lei nº 8.112/90 também estabelece que

---

RE 1177532 AgR, Relator Min. ALEXANDRE DE MORAES, Primeira Turma do STF, julg.09/04/2019, pub. 03/05/2019.

[127] ADMINISTRATIVO. RECURSO ESPECIAL. SERVIDOR PÚBLICO. ACUMULAÇÃO DE CARGOS PÚBLICOS REMUNERADOS. ÁREA DA SAÚDE. LIMITAÇÃO DA CARGA HORÁRIA. IMPOSSIBILIDADE. COMPATIBILIDADE DE HORÁRIOS. REQUISITO ÚNICO. AFERIÇÃO PELA ADMINISTRAÇÃO PÚBLICA. PRECEDENTES DO STF. RECURSO ESPECIAL A QUE SE NEGA PROVIMENTO.
1. A Primeira Seção desta Corte Superior tem reconhecido a impossibilidade de acumulação remunerada de cargos ou empregos públicos privativos de profissionais da área de saúde quando a jornada de trabalho for superior a 60 (sessenta) horas semanais.
2. Contudo, ambas as Turmas do Supremo Tribunal Federal, reiteradamente, posicionam-se "[...] no sentido de que a acumulação de cargos públicos de profissionais da área de saúde, prevista no art. 37, XVI, da CF/88, não se sujeita ao limite de 60 horas semanais previsto em norma infraconstitucional, pois inexiste tal requisito na Constituição Federal" (RE 1.094.802 AgR, Relator Min. Alexandre de Moraes, Primeira Turma, julgado em 11/5/2018, DJe 24/5/2018).
3. Segundo a orientação da Corte Maior, o único requisite estabelecido para a acumulação é a compatibilidade de horários no exercício das funções, cujo cumprimento deverá ser aferido pela administração pública. Precedentes do STF.
4. Adequação do entendimento da Primeira Seção desta Corte ao posicionamento consolidado no Supremo Tribunal Federal sobre o tema.
5. Recurso especial a que se nega provimento.
(REsp 1767955 / RJ, Ministro OG FERNANDES, Primeira Seção do STJ, julg. 27/03/2019, pub. DJe 03/04/2019 RB vol. 658 p. 186).

[128] Art. 133. Detectada a qualquer tempo a acumulação de cargo, empregos ou funções públicas, a autoridade a que se refere o art. 143 *notificará o servidor*, por intermédio de sua chefia imediata, para *apresentar opção no prazo* improrrogável *de dez dias*, contados da data da ciência e, *na hipótese de omissão, adotará procedimento sumário* para a sua apuração e regularização imediata, cujo processo administrativo disciplinar se desenvolverá nas seguintes fases: (...)
(...)
§5º A *opção* pelo servidor até o *último dia de prazo para defesa* configurará *boa-fé*, hipótese em que se converterá automaticamente em pedido de *exoneração* do outro cargo. (Grifo nosso).

comprovada a acumulação ilegal de cargos, empregos ou funções públicas a penalidade cabível é a demissão (para o servidor ativo). Consequentemente, cabe a penalidade de cassação de aposentadoria ou disponibilidade do inativo (para o aposentado) ou de destituição do cargo em comissão (para o servidor que ocupa cargo em comissão sem ser do quadro efetivo), por força, respectivamente, dos arts. 134 e 135 da Lei nº 8.112/90. Observa-se, porém, que o §6º do art. 133 da Lei nº 8.112/90[129] estipula, especificamente, que a *penalidade será aplicada* em relação a *ambos* os cargos, empregos ou funções exercidos pelo servidor penalizado.

Reitera-se que não há previsão na Lei nº 8.112, de 1990, para conversão do rito sumário em ordinário para produção de provas. A análise de admissibilidade deve assegurar que há elementos de provas, pré-constituidas, de autoria e materialidade suficientes para a sua instauração. As contraprovas serão trazidas pelo indiciado, junto com a defesa. Segue-se a elaboração do relatório final, acolhendo ou não a defesa. Uma prova oral não desconstitui o elemento probatório publicação, nomeação e posse em cargo inacumulável.

6.1.1.2 Abandono de cargo e inassiduidade habitual

Para caracterização do *abandono de cargo* não basta a ausência do servidor no serviço por mais de 30 (trinta) dias consecutivos, mas faz-se necessário comprovar que o servidor faltoso teve a intenção de abandonar seu cargo (o *animus abandonandi*). Essa prova quanto ao servidor faltoso pode dar-se das seguintes formas:

a) *teve* a intenção de abandonar seu cargo, mediante a prova do exercício de outra atividade profissional;

b) *teve ausências injustificadas por mais de trinta dias consecutivos, o que gera presunção relativa da intenção de abandonar o cargo (Enunciado CGU nº 22/2018).*

c) *não teve* a intenção de abandonar seu cargo, com a prova de que esteve e ainda está doente ou padecendo de doença psiquiátrica ou, que, embora não esteja mais, esteve doente à época em que faltou (caso de doença mental temporária). Ante a ausência do *animus abandonandi,* não será caracterizado o abandono de cargo previsto no art. 138 da Lei nº 8.112/90.[130] Há necessidade da prova do *animus abandonandi* em outros momentos, como quando se deve observar as regras para a indicação da materialidade na portaria e para a elaboração do relatório final da Comissão de Rito Sumário, nos termos da letra "a" do inciso I e do inciso II do art. 140 da Lei nº 8.112/90.[131]

---

[129] Art. 133 (...)

§6º Caracterizada *a acumulação ilegal e provada a má-fé,* aplicar-se-á a *pena* de demissão, destituição ou cassação de aposentadoria ou disponibilidade em relação aos cargos, empregos ou funções públicas em regime de acumulação ilegal, hipótese em que os órgãos ou entidades de vinculação *serão* comunicados. (Grifo nosso).

[130] Art. 138. *Configura* abandono de cargo a *ausência intencional* do servidor ao serviço por mais de trinta dias consecutivos. (Grifo nosso).

[131] Art. 140 (...)

I - a indicação da materialidade dar-se-á:

a) na hipótese de abandono de cargo, pela indicação precisa do período de *ausência intencional* do servidor ao serviço superior a trinta dias;

A *inassiduidade habitual,* prevista no art. 139, da Lei nº 8.112/90,[132] caracteriza-se se ficar provado que o servidor faltou ao serviço 60 (sessenta) dias, interpoladamente, sem justificativa, durante o período de 12 (doze) meses. Interpoladamente significa em dias intercalados, ou seja, os 60 (sessenta) dias não são corridos. Não é necessário demonstrar a intenção, uma vez que não há qualquer exigência legal expressa nesse sentido, bastando que as faltas não tenham sido justificadas.

Porém, da mesma forma que no abandono de cargo, se ficar comprovado nos autos que o indiciado estava doente, ou estava e ainda está, e por essa razão se ausentou do serviço, periodicamente, descaracteriza-se a prática de ilícito administrativo por parte do servidor indiciado. Nesse caso, os autos serão encaminhados ao setor de Recursos Humanos para regularização da situação funcional do servidor, para a homologação dos atestados médicos para fins de frequência e pagamentos dos salários, concessão de licença médica ou de aposentadoria, conforme o caso. A *perícia médica* feita por junta médica oficial, composta por médico psiquiátrico, assim como a instauração do *incidente de sanidade mental,* previsto no art. 160 da Lei nº 8.112/90, comumente ocorrem nos processos administrativos disciplinares de rito sumário por abandono de cargo.

Atendidos os princípios constitucionais do contraditório e da ampla defesa e provado(a):

a) o *animus abandonandi* do servidor ausente do serviço por mais de 30 (trinta) dias consecutivos, concluiu-se que ele praticou um ilícito administrativo, o abandono de cargo previsto no art. 138 da Lei nº 8.112/90;

b) a falta de justificativa para a ausência ao serviço por 60 (sessenta) dias, interpoladamente, durante o período de 12 (doze) meses, conclui-se que ele praticou um ilícito administrativo, a inassiduidade habitual prevista no art. 139 da Lei nº 8.112/90.

A partir daí, ensejar-se-á a aplicação das penalidades de demissão, destituição do cargo em comissão ou cassação de aposentadoria ou disponibilidade do inativo, de acordo com a situação funcional do indiciado, a teor do disposto no *caput* e incisos II e III do art. 132 c/c o art. 134 e 135, todos da Lei nº 8.112/90.

Mais uma vez, não há previsão na Lei nº 8.112, de 1990, para conversão do rito sumário em ordinário para produção de provas. A análise de admissibilidade deve assegurar que há elementos de provas, pré-constituidas, de autoria e materialidade suficientes para a sua instauração. As contraprovas serão trazidas pelo indiciado, junto com a defesa. Segue-se a elaboração do relatório final, acolhendo ou não a defesa, justificando-se as faltas, como atestados médicos não homologados, por exemplo (para a inassiduidade habitual), ou a ausência do *animus abandonandi* (no caso de abandono de cargo).

---

b) (...)

II - após a apresentação da defesa a comissão elaborará *relatório conclusivo* quanto à inocência ou à responsabilidade do servidor, em que resumirá as peças principais dos autos, indicará o respectivo dispositivo legal, opinará, na hipótese de abandono de cargo sobre a *intencionalidade da ausência* ao serviço superior a trinta dias e remeterá o processo à autoridade instauradora para julgamento. (Grifo nosso).

[132] Art. 139. Entende-se por inassiduidade habitual a falta ao serviço, *sem causa justificada,* por sessenta dias, interpoladamente, durante o período de doze meses. (Grifo nosso).

6.2 Perícia médica oficial e incidente de sanidade mental

A perícia médica oficial e o incidente de sanidade mental visam a constatar o estado de saúde físico ou mental do indiciado. O incidente de sanidade mental nada mais é do que um processo autônomo no qual se realiza a perícia médica oficial, instaurado se houver suspeita acerca da sanidade mental do indiciado, tanto que a junta médica oficial tem que ser composta por um médico psiquiatra.

Se a dúvida diz respeito, apenas, ao estado de saúde do indiciado, o procedimento a ser instaurado é a perícia médica oficial, devendo ou não ser composta por um médico psiquiatra, conforme o caso. A perícia e o incidente de sanidade mental estão previstos, respectivamente, nos arts. 155 e 160 da Lei nº 8.112/90.[133]

A dificuldade enfrentada pela comissão para a realização dessas perícias (em ambos os casos) consiste no prazo exíguo do rito sumário somado à dificuldade de se marcar uma perícia médica com data próxima. Por essa razão, orientam-se as comissões a que, *durante a vigência de seu prazo*, diligencie todos os *atos que devem ser praticados antes da perícia*, quais sejam: i) *marcar* a *perícia médica* necessária, no menor espaço de tempo possível e, imediatamente; ii) *intimar* o *indiciado* acerca da data da perícia, bem como para *apresentar* quesitos e assistente técnico. Via de regra, se o órgão público não possuir convênios com outros entes que possuem juntas médicas permanentes, no prazo de 45 (quarenta e cinco) dias, prazo máximo do rito sumário (30 de prazo inicial + 15 de prorrogação), consegue-se praticar somente os atos acima mencionados, ficando a comissão desconstituída, automaticamente, com a expiração de seu prazo.

Nesse caso, a comissão deve informar à autoridade instauradora, mediante apresentação de relatório parcial, os atos por ela praticados e a data marcada para a perícia, e solicitar a *constituição de uma nova Comissão* de Processo Administrativo Disciplinar de Rito Sumário, *para dar continuidade aos trabalhos*. Para melhor aproveitamento do prazo, a nova comissão deverá ser instaurada *nas vésperas da perícia*, mantidos os mesmos membros, sem necessidade de devolução dos autos à autoridade instauradora. Como a perícia é uma prova, não pode ser realizada sem comissão constituída, o que equivale a ouvir testemunhas sem comissão em vigor.

A Comissão reconduzida produzirá a prova e elaborará o Relatório Final.

6.3 Composição das comissões de rito sumário

A Comissão Processante de Rito Sumário é composta por 02 (dois) membros, devendo ser *servidores estáveis*, nos termos do inciso I do art. 133 da Lei nº 8.112/90. Recomenda-se que seja presidida por servidor capacitado para compor comissões

---

[133] Art. 155. Na fase do inquérito, a comissão promoverá a tomada de depoimentos, acareações, investigações e diligências cabíveis, objetivando a coleta de prova, recorrendo, quando necessário, a técnicos e *peritos*, de modo a permitir a completa elucidação dos fatos.
Art. 160. Quando houver *dúvida sobre a sanidade mental* do acusado, a comissão proporá à autoridade competente que ele seja submetido a exame por *junta médica oficial*, da qual participe pelo menos um *médico psiquiatra*.
Parágrafo único. O incidente de sanidade mental será processado em auto apartado e apenso ao processo principal, após a expedição do laudo pericial. (Grifo nosso).

de processo disciplinar (treinamentos específicos) ou com formação jurídica. Isto, considerando o atendimento aos princípios constitucionais do contraditório e da ampla defesa e a possibilidade de ocorrer incidente processual, e a possibilidade de aplicação das penalidades de natureza gravíssima, ou seja, demissão, destituição de cargo em comissão, cassação de aposentadoria ou disponibilidade, conforme disposto nos incisos II, III e XII do art. 132 c/c os arts. 134 e 135, e do §6º do art. 133, todos da Lei nº 8.112/90.

6.4 Portaria inaugural

A Comissão de Processo Administrativo Disciplinar de Rito Sumário tem que ser instaurada por *portaria específica quanto aos fatos e à autoria*, por *imposição legal*. Ao contrário das demais modalidades de processo administrativo disciplinar, a legislação impôs que a portaria inaugural tem que ser específica inclusive no que deve constar na portaria, sob pena de nulidade.

O inciso I do art. 133 c/c o §1º do art. 133 (para a acumulação ilegal de cargos, empregos ou funções públicas), e o inciso I do art. 133 c/c o *caput* e inciso I do art. 140 (para o abandono de cargo e a inassiduidade habitual), todos da Lei nº 8.112/90, estabelecem que *deve constar da portaria inaugural*, o nome e a matrícula do servidor (a ser indiciado), e a especificação do objeto de apuração, da seguinte forma:

a) quando se tratar de *acumulação ilegal de cargos, empregos ou funções públicas*: a descrição dos cargos, empregos ou funções públicas em situação de acumulação ilegal, dos órgãos ou entidades de vinculação, das datas de ingresso, do horário de trabalho e do correspondente regime jurídico (§1º do art. 133);

b) quando se tratar de *abandono de cargo*: o período de ausência intencional do servidor acusado, ao serviço, superior a 30 (trinta) dias (letra "a" do inciso I do art. 140);

c) quando se tratar de *inassiduidade habitual*: a indicação dos dias de falta ao serviço sem causa justificada, por período igual ou superior a sessenta dias interpoladamente, durante o período de 12 (doze) meses (letra "b" do inciso I do art. 140).

A não observância desses requisitos formais acarreta a nulidade da portaria inaugural e de todos os atos subsequentes praticados pela comissão disciplinar de rito sumário.

CAPÍTULO 7

TIPIFICAÇÃO LEGAL OU ENQUADRAMENTO LEGAL

7.1 Tipificação legal e ilícito administrativo

Ilícito administrativo consiste no *ato irregular praticado* pelo servidor público, no *exercício de* suas *funções*, que configura *infringência* aos *deveres* e/ou às *proibições* funcionais. Diz-se que *há um ilícito administrativo quando* um servidor público pratica uma irregularidade — ou deixa de praticar um ato —, no exercício de sua função, *que viole* um, ou alguns, dos deveres dos servidores (previstos no art. 116 da Lei nº 8.112/90, em regulamentação ou norma interna) e/ou uma, ou algumas, das proibições funcionais (previstas no art. 117 da Lei nº 8.112/90).

A *tipificação legal*, por sua vez, pressupõe *indicar*, de acordo com o ato irregular praticado pelo servidor, ou o ato que deixou de praticar, qual ou quais *deveres* do servidor previstos no art. 116 da Lei nº 8.112/90, em regulamentação ou norma interna, *e/ou* qual ou quais *proibições* funcionais previstas no art. 117 da Lei nº 8.112/90 foram *violados, depois* de terem sido atendidos os princípios constitucionais *do contraditório e da ampla defesa*. Conclui-se que a tipificação legal *só é feita*:

a) nos procedimentos disciplinares que visam a atender os princípios constitucionais do contraditório e da ampla defesa, ou seja, nas Comissões de *Processo Disciplinar*, de *Sindicância Punitiva* e de *Rito Sumário*;

b) pela *primeira vez*, no *Despacho de Encerramento de Instrução e Indiciação* (§2º do art. 133 e art. 161 da Lei nº 8.112/90), exatamente porque é elaborado só depois de encerrada toda a instrução processual (respectivamente, produção de prova da comissão e do acusado, e interrogatório), e *depois*, no *relatório final*, *manifestação jurídica, julgamento* e *ato de aplicação da penalidade*.

Observe-se que uma das peculiaridades do rito sumário é a elaboração do Termo de Indiciação, logo após a instauração da comissão, pois pela própria natureza das faltas, objeto de apuração, existe nos autos, desde o primeiro momento, toda (ou quase toda) a prova pré-constituída.

A tipificação legal tem por *finalidade definir* qual a *penalidade cabível*, por força dos arts. 129, 130, 132, 134 e 135 da Lei nº 8.112/90, ou seja, de acordo com a tipificação legal define-se a penalidade correspondente, com base em um dos referidos artigos.

Por fim, tem-se por certo que o rol dos deveres dos servidores públicos constante no citado artigo 116 é exemplificativo, e não taxativo. Desta forma, outros deveres para os servidores podem ser previstos em regulamentação ou norma interna. A inobservância desses deveres também constitui ilícito administrativo sujeito à penalidade de advertência, a teor da segunda parte do art. 129 da Lei nº 8.112/90, ou de suspensão, a teor da segunda e terceira partes do art. 129 da Lei nº 8.112/90.

7.2 Tipificação legal "em tese" ou enquadramento legal "em tese"

Entende-se por tipificação legal "em tese" o ato de *indicar*, de acordo com os fatos em exame, qual ou quais *deveres* do servidor (previstos no art. 116 da Lei nº 8.112/90, em regulamentação ou norma interna) *e/ou* qual ou quais *proibições* funcionais (previstas no art. 117 da Lei nº 8.112/90) foram, *"a princípio", violados, antes* do atendimento dos princípios constitucionais *do contraditório e da ampla defesa*. Conclui-se, então, que a tipificação legal "em tese" *só é feita:*

a) pelo setor jurídico, *na análise* da *denúncia*, sempre que a autoria e a materialidade estiverem presentes de forma a ensejar a instauração de um processo disciplinar ou uma sindicância punitiva;

b) pela Comissão de *Sindicância Investigatória*, quando da elaboração do *relatório final*, ocasião em que se tem devidamente identificadas a autoria e materialidade;

c) pelo setor jurídico, na análise do *resultado* dos trabalhos das Comissões de *Sindicância Investigatória*, se devidamente identificadas a autoria e materialidade.

Portanto, a tipificação legal "em tese" tem por *finalidade definir* qual das *modalidades de processo administrativo disciplinar* será a *adequada para garantir* ao acusado o atendimento aos princípios constitucionais do contraditório e da ampla defesa: se o processo disciplinar ou se a sindicância punitiva.

Essa definição do procedimento apuratório é importante, na medida em que descentraliza e agiliza as instaurações e julgamentos dos procedimentos disciplinares, considerando-se que as normas internas dos órgãos estabelecem a competência para instauração e julgamento de processo disciplinar e de sindicância punitiva distintamente.

A tipificação legal feita no relatório final da sindicância investigatória, na análise do resultado dos seus trabalhos e no exame da denúncia é *"em tese"*, porque os fatos ainda dependem de apuração por meio do procedimento disciplinar próprio para garantir ao servidor o direito de contraditório e de ampla defesa, sujeitando-se a alteração.

A *tipificação legal "em tese" não vincula* a Comissão de Processo Disciplinar ou de Sindicância Punitiva, que irá desenvolver os trabalhos, *uma vez que é feita de forma ampla, abrangente, considerando "possibilidades de violações"* dos deveres e das proibições dos servidores públicos, *por ser realizada antes* de atendidos o *contraditório* e a *ampla defesa*. Diz-se *"possibilidades de violações"* porque, quando se faz a tipificação legal "em tese", os *fatos que ensejaram as possíveis violações ainda estão sujeitos a comprovação*. Além do mais, há proibições funcionais, como a prevista no inciso IX do art. 117 da Lei nº 8.112/90, *por exemplo*, que dependem da demonstração da intenção do servidor infrator para restar caracterizada sua transgressão, o que só se torna possível depois do atendimento ao contraditório e à ampla defesa.

Assim, na existência de *qualquer possibilidade*, por mais remota que seja, de *infringência* de um ou alguns *deveres* e/ou de uma ou algumas *proibições* funcionais, *deverão ser incluídos na tipificação legal "em tese"*, para *evitar retrabalho desnecessário*, considerando que da sindicância punitiva só pode resultar aplicação das penalidades de advertência e de suspensão de até 30 (trinta) dias, nos termos do inciso II do art. 145 da Lei nº 8.112/90.

Em caso de dúvida acerca da transgressão de uma proibição funcional que enseje a aplicação de uma penalidade mais grave, deve-se optar pela instauração do processo disciplinar, em vez de uma sindicância punitiva. Ao *fazer o enquadramento legal "em tese"* recomenda-se que seja *observada* a *natureza* e a *gravidade dos fatos*, para saber se existe alguma possibilidade de resultar em aplicação de uma penalidade mais grave.

Nesse momento é melhor alargar *o horizonte possível de violações* a deveres e/ou a proibições, *para justificar* a instauração de um processo disciplinar, em vez de uma sindicância punitiva. Essa possibilidade, e indicação, dá-se em virtude do enquadramento legal "em tese" não vincular a comissão a ser criada. Pode, posteriormente, *ser substituído pelo enquadramento legal* (no momento do despacho de encerramento de instrução e indiciação, no relatório final, na manifestação jurídica, no julgamento e no ato de aplicação da penalidade); então *o enquadramento legal "em tese"* não só pode como *costuma ser alterado*.

Conclui-se que a *tipificação legal "em tese"* diferencia-se da *tipificação legal* (propriamente dita), pelo fato desta última, *ao contrário da primeira*, ser feita quando se sabe qual ou quais deveres dos servidores e/ou qual ou quais proibições funcionais foram violados, uma vez que é realizada depois de atendidos os princípios constitucionais do contraditório e da ampla defesa.

7.3 Irregularidade e transcrição da tipificação legal não se confundem

Tem-se por *Irregularidade* o fato que está sendo imputado ao servidor acusado; sinônimo de ato irregular praticado pelo servidor.

Os *deveres* do servidor e as *proibições* funcionais encontram-se nos arts. 116 e 117 da Lei nº 8.112/90. Constantemente confunde-se a irregularidade com a transcrição da tipificação legal prevista na lei. Os exemplos a seguir demonstram a diferença.

Certo: Diante do exposto, restou demonstrado nos autos que Y usou suprimento de fundos para pagar o colégio de seu filho *(irregularidade)*, pelo que violou os incisos II, III e IX do art. 116 e o inciso IX do art. 117, todos da Lei nº 8.112/90 *(tipificação legal)*.

Errado: Diante do exposto, restou demonstrado nos autos que Y deixou de ser leal à instituição a que serve, deixou de observar norma legal, manteve conduta incompatível com a moralidade administrativa e valeu-se do cargo para lograr proveito próprio *(transcrição da tipificação legal, ou seja, dos deveres [incisos II, III e IX do art. 116] e da proibição [inciso IX do art. 117] violados, como se fosse a irregularidade)*.

A transcrição da tipificação legal não deve substituir a irregularidade. As irregularidades devem ser descritas em momentos distintos, quais sejam: na *portaria inaugural*, na *notificação prévia*, no *Despacho de Encerramento de Instrução e Indiciamento*, no *relatório final*, na *manifestação do setor jurídico*, no *julgamento* e na *portaria de aplicação da penalidade*. Aliás, a *tipificação legal e sua transcrição não devem constar na portaria inaugural* nem na *notificação prévia*, ao contrário das irregularidades que têm que ser especificadas sob pena de nulidade:

a) nos atos específicos (portaria inaugural e notificação prévia), *a tipificação legal é apenas "em tese"*, uma vez que os fatos ainda dependem de apuração, não tendo sido atendidos os princípios constitucionais do contraditório e da ampla defesa;

b) o acusado *se defende dos fatos e não da tipificação legal*,[134] em razão da possibilidade de alteração da *tipificação legal*, para melhor adequação *durante o processo* (desde a denúncia até a aplicação da penalidade). De outro lado, *o fato não pode mudar*, o acusado tem ciência dos fatos que lhe estão sendo imputados desde os primeiros atos da Comissão de Processo Disciplinar e de Sindicância Punitiva (portaria inaugural e notificação prévia), para que possa exercer o seu direito de contraditório e de ampla defesa.

Como visto, *o primeiro ato* (a) de uma Comissão de Processo Disciplinar e de Sindicância Punitiva no qual *deve constar enquadramento legal* vem a ser o Despacho de Encerramento de Instrução e Indiciamento (art. 161 da Lei nº 8.112/90); e (b) de uma Comissão de Rito Sumário, o Termo de Indiciação (§2º do art. 133 da Lei nº 8.112/90), exatamente *porque* encerrada a instrução processual tem-se o conjunto probatório formado, o que permite à comissão concluir qual foi a irregularidade praticada pelo acusado/indiciado e, consequentemente, realizar a tipificação legal (indicar quais deveres e quais proibições foram violados).

7.4 Tipificação legal e fundamento legal para aplicação da penalidade não se confundem

Embora a diferença entre Tipificação legal e fundamento legal para aplicação da penalidade pareça óbvia, existem atos no serviço público em que consta a tipificação legal como se fosse o fundamento legal para a aplicação da penalidade cabível.

A *tipificação legal* consiste na *definição* de qual ou quais *deveres* do servidor previstos no art. 116 da Lei nº 8.112/90, em regulamentação ou norma interna, *e/ou* qual ou quais *proibições* funcionais previstas no art. 117 da Lei nº 8.112/90 foram *violados, depois* de terem sido atendidos os princípios constitucionais *do contraditório e da ampla defesa*.

O *fundamento legal para aplicação da penalidade* vem a ser a *citação da norma legal que embasou a aplicação da sanção disciplinar, feito de acordo* com a tipificação legal, ou seja, de acordo com os deveres (art. 116 da Lei nº 8.112/90) e/ou as proibições funcionais (art. 117

---

[134] EMENTA CONSTITUCIONAL. PROCESSO ADMINISTRATIVO – DISCIPLINAR. CASSAÇÃO DE EXERCÍCIO PROFISSIONAL. INFRAÇÕES AO CÓDIGO DE ÉTICA. AMPLITUDE DO CONTRADITÓRIO. MANDADO DE SEGURANÇA
1 - (...)
2 - O acusado, em processo judicial ou administrativo, *não se defende da tipificação das infrações*, mas da prática *dos atos que lhe são atribuídos*. Segurança denegada. (AMS 89.01.17348-4/DF. Relator Juiz Aloísio Palmeira. Órgão julgador: 1ª Turma. TRF/1ª Região). (Grifos nossos).

da Lei nº 8.112/90) violados, no caso dos arts. 129, 130 e 132; *e de acordo* com a penalidade correspondente à falta cometida, no caso dos arts. 134 e 135 da Lei nº 8.112/90.

Os fundamentos legais para aplicações das penalidades (que estão relacionadas no art. 127 da Lei nº 8.112/90) *estão previstos nos arts. 129, 130, 132, 134 e 135*, todos da Lei nº 8.112/90.[135] Esses artigos são claros quanto ao cabimento de cada penalidade, pelo que *tem que constar* tanto nos *relatórios finais* das comissões de processo disciplinar, de sindicância punitiva e de rito sumário, quanto nas *manifestações jurídicas*, nos *julgamentos* e nas *portarias de aplicação de penalidade, por força de qual norma legal* (artigo) *a penalidade cabível é a que está sendo aplicada*. Assim, *as penalidades são aplicadas com base nos arts. 129, 130, 132, 134 e 135*, todos da Lei nº 8.112/90, *e não com base nos arts. 116 ou 117*, do mesmo diploma legal, como ocorre, equivocadamente.

7.5 Quadro comparativo: diferenças entre comissões de sindicância punitiva, processo disciplinar e rito sumário

(continua)

COMISSÃO DE SINDICÂNCIA PUNITIVA	COMISSÃO DE PROCESSO DISCIPLINAR	COMISSÃO DE RITO SUMÁRIO
· *instaurada quando* se tem identifica-das autoria e materialidade	· *instaurada quando* se tem identifica-das autoria e materialidade	· *instaurada quando* se tratar de apu-ração de irregularidade relativa a *acu-mulação ilegal de cargos, empregos* ou *funções públicas, abandono de cargo* e *inassiduidade habitual* (*caput* do art. 133 e do art. 140, da Lei nº 8.112/90)

---

[135] Art. 129. A *advertência será aplicada* por escrito, *nos casos de violação* de proibição constante do art. 117, incisos I a VIII e XIX, *e de inobservância* de dever funcional previsto em lei, regulamentação ou norma interna, que não justifique imposição de penalidade mais grave." (Grifos nossos).

Art. 130. A *suspensão será aplicada* em *caso* de *reincidência* das faltas punidas com advertência *e de violação* das demais proibições que não tipifiquem infração sujeita a penalidade de demissão, não podendo exceder de 90 (noventa) dias.

§1º *Será punido com suspensão de até 15 (quinze) dias* o servidor que, injustificadamente, recusar-se a ser submetido a inspeção médica determinada pela autoridade competente, cessando os efeitos da penalidade uma vez cumprida a determinação.

§2º (...)

Art. 132. A *demissão será aplicada* nos seguintes casos:

I – crime contra a administração pública;

II – abandono de cargo;

III – inassiduidade habitual;

IV – improbidade administrativa;

V – incontinência grave em serviço;

VI – insubordinação grave em serviço;

VII – ofensa física, em serviço, a serviço ou a particular, salvo em legítima defesa própria ou de outrem;

VIII – aplicação irregular de dinheiros públicos;

IX – revelação de segredo do qual se apropriou em razão do cargo;

X – lesão aos cofres públicos e dilapidação do patrimônio nacional;

XI – corrupção;

XII – acumulação ilegal de cargos, empregos ou funções públicas;

XIII – transgressão dos incisos IX a XVI do art. 117.

Art. 134. *Será cassada a aposentadoria ou a disponibilidade do inativo* que houver praticado, na atividade, falta punível com a demissão.

Art. 135. A *destituição de cargo em comissão* exercido por não ocupante de cargo efetivo *será aplicada* nos casos de infração sujeita às penalidades de suspensão e de demissão. (Grifos nossos).

(continua)

COMISSÃO DE SINDICÂNCIA PUNITIVA	COMISSÃO DE PROCESSO DISCIPLINAR	COMISSÃO DE RITO SUMÁRIO
· *objetivo: garantir* aos servidores acusados/indiciados o atendimento aos princípios constitucionais do devido processo legal, do contraditório e da ampla defesa	· *objetivo: garantir* aos servidores acusados/indiciados o atendimento aos princípios constitucionais do devido processo legal, do contraditório e da ampla defesa	· *objetivo: garantir* aos servidores acusados/indiciados o atendimento aos princípios constitucionais do devido processo legal, do contraditório, e da ampla defesa
· inobservados os aspectos formais, *pode ser declarada nula*	· inobservados os aspectos formais, *pode ser declarada nula*	· inobservados os aspectos formais, *pode ser declarada nula*
· *obedece*, por analogia, ao mesmo *procedimento* da Comissão Disciplinar, exceto no que diz respeito às peculiaridades previstas para as sindicâncias (parágrafo único e inciso II do art. 145 da Lei nº 8.112/90)	· *obedece ao procedimento* previsto nos arts. 148 a 166 da Lei nº 8.112/90	· *obedece ao procedimento* previsto nos arts. 133 e 138 a 140 da Lei nº 8.112/90
· pode ser *instaurada pelo prazo* máximo de 30 (trinta) dias, podendo ser prorrogada por igual período, pelo que tem, no máximo, 60 (sessenta) dias para concluir seu trabalho, nos termos do parágrafo único do art. 145 da Lei nº 8.112/90	· pode ser *instaurada pelo prazo* máximo de 60 (sessenta) dias, podendo ser prorrogada por igual período, pelo que tem, no máximo, 120 (cento e vinte) dias para concluir seu trabalho, nos termos do *caput* do art. 152 da Lei nº 8.112/90	· pode ser *instaurada pelo prazo* de 30 (trinta) dias, podendo ser prorrogada por mais 15 (quinze) dias, pelo que tem, no máximo, 45 (quarenta e cinco) dias para concluir seu trabalho, nos termos do §7º do art. 133 da Lei nº 8.112/90
· só pode resultar na aplicação das penalidades de natureza leve: advertência e suspensão de até 30 (trinta) dias, a teor do inciso II do art. 145 da Lei nº 8.112/90	· *pode resultar* na aplicação de todas as *penalidades*, tanto as de natureza leve quanto as de natureza grave, a teor do art. 146 da Lei nº 8.112/90	· só *pode resultar* na aplicação das *penalidades* de demissão, destituição, cassação de aposentadoria ou disponibilidade, a teor dos incisos II, III e XII, do art. 132 c/c o §6º do art. 133 e os arts. 134 e 135, todos da Lei nº 8.112/90
· *composta por* 03 (três) servidores estáveis, sendo o seu presidente ocupante de cargo efetivo superior ou de mesmo nível, ou ter nível de escolaridade igual ou superior ao do indiciado, conforme disposto no art. 149, da Lei nº 8.112/90	· *composta por* 03 (três) servidores estáveis, sendo o seu presidente ocupante de cargo efetivo superior ou de mesmo nível, ou ter nível de escolaridade igual ou superior ao do indiciado, conforme disposto no *caput* do art. 149 da Lei nº 8.112/90	· *composta por* 02 (dois) servidores estáveis, conforme disposto no inciso I do art. 133 da Lei nº 8.112/90
·*presidida por* servidor com formação em curso superior, porém, de *preferência* com *formação jurídica*, pois o atendimento ao contraditório e à ampla defesa possui natureza jurídica.	· *presidida por* servidor com formação em curso superior, porém, de *preferência* com *formação jurídica*, pois o atendimento ao contraditório e à ampla defesa possui natureza jurídica.	· *presidida por* servidor com formação em curso superior, porém, de *preferência* com *formação jurídica*, pois o atendimento ao contraditório e à ampla defesa possui natureza jurídica.
· *portaria* específica quanto ao objeto de apuração, e não quanto aos acusados	· *portaria* específica quanto ao objeto de apuração, e não quanto aos acusados	· *portaria* específica quanto ao objeto de apuração e aos acusados, nos termos do §1º, e inciso I do art. 133 e inciso I do art. 140, todos da Lei nº 8.112/90

(conclusão)

COMISSÃO DE SINDICÂNCIA PUNITIVA	COMISSÃO DE PROCESSO DISCIPLINAR	COMISSÃO DE RITO SUMÁRIO
· interrompe o prazo prescricional que recomeça a partir do 81º dia (30 + 30 de prorrogação + 20 de julgamento): §§3º e 4º, do art. 142, da Lei nº 8.112, de 1990	· interrompe o prazo prescricional que recomeça a partir do 141º dia (60 + 60 de prorrogação + 20 de julgamento): §§3º e 4º, do art. 142, da Lei nº 8.112, de 1990	· interrompe o prazo prescricional que recomeça a partir do 51º dia (30 + 15 de prorrogação + 5 de julgamento): §§3º e 4º, do art. 142, da Lei nº 8.112, de 1990
· prazo para apresentação de defesa escrita é de 10 (dez) dias se 01 (um) indiciado, e de 20 (vinte) dias se 02 (dois) ou mais indiciados, a teor dos §§1º e 2º, do art. 161, da Lei nº 8.112/90	· prazo para apresentação de defesa escrita é de 10 (dez) dias se 01 (um) indiciado, e de 20 (vinte) dias se 02 (dois) ou mais indiciados, a teor dos §§1º e 2º do art. 161 da Lei nº 8.112/90	· prazo para apresentação de defesa escrita é de 05 (cinco) dias, a teor da segunda parte do §2º do art. 133 da Lei nº 8.112/90
· a autoridade julgadora proferirá sua decisão no prazo de 20 (vinte) dias, contados do recebimento do processo (art. 167 da Lei nº 8.112/90)	· a autoridade julgadora proferirá sua decisão no prazo de 20 (vinte) dias, contados do recebimento do processo (art. 167, da Lei nº 8.112/90)	· a autoridade julgadora proferirá sua decisão no prazo de 05 (cinco) dias, contados do recebimento do processo (§4º do art. 133 da Lei nº 8.112/90)

8.1 Julgamento

O julgamento é a terceira e última fase do processo disciplinar, a teor do disposto o art. 151 da Lei nº 8.112/90, e está disciplinado na Seção II, do Capítulo II do Título V, ou seja, nos arts. 167 a 173 da Lei nº 8.112/90, dentro do capítulo que disciplina o procedimento específico do processo disciplinar, que se aplica (a) por analogia à sindicância punitiva, exceto no que dis respeito às suas peculiaridades próprias (prazo da comissão e competência para penalizar), e (b) subsidiariamente ao rito sumário, no que couber, por força do §8º do art. 133 da Lei nº 8.112/90.

O art. 166[136] e a última parte do art 133[137] da Lei nº 8.112/90 prevêem a *regra geral* da *competência para julgar* respectivamente, para o processo disciplinar, a sindicância punitiva e o rito sumário.

Ocorre que nem sempre a autoridade que instaurou a comissão vem ser a competente para proferir o julgamento e aplicar a penalidade resultante do apuratório, uma vez que *essa competência é determinada de acordo com a penalidade a ser aplicada,* nos termos do art. 141 c/c o Decreto nº 11.123, de 07/07/2022, e com o §§1º, 2º e 3º do art. 167, da Lei nº 8.112/90.

Nesse caso, a norma geral deixa de ser aplicada para que o seja a *norma específica.* Assim, quando a penalidade resultante do apuratório excede a competência da

---

[136] Art. 166. O processo disciplinar, com o relatório da comissão, será remetido à autoridade que determinou a sua instauração, para julgamento.

[137] Art. 133. Detectada a qualquer tempo a acumulação ilegal de cargos, empregos ou funções públicas, a autoridade a que se refere o art. 143 notificará o servidor, por intermédio de sua chefia imediata, para apresentar opção no prazo improrrogável de dez dias, contados da data da ciência e, na hipótese de omissão, adotará procedimento sumário para a sua apuração e regularização imediata, cujo processo administrativo disciplinar se desenvolverá nas seguintes fases: (Redação dada pela Lei nº 9.527, de 10.12.97):
(omissis)
§3º Apresentada a defesa, a comissão elaborará relatório conclusivo quanto à inocência ou à responsabilidade do servidor, em que resumirá as peças principais dos autos, opinará sobre a licitude da acumulação em exame, indicará o respectivo dispositivo legal e remeterá o processo à autoridade instauradora, para julgamento. (Incluído pela Lei nº 9.527, de 10.12.97).

autoridade instauradora, o julgamento será proferido pela autoridade competente para aplicar aquela pena.

Observe-se que o art. 173 da Lei nº 8.112/90 está deslocado na Seção do "Julgamento", pois diz respeito a outro assunto (transporte e diárias para os servidores convocados para depoimento e interrogatório, e para os membros da comissão).

8.2 Competência para julgar

O art. 141[138] da Lei nº 8.112/90 determina quais são as autoridades competentes para aplicar cada uma das penalidades disciplinares e, consequentemente, para proferir o julgamento das comissões (de processo disciplinar, sindicância punitiva e de rito sumário), de acordo com as penalidades resultantes do apuratório.

Em virtude do disposto no inciso I, do art. 141, o Presidente da República delegou aos Ministros de Estado e ao Advogado-Geral da União a *competência* para aplicar as *penalidades de demissão e cassação de aposentadoria e disponibilidade*.

As delegações e subdelegações de competência constam nos arts. 2º ao 4º do Decreto nº 11.123, de 07/07/2022,[139] observadas as disposições legais e regulamentares, especialmente a manifestação prévia e indispensável do órgão de assessoramento

---

[138] Art. 141. As penalidades disciplinares serão aplicadas:
I - pelo Presidente da República, pelos Presidentes das Casas do Poder Legislativo e dos Tribunais Federais e pelo Procurador-Geral da República, quando se tratar de demissão e cassação de aposentadoria ou disponibilidade de servidor vinculado ao respectivo Poder, órgão, ou entidade;
II - pelas autoridades administrativas de hierarquia imediatamente inferior àquelas mencionadas no inciso anterior quando se tratar de suspensão superior a 30 (trinta) dias;
III - pelo chefe da repartição e outras autoridades na forma dos respectivos regimentos ou regulamentos, nos casos de advertência ou de suspensão de até 30 (trinta) dias;
IV - pela autoridade que houver feito a nomeação, quando se tratar de destituição de cargo em comissão.

[139] **Delegações**
Art. 2º Ressalvadas as hipóteses previstas no art. 4º, fica delegada a competência aos Ministros de Estado e ao Presidente do Banco Central do Brasil para:
I - o julgamento de processos administrativos disciplinares e a aplicação de penalidades, nas hipóteses de:
a) demissão, cassação de aposentadoria ou disponibilidade de servidores; e
b) destituição ou conversão de exoneração em destituição de ocupante de Cargo Comissionado Executivo - CCE-15 ou CCE-16 ou equivalente ou de cargo ou função de Chefe de Assessoria Parlamentar; e
II - a reintegração de ex-servidores em cumprimento de decisão judicial ou administrativa.
Parágrafo único. O Ministro de Estado Chefe da Casa Civil da Presidência da República exercerá a competência de que trata o **caput** para os órgãos diretamente subordinados ao Presidente da República cujos titulares não sejam Ministros de Estado.
Subdelegações
Art. 3º Poderá haver subdelegação das competências de que trata o art. 2º:
I - aos ocupantes de cargo em comissão ou de função de confiança de nível mínimo igual a CCE-17;
II - aos dirigentes máximos singulares das autarquias e fundações, se houver unidade correcional instituída na respectiva entidade; e
III - aos Comandantes da Marinha, do Exército e da Aeronáutica, pelo Ministro de Estado da Defesa.
Delegação de competência para a Controladoria-Geral da União
Art. 4º Fica delegada a competência ao Ministro de Estado da Controladoria-Geral da União para julgar os procedimentos disciplinares e aplicar as penalidades cabíveis no caso de atos praticados, no exercício da função, pelos ocupantes de cargo em comissão ou função de confiança de nível equivalente a CCE-17 ou superior.
Parágrafo único. O Ministro de Estado da Controladoria-Geral da União poderá subdelegar a competência de que trata o **caput** apenas a ocupante de cargo em comissão ou de função de confiança de nível equivalente a CCE-17 ou superior.

jurídico, aos Ministros de Estado e ao Advogado-Geral da União para julgarem as comissões processantes que resultarem na aplicação das penalidades de *demissão, cassação de aposentadoria ou de disponibilidade*, e aplicarem as penalidades determinadas em seus respectivos julgamentos.

A manifestação prévia e indispensável do órgão de assessoramento jurídico ressalta a importância da análise jurídica não só dos trabalhos das comissões processantes (do resultado), de qualquer uma das modalidades de processo administrativo disciplinar, como das *denúncias*, uma vez que envolvem questões jurídicas de grande relevância e exigem conhecimentos específicos da matéria. Ressalte-se que as Comissões de Sindicância Punitiva, Disciplinar e de Rito Sumário tem que cumprir formalidades legais, sob pena de nulidade, pois visam o atendimento dos princípios constitucionais do devido processo legal, do contraditório e da ampla defesa (procedimento estritamente jurídico), que devem ser rigorosamente observados quando da análise do processo.

O julgamento e a aplicação da penalidade de *suspensão superior a 30 (trinta) dias* compete aos Ministros de Estado e ao Advogado-Geral da União *por força de Lei*, ou seja, a teor do inciso II do art. 141[140] da Lei nº 8.112/90, que estabelece o fundamento legal para a aplicação da penalidade.

A competência para julgar e aplicar as penalidades de *advertência* e suspensão de até 30 (trinta) dias *depende de regulamentação* da matéria (normatização interna), que deve ser feita de acordo com a estrutura de cada órgão. O inciso III do art. 141, da Lei nº 8.112/90 deixa claro que tais penalidades serão aplicadas pelo chefe da repartição e outras autoridades na forma dos respectivos regimentos ou regulamentos.

Portanto, órgão regulamenta por meio de portaria normativa, não só a *competência* para *julgar* os processos administrativos disciplinares e *aplicar* as penalidades acima mencionadas, como também:

a) disciplinar;
b) a uniformização dos *procedimentos* e das *tramitações* dos processos administrativos das denúncias relativas a ilícitos administrativos e das Comissões de Processo Administrativo Disciplinar;
c) os *critérios* para as *análises jurídicas* e a obrigação de serem feitos os encaminhamentos finais;
d) a competência para fazer *captação de membros* para integrarem as comissões a serem criadas e as regras para fazê-lo;
e) a padronização dos *atos das comissões*, dentre outras regulamentações, se entender necessário.

---

[140] Art. 141. As penalidades disciplinares serão aplicadas:
I - pelo Presidente da República, pelos Presidentes das Casas do Poder Legislativo e dos Tribunais Federais e pelo Procurador-Geral da República, quando se tratar de demissão e cassação de aposentadoria ou disponibilidade de servidor vinculado ao respectivo Poder, órgão, ou entidade; *(v. Decreto nº 11.123, de 7 de julho de 2022).*
II - pelas autoridades administrativas de hierarquia imediatamente inferior àquelas mencionadas no inciso anterior quando se tratar de suspensão superior a 30 (trinta) dias;
III - pelo chefe da repartição e outras autoridades na forma dos respectivos regimentos ou regulamentos, nos casos de advertência ou de suspensão de até 30 (trinta) dias;
IV - pela autoridade que houver feito a nomeação, quando se tratar de destituição de cargo em comissão.

Quanto à competência para julgar o processo disciplinar e aplicar as penalidades de *advertência* e de *suspensão de até 30 (trinta) dias*, de acordo com o inciso III, do art. 141 da Lei nº 8.112/90, recomenda-se que se dê:

a) à autoridade máxima do órgão (presidente da autarquia ou da fundação, por exemplo) competência para julgar e aplicar as penalidades de *advertência* e de *suspensão de até 30 (trinta) dias*; e

b) aos chefes das regionais (cada órgão tem uma terminologia diferente, como: gerentes executivos, superintendentes regionais, delegados regionais, etc.) competência para julgar e aplicar as penalidades de *advertência* e de *suspensão de até 10 (dez)* – ou até 15 (quinze) dias – como preferir.

No que diz respeito à competência para *instaurar* cada uma das espécies de processo administrativo disciplinar, *sugere-se* que se dê:

a) à autoridade máxima do órgão (*presidente* da autarquia ou da fundação, por exemplo) competência para *instaurar* as *sindicâncias investigatórias e punitivas*, com o fim de apurar as irregularidades ocorridas *(i)* no âmbito da Administração Central, e *(ii)* no âmbito das demais unidades da Federação, quando a natureza e a gravidade dos fatos e os envolvidos exigirem;

b) à autoridade máxima do órgão (*presidente* da autarquia ou da fundação, por exemplo) competência para *instaurar* os *processos disciplinares e os ritos sumários*, com o fim de apurar as irregularidades ocorridas em todo o território nacional;

c) aos *chefes* das regionais (cada órgão usa uma terminologia diferente, como: gerentes executivos, superintendentes regionais, delegados regionais, etc.) competência para *instaurar* as *sindicâncias investigatórias e punitivas*, com o fim de apurar as irregularidades ocorridas no âmbito de suas respectivas jurisdições.

O art. 167[141] da Lei nº 8.112/90 disciplina as *normas especiais* (vimos que o art. 166 e a última parte do §3º do art. 133 da Lei nº 8.112/90 disciplinam as normas gerais) para julgamento das comissões e aplicação das penalidades disciplinares.

Combinando o *caput* do art. 167 com o §1º do art. 169, nota-se que o julgamento fora do prazo legal (vinte dias) não implica na nulidade do processo.

Ocorre que, com o encerramento do prazo para julgamento, cessa a interrupção do prazo prescricional, pelo que a extrapolação do prazo para julgamento pode acarretar na ocorrência da prescrição punitiva.

À primeira vista, parece que o §3º do art. 167 da Lei nº 8.112/90 está repetindo — com outras palavras — os termos dos §§1º e 2º do art. 167 e do inciso I do art. 141, todos da Lei nº 8.112/90.

---

[141] Art. 167. No prazo de 20 (vinte) dias, contados do recebimento do processo, a autoridade julgadora proferirá a sua decisão.

§1º Se a penalidade a ser aplicada *exceder a alçada da autoridade instauradora* do processo, este será encaminhado à autoridade competente, que decidirá em igual prazo.

§2º Havendo *mais de um indiciado* e *diversidade de sanções*, o julgamento caberá à autoridade competente para a imposição da pena mais grave.

§3º Se a penalidade prevista for a *demissão ou cassação de aposentadoria ou a disponibilidade*, o julgamento caberá às autoridades de que trata o inciso I do art. 141.

§4º Reconhecida pela comissão a *inocência* do servidor, a autoridade instauradora do processo determinará o seu *arquivamento, salvo se* flagrantemente *contrária á prova dos autos*. (Grifo nosso).

Os aludidos §§1º e 2º já determinam que o julgamento da Comissão Processante caberá a autoridade competente para aplicar a penalidade mais grave. Como a demissão, a cassação de aposentadoria e a disponibilidade são, exatamente, "as penalidades mais graves", é lógico que sempre que o apuratório resultar em uma dessas penalidades, seja para um ou mais indiciados, o processo será julgado e a penalidade aplicada pelas autoridades citadas no inciso I do art. 141.

Com isso temos a impressão de que a norma do §3º do art. 167 da Lei nº 8.112/90 é inócua, mas na verdade, não é.

A melhor forma de se verificar a aplicabilidade das normas acima mencionadas e, principalmente, *diante de qual situação o fundamento legal para a aplicação da penalidade será o §3º do art. 167 da Lei nº 8.112/90* é por meio de exemplos. Então, vejamos:

a) se a *penalidade* a ser aplicada ao indiciado for a *demissão*, por exceder a alçada do presidente da autarquia (autoridade instauradora da Comissão Disciplinar), o processo será julgado e a penalidade aplicada pelo Ministro de Estado ao qual a Autarquia é vinculada, *nos termos do §1º do art. 167 e do inciso I do art. 141 todos da Lei nº 8.112/90, c/c o inciso I do art. 2º do Decreto nº 11.123, de 2022* (fundamento legal para a aplicação da penalidade);

b) se as penalidades a serem aplicadas forem a *demissão* a um indiciado e a *cassação de aposentadoria* ao outro indiciado? Uma vez que há diversidade de indiciados e sanções, a penalidade será aplicada pelo Ministro de Estado ao qual a Autarquia é vinculada, por ser a autoridade competente para a imposição das duas penalidades, nos termos *do §2º do art. 167, e do inciso I, do art. 141, todos da Lei nº 8.112/90, c/c o inciso I do art. 2º do Decreto nº 11.123, de 2022* (fundamento legal para a aplicação da penalidade).

c) se as penalidades a serem aplicadas forem *demissão* a um indiciado e *destituição de cargo em comissão* ao outro indiciado, como fica, visto que foi a autoridade máxima do órgão (autarquia ou fundação) que fez a nomeação do servidor a ser destituído do cargo em comissão?

O inciso IV do art. 141 da Lei nº 8.112/90 prevê que a penalidade de *destituição de cargo em comissão será aplicada pela autoridade que houver feito a nomeação*, enquanto o inciso I do citado art. 141 c/c o inciso I do art. 2º do Decreto nº 11.123, de 2022, prevê que a penalidade de *demissão* será aplicada pelos Ministros de Estado.

Por sua vez, o §2º do art. 167 da Lei nº 8.112/90 estabelece que havendo diversidade de indiciados e sanções, o julgamento caberá à autoridade competente para a imposição da pena mais grave.

Acontece que as duas penalidades em questão (demissão e a destituição de cargo em comissão) são gravíssimas, pois a destituição do cargo em comissão equivale à demissão para o servidor comissionado que não é ocupante de cargo efetivo, tanto que as consequências são as mesmas para os servidores que sofrerem as duas penalidades, conforme preceituam os arts. 136 e 137 da Lei nº 8.112/90.

Diante dessa situação, com base no §3º do art. 167, e no inciso I do art. 141, todos da Lei nº 8.112/90, c/c o inciso I do art. 2º do Decreto nº 11.123, de 2022 (fundamento legal para aplicação da penalidade), o presidente da autarquia ou fundação (autoridade instauradora da Comissão Disciplinar), depois de ouvir seu órgão de assessoramento jurídico, encaminhará os autos ao Ministro de Estado ao qual é vinculada, para julgamento.

Afinal, o §3º do art. 167 da Lei nº 8.112/90, ao dispor que "Se a penalidade prevista for a demissão ou cassação de aposentadoria ou disponibilidade, o julgamento caberá às autoridades de que trata o inciso I do art. 141", deixa claro que prevalece a competência para a aplicação da demissão.

Se não existisse o §3º em questão, estaria instaurado um conflito de competência, ou então a autoridade máxima do órgão (presidente da autarquia ou fundação) julgaria em relação ao servidor a ser penalizado com a destituição do cargo em comissão, e o Ministro em relação ao servidor a ser demitido.

Por último resta o comentário do §4º do art. 167 da Lei nº 8.112/90 que atribui à autoridade instauradora da comissão a competência para julgar os processos que resultarem na inocência do indiciado e, consequentemente, determinar o arquivamento dos autos.

Prevê, ainda, a possibilidade da autoridade julgadora *não acolher a conclusão da comissão* quanto à inocência do indiciado, se contrária à prova dos autos. Logo, de acordo com o §4º em exame, a autoridade julgadora pode *acolher, acolher em parte, ou deixar de acolher* o relatório final da comissão, que concluir pela inocência do indiciado, desde que motivadamente.

No que diz respeito ao arquivamento do processo após o reconhecimento da *inocência* do indiciado, é claro que *isso só ocorrerá se não houver mais qualquer providência a ser adotada nos autos.*

Quando a irregularidade resultar em *danos ao erário*, por exemplo, deverá ser instaurada a Tomada de Contas Especial, depois do processo administrativo disciplinar. Nesse caso, portanto, a autoridade instauradora da Comissão Processante *reconhece a inocência do indiciado* em seu julgamento e determina (a) o arquivamento quanto à responsabilidade administrativa, e (b) a instauração da TCE, para apurar a responsabilidade civil.

Cabe reproduzir as conclusões do PARECER nº 00001/2019/CNPAD/CGU/AGU, que concluiu que em caso de infração administrativa atingida pela prescrição da penalidade, praticada com dolo ou erro grosseiro, e havendo prejuízo ao erário, pode a Administração Pública providenciar o ressarcimento do dano ao erário, independentemente da instauração do processo administrativo disciplinar, pelas seguintes formas: i) desconto em folha devidamente autorizado pelo servidor, na forma prevista no art. 46 da Lei nº 8.112/90; ii) por processo administrativo, nos termos da Lei nº 9.784/99; por protesto extrajudicial ou execução fiscal, precedido de processo administrativo prévio (jurisprudência do STJ); iii) por Tomada de Contas Especial, na qual será apurado o fato, identificado o responsável e quantificado o dano; ou iv) ação judicial específica, melhor detalhadas no item 1.1 do Capítulo 1.

Afinal, considerando que as responsabilidades civis, penais e administrativas são independentes entre si (art. 125 da Lei nº 8.112/90), o fato de o indiciado ter sido inocentado quanto à responsabilidade administrativa não impede que ele responda pelos prejuízos causados ao erário, podendo, inclusive, ser responsabilizado por eles.

8.3 Irregularidade praticada por servidor em situações especiais

8.3.1 Por servidor cedido ou requisitado

A definição de **cessão** encontra-se no art. 3º, do Decreto nº 10.835,[142] de 14 de outubro de 2021: ato pelo qual o agente público, sem suspensão ou interrupção do vínculo funcional com o órgão ou entidade de origem, passa a ter exercício em outro órgão ou outra entidade.

Não se confunde com a **requisição,** prevista no art. 9º do Decreto nº 10.835,[143] de 2021. Trata-se de ato irrecusável, no qual o órgão ou entidade com prerrogativa expressa de requisitar agentes públicos exara o ato requisitando o agente público para ter exercício no órgão. O ato não será nominal, e o órgão ou entidade requisitada indica o agente público de acordo com as atribuições a serem exercidas. A exceção dá-se no caso da Presidência e Vice-Presidência da República, que podem fazer a indicação nominal do servidor que requisitam.

Compete ao órgão onde ocorreram os fatos, ou seja, *ao órgão cessionário ou ao requisitante, e não* ao *órgão de origem (órgão cedente ou requisitado) do servidor* que praticou a irregularidade, *instaurar* qualquer uma das modalidades de processo administrativo disciplinar, com o fim de apurar o ilícito administrativo praticado pelo servidor cedido ou requisitado.

Essa *competência se deve* à imediatidade das provas (encontra-se no órgão onde ocorreram os fatos), bem como ao fato de que a infração disciplinar deve ser apurada pela autoridade a que o servidor acusado se encontra subordinado, em função do poder hierárquico.

Pelas mesmas razões e, ainda, em função do disposto no art. 166, e no art. 167, todos da Lei nº 8.112/90, *o julgamento compete ao órgão cedente ou requisitado*. O relatório final será remetido à *autoridade instauradora* (art. 166), *que encaminhará o processo disciplinar para uma das autoridades* previstas no art. 141 da Lei nº 8.112/90, para julgamento, de acordo com a penalidade a ser aplicada, se presentes as hipóteses previstas nos §§1º, 2º e 3º do art. 167. Neste caso há um *deslocamento de competência*.

---

[142] Art. 3º A cessão é o ato pelo qual o agente público, sem suspensão ou interrupção do vínculo funcional com o órgão ou a entidade de origem, passa a ter exercício em outro órgão ou outra entidade.
§1º Exceto se houver disposição legal em contrário, a cessão somente poderá ocorrer para o exercício de cargo em comissão ou função de confiança.
§2º Não haverá cessão sem:
I - o pedido do cessionário;
II - a concordância do cedente; e
III - a concordância do agente público.

[143] Art. 9º A requisição é o ato irrecusável, em que o agente público requisitado passa a ter exercício no órgão ou na entidade requisitante, sem alteração da lotação no órgão ou na entidade de origem.
§1º A requisição somente será realizada por órgão ou entidade que possua prerrogativa expressa de requisitar agentes públicos.
§2º A requisição não será nominal e o órgão ou a entidade requisitada poderá indicar o agente público de acordo com as atribuições a serem exercidas no órgão ou na entidade requisitante.
§3º O disposto no §2º não se aplica às requisições para a Presidência da República ou a Vice-Presidência da República.
§4º Na requisição, não há prejuízo da remuneração ou do salário permanente do agente público, incluídos encargos sociais, abono pecuniário, gratificação natalina, férias e adicional de um terço.

As normas – a Lei nº 8.112, de 1990, e o Decreto nº 11.123, de 2022 – atribuem a competência para o julgamento e a aplicação das sanções ao Ministro responsável pela supervisão dos órgãos da Administração Pública Federal direta, autárquica e fundacional que lhes são subordinados ou vinculados. O julgamento e a eventual aplicação de penalidade ao servidor cedido cabem ao órgão cedente, na medida em que os efeitos jurídicos recairão sobre o cargo efetivo ocupado.

Assim, a *aplicação e o cumprimento da penalidade* também *competem* ao *órgão de origem (órgão cedente ou requisitado) do servidor cedido* ou requisitado. A competência de aplicação da penalidade do órgão onde o processo tramitou igualmente *se desloca* para o órgão de origem do servidor (onde o servidor é lotado).

Observa-se no dia a dia que os setores competentes não costumam fazer distinção entre a aplicação de uma penalidade e o seu cumprimento. Em função disso, vê-se com certa regularidade, processos cujas penalidades foram aplicadas e não foram cumpridas.

Após o relatório final, a autoridade julgadora (órgão cessionário ou requisitante) *encaminha* o processo disciplinar *ao órgão de origem do servidor (órgão cedente ou requisitado)* para julgamento e, observando o disposto no art. 141 da Lei nº 8.112/90, *aplicar* (= expedir o ato de aplicação da pena e publicá-lo) e *dar cumprimento* à penalidade (fazer com que o servidor cumpra, efetivamente, a penalidade que lhe foi imposta).

De certa forma, é óbvio que o cumprimento da penalidade também seja imposto pelo órgão de origem do servidor penalizado, considerando que é o setor de Recursos Humanos do órgão de sua lotação que tem acesso ao SIAPE e à sua ficha funcional, tendo, portanto, condições de efetivar o cumprimento da pena.

Destacam-se os seguintes precedentes do Superior Tribunal de Justiça e do Supremo Tribunal Federal quanto ao julgamento e à aplicação de sanção disciplinar.

A Corte Especial do Superior Tribunal de Justiça, no Mandado de Segurança nº 21.991/DF,[144] decidiu que a instauração de processo disciplinar para apurar falta cometida pelo servidor ocupante de cargo efetivo cedido para outro Órgão pode dar-se no Órgão cessionário, preferencialmente no local da falta, e não obrigatoriamente.

A decisão da Primeira Turma do Supremo Tribunal Federal no Ag. Reg. no RMS nº 34.944 e voto do Relator,[145] no sentido de que, identificadas ilicitudes no órgão

---

[144] MANDADO DE SEGURANÇA. PROCEDIMENTO ADMINISTRATIVO DISCIPLINAR. SERVIDOR EFETIVO CEDIDO. FASES. COMPETÊNCIA. CISÃO. POSSIBILIDADE. INSTAURAÇÃO E APURAÇÃO PELO ÓRGÃO CESSIONÁRIO. JULGAMENTO E EVENTUAL APLICAÇÃO DE SANÇÃO PELO ÓRGÃO CEDENTE.
1. A instauração de processo disciplinar contra servidor efetivo cedido deve dar-se, preferencialmente, no órgão em que tenha sido praticada a suposta irregularidade. Contudo, o julgamento e a eventual aplicação de sanção só podem ocorrer no órgão ao qual o servidor efetivo estiver vinculado.
2. Ordem concedida.
(Rel. Ministro Humberto Martins, julg. 16/11/2016, DJe: 03/03/2017).

[145] EMENTA: DIREITO ADMINISTRATIVO. AGRAVO INTERNO EM RECURSO ORDINÁRIO EM MANDADO DE SEGURANÇA. PROCESSO ADMINISTRATIVO DISCIPLINAR. PENALIDADE DE CASSAÇÃO DE APOSENTADORIA.
1. A competência para a aplicação da sanção de cassação de aposentadoria é do Ministro responsável pela supervisão administrativa do órgão ao qual o servidor efetivo era vinculado, ainda que estivesse cedido no momento da prática dos atos ilícitos.
(...)
4. É o relatório. Decido.
(...)
6. Em primeiro lugar, narra o recorrente que a sanção foi aplicada pelo Ministro de Estado da Ciência, Tecnologia e Inovação, em concordância com o relatório de conclusão do PAD instruído e relatado por comissão formada na Agência Nacional de Saúde Suplementar (ANS). Sustenta que, tendo os supostos atos ilícitos que lhe foram

imputados sido praticados quando cedido à ANS, somente o Ministro da Saúde teria competência para a aplicação de qualquer sanção.

7. O argumento não convence. Embora os atos ilícitos tenham sido praticados quando se encontrava cedido à ANS, o recorrente era servidor público federal lotado no Ministério da Ciência, Tecnologia e Inovação. Nesses casos, em que o servidor cedido comete irregularidades perante o órgão em que exercia suas funções, a competência para a aplicação das sanções cabíveis permanece sendo do Ministro ao qual o seu órgão de origem está vinculado. Vejamos.

8. O artigo 151 da Lei nº 8112/1990 estabelece que o processo disciplinar se desenvolve em três etapas, quais sejam:
a) instauração, com a publicação do ato que constituir a comissão;
b) inquérito administrativo, que compreende instrução, defesa e relatório; e
c) julgamento.

9. Se forem identificadas ilicitudes no órgão em que o servidor se encontra cedido, cabe aos responsáveis por tal órgão apurar as irregularidades e instruir o processo administrativo disciplinar, nos termos do art. 148 da Lei nº8.112/1990. Se não o fizerem, nada impede que o órgão cedente apure diretamente a conduta. De todo modo, a aplicação da penalidade compete ao Ministro responsável pela supervisão do órgão ao qual o servidor está vinculado.

10. Com efeito, o artigo 141 da Lei nº 8.112/1990 assim estabelece a respeito da competência para a aplicação de sanções disciplinares:
'Art. 141. As penalidades disciplinares serão aplicadas:
I - pelo Presidente da República, pelos Presidentes das Casas do Poder Legislativo e dos Tribunais Federais e pelo Procurador-Geral da República, quando se tratar de demissão e cassação de aposentadoria ou disponibilidade de servidor vinculado ao respectivo Poder, órgão, ou entidade;

11. Por sua vez, por meio do artigo 1º, inciso I, do Decreto nº 3.035/1999, o Presidente da República delegou aos Ministros de Estado a competência para julgamento de processos disciplinares nas hipóteses de aposentadoria e cassação de aposentadoria. Confira-se o teor do dispositivo:
'Art. 1º Fica delegada competência aos Ministros de Estado e ao Advogado-Geral da União, vedada a subdelegação, para, no âmbito dos órgãos da Administração Pública Federal direta, autárquica e fundacional que lhes são subordinados ou vinculados, observadas as disposições legais e regulamentares, especialmente a manifestação prévia e indispensável do órgão de assessoramento jurídico, praticar os seguintes atos:
I - julgar processos administrativos disciplinares e aplicar penalidades, nas hipóteses de demissão e cassação de aposentadoria ou disponibilidade de servidores;'

12. As normas atribuem a competência para a aplicação das sanções ao Ministro responsável pela supervisão dos 'órgãos da Administração Pública Federal direta, autárquica e fundacional que lhes são subordinados ou vinculados'. É irrelevante se, ao cometerem os atos ilícitos, estavam ou não cedidos.

13. Essa competência decorre do princípio hierárquico que estrutura a Administração Pública, o qual impede que o servidor efetivo, integrante do quadro funcional de um órgão ou instituição, seja julgado por autoridade de outro órgão ou instituição a que esteja apenas temporariamente cedido.
(...)
No mérito, a decisão agravada não merece reforma.

2. No que tange à competência para o julgamento de servidor cedido, assentei na decisão agravada que, se forem identificadas ilicitudes no órgão em que o servidor se encontra cedido, cabe aos responsáveis por tal órgão apurar as irregularidades e instruir o processo administrativo disciplinar, nos termos do art. 148 da Lei nº 8.112/1990. Se não o fizerem, nada impede que o órgão cedente apure diretamente a conduta. De todo modo, a aplicação das penalidades de demissão, cassação da aposentadoria e disponibilidade compete ao Ministro responsável pela supervisão do órgão ao qual o servidor está vinculado, conforme art. 141 da Lei nº 8.112/1990 c.c. o art. 1º, inc. I, do Decreto nº 3.035/1999:
(...)

3. No presente agravo, sustenta-se que, pela redação do Decreto nº 3.035/1999, a competência para a aplicação da penalidade seria do "Ministro de Estado delegatário com base na vinculação do ente onde o ilícito disciplinar teria sido praticado", ou seja, do Ministro da Saúde, porque cedido o agravante, à época dos fatos apurados, à Agência Nacional de Saúde Suplementar – ANS (doc. 12, p. 5).

4. Sem razão a parte agravante. O dispositivo em questão não pode ser interpretado isoladamente. Isso porque a competência para a aplicação de penalidade decorre do princípio hierárquico que estrutura a Administração Pública. Portanto, há de se verificar, primeiro, o órgão originário do vínculo (art. 141 da Lei nº 8.112/1990) e, depois, o Ministro por ele responsável (art. 1º, inciso I, do Decreto nº 3.035, de 1999). Veja-se que, na hipótese de cessão do servidor, como no caso dos autos, o vínculo definitivo continua a ser com o órgão cedente, de modo que compete apenas ao Ministro por ele responsável desfazê-lo. Reitero, assim, que, embora possa o órgão cessionário, onde ocorreram os fatos, promover a apuração da infração disciplinar, o julgamento e a eventual aplicação de penalidade ao servidor cedido cabe ao órgão cedente, na medida em que os efeitos jurídicos recairão sobre o cargo efetivo ocupado.

em que o servidor se encontra cedido, cabe aos responsáveis por tal órgão apurar as irregularidades e instruir o processo administrativo disciplinar, nos termos do art. 148 da Lei nº 8.112/1990. Se não o fizerem, nada impede que o órgão cedente apure diretamente a conduta.

Logo, a instauração de procedimento para promover a apuração do ilícito no órgão ou entidade cessionária não é um valor absoluto, mas tão somente uma medida que pode tornar a colheita de provas mais racional e eficiente, não existindo impeditivo de ordem fática ou jurídica para que a apuração ocorra em outro local.

8.3.2 Por servidor cedido a órgão posteriormente extinto

No caso de **órgãos extintos**, cabe ao órgão cedente instaurar e julgar processos administrativos disciplinares de seus servidores cedidos a órgãos posteriormente extintos, seja com cargo comissionado ou efetivo, e que retornaram ao órgão cedente.

Instaurado o processo disciplinar pelo órgão cessionário, e sobrevindo a extinção quando pendente de julgamento, cabe ao órgão cedente julgar esses processos administrativos disciplinares.

Essa competência decorre do princípio hierárquico que estrutura a Administração Pública, o qual impede que o servidor efetivo que integra o quadro funcional de um órgão ou instituição seja julgado por autoridade de outro órgão ou instituição a que esteja apenas temporariamente cedido (Ag,Reg. no RMS 34.944).

8.3.3 Por servidor temporário

Por fim, a Lei nº 8.745, de 1993, dispõe, nos artigos 10 e 11,[146] sobre a contratação por tempo determinado para atender a necessidade temporária de excepcional interesse público, nos termos do inciso IX do art. 37 da Constituição Federal, e não especifica ritos para a apuração disciplinar, referindo-se, genericamente, a **sindicância**, observada a ampla defesa.

(...)
10. Diante do exposto, nego provimento ao agravo. É como voto.
(...)
A Turma, por unanimidade, negou provimento ao agravo, nos termos do voto do Relator.
(AgReg. No RMS 34.944, Relator Ministro ROBERTO BARROSO, Primeira Turma, julg. 07/11/2017, pub. DJe 261 de 17/11/2017).
Nota da autora: O Decreto nº 3.035/99 foi revogado pelo Decreto nº 11.123, de 7 de julho de 2022, e as delegações e subdelegações encontram-se nos arts. 2º a 4º do referido decreto.
[146] **Art. 10. As infrações disciplinares atribuídas ao pessoal contratado nos termos desta Lei serão apuradas mediante sindicância, concluída no prazo de trinta dias e assegurada ampla defesa.**
Art. 11. Aplica-se ao pessoal contratado nos termos desta Lei o disposto nos arts. 53 e 54; 57 a 59; 63 a 80; 97; 104 a 109; 110, incisos, I, in fine, e II, parágrafo único, a 115; 116, incisos I a V, alíneas a e c, VI a XII e parágrafo único; 117, incisos I a VI e IX a XVIII; 118 a 126; 127, incisos I, II e III, a 132, incisos I a VII, e IX a XIII; 136 a 142, incisos I, primeira parte, a III, e §§1º a 4º; 236; 238 a 242, da Lei nº 8.112, de 11 de dezembro de 1990. (Grifo nosso).

Por sua vez, a Portaria Normativa CGU nº 27/2022 regulamenta, nos artigos 82 a 85,[147] a referida sindicância e determina que seja observado o devido processo legal, dicotomizado na ampla defesa e no contraditório.

Dessa sindicância pode resultar a aplicação das penalidades de advertência, suspensão até 90 dias ou demissão.

8.4 Vínculo entre o julgamento e a conclusão da comissão

Ao proferir seu julgamento, a autoridade competente pode, desde que motivadamente, *acatar, ou acatar em parte, ou deixar de acatar o relatório final* da comissão (de processo disciplinar, de sindicância punitiva ou de rito sumário). Normalmente, isso é feito com base na manifestação do órgão de assessoramento jurídico da autoridade julgadora que proferirá a decisão, após a análise dos trabalhos (resultado) da comissão.

Logo, a autoridade julgadora *não está vinculada à conclusão* da comissão, *se contrária* às *provas* dos autos, a teor do art. 168[148] da Lei nº 8.112/90. Embora o *caput* do art. 168 confirme o que foi dito até o momento, a redação de seu parágrafo único não esgota todas as opções possíveis.

Se o relatório final da comissão estiver contrário às provas dos autos, *a autoridade julgadora pode não só* agravar e abrandar a penalidade, e *isentar o servidor de responsabilidade* (que na verdade é a *consequência do abrandamento da advertência*), *como também* adequar a penalidade ao enquadramento legal feito pela comissão, ou ao reenquadramento legal feito no julgamento, pois a autoridade julgadora pode alterar o enquadramento legal (desenquadrando ou reenquadrando), se a tipificação feita pela comissão estiver em desacordo com as irregularidades comprovadas nos autos.

Isso é possível porque o acusado ou indiciado se *defende dos fatos e não da tipificação legal*.

Nos termos do §4º do art. 167 da Lei nº 8.112/90 "reconhecida pela comissão a inocência, a autoridade instauradora do processo determinará o seu arquivamento,

---

[147] Art. 82. As infrações disciplinares atribuídas aos contratados nos termos da Lei nº 8.745, de 9 de dezembro de 1993, serão apuradas mediante sindicância, observados os princípios do contraditório e da ampla defesa.
Parágrafo único. Poderão ser aplicadas por meio de sindicância as penalidades de advertência, suspensão de até 90 (noventa) dias ou demissão.
Art. 83. A sindicância disciplinar de que trata esta Subseção será instaurada e conduzida nos termos da Lei nº 8.745, de 1993, observando, no que couber, as disposições contidas na Lei nº 9.784, de 29 de janeiro de 1999.
Art. 84. A sindicância poderá ser conduzida por um agente público, por comissão composta por dois ou mais agentes públicos ou pela unidade setorial de correição, conforme designação da autoridade competente por meio de publicação de ato instaurador.
§1º A sindicância será concluída no prazo de 30 (trinta) dias, admitidas prorrogações sucessivas quando necessárias à conclusão da instrução probatória.
§2º Não se exige o requisito da estabilidade para o agente público designado para atuar na sindicância.
§3º Admite-se a designação de suplente para substituir membro da comissão durante os afastamentos legais deste, devendo o substituto atuar exclusivamente nestes períodos.
Art. 85. Para os casos de acumulação ilícita previstos nos incisos XVI e XVII do art. 37 da Constituição Federal, poderá ser aplicado, por analogia, o rito processual previsto no art. 133, caput, da Lei nº 8.112, de 1990.
[148] Art. 168. O julgamento *acatará* o relatório da comissão, *salvo* quando contrário às provas dos autos.
Parágrafo único. Quando o relatório da comissão *contrariar as provas* dos autos, a autoridade julgadora poderá, motivadamente, agravar a penalidade proposta, abrandá-la ou isentar o servidor de responsabilidade. (Grifo nosso).

salvo se flagrantemente contrária à prova dos autos", e denota o quanto a autoridade julgadora é autônoma e *desvinculada* da *conclusão* da *comissão*, podendo decidir totalmente diferente da conclusão da Comissão de Processo Disciplinar e de Sindicância Punitiva, nos termos do art. 168 da Lei nº 8.112/90, desde que *fundamente* sua decisão (a) nas *provas* constantes dos autos, se sua discordância for quanto ao mérito (fato), e (b) na *norma legal*, se sua discordância for quanto a matéria de direito. Pode, inclusive, penalizar um servidor cuja comissão havia reconhecido a inocência.[149]

Isso só pode ser feito (*penalizar o servidor que a comissão havia reconhecido a inocência*) se a comissão tiver indiciado o acusado, e citado o indiciado para apresentar sua defesa. Só depois de encerrada toda a fase do inquérito administrativo (instrução, defesa e relatório), pode-se afirmar que foram atendidos os princípios constitucionais do devido processo legal, do contraditório e da ampla defesa. Portanto, um servidor só pode ser indiciado se tiver sido acusado, e penalizado se tiver sido indiciado.

8.5 Nulidade do processo

A autoridade julgadora pode *declarar* a *nulidade total ou parcial* do processo, se verificar a ocorrência de vício insanável, *determinando*, no mesmo ato, a instauração de uma nova comissão, conforme preceitua o art. 169[150] da Lei nº 8.112/90. Assim:

a) Se a *portaria inaugural* for *nula*, são nulos todos os atos subsequentes, pelo que será declarada *nulidade total* do processo e determinada a instauração de uma nova Comissão Processante. Tendo em vista que o ato de instauração da comissão é que foi anulado, é como se essa comissão nunca tivesse existido, pelo que o *prazo prescricional* só será interrompido com a instauração da nova Comissão Processante. Desconsidera-se a interrupção feita quando da instauração da comissão anulada totalmente.

b) Se a *notificação prévia* for *nula*, são nulos todos os atos subsequentes. Será declarada a *nulidade parcial* do processo, e determinada a instauração de uma nova Comissão Processante, para dar *continuidade* aos trabalhos *a partir da notificação prévia*. Tendo em vista que o ato de instauração da comissão não foi anulado, considera-se interrompido o *prazo prescricional* com a instauração da comissão anulada parcialmente, reiniciando sua contagem, normalmente, a partir do 141º (centésimo quadragésimo primeiro) dia após sua instauração. A nova comissão, instaurada com o fim de dar continuidade aos trabalhos, desenvolverá seus trabalhos com o prazo prescricional em curso.

---

[149] ADMINISTRATIVO. MANDADO DE SEGURANÇA. SERVIDORA PÚBLICA ESTADUAL. DEMISSÃO. PRESCRIÇÃO QUINQUENAL. INTERRUPÇÃO. CORREIÇÃO ORDINÁRIA. INQUÉRITO DISCIPLINAR. INSTAURAÇÃO. AUTORIDADE ADMINISTRATIVA. VINCULAÇÃO. PORTARIA DE ENQUADRAMENTO. PENA SUGERIDA PELA COMISSÃO.
- Em sede de processo administrativo, pode a *autoridade* administrativa, na aplicação da condenação, conferir ao fato descrito na Portaria de Enquadramento definição jurídica diversa, *não se vinculando*, ainda, *ao parecer da comissão processante*, mesmo que tenha que aplicar pena mais severa, desde que fundamentadamente. Recurso ordinário provido. Segurança concedida. (STJ/RMS Nº 10.316/SP. Relator Ministro Vicente Leal). (Grifo nosso).

[150] Art. 169. Verificada a ocorrência de vício insanável, a autoridade que determinou a instauração do processo ou outra de hierarquia superior *declarará* a sua *nulidade*, *total* ou *parcial*, e *ordenará*, no mesmo ato, a *constituição de outra comissão* para instauração de novo processo. (Grifo nosso).

c) Se o *Despacho de Encerramento de Instrução e Indiciamento* for *nulo* por ter sido feito em desacordo com o disposto no art. 161 da Lei nº 8.112/90, será declarada a *nulidade parcial* do processo e determinada a instauração de uma nova comissão processante para dar continuidade aos trabalhos *a partir do Despacho de Encerramento de Instrução e Indiciamento*, ocasião em que poderá ser *retomada* a *instrução processual*, se verificada a necessidade de realização de mais provas (diligência, ou perícia, ou testemunhas), uma vez que a comissão anulada não esgotou os meios apuratórios necessários para esclarecer os fatos e formar a convicção da autoridade julgadora. Da mesma forma que o exemplo anterior, considera-se interrompido o *prazo prescricional* com a instauração da comissão anulada parcialmente, já que o ato que a constituiu (portaria inaugural) não foi declarado nulo.

8.6 Nulidade *ex officio* após a aplicação e o cumprimento da penalidade

Independentemente de o servidor penalizado ter cumprido, ou não, sua penalidade, quando um *ato* do processo disciplinar estiver *eivado de ilegalidade, deverá ser anulado*, até mesmo de ofício, *com base* no *princípio* de direito administrativo *da autotutela*, no *art. 114*[151] da Lei nº 8.112/90, *e* nas *Súmulas nº 346 e nº 473,*[152] do STF.

É possível anular um processo disciplinar depois de a penalidade ter sido aplicada e cumprida, e essa nulidade, geralmente, é parcial tendo em vista a nulidade, por exemplo, do Termo de Encerramento de Instrução e Indiciação, ou do julgamento, considerando que:

a) *não se trata da Revisão* de ofício prevista no art. 174 da Lei nº 8.112/90, que não pode majorar a penalidade, *mas sim da declaração de nulidade* do ato, ou seja, do julgamento, por exemplo, que aplicou, indevidamente, determinada penalidade, por estar eivado de ilegalidade. A Revisão diz respeito a mérito, pois depende de contraditório para provar o fato novo alegado, enquanto que a legalidade do ato administrativo diz respeito à forma, independendo de contraditório (não há fato novo a ser provado).

Observe-se o disposto nos artigos 174 a 182 da Lei nº 8.112/90, que disciplinam a "Revisão do processo": o art. 174 fala em *fato novo*, o art. 175 em *ônus da prova*, o parágrafo único do art. 177 em *constituição de comissão*, visando atender o contraditório e a ampla defesa. O parágrafo único do art. 178 diz que o requerente pedirá dia e hora para a *produção de provas* e *inquirição das testemunhas* que arrolar.

b) *não ocorreu o bis in idem* vedado pela Súmula nº 19 do STF, que afirma ser *inadmissível segunda punição de servidor público, baseada no mesmo processo em que se fundou a primeira*, visto que a anulação tem efeito retroativo (*ex tunc*),

---

[151] Art. 114. A Administração deverá *rever seus atos* a *qualquer tempo*, quando *eivados* de *ilegalidade*. (Grifo nosso).

[152] Súmula 346. A Administração Pública pode *declarar* a *nulidade* dos *seus* próprios *atos*. (Grifo nosso).
Súmula 473. A Administração pode *anular seus* próprios *atos*, quando eivados de *vícios que os tornam ilegais*, porque deles *não se originam direitos* ou revogá-los, por motivo de conveniência ou oportunidade, respeitados os direitos adquiridos, e ressalvada, em todos os casos, a apreciação judicial. (Grifo nosso).

pelo que é como se o ato anulado não tivesse existido. Na verdade, o *ato nulo* foi *substituído por outro válido*.

Neste sentido, a decisão do STF proferida no AG.REG. no recurso em MS nº 24.308-6, de relatoria da Ministra Relatora Ellen Gracie:

> Previsão legal da pena de demissão. Aplicação errônea da pena de suspensão. A hipótese não é de revisão para beneficiar (art. 174 da Lei 8.112) mas de *ato da Administração Pública proferida contra expressa letra da lei e passível de correção ex officio.*
>
> Inaplicabilidade da Súmula 19 do STF. Precedente: MS 23.146.
>
> Nenhuma mácula ocorre com relação ao devido processo legal, à ampla defesa e ao contraditório, se preservada toda a matéria produzida nos autos do processo administrativo onde esses princípios foram observados.
>
> Agravo improvido. (Grifo nosso).
>
> (RMS 24.308, Rel. Min. ELLEN GRACIE, Primeira Turma do STF, julg. 18/03/2003, pub. DJ 25/04/2003).

E o teor do acórdão do STJ, agravado:

> PROCESSUAL CIVIL E ADMINISTRATIVO. PROCURADOR FEDERAL. PENA DE DEMISSÃO APLICADA APÓS ANULADA ANTERIOR SUSPENSÃO. DUPLA APENAÇÃO, NÃO OCORRÊNCIA. MANO DE SEGURANÇA.
>
> 1. *Não configura dupla apenação a substituição da pena de demissão se previamente anulada a primeira,* por incabível.
>
> Segurança denegada. (Grifo nosso).
>
> Sustentam que a aplicação da pena de demissão, nos mesmos autos do processo administrativo, após o cumprimento da pena de suspensão, já extinta a punibilidade, ofende os mais comezinhos princípios de direito. Nova apenação só seria possível diante de fatos novos ou motivos relevantes e, nessa hipótese, seria necessária a abertura de nova fase para oferecimento de defesa. A Súmula 19 do STF veda segunda punição de servidor a partir do mesmo processo, só sendo possível revisão que venha a beneficiar o servidor e não agravar sua situação.
>
> Da leitura dos autos e mais especialmente do Relatório da Comissão de Processo Administrativo Disciplinar (fls. 97), verifico ter sido *aplicada, erroneamente, a pena de suspensão. Posteriormente, o julgamento foi anulado* pelas Portarias 170 e 171 *para a aplicação da pena correta de demissão,* na forma do art. 132, IV e XIII, da Lei nº 8.112/90 (fls. 141/142).
>
> O Supremo Tribunal Federal, quando do julgamento pelo seu Plenário do MS 23.146, DJ 24.09.99, relator Min. Sepúlveda Pertence, decidiu que, *não obstante as sanções de suspensão e demissão tenham sido sucessivamente aplicadas ao mesmo fato, não há bis in idem,* vedado pela Súmula 19, *se, para aplicar a demissão foi anulada previamente a suspensão.*
>
> Com base no precedente, nego seguimento ao recurso (art. 21, 1º, do RISTF). (Grifo nosso).

A *nulidade pode ser declarada* pela própria autoridade que expediu o ato eivado de vícios ou pela autoridade hierarquicamente superior, nos termos do art. 169[153] da Lei nº 8.112/90.

---

[153] Art. 169. Verificada a ocorrência de vício insanável, a *autoridade que determinou a instauração* do processo *ou* outra de *hierarquia superior declarará a* sua *nulidade,* total ou parcial, e ordenará, no mesmo ato, a constituição de outra comissão para instauração de novo processo. (Grifo nosso).

Na lição de Hely Lopes Meirelles,[154] as relações entre as partes ficam desfeitas com a anulação, *retroagindo* esta à data da prática do ato ilegal e, consequentemente, invalidando os seus efeitos desde então (*ex tunc*). Tem-se, assim, que a faculdade de anular os atos ilegais é ampla para a Administração, *podendo ser exercida de ofício, pelo mesmo agente que o praticou, como por autoridade superior que venha a ter conhecimento da ilegalidade* através de recurso interno, ou mesmo por avocação, nos casos regulamentares.

8.7 Penalidades

Há certa *dificuldade em se fundamentar qual a penalidade cabível*, diante de um caso concreto. Muito *comum* também a *confusão da penalidade correspondente com atenuação e agravamento da pena, e a inocência com a isenção de responsabilidade.*

Se a Comissão de Processo Disciplinar, de Sindicância Punitiva, ou de Rito Sumário, a unidade jurídica, e a autoridade competente para julgar e aplicar a penalidade *observarem* a *forma* e a *ordem* correta de expor a *matéria de fato* e *de direito*, fica fácil definir a penalidade correspondente e a penalidade cabível.

Tem que constar na conclusão do "*relatório final* da comissão", na conclusão da *manifestação jurídica*, no *julgamento* e no *ato de aplicação da penalidade*:

a) as *irregularidades* que o indiciado praticou, *vinculadas* com suas respectivas *provas* (relembrando que a irregularidade não se confunde com a transcrição da tipificação legal). Irregularidade é o fato, o ato que o servidor praticou. Exemplo: ter recebido diárias indevidamente, já que não viajou; ter preenchido, indevidamente, um auto de infração; ter utilizado suprimentos de fundos para pagar mensalidades do colégio do filho, etc.

b) a *tipificação legal*, que é *indicar*, de acordo com o ato irregular praticado pelo servidor, ou o ato que deixou de praticar, qual ou quais *deveres* do servidor previstos no art. 116 da Lei nº 8.112/90, em regulamentação ou norma interna, *e/ou* qual ou quais *proibições* funcionais previstas no art. 117 da Lei nº 8.112/90 foram *violados,* depois de terem sido atendidos os princípios constitucionais do contraditório e da ampla defesa.

c) a *penalidade correspondente* com base nos arts. 129, 130 e 132, todos da Lei nº 8.112/90, ou seja, qual é a penalidade que corresponde ao ilícito administrativo praticado, por força dos aludidos arts. 129, 130 e 132.

Convém ressaltar que o *fundamento legal para a aplicação da penalidade é a citação da norma legal que embasou a aplicação da sanção disciplinar*, e *é feito de acordo* com a tipificação legal no caso dos arts. 129, 130 e 132; *e de acordo* com a penalidade cabível no caso dos arts. 134 e 135 dei nº 8.112/90.

d) a *penalidade cabível*. Depois que se chega à penalidade correspondente é que se aplicam as circunstâncias atenuantes previstas no art. 128 da Lei nº 8.112/90, se verifica se o indiciado é reincidente, e se consideram os princípios da proporcionalidade e da razoabilidade na dosagem da pena, para se definir, realmente, qual é a penalidade cabível. Na sequência, só depois de definida

---

[154] MEIRELLES, Hely Lopes. Direito administrativo brasileiro, 16. ed, São Paulo: Revista dos Tribunais, p. 185.

a penalidade cabível é que se aplicam as penalidades previstas nos arts. 134 e 135, da Lei nº 8.112/90, se for o caso.

A seguir, será exposto como concluir pela penalidade cabível, como identificar a penalidade correspondente, dosar a penalidade de suspensão, aplicar as atenuantes e reconhecer a inocência.

8.7.1 Penalidade correspondente e penalidade cabível

Um servidor público comete um *ilícito administrativo* quando pratica uma irregularidade — ou deixa de praticar um ato — no exercício de sua função, que viole um, ou alguns, dos deveres dos servidores (previstos no art. 116 da Lei nº 8.112/90, em regulamentação ou norma interna) e/ou uma, ou algumas, das proibições funcionais (previstas no art. 117 da Lei nº 8.112/90).

Como visto anteriormente, chega-se à penalidade correspondente definindo a penalidade correlata ao ilícito administrativo praticado, *por força dos artigos 129, 130 e 132*, todos da Lei nº 8.112/90.

Só *depois* que se tem a *penalidade correspondente* é que:
a) se *aplicam* as circunstâncias *atenuantes* previstas no art. 128 da Lei nº 8.112/90 (antecedentes funcionais, ausência de prejuízo e de má-fé).
b) se *verifica* a ocorrência, ou não, de *reincidência* das faltas punidas com advertência para fins de aplicação do art. 130 da Lei nº 8.112/90; e
c) se *verifica a transgressão simultânea* de vários deveres dos servidores e/ou proibições funcionais, e se *consideram* os *princípios* constitucionais da *proporcionalidade e* da *razoabilidade* na dosagem da penalidade, que devem ser observados no momento de se definir a dosagem da pena de suspensão (quantos dias de suspensão deverão ser impostos).

Depois que se consideram tais requisitos, na ordem exposta, é que se conclui, exatamente, qual é a penalidade cabível ao indiciado.

De certa forma, a penalidade correspondente e a penalidade cabível se confundem, mas em determinadas situações têm que ser distinguidas, como podemos observar neste capítulo.

8.7.1.1 Advertência e suspensão

O art. 129 disciplina que *advertência será aplicada* por escrito, nos casos de violação de proibição constante do art. 117, incisos I a VIII e XIX, e de inobservância de dever funcional previsto em lei, regulamentação ou norma interna, que não justifique imposição de penalidade mais grave. (Grifo nosso).

Observe-se que o *art. 129 é dividido em 03* (três) *partes*. Estabelece que a advertência será aplicada por escrito nos casos:

1º. de violação de proibição constante do art. 117, incisos I A VIII e XIX;

2º. e de inobservância de dever funcional previsto em lei, regulamentação ou Norma interna;

3º. que não justifique imposição de penalidade mais grave.

É como se o começo do artigo *"A advertência será aplicada por escrito"* fosse o *caput* e suas 03 (três) partes os incisos. Logo, *aplica-se a* penalidade de *advertência com base* na primeira e/ou na segunda parte do art. 129 da Lei nº 8.112/90.

Portanto, se o artigo 116 da Lei nº 8.112/90 estabelece os deveres dos servidores, é lógico que a infringência a qualquer um desses deveres implica, a princípio, na aplicação da penalidade de advertência, *por força* do disposto na *segunda parte* do art. 129 da Lei nº 8.112/90 *(penalidade correspondente)*.

Assim como a violação às proibições funcionais previstas nos incisos I a VIII e XIX do art. 117 da Lei nº 8.112/90 implica, a princípio, na aplicação da penalidade de advertência, *por força* do disposto na *primeira parte* do art. 129 da Lei nº 8.112/90 *(penalidade correspondente)*.

Exemplos (das conclusões que devem constar no relatório final, na análise jurídica, no julgamento e no ato de aplicação da penalidade. Logo, não consta nos exemplos abaixo a vinculação com as provas, que deve ser feita na parte da fundamentação.)

1. Restou demonstrado nos autos que Z deixou de complementar a instrução dos processos de remoção na forma prevista na IN nº 00/2019, mesmo depois da determinação expressa de seu chefe *(irregularidade)*, pelo que infringiu os incisos I, III e IV do art. 116 da Lei nº 8.112/90 *(tipificação legal)*, ilícitos administrativos passíveis à aplicação da penalidade de advertência, por força da segunda parte do art. 129 da Lei nº 8.112/90 *(fundamento legal para aplicação da penalidade de advertência)*.

2. Restou demonstrado nos autos que Y distribuiu processos para seu cunhado, que não é servidor nem terceirizado do órgão, analisar e adotar as medidas cabíveis, autorizando-o, inclusive, a participar das reuniões realizadas com o fim de discutir questões relativas aos mencionados processos *(irregularidade)*, pelo que infringiu os incisos II e III do art. 116 e inciso VI do art. 117, todos da Lei nº 8.112/90 *(tipificação legal)*, ilícitos administrativos passíveis à aplicação da penalidade de advertência, por força da primeira e segunda parte do art. 129 da Lei nº 8.112/90 *(fundamento legal para aplicação da penalidade de advertência)*.

A transgressão de proibição constante do art 117, incisos I a VIII e XIX, e de inobservância de dever funcional previsto em lei, regulamentação ou norma interna ensejam a aplicação da penalidade de advertência, a princípio, porque a *terceira parte* do art. 129 da Lei nº 8.112/90 prevê que, *dependendo da natureza e da gravidade*, as violações a tais deveres e proibições funcionais *podem resultar* na aplicação da penalidade de *suspensão*.

Nesse caso, a penalidade de *suspensão não decorre do agravamento* da pena (art. 128), *mas sim da penalidade correspondente*, por força da primeira e da terceira parte do art. 129 da Lei nº 8.112/90 (se foram violadas proibições funcionais), ou por força da segunda e da terceira parte do art. 129 da Lei nº 8.112/90 (se foram violados deveres do servidor), ou por força da primeira, da segunda e da terceira parte do art. 129 da Lei nº 8.112/90 (se foram violados deveres e proibições funcionais).

Logo, a suspensão nessas hipóteses é aplicada como penalidade que corresponde ao ilícito administrativo praticado, e não como decorrência do agravamento da pena de advertência como muitos pensam. Esse é um dos motivos que nos leva a distinguir a penalidade correspondente da penalidade cabível, que muitas vezes se confundem.

A penalidade de *suspensão* pode ser aplicada, ainda, com base no art. 130 da Lei nº 8.112/90, *in verbis*:

> Art. 130. A suspensão será aplicada em caso de *reincidência* das faltas punidas com *advertência e de violação* das demais *proibições* que *não* tipifiquem infração *sujeita* a penalidade de *demissão, não* podendo *exceder* de *90* (noventa) *dias*.
>
> §1º Será punido com *suspensão de até 15* (quinze) *dias* o servidor que, injustificadamente, *recusar*-se a ser submetido a *inspeção médica* determinada pela autoridade competente, cessando os efeitos da penalidade uma vez cumprida a determinação.
>
> §2º Quando houver conveniência para o serviço, a penalidade de *suspensão* poderá ser *convertida em multa*, na base de 50% (cinqüenta por cento) por dia de vencimento ou remuneração, ficando o servidor obrigado a permanecer em serviço. (Grifo nosso).

O *caput* do *art. 130 é dividido em 02* (duas) *partes*. Estabelece que a suspensão será aplicada nos casos:

1º. de reincidência das faltas punidas com advertência;

2º. de violação das demais proibições que não tipifiquem infração sujeita a penalidade de demissão.

É como se o começo do artigo "A suspensão será aplicada" fosse o *caput* e suas 02 (duas) partes os incisos.

Ocorre *reincidência* das faltas punidas com advertência, quando no período de 03 (três) anos o servidor, que já havia sido penalizado com advertência, responder a nova Comissão de Processo Disciplinar, ou de Sindicância Punitiva — pela prática de irregularidade diversa da qual havia sido penalizado anteriormente, é lógico — e a comissão concluir que os ilícitos administrativos por ele cometidos são passíveis à aplicação da penalidade de advertência.

Nessa hipótese a penalidade cabível é a de suspensão, por força da *primeira parte do caput do art. 130* da Lei nº 8.112/90, e *não como agravamento* da pena (art. 128).

A reincidência da penalidade de advertência ocorre no período de 03 (três) anos, considerando o disposto no art. 131 da Lei nº 8.112/90, que prevê o *cancelamento do registro da* penalidade de *advertência após* o decurso de *03* (três) *anos*, se o servidor não houver, nesse período, praticado nova infração disciplinar.

Extrai-se daí que, se ao solicitar a ficha funcional do acusado, a comissão constatar que ele sofreu uma pena de advertência há 04 (quatro) anos, essa penalidade deve ser desconsiderada pela comissão, uma vez que ela já deveria ter sido cancelada dos assentamentos individuais do servidor. Diante dessa situação, cabe à comissão recomendar em seu relatório final que a autoridade julgadora determine ao Setor de Recursos Humanos o cancelamento do registro da penalidade de advertência, face o decurso do tempo, nos termos do art. 131 da Lei nº 8.112/90.

Da mesma forma ocorre em relação à penalidade de *suspensão*, cujo *registro deve ser cancelado após* o decurso de *05* (cinco) *anos*, a teor do art. 131[155] da Lei nº 8.112/90.

---

[155] Art. 131. As penalidades de *advertência* e de *suspensão terão* seus *registros cancelados*, após o decurso de 3 (três) e 5 (cinco) anos de efetivo exercício, respectivamente, se o servidor não houver, nesse período, praticado nova infração disciplinar.

Esses cancelamentos independem de solicitações dos interessados, cabendo ao setor de Recursos Humanos providenciá-los, automaticamente, nos termos da lei.

Voltando à análise *do art. 130* da Lei nº 8.112/90, nota-se que sua *segunda parte* estabelece que a violação das proibições funcionais (art. 117 da Lei nº 8.112/90) que não ensejar a aplicação da penalidade de demissão será passível à aplicação da penalidade de suspensão.

O inciso XIII do art. 132 da Lei nº 8.112/90 estabelece que a transgressão às proibições funcionais relacionadas nos incisos IX a XVI do art. 117 da Lei nº 8.112/90 enseja a aplicação da penalidade de demissão. Logo, *a infringência* às proibições funcionais constantes nos aludidos *incisos (IX a XVI do art. 117) não se enquadra na hipótese prevista na segunda parte do art. 130* da Lei nº 8.112/90, não resultando, portanto, na aplicação da penalidade de suspensão.

Como visto, o art. 129 da Lei nº 8.112/90 dispõe que a transgressão às proibições funcionais relacionadas nos incisos I a VIII e XIX do art. 117 da Lei nº 8.112/90 enseja a aplicação da penalidade de advertência. Logo, *a infringência* às proibições funcionais constantes nos aludidos *incisos (I a VIII e XIX do art. 117) se enquadra na hipótese prevista na segunda parte do art. 130* da Lei nº 8.112/90, podendo resultar também na aplicação da penalidade de suspensão, *por força* da segunda parte do art. 130 da Lei nº 8.112/90, *de acordo com a natureza e a gravidade dos fatos.*

Nesse caso, a penalidade de *suspensão não decorre do agravamento* da pena (art. 128), *mas sim da penalidade correspondente, por força* da segunda parte do art. 130 da Lei nº 8.112/90 (violação de proibições que não tipifiquem infração sujeita a penalidade de demissão).

Observe-se que os incisos XVII e XVIII do art. 117 da Lei nº 8.112/90 não foram citados no inciso XIII do art. 132, nem no art. 129, pelo que *a infringência* às proibições funcionais constantes nos aludidos incisos *(XVII e XVIII do art. 117) se enquadra na hipótese prevista na segunda parte do art. 130* da Lei nº 8.112/90, resultando na aplicação da penalidade de suspensão, *por força* da segunda parte do art. 130 da Lei nº 8.112/90 (violação de proibições que não tipifiquem infração sujeita a penalidade de demissão).

Como a infringência das proibições funcionais relacionadas no art. 117 da Lei nº 8.112/90 podem ensejar a aplicação das penalidades de advertência, suspensão e demissão, *recomendamos* que coloquem em suas legislações, ao lado das aludidas proibições funcionais, as penalidades que resultarão no caso de serem violadas, sendo:

- "A" para a advertência;
- "S" para a suspensão;
- "D" para a demissão;

Referida sugestão deverá ser feita da seguinte maneira:

"Art. 117. Ao servidor é proibido:

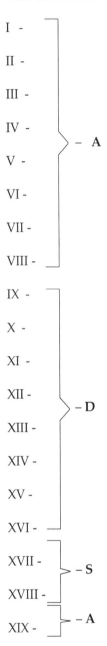

I -

II -

III -

IV -

V -   } – A

VI -

VII -

VIII -

IX -

X -

XI -

XII -   } – D

XIII -

XIV -

XV -

XVI -

XVII -   } – S

XVIII -

XIX -   } – A

Ao concluir que a penalidade cabível é a de suspensão, resta *definir a dosagem, a gradação da suspensão* a ser aplicada (quantos dias o servidor a ser penalizado deverá ficar suspenso).

Não há na legislação qualquer critério para definição da gradação da penalidade de suspensão, tendo o legislado determinado apenas a dosagem máxima de 90 (noventa) dias, a teor da última parte do art. 130 da Lei nº 8.112/90, que prevê que a suspensão será aplicada em caso de (...), não podendo exceder de 90 (noventa) dias.

Logo, a *dosagem* da penalidade de suspensão *é feita considerando-se:*
a) a *transgressão simultânea* de vários deveres e/ou proibições funcionais;
b) os princípios constitucionais da *proporcionalidade e da razoabilidade* na dosagem da penalidade;
c) a *natureza* e a *gravidade* da infração.

Exemplo (de conclusão que deve constar no relatório final, na análise jurídica, no julgamento e no ato de aplicação da penalidade. Logo, não consta nos exemplos abaixo a vinculação com as provas, que deve ser feita na parte fundamentação.)

1. Restou demonstrado nos autos que *Y* agrediu verbalmente o servidor *R*, dentro da repartição, em horário de expediente; não tem tido horário certo para comparecer ao serviço e adulterou sua folha de frequência do dia 30.10.2005 *(irregularidade)*, pelo que infringiu os incisos II, III, IX, X e XI do art. 116 e inciso I do art. 117, todos da Lei nº 8.112/90 *(tipificação legal)*, ilícitos administrativos que ensejam a penalidade de suspensão, por força da primeira, segunda e última parte do art. 129, do mesmo diploma legal *(fundamento legal para aplicação da penalidade de suspensão).*

Considerando a transgressão simultânea de vários deveres e de proibição funcional, bem como os princípios constitucionais da proporcionalidade e da razoabilidade na dosagem da penalidade, recomendamos (dizemos "recomendamos" no relatório e na análise, e "determino", no julgamento e no ato de aplicação da pena) a aplicação da *penalidade de 30 (trinta) dias de suspensão.*

8.7.1.2 Demissão

O art. 132[156] da Lei nº 8.112/90 traz as hipóteses de aplicação de pena capital: demissão. Em verdade, o artigo 132 mistura proibições funcionais (incisos V, VI, VII, VIII, IX, X e XI) com fundamento legal para aplicação da penalidade de demissão (incisos I, II, III, IV, XII e XIII).

Assim, a penalidade de demissão é aplicada, conforme o caso, por força dos incisos I, II, III, IV, XII e XIII do art. 132 da Lei nº 8.112/90 *(fundamento legal para aplicação da penalidade de demissão)*; utiliza-se os demais incisos para tipificar as irregularidades praticadas pelo servidor. Afinal, sendo proibido ao servidor praticar os atos relacionados nos incisos V, VI, VII, VIII, IX, X e XI, a violação dos mesmos implica na prática de ilícito

---

[156] Art. 132. A demissão será aplicada nos seguintes casos:
I – crime contra a Administração Pública;
II – abandono de cargo;
III – inassiduidade habitual;
IV – improbidade administrativa;
V – incontinência pública e conduta escandalosa, na repartição;
VI – insubordinação grave em serviço;
VII – ofensa física, em serviço, a servidor ou a particular, salvo em legítima defesa própria ou de outrem;
VIII – aplicação irregular de dinheiros públicos;
IX – revelação de segredo do qual se apropriou em razão do cargo;
X – lesão aos cofres públicos e dilapidação do patrimônio nacional;
XI – corrupção;
XII – acumulação ilegal de cargos, empregos ou funções públicas;
XIII – transgressão dos incisos IX a XVI do art. 117.

administrativo passível à aplicação da pena de demissão, por força do *caput* do art. 132, da Lei nº 8.112/90 (fundamento legal para aplicação da penalidade de demissão).

Por oportuno, no que se refere à vedação ao retorno ao serviço público federal do servidor demitido ou destituído do cargo em comissão por infringência do art. 132, incisos I, IV, VIII, X e XI da Lei nº 8.112/90, tem-se que foi declarada a inconstitucionalidade do parágrafo único do art. 137,[157] quando do julgamento da ADI 2.975-DF,[158] ocasião em que o Tribunal Pleno do STF entendeu que a norma impugnada impõe sanção de caráter perpétuo. Determinou-se a comunicação ao Congresso Nacional, para que delibere sobre o prazo de proibição de retorno ao serviço público a ser aplicável nas hipóteses previstas no parágrafo único do art. 137 da referida lei.

Exemplos (das conclusões que devem constar no relatório final, na análise jurídica, no julgamento e no ato de aplicação da penalidade. Logo, não consta nos exemplos abaixo a vinculação com as provas, que deve ser feita na parte fundamentação.)

1. Restou demonstrado nos autos que Z ausentou-se do serviço, intencionalmente, por mais de 30 (trinta) dias consecutivos, durante o período de 17.10.2005 a 30.12.2005, estando, portanto, caracterizada a prática do ilícito administrativo de abandono de cargo, nos termos do art. 138 da Lei nº 8.112/90.

Logo, recomendamos (dizemos "recomendamos" no relatório e na análise, e "determino" no julgamento e no ato de aplicação da pena) a aplicação da penalidade de demissão, *por força* do *caput* e do inciso II do art. 132 da Lei nº 8.112/90 *(fundamento legal para aplicação da penalidade de abandono de cargo)*.

2. Restou demonstrado nos autos que W recebeu propina para destruir o Processo nº 00110011/04, tendo-o rasgado logo após o recebimento da quantia combinada *(irregularidade)*, pelo que infringiu os incisos II, III e IX do art. 116 e o inciso IX do art. 117, todos da Lei nº 8.112/90 *(tipificação legal)*, ilícitos administrativos passíveis à aplicação da penalidade de demissão, *por força* do *caput* e do inciso XIII do art. 132 da Lei nº 8.112/90 *(fundamento legal para aplicação da penalidade de demissão)*.

---

[157] Art. 137. A demissão ou a destituição de cargo em comissão, por infringência do art. 117, incisos IX e XI, incompatibiliza o ex-servidor para nova investidura em cargo público federal, pelo prazo de 5 (cinco) anos. (Vide ADIN 2975).
Parágrafo único. Não poderá retornar ao serviço público federal o servidor que for demitido ou destituído do cargo em comissão por infringência do art. 132, incisos I, IV, VIII, X e XI.

[158] Ementa: Ação Direta de Inconstitucionalidade. 2. Art. 137, parágrafo único, da Lei 8.112/1990. 3. Direito Administrativo Disciplinar. Sanção perpétua. Impossibilidade de retorno ao serviço público. 4. Inconstitucionalidade material. Afronta ao artigo 5º, XLVII, "b", da Constituição da República. Norma impugnada que, ao impedir o retorno ao serviço público, impõe sanção de caráter perpétuo. 5. Ação direta julgada procedente para declarar a inconstitucionalidade da norma questionada, sem pronúncia de nulidade. 6. Comunicação ao Congresso Nacional, para que eventualmente delibere sobre o prazo de proibição de retorno ao serviço público a ser aplicável nas hipóteses do art. 132, I, IV, VIII, X e XI, da Lei 8.112/1990.
Decisão
O Tribunal, por maioria, julgou procedente o pedido formulado na ação direta para declarar a inconstitucionalidade do parágrafo único do artigo 137 da Lei nº 8.112/1990 e determinou a comunicação do teor desta decisão ao Congresso Nacional, para que delibere, se assim entender pertinente, sobre o prazo de proibição de retorno ao serviço público nas hipóteses do art. 132, I, IV, VIII, X e XI, da Lei 8.112/1990, nos termos do voto do Relator, vencidos os Ministros Edson Fachin e Rosa Weber, que julgavam improcedente a ação direta; parcialmente o Ministro Marco Aurélio, apenas quanto à comunicação formalizada ao Legislativo; e os Ministros Roberto Barroso e Nunes Marques, que julgavam parcialmente procedente a ação. Plenário, Sessão Virtual de 27.11.2020 a 4.12.2020.
(ADI 2.975-DF, Rel. Ministro GILMAR MENDES, Tribunal Pleno do STF, julg. 07/12/2020, pub. DJe-021 DIVULG 03-02-2021 PUBLIC 04-02-2021).

3. Restou demonstrado nos autos que *Y* agrediu moralmente e fisicamente seu chefe imediato, provocando hematomas no corpo da vítima *(irregularidade)*, pelo que infringiu os incisos III, IX e XI do art. 116 e o *inciso VII do art. 132*, todos da Lei nº 8.112/90 *(tipificação legal)*, ilícitos administrativos passíveis à aplicação da penalidade de demissão, *por força* do *caput* do art. 132 da Lei nº 8.112/90 *(fundamento legal para aplicação da penalidade de demissão)*.

8.7.1.3 Cassação de aposentadoria e destituição de cargo em comissão

Os arts. 134[159] e 135[160] da Lei nº 8.112/90 trazem as penas de cassação de aposentadoria e de destituição de cargo em comissão e as hipóteses de aplicação dessas penalidades.

As penalidades de *advertência, de suspensão e de demissão são aplicadas de acordo com a tipificação legal*, ou seja, de acordo com os deveres dos servidores (previstos no art. 116 da Lei nº 8.112/90, regulamentação ou norma interna) ou as proibições funcionais (previstas no art. 117 da Lei nº 8.112/90) violados, com base nos arts. 129, 130 e 132.

Por sua vez, as penalidades de *cassação de aposentadoria e de destituição de cargo em comissão são aplicadas de acordo com a penalidade cabível à falta cometida.*

A pena de suspensão não se aplica ao servidor aposentado, que não exerce mais sua função, e por essa razão não há afastamento das atividades desenvolvidas. Se o servidor inativo responder a processo disciplinar e a comissão processante sugerir a pena de suspensão, esta não será aplicada, posto que inócua.

8.7.1.3.1 Cassação de aposentadoria

Depois de *concluída* qual *penalidade corresponde* ao ilícito administrativo praticado pelo indiciado e de considerar as circunstâncias atenuantes é que se *define se será, ou não, cassada a aposentadoria do inativo*, uma vez que a penalidade de cassação de aposentadoria é aplicada, somente, ao inativo que praticou, na atividade, um ilícito administrativo *passível à demissão*, nos termos do art. 134 da Lei nº 8.112/90.

Sobre a pena de cassação de aposentadoria, como trazido anteriormente, o STF julgou improcedente a Ação de Arguição de Preceito Fundamental nº 418-DF[161] e

---

[159] Art. 134. Será *cassada a aposentadoria* ou a disponibilidade do inativo que houver praticado, na atividade, *falta punível com a demissão*.

[160] Art. 135. A *destituição de cargo em comissão* exercido por não ocupante de cargo efetivo será *aplicada* nos *casos de infração sujeita às penalidades de suspensão e de demissão*.
Parágrafo único. Constatada a hipótese de que trata este artigo, a *exoneração* efetuada nos termos do art. 35 será *convertida* em *destituição de cargo em comissão*. (Grifo nosso)

[161] EMENTA: ARGUIÇÃO DE DESCUMPRIMENTO DE PRECEITO FUNDAMENTAL. CONSTITUCIONAL E ADMINISTRATIVO. ARTS. 127, IV, E 134 DA LEI 8.112/1990. PENALIDADE DISCIPLINAR DE CASSAÇÃO DE APOSENTADORIA OU DISPONIBILIDADE. EMENDAS CONSTITUCIONAIS 3/1993, 20/1998 E 41/2003. PENALIDADE QUE SE COMPATIBILIZA COM O CARÁTER CONTRIBUTIVO E SOLIDÁRIO DO REGIME PRÓPRIO DE PREVIDÊNCIA DOS SERVIDORES. PODER DISCIPLINAR DA ADMINISTRAÇÃO PÚBLICA. AÇÃO JULGADA IMPROCEDENTE. 1. As Emendas Constitucionais 3/1993, 20/1998 e 41/2003 estabeleceram

reconheceu a constitucionalidade da pena de cassação de aposentadoria. Entretanto, na Proposta de Emenda Constitucional da Reforma Administrativa – PEC 32/2020 – foi inserida alteração ao art. 40, §10-A, para prever que "a lei não poderá prever a cassação de aposentadoria como hipótese de sanção administrativa".[162]

Logo, o aposentado só responde processo administrativo disciplinar por atos praticados antes de se aposentar, pelo menos na condição de aposentado.

Se depois de aposentado, o inativo praticar alguma irregularidade no exercício de um cargo em comissão, responde processo administrativo disciplinar na condição de ocupante de cargo em comissão "não ocupante de cargo efetivo", estando sujeito às regras previstas no art. 135 da Lei nº 8.112/90.

Exemplo (de conclusões que devem constar no relatório final, na análise jurídica, no julgamento e no ato de aplicação da penalidade. Logo, não consta no exemplo a seguir a vinculação com as provas, que deve ser feita na parte da fundamentação.)

> 1. Restou demonstrado nos autos que *W* utilizou suprimento de fundos para pagar seus cartões de crédito *(irregularidade)*, pelo que infringiu os incisos II, III e IX do art. 116 e o inciso IX do art. 117, todos da Lei nº 8.112/90 *(tipificação legal)*, ilícitos administrativos passíveis à aplicação da penalidade de *demissão*, por força do *caput*, e do inciso XIII do art. 132 da Lei nº 8.112/90 *(fundamento legal da penalidade correspondente)*.

Considerando que *W* encontra-se aposentado desde 15.08.2006, consoante portaria acostada à fl. 249, recomendamos (dizemos "recomendamos" no relatório e na análise, e "determino" no julgamento e no ato de aplicação da pena) que seja *cassada sua aposentadoria*, por força do art. 134 da Lei nº 8.112/90 *(fundamento legal para aplicação da penalidade de cassação de aposentadoria)*.

Os efeitos das penalidades de advertência e de suspensão para o aposentado serão tratados mais adiante.

---

o caráter contributivo e o princípio da solidariedade para o financiamento do regime próprio de previdência dos servidores públicos. Sistemática que demanda atuação colaborativa entre o respectivo ente público, os servidores ativos, os servidores inativos e os pensionistas. 2. A contribuição previdenciária paga pelo servidor público não é um direito representativo de uma relação sinalagmática entre a contribuição e eventual benefício previdenciário futuro. 3. A aplicação da penalidade de cassação de aposentadoria ou disponibilidade é compatível com o caráter contributivo e solidário do regime próprio de previdência dos servidores públicos. Precedentes.
4. A perda do cargo público foi prevista no texto constitucional como uma sanção que integra o poder disciplinar da Administração. É medida extrema aplicável ao servidor que apresentar conduta contrária aos princípios básicos e deveres funcionais que fundamentam a atuação da Administração Pública. 5. A impossibilidade de aplicação de sanção administrativa a servidor aposentado, a quem a penalidade de cassação de aposentadoria se mostra como única sanção à disposição da Administração, resultaria em tratamento diverso entre servidores ativos e inativos, para o sancionamento dos mesmos ilícitos, em prejuízo do princípio isonômico e da moralidade administrativa, e representaria indevida restrição ao poder disciplinar da Administração em relação a servidores aposentados que cometeram faltas graves enquanto em atividade, favorecendo a impunidade. 6. Arguição conhecida e julgada improcedente.
(ADPF 418, Rel. Ministro Alexandre de Moraes, Plenário do STF, julgado em 15/04/2020, publicado DJe 30/04/2020).
[162] Câmara dos Deputados. COMISSÃO ESPECIAL DESTINADA A PROFERIR PARECER À PROPOSTA DE EMENDA À CONSTITUIÇÃO Nº 32, DE 2020, QUE ALTERA DISPOSIÇÕES SOBRE SERVIDORES, EMPREGADOS PÚBLICOS E ORGANIZAÇÃO ADMINISTRATIVA. Disponível em: https://www.camara.leg.br/proposicoesWeb/prop_mostrarintegra;jsessionid=node0155f19ik7c6qk140hbfn1tvxcr13491479.node0?codteor=2078687&filename=Parecer-PEC03220-23-09-2021. Acesso em: 01 dez. 2021.

8.7.1.3.2 Destituição de cargo em comissão (conversão da exoneração em destituição de cargo em comissão)

Após a conclusão acerca de qual *penalidade corresponde* ao ilícito administrativo praticado pelo servidor a ser penalizado e de *consideradas* as circunstâncias atenuantes é que se *define se será, ou não, aplicada a destituição de cargo em comissão*, uma vez que essa penalidade é aplicada, somente, ao servidor que praticou um ilícito administrativo *passível à suspensão ou à demissão*, nos termos do *caput* do art. 135 da Lei nº 8.112/90.

Convém esclarecer que a "conversão da exoneração em destituição de cargo em comissão" é o efeito da penalidade de "destituição de cargo em comissão", para o ex-servidor que foi exonerado quando ocupava apenas cargo em comissão. Observe-se que o art. 127 da Lei nº 8.112/90 relaciona as penalidades disciplinares, não constando entre elas a "conversão da exoneração em destituição de cargo em comissão", mas sim a "destituição de cargo em comissão".

Sobre a destituição do cargo em comissão, v. item 8.7.1.2, que trouxe a decisão na ADI 2975-DF sobre a inconstitucionalidade do parágrafo único do art. 137 da Lei nº 8.112/90, por impor sanção de caráter perpétuo.

Exemplos (das conclusões que devem constar no relatório final, na análise jurídica, no julgamento e no ato de aplicação da penalidade. Logo, não consta nos exemplos abaixo a vinculação com as provas, que deve ser feita na parte da fundamentação.)

1. Restou demonstrado nos autos que Y emitiu, indevidamente, laudo de vistoria e avaliação, com o objetivo de superfaturar a indenização relativa à desapropriação de um imóvel rural, para fins de reforma agrária *(irregularidade)*, pelo que infringiu os incisos II, III e IX do art. 116 e o inciso IX do art. 117, todos da Lei nº 8.112/90 *(tipificação legal)*, ilícitos administrativos passíveis à aplicação da penalidade de *demissão*, por força do *caput*, e do inciso XIII do art. 132 da Lei nº 8.112/90 *(fundamento legal da penalidade correspondente)*.

Considerando que Y exerce cargo em comissão sem ser ocupante de cargo efetivo, recomendamos (dizemos "recomendamos" no relatório e na análise, e "determino" no julgamento e no ato de aplicação da pena) a aplicação da penalidade de *destituição de cargo em comissão*, por força do *caput* do art. 135 da Lei nº 8.112/90 *(fundamento legal para aplicação da penalidade de destituição de cargo em comissão)*.

2. Restou demonstrado nos autos que Z alterou, indevidamente, cadastros no Sistema de Cobrança de Autos de Infração, com o fim de suspender a execução das cobranças dos débitos dos autuados *(irregularidade)*, pelo que infringiu os incisos II, III e IX do art. 116 e o inciso IX do art. 117, todos da Lei nº 8.112/90 *(tipificação legal)*, ilícitos administrativos passíveis à aplicação da penalidade de *demissão*, por força do *caput*, e do inciso XIII do art. 132 da Lei nº 8.112/90 *(fundamento legal da penalidade correspondente)*.

Considerando que Z era ocupante de cargo em comissão não ocupante de cargo efetivo e foi exonerado do cargo no dia 07.11.2005, consoante portaria de fl. 341, recomendamos (dizemos "recomendamos" no relatório e na análise, e "determino" no julgamento e no ato de aplicação da pena) a aplicação da penalidade de destituição do cargo em comissão, *com base* no *caput* do art. 135 da Lei nº 8.112/90 *(fundamento legal para aplicação da penalidade de destituição de cargo em comissão)*, devendo sua *exoneração ser convertida em destituição de cargo em comissão*, por força do parágrafo único do citado art. 135.

Os efeitos da penalidade de advertência para o ocupante de cargo em comissão não ocupante de cargo efetivo serão comentados nos próximos subtítulos.

8.7.2 Circunstâncias atenuantes

Após a conclusão de qual é a *penalidade correspondente*, passa-se à verificação da *possibilidade* de *atenuá-la*. Se estiverem presentes nos autos as circunstâncias atenuantes previstas no *caput* do art. 128[163] da Lei nº 8.112/90, impõe-se sua aplicação. Apesar da redação do art. 128 não ser tão clara, *extrai-se* de seu texto que:

a) a autoridade julgadora tem a *obrigação* de *considerar* as circunstâncias atenuantes e *aplicá-las* quando presentes, pois a lei determina que: "na aplicação das penalidades *serão* consideradas...";

b) *aplicam-se* as circunstâncias atenuantes *considerando-se* os antecedentes funcionais do indiciado e a ausência de dano ao erário e de má-fé.

c) *a natureza e a gravidade* da infração, na verdade, são consideradas sempre, não só nesse momento (da aplicação das atenuantes). *São consideradas também (i)* no momento da dosagem da penalidade de suspensão; *(ii)* e no momento da aplicação da penalidade de suspensão por força da última parte (terceira parte) do art. 129, e da última parte (segunda parte) do art. 130, todos da Lei nº 8.112/90.

d) as circunstâncias atenuantes devem ser consideradas quando da aplicação de *todas as penalidades*, com observância das peculiaridades próprias da destituição de cargo em comissão e da cassação de aposentadoria. A lei não se referiu a uma ou algumas penalidades, mas sim às "penalidades" ("na aplicação das penalidades..."), e as penalidades estão previstas no art. 127 da Lei nº 8.112/90.

e) as atenuantes (antecedentes funcionais do indiciado e a ausência de dano ao erário e de má-fé) são *consideradas* apenas para *definir* a *penalidade cabível*, e não a correspondente (que é definida por força de lei), uma vez que a lei especifica: "*na aplicação* das penalidades *serão* consideradas...".

Logo, *não são consideradas para a dosagem* da pena.

Diante do exposto, conclui-se que *se atenua*:

a) a penalidade de *suspensão aplicando a* pena de *advertência;*

b) a penalidade de *advertência para isentar o servidor de responsabilidade*. Se assim não fosse, *a atenuação da penalidade da advertência seria inócua*, já que não há pena mais branda que a advertência.

Portanto, *isentar* o servidor de responsabilidade *quer dizer dispensar, eximir* o servidor da responsabilidade que lhe foi atribuída, *e não inocentá-lo* (a inocência só é reconhecida quando a comissão concluir que o servidor não praticou a irregularidade que lhe foi imputada, ou quando a comissão concluir que não ocorreram os fatos objetos de apuração, ou ocorreram, mas não são irregulares).

---

[163] Art. 128. *Na aplicação das penalidades serão consideradas* a natureza e a gravidade da infração cometida, os danos que dela provierem para o serviço público, as circunstâncias agravantes ou *atenuantes* e os antecedentes funcionais. (Grifo nosso).

As circunstâncias atenuantes previstas no art. 128 da Lei nº 8.112/90 dizem respeito à responsabilidade administrativa, pelo que *não são aplicadas para a responsabilidade civil.* Exemplo: atenuada a pena de advertência do condutor do veículo oficial acidentado para isentá-lo de responsabilidade não implica na isenção do pagamento dos prejuízos causados ao erário.

O *julgamento que ignora* as circunstâncias *atenuantes* é proferido em desrespeito aos princípios da proporcionalidade e da individualização da pena, sendo, portanto, um *ato ilegal* e, consequentemente, *nulo.*

8.7.2.1 Aplicação das circunstâncias atenuantes

Para a aplicação das circunstâncias atenuantes, se a *penalidade correspondente for*:

8.7.2.1.1 Demissão

Não há discricionariedade da autoridade julgadora para atenuar a pena de demissão para suspensão: o enquadramento nas irregularidades previstas nos incisos IX a XVI do artigo 117 e de todos os incisos do artigo 132 da Lei 8.112/1990 requer a adequação entre o fato configurado e o texto legal, além da demonstração do elemento subjetivo que, em regra, será o dolo (como exemplo de situação culposa que enseja a demissão tem-se a desídia), guardando então certa analogia com os requisitos de tipificação penal.[164]

O STJ possui jurisprudência reiterada no sentido de que a constatação de conduta enquadrável nas previsões legais de demissão (art. 132 da Lei 8.112/1990) é ato vinculado, já que inarredável impor a citada sanção se verificada uma das respectivas hipóteses. Nesse sentido: MS 18.122/DF, Rel. Ministro Humberto Martins, Primeira Seção, DJe 20.2.2013; MS 15.437/DF, Rel. Ministro Castro Meira, Primeira Seção, DJe 26.11.2010).[165]

---

[164] Ministério da Transparência e Controladoria-Geral da União. Sítio Oficial. Perguntas. Penalidades. Disponível em: http://www.cgu.gov.br/sobre/perguntas-frequentes/atividade-disciplinar/penalidades#15. Acesso em: 15 set. 2018.

[165] Não se está negando vigência ao art. 128 da Lei 8.112/1990 ("Na aplicação das penalidades serão consideradas a natureza e a gravidade da infração cometida, os danos que dela provierem para o serviço público, as circunstâncias agravantes ou *atenuantes* e os antecedentes funcionais"), pois tais critérios de dosimetria são direcionados para as hipóteses em que a própria lei dá margem discricionária, o que não é o caso das hipóteses de demissão (art. 132 da Lei 8.112/1990).
5. Houve motivação suficiente e adequada para subsumir a conduta constatada ao tipo infracional ensejador da pena de demissão, que no caso foi o art. 132, incisos IV e XIII, da Lei 8.112, de 1990, adotado para aplicar a pena de demissão. (REsp 1685571 / RJ, Relator Min. Herman Benjamin, 2ª Turma, STJ, julg. 03/10/2017, pub. DJe 16/10/2017).

8.7.2.1.2 Suspensão

Consideram-se a natureza e a gravidade dos fatos, a ausência de má-fé e de danos para o erário e os antecedentes funcionais do indiciado, e ainda os princípios constitucionais da isonomia (não se penaliza um servidor negligente da mesma forma que um servidor corrupto), da proporcionalidade e da razoabilidade na dosagem da penalidade, para *atenuar a suspensão e aplicar a advertência*. Entretanto, para a *dosagem da pena de suspensão* (= definir quantos dias o servidor penalizado ficará suspenso) é feita considerando a natureza e a gravidade da infração, a transgressão simultânea de vários deveres e/ou proibições funcionais, e os princípios constitucionais da proporcionalidade e da razoabilidade na dosagem da penalidade. Nesse sentido, a jurisprudência do STJ no REsp 1346445 / RN, de relatoria do Ministro Arnaldo Esteves Lima, da 1ª Turma do STJ.[166]

8.7.2.1.3 Advertência

É atenuada da mesma maneira que a penalidade de suspensão, ou seja, consideram-se a natureza e a gravidade dos fatos, a ausência de má-fé e de danos para o erário e os antecedentes funcionais do indiciado, e ainda os princípios constitucionais da isonomia (não se penaliza um servidor negligente da mesma forma que um servidor corrupto), da proporcionalidade e da razoabilidade na dosagem da penalidade, para *atenuar a advertência e isentar o servidor de responsabilidade*.

Não existe penalidade mais branda do que a advertência, pelo que sua atenuação implica na isenção de responsabilidade do servidor, nos termos do parágrafo único do art. 168 da Lei nº 8.112/90. Se o entendimento fosse outro, a atenuação da advertência seria inócua.

8.7.2.1.4 Destituição de cargo em comissão e cassação de aposentadoria

Da mesma forma que para a pena capital de demissão, não há discricionariedade para atenuação das penas de suspensão e demissão, convertidas em destituição de cargo em comissão, e nem para a pena de demissão aplicável a servidor inativo que tiver praticado, na atividade, *falta punível com a demissão*, em que será cassada a sua aposentadoria:[167] trata-se de ausência de discricionariedade para aplicar a pena menos gravosa, por se tratar de ato vinculado, de acordo com jurisprudência pacífica do STJ.[168]

---

[166] 1. A questão ora em análise vincula-se em se perquirir se o ato imputado ao servidor efetivamente estaria tipificado no art. 117, XVI, da Lei 8.112/90. Para a realização desse juízo, mostram-se imprescindíveis valorar os fatos à luz dos princípios da proporcionalidade e da razoabilidade.
2. Na aplicação de qualquer penalidade administrativa aos servidores federais, há de se ter em vista o disposto no art. 128 da Lei 8.112/90, que determina que também sejam considerados a natureza e a gravidade da infração cometida, os danos causados ao serviço público, as circunstâncias agravantes ou *atenuantes* e os antecedentes funcionais do servidor. (julg. 18/10/2012, pub. DJe 25/10/2012).

[167] A desídia, por si só, tal como reconhecida pela autoridade administrativa, pode ensejar a aplicação da penalidade disciplinar de cassação de aposentadoria, conforme o disposto nos artigos 134 e 132 combinado com o artigo 117, inciso XV, todos da Lei 8.112/90. (MS 7795/DF, Rel. Min. Hamilton Carvalhido, 3ª Seção, julg. 27/02/2002, pub. DJe 24/6/2002, p. 181).

8.7.2.2 Inocência e isenção de responsabilidade não se confundem

A *inocência* só é reconhecida quando a comissão concluir que o servidor não praticou a irregularidade que lhe foi imputada, ou quando a comissão concluir que não ocorreram os fatos objetos de apuração, ou ocorreram, mas não são irregulares. Ou seja, reconhece-se a inocência do *acusado/indiciado* quando ele *não praticou* qualquer *ilícito administrativo*.

Isentar o servidor de responsabilidade *quer dizer dispensar, eximir* o servidor da responsabilidade que lhe foi atribuída. Ou seja, conclui-se que *o indiciado cometeu a irregularidade* que lhe foi imputada. Acontece que o ilícito administrativo praticado pelo indiciado é passível à aplicação da penalidade de advertência, e depois de considerar seus antecedentes funcionais, a ausência de má-fé e de prejuízo (circunstâncias atenuantes previstas no art. 128 da Lei nº 8.112/90), *impõe-se a atenuação da* penalidade de *advertência* para isentá-lo de responsabilidade. Logo, *o indiciado não é inocente, mas apenas foi eximido de sua responsabilidade.*

8.7.2.3 Aplicação e cumprimento das penalidades

É importante *distinguir* a *aplicação da penalidade do seu cumprimento*, considerando que a inobservância do que vem a ser, exatamente, a aplicação e o cumprimento de uma penalidade tem resultado em processos arquivados com penalidades que foram aplicadas e não foram cumpridas.

8.7.2.3.1 Aplicação das penalidades

A penalidade é *aplicada com a publicação* do ato de aplicação da pena, independentemente da penalidade imposta.

8.7.2.3.2 Cumprimento das penalidades

O *cumprimento* da penalidade *varia de acordo com a pena* imposta.

---

[168] As alegações cingem-se à pretensa ausência de proporcionalidade e de razoabilidade na sanção aplicada, bem como na alegada inexistência de prejuízo ao erário; no entanto, os autos comprovam a gravidade das condutas apuradas, bem como indicam que a demissão foi adequadamente aplicada; além, disso, o prejuízo ao erário é manifesto porque os valores indevidos foram efetivamente pagos e não retornados.
3. "A Administração Pública, quando se depara com situações em que a conduta do investigado se amolda nas hipóteses de demissão ou cassação de aposentadoria, não dispõe de discricionariedade para aplicar pena menos gravosa por tratar-se de ato vinculado" (MS 15.517/DF, Rel. Ministro Benedito Gonçalves, Primeira Seção, DJe 18.2.2011). No mesmo sentido: MS 16.567/DF, Rel. Ministro Mauro Campbell Marques, Primeira Seção, DJe 18.11.2011). No mesmo sentido: MS 15.951/DF, Rel. Ministro Castro Meira, Primeira Seção, DJe 27.9.2011. (REsp 12200/DF, Rel. Min. Humberto Martins, Primeira Seção, julg. 28/03/2012, pub. DJe 03/04/2012).

8.7.2.3.2.1 Advertência

Considera-se cumprida a penalidade de advertência quando se efetiva o seu registro nos assentamentos funcionais do servidor penalizado e no SIAPE.

A aplicação da penalidade de advertência ao indiciado *aposentado* e ao indiciado *ocupante de cargo em comissão*, não ocupante de cargo efetivo (ou que teve sua exoneração convertida em destituição de cargo em comissão) *produz efeito*, da mesma forma, *com a efetivação de seu registro nos assentamentos funcionais do servidor penalizado e no SIAPE.*

Não há impedimento legal para o registro da penalidade de advertência nos assentamentos individuais de aposentado ou de ocupante de cargo em comissão (não ocupante de cargo efetivo), tendo em vista que sua aplicação decorre de *irregularidade que praticou no exercício de sua função* (respectivamente, quando estava na ativa e quando exercia o cargo em comissão). Na prática, entretanto, dificilmente a Administração consegue aplicar a pena de advertência, dado o prazo exíguo de sua prescrição (6 meses).

O registro da penalidade de advertência nos assentamentos funcionais do aposentado e do destituído do cargo em comissão não é inócuo,[169] já que atinge o seu fim, considerando que o SIAPE e os assentamentos individuais dos servidores, inativos e ex-servidores permanecem vinculados a eles, e *são consultados* sempre que forem convidados a ocuparem um cargo comissionado, ou que forem tomar posse em cargo decorrente de aprovação em concurso público, ocasião em que será constatada a penalidade registrada.

Exemplos

1. Havendo mais de um candidato para o cargo comissionado e sendo um ou todos eles ex-servidores, a anotação da penalidade de advertência no SIAPE de um dos candidatos poderá influenciar na escolha.

2. O edital do concurso público pode prever que "sendo o candidato aprovado ex-servidor ou servidor inativo (aposentado), em caso de empate, dar-se-á preferência àquele que não tiver anotações de penalidades no SIAPE, observando-se os termos do art. 131, da Lei nº 8.112/90".

8.7.2.3.2.2 Suspensão

Considera-se cumprida a penalidade de suspensão, o período em que o servidor penalizado deixar de trabalhar em função da pena que lhe foi aplicada.

Para se efetivar o cumprimento da penalidade de suspensão, o setor de Recursos Humanos *notifica* o servidor penalizado acerca do *período em que cumprirá sua penalidade*, para que ele *não compareça* ao serviço e fique ciente de que *não receberá seus vencimentos* durante esse período, já que o salário é a contraprestação de serviços prestados.

---

[169] Nesta 3ª edição, optou-se por manter o entendimento da autora Adriana de Almeida Lins, constante na 1ª edição da obra. Muito embora a autora Debora Vasti da Silva do Bomfim Denys entenda, como defendeu em sua Tese de Doutorado, que "A advertência deixa de produzir seu efeito primário, que, enquanto sanção moral, consiste em repreender a conduta do servidor faltoso, que continua no exercício normal de suas funções" e que, neste sentido, seria inócua, como pena destinada a surtir efeito pedagógico ao servidor que se encontra em atividade, para não mais reincidir na falta administrativa.

Logo, cumprir a penalidade de suspensão não é descontar os vencimentos do servidor penalizado com o número de dias impostos na pena de suspensão, mas sim a não prestação do serviço, por parte do servidor penalizado, durante os dias impostos na pena de suspensão. O desconto é consequência.

Se o setor de Recursos Humanos efetivar o desconto logo após a publicação do ato de aplicação da penalidade, mesmo estando o servidor penalizado trabalhando normalmente, deverá restituir ao servidor a quantia descontada irregularmente e efetuar a notificação acima mencionada, para que a penalidade seja devidamente cumprida.

Conclui-se daí que a penalidade de suspensão *não produz efeito* para o *aposentado e o destituído de cargo em comissão*, já que é impossível o seu cumprimento. *Deve*, porém, *ser aplicada* pelas mesmas razões que a advertência, para que conste nos assentamentos individuais e no SIAPE do servidor penalizado, para fins das consultas mencionadas no final do item 8.7.3.2.1.

8.7.2.3.2.3 Demissão, destituição de cargo em comissão e cassação de aposentadoria

Consideram-se cumpridas tais penalidades *quando se efetiva* (1) o *registro* da penalidade aplicada nos assentamentos individuais do servidor penalizado e no SIAPE, e (2) a *exclusão* do servidor penalizado da folha de pagamento.

Na verdade, nas penalidades em questão, a aplicação e o cumprimento ocorrem simultaneamente com a publicação do ato de aplicação da pena. Afinal, considerando que referido ato entra em vigor na data de sua publicação, os registros e a exclusão da folha de pagamento produzem efeito *ex tunc* (retroage à data do ato).

8.7.3 Conversão da penalidade de suspensão em multa

O §2º do art. 130 da Lei nº 8.112/90 dispõe que quando houver conveniência para o serviço, a penalidade de suspensão *poderá* ser convertida em multa, na base de 50% (cinquenta por cento) por dia de vencimento ou remuneração, ficando o servidor obrigado a permanecer em serviço (Grifo nosso). Está claro na norma transcrita que:

a) a penalidade de suspensão só poderá ser convertida em multa se houver *conveniência* para o serviço, pelo que, a princípio, o pedido deverá partir do chefe imediato do servidor penalizado mediante *demonstração da necessidade para o serviço*, uma vez que o benefício da conversão é concedido no interesse da Administração.

O pedido poderá partir do servidor penalizado, se ele demonstrar que sua ausência afetará o andamento e a qualidade dos trabalhos, havendo, nesse caso, a necessidade do "de acordo" de seu chefe imediato.

Eventualmente, referida conversão poderá vir determinada no julgamento, desde que presentes nos autos a comprovação de que os serviços prestados pelo servidor penalizado são indispensáveis ao bom desenvolvimento dos trabalhos de seu setor.

b) a conversão da penalidade de suspensão em multa implica na prestação dos serviços, pelo servidor penalizado, em *período integral* mediante o *recebimento de 50%* (cinquenta por cento) dos *vencimentos*.

O pedido de conversão da penalidade de suspensão em multa deve ser feito e concedido, depois de a penalidade ter sido aplicada e antes de ter sido cumprida, e será apreciado pela autoridade que proferiu o julgamento e detém a competência para aplicar a pena.

8.7.4 Falta residual autônoma

Não é incomum os colegiados processantes e os que atuam na análise e julgamento dos trabalhos disciplinares apegarem-se aos "crimes contra a Administração Pública" e à "improbidade administrativa" previstos, respectivamente, nos incisos I e IV do art. 132 da Lei nº 8.112/90, para sugerirem a aplicação das penalidades de demissão, cassação de aposentadoria e destituição de cargo em comissão.

Isso é possível, desde que as proibições funcionais violadas pelo indiciado sejam enquadradas também nas "faltas residuais autônomas", considerando que, no final das contas, quem tem competência para "dizer que um servidor praticou um ato de improbidade administrativa ou cometeu um crime contra a Administração Pública é o Poder Judiciário.

Afinal, o crime contra a Administração Pública e a improbidade administrativa são, simultaneamente, ilícitos penais e ilícitos administrativos, pelo que a decisão proferida na esfera criminal pode interferir na esfera administrativa, resultando numa futura reintegração ao serviço do servidor penalizado (art. 126 da Lei nº 8.112/90).

Por sua vez, as faltas residuais autônomas (violações aos deveres e às proibições funcionais relacionados nos artigos 116 e 117 da Lei nº 8.112/90) são ilícitos, exclusivamente, administrativos, pelo que não há interferência do Judiciário no mérito administrativo.[170]

Assim, como o fato que caracteriza um crime contra a Administração Pública ou uma improbidade administrativa com certeza constitui também uma infração disciplinar (transgressão ao inciso IX do art. 117 da Lei nº 8.112/90, por exemplo) recomenda-se que só sejam incluídos como complemento da tipificação legal devidamente feita com base nas faltas residuais autônomas.

Ou seja, um servidor não deve ser demitido com base apenas no caput e no inciso I, e/ou inciso IV do art. 132 da Lei nº 8.112/90, mas sim com base, por exemplo, no caput e nos incisos I (e/ou IV) e XIII do art. 132 da Lei nº 8.112/90, já que referido inciso XIII, garante a autonomia da decisão administrativa.

---

[170] A regularidade do processo administrativo disciplinar deve ser apreciada pelo Poder Judiciário sob o enfoque dos princípios da ampla defesa, do devido processo legal e do contraditório, sendo-lhe vedado incursionar no chamado mérito administrativo. (MS 20814/DF, Rel. Min. Benedito Gonçalves, 1ª Seção, STJ, julg. 14/03/2018, pub. DJe 20/03/2018). Nesse sentido: MS 21.985/DF, Rel. Ministro Benedito Gonçalves, Primeira Seção, julgado em 10/5/2017, DJe 19/5/2017; MS 20.922/DF, Rel. Ministro Benedito Gonçalves, Primeira Seção, julgado em 8/2/2017, DJe 14/2/2017). No controle jurisdicional do processo administrativo, a atuação do Poder Judiciário limita-se ao campo da regularidade do procedimento, bem como à legalidade do ato, não sendo possível nenhuma incursão no mérito administrativo a fim de aferir o grau de conveniência e oportunidade, de modo que se mostra inviável a análise das provas constantes no processo disciplinar a fim de adotar conclusão diversa daquela à qual chegou a autoridade administrativa competente. (MS 22828/DF, Rel. Min. Gurgel de Faria, 1ª Seção STJ, julg. 13/09/2017, pub DJe 21/09/2017).

Por oportuno, o administrativo disciplinar é um procedimento administrativo e não penal, pelo que se deve concentrar na investigação dos ilícitos exclusivamente administrativos (infrações disciplinares).

8.7.5 Pena acessória (perda do cargo público)

O servidor que comete um ilícito administrativo que constitui também um ilícito penal (crime contra a Administração Pública), ou um ato de improbidade administrativa, pode perder seu cargo se o juiz determinar, expressamente, na sentença judicial, e só surtirá efeito depois de seu trânsito em julgado.

A simples sentença condenatória não implica na perda do cargo público, uma vez que seus efeitos não são automáticos, têm que ser declarados expressamente.[171] Assim, estabelecem o art. 92[172] do CPB, e o art. 12[173] c/c o art. 20[174] da Lei nº 8.429/92 (Lei de Improbidade Administrativa).

---

[171] Art. 377. Transitando em julgado a sentença condenatória, serão executadas somente as interdições nela aplicadas ou que derivarem da imposição da pena principal.

[172] Art. 92. São também *efeitos* da *condenação*:
I – a *perda* de *cargo, função pública* ou mandato eletivo:
a) quando aplicada pena privativa de liberdade por tempo igual ou superior a um ano, nos crimes praticados com abuso de poder ou violação de dever para com a Administração Pública;
b) quando for aplicada pena privativa de liberdade por tempo superior a 4 (quatro) anos nos demais casos.
II – a incapacidade para o exercício do pátrio poder, tutela ou curatela, nos crimes dolosos, sujeitos à pena de reclusão, cometidos contra filho, tutelado ou curatelado;
III – a inabilitação para dirigir veículo, quando utilizado como meio para a prática de crime doloso.
Parágrafo único. Os *efeitos* que trata este artigo *não são automáticos*, devendo ser motivadamente *declarados* na *sentença*. (Grifo nosso).

[173] Art. 12. Independentemente das sanções penais, civis e administrativas, previstas na legislação específica, está o *responsável pelo ato de improbidade sujeito às* seguintes *cominações*:
I – na hipótese do art. 9º, perda dos bens ou valores acrescidos ilicitamente ao patrimônio, ressarcimento integral do dano, quando houver, *perda da função pública*, suspensão dos direitos políticos de oito a dez anos, pagamento de multa civil de até três vezes o valor do acréscimo patrimonial e proibição de contratar com o Poder Público ou receber benefícios ou incentivos fiscais ou creditícios, direta ou indiretamente, ainda que por intermédio de pessoa jurídica da qual seja sócio majoritário, pelo prazo de dez anos;
II – na hipótese do art. 10, ressarcimento integral do dano, perda dos bens ou valores acrescidos ilicitamente ao patrimônio, se concorrer esta circunstância, *perda da função pública*, suspensão dos direitos políticos de cinco a oito anos, pagamento de multa civil de até duas vezes o valor do dano e proibição de contratar com o Poder Público ou receber benefícios ou incentivos fiscais ou creditícios, direta ou indiretamente, ainda que por intermédio de pessoa jurídica da qual seja sócio majoritário, pelo prazo de cinco anos;
III – na hipótese do art. 11, ressarcimento integral do dano, se houver, *perda da função pública*, suspensão dos direitos políticos de três a cinco anos, pagamento de multa civil de até cem vezes o valor da remuneração percebida pelo agente e proibição de contratar com o Poder Público ou receber benefícios ou incentivos fiscais ou creditícios, direta ou indiretamente, ainda que por intermédio de pessoa jurídica da qual seja sócio majoritário, pelo prazo de três anos.
Parágrafo único. Na *fixação das penas* previstas nesta lei o *juiz levará em conta* a extensão do dano causado, assim como o proveito patrimonial obtido pelo agente. (Grifo nosso).

[174] Art. 20. A *perda da função pública* e a suspensão dos direitos políticos só se efetivam com o *trânsito em julgado da sentença condenatória*.
Parágrafo único. A autoridade judicial ou administrativa competente poderá determinar o afastamento do agente público do exercício do cargo, emprego ou função, sem prejuízo da remuneração, quando a medida se fizer necessária à instrução processual. (Grifo nosso).

CAPÍTULO 9

PORTARIAS

9.1 Portaria inaugural

Cabe destacar *o disposto no art. 151*[175] da Lei nº 8.112/90, que como está inserido dentro do Capítulo III (Título V), que *trata do* procedimento específico do *processo disciplinar* e, por analogia, *da sindicância punitiva, é aplicável apenas a essas duas espécies* de processo administrativo disciplinar.

A importância da publicação da portaria inaugural, consoante disposto no inciso I do art. 151, diz respeito ao momento da existência das próprias *Comissões de Processo Disciplinar* e de *Sindicância Punitiva, pois só são consideradas instauradas após a publicação da portaria inaugural*, ou seja, elas *passam a existir* a partir da publicação do ato.

Consequentemente, os *prazos* das referidas comissões *começam a correr com a publicação da portaria* inaugural (e não com sua assinatura).

Da mesma forma a Comissão de Processo Administrativo Disciplinar *de Rito Sumário*, a teor do inciso I do art. 133[176] da Lei nº 8.112/90.

Extrai-se daí uma *formalidade* essencial para a *validade* da *portaria*: sua *publicação*.

Não se deve descurar da redação da *portaria inaugural*, uma vez que as portarias inaugurais dos Processos Disciplinares e das sindicâncias punitivas têm que especificar os fatos, de forma ampla, para não limitar os trabalhos da comissão. Com isso faz-se necessário o *cuidado na escolha das palavras certas quanto aos objetos de apuração*. Uma *comissão* já *nasce nula, se instaurada por* uma *portaria nula*.

Para que a portaria seja redigida com os termos ideais, o órgão de assessoramento jurídico deve fazer a análise da denúncia e da sindicância investigatória (que preceder

---

[175] Art. 151. O processo disciplinar se desenvolve nas seguintes fases:
I – *instauração, com a publicação do ato que constituir a comissão;*
II – inquérito administrativo, que compreende instrução, defesa e relatório;
III – julgamento." (Grifos nossos).

[176] Art. 133 (...), adotará *o procedimento sumário* para a sua apuração e regularização imediata, cujo processo administrativo disciplinar se desenvolverá nas seguintes fases:
I – *instauração, com a publicação do ato que constituir a comissão*, a ser composta por dois servidores estáveis, e simultaneamente, indicar a autoria e a materialidade da transgressão objeto da apuração;
II – instrução sumária, que compreende indiciação, defesa e relatório;
III – julgamento. (Grifos nossos).

o processo disciplinar e a sindicância punitiva), meticulosamente, para *subsidiar o setor de Recursos Humanos na elaboração da portaria.*

A *composição* da comissão também é *requisito essencial para a validade da portaria inaugural*, considerando que as Comissões de Processo Disciplinar e de Sindicância Punitiva têm que ser compostas por "três servidores estáveis designados pela autoridade competente, observado o disposto no §3º do art. 143, que indicará, dentre eles, o seu presidente, que deverá ser ocupante de cargo efetivo, superior ou de mesmo nível, ou ter nível de escolaridade igual ou superior ao do indiciado", conforme preceitua o *art. 149* da Lei nº 8.112/90.

Se uma Comissão de Processo Disciplinar ou de Sindicância Punitiva for composta por 02 (dois) membros estáveis, e 01 (um) *membro instável*, a *portaria instauradora* dessa comissão é *nula*, já que inobservou um requisito formal essencial para a validade do ato.

9.2 Espécies de portarias

As Comissões de Processo Administrativo Disciplinar *podem ser instauradas por portarias genéricas ou específicas.*

9.2.1 Portaria genérica

Denomina-se portaria genérica aquela que não especifica os fatos objetos de apuração. *Consta como objeto de apuração* apenas o(s) *número*(s) do(s) *processo*(s) *da denúncia,* e/ou do processo onde ocorreram as irregularidades (como, por exemplo, o processo do contrato firmado irregularmente, que não deixa de ser o processo da denúncia).

Se não constam os fatos na portaria genérica, muito menos os nomes dos servidores apontados como prováveis responsáveis pela ocorrência das irregularidades, que não precisam constar nem na portaria específica.

9.2.2 Portaria específica

Por sua vez, a portaria específica vem a ser aquela que *relaciona os fatos* (as irregularidades) a serem investigados, ou seja, aquela que especifica o fato objeto de apuração.

Deve constar sempre que fazem parte do objeto de apuração "os fatos conexos", possibilitando a apuração de *todas as irregularidades* vinculadas aos fatos que estão sendo apurados.

A portaria inaugural deve ser *específica quanto aos fatos* (irregularidades), e *não quanto à autoria* (servidores apontados como prováveis responsáveis). Não se recomenda que conste o nome do servidor a ser acusado para não expô-lo. Muitas vezes o servidor acusado é inocentado, já que só tem a oportunidade de provar sua inocência durante os trabalhos da Comissão Processante, ocasião em que serão atendidos os princípios constitucionais do contraditório e da ampla defesa.

Isso não quer dizer que o servidor foi acusado levianamente. Havendo indícios de envolvimento do servidor, terá que ser acusado, cabendo a ele se defender e provar sua inocência.

A ausência dos nomes dos servidores apontados como prováveis responsáveis na portaria inaugural *não acarreta* qualquer *nulidade*, mesmo porque no *primeiro ato* da comissão, a *notificação prévia, consta* a *condição de acusado* do servidor notificado.

Ademais, *relacionar os nomes* dos servidores a serem acusados *nas portarias inaugurais prejudicaria a independência e autonomia das Comissões* de *Processo Disciplinar* e de *Sindicância Punitiva* que não estão vinculadas aos nomes apontados como prováveis responsáveis na análise jurídica (da denúncia ou da sindicância investigatória), uma vez que *podem incluir* ou *excluir* do *rol de acusados* os servidores que entenderem necessários, desde que motivadamente.

Os *fatos objetos de apuração devem constar de forma ampla, para não restringir* os trabalhos do colegiado, o que poderia acarretar na instauração de novo processo disciplinar para apurar os fatos relativos ao mesmo assunto, e que não puderam ser apurados pela mesma comissão em função dos termos utilizados na portaria inaugural, como *acabamos de ver* quando falamos no cuidado que devemos ter na escolha das palavras certas quanto aos objetos de apuração.

Essa, ainda, é uma fase investigatória, pelo que, por mais que os fatos sejam conhecidos e estejam devidamente materializados, ainda dependem de apuração, ou seja, por mais que se saiba que os fatos ocorreram e que são irregulares, não se conhecem seus detalhes e suas ramificações. Esse entendimento tem sido confirmado nas decisões do STJ.[177]

Os termos "referência genérica aos fatos" e "prescindem de minuciosa descrição dos fatos", usados na jurisprudência do STJ, deixam claro que os *fatos têm que constar* na portaria inaugural, *podendo constar de forma abrangente,* não havendo necessidade de que sejam descritos detalhadamente.

Na portaria inaugural *não deve constar a tipificação legal,* pois nesse momento a tipificação legal *é apenas "em tese",* tendo sido feita somente para definir qual o procedimento disciplinar adequado para garantir ao acusado o atendimento aos princípios constitucionais do contraditório e da ampla defesa, se o processo disciplinar ou a sindicância punitiva.

---

[177] A portaria que instaura Processo Administrativo Disciplinar é legal se apontar de forma sucinta e genérica, os fatos que serão apurados. Precedentes. (MS 6880/DF, Rel. Min. Paulo Medina, Terceira Seção, STJ, julg.10/03/2004, pub. 05/04/2004, p.198).
A Terceira Seção desta Corte já assentou que "A Portaria de instauração do Processo Administrativo Disciplinar dispensa a descrição minuciosa da imputação, exigida tão somente após a instrução do feito, na fase de indiciamento, o que é capaz de viabilizar o exercício do contraditório e da ampla defesa" (RO nos EDcl nos EDcl no MS 11.493/DF, Rel. Ministro Nefi Cordeiro, Terceira Seção, julgado em 25/10/2017, DJe 06/11/2017). (RMS 30914/PR, Rel. Min. Reynaldo Soares da Fonseca, Quinta Turma, STJ, julg. 12/06/2018, pub DJe 20/06/2018).
"A portaria de instauração do processo disciplinar que faz referências genéricas aos fatos imputados ao servidor, deixando de expô-los minuciosamente, não enseja a nulidade do processo, tendo em vista que tal exigência deve ser observada apenas na fase de indiciamento, após a instrução." (MS 12.720/DF, Rel. Min. Felix Fischer, Terceira Seção, DJe 30/4/08). (MS 17537/DF, Rel. Min. Arnaldo Esteves Lima, Primeira Seção, STJ, julg. 11/03/2015, pub. 09/06/2015).

Na portaria inaugural tem que *constar* a especificação dos *fatos* (irregularidade) *e não* a *transcrição da tipificação legal* (reprodução dos deveres dos servidores [art. 116 da Lei nº 8.112/90] e/ou das proibições funcionais [art. 117 da Lei nº 8.112/90] violadas).

Pior do que constar na portaria inaugural a irregularidade + tipificação legal + transcrição da tipificação *é constar* apenas a tipificação legal ou sua transcrição.

Exemplos (só do objeto de apuração de uma portaria inaugural).

Errado: "constituir uma Comissão de Processo Disciplinar com o fim de apurar a irregularidade relativa ao servidor que se valeu de seu cargo para lograr proveito próprio ou de terceiro" *(transcrição da tipificação legal, ou seja, da proibição violada [incisos IX do art. 117], como se fosse a irregularidade).*

Errado: "com o fim de apurar a responsabilidade de *W* pela transgressão aos incisos I e III do art. 116 da Lei nº 8.112/90 e ao inciso IX do art. 117 do mesmo diploma legal" *(tipificação legal como se fosse a irregularidade).*

Certo: "com o fim de apurar a irregularidade relativa à lavratura indevida de auto de infração" *(fato).*

9.3 Sindicância investigatória

As *portarias instauradoras* das Comissões de Sindicância Investigativa *devem ser genéricas*, pois é um procedimento meramente investigatório, onde se pretende identificar a autoria e a materialidade dos fatos noticiados no processo.

Como ao ser instaurada ainda não se sabe se os fatos denunciados realmente aconteceram, e se aconteceram, se são irregulares, ou não, desconhecendo-se, portanto, sua extensão, suas ramificações e seus reflexos, não se pode delimitar seu objeto de apuração.

Aliás, como materializar os fatos significa, exatamente, identificar quais as irregularidades que ocorreram, não há mesmo como especificá-las.

Excepcionalmente, a sindicância investigatória *é instaurada por* meio de *portaria específica*. Isso acontece, geralmente, quando se instauram 02 (duas) Comissões nos mesmos autos, para apuração de fatos distintos, e já se tem a autoria e a materialidade em relação a um dos fatos, e só se tem a materialidade em relação ao outro fato. Nesse caso, especificam-se os fatos nas portarias instauradoras das 02 (duas) comissões, para que uma não entre na esfera da outra.

Exemplos (seguem dois exemplos de situações comuns).

1. Ao analisar um processo, constatou-se que a denúncia da emissão indevida de laudo de vistoria foi feita há mais de 02 (dois) anos, existindo fortes indícios de que os autos ficaram parados num determinado setor, sem qualquer justificativa.

Logo, a autoridade competente *instaurou* 02 (duas) comissões, *simultaneamente*, compostas pelos *mesmos membros*, para serem *instaladas concomitantemente*:

a) uma *Comissão de Processo Disciplinar*, com o fim de apurar a irregularidade concernente à emissão indevida de laudo de vistoria; e

b) uma *Comissão de Sindicância Investigatória*, com o fim de apurar a responsabilidade pela paralisação do processo por mais de dois anos.

Convém ressaltar que, diante de uma denúncia, não se instaura comissão para apurar a responsabilidade de quem deu causa à prescrição punitiva, mas sim pela *paralisação do processo*, simplesmente, porque não é o momento de se alegar a ocorrência da prescrição punitiva.

Ressalte-se, ainda, que embora normalmente as *Sindicâncias Investigatórias* sejam integradas por 02 (dois) membros, quando é instaurada simultaneamente com um processo disciplinar, costuma ser *composta por 03 (três) membros*, para que não haja diferença na composição das duas comissões, facilitando a integração dos membros e possibilitando um melhor desenvolvimento dos trabalhos.

> 2. Ao analisar um processo, constatou-se que Z se ausentou do serviço, injustificadamente, em dois períodos distintos, por mais de 30 (trinta) dias consecutivos em cada um, já que não teve todos os seus atestados médicos homologados pela junta médica oficial do órgão. Verificou-se, ainda, que o setor de Recursos Humanos não efetuou os descontos dos salários de Z durante referidos períodos.

Logo, a autoridade competente *instaurou* 02 (duas) comissões, *simultaneamente*, compostas pelos *mesmos membros*, para serem *instaladas concomitantemente*:

> a) uma *Comissão de* Processo Administrativo Disciplinar de *Rito Sumário*, com o fim de apurar a possível prática do ilícito administrativo de abandono de cargo pelo servidor Z, por ausentar-se ao serviço nos períodos de dezembro/2017 a março/2018, e de 16 de julho de 2018 a 25 setembro de 2018, a teor do art. 138 c/c o art. 140 da Lei nº 8.112/90; e
>
> b) uma *Comissão de Sindicância Investigatória*, para apurar a responsabilidade pelos pagamentos de salários feitos indevidamente a servidor que se ausentou do serviço injustificadamente.

Nessa hipótese, não há qualquer dificuldade para composição das referidas Comissões, já que ambas devem ser compostas por 02 (dois) membros. Ressaltamos que a Comissão de Rito Sumário é integrada por 02 (dois) membros, a teor do inciso I do art. 133 da Lei nº 8.112/90.

9.4 Processo disciplinar, sindicância punitiva e rito sumário

As portarias instauradoras das Comissões de *Sindicância Punitiva* e de *Processo Disciplinar podem ser genéricas ou específicas*, porém, específicas quanto ao objeto de apuração e não quanto aos acusados. Recomenda-se que tais comissões sejam instauradas por portarias específicas.

Sempre que se menciona a denominação Comissão Processante ou em Comissão Disciplinar (termos utilizados para as Comissões de Processo Disciplinar) refere-se a *regras* que servem para as Comissões de Processo Disciplinar e de Sindicância Punitiva, uma vez que ambas visam atender os princípios constitucionais do devido processo legal, do contraditório e da ampla defesa, e estão sujeitas ao mesmo procedimento, com exceção do prazo da comissão e da competência para penalizar, conforme visto no capítulo próprio.

Tanto as *portarias genéricas* quanto as *portarias específicas têm pontos a serem observados, sob pena de gerarem nulidades*. Senão vejamos.

Analisando os termos da lei, observa-se que *quando o legislador quis que a portaria fosse*, realmente, *específica, tanto no que diz respeito aos fatos, quanto no que diz respeito aos acusados*, ele *estabeleceu expressamente*.

É o que acontece no Processo Administrativo Disciplinar de *Rito Sumário*, onde as portarias são específicas por força de lei, devendo obedecer ao disposto:

a) no inciso I c/c o §1º, ambos do art. 133,[178] para a apuração da acumulação ilegal de cargos; e

b) no inciso I e §1º do art. 133 c/c o inciso I do art. 140,[179] para a apuração do abandono de cargo ou da inassiduidade habitual.

A *portaria genérica* para instaurar uma Comissão Disciplinar *não é nula* por força de lei, mas *sim viciada*. Porém, seu *vício* pode ser *sanado* se *na notificação prévia* constar a condição de acusado do servidor e todos os fatos que lhes estão sendo imputados.

Lógico que, se não constarem os fatos que estão sendo imputados a cada acusado na portaria inaugural e na notificação prévia, o servidor não tem condições de saber do que está sendo acusado, caracterizando-se o cerceamento de defesa.

Logo, a notificação prévia expedida pela Comissão Processante instaurada por portaria genérica tem que ser muito bem elaborada e especificar os fatos que estão sendo imputados ao acusado, para evitar nulidade.

Em função disso, melhor adotar a *portaria específica* para a instauração de Comissões de Processo Disciplinar e de Sindicância. Não é bom instaurar uma comissão por meio de uma portaria que já nasce viciada, confiando que o vício será sanado pela comissão na notificação prévia. Quando se trabalha com várias comissões ao mesmo tempo, percebe-se que isso é um risco desnecessário.

Como visto anteriormente, deve-se fazer um *trabalho preventivo*, com a maior cautela possível, *evitando mais do que a nulidade, mas questionamentos de nulidades* (arguições de nulidades *durante* os trabalhos da comissão ou depois do julgamento, na esfera administrativa ou judicial).

---

[178] *Art. 133.* Detectada a qualquer tempo a *acumulação ilegal de cargo, empregos ou funções públicas*, a autoridade a que se refere o art. 143 notificará o servidor, por intermédio de sua chefia imediata, para apresentar opção no prazo improrrogável de dez dias, contados da data da ciência e, na hipótese de omissão, adotará *o procedimento sumário* para a sua apuração e regularização imediata, cujo processo administrativo disciplinar se desenvolverá nas seguintes fases:
I – instauração, com a publicação do *ato que constituir a comissão*, a ser composta por dois servidores estáveis, e simultaneamente, *indicar a autoria e a materialidade* da transgressão objeto da apuração;
§1º A indicação da *autoria* de que trata o inciso I *dar-se-á* pelo *nome* e *matrícula* do servidor, *e a materialidade* pela *descrição* dos *cargos, empregos ou funções públicas* em situação de acumulação ilegal, dos *órgãos ou entidades* de vinculação, das *datas* de ingresso, do *horário* de trabalho e do correspondente *regime jurídico*.
§§2º a 8º (...). (Grifos nossos).

[179] *Art. 140.* Na apuração de *abandono de cargo* ou *inassiduidade habitual*, também, *será adotado o procedimento sumário* a que se refere o art. 133, observando-se especialmente que:
I – a indicação da *materialidade dar-se-á*:
a) na hipótese de *abandono de cargo*, pela *indicação* precisa do *período de ausência* intencional do servidor ao serviço superior a trinta dias;
b) no caso de *inassiduidade habitual*, pela *indicação* dos *dias de falta* ao serviço sem causa justificada, por período igual ou superior a sessenta dias interpoladamente, durante o período de doze meses.
II – (...). (Grifos nossos).

9.5 Portaria de aplicação de penalidade

As portarias de aplicação de Penalidade têm que atender os requisitos estabelecidos no parágrafo único do art. 128 da Lei nº 8.112/90, quais sejam, considerada a natureza e a gravidade da infração cometida, os danos que dela provierem para o serviço público, as circunstâncias agravantes ou atenuantes e os antecedentes funcionais. E mais o previsto no parágrafo único: O *ato de imposição* da penalidade *mencionará* sempre o *fundamento legal* e a *causa da sanção disciplinar*. (Grifos nossos)

Logo, o parágrafo único do art. 128 da Lei nº 8.112/90 estabelece as *formalidades que o ato de imposição* da penalidade *tem que atender*, que são exatamente as *irregularidades*, a *tipificação legal* e o *fundamento legal para aplicação da penalidade*.

Assim como na portaria inaugural, na portaria de aplicação da penalidade tem que *constar* a especificação dos *fatos* (irregularidade) *e não a transcrição da tipificação legal* (reprodução dos deveres dos servidores [previstos no art. 116 da Lei nº 8.112/90, regulamento ou norma interna] e/ou das proibições funcionais [previstas no art. 117 da Lei nº 8.112/90] violados).

10.1 Viatura oficial – Uso correto pelos membros das comissões disciplinares: Decreto nº 9.287, de 15 de fevereiro de 2018
(Dispõe sobre a utilização de veículos oficiais pela administração pública federal direta, autárquica e fundacional)

Os membros das Comissões Disciplinares podem fazer uso de veículos oficiais para deslocamento e diligências,[180] desde que observados rigorosamente os limites estabelecidos na legislação que regulamenta a matéria, o Decreto nº 9.287/2018, o que não afasta conhecimento de eventual norma interna do órgão (Portaria Normativa) que regulamenta o uso dos veículos oficiais, pois os órgãos e as entidades da administração pública federal direta, autárquica e fundacional poderão expedir normas operacionais complementares ao disposto no decreto, para dispor sobre as situações específicas no seu âmbito de atuação, desde que não conflitem com as normas do decreto ou com as normas complementares de que trata o *caput* do Decreto nº 9.287/2018.

O art. 6º do decreto estabelece as seguintes vedações:

I. o uso de veículos de empresas públicas e de sociedades de economia mista para os fins do disposto neste Decreto;

II. o uso de veículos oficiais para o provimento de serviços de transporte coletivo de pessoal a partir da residência ao local de trabalho e vice-versa, exceto nas hipóteses de atendimento a unidades localizadas em áreas de difícil acesso ou não servidas por transporte público regular;

III. o uso de veículos oficiais nos sábados, domingos e feriados, exceto para eventual desempenho de encargos inerentes ao exercício da função pública ou nas hipóteses previstas nos incisos VIII e IX do *caput* do art. 5º;

---

[180] Há também a possibilidade de a comissão processante utilizar o serviço de transporte terrestre por demanda, previsto na Instrução Normativa nº 10, de 23 de novembro de 2018, do MPOG, atualmente Ministério da Economia.

IV. o uso de veículos oficiais para o transporte individual da residência ao local de trabalho e vice-versa e para o transporte a locais de embarque e desembarque, na origem e no destino, em viagens a serviço, quando houver o pagamento da indenização estabelecida no art. 8º do Decreto nº 5.992, de 19 de dezembro de 2006 ;

V. o uso de veículos oficiais em excursões de lazer ou passeios;

VI. o uso de veículos oficiais no transporte de familiares de servidor público ou de pessoas estranhas ao serviço público e no traslado internacional de funcionários, ressalvadas as hipóteses estabelecidas nas alíneas "b" e "c" do art. 3º e no art. 14º do Anexo ao Decreto nº 1.280, de 14 de outubro de 1994 ;

VII. o uso de placa não oficial em veículo oficial ou de placa oficial em veículo particular, ressalvado o disposto no §1º; e

VIII. a guarda dos veículos oficiais em garagem residencial, exceto quando houver autorização da autoridade máxima do órgão ou da entidade.

O §2º do art. 6º estabelece que o servidor público que utilizar veículo de serviços especiais em regime de permanente sobreaviso, em razão de atividades de investigação, fiscalização e atendimento a serviços públicos essenciais que exijam o máximo de aproveitamento de tempo, poderá ser dispensado, a critério do dirigente do órgão, da entidade ou da unidade regional, das vedações estabelecidas neste artigo, exceto as vedações estabelecidas nos incisos I, V e VI do *caput* do art. 6º.

O descumprimento da norma impõe a adoção das providências para a apuração dos fatos relativos ao uso indevido de veículo oficial, incidindo nas proibições constantes no art. 6º, acima transcrito, passível de apuração por meio de procedimento disciplinar.

Caso a denúncia venha acompanhada de indícios que comprovem a autoria, ou seja, identificando-se o servidor que agiu em desacordo com a norma legal, dependendo da gravidade da infração e dos prejuízos de ordem material e imaterial causados à Administração, recomenda-se a instauração de procedimento apuratório, que poderá ser o processo administrativo disciplinar, em uma de suas modalidades.

Observa-se que a instauração de procedimento administrativo disciplinar para apurar responsabilidade em caso de acidente com viatura oficial será cada vez mais raro, ante a possibilidade de resolução consensual de conflitos para as infrações disciplinares de menor potencial ofensivo, via TAC, passíveis de advertência ou suspensão de até 30 dias, nos termos da Portaria Normativa CGU nº 27, de 11.10.2022, da Controladoria-Geral da União.

10.2 Termo de Ajustamento de Conduta (TAC): Portaria Normativa CGU nº 27, de 11 de outubro de 2022

O Termo de Ajustamento de Conduta (TAC) consiste em procedimento administrativo destinado à resolução consensual de conflitos para os casos de infração disciplinar de menor potencial desde que atendidos os requisitos ali previstos, pelo qual o servidor ou o agente público interessado se compromete a ajustar sua conduta e a observar os deveres e proibições previstos na legislação vigente.

Entende-se por infração disciplinar de menor potencial ofensivo a conduta punível com advertência ou suspensão de até 30 dias, consoante previsão do art. 62, da Portaria

Normativa CGU 27/2022 nos termos do artigo 145, II e 129 da Lei nº 8.112, de 1990, ou com penalidade similar, prevista em lei ou regulamento interno.

No caso de servidor público não ocupante de cargo efetivo e de empregado público, o TAC somente poderá ser celebrado nas infrações puníveis com a penalidade de advertência. Como requisitos para sua celebração, exige-se que o investigado: i) não tenha registro vigente de penalidade disciplinar em seus assentamentos funcionais; ii) não tenha firmado TAC nos últimos dois anos, contados da publicação do instrumento; e iii) tenha ressarcido, ou se comprometido a ressarcir, eventual dano causado à Administração Pública.

Na hipótese de haver ressarcimento ou compromisso de ressarcimento de dano causado à Administração Pública, deve ser comunicado à área de gestão de pessoas do órgão ou entidade para aplicação do disposto no artigo 46 da Lei nº 8.112, de 11 de dezembro de 1990, se for o caso.

A celebração do TAC será realizada pela autoridade competente para instauração do respectivo procedimento disciplinar, e a proposta poderá ser oferecida de ofício pela autoridade competente para instauração do respectivo procedimento disciplinar, ser sugerida pela comissão responsável pela condução do procedimento disciplinar ou ser apresentada pelo próprio agente público interessado.

Se o procedimento disciplinar tiver sido iniciado, o pedido de TAC poderá ser feito pelo interessado à autoridade instauradora em até 10 dias após o recebimento da notificação de sua condição de acusado. O pedido de celebração de TAC apresentado pela comissão de procedimento disciplinar ou pelo interessado poderá ser, motivadamente, indeferido. O mesmo prazo de 10 dias se aplica às hipóteses de oferecimento de ofício do TAC pela autoridade competente para instauração do respectivo procedimento disciplinar, que fixará no mesmo ato o prazo para a manifestação do investigado.

A proposta de TAC poderá também ser sugerida pela comissão antes da apresentação do relatório final, nos casos em que as provas produzidas indicarem a necessidade de reenquadramento da conduta do acusado, que passa a ser considerada de menor potencial ofensivo.

O TAC deverá conter a qualificação do agente público envolvido, os fundamentos de fato e de direito para sua celebração, a descrição das obrigações assumidas, o prazo e o modo para o cumprimento das obrigações e a forma de fiscalização das obrigações assumidas. As obrigações estabelecidas pela Administração devem ser proporcionais e adequadas à conduta praticada, visando mitigar a ocorrência de nova infração e compensar eventual dano. As obrigações podem consistir: i) na reparação do dano causado; ii) na retratação do interessado; iii) na participação em cursos visando à correta compreensão dos seus deveres e proibições ou à melhoria da qualidade do serviço desempenhado; iv) em acordo relativo ao cumprimento de horário de trabalho e compensação de horas não trabalhadas; v) no cumprimento de metas de desempenho; e vi) na sujeição a controles específicos relativos à conduta irregular praticada.

O prazo de cumprimento do TAC não poderá ser superior a 2 (dois) anos, e a inobservância das obrigações assumidas caracteriza o descumprimento do dever previsto no artigo 116, inciso III, da Lei nº 8.112/1990.

Uma vez celebrado o TAC, este será publicado extrato em boletim interno ou Diário Oficial da União, contendo o número do processo, o nome do servidor celebrante (não se aplica às empresas públicas e às sociedades de economia mista) e a descrição genérica do fato. A celebração do TAC será comunicada à chefia imediata do agente público, com a remessa de cópia do termo, para acompanhamento do seu efetivo cumprimento, e o acesso ao TAC será restrito até o seu efetivo cumprimento ou até a conclusão do processo disciplinar decorrente de seu descumprimento. O TAC será registrado nos assentamentos funcionais do agente público.

Compete à chefia imediata do agente público declarar o cumprimento das condições do TAC, vez que não será instaurado procedimento disciplinar pelos mesmos fatos objeto do ajuste. No caso de descumprimento do TAC, a chefia adotará imediatamente as providências necessárias à instauração ou continuidade do respectivo procedimento disciplinar, sem prejuízo da apuração relativa à inobservância das obrigações previstas no ajustamento de conduta.

A celebração do TAC suspende a prescrição até o recebimento, pela autoridade celebrante, da declaração do cumprimento das condições do TAC pela chefia imediata, nos termos do artigo 199, inciso I[181] da Lei nº 10.406, de 10 de janeiro de 2002 (Código Civil).

Por fim, compete aos órgãos e entidades, bem como as empresas públicas e sociedades de economia mista, manter registro atualizado sobre o cumprimento das condições estabelecidas no TAC, sendo nulo o TAC firmado sem a observância do disposto na Portaria Normativa CGU nº 27/2022.

10.3   O devido processo legal: ampla defesa e contraditório

A obrigação da observância desses princípios decorre do disposto nos incisos LIV e LV do art. 5º, e no art. 41,[182] todos da Constituição Federal brasileira. O devido processo legal pode ser entendido como a dupla proteção do indivíduo e dele faz parte a ampla defesa e o contraditório.[183]

A ampla defesa e o contraditório configuram um direito do servidor público oponível ao poder estatal, exercido a partir do momento em que é cientificado que contra si foi instaurado um processo administrativo disciplinar, seja na modalidade processo disciplinar, ou de rito sumário, seja no de sindicância, de natureza punitiva

---

[181] Art. 199. Não corre igualmente a prescrição:
I - pendendo condição suspensiva;

[182] Art. 5º. Todos são iguais perante a lei, sem distinção de qualquer natureza, garantindo-se aos brasileiros e aos estrangeiros residentes no País a inviolabilidade do direito à vida, à liberdade, à igualdade, à segurança e à propriedade, nos termos seguintes:
(...)
LIV – ninguém será privado da liberdade ou de seus bens sem o devido processo legal;
LV – aos litigantes, em processo judicial ou administrativo, e aos acusados em geral são assegurados o contraditório e ampla defesa, com os meios e recursos a ela inerentes;
(...)
Art. 41. São estáveis após três anos de efetivo exercício os servidores nomeados para cargo de provimento efetivo em virtude de concurso público.
§1º O servidor público estável só perderá o cargo:
I – em virtude de sentença judicial transitada em julgado;
II – mediante processo administrativo em que lhe seja assegurada ampla defesa;
III – mediante procedimento de avaliação periódica de desempenho, na forma de lei complementar, assegurada ampla defesa.

[183] MORAES, Alexandre de. Direitos Humanos Fundamentais. Teoria Geral – Comentários aos arts 1º ao 5º da Constituição da República Federativa do Brasil – Doutrina e Jurisprudência.10. ed. Atlas, SP, 2013. p. 327.

qual o teor da denúncia, os fatos que contra si são imputados e acesso a todas as peças que instruem o processo eletrônico, na íntegra, tudo de forma perfeitamente clara, sem margem a dúvidas.

Para a digitalização dos documentos, a Lei nº 12.682, de 9 de junho de 2012, especificamente o parágrafo único do art. 3º, dispõe que o processo de digitalização deverá ser realizado de forma a manter a integridade, a autenticidade e, se necessário, a confidencialidade do documento digital, com o emprego de assinatura eletrônica, e que os meios de armazenamento dos documentos digitais deverão protegê-los de acesso, uso, alteração, reprodução e destruição não autorizados.

A violação de princípios constitucionais da *ampla defesa* e *contraditório* fatalmente acarreta a nulidade dos atos praticados pelas comissões. Por *ampla defesa* entende-se assegurar as condições que possibilitem ao acusado ou indiciado trazer aos autos administrativos todos os elementos que possam esclarecer a verdade ou mesmo calar-se, se entender necessário. O *contraditório* consiste na própria exteriorização da ampla defesa, no sentido de que a todo ato produzido caberá igual direito da outra parte de opor-se-lhe ou dar-lhe a versão conveniente, estabelecendo-se a paridade de armas entre as partes e evitando-se o desequilíbrio processual. O princípio do contraditório exige o estabelecimento de *igualdade* de armas entre as partes no processo, de modo a possibilitar a existência das mesmas possibilidades, alegações, provas e impugnações.[184]

No que se refere ao princípio do devido processo legal o Supremo Tribunal Federal, em acórdão cujo relator foi o Min. Celso de Mello, pronunciou-se no sentido de que o Estado, quando se trata de punições disciplinares ou de restrição a direitos, qualquer que seja o destinatário de tais medidas, não pode exercer a sua autoridade de maneira abusiva ou arbitrária, desconsiderando, no exercício de sua atividade, o postulado da plenitude de defesa, pois o reconhecimento da legitimidade ético-jurídica de qualquer medida estatal, que importe em punição disciplinar ou em limitação de direitos, exige (CF, art. 5º, LV) a fiel observância do princípio do devido processo legal, mesmo em sede de procedimento meramente administrativo. A jurisprudência do Supremo Tribunal Federal tem reafirmado a essencialidade desse princípio, reconhecendo uma insuprimível garantia instituída em favor de qualquer pessoa ou entidade, que rege e condiciona o exercício, pelo Poder Público, ainda que em sede materialmente administrativa de sua atividade, sob pena de nulidade do próprio ato punitivo ou da medida restritiva de direitos.[185]

A Constituição expressamente estabelece, no inciso LV, do art. 5º, que aos litigantes, em processo judicial ou administrativo, e aos acusados em geral são assegurados o contraditório e ampla defesa, com os meios e recursos a ela inerentes no §1º, do art. 41, e que o servidor público estável só perderá o cargo: i) em virtude de sentença judicial transitada em julgado; ii)mediante processo administrativo em que lhe seja assegurada ampla defesa; iii) mediante procedimento de avaliação periódica de desempenho, na forma de lei complementar, assegurada ampla defesa.

Decorre de todos esses postulados que os trabalhos investigatórios desenvolvidos pelas comissões disciplinares devem proporcionar aos servidores acusados a ampla

---

[184] *In op. cit.* MORAES, Alexandre de. p. 327-328.
[185] AI nº 241201-AgR/SC. Relator: Min. Celso de Mello. Julgamento: 27 ago. 2002. Órgão julgador: 2ª Turma. Publicação: *DJ*, p. 00109, 20 set. 2002, EMENT VOL-02083-03 PP-00589.

defesa e o contraditório. Isso porque, na ausência ou na violação desses princípios constitucionais, o servidor prejudicado poderá recorrer, administrativa ou judicialmente, e obter a anulação total ou parcial do trabalho da Comissão Disciplinar.

A anulação dos atos praticados pela comissão, além do efeito moral sobre o colegiado, traz prejuízos para a Administração, que terá de constituir nova comissão para dar andamento aos trabalhos a partir do ponto em que o processo foi anulado ou recomeçar todo o trabalho, no caso de nulidade total.

Tais prejuízos abrangem não só o tempo e o trabalho despendidos com a repetição de todos os atos viciados, mas também aqueles de ordem financeira, pois esses procedimentos têm um custo alto para o Erário, independente de haver ou não deslocamento dos membros da Comissão Disciplinar para outra unidade da Federação onde se desenvolvem os trabalhos, arcando a Administração com os custos de manutenção de seus membros em localidades distintas dos respectivos Estados de lotação.

Portanto, o estudo minucioso dos fatos e a prudência devem acompanhar os trabalhos investigatórios, principalmente no que se refere à aplicação desses princípios constitucionais da ampla defesa e do contraditório. *Prudência* no sentido de que pairando *dúvida* sobre o direito do servidor requerente, deve a Comissão Disciplinar analisar e conceder o pedido por este formulado.

Como se trata de aplicação de princípios ao fato concreto, na prática surgem dúvidas ou mesmo o fato de a comissão, desgastada psicológica ou fisicamente pela própria natureza do trabalho ou na urgência de finalizar os trabalhos ante a exiguidade do prazo, não perceber que está violando tais princípios constitucionais.

Se não há prejuízo para a Administração e se o pedido não afronta o disposto no art. 156, §1º, da Lei nº 8.112/90, ou seja, não se revela impertinente, protelatório ou de nenhum interesse para o esclarecimento dos fatos, recomenda-se o acolhimento do requerimento formulado pelo servidor, garantindo-se, assim, a observância da ampla defesa e do contraditório.

Ressalte-se que uma Comissão Disciplinar, no desenvolvimento dos seus trabalhos, encontra-se pressionada por fatores externos, quais sejam: o próprio servidor acusado, o seu patrono, preocupados em não ter seus direitos constitucionais violados, os demais servidores do órgão quando se posicionam contra os membros da Comissão Disciplinar por achar que o colega está sendo injustiçado pela Administração, e pelos próprios fatos investigados quando são extremamente graves e há interesse da mídia em divulgar a apuração e seus resultados, somente para mencionar os mais comuns. E, a despeito da situação desfavorável, o Colegiado deve manter uma linha de conduta ética sob controle e ainda zelar pela correta aplicação das normas, quer constitucionais, quer infraconstitucionais.

Portanto, a fim de garantir a observância da ampla defesa e do contraditório, deve-se entender que: a) o contraditório é uma "via de mão dupla", logo a cada ato praticado pela Comissão Disciplinar deve ser dada a oportunidade para a prática de outro pelo servidor investigado, com o objetivo de contraditar; b) a ampla defesa deve abranger todo o objeto da investigação, e até mesmo transbordar o objeto da investigação, no sentido de ir além. Não deve ocorrer o oposto, porque então se terá o cerceamento de defesa, tratado mais adiante.

Representados graficamente, os princípios supracitados ganham a seguinte forma:

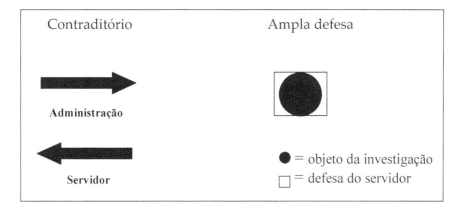

O contraditório, portanto, existe desde o início dos trabalhos da Comissão Disciplinar, com o recebimento da *notificação prévia*, oportunidade na qual deve o servidor acusado ser informado, resumidamente, das razões pelas quais está sendo investigado e das condutas ilícitas a si imputadas,[186] o que facilitará a sua defesa. Entretanto, não há necessidade de descrição minuciosa e nem de enquadramento legal, o que será feito por ocasião do Termo de Indiciamento.[187] Porém, esclarece-se que não se pode admitir o equívoco de pensar que o contraditório se estabelece somente quando o servidor entrega a defesa escrita.

Com a representação gráfica, a Comissão Disciplinar encontra-se em condições de garantir a observância da ampla defesa e do contraditório. De outro lado, a Comissão Processante não vai *obrigar* o servidor à *prática* de determinado ato. A obrigatoriedade é quanto à *ciência* do ato, de modo a que o servidor exerça a *faculdade* de se manifestar ou não. Caso o servidor não se manifeste no prazo assinalado pela Comissão Disciplinar, deve o membro-secretário *certificar* (mediante termo próprio: certidão nos autos) a ciência e o transcurso do prazo *in albis*,[188] ou seja, sem manifestação do interessado.

---

[186] RMS 14901 / TO - Rel. Ministra Maria Thereza de Assis Moura, 6ª. T STJ, j. 21/10/2008, pub. DJe 10/11/2008.

[187] "3. Ante a desnecessidade da descrição minuciosa dos fatos no ato da instauração do processo administrativo disciplinar e por ter sido detalhada a falta funcional praticada pelo servidor no termo de indiciação, não há nulidade a ser declarada." (STJ, MS 14504 / DF, Ministro Jorge Mussi, S3 - Terceira Seção, j. 14/08/2013, pub. DJe 20/08/2013).

[188] "1. MANDADO DE SEGURANÇA. SERVIDOR PÚBLICO. DEMISSÃO Respeitados os princípios do devido processo legal, mediante prévia ciência ao servidor da acusação gênese do Processo Administrativo Disciplinar, da ampla defesa, através de citação revestida das formalidades legais e, também, da possibilidade de contraditório, não há como se declarar a nulidade do ato de demissão, fundado no art. 132, VI, da Lei 8.112/90. 2. Segurança denegada. "(STJ, MS 7246 / DF. Ministro Fernando Gonçalves. 3ª Seção, j. 28/11/2001, p. DJ 04/02/2002.)
2. "O recorrente foi intimado tanto para defender-se como para recorrer e não o fez. Inocorrência de cerceamento de defesa" (STJ. ROMS nº 7.181, Rel. Min. Fernando Gonçalves. Órgão julgador: 6ª Turma. Julgamento: 02/12/1996. *DJU*, p. 787, 03/02/1997).
3. "10. (...) Ocorre que, mesmo após a sua intimação da nomeação do defensor dativo, oportunidade na qual poderia ter sido apresentado defesa pessoalmente ou por intermédio de novo causídico, o impetrante permaneceu inerte, não podendo, em razão de sua própria omissão, pretender ver reconhecida suposta irregularidade a que teria dado causa. (STJ, EDcl no MS 17873 / DF, Ministro Mauro Campbell Marques, S1 - Primeira Seção, j, 28/08/2013, p. DJe 09/09/2013).

De acordo com precedente jurisprudencial do STF, há que se ter prova no sentido da ocorrência do cerceamento de defesa, ou seja, não bastam alegações genéricas (MS nº 21.635/PE Rel. Min. Carlos Velloso, Tribunal Pleno, julg. 10/02/1994, public. DJ 20/04/1995, pp 09946 Ement Vol-01783-01 pp-00187). No mesmo sentido a jurisprudência do STJ:[189] MS 17518 / DF Ministro Humberto Martins, Primeira Seção, STJ, julg. 26/06/2013, DJe 02/08/2013 e MS nº 15.687/DF, Relator Ministro Mauro Campbell Marques, Primeira Seção, STJ, julg. 09/11/2011, public. DJe 18/11/2011).

Na Lei nº 8.112/90, a ampla defesa e o contraditório estão expressamente mencionados no art. 153[190] e nos arts. 156, 159, §2º, 161, 163, 164 e 165. O estatuto do servidor público civil da União repete, com variação mínima, o conteúdo do art. 5º, LV, da Constituição Federal de 1988.

O fato de todos os meios legais estarem ao alcance do servidor não significa que a Comissão Processante tenha que ter capacidade ou competência para apreciar recursos próprios dos códigos processuais civil e penal. Ainda mais quando se considera que a lei não exige que o presidente da comissão seja um advogado ou bacharel em Direito. Em verdade, *é incabível* a utilização desses recursos específicos do Código de Processo Civil e do Código de Processo Penal no processo administrativo disciplinar.

Necessário esclarecer que a Comissão Disciplinar *não julga*, ato este que cabe à autoridade instauradora ou à hierarquicamente superior, dependendo da penalidade a ser aplicada (v. arts. 166 e 167, §1º, da Lei nº 8.112/90).

A Comissão Processante nada mais é do que um *colegiado independente,* constituído com a finalidade de apurar a responsabilidade de servidor por infração cometida no exercício de suas atribuições ou que tenha relação com as atribuições do cargo investido, a teor do art. 148, da lei supramencionada.

Entretanto, qualquer questionamento do servidor investigado, feito nos autos por escrito, mesmo que formalizado através de instrumentos impróprios, nomes de recursos que não existem no âmbito do processo administrativo, somente a título de exemplo, deve ser respondido pelo presidente da Comissão Processante, em homenagem aos princípios aqui estudados, através de *despachos singulares do presidente do colegiado,* atribuição decorrente da letra do art. 156, §1º, da Lei nº 8.112/90.[191] Assim, se o presidente da comissão pode denegar, pode também deferir os referidos pedidos quando pertinentes, devidamente justificados e/ou quando indiquem a possibilidade de trazer elementos para elucidação dos fatos. Também não há impedimento que as decisões de maior gravidade sejam decididas em atas, pelo colegiado, e desta forma o Presidente compartilhe seu poder decisório com os demais membros.

O acompanhamento do processo pelo servidor, previsto no art. 156, da Lei nº 8.112/90,[192] dá-se imediatamente após a instalação dos trabalhos. Portanto, no *mesmo*

---

[189] Eventual nulidade no processo administrativo exige a comprovação do prejuízo sofrido, hipótese não configurada na presente espécie. (AgRg no REsp 1387734 / RJ, Relator Ministro Og Fernandes, Segunda Turma, STJ, julg. 21/11/2013, public. DJe 02/12/2013).

[190] Art. 153. O inquérito administrativo obedecerá ao princípio do contraditório, assegurada ao acusado ampla defesa, com a utilização dos meios e recursos admitidos em direito.

[191] Art.156 (...)
§1º O *presidente* da comissão poderá denegar pedidos considerados impertinentes, meramente protelatórios, ou de nenhum interesse para o esclarecimento dos fatos.

[192] Art. 156. É assegurado ao servidor o direito de acompanhar o processo pessoalmente ou por intermédio de procurador, arrolar e reinquirir testemunhas, produzir provas e contraprovas e formular quesitos, quando se tratar de prova pericial.

dia em que a Comissão Disciplinar assinar a ata de instalação deve expedir o mandado denominado de "notificação prévia", ato que *deve preceder* qualquer outro deliberado pela comissão na ata de instalação, com o fim de investigar os fatos denunciados. Obviamente, excluem-se dessa precedência aqueles atos de comunicação do início dos trabalhos feitos à autoridade instauradora, uma vez que as comunicações de praxe não causarão prejuízo à defesa do servidor acusado.

Imprescindível que conste na notificação prévia a condição de acusado do servidor, independente de se achar que o termo é "pesado" ou que é irregular a sua nomenclatura. O STF e o STJ se pronunciaram em inúmeras decisões anulando os processos disciplinares desde a notificação prévia ante a ocorrência desse vício (defeito).[193] A própria lei denomina o servidor investigado de *acusado* nos arts. 153, 159 e 160, alterando o nome para *indiciado* após o *Despacho de Encerramento de Instrução e Indiciação*, ato lavrado pela Comissão Disciplinar (art. 161, §§1º e 2º).

O chamamento de um servidor para acompanhar processo administrativo na *condição de acusado* certamente é bem diferente daquele que apenas recebeu uma notificação de instalação de trabalhos, sendo certo que dessa forma ele não saberá se está envolvido nas denúncias ou não. Além do mais, a ciência da substância de fato das acusações pelo acusado é pressuposto elementar da ampla defesa.

No interrogatório, que se segue após a inquirição das testemunhas,[194] não se dá a palavra ao procurador do servidor acusado para reperguntas, mas a comissão poderá, a seu critério, dar a palavra ao interrogando, ao final, para acrescentar o que entender importante no seu depoimento, uma vez que este é o momento de sua defesa, por excelência. Nesta oportunidade, o servidor acusado pode também exercer o direito do silêncio,[195] tal como preceitua o art. 186 do Código de Processo Penal e art. 5º, LXIII, da Carta Magna de 1988.

O Princípio *nemo tenetur se detegere* (ninguém pode ser compelido a autoacusar-se) é um privilégio contra a autoincriminação, e consubstancia-se no direito ao silêncio, de não se confessar culpado, não produzir provas contra si mesmo, de permanecer calado, de não se declarar culpado e não praticar atos lesivos à sua defesa.[196]

O uso desse direito não será interpretado em seu prejuízo. O servidor submetido ao interrogatório não presta compromisso de dizer a verdade, mas deve ser informado do seu direito de permanecer em silêncio.[197]

---

[193] RMS 27967/DF, STF, 1ª Turma; RMS 24549 AgR / DF – STF, 1ª Turma; MS nº 21726/RJ, STF, Tribunal Pleno; MS 11687/DF, 3ª Seção, STJ; MS 14780/DF, 3ª Seção, STJ; ROMS nº 10757/SP, STJ, Órgão julgador: 6ª Turma; MS nº 7152/DF, STJ, 3ª Seção; MS nº 7074/DF, STJ, 3ª Seção; MS nº 6896/DF, STJ, 3ª Seção; MS nº 6861/DF, STJ, 3ª Seção; MS nº 6723/DF, STJ, 3ª Seção; MS nº 6798/DF, STJ, 3ª Seção.

[194] Art. 159. Concluída a inquirição das testemunhas, a comissão promoverá o interrogatório do acusado, observados os procedimentos previstos nos arts. 157 a 158.

[195] "5. Como demonstrado nos autos, a observância da garantia ao silêncio foi respeitada pela comissão processante, não se justificando, portanto, a alegação de violação ao devido processo legal." MS 15826 / DF, Ministro Humberto Martins, Primeira Seção, julg. 22/05/2013, DJe 31/05/2013.

[196] 1. É inconstitucional qualquer decisão contrária ao princípio *nemo tenetur se detegere*, o que decorre da inteligência do art. 5º, LXIII, da Constituição da República e art. 8º, §2º, g, do Pacto de São José da Costa Rica. Precedentes. 2. Ocorre vício formal no processo administrativo disciplinar, por cerceamento de defesa, quando o servidor é obrigado a fazer prova contra si mesmo, implicando a possibilidade de invalidação da penalidade aplicada pelo Poder Judiciário, por meio de mandado de segurança. (RMS 18017 / SP, Relator Ministro Paulo Medina, Sexta Turma, STJ, julg. 09/02/2006, public. DJ 02/05/2006 p. 390). *Vide* Repertório jurisprudencial do STF e STJ.

[197] RMS 14901 / TO, 6ª. T STJ.

Entretanto, recentemente, há uma mudança de direção nas decisões das cortes superiores que apontam para uma atenuação nesse princípio, pois o entendimento doutrinário e jurisprudencial pátrio vem se firmando no sentido de que o *silêncio*, como meio de defesa, *pode ser interpretado em desfavor do acusado*. A lógica é que o silêncio não importa em confissão, mas pode ser interpretado em desfavor de quem o usa, justamente porque teve a oportunidade de apresentar sua versão dos fatos e não o fez. Tampouco pode alegar cerceamento de defesa se fez uso do direito de permanecer calado.[198]

A participação do servidor acusado ou de seu procurador é ativa no desenvolver dos trabalhos de investigação.[199] Os membros da Comissão Disciplinar devem observar quais foram os *poderes* que o acusado ou indiciado *conferiu na procuração* juntada aos autos, para não entregar mandado de citação e intimação a advogado que não tenha poderes específicos para recebê-los, nem a advogado que não tenha sido constituído no mandato, embora faça parte do mesmo escritório.

Pode ocorrer de o *procurador* do servidor acusado não deter *poderes* para receber nem as *intimações*, nem a *citação*, mas somente para acompanhar e oferecer defesa no processo administrativo. Se a comissão encaminhar qualquer desses atos a quem não tem poderes para recebê-los, ao invés do acusado ou indiciado, tanto a intimação quanto a citação serão nulas e deverão ser repetidas pela comissão, tão logo seja observada a sua irregularidade.

Compete ao presidente do colegiado disciplinar manter a *ordem* no recinto das *audiências*, bem como zelar pelo *respeito mútuo*. Essa conduta por parte dos membros da comissão implica tratar com urbanidade o servidor sob investigação. Não significa que haja permissão para serem tratados com desrespeito pelo servidor acusado, mas a observância do preceito legal deve ser recíproca.

O Colegiado processante ou Sindicante deve manter o controle da situação e distinguir reações de puro nervosismo por parte do servidor investigado, daquelas situações extremas que requerem a adoção de medidas mais sérias, como encaminhar denúncia à Comissão de Ética ou pedido de instauração de procedimento disciplinar à autoridade competente, ocasião em que juntará as provas documentais ou apontará as provas testemunhais do fato.

No momento da indiciação[200] do servidor, *três elementos precisam obrigatoriamente constar* no Despacho de Encerramento de Instrução e Indiciação, para garantir que o servidor indiciado possa exercer a mais ampla defesa:

---

[198] Em relação à violação aos princípios do contraditório e da ampla defesa, além de outros direitos assegurados constitucionalmente, já que o recorrente alega que fora julgado sem a devida observância das garantias constitucionais que lhe são próprias, observa-se, pela análise do processo administrativo acostado aos autos, que, em verdade, não houve supressão desses direitos, vez que o acusado, perguntado sobre os fatos, em momento oportuno daquela investigação, teve plena chance de apresentar amplamente sua versão dos fatos, porém optou por seu direito de permanecer calado, sendo esta a forma por ele escolhida como melhor meio de defesa, e não podendo ser agora alegada como cerceamento daquele direito. Aliás, o entendimento doutrinário e jurisprudencial pátrio vem se firmando na lógica de que o silêncio do acusado deve ser interpretado em seu desfavor. (REsp 1108455, Min. Og Fernandes, STJ, julg. 24/06/2013, public. 26/06/2013).

[199] Art. 159 (...)
§2º O procurador do acusado poderá assistir ao interrogatório, bem como à inquirição das testemunhas, sendo-lhe vedado interferir nas perguntas e respostas, facultando-se-lhe, porém, reinqui-las, por intermédio do presidente da comissão.

[200] Art. 161. Tipificada a infração disciplinar, será formulada a indiciação do servidor, com a especificação dos fatos a ele imputados e das respectivas provas.

a) a *tipificação* – assim entendido o enquadramento legal da irregularidade praticada pelo servidor indiciado;

b) a *especificação dos fatos* – deve a Comissão Disciplinar descrever o *fato praticado pelo servidor* e não transcrever os deveres e/ou as proibições funcionais violados, constante nos arts. 116 e 117, como equivocadamente fazem algumas comissões processantes/sindicantes;

c) a *especificação das provas* – não só mencionar e descrever as provas coletadas e juntadas aos autos, mas apontar as folhas do processo disciplinar onde se encontram, para que o servidor, ao elaborar sua peça de defesa, saiba qual a prova que deverá contrapor àquela apontada pela Comissão Disciplinar, defendendo-se eficaz e satisfatoriamente.

Não deve constar no Despacho de Encerramento de Instrução e Indiciação a penalidade correspondente aos deveres e/ou proibições funcionais violados, uma vez que a comissão só avalia as atenuantes e a aplicação dos princípios constitucionais da proporcionalidade e razoabilidade na dosagem da pena depois de analisar a defesa, não sendo este, portanto, o momento oportuno de se indicar a penalidade cabível.[201]

O mandado de citação[202] deve ser entregue ao servidor indiciado em pessoa ou a procurador com *poderes expressos* para receber *citação*. O membro-secretário deve ser orientado a não deixar o mandado com terceiros, sobre a mesa do indiciado, na portaria do prédio em que mora o servidor indiciado, com o servidor que trabalha na mesma sala, com o chefe imediato, ou a terceiros em geral, e a sempre lavrar a certidão de sua diligência, se houver algum imprevisto ou fato digno de registro.

A Lei nº 9.784, de 29.01.1999,[203] abre a possiblidade de utilização de outros meios que assegurem a certeza da ciência do interessado no processo. O Superior Tribunal de Justiça tem reconhecido a validade de intimação entregue pelo Correio, com AR, no endereço do servidor investigado.[204]

---

[201] "8. Não se impõe, na fase inaugural, a minuciosa descrição do suposto ilícito praticado por cada servidor e o enquadramento legal das condutas, o que somente se torna indispensável no final da instrução por ocasião do indiciamento do servidor, a fim de propiciar o exercício das garantias constitucionais da ampla defesa e do contraditório."(STJ, MS 17053/DF, Relator Ministro Mauro Campbell Marques, 1ª Seção, julg. 11/09/2013, pub. DJe 18/09/2013).
"2. Não há vício no processo administrativo quando não apontados os dispositivos legais tidos por violados, eis que o indiciado se defende não da capitulação legal, mas dos fatos que lhe são imputados" (STJ. Acórdão MS nº 7351/DF; 2000/0147354-9, Relator: Min. Edson Vidigal, 3ª Seção. *DJ*, p. 00111, 18 junº 2001).
"2. A descrição minuciosa dos fatos, com a tipificação da falta cometida, tem momento próprio, qual seja, o do indiciamento do servidor (artigo 161, *caput*, da Lei nº 8.112/90)" (STJ. MS nº 6554/DF; 1999/0081600-5. Relator: Min Hamilton Carvalhido, 3ª Seção, *DJ*, p. 00227, 18 fev. 2002).

[202] §1º O indiciado será citado por mandado expedido pelo presidente da comissão para apresentar defesa escrita, no prazo de 10 (dez) dias, assegurando-se-lhe vista do processo na repartição.
§2º Havendo dois ou mais indiciados, o prazo será comum e de 20 (vinte) dias.

[203] Art. 26. O órgão competente perante o qual tramita o processo administrativo determinará a intimação do interessado para ciência de decisão ou a efetivação de diligências.
(...)
§3º A intimação pode ser efetuada por ciência no processo, por via postal com aviso de recebimento, por telegrama ou outro meio que assegure a certeza da ciência do interessado.

[204] 11. Nesse ponto, deve ser aberto um parênteses para consignar que, assim como ocorre na esfera judicial, também no Processo Administrativo Disciplinar é de ser reconhecida a validade da intimação realizada pelo correio, com aviso de recebimento (AR), sendo dispensada a assinatura do aviso de recebimento pelo próprio destinatário, bastando que reste inequívoca a entrega no seu endereço. (STJ, EDcl no MS 17873 / DF, Ministro Mauro Campbell Marques, S1 - Primeira Seção, j, 28/08/2013, p. DJe 09/09/2013).

No que se refere às intimações, notificações e citação por aplicativo de mensagens (*WhatsApp* e similares), o STJ entendeu pela sua possibilidade, com base no princípio *pas de nullité sans grief,* desde que observada a tripla verificação, que permite concluir pela autenticidade do receptor das mensagens: a) o número telefônico disponível para contato com o acusado; b) a confirmação de sua identidade por telefone; e c) a foto individual do denunciado, no aplicativo, que, inclusive, coincide com a foto de identificação civil também constante dos autos.[205]

A Portaria Normativa CGU nº 27/2022 também regulamentou, nos arts. 97 a 105, o uso de recursos tecnológicos para realização de atos de comunicação em processos investigativos e correcionais no âmbito do Sistema de Correição do Poder Executivo Federal.

Assim, uma vez enviada a mensagem pelo correio eletrônico ou pelo aplicativo de mensagem instantânea, a confirmação do recebimento da comunicação se dará mediante: a) a manifestação do destinatário; b) a notificação de confirmação automática de leitura; c) o sinal gráfico característico do respectivo aplicativo, que demonstre, de maneira inequívoca, a leitura por parte do destinatário; d) a ciência ficta, quando encaminhada para o correio eletrônico ou número de telefone móvel informados ou confirmados pelo interessado; ou, e) o atendimento da finalidade da comunicação. A contagem de prazos terá início no primeiro dia útil que se seguir à data da primeira ocorrência de confirmação.

Se não ocorrer alguma das hipóteses do artigo 101 da Portaria Normativa CGU nº 27/2022, no prazo de 5 (cinco) dias, o procedimento de comunicação deve ser cancelado e repetido por qualquer outro meio.

Por fim, o art. 103 dispõe que a comunicação processual deve ser incorporada aos autos, com a juntada da mensagem de correio eletrônico, de aplicativo de mensagem instantânea ou de termo nos quais constem o dia, o horário e o número de telefone para o qual se enviou a comunicação, bem como o dia e o horário em que ocorreu a confirmação do recebimento da mensagem pelo destinatário, com imagem do ato (*print*).

A adoção de medidas para a mitigação dos riscos pode incluir a exigência, pelo agente público, do envio de foto do documento de identificação do acusado, de um termo de ciência do ato citatório assinado de próprio punho, quando houver algum documento do citando para poder comparar as assinaturas, ou qualquer outra medida que torne incontestável tratar-se de conversa travada com o verdadeiro denunciado. Neste caso, torna-se possível presumir que a citação ou intimação deu-se de forma válida.[206]

No caso de haver mais de um indiciado, o prazo de vinte dias começa a correr a partir do dia seguinte ao da juntada do mandado aos autos *da citação do último servidor indiciado* (art. 238, Lei nº 8.112/90).

No mandado de citação deve constar, além do cabeçalho contendo a portaria de instauração da Comissão Disciplinar, o *prazo* de que o indiciado dispõe para elaborar a defesa, a forma da contagem desse prazo – dia útil posterior ao da juntada do mandado aos autos (art. 238, Lei nº 8.112/90 c/c §3º do art. 224, do CPC), que a defesa deve ser

[205] AgRg no RHC 141245 / DF, relator Ministro RIBEIRO DANTAS, 5ª Turma do STJ, julg. 13/04/2021, pub. DJe 16/04/2021.
[206] HC 679962 / PR, Rel. Ministro JESUÍNO RISSATO (DESEMBARGADOR CONVOCADO DO TJDFT), 5ª Turma do STJ, julg. 05/10/2021, pub. DJe 08/10/2021.

escrita, sob pena de revelia, elaborada em razão dos *fatos, fundamentos e provas* contidas no Despacho de Encerramento de Instrução e Indiciação, cuja cópia acompanha o mandado. Na oportunidade, pode-se encaminhar cópia do processo em mídia digital (CD), atualizada.

Assim, o indiciado irá elaborar sua defesa contrapondo-se ao conteúdo disposto na peça denominada de Despacho de Encerramento de Instrução e Indiciação. *Defesas deficientes, insuficientes, imprestáveis*,[207] porque não atacaram os pontos levantados no referido despacho, merecem análise por parte dos membros da Comissão Processante, que em ata devem deliberar se é caso de ser declarada a revelia e solicitar à autoridade instauradora a designação de defensor dativo. Dessa forma, a Comissão Disciplinar zela pela observância dos princípios da ampla defesa e do contraditório.

Para que seja deferido o pedido de prorrogação do prazo de defesa pelo dobro,[208] formulado pelo servidor, faz-se necessário que na peça protocolada conste a *pertinência*, a *justificativa* ou o *benefício* para o esclarecimento dos fatos. O exíguo prazo da comissão precisa ser bem utilizado, e o servidor pode e deve usar seu poder de convencimento direcionado para a Comissão Disciplinar e demonstrar a importância da produção de determinada prova no prazo de defesa, mas não desviar esse instrumento como meio de procrastinação dos trabalhos investigatórios, com o objetivo de atrasar a sua conclusão.

Muito menos serve como pretexto para reabrir a fase instrutória do processo disciplinar, a qual termina com o Termo de Encerramento de Instrução e Indiciação. Nesse sentido, o STF entende que o indeferimento motivado de produção de provas após o término da instrução do processo administrativo não caracteriza cerceamento de defesa.[209] O Superior Tribunal de Justiça pronunciou-se no sentido de que o direito de produzir provas não é absoluto, sendo indispensável que o servidor investigado demonstre a necessidade da produção das provas requeridas, bem como que formalize o pedido no momento adequado.[210]

---

[207] Exemplo: despacho de encerramento de instrução e indiciação que aponta vários ilícitos administrativos praticados por servidor que em sua defesa, no entanto, limita-se a apontar culpa de terceiros estranhos ao processo, em uma única lauda (folha), sem se defender das imputações contidas no despacho.

[208] §3º O prazo de defesa poderá ser prorrogado pelo dobro, para diligências reputadas indispensáveis.

[209] O indeferimento motivado de pedido de prova testemunhal formulado após o término da instrução do processo administrativo não caracteriza cerceamento de defesa. Art. 156, §§1º e 2º, da Lei nº 8.112/1990.
(RMS 30881/DF, Segunda Turma, STF, Relatora Ministra Cármen Lúcia, julg. 02/10/2012, pub. DJe 26/10/2012).
A outra alegação de cerceamento de defesa — a relativa ao indeferimento, sem motivação, das provas requeridas pelo impetrante por ocasião de sua defesa escrita — não procede, porquanto, para motivar o indeferimento basta o fundamento de que a oitiva de testemunhas e a produção de provas suplementares deveriam ter sido requeridas *"em tempo hábil e não no final do prazo de defesa"*. De feito, pelo procedimento previsto na Lei nº 8.112/90, "é assegurado ao servidor o direito de acompanhar o processo pessoalmente ou por intermédio de procurador, arrolar e reinquirir testemunhas, produzir provas e contraprovas e formular quesitos, quando se tratar de prova pericial" (art. 156) *na fase de instrução* (para isso, aliás, é que se faz a citação prévia para esse acompanhamento), *não mais havendo oportunidade de fazê-lo na defesa final* — a escrita — que é a etapa que, no inquérito, se segue à instrução, que se encerra com a tipificação das infrações e com a formulação da indiciação do servidor, especificados os fatos a ele imputados e as respectivas provas. *Inexiste, pois, a alegação da nulidade, porquanto a motivação do indeferimento da pretensão de produção de novas provas pela circunstância de não ter sido feita oportunamente está correta e é suficiente.*
(MS nº 22.103-8/RS, Tribunal Pleno, STF, Relator Min. Moreira Alves, j. 01.08.95, pub. no DJ 24.11.95, Ementário nº 1810-02. Grifos nossos).

[210] Eventuais nulidades ocorridas no bojo do processo administrativo disciplinar exigem a comprovação do prejuízo à defesa, o que, não ocorrendo, atrai a aplicação do princípio do *pas de nullité sans grief.*" (RMS 27072 / AM, Relatora Ministra Laurita Vaz, Quinta Turma, julg. 18/10/2011, public. DJe 03/11/2011).
"É de rigor assentar, todavia, isso não significa que todas as providências requeridas pelo acusado devem ser atendidas; ao revés, a produção de provas pode ser recusada, se protelatórias, inúteis ou desnecessárias."

Há diferenciação na contagem do prazo, quando o indiciado se recusa a firmar a cópia da citação.[211] O membro-secretário lavra o termo e colhe assinatura de duas testemunhas. *O prazo de defesa será contado da data declarada no termo.*

A obrigatoriedade da comunicação da mudança de endereço[212] à Comissão Disciplinar tem como objetivo garantir que as comunicações essenciais ao desenvolvimento dos trabalhos sejam entregues ao servidor indiciado, caso esteja ausente de sua unidade de lotação ou exercício por razão de férias, licença médica, no caso de afastamento preventivo previsto no art. 147, da Lei nº 8.112/90 ou ainda por razões de força maior. Essa comunicação pode ser feita no próprio corpo do *mandado de citação,* ou por requerimento do servidor indiciado.

A citação por edital[213] consiste numa medida excepcional e deve ser levada a efeito somente quando *esgotadas* todas as maneiras de se encontrar o servidor indiciado, e estando todas as *diligências devidamente certificadas* nos autos. A comprovação *por escrito* do esgotamento dos meios possíveis e conhecidos faz prova de que a comissão obedeceu ao princípio constitucional do devido processo legal.[214]

No que se refere à revelia,[215] podem existir inúmeras razões pelas quais o servidor pode se recusar a apresentar sua defesa no prazo regulamentar, sendo as mais comuns: a) intencionalmente; b) por incapacidade de se defender em causa própria; c) por entender que há necessidade de um advogado para elaborar sua defesa e não pode arcar com os custos dessa defesa, dentre outras.[216] O motivo não assume posição de destaque, pois importa à Comissão Disciplinar o fato de que o servidor encontra-se *sem defesa após o indiciamento.*[217]

(MS 9076 / DF, Relator Ministro Hélio Quaglia Barbosa, 3a. Seção STJ, julg. 13/10/2004, public. DJ 26/10/2004 p. 77).

"O indeferimento de pedido de produção de provas, por si só, não se caracteriza como cerceamento de defesa, principalmente se a parte faz solicitação aleatória, desprovida de qualquer esclarecimento. A Constituição Federal de 1988, em seu art. 5º, LV, garante aos litigantes em maneira geral o direito à ampla defesa, compreendendo-se nesse conceito, dentre os seus vários desdobramentos, o direito da parte à produção de provas para corroborar suas alegações. *Mas esse direito não é absoluto, ou seja, é necessário que a parte demonstre a necessidade de se produzir a prova, bem como deduza o pedido no momento adequado.* Segurança denegada" (STJ. MS nº 7834/DF. Relator: Min. Felix Fischer. 3ª Seção. Julg. 13/03/2001, public. DJU 127, 08/04/2001).

[211] §4º No caso de recusa do indiciado em apor o ciente na cópia da citação, o prazo para defesa contar-se-á da data declarada, em termo próprio, pelo membro da comissão que fez a citação, com a assinatura de (2) duas testemunhas.

[212] Art. 162. O indiciado que mudar de residência fica obrigado a comunicar à comissão o lugar onde poderá ser encontrado.

[213] Art. 163. Achando-se o indiciado em lugar incerto e não sabido, será citado por edital, publicado no Diário Oficial da União e em jornal de grande circulação na localidade do último domicílio conhecido, para apresentar defesa.
Parágrafo único. Na hipótese deste artigo, o prazo para defesa será de 15 (quinze) dias a partir da última publicação do edital.

[214] 1. O procedimento transcorreu em estrita obediência à ampla defesa e ao contraditório, com a comissão processante franqueando ao impetrante todos os meios e recursos inerentes à sua defesa. 2. É cediço que o acusado deve saber quais fatos lhe estão sendo imputados, ser notificado, ter acesso aos autos, ter possibilidade de apresentar razões e testemunhas, solicitar provas etc., o que ocorreu *in casu.*" (MS 9076 / DF, Relator Ministro Hélio Quaglia Barbosa, 3a. Seção STJ, julg. 13/10/2004, public. DJ 26/10/2004 p. 77).

[215] Art. 164. Considerar-se-á revel o indiciado que, regularmente citado, não apresentar defesa no prazo legal.

[216] Súmula Vinculante nº 5/STF.

[217] "O acusado optou por não comparecer e não se fez representar por advogado no curso do processo administrativo, não podendo alegar nulidade por falta de defensor dativo da Administração, cuja previsão legal se destina às hipóteses de revelia do acusado, o que não ocorreu no presente caso (art. 164, §2º, da Lei nº 8.112/1990). 5. A falta de defesa técnica por advogado no processo administrativo disciplinar não ofende

A *revelia* possui o objetivo de se restabelecer o equilíbrio entre os atos da Comissão Disciplinar e os do servidor indiciado, após o transcurso do prazo de defesa, sem que o servidor a tenha apresentado, pessoalmente ou por procurador devidamente habilitado,[218] em atenção aos princípios constitucionais da ampla defesa e do contraditório.[219]

A revelia é declarada em *termo próprio*,[220] *assinada* por *todos* os *membros*, constatando que decorreu o prazo legal para defesa escrita, sem que o indiciado a tenha entregado ao colegiado. Longe de ser um ato afrontoso, ou que denigre a imagem do servidor, trata-se justamente de seu contrário, da demonstração de observância ao princípio do devido processo legal, entendido como o regular exercício da ampla defesa e do contraditório, após o que se restabelece o prazo para a defesa. Também da declaração da *revelia*, em obediência ao princípio do contraditório, *é dada ciência* ao servidor indiciado, por meio de *mandado de notificação* acompanhado de cópia do respectivo termo.

O *defensor dativo*[221] é designado por portaria da autoridade instauradora e não há nulidade se a nomeação não recair em um servidor que seja advogado, podendo a defesa ser feita por qualquer servidor designado para a função. A Súmula Vinculante nº 5/STF afirma textualmente que a falta de defesa técnica por advogado no processo administrativo disciplinar não ofende a Constituição.

A fim de não prejudicar a elaboração da defesa do servidor, a Comissão Processante pode lavrar ata na qual conste o *início* da contagem do *prazo* como o dia seguinte ao que o defensor dativo teve ciência de sua designação e vista dos autos. O defensor dativo tem acesso aos autos, a todas as provas, administrativas ou judiciais, bem como a ser informado do endereço e telefone do servidor indiciado para contato, caso seja possível, ou seja, desde que não esteja em lugar incerto e não sabido.

A defesa do servidor indiciado[222] *será analisada item por item pelos membros da Comissão Disciplinar*. A ausência de apreciação de matéria suscitada pelo servidor indiciado caracteriza cerceamento de defesa.[223] As argumentações trazidas na peça de defesa serão

---

a Constituição (Súmula Vinculante 5/STF)." (MS 11687 / DF, Relator Ministro Sebastião Reis Júnior, Terceira Seção, STJ, julg. 11/09/2013, public. DJe 18/10/2013).

[218] "5. Por fim, é fato que a impetrante apresentou pessoalmente a sua defesa perante a Comissão Processante nos autos do processo administrativo disciplinar. Assim, não há falar em nulidade pela ausência de nomeação de defensor dativo – o que é exigido apenas no caso de revelia. Precedentes: MS 13.791/DF, 3ª Seção, Min. Napoleão Nunes Maia Filho, DJe de 25/04/2011; MS 11.222/DF, 3ª Seção, Min. Maria Thereza de Assis Moura, DJe de 28/05/2009." (MS 17485 / DF, Relator Ministro Mauro Campbell Marques, Primeira Seção, julg. 08/05/2013, public. DJe 14/05/2013).

[219] A Constituição da República (art. 5º, LIV e LV) consagrou os princípios do devido processo legal, do contraditório e da ampla defesa, também, no âmbito administrativo. A interpretação do princípio da ampla defesa visa a propiciar ao servidor oportunidade de produzir *conjunto probatório servível para a defesa*. (ROMS nº 8.116, Rel. Min. Gilson Dipp, 5ª T, STJ, julg. 16.09.1999, *in* DJU 11.10.1999, p. 75; JSTJ 11/387. (Grifos nossos).

[220] §1º A revelia será declarada, por termo, nos autos do processo e devolverá o prazo para a defesa.

[221] §2º Para defender o indiciado revel, a autoridade instauradora do processo designará um servidor como defensor dativo, que deverá ser ocupante de cargo efetivo superior ou de mesmo nível, ou ter nível de escolaridade igual ou superior ao do indiciado.

[222] Art. 165. Apreciada a defesa, a comissão elaborará relatório minucioso, no qual resumirá as peças principais dos autos e mencionará as provas em que se baseou para formar a sua convicção.
§1º O relatório será sempre conclusivo quanto à inocência ou à responsabilidade do servidor.
§2º Reconhecida a responsabilidade do servidor, a comissão indicará o dispositivo legal ou regulamentar transgredido, bem como as circunstâncias agravantes ou atenuantes.

[223] A ausência de apreciação, de maneira injustificada, da questão preliminar levantada pelo servidor quanto à suspeição e impedimento do presidente da comissão de inquérito, caracteriza-se como cerceamento ao direito de defesa do acusado, ensejando a anulação do processo. Segurança concedida" (MS nº 7181/DF; Mandado de Segurança 2000/0102019-6. Relator: Min. Felix Fischer. Órgão julgador: 3ª Seção. Julgamento: 14/03/2001, DJ, p. 00329, 09/04/2001, JBCC Vol.: 00190 PG: 00204).

acolhidas ou rejeitadas pela Comissão Disciplinar, *fundamentadamente,* apontando-se as respectivas provas no processo. Ao final, o relatório concluirá quanto à inocência (e consequente arquivamento dos autos) ou responsabilidade do servidor (com a indicação da pena correspondente), nos termos do §1º, do art. 165, da Lei nº 8.112/90.

A Comissão Disciplinar, em decorrência do dispositivo legal acima transcrito, não pode deixar de apontar a autoria e a materialidade ao servidor indiciado, quando as provas nos autos confirmarem a prática do ilícito administrativo.

De forma contrária, inexistindo provas ou na dúvida, a Comissão Disciplinar pode e deve sugerir à autoridade instauradora que o servidor seja inocentado e o processo arquivado.

Convém fazer a ressalva, no relatório final, quanto à existência de outras provas ou novas provas sobre o mesmo fato, o que autoriza a Administração a constituir nova comissão para apurar o ilícito, desta feita com base em prova diversa.

O fato de a Comissão Disciplinar ter feito a tipificação no despacho de encerramento de instrução e indiciação facilita a análise da defesa. No relatório existe a obrigatoriedade de mencionar o dispositivo legal ou regulamentar transgredido. A Comissão Processante pode fazer o ajuste, excluindo algumas tipificações, se acolheu alguma argumentação da defesa nesse sentido.

10.4 Cerceamento de defesa – O polo oposto da ampla defesa e do contraditório

Tanto uma *ação* como uma *omissão* da Comissão Disciplinar podem caracterizar cerceamento de defesa. Cada vez que a comissão realiza uma diligência, agindo dentro dos limites investigatórios, sem intimar previamente o servidor acusado daquele ato, ou ainda quando promove a juntada de documentos ao processo e deixa de dar ciência ao referido servidor, ocorre o *cerceamento de defesa por ação* do colegiado.

O *cerceamento de defesa por omissão* tem lugar quando a Comissão Disciplinar ou a autoridade julgadora deixam de apreciar pedido formulado pelo servidor, incidentes de suspeição ou impedimento de seu presidente, ou quando os argumentos da peça de defesa apresentada pelo servidor indiciado deixam de ser analisados pela Comissão Processante. Tem-se uma representação gráfica inversa daquela apresentada no título anterior:

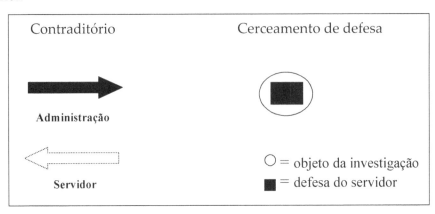

Em regra, qualquer vício ou defeito existente nos *atos essenciais* do procedimento disciplinar pode fulminar os demais atos subsequentes de nulidade. Assim, especial atenção, por se considerarem atos essenciais, devem merecer a notificação prévia, as intimações para as inquirições de testemunhas, o interrogatório, a peça de indiciamento, a análise da defesa e o relatório.

Por outro lado, o comparecimento espontâneo do servidor investigado a uma audiência, da qual não foi formalmente avisado, supre eventual nulidade decorrente de sua falta de intimação. Aplica-se aqui o princípio *pas de nullité sans grief* — não ocorre nulidade se não há prejuízo,[224] bem como, analogicamente, aplica-se o disposto no art. 563 do Código de Processo Penal, de que nenhum ato será declarado nulo, se da nulidade não resultar prejuízo para a acusação ou para a defesa.

Por fim, registre-se que "não se pode confundir ampla defesa com defesa infinita".[225]

10.5 Exemplos práticos

A enumeração de *exemplos* que se seguem *não é exaustiva, apenas exemplificativa*, consubstanciando-se nos fatos mais comuns que viciam o procedimento administrativo disciplinar, *tornando-o nulo desde a ocorrência* de um dos fatos abaixo relacionados, extraídos da jurisprudência do Superior Tribunal de Justiça e do Supremo Tribunal Federal:

a) ausência de notificação prévia, ou existindo esta, a falta de menção expressa da condição do servidor investigado como acusado no procedimento disciplinar, bem como a falta dos fatos que lhes são imputados;

b) ausência de intimação do servidor acusado para comparecer a audiência de oitiva de testemunha da Comissão Disciplinar ou de testemunha arrolada pela defesa no prazo de três dias úteis antes do ato (§2º do art. 26, da Lei nº 9.784, de 29.01.1999);

c) não conceder oportunidade para o servidor acusado reinquirir as testemunhas arroladas pela Comissão Disciplinar, no momento da audiência;

d) não ouvir a testemunha indicada pelo servidor acusado;

e) ausência de intimação para o servidor acusado apresentar provas e contraprovas que deseja produzir, bem como indicar as suas testemunhas, após o encerramento da produção das provas da comissão;

f) ouvir servidor como testemunha e indiciá-lo no curso do mesmo processo;

g) indiciar servidor antes de ouvir as testemunhas de defesa e de efetivar as diligências requeridas pelo servidor acusado — inversão que viola o devido processo legal;

---

[224] Superior Tribunal de Justiça já decidiu que "apenas se proclama a nulidade de um ato processual quando houver efetiva demonstração de prejuízo à defesa, o que não ocorreu na hipótese dos autos, sendo aplicável o princípio do *pas de nullité sans grief*" (MS 15.064/DF, Rel. Ministro Gilson Dipp, Terceira Seção, DJe 17/11/2011). MS nº 7985/DF, STJ 3ª Seção; MS nº 8259/DF, STJ 3ª Seção; MS nº 7863/DF, STJ 3ª Seção.

[225] AgRg no RMS 33373 / PE, Relator Ministro Herman Benjamin, Segunda Turma, STJ, julg. 07/04/2011, public. DJe 25/04/2011.

h) não estabelecer a paridade na indicação das testemunhas: o número de testemunhas ouvidas pela Comissão Disciplinar deve ser igual ao número de testemunhas facultadas à indicação pelo servidor acusado.

i) falta de apreciação, pelo presidente da Comissão Processante, de pedido de produção de determinada prova. *Nota: v. art. 156, §1º e 2º, da Lei nº 8.112/9;*

j) não facultar ao servidor acusado a formulação de quesitos ou a indicação de assistente técnico, quando for produzida prova técnica pericial;

k) não informar ao servidor acusado, com antecedência de três dias úteis, das diligências que serão efetivadas pela Comissão Disciplinar;

l) falta de nomeação de defensor dativo ao servidor revel;

m) intimações às vésperas do ato a ser praticado pela Comissão Processante, de modo que impossibilite o acompanhamento pelo servidor investigado, ou seja, que resulte em prejuízo para o servidor;

n) falta de apreciação dos argumentos levantados pelo servidor indiciado em sua defesa escrita;

o) falta de manifestação do presidente sobre incidentes, como por exemplo, de suspeição ou impedimento de quaisquer dos membros do colegiado;

p) compromissar o servidor no momento do interrogatório (deve-se informá-lo de seu direito ao silêncio);

q) intimação de testemunha via rádio (*vide* §3º do art. 26, da Lei nº 9.784, de 29/01/99);

Quase todas essas ocorrências podem ser corrigidas pela Comissão Processante se detectadas a tempo, após a deliberação, devidamente registrada em ata. Basta repetir os atos, observando-se, desta feita, as formalidades legais. Se houver algum impedimento quanto aos componentes da comissão, o seu presidente deve solicitar à autoridade instauradora a sua substituição no colegiado, com a publicação da respectiva portaria.

Ao repetir o ato, importante fazer constar expressamente, em ata e no próprio texto do ato que foi repetido, que o anterior foi desconsiderado, tornando-o sem efeito. Óbvio que a correção dos atos somente é possível durante a apuração.

Se existir falha em atos que não são essenciais ou dos quais não resultou prejuízo para defesa,[226] estes não tornam nulo o processo. Da mesma forma se procede quando se trata de prova que a Comissão Processante não se utilizou para formular o indiciamento ou formar a sua convicção.

Tomando-se por base também a jurisprudência do Superior Tribunal de Justiça e do Supremo Tribunal Federal, e somente a título exemplificativo, enumeramos as nulidades que ocorrem com maior frequência no processo disciplinar:

---

[226] "3. Este Superior Tribunal de Justiça possui entendimento firmado no sentido de que a nulidade do processo administrativo disciplinar é declarável quando evidente a ocorrência de prejuízo à defesa do servidor acusado, observando-se o princípio *pas de nullité sans grief*, não demonstrada na hipótese em apreço (MS nº 9.649/DF, Ministro Og Fernandes, Terceira Seção, STJ, DJe 18/12/2008 - Grifo nosso). 4. No tocante às nulidades envolvendo o indiciamento do acusado, a par da falta de comprovação do prejuízo à defesa, também não merece acolhida a alegação porque a indiciação foi feita com a descrição minuciosa dos fatos e dos elementos probatórios que a embasaram. 5. Não há nulidade no processo administrativo disciplinar, porquanto, nos termos do entendimento do Superior Tribunal de Justiça, a descrição minuciosa dos fatos se faz necessária apenas quando do indiciamento do servidor, após a fase instrutória, na qual são efetivamente apurados, e não na portaria de instauração ou na citação inicial (MS nº 12.927/DF, Ministro Felix Fischer, Terceira Seção, DJU 12/2/2008). (MS 14780 / DF, Relator Ministro Sebastião Reis Júnior, Terceira Seção, julg. 13/11/2013, public. DJe 25/11/2013)

a) violação aos princípios do devido processo legal, do contraditório, da ampla defesa, da impessoalidade e da motivação dos atos da Administração;

b) cerceamento de defesa — ou seja, criação de obstáculos à defesa eficaz do servidor acusado ou indiciado;

c) mandado de citação omisso, que não contém elementos que possibilitem a defesa ou não se reporte à base fática e jurídica que sirva para dar ciência ao investigado;

d) incompetência da autoridade julgadora para aplicar a penalidade;

e) ausência de incidente de sanidade mental quando necessário;

f) ausência de apreciação de questão preliminar levantada na defesa;

g) Comissão Processante composta por servidor não estável ou impedimento dos membros da Comissão Disciplinar, compreendidas as constantes do art. 149, §2º, da Lei nº 8.112/90;

h) ausência de notificação prévia chamando o servidor ao processo desde o seu início, a fim de acompanhar a instrução;

i) não observância do prazo de três dias entre a intimação do acusado ou testemunha e a realização do ato para o qual deve comparecer;

j) processo disciplinar desenvolvido sem a portaria de instauração da Comissão Processante;

k) dispensa de testemunha-chave arrolada pela defesa sem a concordância desta;

l) utilização de prova ilícita (sigilo bancário, telefônico ou fiscal), ou seja, obtida irregularmente;

m) aplicação de pena totalmente diversa da falta atribuída ao servidor;

n) não apreciação de incidentes de impedimento e suspeição do presidente e membros da comissão (cerceamento de defesa).

o) obrigar o servidor a fazer prova contra si mesmo;

p) afrontar o princípio *nemo tenetur se detegere*, que abrange o direito ao silêncio, de não se autoincriminar, não se confessar culpado, não produzir provas contra si mesmo, o direito de permanecer calado, não se declarar culpado e não praticar atos lesivos à sua defesa.

Por outro lado, *não constituem nulidades* e, portanto, desenvolve-se o processo disciplinar dentro da legalidade mesmo com uma das ocorrências abaixo discriminadas:

a) ausência de instauração de sindicância investigatória antes do processo disciplinar;

b) descumprimento de prazos que não importem prejuízo para a defesa (ex.: perícia que se alonga além do prazo inicialmente previsto);

c) negativa de retirada de autos da repartição;

d) negativa de cópia dos autos por advogado que não é patrono do servidor investigado;

e) negativa de privilégios a servidores investigados, quando portadores de doenças contagiosas (HIV, Tuberculose, etc.);[227]

f) portaria de instauração expedida por autoridade no exercício de poder delegado;

---

[227] "3. A lei não confere nenhum privilégio a portadores de doenças contagiosas, em relação aos processos administrativos disciplinares, podendo estes serem indiciados e, até mesmo, apenados." (MS 6789/DF, Relator Ministro Edson Vidigal, Terceira Seção, STJ, julg. 09/05/2001, public. DJ 25/06/2001 p. 101)

g) processo administrativo instaurado com base em denúncia anônima;[228]

h) oitiva informal de testemunha pela Comissão Processante, considerando-se na conclusão somente as provas contidas nos autos sem referência à prova testemunhal;

i) aplicação de penalidade por autoridade no exercício interino do cargo;

j) portaria inaugural que descreve sucintamente os fatos pelos quais responderá o servidor;

k) irregularidade processual sem prejuízo consequente, ou seja, sem influência no direito material e reflexo na decisão da causa;

l) indeferimento de provas protelatórias;

m) notificação prévia deficiente, desde que sanada a irregularidade no termo de encerramento de instrução e indiciação, possibilitando a defesa;

n) ausência do nome do "denunciante" e dos fatos da acusação na portaria instauradora;[229]

o) indeferimento de prova testemunhal se o fato apurado depende apenas de prova técnica;

p) falta de nomeação de defensor dativo para os casos não previstos na lei (estão previstos para revelia e falta de entrega de defesa);[230]

q) a inversão da ordem de oitiva de testemunhas e interrogatório, desde que não haja prejuízo para a defesa.[231]

A enumeração contida acima, embora não esgote o tema, fornece elementos de reconhecimento da existência ou não de nulidades durante o processo disciplinar e após sua conclusão, quando da análise precedente ao julgamento pela autoridade competente.

---

[228] 3. "A denúncia anônima é apta a deflagrar processo administrativo disciplinar, não havendo, portanto, qualquer ilegalidade na instauração deste com fundamento naquela, tendo em vista o poder-dever de autotutela imposto à Administração e, por conseguinte, o dever da autoridade de apurar a veracidade dos fatos que lhe são comunicados. Precedentes: MS 13.348/DF; EDcl no REsp 1096274/RJ; REsp 867.666/DF; e MS 12.385/DF" (MS 10.419/DF, Rel. Ministra Alderita Ramos De Oliveira, Desembargadora Convocada do TJ/PE, TERCEIRA SEÇÃO, DJe 19/6/2013). (MS 7415 / DF, Relator Ministro OG FERNANDES, Terceira Seção, STJ, julg. 11/09/2013, public. DJe 25/09/2013).

[229] 7. Não há falar em nulidade pela ausência de indicação do ilícito na portaria de instauração do inquérito administrativo, pois, consoante salientou a autoridade impetrada: (i) convém que a portaria apenas faça referência ao número do processo no qual estejam descritas as irregularidades e aos fatos conexos que possam emergir da apuração; (ii) não é recomendável apontar na portaria o nome do servidor acusado e já cogitar da descrição do suposto ilícito e do enquadramento legal; e, (iii) ao contrário de configurar qualquer prejuízo à defesa, tais lacunas na portaria preservam a integridade do próprio servidor envolvido e têm o fim de a autoridade instauradora não induzir o trabalho da comissão e de não propiciar alegação de pré-julgamento. É entendimento que se coaduna com a jurisprudência desta Corte. Precedentes: MS 15.787/DF, Rel. Ministro Benedito Gonçalves, Primeira Seção, julgado em 09/05/2012, DJe 06/08/2012; MS 16.815/DF, Rel. Ministro Cesar Asfor Rocha, Primeira Seção, julgado em 11/04/2012, DJe 18/04/2012; MS 9.201/DF, Rel. Ministra Laurita Vaz, Terceira Seção, julgado em 08/09/2004, DJ 18/10/2004, p. 186. (MS 16192 / DF, Relator Ministro Mauro Campbell Marques, Primeira Seção do STJ, julg. 10/04/2013, public. DJe 18/04/2013).

[230] 2. O art. 164, §2º, da Lei nº 8.112/90 estabelece que somente haverá a designação de defensor dativo para defender o indiciado que, porventura, seja revel, ou seja, que, a despeito de citado para o acompanhamento do processo e apresentação da defesa, não atenda à citação. No caso dos presentes autos observa-se que a defesa foi oportunizada e efetivamente exercida pela impetrante. (MS 11971 / DF, Relatora Ministra Alderita Ramos de Oliveira (Desembargadora Convocada do TJ/PE) (8215), Terceira Seção, julg. 26/06/2013, public. DJe 27/08/2013).

[231] I - A inversão da ordem de oitiva de testemunhas e interrogatório do acusado, bem como a extrapolação do prazo para conclusão do processo administrativo disciplinar não acarretam a sua nulidade, se, em razão disso, não houve qualquer prejuízo para a defesa do acusado. Aplicação do princípio *pas de nullité sans grief*. (RMS 21633/RN, Relator Ministro Felix Fischer, 5ª. Turma, STJ, julg. 24/04/2007, public. DJ 04/06/2007 p. 382).

10.6 Lei de Acesso à Informação

A Lei nº 12.527, de 18.11.2011 – Lei de Acesso à Informação – regulamenta o acesso à informação previsto no inciso XXXIII, do art. 5 º, no inciso II do §3º do art. 37 e no §2º, do art. 216 todos da Constituição Federal.[232]

Por sua vez, o Decreto nº 7.724, de 16.05.2012 regulamentou a Lei de Acesso à Informação no âmbito do Poder Executivo Federal, mais precisamente os procedimentos para a garantia do acesso à informação e a classificação de informações sob restrição de acesso, observados grau e prazo de sigilo (art. 1º).

Em decisão monocrática, o Ministro Napoleão Nunes Maia Filho,[233] do STJ, bem apontou a finalidade da Lei de Acesso à Informação: conferir cristalinidade ao Estado, nas formas de transparência ativa e passiva. A primeira, quanto à divulgação de informações por iniciativa da própria Administração, e a segunda, mediante as demandas específicas dos cidadãos, que pleiteiam informações.

A Lei de Acesso à Informação alterou expressamente o inciso VI, do artigo 116 da Lei nº 8.112/90.[234] E incluiu o art. 126-A,[235] isentando o servidor denunciante de responsabilidade civil, penal ou administrativa pela denúncia efetivada.

---

[232] Art. 5º Todos são iguais perante a lei, sem distinção de qualquer natureza, garantindo-se aos brasileiros e aos estrangeiros residentes no País a inviolabilidade do direito à vida, à liberdade, à igualdade, à segurança e à propriedade, nos termos seguintes:
(...)
XXXIII - todos têm direito a receber dos órgãos públicos informações de seu interesse particular, ou de interesse coletivo ou geral, que serão prestadas no prazo da lei, sob pena de responsabilidade, ressalvadas aquelas cujo sigilo seja imprescindível à segurança da sociedade e do Estado; *(Regulamento) (Vide Lei nº 12.527, de 2011).*
....
Art. 37. A administração pública direta e indireta de qualquer dos Poderes da União, dos Estados, do Distrito Federal e dos Municípios obedecerá aos princípios de legalidade, impessoalidade, moralidade, publicidade e eficiência e, também, ao seguinte: *(Redação dada pela Emenda Constitucional nº 19, de 1998).*
(...)
§3º A lei disciplinará as formas de participação do usuário na administração pública direta e indireta, regulando especialmente: *(Redação dada pela Emenda Constitucional nº 19, de 1998).*
(...)
II - o acesso dos usuários a registros administrativos e a informações sobre atos de governo, observado o disposto no art. 5º, X e XXXIII; *(Incluído pela Emenda Constitucional nº 19, de 1998) (Vide Lei nº 12.527, de 2011).*
....
Art. 216. Constituem patrimônio cultural brasileiro os bens de natureza material e imaterial, tomados individualmente ou em conjunto, portadores de referência à identidade, à ação, à memória dos diferentes grupos formadores da sociedade brasileira, nos quais se incluem:
(...)
§2º - Cabem à administração pública, na forma da lei, a gestão da documentação governamental e as providências para franquear sua consulta a quantos dela necessitem. (Vide Lei nº 12.527, de 2011).

[233] (MC 021790, decisão de 11/10/2013, public. 17/10/2013).

[234] Art. 116. São deveres do servidor:
(...)
VI - levar as irregularidades de que tiver ciência em razão do cargo ao conhecimento da autoridade superior ou, quando houver suspeita de envolvimento desta, ao conhecimento de outra autoridade competente para apuração; *(Redação dada pela Lei nº 12.527, de 2011).*

[235] Art. 126-A. Nenhum servidor poderá ser responsabilizado civil, penal ou administrativamente por dar ciência à autoridade superior ou, quando houver suspeita de envolvimento desta, a outra autoridade competente para apuração de informação concernente à prática de crimes ou improbidade de que tenha conhecimento, ainda que em decorrência do exercício de cargo, emprego ou função pública. *(Incluído pela Lei nº 12.527, de 2011).*

O artigo 22[236] da Lei de Acesso à Informação mantém as hipóteses legais de sigilo,[237] com reforço, no mesmo sentido, no art. 6º do Decreto nº 7.724,[238] de 16.05.2012. Mas, no caso específico do processo disciplinar, subsiste o artigo 150,[239] da Lei nº 8.112/90.

O sigilo, na forma do art. 150, consiste no instrumento da própria investigação,[240] essencial ao esclarecimento dos fatos ou exigido pelo interesse da administração, enquanto que as reuniões e audiências têm caráter reservado. A Secretária de Documentação do STJ, Rosa Carvalho, sintetizou bem a situação dos processos administrativos disciplinares e sindicâncias: "A apuração é sigilosa, mas o resultado é público, inclusive com publicação no Diário Oficial".[241]

10.7 Lei Geral de Proteção de Dados

Dentre as novidades trazidas pela Lei Geral de Proteção de Dados (LGPD) – Lei nº 13.709, de 14/08/2018[242] –, temos a preservação de *dados pessoais* e *dados pessoais sensíveis* prevista nos inc. I e II do art. 5º.

Dados pessoais constituem-se daqueles relacionados a pessoa *natural* identificada ou identificável. Considera-se *dado pessoal sensível* o dado pessoal sobre origem racial ou étnica, convicção religiosa, opinião política, filiação a sindicato ou a organização de caráter religioso, filosófico ou político, dado referente à saúde ou à vida sexual, dado genético ou biométrico, quando vinculado a uma pessoa natural. Se esses dados vierem

---

[236] Art. 22. O disposto nesta Lei não exclui as demais hipóteses legais de sigilo e de segredo de justiça nem as hipóteses de segredo industrial decorrentes da exploração direta de atividade econômica pelo Estado ou por pessoa física ou entidade privada que tenha qualquer vínculo com o poder público.

[237] V. ENUNCIADO Nº 4, DE 10 DE MARÇO DE 2022. Nos pedidos de acesso à informação e respectivo recursos, as decisões que tratam da publicidade de dados de pessoas naturais devem ser fundamentadas nos arts. 3º e 31 da Lei nº 12.527/2011 (Lei de Acesso à Informação - LAI), vez que:
A LAI, por ser mais específica, é a norma de regência processual e material a ser aplicada no processamento desta espécie de processo administrativo; e
A LAI, a Lei nº 14.129/2021 (Lei de Governo Digital) e a Lei nº 13.709/2018 (Lei Geral de Proteção de Dados Pessoais - LGPD) são sistematicamente compatíveis entre si e harmonizam os direitos fundamentais do acesso à informação, da intimidade e da proteção aos dados pessoais, não havendo antinomia entre seus dispositivos.

[238] Art. 6º O acesso à informação disciplinado neste Decreto não se aplica:
I - às hipóteses de sigilo previstas na legislação (...)

[239] Art. 150. A Comissão exercerá suas atividades com independência e imparcialidade, assegurado o sigilo necessário à elucidação do fato ou exigido pelo interesse da administração.
'Parágrafo único. As reuniões e as audiências das comissões terão caráter reservado.

[240] A suposta quebra de sigilo não tem o condão de revelar processo administrativo falho, porquanto o sigilo, na forma do art. 150 da Lei nº 8.112/90, não é garantia do acusado, senão instrumento da própria investigação. (MS 7840 / DF, Relatora Ministra Alderita Ramos de Oliveira (Desembargadora Convocada do TJ/PE), Terceira Seção STJ, julg. 12/06/2013, public. DJe 19/06/2013).

[241] ESPECIAL – *STJ promove mudanças para facilitar relacionamento com o cidadão* – Disponível em: http://www.stj.jus.br/portal_stj/publicacao/engine.wsp?tmp.area=398&tmp.texto=105692. Acesso em: 13 maio 2012, 8h.

[242] V. ENUNCIADO Nº 4, DE 10 DE MARÇO DE 2022. Nos pedidos de acesso à informação e respectivo recursos, as decisões que tratam da publicidade de dados de pessoas naturais devem ser fundamentadas nos arts. 3º e 31 da Lei nº 12.527/2011 (Lei de Acesso à Informação - LAI), vez que:
A LAI, por ser mais específica, é a norma de regência processual e material a ser aplicada no processamento desta espécie de processo administrativo; e
A LAI, a Lei nº 14.129/2021 (Lei de Governo Digital) e a Lei nº 13.709/2018 (Lei Geral de Proteção de Dados Pessoais - LGPD) são sistematicamente compatíveis entre si e harmonizam os direitos fundamentais do acesso à informação, da intimidade e da proteção aos dados pessoais, não havendo antinomia entre seus dispositivos.

no corpo da denúncia, haverá necessidade de tratamento desses dados nos componentes do processo eletrônico que vai ser gerado e poderá resultar a instauração de um processo administrativo disciplinar.

Os dados podem ser tratados por meio da *anonimização* ou da *pseudonimização*. A LGPD denomina de *controlador* a pessoa natural ou jurídica, de direito público ou privado, a quem competem as decisões referentes ao tratamento de dados pessoais; e de *operador* a pessoa natural ou jurídica, de direito público ou privado, que realiza o tratamento de dados pessoais em nome do controlador (inc.VI e VII, do art. 5º da LGPD).

A Ouvidoria e a Corregedoria constituem canais de recebimento de denúncias. No caso da Ouvidoria, onde se observa mais comumente o envio de denúncias, o tratamento faz-se antes do encaminhamento do ofício ou *e-mail*, acompanhado da denúncia, para fins de análise e apuração, se for o caso. A denúncia pode ser, então, *anonimizada* – inciso III e XI[243] do art. 5º da LGPD ou *pseudonimizada* – §4º do art. 13 da LGPD.

Na *anonimização* há a utilização de meios técnicos razoáveis e disponíveis no momento do tratamento, por meio dos quais um dado perde a possibilidade de associação, direta ou indireta, a um indivíduo. Na anonimização não existe a possibilidade de identificar o autor de uma denúncia, e não deve haver a possibilidade de reversão. Os dados anonimizados não são considerados pessoais e não são protegidos pela LGPD, salvo quando o processo de anonimização ao qual foram submetidos for revertido, utilizando exclusivamente meios próprios, ou quando, com esforços razoáveis, puder ser revertido (Art. 12, da LGPD).

A *pseudonimização* consiste no tratamento por meio do qual um dado perde a possibilidade de associação, direta ou indireta, a um indivíduo, senão pelo uso de informação adicional mantida separadamente pelo controlador em ambiente controlado e seguro, conforme prevê o §4º do art. 13 da LGPD. Na *pseudonimização* a Ouvidoria detém o controle das informações, mas trata o que pode ser repassado. Neste caso há possibilidade de comunicação para complementar informações, e os dados são protegidos pela LGPD.

Ambas, *anonimização* e *pseudonimização*, constituem técnicas de mascaramento de dados, entretanto há situações em que pode ser mais adequada a utilização de uma em relação à outra. A *anonimização* seria para o caso em que o controlador não precise mais fazer o tratamento de dados pessoais, mas tenha interesse em fazer análises nas atividades dos titulares, de forma genérica, sem trabalhar com qualquer dado que possa identificar o titular. Ou seja, se o controlador elimina os dados dos titulares, mas, por alguma razão, tem interesse em manter alguns dados, a anonimização seria a opção mais adequada.[244]

Por outro lado, a *pseudonimização* tem utilidade como forma de aumentar a segurança dos dados durante o seu tratamento pelo controlador, mascarando dados

---

[243] III - dado anonimizado: dado relativo a titular que não possa ser identificado, considerando a utilização de meios técnicos razoáveis e disponíveis na ocasião de seu tratamento; (inc. III, art. 5º, LGPD).
XI - anonimização: utilização de meios técnicos razoáveis e disponíveis no momento do tratamento, por meio dos quais um dado perde a possibilidade de associação, direta ou indireta, a um indivíduo; (inc. XI, art. 5º, LGPD).

[244] XAVIER, Fabio Correa. *O uso dos processos de anonimização e pseudonimização no contexto da LGPD*. Disponível em: https://www.migalhas.com.br/depeso/342896/o-uso-dos-processos-de-anonimizacao-e-pseudonimizacao-da-lgpd. Acesso em: 21 dez. 2021.

de identificação para operadores que não precisam desses detalhes. Outra aplicação da *pseudonimização* seria para manter a proteção dos dados durante o desenvolvimento de novas soluções, atendendo-se ao processo de privacidade desde a concepção (*Privacy by Design*).[245]

A Portaria Normativa CGU nº 27/2022[246] também dispõe sobre o tratamento de dados e a restrição de acesso às informações e aos documentos, sob seu controle, relacionados a: a) dados pessoais; b) informações e documentos caracterizados em lei como de natureza sigilosa, tais como sigilo bancário, fiscal, telefônico ou patrimonial; c) processos e inquéritos sob segredo de justiça, bem como apurações correcionais a estes relacionados; d) identificação do denunciante, observada a regulamentação específica; e e) procedimentos correcionais que ainda não estejam concluídos.

Essa restrição não se aplica àquele que figurar como investigado, acusado ou indiciado, mas o denunciante, por essa única condição, não terá acesso às informações e

---

[245] *Idem.*

[246] Art. 113. A organização dos autos dos procedimentos investigativos e processos correcionais observará as normas gerais sobre o tratamento de dados e acesso à informação no setor público, bem como demais normas editadas pela CGU ou outros órgãos competentes atendendo as seguintes recomendações:
I - as informações e documentos recebidos no curso do procedimento investigativo ou processo correcional que estejam resguardadas por sigilo legal comporão autos apartados, que serão apensados ou vinculados aos principais;
II - os documentos dos quais constem informação sigilosa ou restrita, produzidos no curso do procedimento investigativo ou processo correcional, receberão indicativo apropriado; e
III - os relatórios e os termos produzidos no curso da investigação farão apenas referência aos documentos que possuam natureza sigilosa ou restrita, sem a reprodução da informação de acesso restrito, a fim de resguardar a informação.
Art. 114. As unidades setoriais de correição do Poder Executivo Federal manterão, nos termos da Lei nº 12.527, de 18 de novembro de 2011, e sua regulamentação, independentemente de classificação, acesso restrito às informações e aos documentos sob seu controle, relacionados a:
I - dados pessoais;
II - informações e documentos caracterizados em lei como de natureza sigilosa, tais como sigilo bancário, fiscal, telefônico e patrimonial;
III - processos e inquéritos sob segredo de justiça, bem como apurações correcionais a estes relacionados;
IV - identificação do denunciante, observada a legislação e regulamentação específicas; e
V - procedimentos investigativos e processos correcionais que ainda não estejam concluídos.
§1º A restrição de acesso de que tratam os incisos I, II, III e V não poderá ser utilizada para impedir o acesso do investigado, acusado ou indiciado às informações juntadas aos autos que lhe sejam necessárias para o exercício da ampla defesa.
§2º O denunciante não terá acesso às informações de que trata este artigo.
§3º A restrição de acesso às informações e documentos não se aplica ao Órgão Central do Siscor, nem às unidades setoriais de correição e aos seus servidores no exercício de suas respectivas atribuições.
Art. 115. Para efeitos do inciso V do art. 114, consideram-se concluídos:
I - os processos correcionais com a decisão definitiva pela autoridade competente; e
II - os procedimentos investigativos: a) com o encerramento por meio da decisão definitiva da autoridade competente que decidir pela não instauração de respectivo processo correcional; e b) com a decisão definitiva do processo correcional decorrente da investigação. Parágrafo único. Independente da conclusão do procedimento investigativo, do TAC ou do processo correcional, a restrição de acesso às informações e documentos de que tratam os incisos I a IV do art. 114 deverá ser mantida.
Art. 116. Nos procedimentos investigativos, no TAC e nos processos correcionais, os dados pessoais necessários à devida instrução probatória serão tratados em consonância com os princípios estabelecidos no art. 6º da Lei nº 13.709, de 14 de agosto de 2018. Parágrafo único. O tratamento de dados a que se refere o caput independe do consentimento do titular.
Art. 117. O acusado, seu procurador e demais intervenientes no processo correcional serão informados sobre a utilização dos seus dados pessoais para instrumentalização de procedimentos e processos de responsabilização administrativa, podendo ser compartilhados, nas hipóteses legais, com órgãos e instituições públicas responsáveis pelas atividades de persecução civil ou criminal.
Art. 118. O acesso à informação classificada nos termos do art. 23 da Lei nº 12.527, de 2011, será dado em conformidade com o disposto no Decreto 7.845, de 14 de novembro de 2012.

aos documentos objeto de apuração. O tratamento de dados independe de consentimento do titular e será mantido mesmo após sua conclusão.

10.8 Conclusão

Demonstrados, na prática, a aplicação do princípio constitucional do devido processo legal (ampla defesa e contraditório) que também rege o processo disciplinar, ao colegiado processante cumpre zelar pelo seu cumprimento, mantendo sempre como norte o *bom senso* em todas as suas decisões. Bom senso implica ponderação, discussão de cada situação ou requerimento entre os membros, antes da tomada de qualquer decisão que venha a ter consequências e repercussão nos trabalhos, evitando-se assim o questionamento administrativo ou judicial desnecessário. Conhecimento e atualização da legislação, jurisprudência do STF e STJ, súmulas, Portarias normativas e enunciados dos órgãos correcionais fazem parte dos requisitos para atuação na área disciplinar.

Por outro lado, os membros da Comissão Processante não precisam temer o crivo do Judiciário quando os atos foram praticados dentro da legalidade, respeitados os princípios constitucionais do contraditório e da ampla defesa que informam o processo administrativo disciplinar. Somente quem está à frente de uma investigação possui condições de aferir a necessidade ou desnecessidade da tomada de decisões em um determinado momento. Assim, provando-se a motivação para aquele determinado ato, praticado sem excesso e devidamente fundamentado, não há razão para temer uma apreciação pelo Judiciário, que examinará a existência ou não de causa legítima constante na petição do servidor investigado, também uma garantia constitucionalmente assegurada pelo art. 5º, XXXIV, "a", da CF/88.

Referências

AGU – Ouvidoria da Advocacia-Geral da União – Registro de Demandas. Disponível em: http://www.agu.gov.br/ouvidoria.

BRASIL. Câmara dos Deputados. Projeto de lei do Dep. Diego Garcia. Disponível em: http://www.camara.gov.br/proposicoesWeb/prop_mostrarintegra?codteor=1430382. Acesso em: 28 ago. 2017.

BRASIL. STF. Jurisprudência. Disponível em: http://www.stf.jus.br/portal/jurisprudencia.

BRASIL. STJ. Jurisprudência. Disponível em: http://www.stj.jus.br/SCON/jurisprudencia. Acesso em: 20 set. 2017.

Controladoria-Geral da União. Orientações para Implantação de Unidades de Corregedoria nos Órgãos e Entidades do Poder Executivo Federal. Brasília. 2011. Disponível em: http://www.cgu.gov.br/Publicacoes/atividade-disciplinar/arquivos/manual_implantacaocorregedoria.pdf. Acesso em: 25 set. 2017.

COUTO, Hélio Ribeiro. A problemática do *dies a quo* da contagem do prazo prescricional do §1º do art. 142 da Lei nº 8.112/90: uma interpretação sobre quem deve ser a autoridade competente para tomar conhecimento de ato infracional para fins de ação disciplinar. *Publicações da Escola da AGU. Pós-Graduação em Direito Público – UnB 2014. Eixo Administrativo.* v. 34, nº 1, fev. 2014, Brasília-DF.

De Plácido e Silva. *Vocabulário Jurídico*, Rio de Janeiro: Forense, 32. ed., 2016.

DEZAN, Sandro Lucio. *Direito Administrativo Disciplinar*. Direito Processual. v. III, Curitiba: Juruá, 2013.

FERNANDES, Jorge Ulisses Jacoby. *Tomada de Contas Especial*, 2. ed., Brasília: Brasília Jurídica.

GADAMER, Hans-Georg. *Verdade e Método*. Traços fundamentais de uma hermenêutica filosófica. Tradução Flávio Paulo Meurer. Revisão da tradução Ênio Paulo Giachini. Petrópolis: Vozes, 1997. p. 405.

GUALTIERI, Lucas de Morais; CERQUEIRA, Marcelo Albuquerque. Pelo MP: O informante confidencial como instrumento de combate à corrupção. Disponível em: https://jota.info/especiais/pelo-mp-o-informante-confidencial-como-instrumento-de-combate-corrupcao-29032016. Acesso em: 28 ago. 2017.

MORAES, Alexandre de. *Direitos Humanos Fundamentais*. Teoria Geral – Comentários aos arts 1º ao 5º da Constituição da República Federativa do Brasil – Doutrina e Jurisprudência. 10. ed. São Paulo: Atlas. 2013. p. 327.

OLAYA, Dr. Juanita and WIEHEN, Michael. *How to Reduce Corruption in Public Procurement*: The Fundamentals (2006). HANDBOOK FOR CURBING CORRUPTION IN PUBLIC PROCUREMENT, PART I, p. 13-105, Transparency International, 2006. Available at SSRN: Disponível em: https://ssrn.com/abstract=1313787.

OLIVEIRA, Juliana Magalhães Fernandes. *A urgência de uma legislação whistleblowing no Brasil*. Núcleo de estudos e pesquisas da Consultoria Legislativa. Textos para Discussão 175. Maio 2015. Disponível em: https://www12.senado.leg.br/publicacoes/estudos-legislativos/tipos-de-estudos/textos-para-discussao/td175.

PINHEIRO, Douglas Antonio Rocha. A Legitimidade do controle social da gestão pública: uma resposta a Herbert Wechsler. *Revista de Administração Pública*. Rio de Janeiro 50(5):867-883, set./out. 2016, p. 876.

PINHO, José Antonio Gomes de. Investigando portais de governo eletrônico de estados no Brasil: muita tecnologia, pouca democracia. *Revista de Administração Pública*, Rio de Janeiro 42(3):471-493, maio/jun. 2008, p. 478.

PINHO, José Antonio Gomes de; SACRAMENTO, Ana Rita Silva. Accountability: já podemos traduzi-la para o português ? *Revista de Administração Pública*. Rio de Janeiro 43(6):1343-1368, nov./dez. 2009, p. 1347-1348.

PÓ, Marcus Vinicius; ABRUCIO, Fernando Luiz. Desenho e funcionamento dos mecanismos de controle e *accountability* das agências reguladoras brasileiras: semelhanças e diferenças. *Revista de Administração Pública*. Rio de Janeiro 40(4):679-98, Jul . /Ago. 2006. p. 686.

RIBEIRO, Marcia Carla Pereira; DINIZ, Patrícia Dittrich Ferreira. Compliance e Lei Anticorrupção nas Empresas. *Revista de Informação Legislativa*. Ano 52 n. 205 jan./mar. 2015.

SILVA, Alice Rocha da; SANTOS, Ruth Maria Pereira dos. A influência do Direito Administrativo Global no processo brasileiro de Contratação Pública à luz do Princípio da Transparência. *Revista Brasileira de Políticas Públicas* (Online), Brasília, v. 6, n. 2, 2016 p. 65-88.

SUXBERGER, Antonio Henrique Graciano. A atuação fiscalizatória das Corregedorias do Ministério Público como Instrumento de avaliação de políticas públicas. *Revista Jurídica Corregedoria Nacional*: a atuação fiscalizadora das Corregedorias do Ministério Público, volume III/ Conselho Nacional do Ministério Público. Brasília: CNMP, 2017, p. 38-39.

TRANSPARENCY INTERNATIONAL. Recomended Draft principles for whistleblowing legislation. 2009. Disponível em: http://www.right2info.org/resources/publications/09_12_02%20ti-draft%20principles%20WB%20legislation.pdf/view. Acesso em: 28 ago. 2017.

TRANSPARENCY INTERNATIONAL. The global coalition against corruption. Whistleblowing: an effective tool in the fight against corruption. Disponível em: http://www.cism.my/sites/default/files/publications/Whistleblowing%20An%20Effective%20Tool%20In%20The%20Fight%20Against%20Corruption.pdf.

Tribunal de Contas da União. Tomada de Contas Especial (TCE). Disponível em: https://portal.tcu.gov.br/contas/tomada-de-contas-especial/conheca-a-tomada-de-contas-especial.htm. Acesso em: 19 set. 2018.

VALLÈS, Ramon Ragués. WHISTLEBLOWING. Uma aproximación desde el Derecho Penal. Marcial Pons, Madrid, 2013, 256.

XAVIER, Fabio Correa. *O uso dos processos de anonimização e pseudonimização no contexto da LGPD*. Disponível em: https://www.migalhas.com.br/depeso/342896/o-uso-dos-processos-de-anonimizacao-e-pseudonimizacao-da-lgpd. Acesso em: 21 dez. 2021.

PARTE PRÁTICA

1.1 Introdução à parte prática

A parte prática tem como objetivo compartilhar com os membros de comissões disciplinares a experiência adquirida nessa área. A necessidade de um guia de atos em sequência real, elaborados no decorrer do processo administrativo disciplinar, em todas as suas modalidades, levou ao compilamento desses atos, na ordem de sua utilização. O aperfeiçoamento dos modelos e a simplificação das explicações são resultado da experiência empírica quando da execução desses atos, ou aquelas compartilhadas por membros que atuam nas Comissões de Sindicância e de Processo Disciplinar.

Destina-se a estudantes de Direito, aos que se preparam para concursos, aos servidores acusados ou indiciados e, especificamente, aos servidores públicos que atuam nesta área específica do Direito Administrativo, a do processo administrativo disciplinar. Pode servir também àqueles profissionais e estudantes que pretendem fazer a iniciação nesta área, sejam como defensores ou membros de comissões, guiando-os nos primeiros passos do processo administrativo disciplinar.

Portanto, trata-se de um roteiro prático para o trabalho a ser desenvolvido por qualquer interessado, ainda que nunca tenha trabalhado com processo disciplinar. Cada modelo traz breve análise, com enfoque na legislação que rege a matéria, na jurisprudência e nos aspectos práticos de sua aplicação.

Com essa ideia, foram compilados 135 modelos dos atos utilizados no procedimento, os quais buscam seguir a ordem cronológica dos acontecimentos ou incidentes, formando um processo administrativo disciplinar simulado. Os atos, apesar de estarem dispostos em forma sequencial, podem ser usados de acordo com a necessidade da comissão.

A *Parte Prática* foi dividida em cinco capítulos contendo os modelos em ordem sequencial de desenvolvimento de um processo administrativo disciplinar, com notas explicativas em cada um, separados também por tipos: *Básicos* e *Incidentes.*

I – Modelos básicos – atos comuns a toda Comissão Disciplinar e que compreende:

    a) sindicância investigativa;

    b) sindicância punitiva e processo disciplinar;

c) rito sumário (acumulação ilegal de cargos, empregos ou funções públicas; abandono de cargo e inassiduidade habitual);

II – *Modelos de incidentes* – para os casos específicos e incomuns aos processos disciplinares, que podem ou não ocorrer; compõem-se de atos não muito comuns, que surgem durante os trabalhos investigativos, embora não esgotem todas as possibilidades, e que devem ser resolvidos pelos membros da Comissão Disciplinar.

Por suas particularidades, os modelos de processo administrativo disciplinar de rito sumário encontram-se separados em título próprio.

Os comentários trazem breve análise da legislação, a fim de clarear sua aplicação prática e podem ter subsídio jurisprudencial de casos julgados perante o Superior Tribunal de Justiça e Supremo Tribunal Federal, com a finalidade de eliminar inseguranças dos membros do colegiado.

Os modelos básicos de *processo disciplinar* servem também para a *sindicância de natureza punitiva*, porquanto em ambos há de ser observado o princípio do devido processo legal, da ampla defesa e do contraditório, conforme estabelecido no artigo 5º, LV da Constituição Federal de 1988[1] e o disposto no art. 2º, da Lei nº 9.784, de 29 de janeiro de 1999.

Os modelos básicos destinados à *sindicância de natureza investigativa*, na qual não há acusados, restringem-se a um levantamento dos fatos e provas objetivando à *identificação* da *autoria* (apontando o envolvimento de um servidor, fornecendo nome, matrícula e lotação) e da *materialidade* (o ato em si praticado, o ilícito administrativo, o ato irregular, a irregularidade).

Lembramos, ainda, que os atos têm as seguintes denominações:

a) *notificação*: comunicação, seja para o acusado (notificação prévia, quando se instalam os trabalhos) ou para terceiros, que não são servidores públicos, na qualidade de testemunhas ou informantes, desde que não se trate de intimação ou citação;

b) *intimação*: para o acusado ou testemunhas, sendo obrigatória essa forma para servidores públicos, conforme disposto no art. 157 da Lei nº 8.112/90. Intima-se para o comparecimento às audiências, produzir provas, contraprovas, acesso dos documentos juntados, etc.

c) *citação*: somente para o indiciado, após o termo de encerramento de instrução e indiciação, conforme art. 161, §1º, da Lei nº 8.112/90, quando o acusado passa para a condição de *indiciado*.

d) *ofícios*: para comunicações e solicitações dentro do órgão no qual se desenvolve o processo administrativo disciplinar, inclusive para a comunicação do parágrafo único do art. 157, da Lei nº 8.112/90, ou seja, comunicação ao chefe da testemunha que irá depor, informando data e horário do depoimento; e utilizado, também para comunicações de assuntos oficiais, externos ao órgão onde se desenvolvem os trabalhos da Comissão, ou seja, para autoridades de outros entes da Administração, do Ministério Público, Judiciário ou polícia.[2]

---

[1] LV - aos litigantes, em processo judicial ou administrativo, e aos acusados em geral são assegurados o contraditório e a ampla defesa, com os meios e recursos a ela inerentes;

e) *atas*: transcrição das deliberações dos membros da comissão, devendo constar dia, hora, local de sua realização e as tarefas a serem realizadas. *Só se deve lavrar a próxima ata quando todos os itens da anterior estiverem cumpridos.*

Os modelos aqui disponíveis estão em conformidade com o Manual de Redação da Presidência da República que prescreve: a redação oficial do Poder Executivo deve caracterizar-se pela clareza e precisão, objetividade, concisão, coesão e coerência, impessoalidade, formalidade e padronização, e uso da norma padrão[3].

---

2   Utiliza-se o padrão ofício para avisos, ofícios e memorandos. A distinção foi abolida e passou-se a utilizar ofício para as três hipóteses, de acordo com o Manual de Redação da Presidência da República, 3ª. Edição, revista, atualizada e ampliada, 2018.

3   BRASIL. Presidência da República. Casa Civil Manual de redação da Presidência da República / Casa Civil, Subchefia de Assuntos Jurídicos; coordenação de Gilmar Ferreira Mendes, Nestor José Forster Júnior [et al.]. – 3. ed., rev., atual. e ampl. – Brasília: Presidência da República, 2018. Disponível em: <http://www4.planalto.gov.br/centrodeestudos/assuntos/manual-de-redacao-da-presidencia-da-republica/manual-de-redacao.pdf>. Acesso em: 21 dez. 2021.

MODELOS BÁSICOS – PROCESSO DISCIPLINAR E SINDICÂNCIA PUNITIVA

Modelo 01 – Autorização para deslocamento

Comentários

Após a publicação da portaria de instauração da comissão, seja de sindicância ou de processo disciplinar, o presidente do colegiado recebe a cópia da portaria.

O primeiro passo, então, é entrar em contato com os membros, pessoalmente ou por telefone para verificar se todos estão disponíveis para o início dos trabalhos, pois podem ocorrer imprevistos, como doença de um dos membros ou que esteja de férias. O presidente analisa caso a caso e decide pelo pedido de substituição do membro impossibilitado, quando os dias de afastamento sejam em número que venha a prejudicar os trabalhos.

Os atos do colegiado e as reuniões exigem a presença de todos os membros. O Colegiado não pode funcionar somente com o Presidente atuando, ou um dos membros, enquanto os demais continuam com suas atividades rotineiras no serviço público. Colegiado implica em reunião para deliberação, audiências e produção de provas.

Não se deve esquecer de que o tempo é precioso e um ou dois dias fazem muita diferença no final do trabalho, quando for elaborado o relatório final. Portanto, essas providências devem ser tomadas imediatamente após o recebimento da portaria, se possível no mesmo dia.

Verificada a disponibilidade de todos os membros, deve o presidente fazer uma breve entrevista para levantar a existência de impedimentos dos demais membros, de ordem legal[4] fazendo perguntas se conhece o servidor acusado, bem como amizade ou inimizade, o que comprometeria a imparcialidade dos trabalhos levando-o à nulidade. O §2, do art. 149, da Lei nº 8.112/90 diz expressamente que *não poderá participar de comissão*

---

[4] "Art. 149 (...)
§2º Não poderá participar de comissão de sindicância ou de inquérito cônjuge, companheiro ou parente do acusado, consanguíneo ou afim, em linha reta ou colateral, até o terceiro grau."

de sindicância ou de inquérito, cônjuge, companheiro ou parente do acusado, consanguíneo ou afim, em linha reta ou colateral, até o terceiro grau.

Nos precisos termos do Enunciado CGU nº 16/2017, que possui caráter orientativo, *a atuação de membro da comissão em outro procedimento correcional, em curso ou encerrado, a respeito de fato distinto envolvendo o mesmo acusado ou investigado, por si só, não compromete a sua imparcialidade.*

Os casos de impedimento e suspeição previstos nos arts. 18 a 20[5] da Lei nº 9.784, de 29 de janeiro de 1999 não afrontam as hipóteses previstas na Lei nº 8.112/90, considerando-se seu caráter subsidiário na constatação dessas hipóteses.[6]

A designação de servidor para integrar comissão de processo disciplinar, em qualquer de suas modalidades, constitui encargo de natureza obrigatória, de cumprimento do dever funcional, exceto nos casos de suspeições e impedimentos legalmente admitidos. Suspeições e impedimentos constituem circunstâncias de ordem legal, individual, íntima, de parentesco (consanguíneo ou afim) que, envolvendo a pessoa do acusado com os membros da comissão, testemunhas, peritos e autoridade julgadora, impossibilitam estes de exercerem qualquer função no procedimento disciplinar.[7]

O impedimento se caracteriza por estar fundado em uma situação objetiva, não admite prova em contrário e gera presunção absoluta de parcialidade dos membros da comissão disciplinar: i) ter interesse direito ou indireto na matéria; ii) ter participado ou vir a participar como perito, testemunha ou representante, contra o acusado/indiciado ou quanto ao cônjuge, companheiro ou parente e afins até o terceiro grau; iii) estar litigando judicial ou administrativamente com o acusado ou indiciado ou seu cônjuge ou companheiro; iv) faltar estabilidade no serviço público (*caput* do art. 149, da Lei nº 8.112/90).[8]

A suspeição, por sua vez, deriva de uma situação subjetiva, admite prova em contrário e gera presunção relativa de parcialidade, pois pode ser refutada pelo próprio servidor apontado como suspeito ou pela autoridade instauradora. A suspeição alegada pelo próprio membro será apreciada pela autoridade instauradora e a apresentada pelo acusado, representante ou denunciante será avaliada pela comissão e remetida à autoridade instauradora.[9]

---

[5] Art. 18. É impedido de atuar em processo administrativo o servidor ou autoridade que:
I - tenha interesse direto ou indireto na matéria;
II - tenha participado ou venha a participar como perito, testemunha ou representante, ou se tais situações ocorrem quanto ao cônjuge, companheiro ou parente e afins até o terceiro grau;
III - esteja litigando judicial ou administrativamente com o interessado ou respectivo cônjuge ou companheiro.
Art. 19. A autoridade ou servidor que incorrer em impedimento deve comunicar o fato à autoridade competente, abstendo-se de atuar.
Parágrafo único. A omissão do dever de comunicar o impedimento constitui falta grave, para efeitos disciplinares.
Art. 20. Pode ser arguida a suspeição de autoridade ou servidor que tenha amizade íntima ou inimizade notória com algum dos interessados ou com os respectivos cônjuges, companheiros, parentes e afins até o terceiro grau.
Art. 21. O indeferimento de alegação de suspeição poderá ser objeto de recurso, sem efeito suspensivo.

[6] Manual de Processo Administrativo Disciplinar-CGU, versão janeiro de 2021. Disponível em: <https://repositorio.cgu.gov.br/bitstream/1/64869/6/Manual_PAD_2021_1.pdf>. Acesso em: 22 dez. 2021, p. 112.

[7] Manual de Processo Administrativo Disciplinar-CGU, versão janeiro de 2021. Disponível em: <https://repositorio.cgu.gov.br/bitstream/1/64869/6/Manual_PAD_2021_1.pdf>. Acesso em: 22 dez. 2021, p. 110.

[8] Manual de Processo Administrativo Disciplinar-CGU, versão janeiro de 2021. Disponível em: <https://repositorio.cgu.gov.br/bitstream/1/64869/6/Manual_PAD_2021_1.pdf>. Acesso em: 22 dez. 2021, p. 112.

[9] Manual de Processo Administrativo Disciplinar-CGU, versão janeiro de 2021. Disponível em: <https://repositorio.cgu.gov.br/bitstream/1/64869/6/Manual_PAD_2021_1.pdf>. Acesso em: 22 dez. 2021, p. 113.

A amizade íntima pode ser caracterizada como aquela notoriamente conhecida por todos ou por um grande número de pessoas, em razão do permanente contato, o fato de frequentar juntos os mesmos lugares, de aproximação recíproca de duas pessoas, ostensiva socialmente. Por outro lado, a inimizade notória vem a ser o abismo ou profundo ódio entre os indivíduos, também reconhecido publicamente. Eventuais mal-entendidos, divergências, posições técnicas diversas ou mesmo antipatia natural, não se incluem como fundamento de suspeição.[10]

Superados todos estes pontos, chega a hora de tomar as providências para o deslocamento dos membros da comissão para o local da instalação dos trabalhos. Em se tratando de outra unidade da Federação, utiliza-se o modelo a seguir, acompanhado do pedido de pagamento de diárias.

A comissão deve dirigir-se sempre à autoridade instauradora, a quem está vinculada para as formalidades administrativas. Não significa que deixa de fazer uso da independência nos trabalhos, mas que compete à autoridade instauradora prover os meios necessários para o desenvolvimento da investigação.

---

[10] Manual de Processo Administrativo Disciplinar-CGU, versão janeiro de 2021. Disponível em: <https://repositorio.cgu.gov.br/bitstream/1/64869/6/Manual_PAD_2021_1.pdf>. Acesso em: 22 dez. 2021, p. 114.

Brasão ou Timbre do Órgão
SERVIÇO PÚBLICO FEDERAL
COMISSÃO DE ..... (CPAD ou CSP)

OFÍCIO..... (CPAD ou CSP) /nº 00.../202....

Cidade/UF, dia/mês/ano

Ao Senhor
Nome ....
cargo ou função ....
Ministério ......
Endereço
CEP, Cidade e UF

Assunto: .... (resumir em uma linha) ....

Senhor .... (autoridade instauradora),

1. O Presidente da Comissão .... (CPAD ou CSP), instaurada pela Portaria nº..........., de........... de ..... de 20....., publicada no BS nº ...., de .... de ..... de 20....., anexo, com a finalidade de apurar as denúncias constantes no *Processo nº*.................... solicita a V. Sª autorização de emissão de bilhetes aéreos (..........trecho) e disponibilização de diárias para .... *(Presidente e membros)*, cargo, Matrícula nº ...., objetivando a instalação desta Comissão ....

2. Na oportunidade, solicita pagamento das diárias no período inicial de ____/_____/____ a ____/____/____, do Presidente e membros desta Comissão, na forma abaixo especificada:

NOME	PERÍODO	VALOR

Atenciosamente,

_____
(PRESIDENTE/MEMBRO)

Modelo 02 – Formalização de processo disciplinar e documentos meios

Comentários

Antes mesmo de iniciar os trabalhos investigatórios, a comissão deve tomar algumas providências para facilitar a investigação, no que se refere à organização dos documentos produzidos pela comissão disciplinar ou digitalizados para serem inseridos no processo eletrônico.

A primeira delas consiste na *formalização* de um *novo processo* para desenvolver os trabalhos da comissão, com o respectivo código de processo disciplinar ou sindicância, o que pode ser feito pelo presidente ou pelo membro que irá desempenhar as funções de secretário.

Outra sugestão é a de providenciar, simultaneamente, a formalização de um outro *processo*, o qual chamaremos de "processo meio", no qual serão juntados todos os *documentos que não dizem respeito diretamente ao objeto de investigação*. No caso, pedido de passagens e diárias, pedido de material de consumo, pedido de material de informática e empréstimo de material permanente (mesa, cadeiras, etc.) ao setor competente.

O "processo meio" ficará em anexo, e no caso de mais de um acusado, pode-se criar um processo meio para cada um deles, a fim de se manter em ordem as providências que dizem respeito somente àquele servidor investigado, como informação de férias, cópias de informações em mandado de segurança, ou pedidos que não dizem respeito diretamente ao objeto da investigação. Deve-se colocar o nome de cada acusado nesse processo meio e, de igual forma, manter sempre atualizado.

Isto para que ao final dos trabalhos, quando a autoridade instauradora tomar conhecimento do processo disciplinar para julgamento, não tenha a linha de raciocínio desviada por requerimentos da comissão referentes a assuntos que não irão influir no julgamento.

****

Brasão ou Timbre do Órgão
SERVIÇO PÚBLICO FEDERAL
COMISSÃO DE .... (CPAD ou CSP)

OFÍCIO..... (CPAD ou CSP) /nº 00.../202....

Cidade/UF, dia/mês/ano

Ao Senhor
Nome.......
cargo ou função.........
Ministério......
Endereço
CEP, Cidade e UF

Assunto: ....(resumir em uma linha) ....

Senhor Corregedor,

Na qualidade de .... (Presidente/membro) da Comissão .... (CPAD ou CSP), instaurada pela Portaria nº ...., de .... de .... de 20........, publicada no BS nº ...., de ..../..../...., anexo, comunicamos a V. Sª que foi formalizado novo processo, conforme numeração ...., especificamente para a apuração a que se refere a Portaria......., bem como os processos em anexo ao processo principal onde constarão as medidas administrativas para o bom funcionamento do colegiado processante (ou sindicante).

Atenciosamente,

_____
PRESIDENTE/MEMBRO

Modelo 03 – pedido de material de consumo

Comentários

A segunda providência antes da instalação dos trabalhos é a solicitação de sala e do material necessário ao desenvolvimento da investigação. Esses pedidos são feitos por ofícios e juntados ao processo meio (não ao processo principal, o de investigação propriamente dito), conforme Modelo 02.

Para agilizar o andamento dos trabalhos, o pedido (feito pelo Presidente ou um dos Membros) pode ser endereçado diretamente ao chefe do setor responsável pela distribuição do material permanente e de consumo. Caso haja alguma dificuldade, a comissão deverá registrar em ata e comunicar o fato à autoridade instauradora solicitando providências.

Eventuais atrasos na investigação devido a problemas com a instalação não são debitados do prazo constante da portaria. Portanto, o presidente da comissão deve ser ágil e manter registro desses pequenos incidentes a fim de não ser responsabilizado ao final.

A sala deve ser ampla e acomodar não só os membros, mas todos os interessados quando da realização da audiência, inclusive comportar equipamentos para audiência por videoconferência. Por isso, cabe aos membros analisar o ambiente, simulando-o com as cadeiras preenchidas pelos servidores acusados e seus patronos, testemunha e membros. Se possível, próxima a uma toalete, para uso dos membros, dos servidores acusados e das testemunhas.

Essa logística deve ser colocada em prática quando da escolha da sala. Não se pode esquecer de que durante 30/60 dias de duração da sindicância ou de 60/120 dias do processo disciplinar este será seu local de trabalho reservado, ou seja, com acesso restrito aos interessados.

Caso a sala só comporte o colegiado, as audiências podem ser realizadas em sala maior, somente para aquele ato. Nesse caso, em cada intimação de testemunha e notificação dos acusados deve ser informada a sala onde serão tomados os depoimentos.

Uma linha telefônica direta é essencial, *scanner,* conexão com a internet, para pesquisas, impressora que atenda à demanda dos trabalhos, projetor para as audiências (da tela do computador para que acompanhem em tempo real os depoimentos), triturador de papel (manual ou elétrico para documentos cujo conteúdo imponha sua destruição se não utilizados pelo colegiado) e equipamentos de informática que possibilitem a realização de videoconferência para as audiências. Também água e café disponíveis para os membros e depoentes. Em suma, a comissão deve ter acesso, com facilidade, ao máximo possível de suas necessidades para que se dedique ao trabalho investigatório sem interrupções e sem necessidade de sair da sala a todo o momento.

Se a sala não for de fácil localização, pode a comissão providenciar "placas" de papel impressos no computador contendo os dizeres: "COMISSÃO DE SINDICÂNCIA/ PROCESSO ADMINISTRATIVO DISCIPLINAR – Portaria nº 001/202.... – sala 222", a qual deve ser afixada na porta da referida sala. Estas medidas simples auxiliam imensamente. Em determinado caso um servidor, chefe de determinado setor, passou na frente da sala do colegiado, entrou e informou ao presidente que estavam sob sua guarda certos processos administrativos que poderiam ser do interesse da comissão, e que bastava solicitá-los. E veio, realmente, a esclarecer o objeto da investigação.

Por último, e não menos importante, seguem abaixo algumas dicas sobre a disposição dos membros, depoentes e acusados durante uma audiência para colheita de prova oral:

COLEGIADO PROCESSANTE/SINDICANTE PUNITIVA

☺ ☺ ☺

MEMBRO PRESIDENTE (ao meio) e membro-secretário à sua direita

☐ mesa com computador

● depoente

☺ ☺ na lateral podem ficar o acusado e seu advogado ▼

▼

◄ ◄ ◄ ◄

▼

▼

☺ ☺ (acusado e seu advogado deslocados para fora do campo de visão da testemunha ou depoente)

Obs: se a testemunha, denunciante ou depoente ficar constrangido em depor diante do acusado, basta deslocar o acusado e seu advogado para fora do campo de visão da testemunha, denunciante ou depoente, de modo que fique de costas para os demais presentes na sala e de frente para os membros da comissão. Dessa forma, em poucos minutos a testemunha irá descontrair e se concentrar nas perguntas e respostas, e chegar ao ponto de se esquecer da presença de outras pessoas na sala.

Além disso, de qualquer forma, um não deve ficar de frente para o outro, porque não se trata de acareação.

A lei prevê que o acusado ou seu advogado pode reinquirir a testemunha por intermédio do presidente do colegiado, nos termos do §2º do art. 159 da Lei nº 8.112/90, e para isso não precisa ficar frente a frente.

****

Brasão ou Timbre do Órgão
SERVIÇO PÚBLICO FEDERAL
COMISSÃO DE .... (CPAD ou CSP)

OFÍCIO..... (CPAD ou CSP) /nº 00.../202...

Cidade/UF, dia/mês/ano

Ao Senhor
Nome.......
cargo ou função........
Ministério......
Endereço
CEP, Cidade e UF

Assunto: ....(resumir em uma linha) ....

Senhor Chefe,

1.   Na qualidade de .... (Presidente/membro) da Comissão de .... (CPAD ou CSP), instaurada pela Portaria nº ...., de .... de .... de 20........, publicada no BS nº ...., de
..../..../...., solicitamos os bons préstimos de V. Sª no sentido de fornecer o material abaixo relacionado para uso da Comissão.

Papel rascunho	*Notebook*	Resma de papel sulfite (A-4)
Bloco de anotações	Grampeador	Envelope tam. Ofício
Lápis	Impressora com s*canner*	Fita adesiva
Borracha	Pincel atômico preto e azul	Caneta
Cola	Caneta marca texto amarela	Tesoura
Garrafa térmica	Linha telefônica direta	Copo p/ água e café
Triturador de papel	Envelope pardo	Computador e equipamento para videoconferência

2.   Na oportunidade, agradeço o apoio necessário ao bom desempenho das atividades pertinentes à comissão.

Atenciosamente,

_____
PRESIDENTE/MEMBRO

Modelo 04 – Ata de instalação dos trabalhos

Comentários

Conhecido o local de instalação da Comissão Processante ou sindicante e tomadas as providências para viabilizar o desenvolvimento dos trabalhos, o colegiado instala-se, mediante termo próprio denominado *ata de instalação* ou *ata inaugural.*

A *instalação* nada mais é do que a reunião dos membros em sala reservada para dar início aos trabalhos, com o objetivo de deliberarem, preliminarmente, sobre o objeto do procedimento disciplinar, estudo dos processos de denúncia e anexos e, em consequência, lavrar a ata de instalação. Dela devem constar todas as diligências iniciais da Comissão Processante, bem como as comunicações às autoridades competentes, conforme o caso.

É essencial que a comissão tenha uma sala própria, sem interferência de outros servidores ou de terceiros, para que possa desenvolver satisfatoriamente seus trabalhos.

A ata de instalação deve conter as deliberações dos trabalhos que serão inicialmente realizados pela Comissão Processante.

Os demais atos que a comissão entender necessários à elucidação dos fatos devem ser objeto de discussão pelos membros e anotados na ata de instalação.

O art. 152, §2º, da Lei nº 8.112/90, dispõe que "as reuniões da comissão serão registradas em atas que deverão detalhar as deliberações adotadas". Portanto, a comissão não pode produzir atos aleatoriamente, sem que conste em ata a decisão dos membros.

Ficam consignados também o horário de funcionamento, endereço e telefone da comissão e que serão expedidas as notificações prévias aos acusados, com cópia do processo e das provas em mídia digital.

Nesse período em que constar o funcionamento da comissão, é obrigatória a presença de pelo menos um membro do colegiado na sala, quando os outros estiverem ocupados com a entrega de ofícios ou outras atividades que não sejam diligências da comissão.

Após o cumprimento de todo o conteúdo da ata de instalação é que a comissão lavrará nova ata, de agora em diante denominada simplesmente de *ata de trabalhos,* comentada mais adiante.

No momento de se proceder à notificação prévia, uma cópia da ata inaugural e uma da denúncia (ou peças que deram origem ao processo disciplinar ou à sindicância punitiva) devem ser remetidas ao acusado, anexando-se também cópia da portaria instauradora, para que ele tenha ciência da sua condição de acusado e dos fatos que lhe são imputados, e mais os documentos que a comissão entender relevantes para a compreensão do servidor que é acusado, garantindo-se-lhe o exercício da ampla defesa. Essas cópias podem ser remetidas em forma digital.

Para a digitalização dos documentos, veja o disposto na Lei n. 12.682, de 9 de junho de 2012, especificamente o parágrafo único do art. 3º, que dispõe:

Art. 3º O processo de digitalização deverá ser realizado de forma a manter a integridade, a autenticidade e, se necessário, a confidencialidade do documento digital, com o emprego de assinatura eletrônica. (*Redação dada pela Lei nº 14.129, de 2021*)

Parágrafo único. Os meios de armazenamento dos documentos digitais deverão protegê-los de acesso, uso, alteração, reprodução e destruição não autorizados.

Toda vez que a comissão mudar a sede de seus trabalhos (mudança não se confunde com diligências, que são deslocamentos temporários e com dia e hora para saída e retorno), por razões de força maior ou caso fortuito, mesmo que seja para outra sala do mesmo prédio, é obrigatória a *comunicação da reinstalação dos trabalhos ao acusado*, via notificação, do novo local de funcionamento da comissão, assim como a expedição de todas as comunicações iniciais de reinstalação à autoridade instauradora, chefe de Recursos Humanos, e todos aqueles que foram comunicados na primeira ata de instalação.

Com este ato evita-se possível alegação de cerceamento de defesa devido à impossibilidade de acesso aos autos administrativos pelo desconhecimento do novo local de funcionamento da comissão ou pela ausência de comunicação do local da instalação da Comissão Disciplinar.

A ata de instalação dos trabalhos marca o início da investigação. Nela são consignadas as primeiras providências da comissão, incluindo a eventual justificativa pelo atraso, que pode ser desde a substituição de um membro — o que exige a publicação de nova portaria, *sem, contanto, suspender o prazo estabelecido na portaria original*, até a comunicação da instalação para a autoridade instauradora. Nesse caso, após mencionar a portaria original, segue-se a expressão *"modificada/alterada pela portaria nº..."*.

Constam também todos os ofícios que serão expedidos àquelas autoridades que solicitaram a instauração do procedimento, tendo como finalidade comunicar que a comissão encontra-se em funcionamento, fornecendo-se o endereço e o telefone.

O setor de *Recursos Humanos* – ou a Corregedoria do órgão (onde houver) - deve ser informado da instalação dos trabalhos. Nos órgãos públicos em geral, onde não existe Corregedoria, encontra-se sob responsabilidade do setor de recursos humanos o controle das portarias e das comissões em andamento.

O registro das deliberações da Comissão Processante em atas é obrigatório (art. 152, §2º, da Lei nº 8.112/90).

As reuniões e as audiências têm caráter reservado (parágrafo único, do art. 150, da Lei nº 8.112/90). Das atas devem participar tão somente os membros do colegiado. Se houver secretário *ad hoc*, ele não participa das deliberações, muito menos o acusado e seus procuradores.[11]

Ainda na ata inicial deve constar qual servidor, entre os dois membros restantes, será designado pelo presidente para atuar como secretário da Comissão Disciplinar, ou se haverá indicação de outro servidor, estranho à portaria de instauração, para o

---

[11] "3. No que pertinente à realização de reuniões pela Comissão de Inquérito sem a presença do acusado, melhor sorte não assiste ao impetrante. Isso porque, como bem explicitado nas informações, tais reuniões foram meramente deliberatórias, objetivando impulsionar os trabalhos realizados pelo Trio Processante, razão pela qual prescindem da participação do acusado. Ademais, a própria Lei nº 8.112/90 garante o exercício das atividades da Comissão com independência e imparcialidade, assegurado o sigilo necessário à elucidação do fato ou exigido pelo interesse da administração. Por tal razão, as reuniões e as audiências das comissões terão caráter reservado, segundo as diretrizes estampadas no artigo 150 da mencionada lei. O direito do acusado acompanhar o processo administrativo disciplinar em observância ao princípio do contraditório fica preservado, pois as reuniões e audiências serão registradas em atas que deverão detalhar as deliberações adotadas, as quais são juntadas aos autos, tendo o acusado amplo acesso." (MS 15.313/DF, Relator Ministro Mauro Campbell Marques, Primeira Seção, STJ, julg. 09.11.2011, public. DJe 18.11.2011)

exercício das funções de secretário *ad hoc* (art. 149, §1º, da Lei nº 8.112/90). Em ambas as hipóteses, o servidor designado prestará compromisso quanto ao encargo de secretário, mediante termo próprio.

Apesar da permissão legal, não se considera como de praxe a nomeação de uma quarta pessoa, servidor público, somente para secretariar os trabalhos. Adotamos o entendimento dessa hipótese configurar uma medida de exceção, justificando-se apenas pela complexidade dos trabalhos a serem desenvolvidos, somado ao número de acusados, o qual pode exigir a dedicação de todos os membros, de modo que um deles não possa secretariar os trabalhos.

Porém, quem deve avaliar a necessidade ou não da indicação de um outro servidor como *secretário ad hoc* é o colegiado, após análise da natureza das investigações a serem desenvolvidas ou se é conveniente que a escolha recaia sobre um dos membros constantes na portaria.

Para trabalhos externos, aqueles de apenas entregar ofícios, intimações e notificações em grande volume, o secretário *ad hoc* será essencial para que os membros se dediquem exclusivamente à investigação. Também se utiliza da figura do secretário *ad hoc* quando há intimações em outras unidades da federação, nomeando-se um servidor público de determinado órgão especificamente para proceder à intimação de testemunhas naquela localidade.

A escolha do membro-secretário, feita pelo presidente da comissão (art. 149, §1º, da Lei nº 8.112/90), fica registrado na ata inaugural. O presidente levará em conta o perfil do servidor, seu conhecimento da estrutura do órgão, discrição, sua desenvoltura para efetuar a entrega e recebimento de documentos e equilíbrio emocional. Como braço direito do presidente, deve zelar pelo fiel cumprimento de suas atribuições.

O presidente pode encaminhar memorando ou ofício, se for o caso, à autoridade instauradora, à chefia imediata dos membros e ao setor de recursos humanos, comunicando que eles ficarão dispensados do ponto até a entrega do relatório final, nos termos do art. 152, §1º, da Lei nº 8.112/90, caso o trabalho exija dedicação exclusiva.

Esta é a oportunidade em que se expõem as tarefas de cada membro do colegiado.

Enumeramos, a seguir, algumas das *atribuições dos membros* da Comissão Disciplinar, discriminadas mais detalhadamente nos modelos e, apesar de não serem exaustivas, orientam no momento da divisão de tarefas que cabe a cada membro no decorrer dos trabalhos de investigação.

Assim, ao *presidente compete*: a responsabilidade pelo andamento do processo disciplinar, presidir os trabalhos internos e externos da comissão, representá-la perante terceiros e perante o Judiciário, designar o secretário do Colegiado (§2º. do art. 149, da Lei nº 8.112/90), zelar pelo cumprimento dos prazos, pela manutenção da ordem quando das audiências, despachar denegando pedidos impertinentes, protelatórios ou de nenhum interesse para a elucidação dos fatos (art. 156, §1º, da Lei nº 8.112/90), deferir ou indeferir provas, inquirir testemunhas e reinquiri-las a pedido do advogado do acusado (art. 159, §2º, da Lei nº 8.112/90), indagar sobre impedimentos dos depoentes e compromissá-los, notificar o acusado, citar o indiciado, decidir quais as provas e diligências serão efetuadas, requisitar técnicos e peritos, despachar os requerimentos e expedientes endereçados à comissão, manter a independência e a imparcialidade da comissão, tomando as medidas necessárias ao desenvolvimento dos trabalhos sem interferências prejudiciais, proceder à devolução do processo à autoridade instauradora, quando do encerramento dos trabalhos, para os fins do art. 166, da Lei nº 8.112/90 — julgamento pela autoridade competente.

Por fim, deve também o presidente estar atento à ocorrência de nulidades, saneando (corrigindo) o processo disciplinar, bem como verificar a situação funcional dos demais componentes da comissão, quanto ao requisito estabilidade funcional deles no serviço público (art. 149, da Lei nº 8.112/90).

Ao *secretário* cabe a aceitação do encargo, devendo a recusa ser por escrito e fundamentada (no caso de impedimento), a digitação das atas, termos, ofícios, memorandos e demais documentos produzidos pela comissão verificar e corrigir eventuais erros, providenciar a extração de cópias reprográficas e a digitalização dos autos para gravação em mídia (CD), numeração e rubrica das folhas dos autos. Fica sob sua responsabilidade a providência do material de expediente e sua reposição.

É o secretário quem faz a juntada dos documentos aos autos, confere a montagem do processo, recebe documentos no recinto da comissão, assina os termos determinados pelo presidente, atende às solicitações do presidente e do membro, no que se refere ao processo disciplinar ou de sindicância. Cumpre, ainda, zelar pela guarda do processo, pela organização da sala, principalmente no momento das audiências, indicando onde devem se assentar o depoente, o advogado do acusado, o acusado; fazer a entrega das notificações e intimações, dentre outras medidas de ordem prática.

O secretário auxilia o presidente quando da efetivação de diligências, verificando horários e transporte para o deslocamento, fazendo os contatos por telefone, e tomando as demais providências para a efetivação dos atos do colegiado. Por último, e não menos importante, deve observar as imposições legais referentes ao sigilo e à reserva das informações (art. 150 da Lei nº 8.112/90) e agir com a discrição condizente com o encargo. A discrição é uma qualidade que o presidente deve buscar no membro que vai secretariar os trabalhos, para garantia do sucesso ao final.

Indicado o secretário, elabora-se a *portaria de designação*, com data e número assinada pelo presidente da comissão, e que será publicada no Boletim de Serviço, Boletim Interno ou Boletim de Pessoal. Na oportunidade lavra-se também o *Termo de Fidelidade* ou *Termo de Compromisso*, através do qual o secretário compromete-se a exercer sua função com discrição, responsabilidade, sigilo e reserva de informações, conforme preceituado no art. 150 da Lei nº 8.112/90.

Ao *membro* da Comissão Processante que não desempenha função específica *cabe* a assistência direta ao presidente da comissão, manter o sigilo e a reserva legais (art. 150 da Lei nº 8.112/90), reinquirir os depoentes, fazer sugestões para o desenvolvimento dos trabalhos, auxiliar o presidente nas audiências, cuidar para que as testemunhas não se comuniquem, atuar nas diligências e executar os demais trabalhos que não se encontrem na alçada do presidente e do secretário. Pode também dividir algumas tarefas com o Secretário.

Se o membro remanescente for técnico da área cujo objeto é investigado, sua atuação será no sentido de auxiliar o presidente do colegiado e o outro membro (secretário) nas conclusões da área técnica específica e orientar, sobretudo, na questão da legislação e rotina de trabalho dentro do órgão.

No caso ser designado Secretário *ad hoc* estranho ao colegiado, as demais tarefas podem ser divididas entre os dois membros do colegiado: um pode digitar as atas, o outro fica responsável pela numeração do processo, ambos auxiliam o Presidente e zelam pela organização da sala, dos materiais e equipamentos e recebem os documentos que são endereçados ao colegiado.

Quando da elaboração do relatório final, se não concordar com a conclusão, tanto o membro quanto o membro-secretário (desde que não seja *ad hoc*) podem apresentar *voto separado*. Nesse caso, o membro discordante não assina o relatório final. Importante: não tem direito a voto e nem assina o relatório final o servidor que apenas desempenha a função de secretário ou de secretário *ad hoc,* porque não é membro e, portanto, não faz parte da comissão constituída.

A divisão de tarefas exposta acima tem como finalidade somente demonstrar o funcionamento na prática, não pretende estabelecer limites ou engessar a atuação dos membros. A Comissão Disciplinar ou sindicante, antes de tudo, é um *colegiado*, cujas decisões são expressas conjuntamente.

Se o fato imputado ao *servidor acusado* tiver relação com profissão regulamentada e seu cargo pertencer àquela categoria profissional (p. ex. engenheiro, contador, economista, enfermeiro, advogado, etc.), o presidente do respectivo conselho regional pode ser informado mediante ofício, para as providências referentes à representação e punição na alçada do órgão de classe, na sua função fiscalizadora. O conselho de classe também pode designar um defensor para atuar na defesa do servidor.

Da mesma forma, se houver inquérito policial instaurado, mesmo que não guarde conexão aparente com o objeto da investigação administrativa, aconselha-se fazer a comunicação, via ofício, ao delegado responsável pelas investigações. Da mesma forma deve-se expedir comunicação ao Ministério Público, por meio de ofício, para ciência, caso exista procedimento em curso cujas investigações sejam conexas com a apuração disciplinar.

Essas comunicações oficiais muitas vezes auxiliam a Comissão Processante na produção de provas que podem tanto apontar a culpabilidade do servidor investigado como a sua inocência.

Por último, deve-se expedir ofício ao setor de recursos humanos ou corregedoria, se for o caso, para cadastramento, no sistema próprio, da existência de processo disciplinar ou sindicante em andamento, informando-se o número do processo administrativo, denunciante, acusado, data de instalação dos trabalhos e respectiva portaria, e qual membro que se encontra secretariando os trabalhos.

Para facilitar a identificação dos autos da Comissão Disciplinar, torna-se necessário que se formalize um processo autônomo, mantendo-se o processo da denúncia em apartado, como apenso. Se entender imprescindível, a comissão poderá digitalizar a denúncia para instruir o processo a fim de facilitar a compreensão dos autos.

Como o prazo para o desenvolvimento e a conclusão dos trabalhos é muito curto, descontando-se os feriados e fins de semana, dependendo do fato a ser apurado, deve-se elaborar um *cronograma* para que a comissão verifique os dias úteis existentes dentro do prazo para a prática dos atos. Marcam-se, previamente, os dias da efetivação dos atos da Comissão Processante e das oitivas do denunciante, se houver, e das testemunhas e o interrogatório do acusado.

O cronograma, como documento interno de orientação da comissão, interessa apenas aos seus membros, razão pela qual não deverá ser afixado na parede da sala destinada aos trabalhos e nem juntada aos autos.

O cronograma é de grande valia, porque com um calendário em mão mantêm-se os atos sob controle, e a verificação da programação constante no cronograma pode ser deixada sob a responsabilidade de um dos membros, que deverá lembrar ao presidente as principais datas, como, por exemplo, a data do pedido de prorrogação da portaria.

****

Brasão ou Timbre do Órgão
SERVIÇO PÚBLICO FEDERAL
COMISSÃO DE .... (CPAD ou CSP)

ATA DE INSTALAÇÃO DOS TRABALHOS

Aos .... do mês de .... do ano de dois mil e ...., às .... horas, na sala de Comissão de .... (*CPAD ou CSP)* sita no prédio do ...., sala...................., Av. .... – bairro .... (fone ....), presentes os servidores ...., ... e ...., respectivamente presidente e membros da Comissão.. instaurada pela Portaria nº ...., de .... de .... de 20........, publicada no BS nº ...., de ..../..../.... (modificada pela Portaria nº ...., de .... de .... de 20......., publicada no BS nº......., de ..../....../.........), que apura a denúncia constante no Processo Administrativo nº ...., apensos nºs ...., presentes seus membros, ... – Presidente, ...- Membro, ... Membro, iniciaram-se os trabalhos referentes à sua instalação, com o objetivo de apurar os fatos e irregularidades a que se refere o Processo (citar o número do processo aberto pela comissão). Aberta a sessão, foram determinadas as seguintes providências:

a) justificar instalação com atraso de uma semana, devido à alteração da portaria original com a exclusão do membro .... e inclusão de ....;

b) comunicar instalação ao Sr. .... (cargo da autoridade instauradora), ao Sr. ...., e ao Sr. Coordenador-Geral/Chefe de Recursos Humanos, ao Corregedor (onde houver) expedindo-se os respectivos ofícios;

c) notificar o acusado;

d) expedir ofícios à ...... (órgãos);

e) expedir ofícios ao .... e às chefias do acusado comunicando a instalação dos trabalhos;

f) requerer à divisão de Recursos Humanos a ficha funcional do servidor .... (nome);

g) diligenciar junto (órgãos, instituições, repartições, etc.);

h) extrair cópias dos autos de .... (especificar);

i) o Presidente designa como Secretário da Comissão de ..... (CPAD ou CSP) o servidor........................, Matrícula ......, cargo ...., membro efetivo desta Comissão, a teor do disposto no art. 149, §1º, da Lei nº 8.112/90 ou ...designa como Secretário *ad hoc* o servidor........, para fins de secretariar o Colegiado nos serviços externos;

j) realização de exame prévio e minucioso de todas as peças que instruem os autos, anexos e apensos, objetivando uma avaliação mais criteriosa de toda a situação, possibilitando, assim, uma melhor instrução processual, antes da adoção de quaisquer outras medidas;

k) realizar reuniões deliberativas e reservadas da Comissão, decidindo sobre os demais atos e providências posteriores, necessárias ao prosseguimento dos trabalhos; e

l) dispor que todos os membros do Colegiado possam, individualmente ou em conjunto, colher as provas necessárias à instrução destes autos para posterior apreciação conjunta.

A Comissão estará reunida nos dias normais de expediente das 8h às 12h e das 14h às 18h (ou atenderá externamente das 10 às 12h e das 14 às 16h).

Nada mais havendo a ser tratado, eu ....(nome).......Presidente da Comissão, lavrei a presente Ata que segue assinada por todos os seus membros.

Cidade/UF/data

_____
PRESIDENTE

_____
MEMBRO

_____
MEMBRO-SECRETÁRIO

ANEXO – Cronograma de trabalhos

Comentários

Serve para a comissão distribuir o trabalho pelos dias úteis do período abrangido pela portaria.

Os 30 (trinta) ou 60 (sessenta) dias constantes no ato inaugural na realidade sofrem redução dos feriados e finais de semana, porque são dias corridos.

Logo, ao estabelecer o que vai ser feito nos dias úteis, além de se organizar, o colegiado corre menos risco de chegar ao término do prazo da portaria com o trabalho por concluir, ou, pelo menos, se necessitar pedir prorrogação tem como justificar o pedido à autoridade instauradora e mencionar quais atos serão praticados no decorrer do prazo de prorrogação.

Importante colocar o dia em que será pedida a prorrogação do prazo da Portaria inaugural, geralmente uns quinze dias antes de expirar o prazo, para dar tempo de serem efetuados todos os trâmites até a assinatura pela autoridade instauradora e a sua publicação.

Cronograma de trabalhos

DIA	ATIVIDADES
Data	instalação da comissão

Data	expedição de ofícios para:
	    - autoridade instauradora
	    - coordenação-geral de Recursos Humanos ou Corregedoria
	    - dirigente do órgão (local)
	    - chefe de RH (local)
	expedição de ofícios para:
	    - Conselho de Classe
	    - Polícia Federal
	    - Ministério Público Federal

Data	comunicar ao acusado (notificação prévia) marcar data para ouvir denunciante e testemunhas comunicar respectivos chefes
Data	ouvir denunciante e demais testemunhas da Comissão de .... (CPAD ou CSP) na presença do acusado
Data	intimar acusado: prazo de 5 dias para apresentar rol de testemunhas, provas e contraprovas, bem como... (especificar outras providências)
Data	ouvir testemunhas de defesa na presença do acusado
Data	intimar acusado para interrogatório e comunicar sua chefia imediata solicitar à autoridade instauradora a prorrogação do prazo da portaria inicial
Data	encerrar instrução indiciar (se for o caso)
Data	expedir mandado de citação
Data	elaborar Relatório Final
Data	tramitar o processo para o gabinete da autoridade instauradora

Modelo 05 – Ata de instalação simultânea de duas comissões compostas pelos mesmos membros

Comentários

Quando os mesmos membros forem indicados para compor duas comissões distintas, a *instalação* dos trabalhos pode ser *simultânea*, bastando somente estabelecer *horário diverso* para o funcionamento de cada uma delas, podendo os trabalhos de uma se desenvolver na parte da manhã e o da outra na parte da tarde.

Sem essa divisão fica quase impossível não confundir os objetos de investigação, correndo-se o risco de cometer erros de juntada de expediente nos autos ou extravio de documentos.

Os documentos não devem ser comuns para as duas comissões, mas sim específicos para cada comissão. Por exemplo, deve-se fazer uma ata de instalação para cada comissão, com as tarefas a serem efetivadas pelo colegiado, bem como na hora de solicitar a prorrogação do prazo deve ser expedido um memorando de pedido de prorrogação de portaria para cada comissão.

****

Brasão ou Timbre do Órgão
SERVIÇO PÚBLICO FEDERAL
COMISSÃO DE .... (CPAD ou CSP)

ANEXO

ATA DE INSTALAÇÃO DOS TRABALHOS
(Instalação simultânea de duas comissões com os mesmos membros)

Aos .... do mês de .... do ano de dois mil e ...., às .... horas, na sala de Comissão de .... *(CPAD ou CSP)*, sita no prédio do ...., sala..................., Av. .... - bairro .... (fone ....), presentes os servidores ...., ... e ...., respectivamente presidente e membros da Comissão... instaurada pela Portaria nº ...., de .... de .... de 20........., publicada no BS nº ...., de ..../..../.... (modificada pela Portaria nº ...., de .... de .... de 20......., publicada no BS nº......., de ..../....../.........), que apura a denúncia constante no Processo Administrativo nº ...., apensos nºs ...., presentes seus membros, ... – Presidente, ...- Membro, ... Membro, iniciaram-se os trabalhos referentes à sua instalação, com o objetivo de apurar os fatos e irregularidades a que se refere o Processo (citar o número do processo aberto pela comissão). Aberta a sessão, foram determinadas as seguintes providências:

a) justificar instalação com atraso de uma semana, devido à alteração da portaria original com a exclusão do membro .... e inclusão de ....;

b) comunicar instalação ao Sr. .... (...cargo da autoridade instauradora), ao Sr. ...., e ao Sr. Coordenador-Geral/Chefe de Recursos Humanos ou ao Corregedor do órgão (onde houver);

c) notificar o acusado;

d) expedir ofícios à ...... (órgãos);

e) expedir ofícios ao .... e às chefias do acusado comunicando a instalação dos trabalhos;

f) requerer à Divisão de Recursos Humanos a ficha funcional do servidor .... (nome);

g) diligenciar junto (órgãos, instituições, repartições, etc.);

h) extrair cópias dos autos de .... (especificar);

i) o Presidente designa como Secretário da Comissão de .... (CPAD ou CSP) o servidor........................, Matrícula......, cargo........, membro efetivo desta Comissão, a teor do disposto no art. 149, §1º, da Lei nº 8.112/90 ou ...designa como Secretário *ad hoc* o servidor........, para fins de secretariar o Colegiado nos serviços externos;

j) realizar de exame prévio e minucioso de todas as peças que instruem os autos, anexos e apensos, objetivando uma avaliação mais criteriosa de toda a situação, possibilitando, assim, uma melhor instrução processual, antes da adoção de quaisquer outras medidas;

k) realizar de reuniões deliberativas e reservadas da COMISSÃO, decidindo sobre os demais atos e providências posteriores, necessárias ao prosseguimento dos trabalhos; e

l) dispor que todos os membros do Colegiado podem, individualmente ou em conjunto, colher as provas necessárias à instrução destes autos para posterior apreciação conjunta da Comissão.

A Comissão estará reunida nos dias normais de expediente das (8h às 12h, para uma das Comissões) e (das 14h às 18h, para outra Comissão).

Nada mais havendo a ser tratado, eu (nome) Presidente da Comissão, lavrei a presente Ata que segue assinada por todos os seus membros.

Cidade/UF/data

_____
PRESIDENTE

_____
MEMBRO

_____
MEMBRO-SECRETÁRIO

Modelo 06 – Comunicação à Corregedoria ou ao Recursos Humanos

Comentários

A comunicação feita à Corregedoria tem como *objetivo* a atualização do sistema de acompanhamento das comissões disciplinares. Nos órgãos que não dispõem de Corregedoria, a informação deve ser prestada para o Recursos Humanos.

Assim, informa-se o número do processo formalizado especialmente para os trabalhos disciplinares, bem como o membro que está atuando como secretário, até para que conste na sua ficha funcional a experiência em secretariar comissão.

****

Brasão ou Timbre do Órgão
SERVIÇO PÚBLICO FEDERAL
COMISSÃO DE .... (CPAD ou CSP)

OFÍCIO..... (CPAD ou CSP) /nº 00.../202...

Cidade/UF, dia/mês/ano

Ao Senhor
Nome.......
cargo ou função.........
Ministério......
Endereço
CEP, Cidade e UF

Assunto: ....(resumir em uma linha) ....

Senhor Corregedor...

1. Comunico que a Comissão de .... (CPAD ou CSP), instaurada pela Portaria nº ...., de .... de .... de 202...., publicada no BS nº ...., de ..../..../...., com a finalidade de apurar as denúncias constantes no *Processo nº* .... e apensos nºs ...., e instalada na data de ..../......./........., na sala de Comissão de (PAD ou SIND), ...º andar, fone (........) ...., do prédio da ...., formalizou processo administrativo sob o nº .... e deu início aos seus trabalhos, mediante deliberações registradas na respectiva Ata de Instalação.

2. Outrossim, informo que a Comissão funcionará no horário das 9h às 11h e das 14h às 16h, de segunda a sexta-feira e que Servidor .... (nome), cargo, Matrícula nº ...., foi designado pelo Presidente para secretariar os trabalhos da referida Comissão.

Sem mais para o presente, subscrevo-me.

Atenciosamente,

_____
PRESIDENTE

Modelos 07 e 08 – Comunicação de instalação para a autoridade instauradora e ao Recursos Humanos do órgão

Comentários

A comunicação da instalação da comissão à *autoridade instauradora* tem caráter meramente informativo.

Entretanto, a informação ao *setor de Recursos Humanos* tem a *finalidade* de impedir que o acusado crie obstáculos aos trabalhos da Comissão Processante, como pedidos de licenças especiais, cursos e viagens a serviço para locais de difícil comunicação ou acesso. Essas situações impossibilitam a condução dos trabalhos, que ficam paralisados até a volta do servidor. Então, esgota-se o prazo da apuração sem que o colegiado conseguisse produzir uma única prova na ausência do servidor investigado.

Para se evitar esse tipo de transtorno para a comissão, tanto o chefe do Recursos Humanos quanto o chefe imediato são comunicados nos casos que a investigação possa terminar no prazo regulamentar (30 dias prorrogáveis na sindicância, ou 60 dias prorrogáveis, no processo disciplinar) da *inafastabilidade* do acusado da sua lotação até o encerramento dos trabalhos, além de que tanto um quanto outro sabem como entrar em contato ou remeter documentos que dizem respeito ao objeto de investigação.

De igual forma, a comunicação serve também para informar que essa inafastabilidade alcança os membros da comissão que, no decorrer dos trabalhos, não deverão tirar licenças especiais, gozar férias ou viajar a serviço por conta de seus respectivos setores, pois isso resultará em prejuízo para a apuração, que tem prazo certo para terminar.

Entretanto, nas investigações mais complexas e que demandam mais tempo para a sua completa apuração (casos de recondução das comissões processantes para novo período de 60 dias), convém que os membros do colegiado e os acusados tirem períodos mais curtos de férias, se possível simultaneamente.

Na hipótese de o acusado ou indiciado estar inscrito em ação de capacitação (cursos de curta ou longa duração), o afastamento para o curso pretendido poderá ser autorizado pelo presidente da comissão disciplinar, caso o servidor apresente justificativa fundamentada e firme compromisso de comparecer, quando convocado, aos atos da comissão.

Por fim, o setor de Recursos Humanos não deve proceder ao registro na ficha funcional do acusado de que este responde a um processo disciplinar ou uma sindicância punitiva na condição de acusado, não só pela absoluta falta de previsão como pelo provável esquecimento de cancelar o registro após o término dos trabalhos.

O registro de processo disciplinar em curso compete à Corregedoria ou a Divisão ou Departamento Disciplinar do órgão, responsável pela emissão de certidões negativas ou positivas quanto à existência de procedimentos disciplinares.

Modelo 07 – Comunicação de instalação para a autoridade instauradora

Brasão ou Timbre do Órgão
SERVIÇO PÚBLICO FEDERAL
COMISSÃO DE .... (CPAD ou CSP)

OFÍCIO..... (CPAD ou CSP) /nº 00.../202...

Cidade/UF, dia/mês/ano

Ao Senhor
Nome.......
cargo ou função.........
Ministério......
Endereço
CEP, Cidade e UF

Assunto: ....(resumir em uma linha) ....

Senhor .... (autoridade instauradora),

1. Na condição de Presidente da Comissão de .... (CPAD ou CSP), instaurada pela Portaria nº ...., de .... de .... de 20........., publicada no BS/DOU nº ...., de ..../..../...., anexo, tenho a honra de dirigir-me a V. Sª para comunicar que esta Comissão de .... que apura a denúncia constante no Processo Administrativo nº ...., apensos nºs ...., formulada pelo Sr. .... (nome do denunciante, se houver) contra o servidor ..... (nome do acusado), foi instalada, desde as .... (horas) desta data, na sala da Comissão de ...., sita no prédio da .... (unidade)..., Av. ...., ..., ... andar – fone (.......) .... e formalizou o Processo Administrativo de nº......, para desenvolver seus trabalhos, mediante deliberações registradas na respectiva Ata de Instalação.

2. Outrossim, informo que a Comissão funcionará no horário das 9h às 11h e das 14h às 16h, de segunda a sexta-feira.

Atenciosamente,

_____
PRESIDENTE

Modelo 08 – Comunicação de instalação ao Recursos Humanos

Brasão ou Timbre do Órgão
SERVIÇO PÚBLICO FEDERAL
COMISSÃO DE .... (CPAD ou CSP)

OFÍCIO..... (CPAD ou CSP) /nº 00.../202...

Cidade/UF, dia/mês/ano

Ao Senhor
Nome.......
cargo ou função........
Ministério......
Endereço
CEP, Cidade e UF

Assunto: ....(resumir em uma linha) ....

Senhor Coordenador-Geral de Recursos Humanos/Chefe,

  1. Na condição de Presidente da Comissão .... (CPAD ou CSP), instaurada pela Portaria nº ...., de .... de .... de 20........, publicada no BS nº ...., de ..../..../...., anexo, tenho a honra de dirigir-me a V. Sª para comunicar que esta Comissão de ...., que apura a denúncia constante no Processo Administrativo nº ...., apensos nºs ...., formulada pelo Sr. .... (nome do denunciante, se houver) contra o servidor ..... (nome do acusado), foi instalada, desde as .... (horas) desta data, na sala da Comissão de .... (CPAD ou CSP), sita no prédio da .... (unidade), Av. ...., ..., ... andar – fone (.......) .... e formalizou o Processo Administrativo de nº......, para desenvolver seus trabalhos.

  2. Informa, ainda, que o servidor acusado não poderá gozar férias,[12] afastar-se de seu local de trabalho a serviço, tirar licenças especiais, aposentar-se ou exonerar-se até o encerramento das atividades desta comissão (art. 172 da Lei nº 8.112/90 c/c Instrução Normativa nº........).

  3. Os casos de afastamento para cursos de curta ou longa duração serão apreciados e autorizados mediante justificativa fundamentada apresentada pelo servidor acusado, com o compromisso firmado de comparecer, quando convocado, aos atos da comissão.

Atenciosamente,

_____
PRESIDENTE

---

[12] Tanto os acusados como os membros da Comissão Processante podem, nos casos excepcionais de investigações de longa duração, ajustar períodos de férias simultâneas.

Modelo 09 – Comunicação à chefia imediata do servidor acusado

Comentários

A comunicação à chefia imediata do servidor acusado, além da natureza informativa, tem como *finalidade* a cooperação com os trabalhos desenvolvidos pela comissão, como, por exemplo, evitar que a chefia designe o *acusado* para atividades que envolvam viagens a serviço, pelo menos durante o tempo que durar a investigação.

Essa informação ao Chefe imediato tem ainda a finalidade de impedir que o servidor crie obstáculos aos trabalhos da Comissão Processante, como pedidos de licenças especiais, gozo integral de férias de 30 (trinta) dias e consequente viagem para longe do local de trabalho, viagem a serviço para locais de difícil comunicação ou acesso, ou afastamentos por períodos longos, o que impossibilita a condução dos trabalhos, que poderiam ficar paralisados até a volta do servidor.

Como consequência, esgota-se o prazo da apuração sem que o colegiado consiga produzir uma única prova na ausência do servidor investigado.

Para se evitar esse tipo de paralisação dos trabalhos, tanto o chefe do Recursos Humanos quanto o chefe imediato são comunicados da inafastabilidade, a princípio, do servidor da sua lotação até o encerramento da apuração, além de que tanto um quanto outro sabem como entrar em contato ou remeter documentos que dizem respeito ao objeto de investigação.

Como o servidor acusado tem, obrigatoriamente, que ser comunicado com antecedência das diligências e oitivas de testemunhas, torna-se impossível o desenvolvimento dos trabalhos em caso de não localização do servidor acusado em razão de encargos impostos pela chefia imediata.

Por fim, consta recomendação de que a Chefia flexibilize o horário de trabalho, de modo que o servidor possa acompanhar o desenvolver dos trabalhos, as oitivas das testemunhas e as demais provas que serão produzidas. Não deve a Chefia sobrecarregar o servidor, "punindo-o" com uma carga excessiva de trabalho que inviabilize a sua defesa.

****

Brasão ou Timbre do Órgão
SERVIÇO PÚBLICO FEDERAL
COMISSÃO DE .... (CPAD ou CSP)

OFÍCIO..... (CPAD ou CSP) /nº 00.../202....

Cidade/UF, dia/mês/ano

Ao Senhor
Nome.......
cargo ou função.........
Ministério......
Endereço
CEP, Cidade e UF

Assunto: ....(resumir em uma linha) ....

Senhor Chefe.....

1. Na condição de Presidente da Comissão .... (CPAD ou CSP), instaurada pela Portaria nº ...., de .... de .... de 20........, publicada no BS nº ...., de ..../..../...., anexo, tenho a honra de dirigir-me a V. Sª para comunicar que esta Comissão de .... que apura a denúncia constante no Processo Administrativo nº ...., apensos nºs ...., formulada pelo Sr. ..... (nome do denunciante, se houver) contra o servidor ..... (nome do acusado), foi instalada, desde as .... (horas) desta data, na sala da Comissão de .... (CPAD ou CSP) sita no prédio da .... (unidade)..., Av. ...., ..., ... andar – fone (.......) ....

2. Informa, que o servidor acusado não poderá gozar férias,[13] afastar-se de seu local de trabalho a serviço, tirar licenças especiais, ser exonerado a pedido ou aposentar-se até o encerramento das atividades desta comissão (art. 172 da Lei nº 8.112/90 c/c Portaria Normativa nº........).

3. Os casos de afastamento para cursos de curta ou longa duração serão apreciados e autorizados mediante justificativa fundamentada apresentada pelo servidor acusado, com o compromisso firmado de comparecer, quando convocado, aos atos da comissão.

4. Informa, ainda, que deve ser conferido ao servidor acusado a flexibilidade de horário durante todo o curso do procedimento disciplinar, de modo que possa exercer em plenitude a garantia da ampla defesa (art. 5º, LV, CF/88 e art. 156, *caput*, Lei nº 8.112/90).

5. Na oportunidade, agradeço o apoio necessário para o bom desempenho das atividades pertinentes a referida Comissão.

Atenciosamente,

_____
PRESIDENTE

---

[13] Tanto os acusados como os membros da Comissão Processante podem, nos casos excepcionais de investigações de longa duração, ajustar períodos de férias simultâneas.

Modelo 10 – Comunicação ao presidente de órgãos ou entidades de classe ou categoria

Comentários

Se o servidor acusado pertencer a categoria funcional que esteja organizada em conselho (OAB, CRM, CRO, CRC, CREA, COREN, etc.), sugerimos a comunicação oficial ao presidente regional do órgão, por *duas razões*, abaixo discriminadas.

A primeira razão prende-se ao interesse do órgão de classe do servidor acusado em auxiliar na sua defesa, caso não se configure infração disciplinar ou ética prevista nos seus estatutos. Na maioria das vezes os conselhos têm manifestado interesse quando comunicados do andamento de comissões disciplinares envolvendo seus filiados, inclusive fornecendo advogado para acompanhamento e defesa de seu filiado.

A segunda, se o ato praticado pelo servidor acusado ferir o estatuto regimental, e sendo provado o ilícito administrativo o próprio órgão de classe tem interesse no resultado das apurações, pelo que cabe, ao final dos trabalhos, representação, instauração de procedimento disciplinar ou ético e punição na alçada do órgão de classe, na sua função fiscalizadora. Destaque-se que esta medida não é obrigatória, e a sua ausência não gera nenhum tipo de nulidade.

****

Brasão ou Timbre do Órgão
SERVIÇO PÚBLICO FEDERAL
COMISSÃO DE .... (CPAD ou CSP)

OFÍCIO..... (CPAD ou CSP) /nº 00.../202...................

Cidade/UF, dia/mês/ano

Ao Senhor
Nome.......
cargo ou função.........
Presidente do Conselho Regional...
Endereço
CEP, Cidade e UF

Assunto: ....(resumir em uma linha) ....

Senhor Presidente do Conselho Regional,

Na qualidade de presidente da Comissão de ...... (CPAD ou CSP), instaurada pela Portaria nº ...., de .... de .... de 20........., publicada no BS nº ...., de ..../..../...., anexo, tenho a honra de comunicar a V. Sª que esta Comissão de .... foi instalada nesta data na sala da Comissão de Processo Disciplinar, ...º andar do prédio da .... (unidade) no Estado do ...., sito na Av. ...., nº ...., fone (.......) ....

Na oportunidade, informamos que a comissão supramencionada tem a finalidade de apurar as denúncias formuladas pelo Sr. .... (nome do denunciante, se houver) contra o servidor .... (nome), cargo, constantes no Processo nº ...., apensos nºs ...., de que o referido .... (resumo da acusação), inscrito nesse Conselho sob nº ....

Atenciosamente,

_____
PRESIDENTE

Modelo 11 – Notificação prévia do acusado

Comentários

Na *notificação prévia* deve constar, como requisito obrigatório e de validade, que o servidor ali identificado é acusado dos fatos imputados na denúncia, transcrita para esta peça de forma resumida e anexa por cópia, que pode ser digitalizada e gravada em CD, com o objetivo de se evitar alegação de desconhecimento do teor da acusação.

Nesse momento, estabelece-se o contraditório entre a Administração e o servidor investigado.

Na notificação prévia cientifica-se o acusado do direito de acompanhar o processo pessoalmente ou por advogado legalmente constituído — mediante procuração *específica* para atuar no processo disciplinar ou sindicante. Informa-se, também, o horário de funcionamento da comissão (geralmente no horário de expediente da repartição pública) ou o período em que vai funcionar a comissão (expediente da manhã, ou expediente vespertino — especificando-se o horário), constando expressamente o período no qual deverá haver obrigatoriamente um membro de plantão, exceto nos casos de diligências externas, as quais serão previamente comunicadas ao acusado.

Tomando-se as cautelas para que a notificação prévia deixe de forma clara e isenta de dúvidas do que exatamente o servidor está sendo acusado, supre-se eventual falha na portaria inaugural, pois o acusado tem conhecimento e condições de defender-se dos fatos que lhes são atribuídos, corrigindo-se eventual vício.

Quando o objeto de apuração envolver várias irregularidades e vários acusados, torna-se necessário apontar os fatos individualizadamente nas notificações prévias, porque, na maioria das vezes, os acusados têm contra si fatos distintos, ou seja, nem todos são acusados dos mesmos fatos. Por isso, nesses casos, muito cuidado ao especificar o objeto na notificação prévia.

A denominação "acusado", contra a qual muitos se mostram indignados, foi dada pela própria lei no art. 159. Após a lavratura do termo de encerramento de instrução e indiciação, o acusado passa a ser chamado de "indiciado", conforme prescreve o art. 161, §1º, da Lei nº 8.112/90.

Se o processo disciplinar foi precedido de sindicância investigatória, estes autos integrarão o processo disciplinar, como peça informativa da instrução (art. 153, da Lei nº 8.112/90). Na prática, indica que não será necessário o traslado das peças ali constantes, podendo a Comissão Processante fazer uso daqueles documentos e indicar as folhas do processo de sindicância investigatória de onde foi extraída a informação.

Simultaneamente a todas as comunicações de instalação da comissão, expede-se a notificação prévia, com a finalidade de informar ao servidor acusado o pleno funcionamento da Comissão Disciplinar, desde o seu início, para acompanhar a instrução.

Em respeito aos princípios constitucionais da ampla defesa, consubstanciado no art. 156, da Lei nº 8.112/90, com os recursos inerentes, e do contraditório, a comissão compromete-se a comunicar previamente toda a produção de prova acusatória, facultando-lhe a efetiva participação. Conforme decisão do Superior Tribunal de Justiça na qual figurou como relator o Min. Gilson Dipp, "a interpretação do princípio da ampla defesa visa a propiciar ao servidor oportunidade de produzir conjunto probatório servível para a defesa."[14]

Portanto, na notificação prévia registra-se um resumo dos fatos para o servidor acusado, na qual se informam as razões pelas quais está sendo investigado e as condutas ilícitas a si imputadas,[15] o que facilitará a sua defesa. Entretanto, não há necessidade de descrição minuciosa e nem de enquadramento legal, o que será feito por ocasião do Termo de Indiciamento.[16]

Deve constar que o servidor acusado pode acompanhar pessoalmente ou por procurador legalmente habilitado todos os atos e diligências praticados pela comissão. Consoante decisão do Supremo Tribunal Federal "a ciência pelo acusado da substância de fato das acusações é pressuposto elementar da ampla defesa, a sua omissão ofende o preceito constitucional que a assegura e implica a nulidade da punição".[17]

O fato de o servidor acusado estar em gozo de *licença médica* quando da instalação dos trabalhos não impede a sua notificação prévia, e muito menos significa que irá causar alguma nulidade no processo disciplinar.[18]

A Lei nº 8.112/90 não menciona o instrumento denominado de "notificação prévia", pois se trata de uma construção doutrinária. Não se confunde com a "Citação", pois esta tem lugar no final do procedimento, após a indiciação do servidor (art. 161, §1º). Todavia, a notificação prévia, como forma de chamamento ao processo, atende aos requisitos dos princípios constitucionais da ampla defesa e do contraditório.

Portanto, a citação (após o Termo de encerramento de instrução e indiciação) não se confunde com a notificação prévia. Ao fazer a citação no início dos trabalhos, a Comissão Processante poderá causar tumulto processual, pois o acusado entenderá que deve apresentar defesa. Só que, nessa fase processual, as provas ainda não foram produzidas.

Entretanto, qualquer petição que o acusado quiser apresentar deverá ser juntada ao processo – seja "defesa prévia" ou rol de testemunhas ou informação das provas que pretende produzir –, e merecerá análise do colegiado, registrada em ata, com intimação das deliberações acerca do que foi trazido aos autos pelo acusado.

Muito importante constar a expressão "acusado" para que o servidor saiba a qualidade de seu ingresso no feito, possibilitando seu empenho em providenciar defesa eficiente, sob pena de nulidade. O termo "acusado" para os fins disciplinares não significa "culpado", mas é a terminologia utilizada na Lei nº 8.112/90.

Há, entretanto, a distinção entre "acusado" (art. 159), referindo-se ao servidor durante a instrução do processo disciplinar, e "indiciado", após o encerramento da

---

[14] ROMS nº 10574/ES; Recurso Ordinário em Mandado de Segurança nº 1999/0009387-9 (Fonte: *DJ*, p. 00414, 04 fev. 2002).

[15] RMS 14901 / TO - Rel. Ministra Maria Thereza de Assis Moura, 6ª. T STJ, j. 21/10/2008, pub. DJe 10/11/2008

[16] "3. Ante a desnecessidade da descrição minuciosa dos fatos no ato da instauração do processo administrativo disciplinar e por ter sido detalhada a falta funcional praticada pelo servidor no termo de indiciação, não há nulidade a ser declarada." (STJ, MS 14504 / DF, Ministro Jorge Mussi, S3 - Terceira Seção, j. 14.08.2013, pub. DJe 20.08.2013).

[17] RE nº 120570/BA. Relator(a): Min. Sepúlveda Pertence. Julgamento: 08 out. 1991. Órgão julgador: 1ª Turma. Publicação: *DJ* 08 nov. 1991. PP-15954. Ement Vol-01641-01, PP-00194. RTJ Vol-00138-02 PP-00658.

[18] MS nº 8102/DF; Mandado de Segurança, 2001/0194209-0. Relator: Min. Hamilton Carvalhido (1112) (Fonte: *DJ*, p. 00181, 24 fev. 2003).

instrução e indiciação (art. 161). É a expressão "indiciado" que passa a ser utilizada, inclusive quando da elaboração do relatório final e na análise jurídica, que antecede o julgamento.

Por fim, deve acompanhar a notificação prévia todos os documentos necessários ao conhecimento da acusação, incluindo-se a portaria instauradora, a ata de instalação, a denúncia ou o relatório final da sindicância investigatória que precedeu o processo disciplinar (com os despachos subsequentes), se for o caso, e parte da Lei nº 8.112/90 (arts. 156 a 161), lembrando que tudo pode ser feito de forma digitalizada.

Logo, a comprovação do recebimento na 2ª via da notificação prévia anexada aos autos deve referir-se não só ao recebimento da notificação prévia em si, mas também ao recebimento de todos os documentos que a acompanharam por cópia reprográfica ou digitalizadas e gravadas em mídia digital, com informação de que o processo eletrônico encontra-se disponível para consulta, na íntegra, e que pode ser providenciado acesso ao seu defensor, caso constitua um.

Caso o acusado, por alguma razão, esteja em outra localidade, a notificação prévia pode ser feita pelo Correio, utilizando-se o SEDEX com AR no endereço do servidor investigado.[19] Nesse sentido, o Enunciado CGU nº 10, de 30 de outubro de 2015: *A validade de uma intimação ou notificação real fica condicionada a ter sido realizada por escrito e com a comprovação da ciência pelo interessado ou seu procurador, independentemente da forma ou do meio utilizado para sua entrega.*

Há, também, a possibilidade de utilização de outros meios que assegurem a certeza da ciência do interessado no processo, previstos na Lei nº 9.784, de 29/01/1999,[20] também para a notificação prévia, uma vez que são igualmente válidos para intimações e citações.

No que se refere às intimações, notificações e citação por aplicativo de mensagens (*WhatsApp*), o STJ entendeu pela sua possibilidade, com base no princípio *pas de nullité sans grief*, desde que observada a tripla verificação, que permite concluir pela autenticidade do receptor das mensagens: a) o número telefônico disponível para contato com o acusado; b) a confirmação de sua identidade por telefone; e c) a foto individual do denunciado, no aplicativo, que, inclusive, coincide com a foto de identificação civil também constante dos autos.[21]

No âmbito da Controladoria-Geral da União houve regulamentação por meio da Portaria Normativa nº 27, de 11 de outubro de 2022, que regulamentou o uso de recursos tecnológicos para realização de atos de comunicação em processos correcionais no âmbito do Sistema de Correição do Poder Executivo Federal.

---

[19] 11. Nesse ponto, deve ser aberto um parênteses para consignar que, assim como ocorre na esfera judicial, também no Processo Administrativo Disciplinar é de ser reconhecida a validade da intimação realizada pelo correio, com aviso de recebimento (AR), sendo dispensada a assinatura do aviso de recebimento pelo próprio destinatário, bastando que reste inequívoca a entrega no seu endereço. (STJ, EDcl no MS 17873 / DF, Ministro Mauro Campbell Marques, S1 - Primeira Seção, j, 28.08.2013, p. DJe 09.09.2013).

[20] Art. 26. O órgão competente perante o qual tramita o processo administrativo determinará a intimação do interessado para ciência de decisão ou a efetivação de diligências.
(...)
§ 3º A intimação pode ser efetuada por ciência no processo, por via postal com aviso de recebimento, por telegrama ou outro meio que assegure a certeza da ciência do interessado.

[21] AgRg no RHC 141245 / DF, relator Ministro RIBEIRO DANTAS, 5ª Turma do STJ, julg. 13/04/2021, pub. DJe 16/04/2021.

Assim, uma vez enviada a mensagem pelo correio eletrônico ou pelo aplicativo de mensagem instantânea, a confirmação do recebimento da comunicação se dará mediante: a) a manifestação do destinatário; b) a notificação de confirmação automática de leitura; c) o sinal gráfico característico do respectivo aplicativo, que demonstre, de maneira inequívoca, a leitura por parte do destinatário; d) a ciência ficta, quando encaminhada para o correio eletrônico ou número de telefone móvel informados ou confirmados pelo interessado; ou, e) o atendimento da finalidade da comunicação. A contagem de prazos terá início no primeiro dia útil seguinte à data da primeira ocorrência de confirmação do recebimento da comunicação .

Se não ocorrer alguma das hipóteses do artigo 101 da Portaria Normativa CGU 27/2022, no prazo de 5 (cinco) dias, o procedimento de comunicação deve ser cancelado e repetido por qualquer outro meio.

Por fim, a comunicação processual deve ser incorporada aos autos, com a juntada da mensagem de correio eletrônico, de aplicativo de mensagem instantânea ou de termo nos quais constem o dia, o horário e o número de telefone para o qual se enviou a comunicação, bem como o dia e o horário em que ocorreu a confirmação do recebimento da mensagem pelo destinatário, com imagem do ato (*print*).

A adoção de medidas para a mitigação dos riscos pode incluir a exigência, pelo agente público, do envio de foto do documento de identificação do acusado, de um termo de ciência do ato citatório assinado de próprio punho, quando houver algum documento do citando para poder comparar as assinaturas, ou qualquer outra medida que torne inconteste tratar-se de conversa travada com o verdadeiro denunciado. Neste caso, torna-se possível presumir que a citação ou intimação deu-se de forma válida.[22]

Se o acusado estiver se escondendo para não receber a notificação prévia, esta poderá ser realizada mediante "*notificação por hora certa*", que se aplica àqueles casos em que há suspeita de que o servidor indiciado está se ocultando para não receber a notificação.

Aplica-se subsidiariamente o Código de Processo Civil/2015 (art. 252 a 254), e o membro-secretário, ou secretário *ad hoc, pode* procurar o servidor indiciado para entregar a notificação e não o encontrando, em casa ou no trabalho, irá intimar o chefe imediato de que no dia posterior voltará, durante o expediente normal da repartição, a fim de efetuar a notificação, na hora designada.

A esse respeito, há o Enunciado CGU nº 11: *No âmbito do Processo Disciplinar, a citação poderá ser realizada por hora certa, nos termos da legislação processual civil, quando, quando o indiciado encontrar-se em local certo e sabido, e houver suspeita de que se oculta para se esquivar do recebimento do respectivo mandado.*

No dia e hora designados, o membro-secretário comparecerá no setor onde trabalha o servidor acusado, a fim de realizar a diligência.

Se o acusado não estiver presente, o membro-secretário procurará se informar das razões da ausência, dando por feita a notificação, ainda que o acusado tenha se ausentado do setor, com o intuito de se esquivar do ato.

O membro-secretário lavrará certidão da ocorrência e deixará contrafé (cópia) com o chefe imediato do servidor acusado, mencionando-o na respectiva certidão.

---

[22] HC 679962 / PR, Rel. Ministro JESUÍNO RISSATO (DESEMBARGADOR CONVOCADO DO TJDFT), 5ª Turma do STJ, julg. 05/10/2021, pub. DJe 08/10/2021.

Após, o colegiado registrará tudo em ata e o presidente determinará que seja enviada ao servidor indiciado, para o endereço de sua residência, por carta registrada com AR, cópia da certidão e do mandado, dando-lhe ciência. O modelo deste ato encontra-se no Capítulo 4 "Modelos incidentes".

Nota importante: toda vez que uma notificação/intimação contiver duas ou mais páginas, pedir a quem a receber para rubricar todas as folhas.

****

Brasão ou Timbre do Órgão
SERVIÇO PÚBLICO FEDERAL
COMISSÃO DE .... (CPAD ou CSP)
NOTIFICAÇÃO PRÉVIA
(Processo .... nº ....)

A Sua Senhoria o Senhor
(nome do servidor acusado)
(cargo)
Em exercício na ......
Cidade/UF

O Presidente da Comissão de .... (CPAD ou CSP), instaurada pela Portaria ..../......../nº ...., de ...... de .... de 20......, publicada no BS/DOU nº ...., de ...../......../......., vem com esta NOTIFICAR V. Sª da instalação dos trabalhos da Comissão de Processo Administrativo Disciplinar/Sindicância, na data de ...../...../..... com o objetivo de apurar os fatos apontados no Processo Administrativo nº .... e apensos nºs ....

NOTIFICA, ainda, V. Sª da sua condição de **ACUSADO** no referido processo administrativo disciplinar, sendo-lhe facultado acompanhar e participar, por si ou procurador legalmente constituído, de todos os atos e diligências a serem praticados, ter acesso e obter cópia dos autos, a qualquer momento, acompanhar a produção de provas e perícias, se houver, produzir provas e contraprovas e formular quesitos, arrolar e reinquirir testemunhas, no momento oportuno, e apresentar qualquer requerimento ou documento de modo a assegurar sua mais ampla defesa e contraditório, nos termos do inciso IV do artigo 5º da Constituição Federal c/c os artigos 143, 153 e 156 da Lei nº 8.112/90.

Segue, em anexo, a cópia do referido processo administrativo disciplinar e .... volumes de seus apensos em mídia digital, para que V. Sª. tenha ciência de seu teor, informando-o de que foi providenciado acesso para o processo eletrônico, disponível para consulta, na íntegra, e que pode ser concedido acesso também ao seu defensor, caso constitua um.

A Comissão está instalada e funciona no endereço expresso no rodapé do presente Mandado, durante o expediente normal do serviço público federal, de segunda à sexta-feira, no horário de .... às .... e das .... às .... horas.

Informa, ainda, que V. Sª deverá informar a este Colegiado, com antecedência, os períodos de férias e afastamentos e não poderá aposentar-se ou exonerar-se (a pedido) até o encerramento das atividades desta comissão (art. 172 da Lei nº 8.112/90 c/c Portaria Normativa nº........) bem como, em caso de mudança de domicílio por período superior a três (03) dias, deverá fazer comunicado prévio a esta Comissão, informando por escrito o novo endereço e/ou telefone para contato.

Cidade/UF, dia/mês/ano

_____

PRESIDENTE

Recebi:

Original desta Notificação

Mídia contendo digitalização dos seguintes documentos: Portaria /nº ..../20...... e ....../20.......; Ata de Instalação; ciência de que possuo acesso à íntegra do processo eletrônico nº.......;

Data ..../........../.............

_____

Assinatura do notificado

Modelo 12 – Termo de juntada

Comentários

Dentre as atribuições do membro-secretário, que também pode ser executada por qualquer dos membros da comissão processante/sindicante, encontra-se a de providenciar o termo de juntada para os documentos *não produzidos pela comissão*, a fim de manter registro confiável de data e horário de chegada dos documentos externos.

O interessado tanto pode enviar o documento já em meio digital, quanto em meio físico, o qual, depois de digitalizado e juntado ao processo, será imediatamente devolvido.[23]

****

---

[23] Vide arts 11 e 12 do Decreto nº 8.539, de 8 de outubro de 2015:

Art. 11. O interessado poderá enviar eletronicamente documentos digitais para juntada aos autos.

§ 1º O teor e a integridade dos documentos digitalizados são de responsabilidade do interessado, que responderá nos termos da legislação civil, penal e administrativa por eventuais fraudes.

§ 2º Os documentos digitalizados enviados pelo interessado terão valor de cópia simples.

§ 3 º A apresentação do original do documento digitalizado será necessária quando a lei expressamente o exigir ou nas hipóteses previstas nos art. 13 e art. 14.

Art. 12. A digitalização de documentos recebidos ou produzidos no âmbito dos órgãos e das entidades da administração pública federal direta, autárquica e fundacional deverá ser acompanhada da conferência da integridade do documento digitalizado.

§ 1º A conferência prevista no caput deverá registrar se foi apresentado documento original, cópia autenticada em cartório, cópia autenticada administrativamente ou cópia simples.

§ 2º Os documentos resultantes da digitalização de originais serão considerados cópia autenticada administrativamente, e os resultantes da digitalização de cópia autenticada em cartório, de cópia autenticada administrativamente ou de cópia simples terão valor de cópia simples.

§ 3º A administração poderá, conforme definido em ato de cada órgão ou entidade:

I - proceder à digitalização imediata do documento apresentado e devolvê-lo imediatamente ao interessado;

II - determinar que a protocolização de documento original seja acompanhada de cópia simples, hipótese em que o protocolo atestará a conferência da cópia com o original, devolverá o documento original imediatamente ao interessado e descartará a cópia simples após a sua digitalização; e

III - receber o documento em papel para posterior digitalização, considerando que:

a) os documentos em papel recebidos que sejam originais ou cópias autenticadas em cartório devem ser devolvidos ao interessado, preferencialmente, ou ser mantidos sob guarda do órgão ou da entidade, nos termos da sua tabela de temporalidade e destinação; e

b) os documentos em papel recebidos que sejam cópias autenticadas administrativamente ou cópias simples podem ser descartados após realizada a sua digitalização, nos termos do caput e do § 1º.

§ 4º Na hipótese de ser impossível ou inviável a digitalização do documento recebido, este ficará sob guarda da administração e será admitido o trâmite do processo de forma híbrida, conforme definido em ato de cada órgão ou entidade.

Brasão ou Timbre do Órgão
SERVIÇO PÚBLICO FEDERAL
COMISSÃO DE .... (CPAD ou CSP)

TERMO DE JUNTADA

De ordem da Srª Presidente, eu, Membro-Secretário da COMISSÃO DE ....
(CPAD ou CSP), instituída pela Portaria nº ...., de .... de .... de 20.........,
publicada no BS nº ...., de ..../..../.... (modificada pela Portaria nº ...., de ....
de .... de 20......., publicada no BS nº......., de ..../....../.......), lavro o presente
termo para constar que na data de ....../......./......, às .... horas, digitalizei e
juntei aos autos os documentos de fls ....a.........., após o que procedi a devolução
do documento em meio físico ao interessado. Nada mais.

_____
MEMBRO-SECRETÁRIO

Modelo 13 – Portaria de designação de secretário da comissão e secretário *ad hoc*

Comentários

Compete ao presidente da comissão designar servidor para funcionar como secretário dos trabalhos, podendo a indicação recair sobre um dos membros ou um servidor estranho à comissão (art. 149, §1º, da Lei n. 8.112/90). Em ambos os casos, providencia-se a publicação da portaria referente ao encargo e do respectivo termo de fidelidade ou compromisso.

Caso a indicação recaia sobre servidor estranho à comissão, convém esclarecer que não se trata de um quarto membro, mas de secretário *ad hoc* (para o ato). Assim, o secretário *ad hoc* não tem poder de voto nas deliberações da comissão e nem assina as atas e o relatório final, visto que não integra o colegiado. Também não é necessária sua presença em todos os atos, somente naqueles em que irá prestar serviço, e nem obrigatório seu comparecimento às diligências do colegiado.

Embora conste no corpo da portaria que ela entra em vigor na data de sua assinatura, convém providenciar sua publicação em boletim de pessoal ou boletim interno do órgão.

****

Brasão ou Timbre do Órgão
SERVIÇO PÚBLICO FEDERAL
COMISSÃO DE ..... (CPAD ou CSP)

PORTARIA/..... (CPAD ou CSP) /nº 01/20.....

O PRESIDENTE DA COMISSÃO DE .... (CPAD ou CSP), instaurada pela Portaria nº ....., de ...... de ...... de ..... de 20.... (modificada pela Portaria nº ......, de ...... de ..... de 20...., publicada no BS nº ...., de .... de .... de 20.......), para apurar as supostas irregularidades noticiadas no Processo n˚ ...., no uso das suas atribuições legais e considerando o disposto no artigo 149, § 1º da Lei n.º 8.112, de 11/12/1990.

R E S O L V E

Art. 1º Designar o servidor ...., ...(cargo)......., Matrícula ...., em exercício na ...., para desempenhar as funções de **Secretário** da referida Comissão.

Art. 2˚ - o servidor acima designado ficará dispensado do ponto até a entrega do Relatório Final, nos termos do art. 152, §1º da lei supramencionada.

Art. 3º - Esta portaria entra em vigor nesta data.

Cidade/UF, dia/mês/ano

_____
PRESIDENTE

Modelo 14 – Termo de fidelidade ou compromisso

Comentários

Trata-se de compromisso prestado pelo membro-secretário ou pelo secretário *ad hoc*, designados pelo presidente da comissão. Secretário *ad hoc* (para o ato) é aquele que não consta da portaria, servidor designado especificamente para exercer as atribuições de secretário dos trabalhos, não detém poder de voto nas deliberações da comissão, não assina as atas e nem o relatório final, não participa das audiências e, portanto, não faz perguntas nos depoimentos, já que não é membro.

Importante ressaltar que o secretário deve estar sempre disposto a ouvir tudo e colaborar com o colegiado, repassando as informações que chegam ao seu conhecimento, mas deve falar somente o essencial quando interpelado por terceiros, ou não prestar nenhuma informação, se for o caso, a fim de não comprometer a investigação.

É muito comum o secretário ser abordado por outros servidores, estranhos ao processo disciplinar, com o fim de obterem informações. O alerta sobre essas circunstâncias deve ser feito pelo presidente, a quem o membro-secretário se reporta após o cumprimento de seus deveres.

A ausência do Termo de Fidelidade ou Termo de Compromisso não fulmina de nulidade todos os atos, ante a presunção de legitimidade e veracidade de que gozam os atos dos servidores públicos, segundo decidiu recentemente o STF,[24] mas deve o Colegiado, tanto quanto possível, adotar os procedimentos de praxe.

****

---

[24] 3. Não implica nulidade a ausência de termo de compromisso do secretário da comissão do PAD, porquanto tal designação recai necessariamente em servidor público, cujos atos funcionais gozam de presunção de legitimidade e veracidade. (RMS 32230 / DF – Relator Min. Celso de Mello, STF, Julgamento: 07/11/2013, DJe-223 Divulg. 11.11.2013 Public. 12.11.2013).

Brasão ou Timbre do Órgão
SERVIÇO PÚBLICO FEDERAL
COMISSÃO DE ..... (CPAD ou CSP)

TERMO DE FIDELIDADE ou COMPROMISSO

Pelo presente termo, eu, ...nome do servidor....., ...cargo.........., Matrícula nº........, em exercício na ...., comprometo-me, perante os membros da Comissão de ..... (CPAD ou CSP), instaurada pela Portaria nº ...., de .... de .... de 20........, publicada no BS nº ...., de ..../..../.... (modificada pela Portaria nº ...., de .... de .... de 20......., publicada no BS nº......., de ..../....../.........), a exercer as funções de Secretário e observar a imposição legal no tocante ao sigilo e à reserva das informações previstos no art. 150 da Lei nº 8.112/90, bem como praticar os demais atos necessários à consecução dos trabalhos sob minha responsabilidade com discrição. Pelo que, firmo este termo.

Cidade/UF, dia/mês/ano

_____

SECRETÁRIO

Modelo 15 – Pedido de resumo da ficha funcional do servidor acusado

Comentários

Dentre as providências preliminares tomadas pela comissão está o pedido de ficha funcional resumida dos servidores acusados. A informação facilita os trabalhos da investigação porque traz o conhecimento do colegiado os setores onde o servidor já trabalhou, as funções ou chefias porventura exercidas, bem como informações complementares sobre *idoneidade moral, disciplina, assiduidade, dedicação, aptidão, eficiência no serviço e penalidade anterior,* se existir.

Quanto aos aspectos acima destacados, não se trata em absoluto de certidão desabonadora do servidor, mas um retrato fiel de sua vida funcional, constando somente o que se encontra anotado nos seus assentamentos. Ao contrário do que se pensa, se da certidão constar que o acusado foi punido com suspensão há mais de cinco anos, ou com advertência há mais de três anos, a comissão não levará essa informação em conta para fins de reincidência, uma vez que tais registros já deveriam ter sido cancelados, a teor do art. 131 da Lei nº 8.112/90.

Importante também que o setor de Recursos Humanos forneça a programação de férias do acusado e os pedidos de licenças especiais ou de aposentadoria em andamento, para conhecimento da comissão e solicitação de alteração das férias marcadas para gozo durante os trabalhos investigatórios. Eventuais pedidos de licenças especiais e pedido de aposentadoria ficarão sobrestados até o término dos trabalhos, assim considerados o prazo regulamentar de 60 dias, mais a prorrogação, mais os 20 dias para o julgamento. Após o transcurso desse prazo (140 dias), mesmo com a recondução da comissão processante, não se poderá obstar o pedido de aposentadoria, desde que a demora na condução do(s) procedimentos(s) não possa ser imputada, direta ou indiretamente, a condutas atribuídas ao servidor interessado.[25]

O colegiado deve manter contato com o Setor de Recursos Humanos e orientar no sentido de que aquela Unidade deve dar ciência de quaisquer pedidos formulados pelo servidor acusado, inclusive os de licença médica,[26] para que a comissão tome as providências, como, por exemplo, submeter o acusado a Junta Médica Oficial ou analisar se é o caso de instauração de um Incidente de Sanidade Mental no caso de múltiplos atestados de doenças mentais. No mais, o fato de o servidor estar doente não impede

---

[25] Divisão de Assuntos Disciplinares da PGF/AGU:
CONCLUSÃO DAD/DEPCONSU/PGF/AGU nº 11/2015.
É possível a concessão de aposentadoria voluntária de Procurador Federal acusado ou indiciado em processo(s) disciplinar(es) ainda em curso tão somente quando, cumulativamente:
I. Todos os procedimentos disciplinares porventura em curso tenham ultrapassado o prazo legal de 140 dias para conclusão; e
II. Que a demora na condução do(s) procedimentos(s) não possa ser atribuída, direta ou indiretamente, a condutas atribuídas ao servidor interessado. (Referência PARECER nº 205/PGF/SBLB/2007).

[26] "IV – O fato de encontrar-se o servidor em gozo de licença médica para tratamento de saúde não constitui óbice à demissão" (MS nº 23310/RJ, Relator(a): Min. Carlos Velloso, Tribunal Pleno, STF, Julgamento: 01 jul. 2002, Pub: *DJ*, 27 jun. 2003, PP-00031, EMENT VOL-02116-03 PP-00476).

o curso das investigações, porque todas as diligências podem ser acompanhadas por procurador, não necessariamente advogado,[27] habilitado no processo administrativo.

****

---

[27] "A falta de defesa técnica por advogado no processo administrativo disciplinar não ofende a Constituição." (Súmula Vinculante 5/STF).

Brasão ou Timbre do Órgão
SERVIÇO PÚBLICO FEDERAL
COMISSÃO DE ..... (CPAD ou CSP)

OFÍCIO..... (CPAD ou CSP) /nº 00.../202....

Cidade/UF, dia/mês/ano

Ao Senhor
Nome.......
cargo ou função.........
Ministério......
Endereço
CEP, Cidade e UF

Assunto: ....(resumir em uma linha) ....

Senhor Chefe,

1. Na qualidade de Presidente da Comissão de .... (CPAD ou CSP), instaurada pela Portaria nº ...., de .... de .... de 20........, publicada no BS nº ...., de ..../..../.... (modificada pela Portaria nº ...., de .... de .... de 20......., publicada no BS nº......., de ..../......./.........), anexo, venho requerer a V. Sª o "Resumo" individual da vida funcional do servidor ..... (nome do acusado), Matrícula SIAPE nº......, contendo data de admissão, afastamentos e outras ocorrências dignas de referência, especialmente quanto a *idoneidade moral*, *disciplina*, *assiduidade*, *dedicação*, *aptidão*, *eficiência no serviço e penalidade anterior*. Mencionar na informação a existência ou não de punições disciplinares nos últimos 05 (cinco) anos, observando-se o disposto no art. 131, da Lei nº 8.112/90.

2. Na oportunidade, informamos que deverá ser atendido o art. 172 da Lei nº 8.112/90, devendo essa chefia informar à Comissão quaisquer outros afastamentos do referido servidor, bem como do período de férias designadas ou pedidos de licenças e aposentadoria.

3. Solicito, ainda, que no prazo de 05 (cinco) dias, sejam também remetidas a esta Comissão (endereço inserto no rodapé) cópias do cadastro e dos assentamentos funcionais da pessoa acima indicada.

Atenciosamente,

_____
PRESIDENTE

Recebi ___/___/___

Modelo 16 – Comunicação de dedicação integral e dispensa de ponto

Comentários

No caso dos trabalhos investigatórios de maior complexidade, que exigem a dedicação exclusiva dos membros, faz-se a comunicação às chefias imediatas dos membros do funcionamento da comissão em tempo integral, com a respectiva dispensa do ponto, conforme faculta o art. 152, §1º, da Lei nº 8.112/90.

No caso de membros pertencentes a outros órgãos (portaria conjunta), pode-se solicitar às autoridades instauradoras a adoção dessas providências.

****

Brasão ou Timbre do Órgão
SERVIÇO PÚBLICO FEDERAL
COMISSÃO DE ..... (CPAD ou CSP)

OFÍCIO..... (CPAD ou CSP) /nº 00.../202...

Cidade/UF, dia/mês/ano

Ao Senhor
Nome.......
cargo ou função.........
Ministério......
Endereço
CEP, Cidade e UF

Assunto: ....(resumir em uma linha) ....

Senhor ....autoridade ou chefia............,

1. Na qualidade de Presidente da Comissão de ...... (CPAD ou CSP), instaurada pela Portaria nº ...., de .... de .... de 20........., publicada no BS nº ...., de ..../..../...., anexo, venho comunicar a necessidade de dedicação integral dos membros aos trabalhos desta Comissão.

2. Assim sendo, os servidores ....nome......, ...cargo......., em exercício na ...., deverão ser dispensados do ponto, por força do art. 152, §1º, da Lei nº 8.112/90, a contar da data da instalação da Comissão, que ocorreu no dia ..... de................... de 20... .

3. Na oportunidade, solicitamos os préstimos de V. Sª no sentido de comunicar ao setor de Recursos Humanos a dispensa do ponto acima mencionada, bem como publicar no Boletim de Serviço, cópia da Portaria nº.... (designando secretário), anexa.

Atenciosamente,

_____
PRESIDENTE

Modelo 17– Ata de trabalhos

Comentários

As reuniões da comissão são obrigatoriamente registradas em atas onde ficam consignadas as deliberações adotadas (art. 152, §1º, da Lei nº 8.112/90). Entretanto, não é necessário fazer uma ata todo dia, mas apenas quando a atividade descrita na ata anterior já se encontrar cumprida ou ocorrer algum evento novo que necessite de deliberação da comissão.

Assim, todas as diligências a serem efetuadas pela comissão, bem como nome, data e horário de depoimentos das testemunhas devem ficar registrados nas atas de trabalho. Qualquer eventualidade que impossibilite o que foi deliberado pelo colegiado, ou a mudança de rumo na investigação devem também ficar registradas em ata, mantendo-se um registro cronológico coerente.

O que não se admite é o fato de constar no processo uma diligência ou o resultado de uma pesquisa sem que se saiba onde e quando a comissão decidiu pela produção daquela prova.

Deliberações acerca de requerimentos de impedimento e de alteração de datas de oitiva, feitas por testemunhas, também ficam consignadas em ata, bem como a nova data em que serão ouvidas e as intimações subsequentes dos acusados, e a comunicação aos requerentes das decisões acerca dos deferimentos ou indeferimentos.

****

Brasão ou Timbre do Órgão
SERVIÇO PÚBLICO FEDERAL
COMISSÃO DE ..... (CPAD ou CSP)

ATA DE TRABALHOS

Aos ...... dias do mês de .... do ano de dois mil ...., às .... horas, na sala de Comissão de .... (CPAD ou CSP), no .....º andar da ...., localizada à Av. ...., nº......., bairro .... – ...., presentes os servidores ...., ... e ...., respectivamente Presidente e membros da Comissão de ...., instituída pela Portaria nº ...., de .... de .... de 20........., publicada no BS nº ...., de ..../..../.... (modificada pela Portaria nº ...., de .... de .... de 20......., publicada no BS nº......., de ..../....../.........), com a finalidade de apurar os fatos apontados nos autos do Processo Administrativo Disciplinar n. ...., DELIBEROU:

a) discriminar todos os trabalhos a serem efetuados;

b) ouvir as testemunhas da Comissão.

NOME	CONDIÇÃO	DIA	HORA
....	Testemunha	....	....
....	Testemunha	....	....

c) Expedir os mandados de intimação e os ofícios indispensáveis com o fim de formalizar os depoimentos;

d) notificar os acusados das datas e horários para, querendo, comparecer às audiências e reinquirir as testemunhas.

Nada mais havendo a ser tratado, foi lavrado o presente termo que vai assinado pelo Presidente e demais membros.

_____
PRESIDENTE

_____
MEMBRO

_____
MEMBRO-SECRETÁRIO

Modelo 18 – Mandado de intimação para denunciante e testemunha

Comentários

Antes do depoimento das testemunhas intima-se o denunciante, se houver, para depor. O denunciante pode ser ouvido como testemunha se aos costumes nada disse (se antes de começar a depor, respondeu negativamente às perguntas se é amigo íntimo, inimigo capital, parente do acusado, se está litigando contra os acusados, em processo administrativo ou judicial, ou se tem interesse direto ou indireto no desfecho da investigação).

Cabe registrar que a Lei nº 8.112/90 não estabelece nenhuma distinção entre denunciante e as demais testemunhas, sendo esta uma divisão que se observa apenas na prática.

Assim, a primeira figura, do denunciante, nada mais é do que uma testemunha que tem precedência sobre as demais, ou porque formalizou a denúncia, até mesmo por ter presenciado a ocorrência da irregularidade, ou por conhecimento mais profundo das irregularidades praticadas no âmbito do serviço público e assinou algum documento que posteriormente veio a originar o processo disciplinar.

Portanto, o denunciante será ouvido como testemunha, salvo naqueles casos de impedimento, situação em que será ouvida como informante.

Assim, sendo o *denunciante funcionário público*, expede-se mandado de intimação, com exercício em órgão distinto, informando-se do dia, hora, local e finalidade da intimação. Aplicam-se os mesmos dispositivos legais usados para a inquirição das testemunhas (art. 157, parágrafo primeiro, da Lei nº 8.112/90).

Os servidores públicos não podem se negar a prestar depoimento à Comissão Processante ou sindicante sem justificativa. Caso haja recusa, podem ser representados e vir a responder a uma sindicância punitiva.

A 2ª via do mandado com o ciente do denunciante ou da testemunha será anexada aos autos, após digitalização, conforme estabelecido no art. 157 da Lei nº 8.112/90.

Se a *testemunha for funcionário público* a Comissão Disciplinar expede mandado de intimação para o servidor, constando dia, hora, local e a informação de que será ouvido na qualidade de testemunha.

Na mesma oportunidade expede-se memorando à respectiva chefia, com os mesmos dados. Na hipótese do servidor pertencer a *outro órgão*, comunica-se ao *dirigente máximo* da instituição, no Estado ou cidade, mediante *ofício*, rogando que se dê ciência à chefia imediata do servidor.

Em casos excepcionais, a intimação pode ser enviada via postal, com AR, para a residência do servidor.[28]

---

[28] 11. Nesse ponto, deve ser aberto um parênteses para consignar que, assim como ocorre na esfera judicial, também no Processo Administrativo Disciplinar é de ser reconhecida a validade da intimação realizada pelo correio, com aviso de recebimento (AR), sendo dispensada a assinatura do aviso de recebimento pelo próprio destinatário, bastando que reste inequívoca a entrega no seu endereço. (STJ, EDcl no MS 17873 / DF, Ministro Mauro Campbell Marques, S1 - Primeira Seção, j, 28.08.2013, p. DJe 09.09.2013).

A Lei nº 9.784, de 29.01.1999,[29] abre a possiblidade de utilização de outros meios que assegurem a certeza da ciência do interessado no processo.

No que se refere às intimações, notificações e citação por aplicativo de mensagens (*WhatsApp* e similares), o STJ entendeu pela sua possibilidade, com base no princípio *pas de nullité sans grief*, desde que observada a tripla verificação, que permite concluir pela autenticidade do receptor das mensagens: a) o número telefônico disponível para contato com o acusado; b) a confirmação de sua identidade por telefone; e c) a foto individual do denunciado, no aplicativo, que, inclusive, coincide com a foto de identificação civil também constante dos autos.[30]

No âmbito da Controladoria-Geral da União houve regulamentação por meio da Portaria Normativa nº 27/2022, que regulamentou o uso de recursos tecnológicos para realização de atos de comunicação em processos correcionais no âmbito do Sistema de Correição do Poder Executivo Federal.

Assim, uma vez enviada a mensagem pelo correio eletrônico ou pelo aplicativo de mensagem instantânea, a confirmação do recebimento da comunicação se dará mediante: a) a manifestação do destinatário; b) a notificação de confirmação automática de leitura; c) o sinal gráfico característico do respectivo aplicativo, que demonstre, de maneira inequívoca, a leitura por parte do destinatário; d) a ciência ficta, quando encaminhada para o correio eletrônico ou número de telefone móvel informados ou confirmados pelo interessado; ou, e) o atendimento da finalidade da comunicação. A contagem de prazos terá início no primeiro dia útil seguinte à data da primeira ocorrência de confirmação de recebimento da comunicação dentre aquelas previstas neste artigo.

Se não ocorrer alguma das hipóteses do artigo 101, no prazo de 5 (cinco) dias, o procedimento de comunicação deve ser cancelado e repetido por qualquer outro meio.

Por fim, a comunicação processual deve ser incorporada aos autos, com a juntada da mensagem de correio eletrônico, de aplicativo de mensagem instantânea ou de termo nos quais constem o dia, o horário e o número de telefone para o qual se enviou a comunicação, bem como o dia e o horário em que ocorreu a confirmação do recebimento da mensagem pelo destinatário, com imagem do ato (*print*).

A adoção de medidas para a mitigação dos riscos pode incluir a exigência, pelo agente público, do envio de foto do documento de identificação do acusado, de um termo de ciência do ato citatório assinado de próprio punho, quando houver algum documento do citando para poder comparar as assinaturas, ou qualquer outra medida que torne inconteste tratar-se de conversa travada com o verdadeiro denunciado. Neste caso, torna-se possível presumir que a citação ou intimação deu-se de forma válida.[31]

Entretanto, jurisprudência do Superior Tribunal de Justiça afirma que a Lei nº 8.112/90 não é omissa quanto à forma da intimação de testemunha, pelo contrário,

---

[29] Art. 26. O órgão competente perante o qual tramita o processo administrativo determinará a intimação do interessado para ciência de decisão ou a efetivação de diligências.
(...)
§ 3º A intimação pode ser efetuada por ciência no processo, por via postal com aviso de recebimento, por telegrama ou outro meio que assegure a certeza da ciência do interessado.

[30] AgRg no RHC 141245 / DF, relator Ministro RIBEIRO DANTAS, 5ª Turma do STJ, julg. 13/04/2021, pub. DJe 16/04/2021.

[31] HC 679962 / PR, Rel. Ministro JESUÍNO RISSATO (DESEMBARGADOR CONVOCADO DO TJDFT), 5ª Turma do STJ, julg. 05/10/2021, pub. DJe 08/10/2021.

diz expressamente em seu art. 157 que elas serão intimadas por mandado expedido pelo presidente da Comissão, pelo que a intimação de testemunha "via rádio" ofende o devido processo legal.[32]

Excepcionalmente, aquela Corte admitiu a intimação via telefone da testemunha, devido à dificuldade de sua localização. Uma vez comparecida a testemunha e os demais interessados, entendeu o STJ não haver nulidade.[33]

Mais uma vez lembramos que os mandados devem ser expedidos e recebidos pelos destinatários com *antecedência mínima de 3 (três) dias úteis*.[34]

Para as comissões, sugerimos seguir sempre a regra insculpida no art. 157, da Lei nº 8.112/90.

No caso das *testemunhas não serem funcionários públicos*, basta a expedição de notificação, nos mesmos moldes da intimação. Alguns utilizam o instrumento *carta-convite* ou simplesmente *convite.*

Embora a lei não estabeleça diferença de nomenclatura e o *nomen juris* não interfira no conteúdo, que é o mesmo, na prática existe uma significativa diferença entre intimar e convidar alguém a prestar depoimento. No caso do convite, pela fragilidade do nome, que pressupõe não existir obrigatoriedade de comparecimento. Além do mais, ressalte-se que não existe previsão legal para expedir *convite* para intimar testemunhas, mas sim *mandado de intimação ou notificação.*

Portanto, não se recomenda o uso de *convite,* em vez de intimação ou notificação, por duas razões:

(1) convite não consta na Lei nº 8.112/90 como instrumento hábil para audiência, mantendo o referido diploma legal a formalidade do mandado de intimação ou notificação;

(2) não possui aquela característica de obrigatoriedade de comparecimento. Aceita convite quem quer, sem necessidade de justificar a recusa. Mesmo que se argumente que não há como se obrigar particular a comparecer para depor, uma intimação confere um tom mais formal, a que o particular não se esquiva.

As investigações promovidas pela Administração, mesmo as desprovidas de maiores formalidades, devem conter um mínimo de obediência aos critérios estabelecidos pela lei e sua ausência, por si só, desautoriza o seu uso. Portanto, os convites devem ser utilizados para festas, casamentos e outras comemorações.

Como dito anteriormente, o processo administrativo disciplinar deve seguir o "princípio do formalismo moderado", que consiste "na previsão de ritos e formas simples, suficientes para propiciar um grau de certeza, segurança, respeito aos direitos dos sujeitos, o contraditório e a ampla defesa (...) e se traduz na exigência de interpretação

---

[32] 5. No tocante ao modo de intimação de testemunhas, a Lei nº 8.112/90 não é omissa. Segundo seu art. 157, compete ao presidente da comissão processante expedir mandado, devendo a segunda via, com o ciente do interessado, ser anexada aos autos, pelo que a intimação via rádio ofende o devido processo legal, além de ensejar cerceamento de defesa. (MS 13939 / DF, Relator Ministro Arnaldo Esteves Lima, Terceira Seção, STJ, julg. 14.10.2009, public. DJe 09.11.2009).

[33] A convocação de testemunha por intermédio de telefonema, feito excepcionalmente em razão da dificuldade de sua localização não inquina o procedimento administrativo disciplinar de nulidade, principalmente se o depoimento é prestado na presença de procurador habilitado e aos interessados é dada a oportunidade de se manifestar amplamente nos autos após a prática do ato procedimental. (MS 17518, Relator Ministro Humberto Martins, Primeira Seção, STJ, julg. 26.02.2013, public. DJe 02.08.2013).

[34] §2º do art. 26, da Lei nº 9.784, de 29.01.1999.

flexível e razoável quanto a formas, para evitar que estas sejam vistas como um fim em si mesmas, desligadas das verdadeiras finalidades do processo".[35]

A comunicação ao chefe do servidor intimado a depor como testemunha garante o seu comparecimento perante a Comissão Processante. Porém, a comissão não dispõe de meios legais, coercitivos, na Lei nº 8.112/90 para condução da testemunha comum, aqui entendida aquela que não é funcionário público.

Para a intimação das testemunhas, a Lei nº 8.112/90 prevê a utilização de *mandado de intimação* (art. 157), *com a comprovação do recebimento na 2ª via anexado aos autos*. Quanto ao prazo, o §2º, do art. 26 da Lei nº 9.784/99 prevê a antecedência mínima de três dias úteis.

Vale o bom senso, neste último caso, de se notificar a testemunha e, se possível fornecer no mandado indícios da importância do seu depoimento, por exemplo, "ratificar a denúncia formulada por V. Sª nos autos do Processo nº...", garantindo-se assim a sua presença no dia e hora designados. Porém, não há necessidade de se informar acerca dos fatos atribuídos aos servidores processados ou adiantar o teor do depoimento.

Se a testemunha se fizer acompanhar por seu advogado, o presidente da comissão pode exigir apresentação de instrumento hábil de mandato. Esclarecemos que a ausência de mandato não autoriza o colegiado a impedir a entrada do advogado. Na hora do depoimento adverte-se que o *advogado da testemunha* não pode interferir nas perguntas e respostas e nem reinquiri-la. Sua presença serve apenas para garantir a tranquilidade da testemunha, sendo inócua para a comissão.

Essas cautelas têm funcionado na prática e poupado até os cofres públicos (art. 173 da Lei nº 8.112/90) de deslocamento dos membros da comissão para ouvir testemunhas de outra cidade que, intimadas via notificação ou intimação, comparecem de bom grado à sede da instalação dos trabalhos.

Na oportunidade do depoimento testemunhal, informa-se que o *falso testemunho* é crime previsto no art. 342 do Código Penal, e que peças dos autos serão encaminhadas à autoridade policial para a instauração de inquérito, se esse fato ocorrer. Por vezes, essa advertência basta para que se extraia a verdade.

Importante também é a verificação, pelo presidente, da suspeição ou impedimento da testemunha (é amigo íntimo, inimigo capital, parente do acusado, se está litigando contra os acusados, em processo administrativo ou judicial, ou se tem interesse direto ou indireto no desfecho da investigação?).

As testemunhas serão ouvidas separadamente, não se permitindo que tragam o seu depoimento por escrito (art. 158 da Lei nº 8.112/90) e muito menos que tragam depoimento de outras testemunhas do mesmo processo para confrontar com o seu.

Entretanto, as testemunhas podem consultar notas, documentos, datas e solicitar a juntada de documentos que provam o que está sendo dito perante a Comissão Disciplinar, bem como pode ser facultado, pelo presidente, ao final do depoimento, que se acrescentem dados que entender relevantes para o esclarecimento dos fatos.

De igual forma é vedada à Comissão Processante ou sindicante (punitiva) delegar poderes com o fim de colher depoimento testemunhal, quando se tratar de testemunha domiciliada ou residente em outra localidade.

Nessa situação, ou a pessoa convocada se desloca até a sede dos trabalhos da comissão (art. 173, inc. I, da Lei nº 8.112/90) ou seus membros vão até o local do

---

[35] MEDAUAR, Odete. *Direito Administrativo Moderno*. 20. ed. São Paulo: Revista dos Tribunais, 2016. p. 208.

depoimento (art. 173, II, da Lei nº 8.112/90) cabendo à Administração as despesas decorrentes de transportes e diárias ou, ainda, utilizar-se do recurso da *videoconferência*.

A Corregedoria-Geral da União regulamentou e consolidou, com a edição da Portaria Normativa nº 27, de 11 de outubro de 2022, a realização de atos processuais à distância, em que as comissões disciplinares poderão promover a tomada de depoimentos, acareações, investigações e diligências por meio de videoconferência ou outro recurso tecnológico de transmissão de sons e imagens em tempo real, assegurados os direitos ao contraditório e à ampla defesa (vide íntegra da norma no Anexo).

Assim, a Comissão Disciplinar poderá solicitar ao responsável pela unidade envolvida a designação de servidor para o exercício da função de secretário *ad hoc*. O registro audiovisual gerado em audiência será juntado aos autos, sem necessidade de transcrição em ata, sendo disponibilizado à defesa o acesso ao seu conteúdo ou à respectiva cópia. O presidente da Comissão Disciplinar assinará a ata de audiência lavrada, na qual serão registrados, pelo menos, a data, os locais e os participantes do ato; e por fim o registro nominal e individualizado da presença de cada um dos participantes na gravação dispensa as suas assinaturas na ata de audiência.

Se existirem depoimentos contraditórios ou que se infirmem será marcada nova data para se proceder à acareação, comunicando-se ao acusado. Na acareação, lavrada num único termo, deve constar a leitura dos dois depoimentos e a pergunta aos depoentes, um por vez, se mantêm, retificam ou ratificam o depoimento, com a devida justificativa.

O objetivo da *acareação* é tornar os depoimentos uniformes. Prova-se através deste ato que, ou a testemunha agiu de má-fé, tentando induzir a comissão em erro, ou que simplesmente equivocou-se, dando-se-lhe a oportunidade de retificar seu depoimento. No primeiro caso remete-se à autoridade policial para instauração de inquérito, se for o caso, e no segundo procede-se à correção da informação.

Importante ressaltar que não é necessário constar no texto do mandado de intimação o objeto de investigação, nem mesmo de forma resumida, bastando uma simples menção do processo administrativo.[36]

Quanto às autoridades que prestarão depoimento como testemunhas, estas receberão ofício. Para esta parte, recomendamos a leitura do Capítulo 4 "Modelos de incidentes", em que consta o modelo e o respectivo comentário, já que autoridades não devem ser intimadas em razão de haver um protocolo processual para o tratamento com dignitários, ocupantes de altos cargos ou funções e que tem prerrogativa de foro.[37]

---

[36] Ao se intimar as testemunhas para depor no processo disciplinar, não há necessidade de informá-las acerca dos fatos atribuídos aos servidores processados (STJ. MS nº 7069/DF; Mandado de Segurança 2000/0063512-0, Rel. Min. Felix Fischer, S3, 3ª Seção. Julgamento: 14 fev. 2001. *DJ*, p. 00086, 12 mar. 2001, JBCC VOL.: 00189 PG: 00287).

[37] Código de Processo Civil
Art. 454. São inquiridos em sua residência ou onde exercem sua função:
I - o presidente e o vice-presidente da República;
II - os ministros de Estado;
III - os ministros do Supremo Tribunal Federal, os conselheiros do Conselho Nacional de Justiça e os ministros do Superior Tribunal de Justiça, do Superior Tribunal Militar, do Tribunal Superior Eleitoral, do Tribunal Superior do Trabalho e do Tribunal de Contas da União;
IV - o procurador-geral da República e os conselheiros do Conselho Nacional do Ministério Público;
V - o advogado-geral da União, o procurador-geral do Estado, o procurador-geral do Município, o defensor público-geral federal e o defensor público-geral do Estado;

Por último, registramos que toda a legislação pátria adjetiva é unânime no sentido de que ninguém será obrigado a depor de fatos que o prejudiquem e quanto aos fatos que causem dano ao seu cônjuge e aos seus parentes consanguíneos ou afins, em linha reta, ou na colateral em segundo grau, ou a cujo respeito, por estado ou profissão, deva guardar sigilo;[38] que podem se recusar a depor o ascendente ou descendente, o afim em linha reta, o cônjuge, ainda que desquitado, o irmão, o pai, a mãe, ou o filho adotivo.[39]

****

VI - os senadores e os deputados federais;

VII - os governadores dos Estados e do Distrito Federal;

VIII - o prefeito;

IX - os deputados estaduais e distritais;

X - os desembargadores dos Tribunais de Justiça, dos Tribunais Regionais Federais, dos Tribunais Regionais do Trabalho e dos Tribunais Regionais Eleitorais e os conselheiros dos Tribunais de Contas dos Estados e do Distrito Federal;

XI - o procurador-geral de justiça;

XII - o embaixador de país que, por lei ou tratado, concede idêntica prerrogativa a agente diplomático do Brasil.

§ 1º O juiz solicitará à autoridade que indique dia, hora e local a fim de ser inquirida, remetendo-lhe cópia da petição inicial ou da defesa oferecida pela parte que a arrolou como testemunha.

§2º Passado 1 (um) mês sem manifestação da autoridade, o juiz designará dia, hora e local para o depoimento, preferencialmente na sede do juízo.

§3º O juiz também designará dia, hora e local para o depoimento, quando a autoridade não comparecer, injustificadamente, à sessão agendada para a colheita de seu testemunho no dia, hora e local por ela mesma indicados.

[38] Código de Processo Civil:

Art. 448. A testemunha não é obrigada a depor sobre fatos:

I - que lhe acarretem grave dano, bem como ao seu cônjuge ou companheiro e aos seus parentes consanguíneos ou afins, em linha reta ou colateral, até o terceiro grau;

II - a cujo respeito, por estado ou profissão, deva guardar sigilo.

[39] Código de Processo Penal:

Art. 202.Toda pessoa poderá ser testemunha.

Art. 203. A testemunha fará, sob palavra de honra, a promessa de dizer a verdade do que souber e lhe for perguntado, devendo declarar seu nome, sua idade, seu estado e sua residência, sua profissão, lugar onde exerce sua atividade, se é parente, e em que grau, de alguma das partes, ou quais suas relações com qualquer delas, e relatar o que souber, explicando sempre as razões de sua ciência ou as circunstâncias pelas quais possa avaliar--se de sua credibilidade.

Art. 204.O depoimento será prestado oralmente, não sendo permitido à testemunha trazê-lo por escrito.

Parágrafo único. Não será vedada à testemunha, entretanto, breve consulta a apontamentos.

(...)

Art. 206. A testemunha não poderá eximir-se da obrigação de depor. Poderão, entretanto, recusar-se a fazê-lo o ascendente ou descendente, o afim em linha reta, o cônjuge, ainda que desquitado, o irmão e o pai, a mãe, ou o filho adotivo do acusado, salvo quando não for possível, por outro modo, obter-se ou integrar-se a prova do fato e de suas circunstâncias.

Art. 207. São proibidas de depor as pessoas que, em razão de função, ministério, ofício ou profissão, devam guardar segredo, salvo se, desobrigadas pela parte interessada, quiserem dar o seu testemunho.

Art. 208. Não se deferirá o compromisso a que alude o art. 203 aos doentes e deficientes mentais e aos menores de 14 (quatorze) anos, nem às pessoas a que se refere o art. 206.

Brasão ou Timbre do Órgão
SERVIÇO PÚBLICO FEDERAL
COMISSÃO DE ..... (CPAD ou CSP)

INTIMAÇÃO
(Processo Administrativo Disciplinar/Sindicância Punitiva nº ....)

A Sua Senhoria o Senhor
(nome)
(cargo)
(órgão)
Cidade/UF

        O Presidente da Comissão de .... (CPAD ou CSP), instaurada pela Portaria nº ...., de .... de .... de 20........, publicada no BS nº ...., de ..../..../.... (modificada pela Portaria nº ...., de .... de .... de 20......., publicada no BS nº......., de ..../....../.........), INTIMA V. Sª, nos termos do artigo 157 da Lei nº 8.112/90, para comparecer perante esta Comissão, no endereço expresso no rodapé do presente mandado, no **dia .../..../20......, às .....h**, a fim de prestar depoimento na condição de **testemunha** sobre os fatos tratados no processo administrativo n. ...., e sobre os fatos, ações e omissões que, no curso dos trabalhos, mostrem-se conexos aos que estão sendo apurados.

        Cidade/UF, dia/mês/ano

_____
PRESIDENTE

Recebi em ___/__/20... .

Assinatura: _____
(nome)
Testemunha

Modelo 19 – Comunicação ao chefe imediato da testemunha

Comentários

Quando a testemunha for servidor público, a lei impõe a comunicação ao seu chefe imediato da data e horário do depoimento do servidor intimado (parágrafo único do art. 157 da Lei nº 8.112/90).

Na prática, essa comunicação garante o comparecimento do servido depoente, pois o seu chefe estará ciente dessa obrigação e providenciará sua dispensa do trabalho no dia e hora referidos no ofício encaminhado pela Comissão Processante.

****

Brasão ou Timbre do Órgão
SERVIÇO PÚBLICO FEDERAL
COMISSÃO DE ..... (CPAD ou CSP)

OFÍCIO..... (CPAD ou CSP) /nº 00.../202...

Cidade/UF, dia/mês/ano

Ao Senhor
Nome.......
cargo ou função.........
Ministério......
Endereço
CEP, Cidade e UF

Assunto: ....(resumir em uma linha) ....

Senhor Chefe,

O Presidente da Comissão de .... (CPAD ou CSP), instaurada pela Portaria nº ...., de .... de .... de 20........., publicada no BS nº ...., de ..../..../.... (modificada pela Portaria nº ...., de .... de .... de 20......, publicada no BS nº......., de ..../....../........), informa a V. Sª, nos termos do art. 157, parágrafo único da Lei nº 8.112/90, que o Sr. ...., servidor lotado nessa divisão, foi intimado a comparecer perante esta Comissão no dia .... de .... *de 20*........, *às* .... *horas*, a fim de prestar depoimento, na condição de testemunha, nos autos do Processo Administrativo nº .... (sendo vários servidores/testemunhas lotados no mesmo setor, utilizar quadro abaixo), devendo ser providenciada sua dispensa do trabalho nessa data e horário.

NOME	CONDIÇÃO	DIA	HORA

Atenciosamente,

_____
PRESIDENTE

Modelo 20 – Mandado de intimação – Comunicação de datas e horários dos depoimentos para o servidor acusado

Comentários

Simultaneamente à expedição dos mandados para as testemunhas e respectivas chefias, intima-se o servidor acusado das datas e horários em que serão ouvidas as testemunhas.

Este modelo é utilizado tanto para as testemunhas indicadas pela Comissão Disciplinar, quanto para aquelas indicadas pelo acusado, posteriormente, após a sua intimação para indicar testemunhas e apontar as provas e contraprovas (Modelo 25) que deseja produzir.

Portanto, é obrigatória a intimação do dia e hora designados para a audiência de produção de prova testemunhal para todos os acusados, ou seja, havendo mais de um acusado, a comissão irá elaborar um quadro geral com as testemunhas indicadas por todos os acusados e intimá-los das datas das audiências de todas as testemunhas.

Para uma melhor visualização das audiências, recomenda-se que seja fornecida data e horário em um quadro geral contendo todas as testemunhas, não só as testemunhas indicadas pelo servidor intimado, como de todas as outras arroladas pelos demais acusados. Isso, para a comissão resguardar os trabalhos no caso de uma testemunha não arrolada pelo intimado fazer alguma afirmação em seu depoimento relativa a si que, estando presente, pode reinquiri-la. Assim, fica garantida a ampla defesa e o contraditório (art. 153 da Lei nº 8.112/90).

****

Brasão ou Timbre do Órgão
SERVIÇO PÚBLICO FEDERAL
COMISSÃO DE ...... (CPAD ou CSP)

INTIMAÇÃO

(Processo Administrativo Disciplinar/Sindicância nº ....)

A Sua Senhoria o Senhor
(nome do servidor acusado)
(cargo)
Em exercício na ......
Cidade/UF

O Presidente da Comissão de Processo .... (CPAD ou CSP), instaurada pela Portaria nº ...., de .... de .... de 20........, publicada no BS nº ...., de ..../..../.... (modificada pela Portaria nº ...., de .... de .... de 20......., publicada no BS nº......., de ..../....../.........), com a finalidade de apurar as denúncias constantes no Processo nº .... e apensos nºs ...., INTIMA V. Sª acerca da designação das datas e horários das audiências em que serão ouvidas as testemunhas arroladas pela Comissão, para os fins dos *arts. 156 a 158 da Lei nº 8.112/90*, podendo V. Sª contraditá-las e reinquiri-las nessa oportunidade.

Informa, ainda, que as audiências serão realizadas na sede da Comissão (endereço constante no rodapé)...... ou as audiências serão realizadas na sala de reuniões, no 2º andar do Ed......, conforme datas e horários indicados no quadro abaixo:

NOME	CONDIÇÃO	DIA	HORA
....	Testemunha	....	....
....	Testemunha	....	....

Informamos que V. Sª será devidamente intimado para apresentar rol de testemunhas e produzir provas documentais, no momento oportuno, na forma da lei.
Cidade/UF

_____
PRESIDENTE

Recebi: Intimação

Data __/__/20__

Assinatura: _____

Modelo 21 – ofício ao Chefe do Acusado
Flexibilidade de horário e carga horária compatível com sua defesa –

Comentários

Pode ocorrer de o servidor acusado trabalhar em uma unidade em que a carga de trabalho seja excessiva, por falta de servidores, e cujo horário não lhe permite se ausentar por razões várias.

Nesses casos, o Presidente da Comissão Processante irá expedir ofício para a Chefia imediata do servidor acusado, informando o período de produção de provas – que pode ser de dias consecutivos e muitas vezes nos períodos da manhã e da tarde – e que o acusado precisa acompanhar para ter condições de se defender eficazmente.

Como já foi dito no capítulo anterior, o devido processo legal pode ser entendido como a dupla proteção do indivíduo e dele faz parte a ampla defesa e o contraditório.[40] A ampla defesa e o contraditório configuram um direito do servidor público oponível ao poder estatal, exercido a partir do momento em que é cientificado que contra si foi instaurado um processo administrativo disciplinar.

Esse princípio constitucional do *due process of Law* por si só justifica a informação à chefia imediata de todos os atos que exigirão a presença do servidor acusado, ao qual devem ser garantidas flexibilidade de horário e carga de trabalho compatíveis com o exercício de sua defesa processual (art. 5º, LV, CF/88 e art. 156, *caput*, Lei nº 8.112/90.

****

---

[40] MORAES, Alexandre de. *Direitos Humanos Fundamentais*. Teoria Geral – Comentários aos arts 1º ao 5º da Constituição da República Federativa do Brasil - Doutrina e Jurisprudência. 10. ed. São Paulo: Atlas. 2013. p. 327.

Brasão ou Timbre do Órgão
SERVIÇO PÚBLICO FEDERAL
COMISSÃO DE ...... (CPAD ou CSP)

OFÍCIO..... (CPAD ou CSP) /nº 00.../202...

Cidade/UF, dia/mês/ano

Ao Senhor
Nome.......
cargo ou função.........
Ministério......
Endereço
CEP, Cidade e UF

Assunto: ....(resumir em uma linha) ....

Senhor...... (cargo),

O Presidente da Comissão de Processo .... (CPAD ou CSP), instaurada pela Portaria nº ...., de .... de .... de 20........., publicada no BS nº ...., de ..../..../.... (modificada pela Portaria nº ...., de .... de .... de 20......., publicada no BS nº......., de ..../....../.........), com a finalidade de apurar as denúncias constantes no Processo nº.............. e apensos nºs ...., informa a Vossa Senhoria que foram designadas audiências para oitivas de testemunhas do processo referido no período de .... até .... de .... de 20...... e de .... até .... de .... de 20......, razão pela qual devem ser garantidas ao acusado ....nome..........., ocupante do cargo de .... flexibilidade de horário e carga de trabalho compatíveis com o exercício de sua defesa processual (art. 5º, LV, CF/88 e art. 156, *caput*, Lei nº 8.112/90), especialmente quanto à presença aos atos referenciados.

_____
PRESIDENTE

Modelo 22 – Termo de inquirição do denunciante/testemunha

Comentários

A audiência de oitiva das testemunhas tem caráter reservado, o que na prática significa que o acesso à sala é restrito aos participantes: a comissão, a testemunha, o servidor(es) acusado(s) e seus advogados (art. 150, parágrafo único, da Lei nº 8.112/90).

Não há óbice no fato de a testemunha querer se *fazer acompanhar de seu advogado*, desde que munido de instrumento de mandato que será digitalizado e anexado aos autos. Entretanto, este não poderá manifestar-se durante o seu depoimento, aplicando-se neste caso o disposto para o procurador do acusado (art. 159, §2º, da Lei nº 8.112/90). Caso o advogado da testemunha não disponha de procuração, sua entrada não será obstada, uma vez que esse instrumento pode ser juntado posteriormente e sua ausência não causará nenhuma nulidade.

O denunciante nada mais é do que uma testemunha que tem precedência sobre as demais, justamente porque foi quem primeiro teve notícia da irregularidade ou presenciou o fato e, por isso, pode fornecer elementos substanciais para o desenrolar dos trabalhos investigatórios, além de ratificar e esclarecer o conteúdo da denúncia (art. 144, da Lei nº 8.112/90).

Entretanto, ressalvamos que a Lei nº 8.112/90 não distingue, *no curso da instrução do processo*, o denunciante da testemunha, no sentido de que este não pode ser ouvido na qualidade de testemunha da Comissão Processante ou sindicante (v. arts. 155 a 159). Aplica-se, então, a máxima, *ubi lex non distinguit, nec nos distinguere debemus* (onde a lei não distingue, não cabe ao intérprete distinguir).

Reforça a tese de *ouvir* o *denunciante como testemunha* justamente o fato de a testemunha prestar compromisso de dizer a verdade, sob pena de incorrer no crime previsto no art. 342 do Código Penal (Falso Testemunho), caso o denunciante tenha motivos vis ou torpes, afastando-se daí por diante as denúncias levianas, que tanto prejuízo causam à moral profissional do servidor investigado.

Importante deixar registrado que a ausência voluntária do servidor acusado, devidamente intimado, não constitui cerceamento de defesa,[41] embora seja comum os presidentes de colegiado nomearem *defensores ad hoc* (para o ato), na pessoa de qualquer servidor disponível no momento e com capacidade de compreender o ato, para o encargo, que pode recair sobre servidores diferentes para cada audiência.[42] Mais uma vez, não confundir com defensor dativo, que é aquele designado pela autoridade instauradora para promover a defesa escrita do servidor indiciado revel.

---

[41] MS nº 22719/DF – STF, Rel. Min. Octavio Gallotti.

[42] A oitiva de testemunha em lugar diverso daquele em que os acusados residem não acarretou prejuízo à defesa, que foi notificada cinco dias antes da audiência, tempo suficiente para exercer seu direito de enviar as perguntas que fossem necessárias, tendo sido nomeado defensor ad hoc. (MS 17053 / DF, Relator Ministro Mauro Campbell Marques, Primeira Seção do STJ, julg. 11.09.2013, public. DJe 18.09.2013.

A testemunha pode ser ouvida por videoconferência,[43] seguindo-se a normatização da Controladoria-Geral da União.[44]

O colegiado deve ter especial cuidado com os casos de *suspeição* e *impedimento* das *testemunhas*, porque são vícios insanáveis e que podem comprometer todo o trabalho da Comissão Disciplinar, anulando-o a partir do evento viciado, se se tratar de testemunha essencial à comprovação do fato.

Necessário se faz a verificação por meio de perguntas diretas, pelo presidente, da suspeição ou impedimento da testemunha se é amigo íntimo, inimigo capital, parente do acusado, se está litigando contra os acusados, em processo administrativo ou judicial, ou se tem interesse direto ou indireto no desfecho da investigação.

Estas perguntas podem ser feitas logo após a qualificação da testemunha, seja denunciante ou não, pois podem comprometer a verdade dos fatos, caso em que se tornará *suspeita* e *será ouvida como informante*.

Para se *aferir a amizade ou inimizade* bastam perguntas simples como, por exemplo: "Qual o seu grau de amizade?" "Sabe onde mora o acusado?" "Frequenta a sua casa?" "Vai a festas de aniversários de seus filhos?" "Viajam juntos nas férias?" Para a inimizade: "Houve alguma briga ou discussão em que ficaram de relações pessoais ou profissionais cortadas?" "Não suporta a presença do acusado? Recusa-se a ir a eventos onde o acusado esteja presente?".

Os casos de *impedimentos* são hipóteses contidas no §2º do art. 149, da Lei nº 8.112/90: cônjuge, companheiro ou parente do acusado, consanguíneo ou afim, em linha reta ou colateral, até o terceiro grau, caso em que, analisadas as circunstâncias e a importância do depoimento para o esclarecimento dos fatos, também pode ser ouvida como informante. Os casos de impedimento e suspeição previstos nos arts. 18 a 20[45] da Lei nº 9.784, de 29 de janeiro de 1999 não afrontam o cenário previsto na Lei nº 8.112/90, considerando-se seu caráter subsidiário na constatação dessas hipóteses.[46]

O impedimento se caracteriza por estar fundado em uma situação objetiva, não admite prova em contrário e gera presunção absoluta de parcialidade dos membros da comissão disciplinar: i) ter interesse direto ou indireto na matéria; ii) ter participado ou vir a participar como perito, testemunha ou representante, contra o acusado/indiciado ou quanto ao cônjuge, companheiro ou parente e afins até o terceiro grau; iii) estar

---

[43] Observado o devido processo legal na oitiva das testemunhas realizada mediante videoconferência e na presença do advogado do acusado, inocorre cerceamento de defesa. (MS 17231 / RS, Relatora Ministra Maria Thereza de Assis Moura, Corte Especial, STJ, julg. 18/09/2013, public. DJE 26/09/2013).

[44] Portaria Normativa CGU nº 27, de 11 de outubro de 2022.

[45] Art. 18. É impedido de atuar em processo administrativo o servidor ou autoridade que:
I - tenha interesse direto ou indireto na matéria;
II - tenha participado ou venha a participar como perito, testemunha ou representante, ou se tais situações ocorrem quanto ao cônjuge, companheiro ou parente e afins até o terceiro grau;
III - esteja litigando judicial ou administrativamente com o interessado ou respectivo cônjuge ou companheiro.
Art. 19. A autoridade ou servidor que incorrer em impedimento deve comunicar o fato à autoridade competente, abstendo-se de atuar.
Parágrafo único. A omissão do dever de comunicar o impedimento constitui falta grave, para efeitos disciplinares.
Art. 20. Pode ser arguida a suspeição de autoridade ou servidor que tenha amizade íntima ou inimizade notória com algum dos interessados ou com os respectivos cônjuges, companheiros, parentes e afins até o terceiro grau.
Art. 21. O indeferimento de alegação de suspeição poderá ser objeto de recurso, sem efeito suspensivo.

[46] Manual de Processo Administrativo Disciplinar-CGU, versão janeiro de 2021. Disponível em: <https://repositorio.cgu.gov.br/bitstream/1/64869/6/Manual_PAD_2021_1.pdf>. Acesso em: 22 dez. 2021, p. 113.

litigando judicial ou administrativamente com o acusado ou indiciado ou seu cônjuge ou companheiro; iv) faltar estabilidade no serviço público (*caput* do art. 149, da Lei nº 8.112/90).[47]

A suspeição, por sua vez, deriva de uma situação subjetiva, admite prova em contrário e gera presunção relativa de parcialidade, pois pode ser refutada pelo próprio servidor apontado como suspeito ou pela autoridade instauradora. A suspeição alegada pelo próprio membro será apreciada pela autoridade instauradora, e a apresentada pelo acusado, representante ou denunciante será avaliada pela comissão e remetida à autoridade instauradora.[48]

A amizade íntima pode ser caracterizada como aquela notoriamente conhecida por todos, ou por um grande número de pessoas, em razão do permanente contato, o fato de frequentarem juntos os mesmos lugares, de aproximação recíproca de duas pessoas, de forma socialmente ostensiva. Por outro lado, a inimizade notória vem a ser o abismo ou profundo ódio entre os indivíduos, também reconhecido publicamente. Eventuais mal-entendidos, divergências, posições técnicas diversas ou mesmo antipatia natural não se incluem como fundamento de suspeição.[49]

Se o acusado contraditar a testemunha (levantar impedimentos que a tornem suspeita) deve fornecer elementos de prova antes do seu depoimento, para que o presidente da comissão decida em despacho, no próprio termo de inquirição ou até mesmo suspenda a audiência, para uma análise mais detalhada, e com calma, acerca da informação trazida ao conhecimento do colegiado.

Para poupar tempo nas audiências, evitando que se tornem exaustivas para todos os participantes, *sugerimos uma técnica bem simples e eficiente*: a comissão pode deixar digitadas na tela do computador as perguntas que serão feitas. Então basta transcrever as respostas, de forma bem objetiva. Acrescentam-se somente os desdobramentos das perguntas, se houver. Isso representa uma economia de até uma hora na duração de cada depoimento.

Importante perguntar se a testemunha possui documentos que podem provar o que está sendo afirmado. Neste caso o presidente defere (autoriza) a juntada no próprio termo, o que vai tornar o depoimento uma prova de maior valor ainda.

Por fim, costuma-se fazer à testemunha uma pergunta de muita importância para *completar a colheita de provas* pela comissão: "Existe algum fato que a Comissão não perguntou e que o Sr (a) tem conhecimento e julga importante comentar nesta oportunidade?". Muitas vezes esta é a oportunidade que a testemunha estava esperando para enriquecer o depoimento e até mudar o curso da investigação, dependendo da importância do que for revelado.

Não convém fornecer cópia do depoimento logo após a audiência, ou seja, antes de findada a instrução da comissão, pelo simples fato de que isso pode corromper o depoimento das testemunhas que irão ser ouvidas depois. Se o depoente fizer questão, uma cópia pode ser dada *após a instrução, ou seja, após o término de todos os depoimentos.*

---

[47] Manual de Processo Administrativo Disciplinar-CGU, versão janeiro de 2021. Disponível em: <https://repositorio.cgu.gov.br/bitstream/1/64869/6/Manual_PAD_2021_1.pdf>. Acesso em: 22 dez. 2021, p. 112.

[48] Manual de Processo Administrativo Disciplinar-CGU, versão janeiro de 2021. Disponível em: <https://repositorio.cgu.gov.br/bitstream/1/64869/6/Manual_PAD_2021_1.pdf>. Acesso em: 22 dez. 2021, p. 113.

[49] Manual de Processo Administrativo Disciplinar-CGU, versão janeiro de 2021. Disponível em: <https://repositorio.cgu.gov.br/bitstream/1/64869/6/Manual_PAD_2021_1.pdf>. Acesso em: 22 dez. 2021, p. 114.

A única exceção é se a testemunha requerer por escrito e provar que a cópia de seu depoimento servirá como prova em processo judicial em andamento.

Nada impede que a testemunha se faça acompanhar por seu advogado. Entretanto, o presidente fará a advertência contida no §2º, do art. 159, da Lei nº 8.112/90 (*existe a vedação de interferir nas perguntas e respostas*).

Ao liberar a testemunha, após o depoimento, os membros da comissão devem tomar o cuidado de manter a *incomunicabilidade* entre elas, solicitando àquela que já depôs que deixe a sala da comissão e se dirija ao seu setor e, se não for funcionário público, que saia do prédio, tudo com urbanidade e educação.

Por fim, ressalte-se que não é necessário *defensor ad hoc* para o acusado no momento da oitiva das testemunhas, tanto pela absoluta ausência de previsão legal (Lei nº 8.112/90), quanto pelo fato de não ser necessário advogado para defesa em processo disciplinar, o que pode ser feito pelo próprio interessado, comparecendo e reinquirindo as testemunhas, por meio do presidente do colegiado.[50]

****

Brasão ou Timbre do Órgão
SERVIÇO PÚBLICO FEDERAL
COMISSÃO ...... (CPAD ou CSP)

TERMO DE INQUIRIÇÃO DE TESTEMUNHA
(Nome)

Sr. .... (nome)

Aos .... dias do mês de .... de dois mil e....... ., às .... horas na sala de Comissão de .... (CPAD ou CSP), no .... andar do prédio ...., localizado à Av. ...., ..., bairro .... – ...., cidade/UF, instaurada pela Portaria nº ...., de .... de .... de 20........, publicada no BS nº ...., de ..../..../... (modificada pela Portaria nº ...., de .... de .... de 20......., publicada no BS nº......., de ..../....../.........), na presença do Presidente da Comissão, ... nome......., e dos Membros .....nome........ e ....nome........ compareceu ...., brasileiro, ...estado civil......, ...cargo......, matrícula...... residente e domiciliado......., na cidade de ...., a fim de prestar depoimento, na condição de testemunha, acerca dos fatos constantes no referido processo administrativo

---

[50] A Súmula Vinculante nº 5 assim preconiza: "A falta de defesa técnica por advogado no processo administrativo disciplinar não ofende a Constituição." Desse modo, não há falar em prejuízo à amplitude da defesa e ao contraditório, em face da ausência de defensor nas oitivas de testemunhas, uma vez que não é indispensável a presença de advogado no processo administrativo disciplinar. Ademais, o impetrante fez-se presente nos depoimentos das testemunhas. (MS 12895 / DF, Relator Ministro Og Fernandes, Terceira Seção, STJ, julg. 11/11/2009, public. DJe 18/12/2009).

n......... Presentes os acusados ....nome....., acompanhado do *advogado* .... *nome*....., OAB/..... nº **..........** Ausente o acusado .... e seus procuradores, apesar de devidamente intimados. Perguntada se é amigo íntimo ou inimigo notório dos acusados, respondeu que não. Perguntada se é parente até o terceiro grau, se atuou como procurador, ou se está litigando judicial ou administrativamente contra os acusados, ou ainda, se tem interesse direto ou indireto no desfecho deste processo, respondeu negativamente. Prestado o compromisso de dizer a verdade, foi advertido da penalidade de falso testemunho, nos termos do artigo 342 do Código Penal. *PERGUNTADO: .....? RESPONDEU: QUE:............. Registra-se que as respostas às perguntas dos membros da comissão estão contidas nas perguntas formuladas. Facultada a palavra ao acusado .....nome....., nada perguntou. Facultada a palavra ao acusado ..... nome......., PERGUNTOU: .... A testemunha RESPONDEU: QUE ....;* Dada a palavra ao Depoente para fazer algum acréscimo ao presente termo foi dito que....... . A seguir, foi realizada a leitura do presente termo para que o depoente efetivasse eventual correção nos registros. Nada mais havendo a registrar, encerro o presente termo que, lido e achado conforme, sem emendas ou rasuras, vai subscrito pelos presentes acima nominados. Eu, *.........nome............,* Membro da Comissão ou Membro-Secretário, o digitei.

Cidade/UF, dia/mês/ano

_____
PRESIDENTE

_____
MEMBRO

_____
SECRETÁRIO

_____
DEPOENTE

_____
ADVOGADO DO DEPOENTE

_____
ACUSADO

_____
ADVOGADO DO ACUSADO

Modelo 23 – Solicitação de providências para deslocamento ou diligência dos membros da comissão

Comentários

Todos os pedidos de viatura ou passagem aérea para as diligências da comissão serão encaminhados diretamente pelo presidente da comissão processante ao chefe do setor responsável.

Não há necessidade de se *especificar a diligência* — o objetivo é resguardar a segurança das informações, impedindo que pessoas estranhas ou que não tenham interesse no procedimento disciplinar estejam a par e contaminem as provas antes da chegada da comissão e, mesmo, se for o caso, para se resguardar a integridade física dos membros da comissão.

A disponibilização das despesas necessárias ao deslocamento dos membros das comissões para realização de qualquer diligência em local diverso de sua instalação encontra previsão no art. 173 da Lei nº 8.112/90.

Destaca-se que não há previsão para pagamento de despesas com deslocamento do acusado para a audiência de oitiva de testemunhas em local diverso daquele de instalação da Comissão Processante ou Sindicante, por falta de previsão legal. Também, não existe cerceamento de defesa, pois com a nomeação de defensor *ad hoc* para o ato da audiência não há prejuízo para a defesa (*pas de nullité sans grief*), conforme julgados recentes do STJ.[51]

---

[51] "A oitiva de testemunha em lugar diverso daquele em que os acusados residem não acarretou prejuízo à defesa, que foi notificada cinco dias antes da audiência, tempo suficiente para exercer seu direito de enviar as perguntas que fossem necessárias, tendo sido nomeado defensor *ad hoc*." (MS 17053 / DF, Relator Ministro Mauro Campbell Marques, Primeira Seção, STJ, julg. 11/09/2013, public. DJe 18/09/2013).

"O indiciado em processo administrativo disciplinar, na própria dicção do art. 173 da Lei nº 8.112/90, somente tem direito ao pagamento de transporte e diárias quando for convocado para prestar depoimento fora da sede de sua repartição, não fazendo jus ao recebimento das referidas verbas indenizatórias para acompanhar os demais atos praticados no curso do procedimento administrativo. Precedente: MS 12.457/DF, Rel. Ministra Maria Thereza de Assis Moura, Terceira Seção, Dje 08/02/2011." (Ms 10072 / Df, Relator Ministro Rogerio Schietti Cruz, Terceira Seção, STJ, julg. 25/09/2013, public. DJe 01/10/2013).

Brasão ou Timbre do Órgão
SERVIÇO PÚBLICO FEDERAL
COMISSÃO DE ...... (CPAD ou CSP)

OFÍCIO..... (CPAD ou CSP) /nº 00.../202...

Cidade/UF, dia/mês/ano

Ao Senhor
Nome.......
cargo ou função.........
Ministério......
Endereço
CEP, Cidade e UF

Assunto: ....(resumir em uma linha) ....

Senhor .... (chefe-geral da unidade),

Na condição de Presidente da Comissão de........... (CPAD ou CSP), instaurada pela Portaria nº ...., de .... de .... de 20........, publicada no BS nº ...., de ..../..../...., anexo, solicito a V. Sª autorização para emissão de passagem aérea trecho ...., voo ...., dia ...../......./........ e ...., voo ...., dia ..../....../......., ou (viatura oficial com motorista....) para o presidente e os membros desta Comissão Disciplinar ...., objetivando atender diligência na Cidade de .... conforme previsão legal contida no inc. II, do art. 173, da Lei nº 8.112/90.

Atenciosamente,

_____
PRESIDENTE

Modelo 24 – Solicitação de prorrogação do prazo da portaria instauradora

Comentários

Cerca de 10 (dez) dias antes do término do prazo concedido na portaria inaugural, o presidente da comissão solicita à autoridade instauradora a sua prorrogação. É um prazo razoável para as providências de confecção da portaria pelo setor competente, ressaltando que *não se prorroga prazo vencido*.

Na oportunidade, convém encaminhar anexo ao ofício um relatório parcial das atividades, a demonstrar todo o trabalho desenvolvido até o presente momento e a necessidade da dilação da instrução, com as provas que serão produzidas, para a apresentação de um trabalho investigatório de qualidade.

A informação do dia do término do prazo serve para que o setor competente tome as providências no sentido de prorrogar tempestivamente o prazo inicial, evitando-se que a comissão pratique atos que serão tidos por inexistentes, pois estão sem a cobertura da portaria.

****

Brasão ou Timbre do Órgão
SERVIÇO PÚBLICO FEDERAL
COMISSÃO DE ...... (CPAD ou CSP)

OFÍCIO..... (CPAD ou CSP) /nº 00.../202...

Cidade/UF, dia/mês/ano

Ao Senhor
Nome.......
cargo ou função.........
Ministério......
Endereço
CEP, Cidade e UF

Assunto: ....(resumir em uma linha) ....

Senhor..........

1. O Presidente da Comissão de .... (CPAD ou CSP), instaurada pela Portaria nº ...., de .... de .... de 20........, publicada no BS nº ...., de ..../..../...., anexo, solicita a V. Sª a PRORROGAÇÃO DO PRAZO para conclusão dos trabalhos deste Colegiado, prevista no art. .... da Portaria inaugural *por mais* .... *dias*, nos termos (do *caput do* art. 152 para o processo disciplinar e do parágrafo único do art. 145 para Sindicância Punitiva).

2. A dilação do prazo inicial é imperiosa, pois até o presente momento, ainda não foi possível o encerramento da fase instrutória do feito e a Comissão Processante necessita produzir mais provas antes da conclusão dos trabalhos, de acordo com as razões constantes no *Relatório Parcial*, anexo.

3. Por oportuno informa que *o prazo inicial encerra-se na data de* ....

Sem mais para o presente, subscrevo-me.

Respeitosamente,

_____
PRESIDENTE

Modelo 25 – Mandado de intimação – Indicação de testemunhas e apresentação de provas e contraprovas

Comentários

Encerrada a produção de provas da comissão, independentemente de os acusados terem se adiantado e indicado testemunhas, cabe à comissão expedir a intimação para o servidor acusado produzir as provas e contraprovas que pretende produzir, no prazo de 5 (cinco) dias, e depositar o rol de testemunhas.

Trata-se de uma *faculdade*, ou seja, o servidor pode deixar transcorrer o prazo sem manifestar interesse na produção de qualquer tipo de prova. Neste caso, o membro-secretário irá fazer uma certidão de decurso de prazo dizendo que este transcorreu sem que fosse atendida pelo servidor acusado a intimação de fls. (citar a página dos autos).

Por outro lado, é importante destacar que ao indicar as testemunhas, o servidor acusado deve dizer se suas testemunhas são servidores públicos, indicando a sua lotação e cargo, para fins do parágrafo único do art. 157, da Lei nº 8.112/90.

No mandado pode constar o número de testemunhas que o servidor pode indicar. Para que se proceda à limitação da quantidade de pessoas ouvidas, sem ferir os princípios do contraditório e do devido processo legal, utiliza-se o *princípio da paridade*: se a comissão ouviu 3 (três) testemunhas, cada servidor acusado tem o direito de indicar até três. Se a comissão apura vários fatos irregulares, e ouviu 2 (duas) testemunhas por fato, o servidor tem o direito de arrolar 2 (duas) testemunhas para cada fato. Pode constar, ainda, que o acusado indique o que pretende provar com cada testemunha.

Entretanto, caso o acusado venha a indicar um número maior de testemunhas, o colegiado processante pode deliberar e ouvir a todas.

O acusado tem que indicar nominalmente quais as testemunhas que quer ouvir, com a qualificação e endereço, não bastando apenas dizer que quer produzir tal prova. A simples indicação da prova impossibilita o colegiado de colher os depoimentos e descaracteriza o cerceamento de defesa, consoante decisão do STF.[52]

---

[52] Não tendo o impetrante arrolado o nome das testemunhas que não teriam sido ouvidas pela comissão de inquérito, descaracterizado está o alegado cerceamento de defesa. (MS 22151 / PR, Relator(a): Min. Ellen Gracie, Tribunal Pleno, STF, Julg. 27/10/2005, Public. DJ 20-04-2006 PP-00006, Ement Vol-02229-01 PP-00082, LEXSTF v. 28, n. 329, 2006. p. 121-148).

Brasão ou Timbre do Órgão
SERVIÇO PÚBLICO FEDERAL
COMISSÃO DE .... (CPAD ou CSP)

INTIMAÇÃO
(Processo de .... nº ....)

A Sua Senhoria o Senhor
(nome do servidor acusado)
(cargo)
Em exercício na ......
Cidade/UF

   O Presidente da Comissão de .... (CPAD ou CSP), instaurada pela Portaria nº ...., de ...., publicada no BS nº ...., da mesma data, (prorrogada pela Portaria nº ....., de ...., publicada no BS nº ....., de ....), **INTIMA** V. Sª para indicar, caso deseje, no <u>prazo de 5 (cinco) dias</u> a contar do dia seguinte ao recebimento deste Mandado (art. 238, da Lei nº 8.112/90), as provas que pretende produzir, inclusive arrolar testemunhas - informando profissão, CPF, endereço e telefone, bem como cargo e lotação no caso de serem servidores públicos, para os fins dos arts. 157, parágrafo único[53] e 173, inciso I,[54] da Lei nº 8.112/90, demonstrando, inclusive, a pertinência das provas requeridas.
   Cidade/UF, ... de ...... de 20......

_____
PRESIDENTE

Recebi: o original desta Intimação
Data ...../....../20....
Assinatura do notificado _____

---

[53] "Se a testemunha for servidor público, a expedição de mandado será imediatamente comunicada ao chefe da repartição onde serve, com comunicação de dia e hora marcados para inquirição".

[54] "Serão assegurados transporte e diárias. I – ao servidor convocado para prestar depoimento fora da sede de sua repartição, na condição de testemunha, denunciado ou indiciado".

Modelos 26 e 27 – Certidão pós mandado e certidão de decurso de prazo

Comentários

As certidões são importantes meios de prova da Comissão Processante, no sentido de provar que foram respeitados os princípios constitucionais do devido processo legal, da ampla defesa e do contraditório, principalmente se houver ação judicial em andamento (exemplo: mandados de segurança, cuja informação — prestada pela autoridade coatora, o presidente da comissão, na maioria das vezes — deve vir acompanhada de todas as certidões comprovando a inexistência de cerceamento de defesa, pois o *mandamus* não comporta dilação probatória).

O membro-secretário (ou secretário *ad hoc*) deve zelar pela correta digitalização e pela ordem da inserção dos documentos no processo eletrônico. Caso exista alguma situação documental que precisa ser esclarecida, o secretário pode lavrar uma certidão explicativa, ainda que o sistema eletrônico tenha seus próprios mecanismos de proteção de supressão e troca de documentos.

Quando se tratar de diligência externa, indispensável levar dois servidores para servir de testemunhas (uma delas pode ser o próprio motorista da viatura oficial). O mesmo procedimento deve ser adotado quando for o caso de recusa do servidor em receber citação, notificação ou intimação.

O brasão do órgão deverá constar, sempre, em cima da certidão.

As certidões feitas e assinadas por servidor público gozam de presunção de legitimidade e veracidade, consoante jurisprudência do STF.[55]

---

[55] 3. Não implica nulidade a ausência de termo de compromisso do secretário da comissão do PAD, porquanto tal designação recai necessariamente em servidor público, cujos atos funcionais gozam de presunção de legitimidade e veracidade. (RMS 32230 / DF – Relator Min. Celso de Mello, STF, Julgamento: 07/11/2013, DJe-223 Divulg. 11/11/2013 Public. 12/11/2013).

Modelo 26 – Certidão pós-mandado

Brasão ou Timbre do Órgão
SERVIÇO PÚBLICO FEDERAL
COMISSÃO DE .... (CPAD ou CSP)

C E R T I D Ã O

Certifico e dou fé que em diligência à Rua ...., nº.............- bairro..........., na Cidade/UF, no dia ..../..../20..., às .....horas, acompanhado pelo Sr. ....,.... cargo...., em exercício na........., com o fim de intimar a testemunha dos acusados .... (nome), fomos informados pelo atual morador da casa, que não quis se identificar e pelo vizinho, que a testemunha acima mencionada não mais reside neste endereço, não sabendo informar seu atual paradeiro.

Ou

C E R T I D Ã O

Certifico e dou fé, em atendimento ao art. 161, §4º, da Lei nº 8.112/90 que dirigi-me à sala..., setor ....., onde trabalha o servidor..........., indiciado no Processo Disciplinar nº ...., com o fim de proceder à sua citação nos autos de processo disciplinar (ou sindicância punitiva), efetuei a entrega do mandado, porém o servidor recusou-se a recebê-lo ou recebeu e recusou-se a assinar a 2ª via, pelo que procedi à leitura do inteiro teor do mandado e o dei por citado nesta data, na presença das testemunhas ....(nome)....., ...(cargo)......, lotadas na unidade......., cujas assinaturas seguem abaixo. Ante o acima exposto, encerrei a diligência e devolvo o presente ao Sr. Presidente para as providências.

Cidade/UF, ... de....... de 20.....

_____
MEMBRO

_____
MEMBRO-SECRETÁRIO

_____
TESTEMUNHA 1

_____
TESTEMUNHA 2

OU

C E R T I D Ã O

Certifico, para os devidos fins, que procedi à intimação (ou notificação ou citação) por aplicativo de mensagens (*WhatsApp* ou outro app), com a observância da tripla verificação, que compreende (a) o número telefônico disponível para contato com o acusado, (b) a confirmação de identidade por telefone e (c) a foto individual do denunciado, no aplicativo, que coincide com a foto de identificação civil também encaminhada pelo mesmo meio (ou a foto de identificação civil também constante dos autos).

Certifico, ainda, que o servidor .....(nome).... firmou um termo de ciência do ato (intimação, notificação ou ato citatório) assinado de próprio punho, que coincide com a assinatura constante no documento de identificação. Desta forma, comprovou-se que a conversa foi travada incontestavelmente com o servidor (..........), no dia... às .... horas, pelo que a intimação (ou notificação ou citação) deu-se de forma válida. Seguem-se os *prints* extraídos do aplicativo.

Cidade/UF, ... de....... de 20.....

_____
MEMBRO-SECRETÁRIO

Modelo 27 – Certidão de decurso de prazo

Brasão ou Timbre do Órgão
SERVIÇO PÚBLICO FEDERAL
COMISSÃO DE .... (CPAD ou CSP)

C E R T I D Ã O nº 00...

Certifico, de ordem do Sr. Presidente da Comissão de .... (CPAD ou CSP), instaurada pela Portaria nº ...., de ...... de ...... de 20......., publicada no Boletim de Serviço nº ......, de .... de ..... de 20...., que decorreu o prazo concedido ao servidor acusado, sem que .... (*especificar a providência. Ex:.....se depositasse o rol de testemunhas*). O prazo expirou na data de .../.../..., conforme Mandado de Intimação inserido no componente digital nº ....

Nada mais havendo a certificar, lavrei a presente, de ordem da Sr. Presidente, que vai por mim assinada e pelos demais membros.

Cidade/UF ....., de........ de 20... .

_____
MEMBRO-SECRETÁRIO

Modelo 28 – Ata de trabalhos

Comentários

As atas de trabalhos são confeccionadas ao término dos trabalhos especificados na ata anterior ou quando surgir algum fato novo, requerimento do acusado que demande discussão do colegiado ou alguma prova que a comissão necessite produzir para o esclarecimento dos fatos.

Em síntese, a comissão não decide nada sem antes proceder à deliberação entre seus membros. As atas são exigência da Lei nº 8.112/90 (art. 152, §2º) e devem ser detalhadas, ou seja, não bastam citações genéricas, em código ou obscuras, mas devem ser claras, ainda que resumidas.

As testemunhas da comissão são relacionadas nas atas de trabalho, se possível especificando-se desde já a data e a hora das audiências, os ofícios que serão expedidos, bem como a adoção das providências para oitiva por videoconferência, com nomeação de secretário *ad hoc* na localidade onde se encontra a testemunha, para o ato de intimação ou providenciar sala e equipamentos para a videoconferência.[56]

Toda diligência da comissão deve constar em ata, assim como as comunicações ao servidor acusado da data e hora de sua realização, com cópia da respectiva ata.

Se houver necessidade de perícia, na ata constará a discussão e justificativa de sua necessidade, bem como o nome do perito que irá efetuar os trabalhos, a data e prazo estimado de duração dos trabalhos, prazo para o servidor acusado indicar assistente técnico e apresentar quesitos.

****

---

[56] Instruções Normativas-CGU nº 12, de 1º/11/2011, nº 5, de 19/07/2013 e nº 5, de 21/02/2020.

Brasão ou Timbre do Órgão
SERVIÇO PÚBLICO FEDERAL
COMISSÃO DE .... (CPAD ou CSP)

ATA DE TRABALHOS

Aos ...... dias do mês de .... do ano de dois mil ...., às ....
horas, na sala de Comissão de .... (CPAD ou CSP), no .....º andar da ....,
localizada à Av. ...., nº........, bairro .... – ...., presentes os servidores
..............., ... e ...., respectivamente presidente e membros da
Comissão de .... instaurada pela Portaria nº ...., de .... de .... de
20........., publicada no BS nº ...., de ..../..../...., que apura a denúncia constante no
Processo Administrativo nº .... e apensos nºs ...., após minuciosa análise
das duas petições da lavra dos patronos do acusado .....(nome)........, datadas
de ....../......./........: , cujos requerimentos podem ser assim sintetizados: a)
(resumir os pedidos). DELIBEROU: a) .....decidir sobre o pedido.....; **b)** ouvir
as testemunhas de defesa (arroladas pelo acusado......), nos dias e horários
abaixo especificados:

NOME	CONDIÇÃO	DIA	HORA
....	Testemunha	....	....
....	Testemunha	....	....

c) dar conhecimento ao interessado da presente deliberação.

d) expedir as intimações e os ofícios às respectivas chefias (no caso de
servidores públicos).

Do que, para constar, eu ......nome........, Membro-Secretário, lavrei a presente
Ata que segue assinada por todos os seus membros.

PRESIDENTE

MEMBRO

MEMBRO-SECRETÁRIO

Modelo 29 – Mandado de intimação – Acesso aos documentos

Comentários

Sempre que a Comissão Disciplinar trouxer novos documentos para os autos, sejam resultados de diligências ou respostas a ofícios, deve dar ciência aos servidores acusados, em atendimento aos princípios constitucionais da ampla defesa e do contraditório.

****

Brasão ou Timbre do Órgão
SERVIÇO PÚBLICO FEDERAL
COMISSÃO DE .... (CPAD ou CSP)

INTIMAÇÃO
(Processo Administrativo Disciplinar/Sindicância Punitiva nº ....

A Sua Senhoria o Senhor
(nome do servidor acusado)
(cargo)
Em exercício na ......
Cidade/UF

O Presidente da Comissão de .... (CPAD ou CSP), instaurada pela Portaria nº ...., de .... de .... de 20........, publicada no BS nº ...., de ..../..../...., com a finalidade de apurar as denúncias constantes no Processo nº .... e apensos nºs ...., vem intimar V. Sª acerca da juntada aos autos dos...............(especificar documentos).......... os quais se encontram à sua disposição para acesso no processo eletrônico (Processo nº.....) e requerimentos que se entendam pertinentes.

Cidade/UF, dia/mês/ano

_____
PRESIDENTE

Recebi: Intimação
Data __/__/20....

Assinatura: _____

Modelo 30 – Mandado de intimação – Interrogatório

Comentários

Encerrada toda a fase instrutória, não havendo mais qualquer prova a ser produzida, a comissão expedirá a intimação para o interrogatório do acusado, especificando data e horário, além de constar que abrangerá fatos constantes na denúncia, notificação prévia e demais provas constantes nos autos.

O servidor acusado pode se fazer acompanhar por procurador legalmente habilitado, significando que foi previamente avisado de que o advogado deve vir munido do instrumento de mandato para o ato. Ao procurador do acusado não é permitido fazer qualquer pergunta ao seu cliente, relacionado aos fatos investigados, durante o interrogatório, nem interferir nas perguntas feitas pelo Presidente.

****

Brasão ou Timbre do Órgão
SERVIÇO PÚBLICO FEDERAL
COMISSÃO DE .... (CPAD ou CSP)

INTIMAÇÃO
(Processo Administrativo Disciplinar/Sindicância Punitiva nº ....)

A Sua Senhoria o Senhor
(nome do servidor acusado)
(cargo)
Em exercício na ......
Cidade/UF

      O Presidente da Comissão de .... (CPAD ou CSP), instaurada pela Portaria nº ...., de .... de .... de 20........, publicada no BS nº ...., de ..../..../...., com a finalidade de apurar as denúncias constantes no Processo nº .... e apensos nºs ...., vem intimar V. Sª para o interrogatório designado para o dia .... de..... de 20....., às ...... horas, acerca dos fatos imputados na denúncia e constantes no referido processo administrativo n............., conforme notificação prévia e provas constantes dos autos, nos termos do art. 159, da Lei nº 8.112/90.

      Informa, ainda, que V. Sª poderá se fazer acompanhar por procurador legalmente constituído, munido do respectivo mandato se não tiver procuração nos autos.

      Cidade/UF, dia/mês/ano

_____
PRESIDENTE

Recebi: Intimação e cópia da Portaria nº .../20...

Data ___/___/_____

Assinatura: _____

Modelo 31 – Comunicação ao chefe imediato do servidor acusado – Interrogatório

Comentários

O mesmo procedimento adotado para a expedição de mandado para as testemunhas deve ser observado quando da intimação do servidor acusado para o interrogatório (art. 159, Lei nº 8.112/90). O chefe imediato do servidor acusado deve ter ciência da obrigatoriedade do comparecimento de seu subordinado perante o colegiado no dia e hora designados no mandado, liberando-o de suas atividades nessa oportunidade.

Os interrogatórios devem ser tomados separadamente, em caso de mais de um acusado, cujos depoimentos devem ser tomados separadamente. Se possível, marcar os interrogatórios em horários imediatamente subsequentes, liberando um acusado e fazendo o outro adentrar à sala, tomando-se o mesmo cuidado com a incomunicabilidade entre eles.

No caso de mais de um acusado, tornando-se impossível ouvi-los no mesmo dia, a comissão só procederá à juntada dos termos de interrogatório após ouvir o último acusado, razão pela qual fornecerá cópia do depoimento, se solicitado pelo servidor acusado, ao término de todos os interrogatórios, o que garante a reserva das informações, essencial à investigação.

****

Brasão ou Timbre do Órgão
SERVIÇO PÚBLICO FEDERAL
COMISSÃO DE .... (CPAD ou CSP)

OFÍCIO..... (CPAD ou CSP) /nº 00.../202...

Cidade/UF, dia/mês/ano

Ao Senhor
Nome.......
cargo ou função.........
Ministério......
Endereço
CEP, Cidade e UF

Assunto: ....(resumir em uma linha) ....

Senhor Chefe (do servidor acusado),

O Presidente da Comissão de .... (CPAD ou CSP), instaurada pela Portaria nº ...., de .... de .... de 20........, publicada no BS nº ...., de ..../..../...., informa a V. Sª para os fins do art. 157, parágrafo único, da Lei nº 8.112/90, que foi designado o dia .... *de .... de 20........*, às .... *horas*, para o interrogatório do Sr. ...... *(nome do acusado)*, ...cargo....., matrícula......., servidor lotado nessa unidade, perante esta Comissão Processante/Sindicante, no endereço constante no rodapé desta.

Atenciosamente,

_____
PRESIDENTE

OBS: o Chefe imediato também é responsável pelo comparecimento de seu subordinado.

Modelo 32 – Termo de interrogatório

Comentários

Após a conclusão dos depoimentos das testemunhas da comissão e do acusado, nesta ordem, e colhidas todas as demais provas (documentos, perícias, etc.), designa-se data para o interrogatório do servidor acusado, observando-se os mesmos procedimentos da intimação das testemunhas (art. 159 da Lei nº 8.112/90).

A diferença é que o acusado, quando de seu interrogatório, não comete crime de perjúrio, sendo-lhe ainda permitido o exercício do direito de silêncio, aplicando-se aqui o disposto no art. 186, do Código de Processo Penal.[57] O uso desse direito pelo interrogando não pode ser interpretado em seu prejuízo, porque o silêncio não significa *confissão*.[58]

Recentemente há uma mudança de direção nas decisões das cortes superiores que apontam para uma atenuação nesse princípio, pois o entendimento doutrinário e jurisprudencial pátrio vem se firmando no sentido de que o *silêncio*, como meio de defesa, *pode ser interpretado em desfavor do acusado*. A lógica é que o silêncio não importa em confissão, mas pode ser interpretado em desfavor de quem o usa, justamente porque teve a oportunidade de apresentar sua versão dos fatos e não o fez. Tampouco pode alegar cerceamento de defesa se fez uso do direito de permanecer calado.[59]

Caso o acusado permaneça calado, consigna-se (digita-se) a pergunta feita e o fato do interrogando permanecer em silêncio. Passa-se então à pergunta seguinte.

Deve-se intimar o acusado, com dia, hora, local e finalidade, comunicando-se ao chefe imediato, na mesma oportunidade, através de memorando.

O que acontece se o acusado, intimado para o interrogatório, deixa de comparecer, sem justificativa, ou justifica e deixa de comparecer nas demais intimações para o ato?

Há três desdobramentos possíveis e simultâneos a partir dessa situação:

a) O processo segue seu trâmite, mesmo sem o interrogatório, com a Indiciação, prazo para defesa e Relatório Final;

---

[57] Art. 186. Depois de devidamente qualificado e cientificado do inteiro teor da acusação, o acusado será informado pelo juiz, antes de iniciar o interrogatório, do seu direito de permanecer calado e de não responder perguntas que lhe forem formuladas. (Redação dada pela Lei nº 10.792, de 1º.12.2003).
Parágrafo único. O silêncio, que não importará em confissão, não poderá ser interpretado em prejuízo da defesa. (Incluído pela Lei nº 10.792, de 1º.12.2003).

[58] Princípio *nemo tenetur se detegere*, que abrange o direito ao silêncio, de não se autoincriminar, não se confessar culpado, não produzir provas contra si mesmo, o direito de permanecer calado, de não se declarar culpado e não praticar atos lesivos à sua defesa. (Repertório jurisprudencial do STF e STJ).

[59] Em relação à violação aos princípios do contraditório e da ampla defesa, além de outros direitos assegurados constitucionalmente, já que o recorrente alega que fora julgado sem a devida observância das garantias constitucionais que lhe são próprias, observa-se, pela análise do processo administrativo acostado aos autos, que, em verdade, não houve supressão desses direitos, vez que o acusado, perguntado sobre os fatos, em momento oportuno daquela investigação, teve plena chance de apresentar amplamente sua versão dos fatos, porém optou por seu direito de permanecer calado, sendo esta a forma por ele escolhida como melhor meio de defesa, e não podendo ser agora alegada como cerceamento daquele direito. Aliás, o entendimento doutrinário e jurisprudencial pátrio vem se firmando na lógica de que o silêncio do acusado deve ser interpretado em seu desfavor.
(REsp 1108455, Min. Og Fernandes, STJ, julg. 24/06/2013, public. 26/06/2013).

b) Não se configura o cerceamento de defesa, tendo em vista que a falta de interrogatório se deu por culpa exclusiva do servidor acusado, consoante julgados recentes do STJ;[60]

c) A falta de atendimento à intimação deve ser comunicada à autoridade instauradora, ou a competente, para a adoção das medidas disciplinares cabíveis;

Havendo mais de um acusado será interrogado separadamente. Neste caso, os interrogatórios só serão juntados aos autos após a audiência com o último acusado, o que evita que os que ainda vão ser interrogados tenham acesso às perguntas feitas anteriormente aos primeiros, o que tornaria o interrogatório imprestável, contaminando-o.

Ao se constatar divergência nos depoimentos sobre fatos ou circunstâncias investigados, poderá a comissão promover a acareação dos interrogandos (art. 159, §1º, da Lei nº 8.112/90), se estritamente necessário. As acareações tem que ser muito bem conduzidas para se extrair alguma utilidade. Devem ser restritas ao ponto discrepante. Não servem para depoimentos longos, sem utilidade nenhuma para o esclarecimento dos fatos, e nem para os depoentes fazerem as pazes.

O advogado do acusado pode acompanhá-lo em todos os depoimentos, porém, sua atuação é restrita às reinquirições das testemunhas, através do presidente da comissão, não podendo interferir nas perguntas e respostas feitas às testemunhas e ao acusado. Assim, não há participação ativa do advogado do acusado, quando de seu interrogatório, pois não pode reinquiri-lo e nem fazer perguntas ao seu cliente.

Como na pluralidade de acusados os interrogatórios são feitos em horários distintos, estes só podem se fazer acompanhar pelos respectivos procuradores. Não se justifica que o advogado de um acusado compareça ao interrogatório de outro, que possui seu próprio advogado. Certamente que se todos os acusados constituírem o mesmo advogado para a sua defesa, cabe ao colegiado agendar as audiências de modo que sejam subsequentes, ou todas no mesmo período, fazendo somente com que saia um acusado e entre outro, permanecendo o advogado de todos na sala de audiências.

Em síntese, deve-se observar, quanto aos depoimentos, a seguinte ordem:

a) depoimento das testemunhas da comissão, começando pelo denunciante, se houver;

b) acareação (caso estritamente necessário);

c) depoimento das testemunhas do acusado;

d) acareação (se necessário);

e) interrogatório do acusado(s);

f) acareação dos acusados (caso necessário).

O colegiado, para aproveitar melhor o tempo, pode preparar antecipadamente as questões que serão feitas ao servidor acusado. Os membros podem fazer as perguntas separadamente e depois reunir tudo num só texto, pois o presidente é quem se dirige ao acusado, assim como às testemunhas (§2º, do art. 159). Como já foi dito, nem mesmo ao advogado do acusado é permitido interferir nas perguntas e respostas de seu cliente.

---

[60] Não caracteriza cerceamento de defesa a falta de interrogatório para a qual deu causa o investigado ao deixar de comparecer em três distintas convocações feitas pela Comissão Processante, ante à impossibilidade de favorecimento a quem deu causa à nulidade, nos termos do art. 565 do CPP, aplicado por analogia. Incidência, na espécie, do princípio *pas de nullité sans grief*. (MS 16133 / DF, Relatora Ministra Eliana Calmon, Primeira Seção, STJ, julg. 25/09/2013, public. DJe 02/10/2013) e MS 12480 / DF, Ministro Sebastião Reis Júnior).

Por fim, importante ressaltar que o servidor acusado, quando do seu interrogatório, não presta compromisso de dizer a verdade. A jurisprudência do STJ assentou que, fazer o servidor acusado prestar compromisso fere regra constitucional insculpida no art. 5º, LXIII, da Constituição Federal, que confere aos acusados o privilégio contra a autoincriminação, bem como as garantias do devido processo legal, da ampla defesa e do direito de permanecer em silêncio.[61]

Não respeitar essas garantias constitucionais macula de nulidade todo o processo a partir do interrogatório.

Entretanto, como dito acima, impõe-se destacar uma importante virada nas decisões das cortes superiores, pois o entendimento doutrinário e jurisprudência pátrio vêm se firmando no sentido de que o *silêncio*, como meio de defesa, *pode ser interpretado em desfavor do acusado*. Veja-se a seguinte decisão monocrática do STJ:

> Em relação à violação aos princípios do contraditório e da ampla defesa, além de outros direitos assegurados constitucionalmente, já que o recorrente alega que fora julgado sem a devida observância das garantias constitucionais que lhe são próprias, observa-se, pela análise do processo administrativo acostado aos autos, que, em verdade, não houve supressão desses direitos, vez que o acusado, perguntado sobre os fatos, em momento oportuno daquela investigação, teve plena chance de apresentar amplamente sua versão dos fatos, porém optou por seu direito de permanecer calado, sendo esta a forma por ele escolhida como melhor meio de defesa, e não podendo ser agora alegada como cerceamento daquele direito. Aliás, o entendimento doutrinário e jurisprudencial pátrio vem se firmando na lógica de que o silêncio do acusado deve ser interpretado em seu desfavor. (REsp 1108455, MIN. OG FERNANDES, STJ, julg. 24/06/2013, public. 26/06/2013)

Portanto, extrai-se que o silêncio não importa em confissão, mas pode ser interpretado em desfavor do acusado, justamente porque teve a oportunidade de apresentar sua versão dos fatos e não o fez. Tampouco pode alegar cerceamento de defesa se fez uso do direito de permanecer calado.

De acordo com o Enunciado CGU nº 07, de 13 de dezembro de 2013, *no âmbito do Processo Administrativo Disciplinar e da Sindicância é possível a utilização de videoconferência para fins de interrogatório do acusado.*

****

---

[61] De outra parte, no caso em comento, a servidora foi interrogada por duas vezes durante o processo administrativo disciplinar, e, em ambas as oportunidades, ela se comprometeu "a dizer a verdade das perguntas formuladas". 3. Ao assim proceder, a comissão processante feriu de morte a regra do art. 5º, LXIII, da CF/88, que confere aos acusados o privilégio contra a autoincriminação, bem como as garantias do devido processo legal e da ampla defesa. Com efeito, em vez de constranger a servidora a falar apenas a verdade, deveria ter-lhe avisado do direito de ficar em silêncio. (RMS 14901, Ministra Maria Thereza de Assis Moura, Sexta Turma, STJ, julg. 21/10/2008, public. DJe 10/11/2008).

Brasão ou Timbre do Órgão
SERVIÇO PÚBLICO FEDERAL
COMISSÃO DE... (CPAD ou CSP)

AUTO DE QUALIFICAÇÃO E INTERROGATÓRIO DO ACUSADO ....(nome do servidor)

Aos ...... dias do mês de .... de dois mil e......, às .... horas na sala de audiências da Comissão de .... (CPAD ou CSP), localizada a Rua .... -.......... nº....., bairro......., cidade/UF, na presença da Presidente, e dos demais membros da Comissão de ...., instaurada pela Portaria nº ...., de .... de .... de 20........., publicada no BS nº ...., de ..../..../.... (modificada pela Portaria nº ...., de .... de .... de 20......, publicada no BS nº......., de ..../....../.........), na presença do Presidente da Comissão, ...nome......., e dos Membros .....nome........ e .... nome....... compareceu ....(nome do servidor acusado) ...., brasileiro, ...estado civil......, ...cargo......, matrícula...... residente e domiciliado......., na cidade de ...., compareceu o acusado ...... (nome)........., ...nacionalidade....., ...estado civil......., natural de ...., residente na Rua .... nº......, portador da CI. RG nº......... e CPF nº ...., servidor......., ocupante do cargo efetivo de ...., Matrícula nº............, admitido no Serviço Público Federal em .... (data) ...., lotado na .... (unidade), devidamente cientificado da acusação constante no Processo nº .... Presente também o advogado do acusado, Dr. .... (nome)......., OAB/........ Informado, *nos termos do art. 186 do CPP*, sobre o exercício do direito do silêncio, o acusado inquirido respondeu que: recebeu a notificação prévia com a cópia da denúncia, além dos documentos ali mencionados, não havendo nenhuma dúvida sobre o motivo pelo qual se apresenta a esta Comissão. PERGUNTADO: .....? RESPONDEU: QUE:............ PERGUNTADO: .....? RESPONDEU: QUE:............. *(todas as perguntas podem estar previamente digitadas)*. Registra-se que as respostas às perguntas dos membros da comissão estão contidas nas perguntas formuladas. Facultada a palavra ao interrogando .....nome....., para fazer algum acréscimo ao presente termo foi dito que *(digitar o que o interrogando ditar):*....... (*ou nada mais acrescentou*). A seguir, foi realizada a leitura do presente termo para que o interrogando efetivasse eventual correção nos registros. Nada mais havendo a registrar, encerro o presente termo que, lido e achado conforme, sem emendas ou rasuras, vai subscrito pelos presentes acima nominados. Eu, ...nome............, Membro da Comissão ou Membro-Secretário, o digitei.

_____
PRESIDENTE

_____
MEMBRO

_____
MEMBRO-SECRETÁRIO

_____
INTERROGANDO

_____
ADVOGADO DO INTERROGANDO

Modelo 33 – Termo de encerramento de instrução e indiciação

Comentários

Com o interrogatório do acusado e sua indiciação, na qual é tipificada a infração disciplinar, encerra-se a instrução do processo administrativo, pois terminaram os depoimentos das testemunhas, a juntada de documentos e a produção de todas as provas necessárias ao esclarecimento dos fatos, tanto pela Comissão Processante quanto pelo acusado.

Formada a convicção do colegiado, podem ser indeferidos, motivadamente, pedidos de produção de provas dispensáveis, diante de todo conjunto probatório carreado aos autos.[62]

Se ocorrer pedido de reabertura de instrução, com a oitiva de testemunhas após o interrogatório, o Colegiado Processante ou Sindicante, se estiver convicto da suficiência das provas colhidas, pode indeferir o pedido. O STF tem decidido que a negativa, devidamente fundamentada, não caracteriza cerceamente de defesa.[63]

Obviamente, se se tratar de fato novo ou testemunha extremamente importante para o esclarecimento dos fatos ou mesmo se o colegiado decidir pela oitiva, em favor da ampla defesa do acusado não há óbice em que se retome a instrução, com a designação de data para o seu depoimento, tudo deliberado pelos membros em ata de trabalhos.

Após o depoimento dessa testemunha, dá-se novo interrogatório.

O Despacho ou Termo de Encerramento de Instrução e Indiciação é lavrado e assinado por todos os membros.

Deve constar, especificadamente, os fatos imputados ao servidor e indicadas as provas, assinalando-se as páginas dos autos onde se encontram — art. 161, da Lei nº 8.112/90. Nesse momento a irregularidade cometida pelo servidor é *tipificada.*

No mesmo termo, determina-se a citação do servidor por mandado, com cópia do Termo de Encerramento de Instrução e Indiciação, para apresentar defesa no prazo de 10 (dez) dias, na hipótese de um indiciado, e 20 (vinte) dias havendo dois ou mais indiciados. O prazo é comum quando há dois ou mais indiciados, significando 20 (vinte) dias para todos e não individualmente. A contagem do *prazo de defesa* inicia-se após a juntada no processo do mandado de citação do último acusado.

Deve constar do termo de encerramento de instrução e indiciação os fatos e fundamentos da exclusão de servidores do processo disciplinar, se for o caso. Isso ocorre quando foram notificados previamente, mas durante a instrução a Comissão Processante se convenceu, mediante provas constantes nos autos, de que os servidores não praticaram qualquer ilícito administrativo.

---

[62] "Formada a sua convicção, é facultado à Comissão Disciplinar, consoante dispõe o artigo 156, § 1º, da Lei nº 8.112/1990, indeferir motivadamente a produção de provas, quando estas se mostrarem dispensáveis diante de todo conjunto probatório, tal como ocorreu, sem que isso constitua cerceamento da defesa." (MS 10072 / DF, Ministro Rogerio Schietti Cruz, Terceira Seção, STJ, julg. 25/09/2013, public. DJe 01/10/2013).

[63] O indeferimento motivado de pedido de prova testemunhal formulado após o término da instrução do processo administrativo não caracteriza cerceamento de defesa. Art. 156, §§1º e 2º, da Lei nº 8.112/1990. (RMS 30881 / DF, Relatora: Min. Cármen Lúcia, Segunda Turma, STF, Julg. 02/10/2012, DJe-212 Divulg. 26-10-2012 Public 29-10-2012).

Ocorrendo a hipótese de os acusados não terem praticado ilícitos administrativos, não será feita a indiciação, pois lhe falta o objeto. Resta, apenas, o encerramento da instrução e a elaboração do relatório final. Nesse caso, encerra-se a instrução mediante ata e, na sequência, confecciona-se o relatório final.

O Termo de Encerramento de Instrução e Indiciação nada mais é do que a aplicação prática do contido no art. 161 da Lei nº 8.112/90.

Relembrando, obrigatoriamente, três elementos precisam constar no Termo de Encerramento de Instrução e Indiciação, para garantir que o servidor indiciado possa exercer a mais ampla defesa:

a) a *tipificação* – assim entendido o enquadramento legal da irregularidade praticada pelo servidor indiciado, ou seja, a prática de qualquer conduta constante nos incisos dos arts. 116, 117, 127 e 132, da Lei nº 8.112/90;

b) a *especificação dos fatos* – deve a Comissão Disciplinar descrever o *fato praticado pelo servidor* (exemplo: o servidor fulano usou guias para abastecimento de combustível, dirigindo-se ao Posto Tal, nos dias ..... e abasteceu seu carro particular, etc...) e não transcrever os deveres e/ou as proibições funcionais violados, constantes nos arts. 116 e 117, como é comum (e equivocado) por parte de algumas comissões processantes;

c) a *especificação das provas* – não só mencionar e descrever as provas coletadas e juntadas aos autos, mas apontar as folhas do processo disciplinar, para que o servidor ao elaborar sua defesa saiba qual a prova que deverá contrapor àquela apontada pela Comissão Disciplinar, defendendo-se plena e eficazmente.

Não deve constar no Termo de Encerramento de Instrução e Indiciação a penalidade correspondente aos deveres e/ou proibições funcionais violadas, já que a comissão só avalia as atenuantes e os princípios constitucionais da proporcionalidade e razoabilidade na dosagem da pena depois de analisar a defesa, não sendo este, portanto, o momento oportuno de se indicar a penalidade cabível.

****

Brasão ou Timbre do Órgão
SERVIÇO PÚBLICO FEDERAL
COMISSÃO DE .... (CPAD ou CSP)
TERMO DE ENCERRAMENTO DE INSTRUÇÃO E INDICIAÇÃO

A Comissão de ...... (CPAD ou CSP), instaurada pela Portaria nº ...., de .... de .... de 20........, publicada no BS nº ...., de ..../..../...., que apura a denúncia constante no Processo Administrativo nº...................., após o exame minucioso de todas as provas constantes nos autos (depoimentos, realizações de diligências, juntada de documentos), dá por encerrada a fase instrutória e *INDICIA*, consoante disposto no art. 161, da Lei nº 8.112/90, o ......nome do servidor indiciado ...., ocupante do cargo efetivo de ...., Matrícula nº............, lotado na .... (unidade) – *(repetir se mais de um servidor investigado),* devidamente identificado e qualificado nos autos, pelos fatos, fundamentos e provas enumerados a seguir:

a) *nome do servidor:* descrever a irregularidade cometida – os fatos, conforme prova às fls. ...... do volume .... do presente processo administrativo, sob n. .....

Tipificação: transgrediu os incisos .... do art. ......, da Lei nº 8.112/90;

b) *nome do servidor:* descrever a irregularidade cometida – os fatos, conforme prova às fls. ...... do volume .... do processo acima mencionado.

Tipificação: transgrediu os incisos .... do art. ......, da Lei nº 8.112/90.

A Comissão Processante deixa de indiciar os servidores ..... nome do servidor indiciado ...., ocupante do cargo efetivo de ...., Matrícula nº............, lotado na .... (unidade) – *(repetir se mais de um servidor investigado),* em razão de .... (mencionar o fato excludente e as provas).

Em face do exposto, decidiu a Comissão Processante, por meio de seu Presidente, promover a CITAÇÃO dos indiciados, em razão dos fatos imputados e das respectivas provas constantes nos autos, para que apresentem *DEFESA ESCRITA*, pessoalmente ou por advogado constituído com mandato, no *PRAZO DE* ...... *(......) DIAS,* a teor do §(1º. ou 2º.) do art. 161, contados do dia seguinte ao do recebimento da citação (art. 238, da Lei nº 8.112/90), sob pena de revelia, sendo assegurado aos indiciados o acesso aos autos do processo eletrônico, que poderá ser providenciado para o advogado constituído.

Cidade/UF, dia/mês/ano

_____
PRESIDENTE

_____
MEMBRO

_____
MEMBRO-SECRETÁRIO

Modelo 34 – Mandado de citação

Comentários

Através da citação, o indiciado toma conhecimento dos fatos que lhes são imputados, com as provas vinculadas, e tem a oportunidade de apresentar defesa escrita, no prazo assinalado em lei (art. 161, da Lei nº 8.112/90). O prazo será de 10 dias, havendo um indiciado, e de 20 dias, prazo comum, se forem dois ou mais indiciados.

Do mandado de citação devem constar os elementos básicos, mesmo que na forma resumida, para possibilitar a defesa, quais sejam, descrição da conduta imputada ao servidor, indicação dos dispositivos legais infringidos e cópia do termo de encerramento de instrução e indiciação.

Se o mandado citatório for sintético, mas acompanhado de cópia do termo de encerramento de instrução e indiciação, como parte da citação, e tendo o indiciado acesso à íntegra do processo administrativo eletrônico, não haverá questionamento de sua validade, uma vez que o indiciado terá conhecimento do inteiro teor dos fatos que lhes são imputados, possibilitando a elaboração de sua defesa.

O indiciado defende-se dos fatos que lhe são imputados e não da capitulação legal, conforme entendimento pacificado no STF e STJ.[64] Significa que, mesmo ocorrendo falha na tipificação legal, esta não acarreta nulidade no procedimento disciplinar. Também não deve indicar a pena respectiva, pois a oportunidade correta é no relatório final.

A citação por edital, prevista no art. 163, da Lei nº 8.112/90, para a eventualidade do indiciado se encontrar em lugar incerto e não sabido, deve ocorrer somente depois do colegiado efetuar diligência em todos os endereços conhecidos, e então deliberar pela sua necessidade, lavrando a respectiva certidão para cada ocorrência negativa, para que fique comprovada a impossibilidade de localização do indiciado, antes de se proceder à citação editalícia, decidida em ata.

A citação abre a oportunidade para sanar (corrigir) possível vício da portaria e da notificação prévia, pois a citação descritiva dos fatos imputados e tipificados permite ao indiciado defender-se da acusação, assegurando-se o cumprimento do princípio da ampla defesa e do contraditório.

Podem ocorrer as seguintes hipóteses de entrega frustada do mandado de citação, ou de recebimento e inércia do indiciado, e que requerem providências diferenciadas da Comissão Processante:

a) recusa do indiciado em receber a citação (e consequentemente "apor o ciente");
b) o indiciado encontrar-se em lugar incerto e não sabido;
c) o indiciado recebe a citação, mas fica inerte, ou seja, não apresenta defesa no prazo estipulado ;

---

[64] A Autoridade coatora apontada, que impõe a pena de demissão, vincula-se aos fatos apurados e não à capitulação legal proposta pela Comissão Processante. Da mesma forma, o indiciado se defende dos fatos contra ele imputados, não importando a classificação Legal inicial, mas sim a garantia da ampla defesa e do contraditório. Por isso, a modificação na tipificação das condutas pela Autoridade Administrativa não importa nem em nulidade do PAD, nem no cerceamento de defesa" (MS 13.364/DF, Rel. Min. Napoleão Nunes Maia Filho, Terceira Seção, DJe 26/5/08). (MS 17370 / DF, Ministro Arnaldo Esteves Lima, Primeira Seção, STJ, julg. 28/08/2013, public. DJe 10/09/2013).

No caso da letra "a", o membro da Comissão Processante que tentou efetuar a citação lavra um *termo de declaração*, no verso do mandado, constatando a recusa do indiciado e colhe a assinatura de duas testemunhas, consoante dispõe o art. 161, §4º, da Lei nº 8.112/90. O prazo da defesa conta-se da *data* declarada no termo.

Se o indiciado estiver em lugar incerto e não sabido, na hipótese da letra "b", a citação será feita por edital, publicado duas vezes, uma no *Diário Oficial da União* e outra em jornal de grande circulação *na localidade do último domicílio conhecido*, assinalando-se o prazo para o indiciado apresentar sua defesa. O prazo será de 15 (quinze) dias contado da última publicação do edital, a teor do art. 163 da Lei nº 8.112/90.

A Lei nº 8.112/90 considera revel, no exemplo da letra "c", o indiciado que recebeu regularmente a citação, mas não apresenta defesa no prazo legal ou a defesa é ineficiente, assim considerada após análise pelo colegiado e o consequente registro em ata. Inexistindo defesa deve ser lavrado um *termo de revelia* devolvendo-se o prazo, de 10 (dez) dias ou de 20 (vinte) dias, se houver mais de um indiciado.

A Comissão Processante comunicará o evento à autoridade instauradora e solicitará a designação de um servidor para atuar como defensor dativo. A pessoa indicada deve atender ao requisito do §2º do art. 164 da Lei nº 8.112/90, não sendo obrigatório que seja um advogado, questão assentada pelo STF, por meio da Súmula Vinculante nº 5: "A falta de defesa técnica por advogado no processo administrativo disciplinar não ofende a Constituição."

Este é o único caso previsto em lei para a nomeação de um *defensor dativo*: a revelia do servidor indiciado. Não confundir com *defensor ad hoc* (para o ato), que é qualquer pessoa nomeada para o presidente para acompanhar um ato efetivado pela comissão (audiência, diligência, etc) e que não precisa ser a mesma pessoa para os outros atos, podendo o encargo recair no servidor que estiver disponível no momento.[65]

Na hipótese de existirem vários servidores indiciados, considerando-se a aplicação subsidiária do §3º do art. 224, do CPC o prazo de defesa para todos começa a correr do dia útil seguinte *à juntada nos autos do mandado de citação recebido pelo último deles*.

Da mesma forma, sendo somente um indiciado, o prazo de defesa inicia-se no dia útil seguinte ao da juntada do mandado de citação.

Acompanha o mandado de citação a cópia do termo de encerramento de instrução e indiciação, sendo facultativa a entrega da cópia digitalizada do processo, na íntegra, em mídia digital, uma vez que o indiciado tem acesso ao processo eletrônico.

O advogado constituído pode receber o mandado de citação *desde que tenha poderes especiais* no instrumento de mandato (procuração) constante nos autos. Caso contrário, entrega-se pessoalmente ao servidor, de preferência no horário de expediente normal da repartição. Citações e intimações enviadas, via Correios, para o endereço residencial do servidor indiciado, com AR, são válidas.

A *citação por hora certa* aplica-se àqueles casos em que há suspeita de que o servidor indiciado está se ocultando para não receber a citação ou a notificação. O Enunciado CGU nº 11, de 30 de outubro de 2015 prevê que *no âmbito do Processo Disciplinar, a citação*

---

[65] A oitiva de testemunha em lugar diverso daquele em que os acusados residem não acarretou prejuízo à defesa, que foi notificada cinco dias antes da audiência, tempo suficiente para exercer seu direito de enviar as perguntas que fossem necessárias, tendo sido nomeado defensor ad hoc. (MS 17053 / DF, Relator Ministro Mauro Campbell Marques, Primeira Seção, STJ, julg. 11/09/2013, public. DJe 18/09/2013).

poderá ser realizada por hora certa, nos termos da legislação processual civil, quando o indiciado encontrar-se em local certo e sabido, e houver suspeita de que se oculta para se esquivar do recebimento do respectivo mandado.

Subsidiariamente, aplica-se o Código de Processo Civil (art. 252 a 254). Assim, quando por duas (02) vezes o membro-secretário procurar o servidor indiciado para entregar a citação e não o encontrar em casa ou no trabalho, poderá comunicar o chefe imediato de que no dia posterior voltará, durante o expediente normal da repartição, a fim de efetuar a citação, na hora designada. O membro-secretário deverá certificar essa diligência.

No dia e hora designados, o membro-secretário comparecerá no setor onde trabalha o servidor indiciado, a fim de realizar a diligência.

Se o servidor indiciado não estiver presente, o membro-secretário procurará se informar das razões da ausência, dando por feita a citação, ainda que o indiciado tenha se ausentado do setor, com o intuito de se esquivar do ato.

O membro-secretário lavrará certidão da ocorrência e deixará contrafé (cópia) com o chefe imediato do servidor indiciado, mencionando-o na respectiva certidão.

Após, o colegiado registrará tudo em ata e o presidente determinará que seja enviada ao servidor indiciado, para sua residência, por carta registrada com AR, cópia da certidão e do mandado, dando-lhe ciência, ato que se terá por válido, consoante jurisprudência do STJ.[66] O modelo deste ato encontra-se no Capítulo 4 "Modelos incidentes".

****

---

[66] Nesse ponto, deve ser aberto um parênteses para consignar que, assim como ocorre na esfera judicial, também no Processo Administrativo Disciplinar é de ser reconhecida a validade da intimação realizada pelo correio, com aviso de recebimento (AR), sendo dispensada a assinatura do aviso de recebimento pelo próprio destinatário, bastando que reste inequívoca a entrega no seu endereço. (EDcl no MS 17873 / DF, Relator Ministro Mauro Campbell Marques, Primeira Seção, STJ, julg. 28/08/2013, public. DJe 09/09/2013).

Brasão ou Timbre do Órgão
SERVIÇO PÚBLICO FEDERAL
COMISSÃO DE .... (CPAD ou CSP)

MANDADO DE CITAÇÃO

A Sua Senhoria o Senhor
(nome do servidor acusado)
(cargo)
Em exercício na ......
Cidade/UF

O Presidente da Comissão de .... (CPAD ou CSP), instaurada pela Portaria nº ...., de .... de .... de 20........., publicada no BS nº ...., de ..../..../.... (modificada pela Portaria nº ...., de .... de .... de 20......., publicada no BS nº......., de ..../....../.........), que apura a denúncia constante no Processo Administrativo nº ...., e tendo em vista o que consta no Processo nº .... e o que dispõe o art. 161, da Lei nº 8.112/90, promove a *CITAÇÃO* de V. Sª para, no prazo de .... (.......) dias,[67] a teor do §(1º. ou 2º.) do art. 161, contados do dia útil seguinte à juntada do presente mandado aos autos (art. 238, da mesma) apresentar *DEFESA ESCRITA*, sob pena de revelia, em razão dos fatos, fundamentos e provas contidas no Termo de Encerramento de Instrução e Indiciação, cópia anexa, o qual faz parte integrante deste como se aqui transcrito estivesse, constando também mídia com cópia integral e atualizada do processo administrativo em epígrafe, ambos em anexo.

O acesso aos autos do processo eletrônico encontra-se disponível para consulta, na íntegra, e poderá ser providenciado para o seu defensor legalmente constituído, caso constitua um.

Informamos que, caso V. Sª mude de residência, deve obrigatoriamente comunicar à comissão o lugar onde poderá ser encontrado, conforme disposição do art. 162, da Lei nº 8.112/90.

Cidade/UF, dia/mês/ano

_____
PRESIDENTE

Recebi, em ....../...../20...
O original do presente mandado de citação e cópia reprográfica do Termo de Encerramento de Instrução e Indiciação e mídia com a digitalização atualizada do processo disciplinar n..........

_____
Indiciado/Representante legal

_____
[67] Um indiciado: art. 161, §1º, prazo 10 dias. Dois ou mais indiciados, §2º. O prazo comum é de 20 dias.

Modelo 35 – Relatório final

Comentários

Após a entrega do mandado de citação, a comissão aguarda a apresentação da defesa ou defesas pelos indiciados, seus advogados se houver, ou pelo defensor dativo.

Nesse período o colegiado pode começar a elaborar o relatório final, com a digitação do resumo de todo o trabalho desenvolvido até a citação, enquanto aguarda a entrega da defesa ou defesas.

Recebida a última peça de defesa, o colegiado procede a sua análise minuciosa, de acordo com as provas e contraprovas existentes no processo, e sugere ao final, seja reconhecida a inocência (e o consequente arquivamento) ou responsabilidade do indiciado (e a pena correspondente, com aplicação das atenuantes, agravantes e os antecedentes funcionais – art. 128), nos termos do §1º do art. 165, da Lei nº 8.112/90.

Dentre os incidentes que podem ocorrer nesta fase, o mais comum é a prorrogação do prazo de defesa pelo dobro, conforme prescrito no art. 161, §3º, da Lei nº 8.112/90, para a realização de diligências indispensáveis. Esta medida é de caráter excepcional, sendo normal que o indiciado ou indiciados apresentem a defesa sem requerer a prorrogação.

Embora a lei não faça distinção, a dilação do prazo é para o indiciado fazer alguma diligência que constará na sua defesa, e não para a comissão. Se existirem vários indiciados e um deles requerer a prorrogação do prazo de defesa, este aproveitará a todos, ou seja, todos serão intimados de que o prazo de defesa foi prorrogado.

E, se no decorrer do prazo assinalado para a defesa a Comissão Processante precisar reinstalar-se em outro prédio ou outra sala, os dias utilizados para a mudança serão devolvidos ao indiciado, somando-se ao prazo final da defesa.

A comunicação da prorrogação do prazo final para a defesa, em qualquer hipótese, se comunicado aos indiciados, por meio de notificação, constando os dias acrescentados ao dia final e a nova data fatal para a entrega das defesas.

O art. 165, da Lei nº 8.112/90 diz que a comissão, após apreciar a defesa, elaborará relatório final minucioso, *resumindo* as peças principais dos autos e mencionando as *provas em que se baseou para formar a sua convicção*. Não é necessário resumir as atas, basta a sua remissão, ou seja, mencionar as páginas do processo onde se encontram todas as deliberações do colegiado.

O relatório não pode ser evasivo, falho ou abstrato na conclusão.

No artigo supracitado constam os requisitos essenciais e que devem obrigatoriamente ser abordados no relatório final. Este documento deve ser minucioso, porém conciso, resumindo as principais peças dos autos e citando as provas (tanto as produzidas pelo colegiado quanto aquelas trazidas pelo indiciado) nas quais a comissão se baseou para formar a sua convicção, apontando as respectivas folhas dos autos.

O relatório pode ser *dividido em três partes*:

a) Parte narrativa (relato puro e simples do processo e das provas): instalação, provas colhidas, depoimentos, incidentes, etc;

b) análise da defesa e das provas;

c) conclusão.

Na *primeira parte* resumem-se as principais peças dos autos, relatam-se os incidentes porventura ocorridos e as provas colhidas que levaram ao convencimento da culpabilidade ou inocência do servidor.

Na *segunda*, o relatório deve refutar ou acatar os argumentos da defesa, total ou parcialmente, analisando cada item levantado na peça apresentada pelo indiciado, bem como a documentação que a acompanha. Primeiro, resumem-se os argumentos da defesa e depois apresenta-se a contra-argumentação da comissão ou a aceitação da tese de defesa.

Não pode acontecer a falta de análise de algum item da defesa do indiciado ou o colegiado esquivar-se da matéria ou questão ali levantada, divagando em assunto diverso. Isso caracteriza cerceamento de defesa e causa nulidade do processo a partir desse ponto.

O relatório final deve especificar quais as provas existentes nos autos corroboram a convicção do colegiado ou dão sustentação à defesa, e apontar as folhas dos autos onde se encontram.

Na conclusão, *terceira parte*, a comissão recomenda à autoridade instauradora, consoante disposto textualmente no §1º do art. 165 da Lei nº 8.112/90, se o servidor indiciado é inocente ou se deve ser responsabilizado pelo ilícito administrativo, fazendo constar o fato por ele praticado, a tipificação legal, a sugestão da pena a ser aplicada e o seu fundamento legal, depois de considerar as circunstâncias atenuantes, agravantes e os antecedentes funcionais, conforme preceitua o art. 128, da Lei nº 8.112/90.

Somente então se procede ao termo de encerramento dos trabalhos e ao termo de entrega para remessa dos autos do processo disciplinar à autoridade instauradora, para julgamento (art. 166 da Lei nº 8.112/90) ou encaminhamento à autoridade competente para julgar e aplicar a penalidade.

Ocorrendo motivo de força maior (exemplo: morte de um dos membros da comissão ou morte do servidor investigado, caso de extinção da punibilidade, prescrição) ou nulidade absoluta (*v.g.* defeito de citação, comissão composta por membros não estáveis), a Comissão Processante elaborará um *relatório parcial*, posto que não será sugerida penalidade alguma, e encaminhará os autos, nas condições em que se encontram, à autoridade que determinou a sua instauração para as providências sugeridas pela comissão (substituição de membro, arquivamento, etc).

Por fim, destacamos que não existe dispositivo legal que determine a intimação do indiciado do conteúdo do relatório final da Comissão Disciplinar.[68]

O excesso de prazo para confecção do Relatório Final e entrega dos trabalhos não configura nulidade, quando não demonstrado prejuízo ao servidor indiciado.[69] Embora

---

[68] A ausência de intimação do resultado do relatório final da comissão de processo administrativo não caracteriza afronta ao contraditório e à ampla defesa quando o servidor se defendeu ao longo de todo o processo administrativo. (RMS 30881 / DF, Relatora Min. Cármen Lúcia, Segunda Turma, STF, Julg. 02/10/2012, DJe-212 Divulg 26-10-2012 Public 29-10-2012).

O rito procedimental previsto pela Lei 8.112/90 não traz qualquer normatização que imponha a intimação do acusado após a apresentação do Relatório Final pela Comissão, nem a possibilidade de impugnação de seus termos, devendo o processo ser imediatamente remetido à autoridade competente para julgamento. (MS 13326/DF Ministro Napoleão Nunes Maia Filho, Terceira Seção, STJ, julg. 27/10/2010, DJe 10/11/2010).

[69] 4. Consoante jurisprudência firmada por esta Seção, o excesso de prazo para conclusão do processo administrativo disciplinar não é causa de sua nulidade quando não demonstrado prejuízo à defesa do servidor. Precedentes. (RMS 038952, Rel. Min. Regina Helena Costa, decisão monocrática, pub. 29/06/2018.

não seja recomendável, é possível a entrega do Relatório Final fora do prazo de prorrogação estabelecido em portaria de constituição do colegiado, vigorando o princípio *pas de nullité sans grief*.[70] Neste sentido a Súmula 592, do STJ: *O excesso de prazo para a conclusão do processo administrativo disciplinar só causa nulidade se houver demonstração de prejuízo à defesa.*

Brasão ou Timbre do Órgão
SERVIÇO PÚBLICO FEDERAL
COMISSÃO DE .... (CPAD ou CSP)

Cidade/UF, dia/mês/ano

A *COMISSÃO* .... *(PAD ou Sindiância Punitiva), instaurada* pela Portaria nº......., de.... de..... 20..., ... (fls.) (modificada pela Portaria nº......., de.... de..... 20..., publicada no BS nº .... de ..... de......... de 20...., ... (fls.)), que apura a denúncia constante no Processo Administrativo nº ...., apensado ao presente processo de nº........, formalizado com o fim de desenvolver os trabalhos investigatórios do Colegiado Processante/Sindicante, apresenta

RELATÓRIO FINAL

I Introdução

Senhor ..... (autoridade instauradora),

A Comissão de .... (CPAD ou CSP), em cumprimento às atribuições que lhes foram dadas por meio da Portaria nº......., de.... de..... 20..., ... (fls.) (modificada pela Portaria nº......., de.... de..... 20..., publicada no BS nº .... de ..... de......... de 20...., ... (fls.)), vem apresentar a V. Exª o Relatório Conclusivo de seus trabalhos.

Os trabalhos da Comissão Processante (ou Sindicante) tiveram início com a análise da denúncia constante no Processo nº ...., ou para apurar denúncia veiculada na mídia ou o Relatório Final da Comissão de Sindicância, consubstanciada:

---

[70] APRESENTAÇÃO DO RELATÓRIO FINAL APÓS O PRAZO
5. Quanto ao argumento de que o Relatório Final foi apresentado 6 (seis) meses após o término da vigência da última Portaria que reconduziu os membros da CPAD, de forma que a peça não poderia ter sido acolhida, por ser nula de pleno direito, verifico que a defesa não aponta prejuízo, apenas reforça a não observância de formalidade estrutural no caso. Não tendo demonstrado ou alegado a ocorrência de prejuízo, é incabível a declaração de possíveis nulidades no processo administrativo disciplinar. Aplicação do princípio *pas de nullité sans grief*. Nessa esteira: MS 14.150/DF, Rel. Ministro Reynaldo Soares da Fonseca, Terceira Seção, DJe 7/10/2016; MS 20.052/DF, Rel. Ministro Gurgel de Faria, Primeira Seção, DJe 10/10/2016. Com efeito, a jurisprudência do STJ é no sentido de que o excesso de prazo para a conclusão do processo administrativo disciplinar só causa nulidade se houver a demonstração de prejuízo à defesa do servidor: MS 13.527/DF, Rel. Ministro Rogerio Schietti Cruz, Rel. p/ Acórdão Ministro Nefi Cordeiro, Terceira Seção, DJe 21/3/2016. (MS 17744-DF, Rel. Min. Herman Benjamin, 1ª Seção, STJ, julg.23.08.2017, pub. DJe 19.12.2017).

a) (resumir os fatos da denúncia articuladamente);

b) ....;

c) ....;

Finaliza .... (resumir final do documento denúncia ou a conclusão do Relatório Final da Comissão de Sindicância).

Instruiu a denúncia supramencionada com .... (citar os documentos que acompanharam a denúncia) e/ou o Relatório Final e atos subsequentes da Sindicância Investigatória precedente (se houver), pois visa exatamente a complementar a denúncia, identificando a autoria e a materialidade.

II Breve histórico

(Resumo dos fatos, caso seja necessário para melhor compreensão da matéria)

III Das medidas preliminares

A presente Comissão, consoante determina o artigo 143 da Lei nº 8.112/90, envidou todos os esforços para conduzir os trabalhos, obedecendo aos princípios constitucionais do contraditório e da ampla defesa, estabelecidos no artigo 153, da Lei nº 8.112/90.

As medidas preliminares à instalação da Comissão .... tiveram origem na cidade/UF, com o deslocamento dos membros para a cidade de ...., onde o Colegiado Processante instalou os trabalho na data de ..../..../..... Posteriormente houve alteração da portaria original, com a substituição do membro... (nome) ..., para constar como parte do colegiado.......(nome).

Estas as razões para o início efetivo dos trabalhos somente na data de .... de ..... de 20 ...., às .... horas, fls. ....Os demais atos desta Comissão estão identificados nas deliberações contidas às fls. ..... (mencionar folhas nas quais se encontram todas as atas de trabalho).

.... (Citar eventuais mudanças que ocasionaram *reinstalações* da Comissão Processante).

IV Do Processo, dos Depoimentos e Provas Documentais

A Comissão procedeu, preliminarmente, a análise minuciosa dos documentos juntados à denúncia e dos processos apensos ao principal, extraindo-se dali as imputações que constaram nos mandados de notificação expedidos para ..... (nome dos servidores acusados) (fls. ...), notificados pessoalmente, na condição de acusados, encaminhando-se-lhes cópia da portaria instauradora, da ata de instalação e início dos trabalhos, da denúncia formulada pelo Sr. .... (nome do denunciante) ou cópia do Relatório Final da Sindicância Investigatória, com acesso à íntegra do processo eletrônico, como constou na notificação prévia (fls......).

Foram ouvidas as seguintes testemunhas:

a) *Da Comissão Processante*: (fls. .... a ......)

1. Nome (e qualificação)

2. Nome (e qualificação)

.... (nome), instados por 02 (duas) vezes para prestar depoimento perante a Comissão Processante, na qualidade de testemunhas, não compareceram (fls. ....). A Comissão entendeu que as provas orais eram satisfatórias e desistiu da oitiva dessas testemunhas.

b) *Dos acusados:* (fls. .... a ......)

1. Nome (e qualificação)

2. Nome (e qualificação)

A Comissão diligenciou .... (citar, resumidamente, os trabalhos efetuados pela comissão e as provas colhidas) (fls. ...).

V Apreciação dos depoimentos

Quanto aos depoimentos e seus incidentes, transcrevemos abaixo uma síntese:

a) nome do depoente (fls. ....): (resumo do depoimento);

b) nome do depoente (fls. .....): (resumo do depoimento);

c) nome do depoente (fls. ......): (resumo do depoimento);

d) nome do depoente (fls. ......): (resumo do depoimento);

e) nome do depoente (fls. ......): (resumo do depoimento);*

* (incluir todas as testemunhas *relevantes*: da Comissão e da Defesa).

Na continuidade, os acusados foram interrogados, cujo termo, em síntese, segue abaixo:

a) nome do interrogando (fls. ......): (resumo do depoimento);

b) nome do interrogando (fls. ......): (resumo do depoimento);

(Comentários: acerca dos depoimentos que serviram para comprovar os fatos imputados aos acusados, ou para comprovar a inocência do acusado).

VI Outras Provas: provas documentais, periciais, prova emprestada (cópia autorizada de processo judicial) **(fls. .... a ......)**

VII Indiciamento

Pelas razões acima explicitadas, a Comissão Processante/Sindicante em reunião deliberativa, decidiu pelo indiciamento dos acusados: ....*nome dos servidores*.......... conforme *Termo de Encerramento de Instrução e Indiciação* (fls. ....).

O servidor ..... *(nome)* foi indiciado por ...., transgressão dos incisos, do art. ...., da Lei nº 8.112/90, posto que restou demonstrado nos autos sua responsabilidade administrativa por .... (fatos e respectivas provas).

O servidor ..... *(nome)* foi indiciado por ...., transgressão dos incisos ...., do art. ...., da Lei nº 8.112/90, posto que restou demonstrado nos autos sua responsabilidade administrativa por .... (fatos e respectivas provas).

Ante a ausência de provas, a Comissão deixou de indiciar o acusado .... (citar o fato excluído, sua justificativa e provas apontando as fls.).

VIII Das Defesas

(Aqui se faz um resumo de todas as alegações feitas pelos indiciados nas respectivas defesas).

1) O indiciado .... (*nome do servidor)* apresentou defesa escrita, tempestivamente, no dia ..../......../........ (fls. ....) alegando, *preliminarmente*, que:

a) .... (apresentar resumo articulado);

b) ....

1.1. No *MÉRITO*............................

1.2. Finaliza requerendo a improcedência da denúncia e pelo reconhecimento de sua inocência (exemplo de fechamento de petição de defesa).

2) O indiciado .... (nome do servidor) apresentou defesa escrita, tempestivamente, no dia ..../......../........ (fls. ....), alegando, *preliminarmente*, que:

a) .... (apresentar resumo articulado);

b) ....;

2.1. No *MÉRITO*............................

2.2. Finaliza requerendo a improcedência da denúncia e pelo reconhecimento de sua inocência (exemplo de fechamento de petição de defesa).

3. O indiciado .... *(nome do servidor)* apresentou as mesmas razões de defesa dos demais, em peças semelhantes, pelo que serão apreciadas conjuntamente, sem prejuízo.

a) .... (apresentar resumo articulado);

b) ....;

3.1. No *MÉRITO*............................

3.2. Finaliza requerendo a improcedência da denúncia e pelo reconhecimento de sua inocência (exemplo de fechamento de petição de defesa).

IX Da Análise das Defesas pela Comissão

(Nesta parte, a comissão analisa item por item levantado na defesa e fundamenta o acolhimento ou não da matéria, apontando as respectivas provas)

Exemplo

a) Preliminares levantadas pelos indiciados....(nome).....e ......(nome)

No que tange às preliminares levantadas pelo indiciado ..... *(nome do servidor)* (afronta ao princípio da legalidade e às regras da prescrição), não merece acolhimento. Senão, vejamos.

Quanto ao *princípio da legalidade*, ...

De igual forma, há que se afastar a preliminar de prescrição, seja porque se discutem atos praticados nos anos de ....a .... (ver quadro abaixo), seja porque a prescrição para apuração de ilícitos administrativos e a aplicação das penalidades começa a correr quando a autoridade tem ciência do fato, conforme prevê o art.

142, §1º ("o prazo de prescrição começa a correr da data em que o fato se tornou conhecido") e Súmula 635 do STJ: *Os prazos prescricionais previstos no artigo 142 da Lei 8.112/1990 iniciam-se na data em que a autoridade competente para a abertura do procedimento administrativo toma conhecimento do fato, interrompem-se com o primeiro ato de instauração válido – sindicância de caráter punitivo ou processo disciplinar – e voltam a fluir por inteiro, após decorridos 140 dias desde a interrupção.* Para tanto, tomamos como base a data de .... (fls. .....).

Ante o exposto, analisadas as defesas, somos pelo *indeferimento das razões arguidas em sede de preliminar, negando-se o pedido de arquivamento* formulado pelo indiciado.

> *b) Análise do mérito: peças que serviram de base à convicção da comissão processante nos termos do art. 165 da Lei nº 8.112/90*

(* Pode ser feito diretamente, no caso de somente um indiciado ou por meio de quadros, com o respectivo resumo)

A Comissão Processante ateve-se aos *comentários* constantes nos itens V, VI e VII de fls. ..., que fazem parte integrante do *quadro-resumo*, abaixo se demonstram aos atos praticados pelos indiciados, quais sejam .... (resumir os fatos, ilícitos administrativos, vinculando com as provas).

Segue-se, então, *quadro-resumo* (pode ser feito um quadro para cada volume, e ainda, sendo vários indiciados um quadro para cada indiciado):

VOLUME I

FOLHA nº	RESUMO	DATA
.....	(colocar o documento a que se referem as fls.)	dd.mm.aa
.....	(colocar o documento a que se referem as fls.)	dd.mm.aa
.....	(colocar o documento a que se referem as fls.)	dd.mm.aa

VOLUME II

FOLHA nº	RESUMO	DATA
.....	(colocar o documento a que se referem as fls.)	dd.mm.aa
.....	(colocar o documento a que se referem as fls.)	dd.mm.aa
.....	(colocar o documento a que se referem as fls.)	dd.mm.aa

Comentários:

(Comentários da Comissão quanto à prova documental acima discriminada)

VOLUME III

FOLHA nº	RESUMO	DATA
.....	(colocar o documento a que se referem as fls.)	dd.mm.aa
.....	(colocar o documento a que se referem as fls.)	dd.mm.aa
.....	(colocar o documento a que se referem as fls.)	dd.mm.aa

VOLUME IV

FOLHA nº	RESUMO	DATA
.....	(colocar o documento a que se referem as fls.)	dd.mm.aa
.....	(colocar o documento a que se referem as fls.)	dd.mm.aa
.....	(colocar o documento a que se referem as fls.)	dd.mm.aa

Comentários

(Comentários da Comissão quanto à prova documental acima discriminada)

IX Conclusão

a) Penalidades sugeridas pela comissão

Exemplo: restou devidamente comprovado que o ..... *(nome do servidor)* praticou as irregularidades relativas a .... (expedição indevida de certidão mediante vantagem econômica), infringindo os incisos .... do art. ......, ilícitos administrativos ensejadores de aplicação da pena de ...., nos termos do art. ...., da Lei nº 8.112/90.

Por sua vez, o .... *(nome do servidor)*, transgrediu o inciso ......, do art......, estando demonstrado nos autos que .... (mencionar os atos irregulares praticados), infrações disciplinares passíveis de aplicação da pena de ...., a teor do art......., da Lei nº 8.112/90.

b) Recomendações da comissão

Pelo fato de a questão desbordar da competência delegada a esta Comissão Processante/Sindicante que se volta para a apuração de faltas disciplinares dos servidores envolvidos na questão, a Comissão absteve-se de adentrar em seara técnica alheia à sua incumbência. Portanto, recomenda-se a adoção das medidas de cunho administrativo a seguir elencadas: ....

Na oportunidade, esta Comissão ressalta a importância de a autoridade instauradora determinar o cumprimento dessas medidas complementares, pelos setores competentes.

Recomenda, ainda, a remessa ao Ministério Público Federal-MPF para análise da existência de crime, conforme prevê a Lei nº 8.112/90:

> Art. 171. Quando a infração estiver capitulada como crime, o processo disciplinar será remetido ao Ministério Público para instauração da ação penal, ficando trasladado na repartição.

Ao MPF também compete a adoção de providências quanto aos atos de improbidade, nos termos da Lei nº 10.230/2021:

> Art. 7º Se houver indícios de ato de improbidade, a autoridade que conhecer dos fatos representará ao Ministério Público competente, para as providências necessárias.

Ante todo o exposto e certa de ter cumprido fielmente os trabalhos de que foi incumbida, a Comissão Processante submete o presente *RELATÓRIO FINAL* à consideração de V. Exª para os fins do art. 166, da Lei nº 8.112/90, ao mesmo tempo em que agradece a honrosa indicação que lhe foi confiada.

Cidade/UF, ... de .... de 20........

_____
PRESIDENTE

_____
MEMBRO

_____
MEMBRO-SECRETÁRIO

Modelo 36 – Devolução do material utilizado

Comentário

Através de ofício, a Comissão Disciplinar faz a devolução do saldo do material de consumo, do material permanente utilizado e das chaves da sala utilizada. O próprio secretário pode se desincumbir dessa função.

****

Brasão ou Timbre do Órgão
SERVIÇO PÚBLICO FEDERAL
COMISSÃO DE .... (CPAD ou CSP)

OFÍCIO..... (CPAD ou CSP) /nº 00.../202...

Cidade/UF, dia/mês/ano

Ao Senhor
Nome.......
cargo ou função.........
Ministério......
Endereço
CEP, Cidade e UF

Assunto: ....(resumir em uma linha) ....

Senhor Chefe,

1. Na qualidade de Presidente/Secretário da Comissão de .... (CPAD ou CSP), instaurada pela Portaria ..../......../nº ...., publicada no BS nº ......, de ..../......./......., anexo procedo à devolução do saldo do material de expediente solicitado através do MEMO/nº .... de .... de .... de 20......., ao mesmo tempo em que passo a V. Sª as 02 chaves da sala da Comissão do ...... andar desta ...., com 03 mesas, 08 cadeiras, 01 armário de madeira com 02 portas.

2. O equipamento de informática (computador, impressora, *scanner* e triturador de papéis, equipamento de câmera para videoconferência) e (material permanente) foram devolvidos ao Setor que os cedeu.

Nesta oportunidade, agradeço o apoio dispensado por V. Sª.

Atenciosamente,

_____
MEMBRO-SECRETÁRIO

Modelo 37 – Comunicação à Corregedoria ou ao setor de Recursos Humanos sobre o encerramento dos trabalhos

Comentários

Através de memorando, o presidente da Comissão Disciplinar faz a comunicação à Corregedoria ou ao Chefe do Recursos Humanos, de que os trabalhos investigatórios terminaram, para as anotações no sistema.

Essa comunicação é feita antes do Termo de Encerramento, porque após não se praticará mais nenhum ato.

****

Brasão ou Timbre do Órgão
SERVIÇO PÚBLICO FEDERAL
COMISSÃO DE .... (CPAD ou CSP)

OFÍCIO..... (CPAD ou CSP) /nº 00.../202...

Cidade/UF, dia/mês/ano

Ao Senhor
Nome.......
cargo ou função.........
Ministério......
Endereço
CEP, Cidade e UF

Assunto: ....(resumir em uma linha) ....

Senhor Corregedor,

1. Na qualidade de Presidente da Comissão de .... (CPAD ou CSP), instaurada pela Portaria ..../......../nº ...., publicada no BS nº ......, de ..../......./......., anexo comunico a V. Sª que nesta data encerraram-se os trabalhos investigatórios da Comissão Disciplinar, para fins de registro no sistema.

2. Nesta oportunidade, agradeço o apoio dispensado por V. Sª.

Atenciosamente,

_____
PRESIDENTE

Modelo 38 – Termo de encerramento

Comentários

O termo de encerramento põe fim às atividades do colegiado. Alguns preferem utilizar ata de encerramento, mas como a ata pressupõe deliberação de uma atividade posterior à própria ata e, neste caso, o que se faz é o encerramento dos trabalhos, não havendo nenhum ato a ser praticado pelo colegiado, o encerramento por *termo* cumpre a finalidade.

****

Brasão ou Timbre do Órgão
SERVIÇO PÚBLICO FEDERAL
COMISSÃO DE .... (CPAD ou CSP)

TERMO DE ENCERRAMENTO

Aos .... dias do mês de .... de dois mil e ...., às .... horas, encerraram-se os trabalhos da Comissão de .... *(CPAD ou CSP), instaurada* pela Portaria ..../......../nº .... publicada no BS nº ......, de ..../......./....... (fls. .....) referentes ao presente Processo Administrativo nº ...., e seus apensos de nºs ...., totalizando .... volumes digitais.

Cidade/UF, dia/mês/ano

_____
PRESIDENTE

_____
MEMBRO

_____
MEMBRO-SECRETÁRIO

Modelo 39 – Termo de entrega

Comentários

O termo de entrega serve para formalizar a data de entrega física dos processos ou do processo eletrônico, mediante as opções constantes no sistema utilizado para movimentação dos autos, resultado dos trabalhos investigatórios.

Como afirmado anteriormente, a entrega dos autos fora do prazo da portaria não inquina de vício ou nulidade o procedimento (princípio *pas de nullité sans grief*,[71] matéria pacificada conforme Súmula 592 do STJ: *O excesso de prazo para a conclusão do processo administrativo disciplinar só causa nulidade se houver demonstração de prejuízo à defesa.*

A partir deste momento, a comissão considera-se dissolvida, seus membros retornam às suas unidades e atividades rotineiras, e o colegiado, por não mais existir, fica impedido de praticar quaisquer atos referentes à investigação. Devem, entretanto, manter o sigilo sobre o trabalho realizado.

****

Brasão ou Timbre do Órgão
SERVIÇO PÚBLICO FEDERAL
COMISSÃO DE .... (CPAD ou CSP)

TERMO DE ENTREGA

Aos .... dias do mês de .... de dois mil e ...., procedi a tramitação do Processo administrativo de .... (CPAD ou CSP) autuado sob nº ...., com .... (..........) volumes, ... (..........), ... apensos nºs...................... e .... mais ..... anexos, ao .... (cargo da autoridade instauradora) para os fins do art. 166 da Lei nº 8.112/90.

Cidade/UF, dia/mês/ano

_____
PRESIDENTE

[71] Não configura nulidade, à falta de previsão legal nesse sentido, a não conclusão do processo administrativo no prazo do art. 152 da Lei nº 8.112/90. (MS 22656 / SC, Relator: Min. Ilmar Galvão, Tribunal Pleno, SFT, Julg. 30/06/1997, Public.DJ 05-09-1997 PP-41874 EMENT VOL-01881-01 PP-00074).

Modelo 40 – Despacho da autoridade julgadora em pedido de vistas e apresentação de defesa após o Relatório Final

Comentários

O **rito** do processo administrativo disciplinar encontra-se previsto na Lei nº 8.112/90. Após a apreciação da defesa do servidor, no relatório elaborado pela Comissão Processante, os autos são remetidos à autoridade para julgamento.[72]

Encontra-se pacificada no STF a questão: i) acerca de não haver previsão legal de apresentação de peça de defesa entre o Relatório e o julgamento pela autoridade competente; ii) que imponha a intimação pessoal dos indiciados; iii) que permita a impugnação do relatório da Comissão processante. Findos os trabalhos da comissão processante, devem os autos ser imediatamente remetidos à autoridade competente para julgamento, conforme se vê do RMS nº 24.526.[73]

---

[72] Art. 165. Apreciada a defesa, a comissão elaborará relatório minucioso, onde resumirá as peças principais dos autos e mencionará as provas em que se baseou para formar a sua convicção.
§1º O relatório será sempre conclusivo quanto à inocência ou à responsabilidade do servidor.
§2º Reconhecida a responsabilidade do servidor, a comissão indicará o dispositivo legal ou regulamentar transgredido, bem como as circunstâncias agravantes ou atenuantes.
Art. 166. O processo disciplinar, com o relatório da comissão, será remetido à autoridade que determinou a sua instauração, para julgamento.
Seção II
Do Julgamento
Art. 167. No prazo de 20 (vinte) dias, contados do recebimento do processo, a autoridade julgadora proferirá a sua decisão.
§1º Se a penalidade a ser aplicada exceder a alçada da autoridade instauradora do processo, este será encaminhado à autoridade competente, que decidirá em igual prazo.
§2º Havendo mais de um indiciado e diversidade de sanções, o julgamento caberá à autoridade competente para a imposição da pena mais grave.
§3º Se a penalidade prevista for a demissão ou cassação de aposentadoria ou disponibilidade, o julgamento caberá às autoridades de que trata o inciso I do art. 141.
§4º Reconhecida pela comissão a inocência do servidor, a autoridade instauradora do processo determinará o seu arquivamento, salvo se flagrantemente contrária à prova dos autos. (Incluído pela Lei nº 9.527, de 10.12.97) Art. 168. O julgamento acatará o relatório da comissão, salvo quando contrário às provas dos autos.
[73] EMENTA: RECURSO ORDINÁRIO EM MANDADO DE SEGURANÇA. ADMINISTRATIVO. SERVIDOR PÚBLICO. PROCESSO ADMINISTRATIVO DISCIPLINAR. DEMISSÃO. IRREGULARIDADES. INCLUSÃO DE NOVOS FATOS NA ACUSAÇÃO. RESPEITO AO CONTRADITÓRIO. POSSIBILIDADE DE ENCAMPAÇÃO DOS TERMOS DO PARECER CONSULTIVO PELA AUTORIDADE ADMINISTRATIVA SUPERIOR, SEM VINCULAR O ÓRGÃO JULGADOR. INTIMAÇÃO DOS SERVIDORES PELA IMPRENSA OFICIAL. LEGALIDADE. RECURSO IMPROVIDO.
1. Não há ilegalidade na ampliação da acusação a servidor público, se durante o processo administrativo forem apurados fatos novos que constituam infração disciplinar. O princípio do contraditório e da ampla defesa deve ser rigorosamente observado.
2. É permitido ao agente administrativo, para complementar suas razões, encampar os termos de parecer exarado por autoridade de menor hierarquia. A autoridade julgadora não está vinculada às conclusões da comissão processante. Precedentes: [MS n. 23.201, Relatora a Ministra ELLEN GRACIE, DJ de 19.08.2005 e MS n. 21.280, Relator o Ministro OCTAVIO GALLOTTI, DJ de 20.03.92].
3. Não houve, no presente caso, ofensa ao art. 28 da lei n. 9.784/98, eis que os ora recorrentes tiveram pleno conhecimento da publicação oficial do ato que determinou suas demissões em tempo hábil para utilizar os recursos administrativos cabíveis.
4. Não há preceito legal que imponha a intimação pessoal dos acusados, ou permita a impugnação do relatório da Comissão processante, devendo os autos serem imediatamente remetidos à autoridade competente para julgamento [arts. 165 e 166 da Lei n. 8.112/90]. Precedente: [MS n. 23.268, Relatora a Ministra ELLEN GRACIE, DJ de 07.06.2002]. Nego provimento ao recurso ordinário.
(RMS 24526, Rel. Min. EROS GRAU, Primeira Turma do STF, julg. 03/06/2008, pub. 15/08/2008). (Grifos nossos).

Justamente pelo fato de a Lei nº 8.112/90 não prever a oportunidade para oferecimento de alegações finais no processo administrativo disciplinar, não há cerceamento de defesa, consoante se extrai de jurisprudência do STF.[74]

Por sua vez, a análise do processo disciplinar, por parecer jurídico, antes do julgamento encontra-se prevista no artigo 5º do Decreto nº 11.123,[75] de 07.07.2022, que trata da delegação de competência do Exmº Senhor Presidente da República às autoridades ali previstas para a aplicação da pena de demissão e outras penalidades.

O decreto estabelece ser indispensável o parecer jurídico prévio, sem referência a qualquer tipo de apresentação de defesa nessa fase do processo disciplinar. Isso porque no curso do processo administrativo disciplinar houve diversas oportunidades de o acusado ou indiciado apresentar provas e contraprovas, bem como arrolar testemunhas e apresentar defesa, esta, após a indiciação, tudo conforme previsão contida no Estatuto do Servidor Civil, a Lei nº 8.112/90.

---

[74] EMENTA: ADMINISTRATIVO. POLICIAL RODOVIÁRIO FEDERAL. DEMISSÃO. ATO DE IMPROBIDADE ADMINISTRATIVA. RECEBIMENTO DE PROPINA PARA LIBERAÇÃO DE VEÍCULO. LEIS NºS 8.112/90 E 9.784/99. ALEGAÇÕES FINAIS. AMPLA DEFESA.
Além da reportagem televisiva -- contida em videoteipe devidamente periciado --, a Comissão Processante valeu-se de prova testemunhal, a demonstrar que o servidor recebeu propina no desempenho de suas funções. **Por outro lado, a Lei do Regime Jurídico Único não prevê oportunidade para oferecimento de alegações finais no processo administrativo disciplinar, pelo que não houve cerceamento de defesa.**
A instância penal somente repercute na administrativa quando conclui pela inexistência material do fato ou pela negativa de sua autoria, o que não é o caso. Recurso desprovido.
(RMS 26.226, Rel, Min AYRES BRITTO, Primeira Turma do STF, julg. 29/05/2007, pub. 28/09/2007) (Grifos nossos)
Ementa: AGRAVO REGIMENTAL NO RECURSO ORDINÁRIO EM MANDADO DE SEGURANÇA. PROCESSO ADMINISTRATIVO DISCIPLINAR. DEMISSÃO DE SERVIDOR PÚBLICO FEDERAL. INEXISTÊNCIA DE PREVISÃO LEGAL PARA OFERECIMENTO DE ALEGAÇÕES FINAIS EM PAD. DESNECESSIDADE DE INTIMAÇÃO PESSOAL DO ACUSADO SOBRE AS CONCLUSÕES DO PAD. NÃO HOUVE DEMONSTRAÇÃO DE PREJUÍZO EFETIVO EM DECORRÊNCIA DO NÃO ACOMPANHAMENTO, PELO REPRESENTANTE LEGAL DO AGRAVANTE, DA OITIVA DOS DEPOIMENTOS DOS DEMAIS ACUSADOS. AGRAVO REGIMENTAL A QUE SE NEGA PROVIMENTO.
1. **A Lei *nº* 8.112/1990 não prevê o oferecimento de alegações finais em processo administrativo disciplinar.** (Precedente: *RMS* 26.226, Rel. Min. Cármen Lúcia, DJe 01/07/2010).
2. Não há previsão legal para intimação pessoal do acusado sobre as conclusões do PAD. (Precedente: *RMS* 24526, Rel. Min. Eros Grau, DJe 15/08/2008).
3. *In ca*su, não restou demonstrado o prejuízo concreto em decorrência do não acompanhamento, pelo representante legal do agravante, da oitiva dos depoimentos dos demais acusados. 4. Agravo regimental a que se nega provimento. (RMS 28012, Rel Min. LUIZ FUX, Primeira Turma do STF, julg. 29/09/2015, pub 14/10/2015) (Grifos nossos).
AGRAVO INTERNO EM RECURSO ORDINÁRIO EM MANDADO DE SEGURANÇA. *PROCESSO ADMINISTRATIVO DISCIPLINAR.* ALEGAÇÕES DE VIOLAÇÃO DA AMPLA DEFESA. INTIMAÇÃO PESSOAL DE ADVOGADO CONSTITUÍDO NOS AUTOS ADMINISTRATIVOS A RESPEITO DA PORTARIA DE DEMISSÃO. DESNECESSIDADE. PRECEDENTES. APRESENTAÇÃO DE ALEGAÇÕES APÓS O *PARECER* DA COMISSÃO PROCESSANTE. IMPOSSIBILIDADE. PRECEDENTES. CERCEAMENTO DE DEFESA PELA NEGATIVA DE ACESSO AOS AUTOS. ALEGAÇÃO CONTRÁRIA À PROVA DOS AUTOS. AMPLA REVISÃO DE FATOS E PROVAS. INVIABILIDADE. PRECEDENTES. SENTENÇA SUPERVENIENTE QUE ABSOLVE A AGRAVANTE POR FALTA DE PROVAS. IRRELEVÂNCIA PARA O *PROCESSO DISCIPLINAR* ADMINISTRATIVO. PRECEDENTES.
(...)
2. **Não há previsão para realização de alegações finais no procedimento previsto pela Lei nº 8112/90.** Precedentes (RMS nº 28012 AgR/DF, 1ª Turma, Relator Ministro Luiz Fux, DJe de 14.10.2015, RMS nº 27544/DF, 1ª Turma, Relatora Ministra Cármen Lúcia, DJe de 17.10.2011, RMS nº 26226/DF, 1ª Turma, Relator Ministro Ayres Britto, DJe de 28.9.2007). (RMS 33582, 1ª Turma do STJ, Relatora Min. ROSA WEBER, julg. em 28/09/2020, pub. 02/10/2020) (Grifos nossos).

[75] **Manifestação do órgão de assessoramento jurídico**
Art. 5º As delegações e subdelegações de que trata este Decreto não afastam a necessidade de aplicação de outras normas sobre a matéria ou a necessidade de prévia manifestação do órgão de assessoramento jurídico.
I - **julgar processos administrativos disciplinares e aplicar penalidades, nas hipóteses de demissão** e cassação de aposentadoria ou disponibilidade de servidores; (...) (Grifos nossos).

Cabe aqui o brocardo jurídico *ubi lex non distinguit nec nos distinguere debemus* (onde a lei não distingue, não cabe ao intérprete distinguir). A defesa ocorre durante a apuração pela Comissão Disciplinar, cujos trabalhos encerram-se com a apresentação do Relatório Final. Também neste caso não há, repise-se, afronta ao contraditório e à ampla defesa, conforme decisão do STF no RMS 30.502.[76]

E, mesmo que se alegue a indispensabilidade de manifestação do indiciado posterior ao parecer jurídico prévio ao ato demissório, também **não há necessidade de nova manifestação da defesa.** Neste sentido, a decisão do STJ no MS 17744 / DF.[77]

****

---

[76] EMENTA: RECURSO ORDINÁRIO EM MANDADO DE SEGURANÇA CONTRA ACÓRDÃO DO SUPERIOR TRIBUNAL DE JUSTIÇA QUE APLICOU PENA DE DEMISSÃO AO RECORRENTE. DESNECESSIDADE DE INTIMAÇÃO *APÓS* A APRESENTAÇÃO DO *RELATÓRIO* FINAL PELA COMISSÃO PROCESSANTE. LEI N. 8.112/1990. PRECEDENTE DO SUPREMO TRIBUNAL FEDERAL. PEDIDO EXTEMPORÂNEO DE PRODUÇÃO DE NOVA PERÍCIA. CARÁTER PROVISÓRIO E PRECÁRIO DA MEDIDA LIMINAR DEFERIDA EM MANDADO DE SEGURANÇA.
1. **A Lei n. 8.112/1990 não exige nova intimação** *após* **a apresentação do** *relatório* **final pela Comissão Processante.** *O* **Supremo Tribunal Federal assentou que a ausência dessa intimação não caracteriza afronta ao contraditório e à ampla** *defesa* **quando** *o* **servidor defendeu-se ao longo de todo** *o* **processo administrativo.**
2. Tendo *o* Recorrente se esquivado do exame de sanidade mental ao longo de todo *o processo disciplinar*, não se justifica seja aceito pedido extemporâneo de produção de nova perícia.
3. *O* deferimento da medida liminar decorre de um exame precário e provisório e, por isso mesmo, não implica em concessão da segurança. 4. Recurso Ordinário em Mandado de Segurança não provido.
(RMS 30.502, Rel. MINISTRA CÁRMEN LÚCIA, Primeira Turma do STF, julg. 09/08/2011, pub. 25/08/2011) (Grifos nossos).

[77] EMENTA PROCESSUAL CIVIL E ADMINISTRATIVO. AUDITORA FISCAL DO TRABALHO. PROCESSO ADMINISTRATIVO DISCIPLINAR INSTAURADO APÓS DENÚNCIA DO MINISTÉRIO PÚBLICO FEDERAL DECORRENTE DA OPERAÇÃO PARALELO 251 DA POLÍCIA FEDERAL.
1. Trata-se de Mandado de Segurança contra ato do Ministro de Estado do Trabalho e Emprego, que demitiu a impetrante, após PAD, com fundamento nos arts. 127, III, e 132, IV e XIII, da Lei 8.112/1990, por: a) ter-se valido do cargo para lograr proveito pessoal ou de outrem, em detrimento da dignidade da função pública; b) improbidade administrativa; e c) corrupção, conforme infrações tipificadas nos arts. 117, IX, e 132, IV e XI, do Estatuto dos Servidores Civis da União. (...)
CONTRADITÓRIO APÓS A APRESENTAÇÃO DOS PARECERES DO MTE E DA CONSULTORIA JURÍDICA DA AGU. AUSÊNCIA DE NOVAS ACUSAÇÕES. DESNECESSIDADE
7. A impetrante sustenta que não houve contraditório após os pareceres da Corregedoria do MTE e da Conjur da AGU que propuseram a aplicação da pena de demissão.
8. **A jurisprudência atual do STJ entende pela inexistência de previsão de manifestação do acusado sobre os pareceres produzidos após a conclusão do PAD, com o objetivo de subsidiar a decisão da autoridade julgadora.** (...)
9. É certo que a tipificação legal da conduta sugerida pela comissão processante e pela própria Consultoria Jurídica não vincula a autoridade julgadora, haja vista que o colegiado disciplinar pode incorrer em erro ao proceder ao enquadramento legal dos mesmos fatos, respeitado o direito de pronunciamento da defesa, previamente ao julgamento, em caso de retipificação mais gravosa. Dessa forma, caso promovido o reenquadramento jurídico das infrações para transgressões mais gravosas ao indiciado ou se formuladas acusações novas nos opinativos dos órgãos jurídicos antes do julgamento, deve ser oportunizada vista dos autos ao acusado previamente ao julgamento, sob pena de cerceamento de defesa.
10. Não é, contudo, o caso dos autos. Não houve, na fundamentação dos Pareceres da Corregedoria do MTE e da Consultoria Jurídica da AGU, agravamento da tipificação ou inclusão de fatos novos, pois consistentes basicamente de compilações das manifestações anteriores. É incontestável que desde o indiciamento se opinava pela pena expulsória, ante as mesmas condutas ilícitas praticadas, não tendo havido qualquer prejuízo à defesa da impetrante e, consequentemente, ofensa à ampla defesa. Nesse sentido: MS 17.900/DF, Rel. Ministro Sérgio Kukina, Primeira Seção, DJe 29/08/2017; MS 18.047/DF, Rel. Ministro Mauro Campbell Marques, Primeira Seção, DJe 1/4/2014. (...)
ALEGAÇÕES FINAIS. NÃO PREVISÃO

Brasão ou Timbre do Órgão
SERVIÇO PÚBLICO FEDERAL
COMISSÃO DE .... (CPAD ou CSP)

DESPACHO

Trata-se de pedido de vistas dos autos para fins de apresentação de contestação ao Relatório Final e ao Parecer Jurídico nº........., que antecede o julgamento. O parecer jurídico decorre de norma, conforme estabelece o Decreto nº 11.123, de 2022.

Consoante farta jurisprudência do Supremo Tribunal Federal, não constitui cerceamento de defesa a ausência de manifestação do indiciado entre o Relatório e o julgamento pela autoridade competente (RMS 26.226, RMS 28012 e RMS 33582).

A Lei nº 8.112/90 não prevê nova intimação ou manifestação **após** a apresentação do relatório final pela Comissão Processante. O Supremo Tribunal Federal assentou que a ausência dessa intimação não caracteriza afronta ao contraditório e à ampla defesa quando o servidor defendeu-se ao longo de todo o processo administrativo (RMS 30.502).

Ao Relatório Final segue-se o julgamento, consoante rito previsto no Estatuto do Servidor, no art. 166, que não impõe nova intimação pessoal dos indicados, ou permita a impugnação do Relatório da Comissão Processante.

Da mesma forma, não há, também, previsão de manifestação do indiciado sobre os pareceres produzidos após a conclusão do PAD, com o objetivo de subsidiar a decisão da autoridade julgadora, pelo que não há que se falar em nulidade do processo.

Pelo exposto, indefiro o pedido de vistas e apresentação de defesa quanto ao conteúdo tanto do Relatório Final quanto do parecer jurídico, pela ausência de previsão legal.

OU

Pelo exposto, como foi proferido julgamento, publicado no DOU de ....., o pedido encontra-se prejudicado, pois ocorreu a perda do objeto.

Autoridade julgadora

---

13. O Supremo Tribunal Federal e o Superior Tribunal de Justiça afirmam que não existe nulidade decorrente de não ser oportunizado o oferecimento de alegações finais, após o relatório final da comissão processante, uma vez que a Lei 8.112/1990, que rege o Processo Administrativo Disciplinar quanto aos servidores federais, não prevê sua existência. Precedentes: RMS/DF. Rel. Ministro Carlos Britto. Primeira Turma. DJe 28/9/2007; MS 13.498/DF, Rel. Ministra Maria Thereza de Assis Moura, Terceira Seção, DJe 2/6/2011; AgRg no RMS 47.711/BA, Rel. Ministro Mauro Cambpell Marques, Segunda Turma, DJe 18/8/2015; MS 13.986/DF, Rel. Ministro Napoleão Nunes Maia Filho, Terceira Seção, DJe 12/2/2010; AgRg no REsp 1.014.871/SP, Rel. Ministro Nefi Cordeiro, Sexta Turma, DJe 8/10/2015.DEGRAVAÇÕES NÃO REALIZADAS POR PERITO OFICIAL. (MS 17744 / DF - MANDADO DE SEGURANÇA 2011/0259150-0, Rel. Min HERMAN BENJAMIM, Primeira Seção do STJ, julg. 23/08/2017, pub. DJe 19/12/2017) (Grifos nossos).

CAPÍTULO 2

MODELOS BÁSICOS – SINDICÂNCIA INVESTIGATIVA

Modelo 01 – Autorização para deslocamento

Comentários

Após a publicação da portaria de instauração da comissão de sindicância investigativa, em geral, presidente do colegiado recebe a cópia da portaria.

Nesta fase, adota-se, então, procedimento idêntico ao do processo disciplinar ou da sindicância de natureza punitiva. Assim, o primeiro passo é entrar em contato com os membros, pessoalmente ou por telefone para verificar se todos estão disponíveis para o início dos trabalhos, pois podem ocorrer imprevistos como doença de um dos membros ou mesmo que esteja de férias. O presidente analisa caso a caso e decide pelo pedido de substituição do membro impossibilitado, quando os dias de afastamento sejam em número que venha a prejudicar os trabalhos.

Não se deve esquecer que o tempo é precioso e um ou dois dias fazem muita diferença no final do trabalho, quando for elaborado o relatório final. Portanto, estas providências devem ser tomadas imediatamente após o recebimento da portaria, se possível no mesmo dia.

Verificada a disponibilidade de todos os membros, o próximo passo é providenciar a instalação da comissão sindicante investigatória, inclusive se há necessidade de deslocamento dos membros da comissão para o local do desenvolvimento dos trabalhos. Em se tratando de outra unidade da Federação, utiliza-se o modelo a seguir, acompanhado do pedido de pagamento de diárias.

A comissão sindicante investigatória dirige-se sempre à autoridade instauradora, a quem está vinculada para todas as formalidades administrativas. Não significa que deixa de fazer uso da independência nos trabalhos, mas que compete à autoridade instauradora prover os meios para o desenvolvimento da investigação.

Na Comissão de Sindicância, de natureza investigatória, que pode ser *composta por dois (02) membros*, não há servidor acusado, portanto prescinde da observância do contraditório e da ampla defesa[1] ou por apenas um,[2] como dispõe a Portaria Normativa nº 27 da CGU, de 11.10.2022.

****

---

[1] "I - A sindicância, que visa a apurar a ocorrência de infrações administrativas, sem estar dirigida, desde logo, à aplicação de sanção, prescinde da observância dos princípios do contraditório e da ampla defesa, por se tratar de procedimento inquisitorial, prévio à acusação e anterior ao processo administrativo disciplinar, ainda sem a presença obrigatória de acusados. (MS n. 10828)" (MS 12958 / DF, Relator Ministro Felix Fischer, Terceira Seção, STJ, julg. 28/05/2008, public. DJe 28/10/2008).

[2] Da Sindicância Investigativa

Art. 46. A Sindicância Investigativa – SINVE constitui procedimento investigativo de caráter preparatório, não contraditório e não punitivo, de acesso restrito, destinado a investigar falta disciplinar praticada por servidor ou empregado público federal, quando a complexidade ou os indícios de autoria e materialidade não justificarem a instauração imediata de processo correcional.

Art. 47. A SINVE poderá ser conduzida por um único servidor efetivo ou empregado público, ou por comissão composta por dois ou mais servidores efetivos ou empregados públicos, atribuindo-se a presidência a um de seus membros no ato instaurador.

§1º A instauração da SINVE será realizada por despacho, dispensada a sua publicação.

§2º Não se exige o requisito da estabilidade para o sindicante ou para os membros da comissão de SINVE.

§3º Admite-se a designação de suplente para substituir membro da comissão durante os afastamentos legais deste, devendo o substituto atuar exclusivamente nestes períodos.

Art. 48. O prazo para a conclusão da SINVE não excederá 60 (sessenta) dias e poderá ser prorrogado por iguais períodos sucessivamente.

Parágrafo único. O prazo previsto no caput poderá ser suspenso quando houver necessidade de aguardar a obtenção de informações ou realização de diligências necessárias ao desfecho da apuração.

Art. 49. O relatório final da SINVE deverá ser conclusivo quanto à existência ou não de indícios de autoria e materialidade de infração disciplinar, e recomendar: I - o arquivamento, caso ausentes indícios de autoria e materialidade da infração e não sejam aplicáveis penalidades administrativas; II - a instauração de processo correcional cabível, caso conclua pela existência de indícios de autoria e materialidade e de viabilidade da aplicação de penalidades administrativas; ou III - a celebração de TAC.

Brasão ou Timbre do Órgão
SERVIÇO PÚBLICO FEDERAL
COMISSÃO DE SINDICÂNCIA INVESTIGATIVA

OFÍCIO..... CSI /nº 00.../202...

Cidade/UF, dia/mês/ano

Ao Senhor
Nome.......
cargo ou função.........
Ministério......
Endereço
CEP, Cidade e UF

Assunto: ....(resumir em uma linha) ....

Senhor ...... (autoridade instauradora),

1. O Presidente da Comissão de Sindicância Investigativa, instaurada pela Portaria nº............, de............ de ..... de 20....., publicada no BS nº ...., de .... de ..... de 20....., anexo, com a finalidade de apurar as denúncias constantes no *Processo nº*...................., solicita a V. Sª, autorização de emissão de bilhetes aéreos (........... trecho..............) e disponibilização de diárias para .... (*Presidente e membros*), cargo, Matrícula nº ...., objetivando a instalação desta Comissão Sindicante.

2. Na oportunidade, solicito pagamento das diárias no período inicial de ....../......./........ a ....../......./........, do Presidente e membros desta Comissão, na forma abaixo especificada:

NOME	PERÍODO	VALOR

Atenciosamente,

_____
PRESIDENTE/MEMBRO

Modelo 02 – Formalização de processo de sindicância investigatória e processo para arquivar documentos-meio

Comentários

Antes mesmo de iniciar os trabalhos investigatórios, a comissão deve tomar algumas providências para facilitar a investigação, no que se refere à organização dos documentos produzidos pela comissão disciplinar ou digitalizados para serem inseridos no processo eletrônico.

A primeira delas consiste na formalização de um novo processo, com o respectivo código de processo de sindicância, que deverá ser solicitado naquele setor. Isto pode ser feito pelo presidente ou pelo membro que irá desempenhar as funções de secretário

Com a formalização do processo, a denúncia, que muitas vezes se trata somente de um expediente digitalizado, transforma-se em processo numerado e perfeitamente identificado.

Outra sugestão é providenciar, simultaneamente, a formalização de outro *processo*, ao qual chamaremos de *processo-meio*, onde serão juntados todos os *documentos que não dizem respeito diretamente ao objeto de investigação*. No caso, pedido de passagens e diárias, pedido de material de consumo, pedido de material de informática e empréstimo de material permanente.

Isso para que ao final dos trabalhos, quando a autoridade instauradora tomar conhecimento da sindicância investigatória para julgamento, não tenha a linha de raciocínio desviada por requerimentos da comissão referentes, por exemplo, a materiais de consumo ou requerimentos que não irão influir no julgamento.

****

Brasão ou Timbre do Órgão
SERVIÇO PÚBLICO FEDERAL
COMISSÃO DE SINDICÂNCIA INVESTIGATIVA

OFÍCIO..... CSI /nº 00.../202...

Cidade/UF, dia/mês/ano

Ao Senhor
Nome.......
cargo ou função.........
Ministério......
Endereço
CEP, Cidade e UF

Assunto: ....(resumir em uma linha) ....

Senhor Corregedor,

Na qualidade de .... (Presidente/membro) da Comissão .... (CPAD ou CSP), instaurada pela Portaria nº ...., de .... de .... de 20........., publicada no BS nº ...., de ..../..../...., anexo, comunicamos a V. Sª que foi formalizado novo processo, conforme numeração ...., especificamente para a apuração a que se refere a Portaria........, bem como os processos em anexo ao processo principal, onde constarão as medidas administrativas para o bom funcionamento do colegiado ou sindicante.

Atenciosamente,

_____
PRESIDENTE/MEMBRO

Modelo 03 – Pedido de material de consumo

Comentários

A segunda providência antes da instalação dos trabalhos é a solicitação de sala e do material necessário ao início da investigação. Esses pedidos são feitos por ofícios e juntados ao processo-meio (não ao processo principal, o de investigação propriamente dito).

O pedido (feito pelo Presidente ou um dos Membros) pode ser endereçado diretamente ao chefe do setor responsável pela distribuição do material permanente e de consumo. Caso haja alguma dificuldade, a comissão deverá registrar em ata e comunicar o fato à autoridade instauradora solicitando providências.

Eventuais atrasos na investigação por conta de problemas com a instalação não são debitados do prazo constante da portaria. Portanto o presidente da comissão deve ser ágil e manter registro desses pequenos incidentes a fim de não ser responsabilizado ao final.

A sala deve ser ampla e acomodar não só os membros, mas todos os depoentes quando da realização da audiência, inclusive comportar equipamentos para audiência por videoconferência. Por isso, cabe aos membros analisar o ambiente, simulando-o com as cadeiras preenchidas pelas pessoas que serão inquiridas e os membros. Se possível, próxima a uma toalete, para uso de todos.

Essa logística deve ser colocada em prática quando da escolha da sala. Não se pode esquecer que durante 30 ou 60 dias de duração da sindicância este será seu local de trabalho reservado, ou seja, com acesso restrito aos membros e depoentes.

Caso a sala só comporte o colegiado, as audiências podem ser realizadas em sala maior, somente para aquele ato. Nesse caso, em cada intimação de testemunha e notificação deve ser informada a sala onde serão tomados os depoimentos.

Uma linha telefônica direta é essencial *scanner*, aparelho de fax, conexão com a internet, para pesquisas, impressora que atenda à demanda dos trabalhos, projetor para as audiências (da tela do computador para que acompanhem em tempo real os depoimentos), triturador de papel (manual ou elétrico) para documentos cujo conteúdo imponha sua destruição se não utilizados pelo colegiado e equipamentos de informática que possibilitem a realização de videoconferência para as audiências Também água e café disponíveis para os membros e depoentes. Em suma, a comissão deve ter acesso com facilidade ao máximo possível de suas necessidades para que se dedique ao trabalho investigatório sem interrupções e sem precisar abandonar a sala a todo o momento.

Se a sala não for de fácil localização, pode a comissão providenciar "placas" de papel impressos no computador contendo os dizeres: "COMISSÃO DE SINDICÂNCIA INVESTIGATÓRIA – Portaria nº 00...../20..... – sala ....", a qual deve ser afixada na porta da referida sala. Em determinado caso um servidor, chefe de determinado setor, que passou em frente da sala do colegiado, entrou e informou ao presidente que estavam sob sua guarda certos processos administrativos que poderiam ser do interesse da comissão, e que bastava solicitá-los. E veio, realmente, a esclarecer o objeto da investigação.

****

Brasão ou Timbre do Órgão
SERVIÇO PÚBLICO FEDERAL
COMISSÃO DE SINDICÂNCIA INVESTIGATIVA

OFÍCIO..... CSI /nº 00.../202...

Cidade/UF, dia/mês/ano

Ao Senhor
Nome.......
cargo ou função.........
Ministério......
Endereço
CEP, Cidade e UF

Assunto: ....(resumir em uma linha) ....

Senhor Chefe,

1. Na qualidade de .... (Presidente/membro) da Comissão de Sindicância Investigativa, instaurada pela Portaria/nº ...., de ....de .... de 20........., publicada no BS nº ...., de ..../..../...., solicitamos os bons préstimos de V. Sª no sentido de fornecer o material abaixo relacionado para uso da Comissão.

papel rascunho	*notebook*	resma de papel sulfite (A-4)
bloco de anotações	grampeador	envelope tam. ofício
lápis	impressora com s*canner*	fita adesiva
borracha	pincel atômico preto e azul	caneta
cola	caneta marca texto amarela	tesoura
garrafa térmica	linha telefônica direta	copo p/ água e café
triturador de papel	envelope pardo	computador e equipamento para videoconferência

Na oportunidade, agradeço o apoio necessário ao bom desempenho das atividades pertinentes à Comissão.

Atenciosamente,

_____

PRESIDENTE/MEMBRO

Modelo 04 – Ata de instalação dos trabalhos

Comentários

Após a publicação da portaria de instauração deve a comissão iniciar imediatamente os trabalhos. Algumas providências preliminares precisam ser tomadas antes da instalação dos trabalhos e que compreendem: deslocamento dos membros até a sede dos trabalhos (se a apuração ocorrer em outra unidade da Federação), requisição de uma sala independente, provida de linha telefônica direta, computador, impressora, mesas e cadeiras para os membros, cadeiras para os depoentes e advogados, na eventualidade de o depoente comparecer acompanhado de advogado, material de expediente e consumo e equipamento para realização de audiência por videoconferência.

Conhecido o local de instalação da Comissão Sindicante e tomadas as providências para viabilizar o desenvolvimento dos trabalhos, o colegiado instala-se, mediante termo próprio denominado *ata de instalação* ou *ata inaugural*.

A ata de instalação deve conter as deliberações dos trabalhos que serão inicialmente realizados pela Comissão Sindicante.

A ata de instalação dos trabalhos marca o início da investigação. Nela são consignadas as primeiras providências da comissão, incluindo a eventual justificativa pelo atraso, que pode ser desde a substituição de um membro — o que exige a publicação de nova portaria, *sem contanto suspender o prazo estabelecido na portaria original* — até a comunicação da instalação para a autoridade instauradora. Nesse caso, após a citação da portaria original, segue-se a expressão "modificada ou alterada pela portaria nº...".

Constam, também, todos os ofícios que serão expedidos àquelas autoridades que solicitaram a instauração do procedimento, tendo como finalidade comunicar que a comissão sindicante investigatória encontra-se em funcionamento, fornecendo-se o endereço e o telefone onde o colegiado se encontra instalado.

O setor de Recursos Humanos – ou a Corregedoria do órgão (onde houver) – deve ser informado da instalação dos trabalhos. Nos órgãos públicos em geral, onde não existe Corregedoria, encontra-se sob responsabilidade do setor de recursos humanos o controle das portarias e das comissões em andamento.

A *instalação* nada mais é do que a reunião dos membros em sala reservada para tal fim, com o objetivo de deliberarem, preliminarmente, sobre o objeto do procedimento sindicante investigatório, estudo dos processos de denúncia e anexos e, em consequência, lavrar a ata de instalação. É essencial que a comissão tenha uma sala própria, sem interferência de outros servidores ou de terceiros, para que possa desenvolver satisfatoriamente seus trabalhos.

Mesmo na sindicância de natureza investigatória, as reuniões e as audiências têm caráter reservado (parágrafo único, do art. 150, da Lei nº 8.112/90). Das atas devem participar tão somente os membros do colegiado. Se houver secretário *ad hoc*, ele não participa das deliberações.

O registro das deliberações da comissão sindicante investigatória em atas é obrigatório (art. 152, §2º, da Lei nº 8.112/90). Esta é a oportunidade em que se expõem as tarefas de cada membro do colegiado, se for o caso.

Ainda na ata inicial deve constar a designação, pelo presidente, do membro-secretário, ou se haverá indicação de outro servidor, estranho à portaria de instauração, para o exercício das funções de secretário – *ad hoc* - (art. 149, §1º, da Lei nº 8.112/90). Em ambas as hipóteses, o servidor designado prestará compromisso quanto ao encargo de secretário, mediante termo próprio.

Apesar da permissão legal, não se considera como de praxe a nomeação de uma terceira pessoa (no caso de comissão composta por apenas um membro, pode ser necessária a nomeação de um secretário) servidor público, somente para secretariar os trabalhos. Esta hipótese configura uma medida de exceção, justificando-se apenas pela complexidade dos trabalhos a serem desenvolvidos, o qual pode exigir a dedicação de todos os membros, de modo que um deles não possa secretariar os trabalhos.

Porém, quem deve avaliar a necessidade ou não da indicação de um outro servidor como *secretário ad hoc* é o colegiado, após análise da natureza das investigações a serem desenvolvidas ou se é conveniente que a escolha recaia sobre um dos membros constantes na portaria.

Para trabalhos externos, aqueles de apenas entregar ofícios, intimações e notificações em grande volume, o secretário *ad hoc* será essencial para que os membros se dediquem exclusivamente à investigação. Também se utiliza da figura do secretário *ad hoc* quando há intimações em outras unidades da federação, nomeando-se um servidor público de determinado órgão especificamente para proceder à intimação de testemunhas naquela localidade.

No caso de audiência por videoconferência, a Comissão Sindicante poderá solicitar ao responsável pela unidade envolvida a designação de servidor para o exercício da função de secretário *ad hoc*. O registro audiovisual gerado em audiência deverá ser juntado aos autos, sem necessidade de transcrição em ata.[3]

No caso ser designado Secretário *ad hoc* estranho ao colegiado, as demais tarefas podem ser divididas entre os dois membros do colegiado: um pode digitar as atas, o outro fica responsável pela numeração do processo, ambos auxiliam o Presidente e zelam pela organização da sala, dos materiais e equipamentos e recebem os documentos que são endereçados ao colegiado.

O presidente pode encaminhar memorando ou ofício, se for o caso, à autoridade instauradora, à chefia imediata dos membros e ao setor de recursos humanos, comunicando que eles ficarão dispensados do ponto até a entrega do relatório final, consoante disposição contida no art. 152, §1º, da Lei nº 8.112/90, caso o trabalho exija dedicação exclusiva.

Indicado o secretário, elabora-se a portaria de designação, com data e número, assinada pelo presidente da comissão, e que será publicada no Boletim de Serviço, Boletim Interno ou Boletim de Pessoal. Na oportunidade lavra-se também o *Termo de Fidelidade* ou *Termo de Compromisso*, através do qual o secretário compromete-se a exercer sua função com discrição, responsabilidade, sigilo e reserva de informações, conforme preceituado no art. 150 da Lei nº 8.112/90.

Quando da elaboração do relatório final, se não concordar com a conclusão, tanto o membro quanto o membro-secretário (desde que não seja *ad hoc*) podem apresentar *voto separado*. Nesse caso, membro discordante não assina o relatório final. Importante:

---

[3] Portaria Normativa CGU nº 27, de 2022, art. 110.

não tem direito a voto, nem a fazer perguntas aos depoentes o servidor que apenas desempenha a função de secretário ou de secretário *ad hoc,* porque não é membro e, portanto, não faz parte da comissão constituída.

A divisão de tarefas tem como finalidade somente demonstrar o funcionamento na prática, como já dissemos, não se pretendendo estabelecer limites ou engessar a atuação dos membros. A Comissão Disciplinar ou sindicante, antes de tudo, é um *colegiado,* cujas decisões são expressas conjuntamente.

Os demais atos que a comissão entender necessários ao esclarecimento dos fatos devem ser objeto de discussão pelos membros e anotados na ata de instalação.

Aplica-se subsidiariamente o art. 152, §2º, da Lei nº 8.112/90 que dispõe: "as reuniões da comissão serão registradas em atas que deverão detalhar as deliberações adotadas". Portanto, a comissão não pode produzir atos aleatoriamente, sem que conste em ata a decisão dos membros.

Ficam consignados em ata também o horário de funcionamento, o endereço e telefone da comissão. Nesse período assinalado, é obrigatória a presença de pelo menos um membro da comissão, quando o outro estiver ocupado com alguma diligência externa, por exemplo.

Após o cumprimento de todo o conteúdo da ata de instalação é que a comissão lavrará nova ata, de agora em diante denominada simplesmente de *ata de trabalhos,* comentada mais adiante.

A comissão pode elaborar *cronograma de trabalho* à parte, distribuindo os atos futuros pelos dias úteis restantes da portaria de instauração do procedimento sindicante investigatória, inclusive verificando a necessidade de portaria de prorrogação para a finalização dos trabalhos investigatórios. O cronograma é de grande valia, porque com um calendário em mão a comissão verifica os dias úteis existentes dentro do prazo para a prática dos atos (ver ANEXO).

Por último, e não menos importante, registra-se que não há acusado na sindicância de natureza investigativa e, consequentemente, não há notificação prévia para acompanhamento do procedimento, nem as demais formalidades específicas do atendimento aos princípios do contraditório e da ampla defesa.

Por esta razão os trabalhos iniciam-se com a reunião do colegiado para exame da denúncia e, a partir daí, traçar uma linha de investigação decidindo quais provas são essenciais ao esclarecimento dos fatos.

****

Brasão ou Timbre do Órgão
SERVIÇO PÚBLICO FEDERAL
COMISSÃO DE SINDICÂNCIA INVESTIGATIVA

ATA DE INSTALAÇÃO DOS TRABALHOS

Aos .... do mês de .... do ano de dois mil e ...., às .... horas, na sala de Comissão de Sindicância Investigativa, sita no prédio do ...., sala...................., Av. .... - bairro .... (fone ....), presentes os servidores .... e ...., respectivamente Presidente e membro da Comissão Sindicante investigativa, instaurada pela Portaria nº ...., de ....de .... de 20........., publicada no BS nº ...., de ..../..../...., (modificada pela Portaria nº ...., de .... de .... de 20......., publicada no BS nº......., de ..../....../.........), que apura a denúncia constante no Processo Administrativo nº ...., apensos nºs ...., presente seus membros, ... – Presidente, ...- Membro, ... Membro, iniciaram-se os trabalhos referentes à sua instalação, com o objetivo de apurar os fatos e irregularidades a que se refere o Processo (citar o número do processo aberto pela comissão) e DELIBEROU:

a) justificar instalação com atraso de uma semana, devido à alteração da portaria original com a exclusão do membro .... e inclusão de ....;

b) comunicar instalação ao Sr. .... (... cargo da autoridade instauradora), e ao Sr. chefe de Recursos Humanos ou à Corregedoria do órgão (onde houver);

c) diligenciar junto (órgãos, instituições, repartições, etc.);

d) extrair cópias dos autos de .... (especificar);

e) o Presidente designa o Secretário da Comissão de Sindicância Investigativa, servidor........................, Matrícula......, cargo........, membro efetivo desta Comissão, ou ...designa como Secretário *ad hoc* o servidor........, para fins de secretariar o Colegiado nos serviços externos;

f) realizar de exame prévio e minucioso de todas as peças que instruem os autos, anexos e apensos, objetivando uma avaliação mais criteriosa de toda a situação, possibilitando, assim, uma melhor instrução processual, antes da adoção de quaisquer outras medidas;

g) realizar reuniões deliberativas e reservadas da Comissão, decidindo sobre os demais atos e providências posteriores, necessárias ao prosseguimento dos trabalhos; e

h) dispor que todos os membros do Colegiado podem, individualmente ou em conjunto, colher as provas necessárias à instrução destes autos para posterior apreciação conjunta.

A Comissão estará reunida nos dias normais de expediente das 8h às 12 h e das 14h às 18h (horário de expediente do órgão ou somente meio período).

Nada mais havendo a ser tratado, eu ....(nome).......Presidente da Comissão, lavrei a presente Ata que segue assinada por todos os seus membros.

Cidade/UF/data

_____
PRESIDENTE

_____
MEMBRO-SECRETÁRIO

ANEXO - Cronograma de trabalhos

Comentários

Serve para a comissão distribuir o trabalho pelos dias úteis do período abrangido pela portaria.

Os 30 (trinta) dias constantes no ato inaugural na realidade sofrem redução dos feriados e finais de semana, porque são dias corridos.

Logo, ao estabelecer o que vai ser feito nos dias úteis, além de se organizar, o colegiado corre menos risco de chegar ao término do prazo da portaria com o trabalho por concluir, ou, pelo menos, se necessitar pedir prorrogação tem como justificar o pedido à autoridade instauradora e mencionar quais atos serão praticados no decorrer do prazo de prorrogação.

Importante colocar o dia em que será pedida a prorrogação do prazo da Portaria inaugural, geralmente uns 10 dias antes, para dar tempo de serem efetuados todos os trâmites até a assinatura pela autoridade instauradora e a sua publicação.

Cronograma de trabalhos

DIA	ATIVIDADES
Data	instalação da comissão

Data	expedição de ofícios para:
	    - autoridade instauradora
	    - coordenação-geral de Recursos Humanos ou Corregedoria
	    - dirigente do órgão (local)
	    - chefe de RH (local)
	expedição de ofícios para:
	    - Polícia Federal
	    - Ministério Público Federal

Data	marcar data para ouvir denunciante e demais depoentes comunicar respectivos chefes
Data	ouvir denunciante e demais depoentes solicitar à autoridade instauradora a prorrogação do prazo da portaria inicial
Data	efetuar diligências e juntar provas documentais
Data	encerrar instrução através de ata de trabalhos
Data	elaborar Relatório Final
Data	tramitar o processo para o gabinete da autoridade instauradora

Modelo 05 – Ata de instalação simultânea de duas comissões

Comentários

Quando os membros forem indicados para compor duas comissões distintas, a instalação dos trabalhos pode ser simultânea, bastando somente estabelecer *horário diverso para o funcionamento de cada uma delas*, podendo os trabalhos de uma se desenvolver na parte da manhã e o da outra na parte da tarde.

Sem essa divisão fica quase impossível não confundir os objetos de investigação, correndo-se o risco de cometer erros na juntada de expediente nos autos ou extravio de documentos.

Os documentos não devem ser comuns para as duas comissões, mas sim específicos para cada comissão. Por exemplo, deve-se fazer uma ata de instalação para cada comissão, com as tarefas a serem efetivadas pelo colegiado, bem como na hora de solicitar a prorrogação do prazo deve ser expedido um memorando de pedido de prorrogação de portaria para cada comissão.

****

Brasão ou Timbre do Órgão
SERVIÇO PÚBLICO FEDERAL
COMISSÃO DE SINDICÂNCIA INVESTIGATIVA

ANEXO

ATA DE INSTALAÇÃO DOS TRABALHOS
.... (Instalação simultânea de duas comissões com os mesmos membros)

Aos .... do mês de .... do ano de dois mil e ...., às ....
horas, na sala de Comissão de Sindicância Investigativa, sita no prédio do ....,
sala...................., Av. .... - bairro .... (fone ....), presentes os
servidores ...., ... e ...., respectivamente
Presidente e membros da Comissão Sindicante, instaurada pela Portaria nº ....,
de ....de .... de 20........., publicada no BS nº ...., de ..../..../...., (modificada
pela Portaria nº ...., de .... de .... de 20......., publicada no BS nº......., de
......./......./.........), que apura a denúncia constante no Processo Administrativo nº
................, apensos nºs ...., iniciaram-se os trabalhos da referida Comissão
Sindicante Investigativa, nos autos do Processo nº .... Aberta a sessão,
foram determinadas as seguintes providências:

    a) justificar instalação com atraso de uma semana, devido à alteração da
portaria original com a exclusão do membro .... e inclusão de
.............................;

    b) comunicar instalação ao Sr. (...cargo da autoridade instauradora), ao Sr.
.............., e ao Sr. Coordenador-Geral/Chefe de Recursos Humanos ou ao
Corregedor do órgão (onde houver);

    c) diligenciar junto (órgãos, instituições, repartições, etc.)

    d) extrair cópias dos autos de .... (especificar);

    e) o Presidente designa como Secretário da Comissão Sindicante Investigativa
o servidor ...., Matrícula......, cargo........, membro efetivo
desta Comissão, a teor do disposto no art. 149, §1º, da Lei nº 8.112/90 ou
...designa como Secretário *ad hoc* o servidor........, para fins de secretariar o
Colegiado nos serviços externos;

    f) realizar exame prévio e minucioso de todas as peças que instruem os
autos, anexos e apensos, objetivando uma avaliação mais criteriosa de toda
a situação, possibilitando, assim, uma melhor instrução processual, antes da
adoção de quaisquer outras medidas;

    g) realizar reuniões deliberativas e reservadas da Comissão, decidindo sobre
os demais atos e providências posteriores, necessárias ao prosseguimento
dos trabalhos; e

h) dispor que todos os membros da Comissão Sindicante Investigatória podem, individualmente ou em conjunto, colher as provas necessárias à instrução destes autos para posterior apreciação conjunta do Colegiado.

A Comissão estará reunida nos dias normais de expediente das (08:00 às 12:00 horas — para uma das Comissões) e (das 14:00 às 18:00 horas — para outra Comissão).

Nada mais havendo a ser tratado, eu (nome) Presidente da Comissão, lavrei a presente Ata que segue assinada por todos os seus membros.

Cidade/UF/data

_____
PRESIDENTE

_____
MEMBRO-SECRETÁRIO

Modelo 06 – Comunicação à Corregedoria do Órgão e ao Recursos Humanos: número do processo e quem foi designado como secretário

Comentários

A comunicação feita à Corregedoria tem como objetivo a atualização do sistema de acompanhamento das comissões. Nos órgãos onde há Corregedorias, a informação deve ser prestada para o setor de Recursos Humanos.

Assim, informa-se o número do processo formalizado especialmente para os trabalhos sindicantes, bem como a designação do membro-secretário, até para que conste na sua ficha funcional a experiência em secretariar comissão.

****

Brasão ou Timbre do Órgão
SERVIÇO PÚBLICO FEDERAL
COMISSÃO DE SINDICÂNCIA INVESTIGATIVA

OFÍCIO..... CSI /nº 00.../202...

Cidade/UF, dia/mês/ano

Ao Senhor
Nome.......
cargo ou função.........
Ministério......
Endereço
CEP, Cidade e UF

Assunto: ....(resumir em uma linha) ....

Senhor Corregedor,

1. Comunico que a Comissão de Sindicância Investigativa, instaurada pela Portaria nº ...., de ....de .... de 20........., publicada no BS nº ...., de ..../..../...., com a finalidade de apurar as denúncias constantes no *Processo nº* .... e apensos nºs ...., e instalada na data de ..../......./........., na sala de Comissão de Sindicância Investigativa, ...º andar, fone (........) ...., do prédio da ...., deu início aos seus trabalhos, mediante deliberações registradas na respectiva Ata de Instalação.

2. Outrossim, informo que a Comissão funcionará no horário das 09h às 11h horas e das 14h às 16h, de segunda a sexta-feira e que Servidor .... (nome), cargo, Matrícula nº ...., foi designado pelo Presidente para secretariar os trabalhos da referida Comissão.

Atenciosamente,

_____
PRESIDENTE

Modelo 07 – Comunicação de instalação para a autoridade instauradora e Recursos Humanos

Comentários

A comunicação da instalação da comissão à autoridade instauradora e ao setor de recursos humanos tem caráter meramente informativo. Assim, em caso de necessidade de comunicação com a comissão, tanto um quanto outro sabem como entrar em contato ou remeter documentos que dizem respeito ao objeto de investigação.

****

Brasão ou Timbre do Órgão
SERVIÇO PÚBLICO FEDERAL
COMISSÃO DE SINDICÂNCIA INVESTIGATIVA

OFÍCIO..... CSI /nº 00.../202...

Cidade/UF, dia/mês/ano

Ao Senhor
Nome.......
cargo ou função.........
Ministério......
Endereço
CEP, Cidade e UF

Assunto: ....(resumir em uma linha) ....

Senhor .... (autoridade instauradora),

1. Na condição de Presidente da Comissão de Sindicância Investigativa, instaurada pela Portaria nº ...., de ....de .... de 20........., publicada no BS/*DOU* nº ...., de ..../..../...., anexo, tenho a honra de dirigir-me a V. Sª para comunicar que esta Comissão Sindicante Investigativa, que apura a denúncia constante no Processo Administrativo nº ...., apensos nºs ...., formulada pelo Sr. .... (nome do denunciante), foi instalada, desde as .... (horas) desta data, na sala da Comissão de Sindicância Investigativa sita no prédio da .... (unidade), Av. ...., ..., ... andar – fone (.......) ...., e formalizou o Processo Administrativo nº .... para desenvolver seus trabalhos.

2. Outrossim, informo que a Comissão funcionará no horário das 0 14h às 16h, de segunda a sexta-feira (ou apenas meio-período).

Atenciosamente,

_____
PRESIDENTE

Modelo 07 – Recursos Humanos (II)

Brasão ou Timbre do Órgão
SERVIÇO PÚBLICO FEDERAL
COMISSÃO DE SINDICÂNCIA INVESTIGATIVA

OFÍCIO..... CSI /nº 00.../202...

Cidade/UF, dia/mês/ano

Ao Senhor
Nome.......
cargo ou função.........
Ministério......
Endereço
CEP, Cidade e UF

Assunto: ....(resumir em uma linha) ....

Senhor Chefe,

1. Na condição de Presidente da Comissão de Sindicância Investigativa, instaurada pela Portaria nº ...., de ....de .... de 20........., publicada no BS nº ...., de ..../..../...., anexo, tenho a honra de dirigir-me a V. Sª para comunicar que esta Comissão Sindicante Investigativa, que apura a denúncia constante no Processo Administrativo nº ...., apensos nºs ...., formulada pelo Sr. .... (nome do denunciante, foi instalada, desde as .... (horas) desta data, na sala da Comissão de Sindicância Investigativa sita no prédio da .... (unidade), Av. ...., ..., ... andar – fone (.......) .... e formalizou o Processo Administrativo nº .... para desenvolver seus trabalhos.

2. Outrossim, informo que a Comissão funcionará no horário das 09h às 11h horas e das 14h às 16h, de segunda a sexta-feira (ou apenas meio período).

Atenciosamente,

_____
PRESIDENTE

Modelo 08 – Termo de juntada

Comentários

Dentre as atribuições do membro-secretário, que também podem ser executadas por qualquer dos membros da comissão sindicante, encontra-se a de providenciar o termo de juntada para os documentos *não produzidos pela comissão* em meio digital ou físico (que deverá ser digitalizado) a fim de manter registro confiável de data e horário de chegada dos documentos externos.

****

Brasão ou Timbre do Órgão
SERVIÇO PÚBLICO FEDERAL
COMISSÃO DE SINDICÂNCIA INVESTIGATIVA

TERMO DE JUNTADA

De ordem do Sr. Presidente, eu, Membro-Secretário da COMISSÃO DE SINDICÂNCIA INVESTIGATIVA, instituída pela Portaria nº ...., de ....de .... de 20........., publicada no BS nº ...., de ..../..../...., lavro o presente termo para constar que, na data de ....../......./......, às .... horas, digitalizei e juntei aos autos os documentos de fls ....a.......... Nada mais.

_____

MEMBRO-SECRETÁRIO

Modelo 09 – Portaria de designação do secretário da comissão sindicante

Comentários

Compete ao presidente da comissão designar o outro membro para funcionar como secretário dos trabalhos, podendo a indicação recair também sobre um servidor estranho à comissão (art. 149, §1º, da Lei n. 8.112/90). Em ambos os casos, providencia-se a publicação da portaria referente ao encargo de secretário e do respectivo termo de fidelidade ou compromisso.

Caso a indicação recaia sobre servidor estranho à comissão, convém esclarecer que não se trata de um quarto membro, mas de secretário *ad hoc* (para o ato). Assim, o secretário *ad hoc* não tem poder de voto nas deliberações da comissão, não assina as atas e o relatório final, e nem faz perguntas ao depoente, visto que não integra o colegiado.

Embora conste no corpo da portaria que ela entra em vigor na data de sua assinatura, convém providenciar sua publicação em boletim de pessoal ou boletim interno do órgão.

****

Brasão ou Timbre do Órgão
SERVIÇO PÚBLICO FEDERAL
COMISSÃO DE SINDICÂNCIA INVESTIGATIVA

PORTARIA/CSI/nº 01/20.....

O PRESIDENTE DA COMISSÃO DE SINDICÂNCIA INVESTIGATIVA, instaurada pela Portaria nº ....., de ...... de ...... de ..... de 20...., (modificada pela Portaria nº ......, de ...... de ..... de 20...., publicada no BS nº ...., de .... de .... de 20.......), para apurar as supostas irregularidades noticiadas no Processo nº ...., no uso das suas atribuições legais e considerando o disposto no artigo 149, §1º da Lei nº 8.112, de 11.12.1990.

R E S O L V E

Art. 1º Designar o servidor ...., ...(cargo)......., Matrícula ...., em exercício na ...., para desempenhar as funções de *Secretário (ou secretário ad hoc)* da referida Comissão.

Art. 2º - o servidor acima designado ficará dispensado do ponto até a entrega do Relatório Final, nos termos do art. 152, §1º da lei supramencionada.

Art. 3º - Esta portaria entra em vigor nesta data.

Cidade/UF, dia/mês/ano

_____
PRESIDENTE

Modelo 10 – Termo de fidelidade ou compromisso

Comentários

Trata-se de compromisso prestado pelo membro-secretário ou pelo secretário *ad hoc*, designados pelo presidente da comissão. Secretário *ad hoc* (para o ato) é aquele que não consta da portaria, servidor designado especificamente para exercer as atribuições de secretário dos trabalhos, não detém poder de voto nas deliberações da comissão, e também as atas e nem o relatório final, não participa das audiências e, portanto, não faz perguntas nos depoimentos, já que não é membro.

Importante ressaltar que o secretário deve estar sempre disposto a ouvir tudo, colaborar com o colegiado, repassando as informações que chegam ao seu conhecimento, mas deve falar somente o essencial quando interpelado por terceiros, ou não prestar nenhuma informação, se for o caso, a fim de não comprometer a investigação.

É muito comum o secretário ser abordado por outros servidores, estranhos ao processo administrativo, com o fim de obterem informações. O alerta sobre essas circunstâncias deve ser feito pelo presidente, a quem o membro-secretário se reporta após o cumprimento de seus deveres.

A ausência do Termo de Fidelidade ou Termo de Compromisso não fulmina de nulidade todos os atos, ante presunção de legitimidade e veracidade de que gozam os atos dos servidores públicos, segundo decidiu recentemente o STF,[4] mas deve o Colegiado, tanto quanto possível, adotar os procedimentos de praxe.

****

---

[4] Não implica nulidade a ausência de termo de compromisso do secretário da comissão do PAD, porquanto tal designação recai necessariamente em servidor público, cujos atos funcionais gozam de presunção de legitimidade e veracidade. (RMS 32230 / DF – Relator Min. Celso de Mello, STF, Julgamento: 07/11/2013, DJe-223 Divulg. 11/11/2013 Public. 12/11/2013).

Brasão ou Timbre do Órgão
SERVIÇO PÚBLICO FEDERAL
COMISSÃO DE SINDICÂNCIA INVESTIGATIVA

TERMO DE FIDELIDADE ou COMPROMISSO

Pelo presente termo, eu, ...nome do servidor....., ...cargo.........., Matrícula nº........, em exercício na ...., comprometo-me, perante os membros da Comissão de Sindicância Investigativa, instaurada pela Portaria nº ...., de ....de .... de 20........, publicada no BS nº ...., de ..../..../...., (modificada pela Portaria nº ...., de .... de .... de 20......., publicada no BS nº......., de ..../....../.........), exercer as funções de Secretário e observar a imposição legal no tocante ao sigilo e à reserva das informações previstos no art. 150 da Lei nº 8.112/90 bem como praticar os demais atos necessários à consecução dos trabalhos sob minha responsabilidade, com discrição. Pelo que, firmo este termo.

Cidade/UF, dia/mês/ano

_____
SECRETÁRIO

Modelo 11 – Comunicação de dedicação integral e dispensa do ponto do membro

Comentários

No caso dos trabalhos investigatórios de maior complexidade, que exigem a dedicação exclusiva do membro, faz-se a comunicação à respectiva chefia imediata do funcionamento da comissão em tempo integral, com a consequente dispensa do ponto, conforme faculta o art. 152, §1º, da Lei nº 8.112/90.

No caso de membros pertencentes a outros órgãos (portaria conjunta), pode-se solicitar às autoridades instauradoras a adoção dessas providências.

****

Brasão ou Timbre do Órgão
SERVIÇO PÚBLICO FEDERAL
COMISSÃO DE SINDICÂNCIA INVESTIGATIVA

OFÍCIO..... CSI /nº 00.../202...

Cidade/UF, dia/mês/ano

Ao Senhor
Nome.......
cargo ou função.........
Ministério......
Endereço
CEP, Cidade e UF

Assunto: ....(resumir em uma linha) ....

Senhor ....autoridade ou chefia............,

1. Na qualidade de Presidente da Comissão de Sindicância Investigativa, instaurada pela Portaria nº ...., de ....de .... de 20........., publicada no BS nº ...., de ..../..../...., anexo, venho comunicar a necessidade de dedicação integral dos membros aos trabalhos desta Comissão pelo que o servidor........ deverá ser dispensado do ponto, por força do art. 152, §1º, da Lei nº 8.112/90, a contar da data da instalação da Comissão, que ocorreu no dia ....de....................de 20..............

2. Assim sendo, os servidores ....nome......, ...cargo......., em exercício na ...., deverão ser dispensados do ponto, por força do art. 152, §1º, da Lei nº 8.112/90, a contar da data da instalação da Comissão, que ocorreu no dia ..... de.................. de 20... .

3. Na oportunidade solicitamos os préstimos de V. Sª no sentido de comunicar ao Setor de Recursos Humanos a dispensa do ponto acima mencionada, bem como a Publicar no Boletim de Serviço, cópia da Portaria nº.... (designando secretário), anexa.

Atenciosamente,

_____
PRESIDENTE

Modelo 12 – Ata de trabalhos

Comentários

As reuniões da comissão são obrigatoriamente registradas em atas onde ficam consignadas as deliberações adotadas (art. 152, §1º, da Lei nº 8.112/90). Entretanto não é necessário lavrar ata todo dia, mas apenas quando a atividade descrita na ata anterior já se encontrar cumprida.

Assim, todas as diligências a serem efetuadas pela comissão, bem como nome dos depoentes, data e horário das audiências ficam registrados nas atas de trabalho. Qualquer eventualidade que impossibilite o que foi deliberado pelo colegiado, bem como a mudança de rumo na investigação deve também ficar registrado em ata, mantendo-se um registro cronológico coerente.

Deliberações acerca de requerimentos de impedimento e de alteração de datas de oitiva, feitas pelos depoentes convocados, também ficam consignadas em ata, bem como a nova data em que serão ouvidos e a comunicação aos requerentes das decisões acerca dos deferimentos ou indeferimentos e das deliberações acerca das informações que são encaminhadas oficialmente à Comissão Sindicante.

O que não se admite é o fato de constar no processo uma diligência ou o resultado de uma pesquisa sem que se saiba onde e quando a comissão decidiu pela produção daquela prova.

****

Brasão ou Timbre do Órgão
SERVIÇO PÚBLICO FEDERAL
COMISSÃO DE SINDICÂNCIA INVESTIGATIVA

ATA DE TRABALHOS

Aos ...... dias do ...... de junho do ano de dois mil ...., às .... horas, na sala de Comissão de Sindicância Investigativa, instalada no ....º andar da ...., localizada à Av. ...., nº........., bairro .... – ...., presentes os servidores, ... e ...., respectivamente presidente e membro da Comissão Sindicante instituída pela Portaria nº ...., de ....de .... de 20........., publicada no BS nº ...., de ..../..../...., (modificada pela Portaria nº ...., de .... de .... de 20......., publicada no BS nº......., de ..../....../.........), com a finalidade de apurar os fatos apontados nos autos do Processo Administrativo Disciplinar nº ...., DELIBEROU:

a) (discriminar todos os trabalhos a serem efetuados).

b) ouvir os depoentes;

NOME	CONDIÇÃO	DIA	HORA
....	Denunciante	....	....
....	Denunciante	....	....

c) Expedir os mandados de intimação e os ofícios indispensáveis com o fim de formalizar os depoimentos;

Nada mais havendo a ser tratado, foi lavrado o presente termo que vai assinado pela Presidente e pelo membro-secretário.

_____
PRESIDENTE

_____
MEMBRO-SECRETÁRIO

Modelo 13 – Mandado de intimação

Comentários

Para a intimação dos depoentes que irão prestar esclarecimentos utiliza-se da mesma fórmula das testemunhas.

Como já dito no capítulo anterior, o processo administrativo disciplinar (gênero) deve seguir o "princípio do formalismo moderado", mesmo para as sindicânca de natureza investigatória, que consiste "na previsão de ritos e formas simples, suficientes para propiciar um grau de certeza, segurança, respeito aos direitos dos sujeitos, o contraditório e a ampla defesa (...) e se traduz na exigência de interpretação flexível e razoável quanto a formas, para evitar que estas sejam vistas como um fim em si mesmas, desligadas das verdadeiras finalidades do processo".[5]

A Lei nº 8.112/90 prevê a utilização de mandado de intimação (art. 157, da Lei nº 8.112/90), *com a comprovação do recebimento na 2ª via anexado aos autos*. Quanto ao prazo, a Lei nº 9.784/99, em seu art. 26, §2º, prevê a antecedência mínima de 3 (três) dias úteis.

Caso o depoente não compareça no dia e hora designados, o colegiado deve insistir mais uma vez, renovando a intimação para outra data e horário e certificando-se de que a ausência não se deu injustificadamente.

O não atendimento da intimação por servidor público como ilícito administrativo deve ser comunicado à autoridade competente para a instauração de procedimento disciplinar.

A comunicação ao chefe do servidor intimado a depor como testemunha garante o seu comparecimento perante a Comissão Sindicante. Porém, a comissão não dispõe de meios legais, coercitivos, na Lei nº 8.112/90 para condução do depoente, aqui entendido aquele que não é funcionário público.

A intimação pode ser enviada via postal, com AR, para a residência do servidor ou do terceiro que irá depor.[6]

Nada obsta a utilização de aplicativo de mensagens (*WhatsApp* ou similares) para intimações e notificações, mesmo porque não há nulidades na Sindicância Investigativa. O STJ entendeu pela sua possibilidade, com base no princípio *pas de nullité sans grief*, desde que observada a tripla verificação, que permite concluir pela autenticidade do receptor das mensagens: (a) o número telefônico disponível para contato com o acusado; (b) a confirmação de sua identidade por telefone; e (c) a foto individual do denunciado, no aplicativo, que, inclusive, coincide com a foto de identificação civil também constante dos autos.[7]

---

[5]   MEDAUAR, Odete. Direito Administrativo Moderno. 20. ed. São Paulo: Revista dos Tribunais, 2016. p. 208.

[6]   Nesse ponto, deve ser aberto um parênteses para consignar que, assim como ocorre na esfera judicial, também no Processo Administrativo Disciplinar é de ser reconhecida a validade da intimação realizada pelo correio, com aviso de recebimento (AR), sendo dispensada a assinatura do aviso de recebimento pelo próprio destinatário, bastando que reste inequívoca a entrega no seu endereço. (STJ, EDcl no MS 17873 / Df, Ministro Mauro Campbell Marques, S1 - Primeira Seção, j, 28/08/2013, p. DJe 09/09/2013).

[7]   AgRg no RHC 141245 / DF, relator Ministro RIBEIRO DANTAS, 5ª Turma do STJ, julg. 13/04/2021, pub. DJe 16/04/2021.

A adoção de medidas para a mitigação dos riscos pode incluir a exigência, pelo agente público, do envio de foto do documento de identificação do acusado, de um termo de ciência do ato citatório assinado de próprio punho, quando houver algum documento do citando para poder comparar as assinaturas, ou qualquer outra medida que torne inconteste tratar-se de conversa travada com o verdadeiro denunciado. Neste caso, torna-se possível presumir que a citação ou intimação deu-se de forma válida.[8]

No âmbito da Controladoria-Geral da União houve regulamentação por meio da Portaria Normativa nº 27/2022, que regulamentou o uso de recursos tecnológicos para realização de atos de comunicação em processos correcionais no âmbito do Sistema de Correição do Poder Executivo Federal.

Assim, uma vez enviada a mensagem pelo correio eletrônico ou pelo aplicativo de mensagem instantânea, a confirmação do recebimento da comunicação se dará mediante: a) a manifestação do destinatário; b) a notificação de confirmação automática de leitura; c) o sinal gráfico característico do respectivo aplicativo, que demonstre, de maneira inequívoca, a leitura por parte do destinatário; d) a ciência ficta, quando encaminhada para o correio eletrônico ou número de telefone móvel informados ou confirmados pelo interessado; ou, e) o atendimento da finalidade da comunicação. A contagem de prazos terá início no primeiro dia útil seguinte à data da primeira ocorrência de confirmação de recebimento da comunicação dentre aquelas previstas neste artigo.

Se não ocorrer alguma das hipóteses do artigo 101, no prazo de 5 (cinco) dias, o procedimento de comunicação deve ser cancelado e repetido por qualquer outro meio.

Por fim, a comunicação processual deve ser incorporada aos autos, com a juntada da mensagem de correio eletrônico, de aplicativo de mensagem instantânea ou de termo nos quais constem o dia, o horário e o número de telefone para o qual se enviou a comunicação, bem como o dia e o horário em que ocorreu a confirmação do recebimento da mensagem pelo destinatário, com imagem do ato (*print*).

Importante ressaltar que não é necessário constar no texto do mandado de intimação o objeto de investigação, nem mesmo de forma resumida, bastando uma simples menção do processo administrativo.[9]

Não se recomenda o uso de "*convite*" em vez de intimação ou notificação, por duas razões:

(1) convite não consta na Lei nº 8.112/90 como instrumento hábil para audiência, mantendo o referido diploma legal a formalidade do mandado de intimação ou notificação;

(2) não possui aquela característica de obrigatoriedade de comparecimento. Aceita convite quem quer, sem necessidade de justificar a recusa. Mesmo que se argumente que não há como se obrigar particular a comparecer para depor, uma intimação confere um tom mais formal, a que o particular não se esquiva.

Vale o bom senso, neste último caso, de se notificar o depoente e, se possível, fornecer no mandado indícios da importância do seu depoimento, por exemplo, "ratificar a denúncia formulada por V. Sª nos autos do Processo nº...," garantindo-se assim a sua

---

[8]   HC 679962 / PR, Rel. Ministro JESUÍNO RISSATO (DESEMBARGADOR CONVOCADO DO TJDFT), 5ª Turma do STJ, julg. 05/10/2021, pub. DJe 08/10/2021.

[9]   Ao se intimar as testemunhas para depor no processo disciplinar, não há necessidade de informá-las acerca dos fatos atribuídos aos servidores processados. (MS nº 7069/DF, 2000/0063512-0, Rel. Min. Felix Fischer, STJ, 3ª Seção, Julgamento: 14 fev. 2001, *DJ*, p. 00086, 12 mar. 2001, JBCC VOL.: 00189 PG:00287).

presença no dia e hora designados. Porém, não há necessidade de se informar acerca dos fatos investigados, nem do teor do depoimento.

Se o depoente se fizer acompanhar por seu advogado, o presidente da comissão pode exigir apresentação de instrumento hábil de mandato. Esclarecemos que a ausência de mandato não autoriza o colegiado a impedir a entrada do advogado. Na hora do depoimento adverte-se que o *advogado do depoente* não pode interferir nas perguntas e respostas e nem reinquiri-la. Sua presença serve apenas para garantir a tranquilidade do seu cliente, sendo inócua para a comissão.

Os depoentes serão ouvidos separadamente, não se permitindo que tragam o seu depoimento por escrito (art. 158 da Lei nº 8.112/90) e muito menos que tragam outros depoimentos, do mesmo processo, para confrontar com o seu, como já aconteceu.

Entretanto, os depoentes podem consultar notas, documentos, datas e solicitar a juntada de documentos que provam o que está sendo dito perante a Comissão Sindicante, bem como pode ser facultado, pelo presidente, ao final do depoimento, que se acrescentem dados que entender relevantes para o esclarecimento dos fatos.

De igual forma é vedada à Comissão Sindicante delegar poderes com o fim de colher depoimento testemunhal, quando se tratar de testemunha domiciliada ou residente em outra localidade, mas o depoimento poderá ser colhido por videoconfência, com a nomeação de um servidor para atuar como secretário a*d hoc.*

Nesta situação, ou a pessoa convocada se desloca até a sede dos trabalhos da comissão (art. 173, inc. I, da Lei nº 8.112/90) ou seus membros vão até o local do depoimento (art. 173, II, da Lei nº 8.112/90) cabendo à Administração as despesas decorrentes de transportes e diárias ou, ainda, utilizar-se do recurso da *videoconferência.*

A Corregedoria-Geral da União regulamentou, com a Portaria Normativa nº 27, de 11.10.2022, a realização de atos processuais à distância, em que as comissões disciplinares poderão promover a tomada de depoimentos, acareações, investigações e diligências por meio de videoconferência ou outro recurso tecnológico de transmissão de sons e imagens em tempo real, assegurados os direitos ao contraditório e à ampla defesa (vide íntegra das normas no Anexo).

As investigações promovidas pela Administração, mesmo as desprovidas de maiores formalidades, devem conter um mínimo de obediência aos critérios estabelecidos pela lei, e sua ausência, por si só, desautoriza o seu uso.

Quanto às autoridades que prestarão depoimento, estas receberão ofício. Para esta parte, recomendamos a leitura do Capítulo 14 "Modelos de incidentes", em que consta o modelo e o respectivo comentário, já que autoridades não devem ser intimadas em razão de haver um protocolo para o tratamento com dignitários, ocupantes de altos cargos ou funções e que tem prerrogativa de foro.[10]

---

[10] Código de Processo Civil
Art. 411. São inquiridos em sua residência, ou onde exercem a sua função:
I - o Presidente e o Vice-Presidente da República;
II - o presidente do Senado e o da Câmara dos Deputados;
III - os ministros de Estado;
IV - os ministros do Supremo Tribunal Federal, do Superior Tribunal de Justiça, do Superior Tribunal Militar, do Tribunal Superior Eleitoral, do Tribunal Superior do Trabalho e do Tribunal de Contas da União; *(Redação dada pela Lei nº 11.382, de 2006).*
V - o procurador-geral da República;
Vl - os senadores e deputados federais;

Brasão ou Timbre do Órgão
SERVIÇO PÚBLICO FEDERAL
COMISSÃO DE SINDICÂNCIA INVESTIGATIVA

INTIMAÇÃO
(Processo de Sindicância Investigativa nº ....)

A Sua Senhoria o Senhor
(nome)
(cargo)
(órgão)
Cidade/UF

       O Presidente da Comissão de Sindicância Investigativa, instaurada pela Portaria nº ...., de ....de .... de 20........, publicada no BS nº ...., de ..../..../...., (modificada pela Portaria nº ...., de .... de .... de 20......., publicada no BS nº......., de ..../....../.........), INTIMA V. Sª, nos termos do artigo 157 da Lei nº 8.112/90, para comparecer perante esta Comissão, no endereço expresso no rodapé do presente mandado, no dia .../..../20......, às ......h, a fim de prestar depoimento sobre os fatos tratados no processo administrativo n. ....
       Cidade/UF, dia/mês/ano

_____
PRESIDENTE

Recebi: Intimação e cópia da Portaria ....
Data ....../......./........
Assinatura: _____

VII - os governadores dos Estados, dos Territórios e do Distrito Federal;

VIII - os deputados estaduais;

IX - os desembargadores dos Tribunais de Justiça, os juízes dos Tribunais de Alçada, os juízes dos Tribunais Regionais do Trabalho e dos Tribunais Regionais Eleitorais e os conselheiros dos Tribunais de Contas dos Estados e do Distrito Federal;

X - o embaixador de país que, por lei ou tratado, concede idêntica prerrogativa ao agente diplomático do Brasil. Parágrafo único. O juiz solicitará à autoridade que designe dia, hora e local a fim de ser inquirida, remetendo-lhe cópia da petição inicial ou da defesa oferecida pela parte, que arrolou como testemunha.

Modelo 14 – Comunicação ao chefe imediato do depoente

Comentários

Quando o depoente for servidor público, a lei impõe a comunicação ao seu chefe imediato da data e horário do depoimento do servidor intimado a depor (parágrafo único do art. 157, da Lei nº 8.112/90).

Na prática, essa comunicação garante o comparecimento do servido depoente, pois o seu chefe estará ciente dessa obrigação e providenciará sua dispensa no dia e hora referidos no memorando encaminhado pela comissão sindicante.

****

Brasão ou Timbre do Órgão
SERVIÇO PÚBLICO FEDERAL
COMISSÃO DE SINDICÂNCIA INVESTIGATIVA

OFÍCIO..... CSI /nº 00.../202...

Cidade/UF, dia/mês/ano

Ao Senhor
Nome.......
cargo ou função.........
Ministério......
Endereço
CEP, Cidade e UF

Assunto: ....(resumir em uma linha) ....

Senhor Chefe,

O Presidente da Comissão de Sindicância Investigativa, instaurada pela Portaria nº ...., de ....de .... de 20........., publicada no BS nº ...., de ..../..../...., (modificada pela Portaria nº ...., de .... de .... de 20......., publicada no BS nº......., de ..../....../.........), vem comunicar a V. Sª, nos termos do art. 157, parágrafo único, da Lei nº 8.112/90, que o Sr. ...., servidor lotado nessa divisão, foi intimado a comparecer perante esta Comissão no dia ....*de* .... *de 20*........., *às* .... *horas*, a fim de prestar depoimento, objetivando o esclarecimento dos fatos nos autos do Processo Administrativo nº .... (sendo vários servidores/depoentes lotados no mesmo setor, utilizar quadro abaixo), devendo ser providenciada sua dispensa do trabalho nessa data e horário:

NOME	CONDIÇÃO	DIA	HORA

Atenciosamente,

_____

PRESIDENTE

Modelo 15 – Termo de inquirição do depoente

Comentários

A audiência de oitiva dos depoentes tem caráter reservado, o que na prática significa que o acesso à sala é restrito aos participantes: a comissão, o depoente (ou declarante) e seus advogados, se houver (art. 150, parágrafo único, da Lei nº 8.112/90). Caso o advogado do depoente não disponha do instrumento de mandato sua entrada não será obstada, uma vez que a procuração pode ser juntada posteriormente, e sua ausência não causará nenhuma nulidade.

O presidente fará, então, a advertência contida no §2º do art. 159 da Lei nº 8.112/90 (*existe a proibição de interferir nas perguntas e respostas*).

O denunciante é intimado para ratificar os termos da denúncia ofertada e para prestar esclarecimentos adicionais, justamente porque teve notícia da irregularidade em primeira mão e pode fornecer elementos substanciais para o desenrolar dos trabalhos investigatórios (art. 144 da Lei nº 8.112/90).

Entretanto, a intimação tanto para o denunciante quanto para os demais depoentes é para comparecer e prestar *esclarecimentos* sobre os fatos. Para tanto, dispensa-se o compromisso da verdade e a advertência do art. 342 do Código Penal (falso testemunho).

Isto porque a testemunha compromissada a dizer a verdade não pode ser *transformada* em acusada. Se ela se comprometeu a dizer a verdade dos fatos, como testemunhas, e depois seu depoimento é utilizado contra ela, há a autoincriminação, o que é vedado pela jurisprudência, tanto do STF, quanto do STJ.[11]

Existe grande probabilidade de, ao final do trabalho de investigação, a comissão sindicante concluir, após a análise das provas existentes nos autos, que alguns depoentes são os autores das irregularidades administrativas praticadas no serviço público.

Ter-se-ia o caso do depoimento testemunhal que se volta contra si,[12] o que é ilícito.[13]

Registramos, ainda, que toda a legislação pátria adjetiva é unânime no sentido de que ninguém será obrigado a depor de fatos que o prejudiquem e quanto aos fatos que causem dano ao seu cônjuge e aos seus parentes consanguíneos ou afins, em linha reta, ou na colateral em segundo grau, ou a cujo respeito, por estado ou profissão, deva guardar sigilo[14] que podem se recusar a depor o ascendente ou descendente, o afim

---

[11] Os autos demonstram que a impetrante fora convocada a prestar esclarecimentos no processo administrativo disciplinar, como mera testemunha e levada à condição de acusada sem obediência às formalidades legais. (MS 6827 / DF, Ministro Paulo Medina, Terceira Seção, STJ, julg. 27/04/2005, public. DJ 28/11/2005 p. 181).

[12] RMS 18017/SP, Rel. Min. Paulo Medina, 6ª Turma, STJ, julg. 09 fev. 2006, pub. *DJ*, 02 maio 2006, p. 390.

[13] "LVI – são inadmissíveis, no processo, as provas obtidas por meios ilícitos; CF/88."

[14] Código de Processo Civil:
Art. 388. A parte não é obrigada a depor sobre fatos:
I - criminosos ou torpes que lhe forem imputados;
II - a cujo respeito, por estado ou profissão, deva guardar sigilo;
III - acerca dos quais não possa responder sem desonra própria, de seu cônjuge, de seu companheiro ou de parente em grau sucessível;
IV - que coloquem em perigo a vida do depoente ou das pessoas referidas no inciso III.
Parágrafo único. Esta disposição não se aplica às ações de estado e de família.

em linha reta, o cônjuge, ainda que separado judicialmente, o irmão, o pai, a mãe, ou o filho adotivo.[15]

Para poupar tempo nas audiências, evitando que se tornem exaustivas para todos os participantes, sugerimos uma técnica bem simples: a comissão pode deixar digitadas na tela do computador as perguntas que serão feitas. Então basta transcrever as respostas, de forma bem objetiva. Acrescentam-se somente os desdobramentos das perguntas, se houver. Isso representa uma economia de até uma hora na duração de cada depoimento.

Importante perguntar se o depoente possui documentos que podem provar o que está sendo afirmado. Neste caso o presidente defere (autoriza) a juntada no próprio termo, o que vai tornar o depoimento uma prova de maior valor ainda.

Por fim, costuma-se fazer ao depoente uma pergunta de muita importância para *completar a colheita de provas* pela comissão: "Existe algum fato que a Comissão não perguntou e que o Sr(a) tem conhecimento e julga importante comentar neste momento?". Muitas vezes esta é a oportunidade que o depoente espera para esclarecer definitivamente o fato e até mudar o curso da investigação, dependendo da importância do que for revelado.

Não convém fornecer cópia do depoimento antes de findada a instrução, pelo simples fato de que isso pode corromper os demais depoimentos subsequentes. Se o depoente fizer questão, uma cópia pode ser dada *após a instrução*. A única exceção é se a depoente requerer por escrito e provar que a cópia de seu depoimento servirá como prova em processo judicial em curso.

Ao liberar o depoente, após a lavratura do termo de declarações, manter a *incomunicabilidade* entre eles, solicitando àquele que já depôs que deixe a sala da comissão e se dirija ao seu setor e, se não for funcionário público, que saia do prédio, tudo com urbanidade e educação.

****

---

[15] Código de Processo Penal:
Art. 202. Toda pessoa poderá ser testemunha.
Art. 203. A testemunha fará, sob palavra de honra, a promessa de dizer a verdade do que souber e lhe for perguntado, devendo declarar seu nome, sua idade, seu estado e sua residência, sua profissão, lugar onde exerce sua atividade, se é parente, e em que grau, de alguma das partes, ou quais suas relações com qualquer delas, e relatar o que souber, explicando sempre as razões de sua ciência ou as circunstâncias pelas quais possa avaliar-se de sua credibilidade.
Art. 204. O depoimento será prestado oralmente, não sendo permitido à testemunha trazê-lo por escrito.
Parágrafo único. Não será vedada à testemunha, entretanto, breve consulta a apontamentos.
(...)
Art. 206. A testemunha não poderá eximir-se da obrigação de depor. Poderão, entretanto, recusar-se a fazê-lo o ascendente ou descendente, o afim em linha reta, o cônjuge, ainda que desquitado, o irmão e o pai, a mãe, ou o filho adotivo do acusado, salvo quando não for possível, por outro modo, obter-se ou integrar-se a prova do fato e de suas circunstâncias.
Art. 207. São proibidas de depor as pessoas que, em razão de função, ministério, ofício ou profissão, devam guardar segredo, salvo se, desobrigadas pela parte interessada, quiserem dar o seu testemunho.
Art. 208. Não se deferirá o compromisso a que alude o art. 203 aos doentes e deficientes mentais e aos menores de 14 (quatorze) anos, nem às pessoas a que se refere o art. 206.

Brasão ou Timbre do Órgão
SERVIÇO PÚBLICO FEDERAL
COMISSÃO DE SINDICÂNCIA INVESTIGATIVA

TERMO DE DECLARAÇÕES DO DEPOENTE
(ou TERMO DE RATIFICAÇÃO DA DENÚNCIA)

Sr. ..... (nome)

Aos .... dias do mês de .... de dois mil e......., às .... horas, na sala de Comissão de Sindicância Investigativa, sita no ....º andar do prédio ...., localizado à Av. ...., ..., bairro .... – ...., cidade/UF, na presença da Presidente, e dos demais membros da Comissão, instaurada pela Portaria nº ...., de ....de .... de 20........., publicada no BS nº ...., de ..../..../.... (modificada pela Portaria nº ...., de .... de .... de 20......, publicada no BS nº......., de ..../....../.........), na presença do Presidente da Comissão, ...nome......., e dos Membros .....nome........ e ......nome........ compareceu ...., brasileiro, ...estado civil......, ...cargo......, matrícula...... residente e domiciliado......., na cidade de ...., na qualidade de depoente, a fim de prestar informações acerca dos fatos constantes no referido processo administrativo n.......... Presente também seu advogado........., OAB/.........PERGUNTADO:............RESPONDEU QUE: tem conhecimento de que foi intimado a prestar depoimento na qualidade de denunciante ante a denúncia formulada............ ou *na qualidade de depoente. ...... (inserir as perguntas e respostas).* PERGUNTADO:............RESPONDEU QUE:................ Dada a palavra ao Depoente para fazer algum acréscimo ao presente termo foi dito que....... . A seguir, foi realizada a leitura do presente termo para que o depoente efetivasse eventual correção nos registros. Nada mais havendo a registrar, encerro o presente termo que, lido e achado conforme, sem emendas ou rasuras, vai subscrito pelos presentes acima nominados. Eu, ...nome............, Membro da Comissão ou Membro-Secretário, o digitei.

Cidade/UF, dia/mês/ano

———————————————————
PRESIDENTE

———————————————————
SECRETÁRIO

———————————————————
DEPOENTE

———————————————————
ADVOGADO DO DENUNCIANTE

Obs: Para o denunciante incluir, ao final, que ratifica ou não a denúncia.

Modelo 16 – Solicitação de providências para o deslocamento/ diligências dos membros

Comentários

Todos os pedidos de viatura ou passagem aérea para as diligências da comissão devem ser encaminhados diretamente pelo presidente da comissão sindicante ao chefe do setor responsável.

Não há necessidade de se *especificar a diligência,* o objetivo é resguardar a segurança das informações, impedindo que pessoas estranhas ou que não tenham interesse no procedimento disciplinar estejam a par e contaminem as provas antes da chegada da comissão e mesmo, se for o caso, para se resguardar a integridade física dos membros da comissão.

A disponibilização das despesas necessárias ao deslocamento dos membros das comissões para realização de qualquer diligência em local diverso de sua instalação, e ao deslocamento dos depoentes para o local onde a comissão se encontra instalada, está previsto no art. 173 da Lei nº 8.112/90.

****

Brasão ou Timbre do Órgão
SERVIÇO PÚBLICO FEDERAL
COMISSÃO DE SINDICÂNCIA INVESTIGATIVA

OFÍCIO..... CSI /nº 00.../202...

Cidade/UF, dia/mês/ano

Ao Senhor
Nome.......
cargo ou função.........
Ministério......
Endereço
CEP, Cidade e UF

Assunto: ....(resumir em uma linha) ....

Senhor .... (Chefe-Geral da Unidade),

Na condição de Presidente da Comissão de Sindicância investigativa, instaurada pela Portaria nº ...., de ....de .... de 20........., publicada no BS nº ...., de ..../..../...., anexo, solicito a V. Sª autorização para emissão de passagem aérea trecho ...., vôo ...., dia ...../......./........ e ...., voo ...., dia ..../....../......, ou (viatura oficial com motorista....) para o presidente e os membros desta Comissão Disciplinar ...., objetivando atender diligência na Cidade de .... conforme previsão legal contida no inc. II, do art. 173, da Lei nº 8.112/90.

Atenciosamente,

_____
PRESIDENTE

Modelo 17 – Solicitação de prorrogação de prazo da portaria instauradora

Comentários

Cerca de 10 (dez) dias antes do término do prazo concedido na portaria inaugural, o presidente da comissão solicita à autoridade instauradora a sua prorrogação. É um prazo razoável para as providências de confecção da portaria pelo setor competente, ressaltando que *não se prorroga prazo vencido*. Caso não haja tempo hábil para a prorrogação, a autoridade instauradora poderá reconduzir a comissão com os mesmos ou outros membros.

Na oportunidade, convém encaminhar anexo ao memorando ou ofício, se for o caso, um relatório parcial das atividades, a demonstrar todo o trabalho desenvolvido até o presente momento e a necessidade da dilação da instrução, com as provas que serão produzidas, para a apresentação de um trabalho investigatório de qualidade.

A informação do dia do término do prazo serve para que o setor competente tome as providências no sentido de prorrogar tempestivamente o prazo inicial, evitando-se que a comissão pratique atos que serão tidos por inexistentes, pois estão sem a cobertura da portaria.

****

Brasão ou Timbre do Órgão
SERVIÇO PÚBLICO FEDERAL
COMISSÃO DE SINDICÂNCIA INVESTIGATIVA

OFÍCIO..... CSI /nº 00.../202...

Cidade/UF, dia/mês/ano

Ao Senhor
Nome.......
cargo ou função.........
Ministério......
Endereço
CEP, Cidade e UF

Assunto: ....(resumir em uma linha) ....

Senhor ....

    1. Na qualidade de Presidente da Comissão de Sindicância Investigativa, instaurada pela Portaria nº ...., de ....de .... de 20........., publicada no BS nº ...., de ..../..../...., anexo, solicita a V. Sª a *PRORROGAÇÃO DO PRAZO* para conclusão dos trabalhos desta Comissão, prevista no art. ... da Portaria inaugural *por mais* .... *dias*, nos termos do art 145, parágrafo único, da Lei nº 8.112/90, objetivando a conclusão dos trabalhos da Comissão Sindicante que apura a denúncia constante no Processo Administrativo nº ...., apensos nºs ...., formulada pelo Sr. .... (nome do denunciante).

    2. A dilação do prazo inicial é imperiosa, pois a Comissão Sindicante Investigativa necessita produzir mais provas para encerrar a instrução e concluir os trabalhos, de acordo com as razões constantes no *Relatório Parcial*, anexo.

    3. Por oportuno informo que *o prazo inicial encerra-se na data de* ....
Sem mais para o presente, subscrevo-me.

Respeitosamente,

_____
PRESIDENTE

Modelos 18 e 19 – Certidões

Comentários

As certidões são importantes meios de prova da comissão sindicante investigativa, no sentido de provar que foram respeitados os princípios constitucionais da legalidade, impessoalidade, moralidade, publicidade e eficiência[16] que regem a atuação da Administração Pública.

O membro-secretário (ou secretário *ad hoc*) deve zelar pela correta digitalização e pela ordem da inserção dos documentos no processo eletrônico. Caso exista alguma situação documental que precise ser esclarecida, o secretário pode lavrar uma certidão explicativa, ainda que o sistema eletrônico tenha seus próprios mecanismos de proteção de supressão e troca de documentos.

Quando se tratar de diligência externa, indispensável levar dois servidores para servir de testemunhas (uma delas pode ser o próprio motorista da viatura oficial). O mesmo procedimento deve ser adotado quando for o caso de recusa do servidor em receber notificação ou intimação.

O brasão do órgão deverá constar, sempre, em cima da certidão.

As certidões feitas e assinadas por servidor público gozam de presunção de legitimidade e veracidade, consoante jurisprudência do STF.[17]

---

[16] Art. 37 da Constituição Federal de 1988.

[17] Não implica nulidade a ausência de termo de compromisso do secretário da comissão do PAD, porquanto tal designação recai necessariamente em servidor público, cujos atos funcionais gozam de presunção de legitimidade e veracidade. (RMS 32230 / DF – Relator Min. Celso de Mello, STF, Julgamento: 07/11/2013, DJe-223 Divulg. 11/11/2013 Public. 12/11/2013).

Modelo 18 – Certidão (I)

Brasão ou Timbre do Órgão
SERVIÇO PÚBLICO FEDERAL
COMISSÃO DE SINDICÂNCIA INVESTIGATIVA

C E R T I D Ã O

Certifico e dou fé de que em diligência à Rua ...., nº.............- bairro..........., em Cidade/UF, no dia ..../..../20..., às .....horas, acompanhado pelo motorista do (órgão), Sr. ...., com o fim de intimar o depoente, Sr. ...., fomos informados pelo atual morador da casa, que não quis se identificar, e pelo vizinho, que a testemunha acima mencionada não mais reside neste endereço, não sabendo informar seu atual paradeiro.

Ante o acima exposto, encerrei a diligência e devolvo a presente ao Sr. Presidente para as providências.

Cidade/UF, ... de.......de 20.....

_____
MEMBRO-SECRETÁRIO

_____
TESTEMUNHA 1

_____
TESTEMUNHA 2

Modelo 19 – Certidão (II)

Brasão ou Timbre do Órgão
SERVIÇO PÚBLICO FEDERAL
COMISSÃO DE SINDICÂNCIA INVESTIGATIVA

C E R T I D Ã O nº 00...

Certifico, para os devidos fins, que procedi à intimação (ou notificação) por aplicativo de mensagens (*WhatsApp* ou outro app), com a observância da tripla verificação, que compreende: (a) o número telefônico disponível para contato com o acusado; (b) a confirmação de identidade por telefone; e (c) a foto individual do denunciado, no aplicativo, que coincide com a foto de identificação civil também encaminhada pelo mesmo meio (ou a foto de identificação civil também constante dos autos).

Certifico, ainda, que o servidor.....(nome).... firmou um termo de ciência do ato (intimação ou notificação) assinado de próprio punho, que coincide com a assinatura constante no documento de identificação. Desta forma, comprovou-se que a conversa foi travada incontestavelmente com o servidor (..........), no dia.....às ....horas, pelo que a intimação (ou notificação) deu-se de forma válida. Seguem-se os *prints* extraídos do aplicativo.

Cidade/UF, ..., de........ de 20.................

_____

MEMBRO-SECRETÁRIO

Modelo 20 – Ata de trabalhos

Comentários

As atas de trabalhos são confeccionadas ao término dos trabalhos especificados na ata anterior ou quando surgir algum fato novo, requerimento que demande discussão do colegiado ou alguma prova que a comissão necessite produzir para o esclarecimento dos fatos.

Em síntese, a comissão não decide nada sem antes proceder à deliberação entre seus membros. As atas são exigência da Lei nº 8.112/90 (art. 152, §2º) e devem ser detalhadas, ou seja, não bastam citações genéricas, em código ou obscuras, mas devem ser claras, ainda que resumidas.

Os depoentes que serão ouvidos pela comissão são relacionados nas atas de trabalho, se possível especificando-se desde já a data e hora de sua oitiva, e os memorandos e ofícios que serão expedidos, bem como a adoção das providências para deslocamento dos depoentes ou oitiva por videoconferência, em ambos os casos com nomeação de secretário *ad hoc* na localidade onde se encontra o depoente, para o ato de intimação ou providenciar sala e equipamentos para a videoconferência.[18]

****

---

[18] Portaria Normativa CGU nº 27, de 2022.

Brasão ou Timbre do Órgão
SERVIÇO PÚBLICO FEDERAL
COMISSÃO DE SINDICÂNCIA INVESTIGATIVA

ATA DE TRABALHOS

Aos ...... dias do mês de .... do ano de dois mil ...., às .... horas, na sala de Comissão de Sindicância Investigativa, sita no ....º andar da ...., localizada à Av. ...., nº........, bairro .... – ...., presentes os servidores ...., ... e ...., respectivamente Presidente e membros da Comissão Sindicante Investigativa, instaurada pela Portaria nº ...., de .... de .... de 20........, publicada no BS nº ...., de ..../..../...., após minuciosa análise dos documentos juntados aos autos (resumir). **DELIBEROU: a)** ..... decidir sobre os documentos.....; **b)** ouvir os depoentes nos dias e horários abaixo especificados:

NOME	CONDIÇÃO	DIA	HORA
....	Depoente	....	....
....	Depoente	....	....

c) dar conhecimento ao interessado da presente deliberação.

d) expedir as intimações e os ofícios às respectivas chefias (no caso de servidores públicos).

Do que, para constar, eu ......nome........, Membro-Secretário, lavrei a presente Ata que segue assinada por todos os seus membros.

_____
PRESIDENTE

_____
MEMBRO-SECRETÁRIO

Modelo 21 – Relatório final

Comentários

A Comissão Sindicante Investigativa, após esgotados os meios apuratórios necessários à identificação da autoria e da materialidade, elaborará relatório final minucioso, *resumindo* as peças principais dos autos e mencionando as *provas em que se baseou para formar a sua convicção*. Não é necessário resumir as atas, basta a sua remissão, ou seja, mencionar as páginas do processo onde se encontram todas as deliberações do colegiado.

O relatório não pode ser evasivo, falho ou abstrato na conclusão.

Por determinação legal, é *obrigatório* que a comissão se manifeste sobre a inexistência do ilícito ou pela sua ocorrência, apontando neste caso a *responsabilidade* do servidor (§1º, do art. 159).

O colegiado procede à análise minuciosa das provas e depoimentos existentes no processo, e, ao final, apontará a responsabilidade do servidor e indicará o dispositivo legal ou regulamentar transgredido.

Se a Comissão Sindicante concluir pela não existência de ilícito administrativo, deve sugerir o arquivamento do processo, sempre ressalvando que caso surja algum fato novo, conexo, as investigações poderão prosseguir.

Somente então se procede ao termo de encerramento dos trabalhos e ao termo de entrega para remessa dos autos do processo à autoridade instauradora, para julgamento (art. 166 da Lei nº 8.112/90).

Por fim, não existe dispositivo legal que determine a intimação de interessados (p. ex: denunciante, depoente, etc.) do conteúdo do relatório final da Comissão Sindicante.[19]

****

---

[19] O rito procedimental previsto pela Lei nº 8.112/90 não traz qualquer normatização que imponha a intimação do acusado após a apresentação do Relatório Final pela Comissão, nem a possibilidade de impugnação de seus termos, devendo o processo ser imediatamente remetido à autoridade competente para julgamento. (MS 13326 / DF Ministro Napoleão Nunes Maia Filho, Terceira Seção, STJ, julg. 27/10/2010, DJe 10/11/2010).

Brasão ou Timbre do Órgão
SERVIÇO PÚBLICO FEDERAL
COMISSÃO DE SINDICÂNCIA INVESTIGATIVA

Cidade/UF, dia/mês/ano

RELATÓRIO DA COMISSÃO SINDICÂNCIA INVESTIGATIVA, instaurada pela Portaria nº......, de.... de..... 20..., BS nº ....de ..... de.........de 20...., (fls.), prorrogada a pela Portaria nº......., de.... de..... 20..., publicada no BS nº ....de ..... de.........de 20...., (fls.), com o fim de apurar os fatos constantes no Processo Administrativo nº ...., formalizado com o fim de desenvolver os trabalhos apuratórios do Colegiado Sindicante, apresenta

RELATÓRIO FINAL

I Introdução
Senhor ..... (autoridade instauradora),

A Comissão de Sindicância Investigativa, em cumprimento às atribuições que lhes foram dadas por meio da Portaria em epígrafe, vem apresentar a V. Exª o Relatório Conclusivo de seus trabalhos.

Os trabalhos da Comissão Sindicante Investigativa tiveram início com a análise da denúncia constante no Processo nº ...., ou para apurar denúncia veiculada na mídia no dia..../..../..... Consta da denúncia, em síntese:

a) (resumir os fatos da denúncia articuladamente);
b) ....
c) ....
Finaliza .... (resumir final do documento denúncia).
Instruiu a denúncia supramencionada com .... (citar os documentos que acompanharam a denúncia).

II Breve Histórico
(Resumo dos fatos, caso seja necessário para melhor compreensão da matéria)

III Das Medidas Preliminares

A presente Comissão, consoante determina o artigo 143 da Lei nº 8.112/90, envidou todos os esforços para conduzir os trabalhos, procedendo ao levantamento de todas as provas necessárias à elucidação dos fatos com o objetivo de apontar a autoria e a materialidade dos ilícitos administrativos denunciados.

As medidas preliminares à instalação da Comissão Sindicante tiveram origem na Cidade/UF, com o deslocamento dos membros para a cidade de ...., onde o Colegiado Sindicante instalou os trabalho na data de ..../..../..... Posteriormente houve alteração da portaria original, com a substituição do membro... (nome) ..., para constar como parte do colegiado.......(nome).

Estas as razões para o início efetivo dos trabalhos somente na data de .... de ..... de 20 ...., às .... horas, fls. ....Os demais atos desta Comissão estão identificados nas deliberações contidas às fls. ..... (mencionar folhas nas quais se encontram todas as atas de trabalho).

(Citar eventuais mudanças que ocasionaram *reinstalações* da Comissão Sindicante)

IV Do Processo, Dos Depoimentos e Provas Documentais

A Comissão procedeu, preliminarmente, à análise minuciosa dos documentos juntados à denúncia, e dos processos apensos ao principal extraindo-se dali as deliberações constantes nas atas acima mencionadas, nas quais o colegiado decidiu pela produção das provas documentais e orais a seguir especificadas.

Foram ouvidas as seguintes pessoas:

b) Depoentes: (fls. .... a ......)

.... (*nome***)**, instados por 02 (duas) vezes para prestar depoimento perante a Comissão Sindicante Investigativa, na qualidade de depoentes, não compareceram (fls. ....). A Comissão entendeu que as provas orais eram satisfatórias e desistiu da oitiva desses depoentes.

2) Provas documentais

A Comissão diligenciou .... (citar, resumidamente, os trabalhos efetuados pela comissão e as provas colhidas) (fls. ...).

V Apreciação dos Depoimentos

Quanto aos depoimentos e seus incidentes, transcrevemos abaixo uma síntese:

a) *nome do depoente* (fls. ....): (resumo do depoimento);

b) *nome do depoente* (fls. .....): (resumo do depoimento);

c) *nome do depoente* (fls. ......): (resumo do depoimento);

d) *nome do depoente* (fls. ......): (resumo do depoimento);

e) *nome do depoente* (fls. ......): (resumo do depoimento);

(Comentários acerca dos depoimentos que serviram para comprovar os fatos envolvendo servidores, ou para comprovar a não participação de servidor no evento.)

VI OUTRAS PROVAS: provas documentais, prova emprestada (cópia autorizada de processo judicial), etc. (fls. .... a ......)

a) Peças que serviram de base à convicção da comissão sindicante:

(* *Pode ser feito diretamente, ou por meio de quadros, com o respectivo resumo*)

A Comissão Sindicante ateve-se aos *comentários* constantes nos itens V, VI e VII de fls. ....., que fazem parte integrante do *quadro-resumo*, abaixo se demonstram os atos praticados pelos servidores públicos lotados no setor......, quais sejam .... (resumir os fatos, ilícitos administrativos, vinculando com as provas).

Segue-se, então, *quadro-resumo* (pode ser feito um quadro para cada volume, e ainda, sendo vários servidores envolvidos um quadro para cada servidor):

VOLUME I

FOLHA nº	RESUMO	DATA
.....	(colocar o documento a que se refere as fls.)	dd.mm.aa
.....	(colocar o documento a que se refere as fls.)	dd.mm.aa
.....	(colocar o documento a que se refere as fls.)	dd.mm.aa

VOLUME II

FOLHA nº	RESUMO	DATA
.....	(colocar o documento a que se refere as fls.)	dd.mm.aa
.....	(colocar o documento a que se refere as fls.)	dd.mm.aa
.....	(colocar o documento a que se refere as fls.)	dd.mm.aa

Comentários
(Comentários da comissão quanto à prova documental acima discriminada.)

VOLUME III

FOLHA nº	RESUMO	DATA
.....	(colocar o documento a que se refere as fls.)	dd.mm.aa
.....	(colocar o documento a que se refere as fls.)	dd.mm.aa
.....	(colocar o documento a que se refere as fls.)	dd.mm.aa

VOLUME IV

FOLHA nº	RESUMO	DATA
.....	(colocar o documento a que se refere as fls.)	dd.mm.aa
.....	(colocar o documento a que se refere as fls.)	dd.mm.aa
.....	(colocar o documento a que se refere as fls.)	dd.mm.aa

Comentários
(Comentários da comissão quanto à prova documental acima discriminada.)

VII Conclusão

b) Da autoria e da materialidade

Exemplo 1 – servidor praticou ilícitos administrativos

De acordo com as provas dos autos, restou devidamente demonstrado que ocorreram as irregularidades a seguir expostas, com os prováveis responsáveis, respectivamente:

b) .... (nome do servidor), de acordo com os documentos de fls. ... e depoimentos de fls. ......, **exemplo: emitiu indevidamente laudo de vistoria, com dados que não correspondem à realidade** pelo que infringiu, em tese, o inciso I, II, e III, do art. 116 e inc. IX, do art. 117, da Lei nº 8.112/90.

Exemplo 2 – não há participação de servidores

As provas colhidas e analisadas pela comissão sindicante investigatória não apontam a participação de servidores nas supostas irregularidades atribuídas a funcionários deste órgão, mas sim de terceiros, estranhos aos quadros funcionais, quais sejam .... (nominar e especificar, se possível).

b) Recomendações da comissão

Exemplo 1 – instauração de processo disciplinar

Considerando a natureza e a gravidade dos fatos, recomendamos a instauração de uma Comissão de Processo Disciplinar, a teor do disposto no inc. 145, III, c/c o art. 146 e 148, da Lei nº 8.112/90, com a finalidade aprofundar a investigação e de garantir aos servidores envolvidos o atendimento dos princípios constitucionais do devido processo legal, do contraditório e da ampla defesa.

Exemplo 2 – arquivamento

As provas existentes nos autos são suficientes para que o colegiado recomende o arquivamento do processo, consoante determina o art. 145, I, da Lei nº 8.112/90, vez que não existe conduta irregular praticada por servidor público no exercício de cargo ou função.

Fechamento – para ambos os exemplos

Pelo fato de a questão desbordar da competência delegada a esta Comissão Sindicante a Comissão absteve-se de adentrar em seara técnica alheia à sua incumbência. Portanto, recomenda-se a adoção das medidas de cunho administrativo a seguir elencadas: ....

Na oportunidade, esta Comissão ressalta a importância de a autoridade instauradora determinar o cumprimento dessas medidas complementares, pelos setores competentes.

Recomenda, ainda, a teor do disposto no art. 154, da Lei nº 8.112/90, o envio de cópias dos autos ao Ministério Público Federal, para adoção das medidas referentes à instauração da ação penal, se for o caso.

Ante todo o exposto e certa de ter cumprido fielmente os trabalhos de que foi incumbida, a Comissão Sindicante Investigatória submete o presente RELATÓRIO FINAL à consideração de V. Exª para os fins do art. 166, da Lei nº 8.112/90, ao mesmo tempo em que agradece a honrosa indicação que lhe foi confiada.

Cidade/UF, ... de .... de 20.........

_____
PRESIDENTE

_____
MEMBRO-SECRETÁRIO

1 APENSOS

a) Processo(s) Administrativo(s):

Denúncia: Processo nº ....

2 ANEXOS

a) Processos:

ANEXO I – ....
ANEXO II – ....
ANEXO III – ....

3 Segunda Via

(Quando há necessidade de se remeter cópia ao MPF, PF, Secretaria da Receita Federal, etc.)

Modelo 22 – Devolução de material

Comentários

Através de ofício, a comissão sindicante investigatória faz a devolução do saldo do material de consumo, do material permanente e das chaves da sala utilizada. O próprio secretário pode se desincumbir dessa função.

****

Brasão ou Timbre do Órgão
SERVIÇO PÚBLICO FEDERAL
COMISSÃO DE SINDICÂNCIA INVESTIGATIVA

OFÍCIO..... CSI /n⁰ 00.../202...

Cidade/UF, dia/mês/ano

Ao Senhor
Nome.......
cargo ou função.........
Ministério......
Endereço
CEP, Cidade e UF

Assunto: ....(resumir em uma linha) ....

Senhor Chefe,

1. Na qualidade de Presidente/Secretário da Comissão Sindicante Investigativa, instaurada pela Portaria ..../......../n⁰ ...., publicada no BS n⁰ ......, de ..../......./......., anexo, procedo à devolução do saldo do material de expediente solicitado através do MEMO/ n⁰ .... de .... de .... de 20......., ao mesmo tempo em que passo a V. Sª as 02 chaves da sala da Comissão do ......⁰ andar desta ...., com .... mesas, ... cadeiras, ... armário de madeira com ...... portas.

2. O equipamento de informática (computador, impressora, *scanner* e triturador de papéis, equipamento de câmera para videoconferência) e (material permanente) foram devolvidos ao setor que os cedeu.

Nesta oportunidade, agradeço o apoio dispensado por V. Sª.

Atenciosamente,

_____
MEMBRO-SECRETÁRIO

Recebi ....../......./........

Modelo 23 – Comunicação à Corregedoria ou ao setor de Recursos Humanos sobre o encerramento dos trabalhos

Comentários

Através de ofício, o presidente da Comissão Sindicante faz a comunicação à Corregedoria ou ao Chefe do Recursos Humanos, de que os trabalhos investigatórios terminaram, para as anotações no sistema.

Essa comunicação é feita antes do Termo de Encerramento, porque após não se praticará mais nenhum ato.

****

Brasão ou Timbre do Órgão
SERVIÇO PÚBLICO FEDERAL
COMISSÃO DE .... (CPAD ou CSP)

OFÍCIO..... CSI /nº 00.../202...

Cidade/UF, dia/mês/ano

Ao Senhor
Nome.......
cargo ou função.........
Ministério......
Endereço
CEP, Cidade e UF

Assunto: ....(resumir em uma linha) ....

Senhor Chefe,

1. Na qualidade de Presidente da Comissão de Sindicância Investigatória instaurada pela Portaria ..../......../nº ...., publicada no BS nº ......, de ..../......./......., anexo comunico a V. Sª que nesta data encerraram-se os trabalhos investigatórios da Comissão Sindicante, para fins de registro no sistema.

2. Nesta oportunidade, agradeço o apoio dispensado por V. Sª.

Atenciosamente,

_____
PRESIDENTE

Modelo 24 – Termo de encerramento

Comentários

O termo de encerramento põe fim às atividades do colegiado. Alguns preferem utilizar uma ata de encerramento, mas como a ata pressupõe uma deliberação de uma atividade posterior à própria ata e, neste caso, o que se faz é o encerramento dos trabalhos, não havendo nenhum ato a ser praticado pelo colegiado, o encerramento por *termo* cumpre a finalidade.

****

Brasão ou Timbre do Órgão
SERVIÇO PÚBLICO FEDERAL
COMISSÃO DE SINDICÂNCIA INVESTIGATIVA

TERMO DE ENCERRAMENTO

Aos .... dias do mês de .... de dois mil e ...., às .... horas, encerraram-se os trabalhos da Comissão de Sindicância Investigativa, instaurada pela Portaria ..../......../nº ...., publicada no BS nº ......, de ..../......./....... (fls. .....) referentes ao presente Processo Administrativo nº ...., e seus apensos de nºs ...., totalizando .... volumes.

Cidade/UF, dia/mês/ano

_____
PRESIDENTE

_____
MEMBRO

_____
MEMBRO-SECRETÁRIO

Modelo 25 – Termo de entrega

Comentários

O termo de entrega serve para formalizar a data de entrega física dos processos, ou do processo eletrônico, mediante as opções constantes no sistema utilizado para movimentação dos autos, resultado dos trabalhos investigatórios. Preferencialmente deve-se efetivar a entrega dentro do prazo da portaria, ainda que seja um procedimento informal.

O excesso de prazo não gera qualquer nulidade e portanto, não vicia o procedimento, sendo-lhe aplicável também o princípio *pas de nullité sans grief* (não ocorre nulidade se não há prejuízo).[20]

A partir deste momento, a comissão considera-se dissolvida, , seus membros retornam às suas unidades e atividades rotineiras, e o colegiado, por não mais existir, fica impedido de praticar quaisquer atos referentes à investigação Devem, entretanto, manter o sigilo sobre o trabalho realizado.

****

Brasão ou Timbre do Órgão
SERVIÇO PÚBLICO FEDERAL
COMISSÃO DE SINDICÂNCIA INVESTIGATIVA

TERMO DE ENTREGA

Aos .... dias do mês de .... de dois mil e ...., faço tramitação ao (cargo da autoridade instauradora) do Processo Administrativo de Sindicância Investigativa, autuado sob nº ...., com .... (..........) volumes, ... (..........), ... apensos nºs ....e ....mais ..... anexos, para os fins do art. 166, da Lei 8.112/90.

Cidade/UF, dia/mês/ano

_____
PRESIDENTE

---

[20] O excesso de prazo para a realização da sindicância não implica nulidade, nos termos do prescrito no artigo 169, §1º, da Lei nº 8.112/90, na medida em que o vício processual exige a respectiva comprovação do prejuízo à defesa, o que não ocorreu no presente caso, sendo aplicável à espécie o princípio do *pas de nullité sans grief*. Precedentes: RMS 22.134/DF, Rel. Ministra Laurita Vaz, Quinta Turma, DJe 07/06/2010; RMS 24.798/PE, Rel. Ministro Felix Fischer, Quinta Turma, DJe 16/03/2009. (AgRg no RMS 32781 / ES, Relator Ministro Benedito Gonçalves, Primeira Turma, STJ, julg. 15/03/2011, public. DJe 21/03/2011).

MODELOS BÁSICOS – PROCESSO ADMINISTRATIVO DISCIPLINAR DE RITO SUMÁRIO: ACUMULAÇÃO ILEGAL DE CARGOS, EMPREGOS OU FUNÇÕES PÚBLICAS; ABANDONO DE CARGO; INASSIDUIDADE HABITUAL

Modelo 01 – Autorização para deslocamento

Comentários

O colegiado tem apenas três dias, nos precisos termos do §2º do art. 133, da Lei nº 8.112/90, após a publicação do ato que constituiu a comissão para efetuar todos os atos constantes nos Modelos de número 1 a 11, a seguir.

Portanto, até o terceiro dia tem que, não só tomar as providências para instalar fisicamente a comissão, como lavrar a indiciação e *promover* a citação do servidor.

Muitas vezes, em função do exíguo prazo de três dias, o processo com a minuta da portaria inaugural, é enviado ao presidente da Comissão de Rito Sumário, antes mesmo de sua publicação.

Assim, da mesma forma que no processo disciplinar e na sindicância, o primeiro passo, imediato, é entrar em contato com o outro membro, pessoalmente ou por telefone. No rito sumário há apenas dois membros, um dos quais o presidente do Colegiado (inc. I, do art. 133, da Lei nº 8.112/90).

Cabe ao presidente verificar se o membro está disponível para o início dos trabalhos, pois podem ocorrer imprevistos, como doença ou que esteja de férias. O presidente analisa o caso e decide pelo pedido de substituição do outro membro, quando os dias de afastamento sejam em número que venha a prejudicar os trabalhos.

Não se deve esquecer que o rito é sumário e a Comissão Disciplinar dispõe de apenas trinta dias, prorrogável por mais quinze (§7º, do art. 133 da Lei nº 8.112/90). Portanto, o tempo é precioso e um ou dois dias fazem muita diferença no final do trabalho, quando da elaboração do relatório final.

Verificada a disponibilidade do membro, deve o presidente fazer uma breve entrevista para levantar a existência de impedimentos dos demais membros, de ordem legal,[1] fazendo perguntas se conhece o servidor acusado, bem como amizade ou inimizade, o que comprometeria a imparcialidade dos trabalhos, levando-o à nulidade. O §2, do art. 149, da Lei nº 8.112/90 diz expressamente que *não poderá participar de comissão de sindicância ou de inquérito, cônjuge, companheiro ou parente do acusado, consanguíneo ou afim, em linha reta ou colateral, até o terceiro grau.*

Nos precisos termos do Enunciado CGU nº 16/2017, *a atuação de membro da comissão em outro procedimento correcional, em curso ou encerrado, a respeito de fato distinto envolvendo o mesmo acusado ou investigado, por si só, não compromete a sua imparcialidade.*

Os casos de impedimento e suspeição previstos nos arts. 18 a 20[2] da Lei nº 9.784, de 29 de janeiro de 1999 não afrontam as hipóteses previstas na Lei nº 8.112/90, considerando-se seu caráter subsidiário na constatação dessas hipóteses.[3]

A designação de servidor para integrar comissão de processo disciplinar, em qualquer de suas modalidades, constitui encargo de natureza obrigatória, de cumprimento do dever funcional, exceto nos casos de suspeições e impedimentos legalmente admitidos. Suspeições e impedimentos constituem circunstâncias de ordem legal, individual, íntima, de parentesco (consanguíneo ou afim) que, envolvendo a pessoa do acusado com os membros da comissão, testemunhas, peritos e autoridade julgadora, impossibilitam estes de exercerem qualquer função no procedimento disciplinar.[4]

O impedimento se caracteriza por estar fundado em uma situação objetiva, não admite prova em contrário e gera presunção absoluta de parcialidade: i) ter interesse direto ou indireto na matéria; ii) ter participado ou vir a participar como perito, testemunha ou representante, contra o acusado/indiciado ou quanto ao cônjuge, companheiro ou parente e afins até o terceiro grau; iii) estar litigando judicial ou administrativamente com o acusado ou indiciado ou seu cônjuge ou companheiro; iv) falta de estabilidade no serviço público (*caput* do art. 149, da Lei nº 8.112/90).[5]

A suspeição, por sua vez, deriva de uma situação subjetiva, admite prova em contrário e gera presunção relativa de parcialidade, pois pode ser refutada pelo próprio servidor apontado como suspeito ou pela autoridade instauradora. A suspeição alegada

---

[1] "Art. 149 (...)
§2º Não poderá participar de comissão de sindicância ou de inquérito cônjuge, companheiro ou parente do acusado, consanguíneo ou afim, em linha reta ou colateral, até o terceiro grau."

[2] Art. 18. É impedido de atuar em processo administrativo o servidor ou autoridade que:
I - tenha interesse direto ou indireto na matéria;
II - tenha participado ou venha a participar como perito, testemunha ou representante, ou se tais situações ocorrem quanto ao cônjuge, companheiro ou parente e afins até o terceiro grau;
III - esteja litigando judicial ou administrativamente com o interessado ou respectivo cônjuge ou companheiro. Art. 19. A autoridade ou servidor que incorrer em impedimento deve comunicar o fato à autoridade competente, abstendo-se de atuar.
Parágrafo único. A omissão do dever de comunicar o impedimento constitui falta grave, para efeitos disciplinares. Art. 20. Pode ser arguida a suspeição de autoridade ou servidor que tenha amizade íntima ou inimizade notória com algum dos interessados ou com os respectivos cônjuges, companheiros, parentes e afins até o terceiro grau. Art. 21. O indeferimento de alegação de suspeição poderá ser objeto de recurso, sem efeito suspensivo.

[3] Manual de Processo Administrativo Disciplinar-CGU, versão janeiro de 2021. Disponível em: https://repositorio.cgu.gov.br/bitstream/1/64869/6/Manual_PAD_2021_1.pdf. Acesso em: 22 dez. 2021, p. 112.

[4] Manual de Processo Administrativo Disciplinar-CGU, versão janeiro de 2021. Disponível em: https://repositorio.cgu.gov.br/bitstream/1/64869/6/Manual_PAD_2021_1.pdf. Acesso em: 22 dez. 2021, p. 110.

[5] Manual de Processo Administrativo Disciplinar-CGU, versão janeiro de 2021. Disponível em: <https://repositorio.cgu.gov.br/bitstream/1/64869/6/Manual_PAD_2021_1.pdf>. Acesso em: 22 dez. 2021, p. 112.

pelo próprio membro será apreciada pela autoridade instauradora e a apresentada pelo acusado, representante ou denunciante será avaliada pela comissão e remetida à autoridade instauradora.[6]

A amizade íntima pode ser caracterizada como aquela notoriamente conhecida por todos ou por um grande número de pessoas, em razão do permanente contato, o fato de frequentar juntos os mesmos lugares, de aproximação recíproca de duas pessoas, ostensiva socialmente. Por outro lado, a inimizade notória vem a ser o abismo ou profundo ódio entre os indivíduos, também reconhecido publicamente. Eventuais mal-entendidos, divergências, posições técnicas diversas ou mesmo antipatia natural, não se incluem como fundamento de suspeição.[7]

Superados todos esses pontos, chega a hora de tomar as providências para o deslocamento dos membros da comissão para o local da instalação dos trabalhos. Em se tratando de outra unidade da Federação, utiliza-se o modelo a seguir, acompanhado do pedido de pagamento de diárias.

A comissão deve dirigir-se sempre à autoridade instauradora, a quem está vinculada para as formalidades administrativas. Não significa que deixa de fazer uso da independência nos trabalhos, mas que compete à autoridade instauradora prover os meios necessários para o desenvolvimento da investigação.

Adotadas todas as medidas cabíveis visando à instalação dos trabalhos, logo após a instauração da comissão, com a publicação da portaria, o presidente já estuda o processo e minuta os atos iniciais, possibilitando o atendimento do exíguo prazo legal de três dias.

Após a publicação da portaria, a Comissão Processante terá o prazo de três dias para lavrar o termo de indiciação no qual constará a indicação da autoria e da materialidade.

Na hipótese de acumulação ilegal de cargos, empregos ou funções públicas, a indicação da autoria dá-se com a indicação do nome e matrícula do servidor e a materialidade pela descrição dos cargos, empregos ou funções públicas acumuladas ilegalmente, constando órgão e entidades aos quais se encontra vinculado, datas de ingresso, horário de trabalho e o regime jurídico correspondente (§1º, do art. 133 da Lei nº 8.112/90).

Expede-se o mandado de citação pessoal do servidor, ou por intermédio de sua chefia imediata, com o prazo de cinco dias para apresentar defesa escrita. Os autos ficarão à disposição do indiciado para vista, dentro da repartição, ou deve ser providenciado acesso ao processo eletrônico, tanto para o indiciado quanto para seu representante legal. Aplicam-se as regras dos arts. 163 e 164, da Lei nº 8.112/90 para o indiciado em lugar incerto e não sabido e para o revel.

O art. 133 não se reporta ao §4º do art. 161, porque a citação é *pessoal ou por intermédio do chefe imediato*.

O servidor pode fazer a sua opção, no caso da acumulação ilegal de cargos, empregos ou funções públicas até o último dia de prazo para a defesa.

---

[6]   Manual de Processo Administrativo Disciplinar-CGU, versão janeiro de 2021. Disponível em: <https://repositorio.cgu.gov.br/bitstream/1/64869/6/Manual_PAD_2021_1.pdf>. Acesso em: 22 dez. 2021, p. 113.

[7]   Manual de Processo Administrativo Disciplinar-CGU, versão janeiro de 2021. Disponível em: <https://repositorio.cgu.gov.br/bitstream/1/64869/6/Manual_PAD_2021_1.pdf>. Acesso em: 22 dez. 2021, p. 114.

Nessa hipótese, o pedido de opção será convertido automaticamente em pedido de exoneração do outro cargo. O servidor beneficia-se ao usar esta faculdade porque fica configurada sua boa-fé (§5º do art. 133).

Com a apresentação da defesa, a comissão elaborará relatório *minucioso* (resumindo-se as peças principais dos autos) e *conclusivo* quanto à inocência ou responsabilidade do servidor. Por fim, a Comissão Processante deve emitir opinião sobre a licitude da acumulação, indicando o respectivo dispositivo legal e encaminhar o processo à autoridade competente para o julgamento (§3º do art. 133).

Restando comprovada a má-fé e caracterizada a acumulação ilegal de cargos, empregos ou funções, a penalidade a ser aplicada é a de demissão (art. 132, XII), destituição ou cassação de aposentadoria ou disponibilidade (art. 134 da Lei nº 8.112/90) em relação aos cargos, empregos ou funções em regime de acumulação ilegal.

Nesse caso, deverão ser comunicados os órgãos ou entidades de vinculação para as providências das respectivas alçadas.

Após a entrega dos autos à autoridade instauradora, esta proferirá julgamento no prazo de cinco dias (§4º do art. 133 da Lei nº 8.112/90).

É de extrema importância que o colegiado observe se existem atestados médicos não homologados por junta médica oficial ou uma série de atestados homologados e que apontem para a existência de doença mental.

A perícia por junta médica oficial e o incidente de sanidade mental visam a constatar o estado de saúde físico ou mental do indiciado. O incidente de sanidade mental nada mais é do que um processo autônomo no qual se realiza a perícia por junta médica oficial, instaurado se houver suspeita acerca da sanidade mental do indiciado, tanto que a junta médica oficial tem que ser composta por um médico psiquiatra.

Se a dúvida diz respeito, apenas, ao estado de saúde do indiciado, o procedimento a ser instaurado é a perícia por junta médica oficial, devendo ou não ser composta por um médico psiquiatra, conforme o caso. A perícia e o incidente de sanidade mental estão previstos, respectivamente, nos arts. 155 e 160 da Lei nº 8.112/90.[8]

Havendo essas intercorrências, deve o colegiado submeter o servidor acusado a uma Junta Médica Oficial, no âmbito do Incidente de Sanidade Mental, cujo laudo poderá apontar para a ausência de intenção de abandonar do cargo, dada a existência de doença incapacitante.

Nessa última hipótese, o colegiado, com base no laudo médico pericial, sugere no relatório final o licenciamento do servidor para tratamento da doença ou a aposentadoria por invalidez mental, no caso de doença mental incurável e incapacitante para o trabalho desenvolvido pelo servidor.

No mais, lembramos que se aplicam *subsidiariamente* os demais Modelos do Processo Disciplinar, no que couber (ex: diligências, perícia, requisição de documentos, etc.), a teor do disposto no §8º do art. 133 da Lei nº 8.112/90.

---

[8] Art. 155. Na fase do inquérito, a comissão promoverá a tomada de depoimentos, acareações, investigações e diligências cabíveis, objetivando a coleta de prova, recorrendo, quando necessário, a técnicos e *peritos*, de modo a permitir a completa elucidação dos fatos. Art. 160. Quando houver *dúvida sobre a sanidade mental* do acusado, a comissão proporá à autoridade competente que ele seja submetido a exame por *junta médica oficial*, da qual participe pelo menos um *médico psiquiatra*. Parágrafo único. O incidente de sanidade mental será processado em auto apartado e apenso ao processo principal, após a expedição do laudo pericial. (Grifo nosso).

PARTE PRÁTICA | 369

CAPÍTULO 3 – MODELOS BÁSICOS – PROCESSO ADMINISTRATIVO DISCIPLINAR DE RITO SUMÁRIO: CUMULAÇÃO ILEGAL DE CARGOS...

Note-se que não há oitiva de testemunhas, nem da Comissão, nem do Indiciado, não só por se tratar de um procedimento sumário, mas porque a prova é pré-constituida e documental – as informações sobre acumumulação de cargos, empregos ou funções, abandono de cargo e inassiduidade habitual são feitas pelo Setor de Recursos Humanos – não sendo desconstituídas por depoimento testemunhal.

Também não há previsão na Lei nº 8.112, de 1990 para conversão do rito sumário em ordinário para produção de provas. A análise de admissibilidade deve assegurar que há elementos de prova, pré-constituidas, de autoria e materialidade suficientes para a sua instauração. As contraprovas serão trazidas pelo indiciado, junto com a defesa. Segue-se a elaboração do relatório final, acolhendo ou não a defesa com as provas ou refutando-as.

Se a prova trazida pelo indiciado justificar as faltas, como atestados médicos entregues e não homologados, por exemplo (para a inassiduidade habitual), ou a ausência do *animus abandonandi* (no caso de abandono de cargo), o relatório final deverá ser conclusivo pela absolvição.

****

Brasão ou Timbre do Órgão
SERVIÇO PÚBLICO FEDERAL
COMISSÃO DE PROCESSO ADMINISTRATIVO DISCIPLINAR DE
RITO SUMÁRIO (CRS)

OFÍCIO..... CRS /nº 00.../202...

Cidade/UF, dia/mês/ano

Ao Senhor
Nome.......
cargo ou função.........
Ministério......
Endereço
CEP, Cidade e UF

Assunto: ....(resumir em uma linha) ....

Senhor .... (autoridade instauradora),

O Presidente da Comissão de Processo Administrativo Disciplinar de Rito Sumário por .... (acumulação ilegal de cargos, empregos ou funções públicas/ abandono de cargo/inassiduidade habitual), instaurada pela Portaria nº............, de........... de ..... de 20....., publicada no BS nº ...., de .... de ..... de 20....., anexo, com a finalidade de apurar as denúncias constantes no *Processo nº*..................... solicita a V. Sª autorização para emissão de bilhetes aéreos (...........trecho..............) e disponibilização de diárias para .... *(Presidente e membros)*, cargo, Matrícula nº ...., objetivando a instalação desta Comissão Disciplinar.
Na oportunidade, solicito pagamento das diárias no período inicial de ..../........./......... a ..../........./........., do Presidente e membros desta Comissão, na forma abaixo especificada:

NOME	PERÍODO	VALOR

Atenciosamente,

_____
PRESIDENTE/MEMBRO

Modelo 02 – Formalização de processo de rito sumário e documentos-meio

Comentários

Antes mesmo de iniciar os trabalhos investigatórios, a comissão deve tomar algumas providências para facilitar a investigação, no que se refere à organização dos documentos produzidos pela comissão disciplinar ou digitalizados para serem inseridos no processo eletrônico.

A primeira delas consiste na formalização de um novo processo, com o respectivo código de processo disciplinar ou sindicância, no sistema eletrônico. Isso pode ser feito pelo presidente ou pelo membro que irá desempenhar as funções de secretário.

Para o advogado do acusado e para o próprio, a Comissão deve conceder acesso à íntegra do processo eletrônico.

Outra sugestão é a de providenciar, simultaneamente, a formalização de um outro *processo*, o qual chamaremos de "processo-meio", em que serão juntados todos os *documentos que não dizem respeito diretamente ao objeto de investigação*. No caso, pedido de passagens e diárias, pedido de material de consumo, pedido de material de informática e empréstimo de material permanente (mesa, cadeiras, etc.) ao setor competente.

O "processo meio" ficará em anexo, e no caso de mais de um acusado, pode-se criar um processo meio para cada um deles, a fim de se manter em ordem as providências que dizem respeito somente àquele servidor investigado, como informação de férias, cópias de informações em mandado de segurança, ou pedidos que não dizem respeito diretamente ao objeto da investigação. Deve-se colocar o nome de cada acusado nesse processo-meio e, de igual forma, manter sempre atualizado.

Isso para que ao final dos trabalhos, quando a autoridade instauradora tomar conhecimento do processo de rito sumário para julgamento, não tenha a linha de raciocínio desviada por requerimentos da comissão referentes a assuntos que não irão influir no julgamento.

****

Brasão ou Timbre do Órgão
SERVIÇO PÚBLICO FEDERAL
COMISSÃO DE PROCESSO ADMINISTRATIVO DISCIPLINAR DE RITO SUMÁRIO

OFÍCIO..... CRS /nº 00.../202...

Cidade/UF, dia/mês/ano

Ao Senhor
Nome.......
cargo ou função.........
Ministério......
Endereço
CEP, Cidade e UF

Assunto: ....(resumir em uma linha) ....

Na qualidade de .... (Presidente/membro) da Comissão de Processo Administrativo Disciplinar de Rito Sumário por .... (acumulação ilegal de cargos, empregos ou funções públicas/abandono de cargo/inassiduidade habitual), instaurada pela Portaria nº ...., de ....de .... de 20........, publicada no BS nº ...., de ..../..../...., anexo, comunicamos a V. Sª que foi formalizado novo processo conforme numeração ...., especificamente para a apuração a que se refere a Portaria........, bem como os processos em anexo ao processo principal, onde constarão as medidas administrativas para o bom funcionamento do colegiado processante de rito sumário para apurar...(acumulação de cargos ou abandono de cargo ou inassiduidade habitual).

Atenciosamente,

_____
PRESIDENTE/MEMBRO

Modelo 03 – Pedido de material de consumo

Comentários

A segunda providência antes da instalação dos trabalhos é a solicitação de sala e do material necessário ao desenvolvimento da investigação. Estes pedidos são feitos por ofícios e juntados ao processo-meio (não ao processo principal, o de investigação propriamente dito).

O pedido, feito pelo Presidente ou um dos Membros, pode ser endereçado diretamente ao chefe do setor responsável pela distribuição do material permanente e de consumo. Caso haja alguma dificuldade, a comissão deverá registrar em ata e comunicar o fato à autoridade instauradora solicitando providências.

Eventuais atrasos na investigação por conta de problemas com a instalação não são debitados do prazo constante da portaria. Portanto, o presidente da comissão deve ser ágil e manter registro desses pequenos incidentes a fim de não ser responsabilizado ao final. Aliás, em se tratando de rito sumário, toda a estrutura já é previamente ajustada, quando do recebimento do processo pelo presidente da comissão, antes mesmo de publicar a portaria inaugural, como visto anteriormente.

A sala deve ser ampla e acomodar não só os membros, mas todos os interessados quando da realização da audiência, inclusive comportar equipamentos para audiência por videoconferência. Por isso, devem os membros analisar o ambiente, simulando-o com as cadeiras preenchidas pelos servidores acusados e seus patronos, testemunha e membros, se possível, próxima a uma toalete, para uso dos membros, dos servidores indiciados e das testemunhas.

Essa logística deve ser colocada em prática quando da escolha da sala. Não se pode esquecer que durante 30 ou 45 dias de duração do processo disciplinar de rito sumário este será seu local de trabalho reservado, ou seja, com acesso restrito aos interessados.

Caso a sala só comporte o colegiado, as audiências podem ser realizadas em sala maior, somente para aquele ato. Nesse caso, em cada intimação de testemunha e notificação dos acusados deve ser informada a sala onde serão tomados os depoimentos.

Uma linha telefônica direta é essencial, *scanner*, um aparelho de fax, conexão com a internet, para pesquisas, e impressora que atenda à demanda dos trabalhos, projetor para as audiências (da tela do computador para que acompanhem em tempo real os depoimentos), triturador de papel (manual ou elétrico) para documentos cujo conteúdo imponha sua destruição se não utilizados pelo colegiado, e equipamentos de informática que possibilitem a realização de videoconferência, caso seja necessário. Também água e café disponíveis para os membros e depoentes. Em suma, a comissão deve ter acesso, com facilidade, ao máximo possível de suas necessidades para que se dedique ao trabalho investigatório sem interrupções e sem necessidade de sair da sala a todo o momento.

Se a sala não for de fácil localização, pode a comissão providenciar "placas" de papel impressas no computador contendo os dizeres: "COMISSÃO DE PROCESSO ADMINISTRATIVO DISCIPLINAR DE RITO SUMÁRIO – Portaria nº ....../20... – sala ....", a qual deve ser afixada na porta da referida sala.

****

Brasão ou Timbre do Órgão
SERVIÇO PÚBLICO FEDERAL
COMISSÃO DE PROCESSO ADMINISTRATIVO DISCIPLINAR DE RITO SUMÁRIO

OFÍCIO..... CRS /nº 00.../202...

Cidade/UF, dia/mês/ano

Ao Senhor
Nome.......
cargo ou função.........
Ministério......
Endereço
CEP, Cidade e UF

Assunto: ....(resumir em uma linha) ....

Senhor Chefe,
Na qualidade de .... (Presidente/membro) da Comissão de Processo Administrativo Disciplinar de Rito Sumário por .... (acumulação ilegal de cargos, empregos ou funções públicas/abandono de cargo/inassiduidade habitual), instaurada pela Portaria/..../nº ...., de ....de .... de 20........., publicada no BS nº ...., de ..../..../...., solicitamos os bons préstimos de V. Sª no sentido de fornecer o material abaixo relacionado para uso da Comissão.

papel rascunho	notebook	resma de papel sulfite (A-4)
perfurador	grampeador	envelope tam. ofício
lápis	impressora com scanner	fita adesiva
borracha	pincel atômico preto e azul	caneta
cola	caneta marca texto amarela	tesoura
garrafa térmica	linha telefônica direta	copo p/água e café
triturador de papel	envelope pardo	computador e equipamento para videoconferência

Na oportunidade, agradeço o apoio necessário ao bom desempenho das atividades pertinentes à Comissão.
Atenciosamente,

_____
PRESIDENTE/MEMBRO

Modelo 04 – Ata de instalação dos trabalhos

Comentários

A ata de instalação dos trabalhos marca o início da investigação. Nela são consignadas as primeiras providências da comissão, não sendo possível haver neste procedimento qualquer atraso, em face da exiguidade do prazo para promover os primeiros atos.

As providências de praxe para a instalação dos trabalhos e, inclusive, para a substituição de membros, são tomadas antes mesmo da instalação da comissão, como visto nos modelos anteriores.

A ata de instalação deve conter as deliberações dos trabalhos que serão inicialmente realizados pela Comissão Processante, principalmente as providências referentes à indiciação e citação, a serem promovidas no prazo de três dias a contar da publicação da portaria (e não da instalação dos trabalhos).

No momento de se proceder à citação, uma cópia da ata inaugural e da denúncia (ou peças que deram origem ao processo de rito sumário) devem ser remetidas ao indiciado, anexando-se também cópia da portaria instauradora, para que ele tenha ciência dos fatos que lhe são imputados, e mais os documentos que a comissão entender relevantes para a compreensão do indiciado, garantindo-se-lhe o exercício da ampla defesa e do contraditório. Deve a Comissão Processante providenciar acesso ao processo eletrônico ao servidor investigado e ao seu advogado, se houver.

Para a digitalização dos documentos, veja o disposto no parágrafo único do art. 3º da Lei nº 12.682, de 9.6.2012 de junho de 2012.[9]

Toda vez que a comissão mudar a sede de seus trabalhos (mudança não se confunde com diligências, que são deslocamentos temporários e com dia e hora para saída e retorno), por razões de força maior ou caso fortuito, mesmo que seja para outra sala do mesmo prédio, é obrigatória *a comunicação ao indiciado*, via notificação, do novo local de funcionamento dos trabalhos.

Com este ato evita-se possível alegação de cerceamento de defesa devido à impossibilidade de acesso aos autos administrativos pelo desconhecimento do novo local de funcionamento da comissão ou pela ausência de comunicação do local da instalação da Comissão de Rito Sumário.

Constam, também, todos os ofícios que serão expedidos àquelas autoridades que solicitaram a instauração do procedimento, tendo como finalidade comunicar que a Comissão de Rito Sumário encontra-se em funcionamento, fornecendo-se o endereço e o telefone.

A designação do outro membro como secretário ou de outro servidor, estranho à portaria, para funcionar como secretário *ad hoc*, feita pelo presidente da comissão

---

[9] Art. 3º O processo de digitalização deverá ser realizado de forma a manter a integridade, a autenticidade e, se necessário, a confidencialidade do documento digital, com o emprego de assinatura eletrônica. (Redação dada pela Lei nº 14.129, de 2021). (Vigência).
Parágrafo único. Os meios de armazenamento dos documentos digitais deverão protegê-los de acesso, uso, alteração, reprodução e destruição não autorizados.

(art. 149, §1º, da Lei nº 8.112/90), fica registrada na ata inaugural. Como braço direito do presidente, deve zelar pelo fiel cumprimento de suas atribuições.

Porém, quem deve avaliar a necessidade ou não da indicação de um outro servidor como *secretário ad hoc* é o colegiado, após análise da natureza das investigações a serem desenvolvidas ou se é conveniente que a escolha recaia sobre um dos membros constantes na portaria.

Para trabalhos externos, aqueles de apenas entregar ofícios, intimações e notificações em grande volume, o secretário *ad hoc* será essencial para que os membros se dediquem exclusivamente à investigação. Também se utiliza da figura do secretário *ad hoc* quando há intimações em outras unidades da federação, nomeando-se um servidor público de determinado órgão especificamente para proceder à intimação de testemunhas naquela localidade.

No caso de audiência por videoconferência, a Comissão Processante poderá solicitar ao responsável pela unidade envolvida a designação de servidor para o exercício da função de secretário *ad hoc*. O registro audiovisual gerado em audiência deverá ser juntado aos autos, sem necessidade de transcrição em ata, sendo disponibilizado à defesa o acesso ao seu conteúdo ou à respectiva cópia.[10]

Designado o secretário, elabora-se a portaria de designação, com data e número, assinada pelo presidente da comissão, e que será publicada no Boletim de Serviço, Boletim Interno ou Boletim de Pessoal. Na oportunidade, lavra-se também o *Termo de Fidelidade* ou *Termo de Compromisso*, por meio do qual o secretário compromete-se a exercer sua função com discrição, responsabilidade, sigilo e reserva de informações, conforme preceituado no art. 150, da Lei nº 8.112/90.

A Corregedoria ou setor de recursos humanos, deve ser informado da instalação dos trabalhos para fins de controle das portarias e registro no sistema próprio.

O presidente pode encaminhar ofícios à autoridade instauradora, à chefia imediata do outro membro e à chefia imediata e ao setor de Recursos Humanos comunicando que ele ficará dispensado do ponto até a entrega do relatório final, nos termos do art. 152, §1º, da Lei nº 8.112/90, caso o trabalho exija dedicação exclusiva.

Para facilitar a identificação dos autos da Comissão Disciplinar, torna-se necessário que se formalize um processo autônomo, mantendo-se o processo da denúncia em apartado, como apenso. Se entender imprescindível, a comissão poderá extrair cópias da denúncia para instruir o processo a fim de facilitar o manuseio dos autos.

Como o prazo para o desenvolvimento e a conclusão dos trabalhos é muito curto, descontando-se os feriados e fins de semana, dependendo do fato a ser apurado, deve-se elaborar um *cronograma* para que a comissão verifique os dias úteis existentes dentro do prazo para a prática dos atos. Marcam-se, previamente, os dias da efetivação dos atos da Comissão de Rito Sumário.

O cronograma, como documento interno de orientação da comissão, interessa apenas aos seus membros, razão pela qual não deverá ser afixado na parede da sala destinada aos trabalhos e nem juntada aos autos.

O cronograma é de grande valia, porque com um calendário em mão mantêm-se os atos sob controle, e a verificação da programação constante no cronograma pode ser deixada sob a responsabilidade do membro-secretário, que deverá lembrar ao presidente

---

[10] Portaria Normativa CGU nº 27/2022.

PARTE PRÁTICA | 377

CAPÍTULO 3 – MODELOS BÁSICOS – PROCESSO ADMINISTRATIVO DISCIPLINAR DE RITO SUMÁRIO: CUMULAÇÃO ILEGAL DE CARGOS...

as principais datas, como, por exemplo, a data do pedido de prorrogação da portaria.

Os demais atos que a comissão entender necessários à elucidação dos fatos devem ser objeto de discussão pelos membros e anotados na ata de instalação.

O art. 152, §2º, da Lei nº 8.112/90 dispõe que "as reuniões da comissão serão registradas em atas que deverão detalhar as deliberações adotadas". Portanto, a comissão não pode produzir atos aleatoriamente, sem que conste em ata a decisão dos membros.

Ficam consignados também o horário de funcionamento e o endereço e telefone da comissão. Nesse período assinalado, é obrigatória a presença de um membro da comissão na sala onde se desenvolvem os trabalhos, quando o outro estiver ocupado com a entrega de documentos. Quando os dois membros tiverem que se ausentar para a realização de alguma diligência, o indiciado será comunicado previamente.

Após o cumprimento de todo o conteúdo da ata de instalação é que a comissão lavrará nova ata, de agora em diante denominada simplesmente de *ata de trabalhos*, comentada mais adiante.

****

Brasão ou Timbre do Órgão
SERVIÇO PÚBLICO FEDERAL
COMISSÃO DE PROCESSO ADMINISTRATIVO DISCIPLINAR DE RITO SUMÁRIO

ATA DE INSTALAÇÃO DOS TRABALHOS

Aos .... do mês de .... do ano de dois mil e ...., às .... horas, na sala de Comissão de Processo Administrativo Disciplinar de Rito Sumário por .... (acumulação ilegal de cargos, empregos ou funções públicas/abandono de cargo/inassiduidade habitual), sita no prédio do ...., sala...................., Av. .... - bairro .... (fone ....), que apura a denúncia constante no Processo Administrativo nº ...., presentes ....e .... e ...., respectivamente Presidente e membro da Comissão Processante, instaurada pela Portaria nº ...., de ....de .... de 20........, publicada no BS nº ...., de ..../..../...., iniciaram-se os trabalhos da referida Comissão de Rito Sumário, referentes à sua instalação, com o objetivo de apurar os fatos e irregularidades a que se refere o Processo .... Aberta a sessão, após a realização de exame prévio e minucioso de todas as peças que instruem os autos, anexos e apensos, objetivando uma avaliação mais criteriosa de toda a situação, deliberaram os membros por adotar as seguintes providências:

a) elaborar o Despacho de Indiciação do servidor .... (descrever a situação como foi especificada na portaria);

b) promover em três dias a citação do servidor indiciado para apresentar defesa no prazo de cinco dias;

c) comunicar instalação ao Sr. .... (cargo da autoridade instauradora), ao Sr. ...., e ao Sr. Coordenador-Geral/Chefe de Recursos Humanos ou Corregedor;

d) expedir ofícios ao .... e às chefias do indiciado comunicando a instalação dos trabalhos;

e) requerer à Divisão de Recursos Humanos a ficha funcional do servidor .... (nome);

f) diligenciar junto (órgãos, instituições, repartições, etc.);

g) extrair cópias dos autos de .... (especificar);

h) o Presidente designa como Secretário da Comissão de Processo Administrativo Disciplinar de Rito Sumário de abandono de cargo (ou inassiduidade habitual/acumulação ilegal de cargos, empregos ou funções) o servidor ...., Matrícula......, cargo........, membro efetivo desta Comissão, a teor do disposto no art. 149, §1º, da Lei nº 8.112/90 ou ...designa como Secretário *ad hoc* o servidor........, para fins de secretariar o Colegiado nos serviços externos;

i) realizar de reuniões deliberativas e reservadas da Comissão, decidindo sobre os demais atos e providências posteriores, necessárias ao prosseguimento dos trabalhos; e

j) dispor que todos os membros do Colegiado podem, individualmente ou em conjunto, colher as provas necessárias à instrução destes autos para posterior apreciação conjunta.

A Comissão estará reunida nos dias normais de expediente das 8h às 12h e das 14h às 18h (ou atenderá externamente das 10 às 12h e das 14 às 16h).

Nada mais havendo a ser tratado, eu ....(nome).......Presidente da Comissão, lavrei a presente Ata que segue assinada por todos os seus membros.

Cidade/UF/data

_____
PRESIDENTE

_____
MEMBRO-SECRETÁRIO

ANEXO – Cronograma de trabalhos

Comentários

Serve para a comissão distribuir o trabalho pelos dias úteis do período abrangido pela portaria.

Os 30 (trinta) dias iniciais constantes no ato inaugural (portaria) mais a prorrogação admitida pela lei, por mais 15 (quinze) dias, na realidade sofrem redução dos feriados e finais de semana, porque são dias corridos.

Logo, ao estabelecer o que vai ser feito nos dias úteis, além de se organizar, o colegiado corre menos risco de chegar ao término do prazo da portaria com o trabalho por concluir, ou, pelo menos, se necessitar pedir prorrogação tem como justificar o pedido à autoridade instauradora e mencionar quais atos serão praticados no decorrer do prazo de prorrogação.

Importante colocar o dia em que será pedida a prorrogação do prazo da Portaria inaugural, no caso específico do rito sumário, uns dez dias antes de expirar o prazo, para dar tempo de serem efetuados todos os trâmites até a assinatura pela autoridade instauradora e a sua publicação.

CRONOGRAMA DE TRABALHOS

COMISSÃO DE PROCESSO ADMINISTRATIVO DISCIPLINAR DE RITO SUMÁRIO

DIA	ATIVIDADES
data	instalação da comissão
data	- indiciar o acusado - citar o indiciado

data	expedição de ofícios para:
	   - autoridade instauradora
	   - coordenação-geral de Recursos Humanos ou Corregedoria
	   - dirigente do órgão (local)
	   - chefe de RH (local)
	promover a juntada de documentos e demais provas
	solicitar à autoridade instauradora a prorrogação do prazo da portaria inicial

data	elaborar Relatório Final
data	tramitar o processo para o gabinete da autoridade instauradora

PARTE PRÁTICA | 381

CAPÍTULO 3 – MODELOS BÁSICOS – PROCESSO ADMINISTRATIVO DISCIPLINAR DE RITO SUMÁRIO: CUMULAÇÃO ILEGAL DE CARGOS...

Modelo 05 – Ata de instalação simultânea de duas comissões compostas pelos mesmos membros

Comentários

Quando os mesmos membros forem indicados para compor duas comissões distintas, a instalação dos trabalhos pode ser simultânea, bastando somente estabelecer *horário diverso para o funcionamento de cada uma delas*, podendo os trabalhos de uma se desenvolver na parte da manhã e o da outra na parte da tarde.

Sem essa divisão, fica quase impossível não confundir os objetos de investigação, correndo-se o risco de cometer erros de juntada de expediente nos autos ou extravio de documentos.

****

Brasão ou Timbre do Órgão
SERVIÇO PÚBLICO FEDERAL
COMISSÃO DE PROCESSO ADMINISTRATIVO DISCIPLINAR DE RITO SUMÁRIO

ANEXO

ATA DE INSTALAÇÃO DOS TRABALHOS
(Instalação simultânea de duas comissões com os mesmos membros)

Aos .... do mês de .... do ano de dois mil e ...., às .... horas, na sala de Comissão de ...., sita no prédio do ...., sala..................., Av. .... - bairro .... (fone ....), presentes os servidores ...., ... e ...., respectivamente presidente e membro da Comissão..., instaurada pela Portaria nº ...., de ....de .... de 20........., publicada no BS nº ...., de ..../..../...., que apura a denúncia constante no Processo Administrativo nº ...., apensos nºs ...., presentes seus membros, ... – Presidente, ...- Membro, ... iniciaram-se os trabalhos da referida Comissão de Processo Administrativo Disciplinar de Rito Sumário. Aberta a sessão, após a realização de exame prévio e minucioso de todas as peças que instruem os autos, anexos e apensos, objetivando uma avaliação mais criteriosa de toda a situação, deliberaram os membros por adotar as seguintes providências:

a) elaborar o Despacho de Indiciação do servidor .... (descrever a situação como foi especificada na Portaria);

b) promover, em três dias, a citação do servidor indiciado para apresentar defesa no prazo de cinco dias;

c) comunicar instalação ao Sr. .... (cargo da autoridade instauradora), ao Sr. ...., e ao Sr. Coordenador Geral/Chefe de Recursos Humanos/ Corregedoria, onde houver;

d) expedir ofícios ao .... e às chefias do indiciado comunicando a instalação dos trabalhos;

e) requerer à Divisão de Recursos Humanos a ficha funcional do servidor .... (nome);

f) diligenciar junto (órgãos, instituições, repartições, etc.)

g) extrair cópias dos autos de .... (especificar);

h) o Presidente designa como Secretário da Comissão de Processo Administrativo Disciplinar de Rito Sumário o servidor ...., Matrícula nº ...., cargo ...., membro efetivo desta Comissão, a teor do disposto no art. 149, §1º, da Lei nº 8.112/90, ou ...designa como Secretário *ad hoc* o servidor........, para fins de secretariar o Colegiado nos serviços externos;

i) realizar de reuniões deliberativas e reservadas da Comissão, decidindo sobre os demais atos e providências posteriores, necessárias ao prosseguimento dos trabalhos; e

j) dispor que todos os membros do Colegiado podem, individualmente ou em conjunto, colher as provas necessárias à instrução destes autos para posterior apreciação conjunta.

A Comissão estará reunida nos dias normais de expediente das 8h às 12h (para uma das Comissões) e das 14h às 18h (para outra Comissão) .

Nada mais havendo a ser tratado, eu ....(nome).......Presidente da Comissão, lavrei a presente Ata que segue assinada por todos os seus membros.

Cidade/UF/data

_____
PRESIDENTE

_____
MEMBRO-SECRETÁRIO

Modelo 06 – Comunicação à Corregedoria ou ao Recursos Humanos

Comentários

A comunicação feita à Corregedoria ou ao setor de Recursos Humanos tem como objetivo a atualização do sistema de acompanhamento das comissões disciplinares.

O registro de processo disciplinar em curso compete à Corregedoria ou a Divisão ou Departamento Disciplinar do órgão, responsável pela emissão de certidões negativas ou positivas quanto à existência de procedimentos disciplinares.

Assim, informa-se o número do processo formalizado especialmente para os trabalhos do processo administrativo disciplinar de rito sumário, bem como o membro que está atuando como secretário, até para que conste na sua ficha funcional a experiência em secretariar comissão.

****

PARTE PRÁTICA | 385

CAPÍTULO 3 – MODELOS BÁSICOS – PROCESSO ADMINISTRATIVO DISCIPLINAR DE RITO SUMÁRIO: CUMULAÇÃO ILEGAL DE CARGOS...

Brasão ou Timbre do Órgão
SERVIÇO PÚBLICO FEDERAL
COMISSÃO DE PROCESSO ADMINISTRATIVO DISCIPLINAR DE RITO SUMÁRIO

OFÍCIO..... CRS /nº 00.../202...

Cidade/UF, dia/mês/ano

Ao Senhor
Nome.......
cargo ou função.........
Ministério......
Endereço
CEP, Cidade e UF

Assunto: ....(resumir em uma linha) ....

Senhor Corregedor ou Coordenador-Geral de Recursos Humanos,

1. Comunico que a Comissão de Processo Administrativo Disciplinar de Rito Sumário por .... (acumulação ilegal de cargos, empregos ou funções públicas/ abandono de cargo/inassiduidade habitual), instaurada pela Portaria nº ...., de ....de .... de 20........, publicada no BS nº ...., de ..../..../...., com a finalidade de apurar as denúncias constantes no *Processo nº* .... e apensos nºs ...., e instalada na data de ..../......./........., na sala de Comissão de Processo Administrativo Disciplinar de Rito Sumário, ...º andar, fone (........) ...., do prédio da ...., formalizou Processo Administrativo sob o nº .... e deu início aos seus trabalhos, mediante deliberações registradas na respectiva Ata de Instalação.

2. Outrossim, informo que a Comissão funcionará no horário das 9h às 11h e das 14h às 16h, de segunda a sexta-feira e que Servidor .... (nome), cargo, Matrícula nº ...., foi designado pelo Presidente para secretariar os trabalhos da referida Comissão.

Atenciosamente,

_____
PRESIDENTE

Modelos 07 e 08 – Comunicação de instalação para a autoridade instauradora e ao Recursos Humanos do órgão

Comentários

A comunicação da instalação da comissão à autoridade instauradora e ao setor de Recursos Humanos tem caráter meramente informativo.

Entretanto, a informação ao *setor de Recursos Humanos* tem a *finalidade* de impedir que o indiciado crie obstáculos aos trabalhos da Comissão Processante de Rito Sumário, como pedidos de licenças especiais, cursos e viagens a serviço para locais de difícil comunicação ou acesso.

Essas situações impossibilitam a condução dos trabalhos, que ficam paralisados até a volta do servidor. Então, esgota-se o prazo da apuração, já exíguo, sem que o colegiado conseguisse produzir uma única prova na ausência do servidor indiciado.

Para se evitar esse tipo de transtorno para a comissão tanto o chefe do Recursos Humanos quanto o chefe imediato são comunicados, nos casos que a investigação possa terminar no prazo regulamentar (trinta dias prorrogáveis por mais quinze dias), da *inafastabilidade* do indiciado da sua lotação até o encerramento dos trabalhos, além de que tanto um quanto outro sabem como entrar em contato ou remeter documentos que dizem respeito ao objeto de investigação.

Na hipótese de o acusado ou indiciado estar inscrito em ação de capacitação (cursos de curta ou longa duração), o afastamento para o curso pretendido poderá ser autorizado pelo presidente da comissão disciplinar, caso o servidor apresente justificativa fundamentada e firme compromisso de comparecer, quando convocado, aos atos da comissão.

Modelo 07 – Comunicação de instalação para a autoridade instauradora

Brasão ou Timbre do Órgão
SERVIÇO PÚBLICO FEDERAL
COMISSÃO DE PROCESSO ADMINISTRATIVO DISCIPLINAR DE RITO SUMÁRIO

OFÍCIO..... CRS /nº 00.../202...

Cidade/UF, dia/mês/ano

Ao Senhor
Nome.......
cargo ou função.........
Ministério......
Endereço
CEP, Cidade e UF

Assunto: ....(resumir em uma linha) ....

Senhor .... (autoridade instauradora),

1. Na condição de Presidente da *Comissão de Processo Administrativo Disciplinar de Rito Sumário por* .... (*acumulação ilegal de cargos, empregos ou funções públicas/abandono de cargo/inassiduidade habitual*), instaurada pela Portaria nº ...., de ....de .... de 20........., publicada no BS/*DOU* nº ...., de ..../..../...., anexo, tenho a honra de dirigir-me a V. Sª para comunicar que esta Comissão de .... que apura a denúncia constante no Processo Administrativo nº ...., apensos nºs ...., contra o servidor ..... (nome do acusado), foi instalada, desde as .... (horas) desta data, na sala da Comissão de .. .., sita no prédio da ...... (unidade), Av. ...., ..., ...º andar – fone (.......) ...., e formalizou o Processo Administrativo de nº......, mediante deliberações registradas na respectiva Ata de Instalação.

2. Outrossim, informo que a Comissão funcionará no horário das 9h às 11h e das 14h às 16h, de segunda a sexta-feira.

Atenciosamente,

_____
PRESIDENTE

Modelo 08 – Comunicação de instalação ao Recursos Humanos

Brasão ou Timbre do Órgão
SERVIÇO PÚBLICO FEDERAL
COMISSÃO DE PROCESSO ADMINISTRATIVO DISCIPLINAR DE RITO SUMÁRIO

OFÍCIO..... CRS /nº 00.../202...

Cidade/UF, dia/mês/ano

Ao Senhor
Nome.......
cargo ou função.........
Ministério......
Endereço
CEP, Cidade e UF

Assunto: ....(resumir em uma linha) ....

Senhor Coordenador-Geral de Recursos Humanos/Chefe,

1. Na condição de Presidente da Comissão de Processo Administrativo Disciplinar de Rito Sumário por .... (acumulação ilegal de cargos, empregos ou funções públicas/abandono de cargo/inassiduidade habitual), instaurada pela Portaria nº ...., de ....de .... de 20........, publicada no BS nº ...., de ..../..../...., anexo, tenho a honra de dirigir-me a V. Sª para comunicar que esta Comissão de ...., que apura a denúncia constante no Processo Administrativo nº ...., apensos nºs ...., formulada pelo Sr. ..... (nome do denunciante, se houver) contra o servidor ..... (nome do acusado), foi instalada desde as .... (horas) desta data, na sala da Comissão de ...., sita no prédio da .... (unidade), Av. ...., ..., ... andar – fone (.......) .... e formalizou o Processo Administrativo de nº......, para desenvolver seus trabalhos.

2. Informa, ainda, que o servidor acusado não poderá gozar férias,[11] afastar-se de seu local de trabalho a serviço, tirar licenças especiais, aposentar-se ou exonerar-se até o encerramento das atividades desta comissão (art. 172 da Lei nº 8.112/90 c/c Portaria Normativa nº........).

3. Os casos de afastamento para cursos de curta ou longa duração serão apreciados e autorizados mediante justificativa fundamentada apresentada pelo servidor acusado, com o compromisso firmado de comparecer, quando convocado, aos atos da comissão.

Atenciosamente,

_____
PRESIDENTE

---

[11] Tanto os acusados como os membros da Comissão Processante podem, nos casos excepcionais de investigações de longa duração, ajustar períodos de férias simultâneos.

PARTE PRÁTICA | 389

CAPÍTULO 3 – MODELOS BÁSICOS – PROCESSO ADMINISTRATIVO DISCIPLINAR DE RITO SUMÁRIO: CUMULAÇÃO ILEGAL DE CARGOS...

Modelo 9 – Comunicação à chefia imediata do servidor indiciado

Comentários

A comunicação à chefia imediata do servidor indiciado, além da natureza informativa, tem como finalidade a cooperação com os trabalhos desenvolvidos pela comissão, como, por exemplo, evitar que a chefia designe o servidor para atividades que envolvam viagens a serviço, pelo menos durante o tempo que durar a investigação.

Como o servidor indiciado tem, obrigatoriamente, que ser comunicado com antecedência das diligências e oitivas de testemunhas, torna-se impossível o desenvolvimento dos trabalhos em caso de não localização do servidor indiciado em razão de encargos impostos pela chefia imediata.

Por fim, consta recomendação de que a Chefia flexibilize o horário de trabalho, de modo que o servidor indiciado possa acompanhar o desenvolver dos trabalhos e as demais provas que serão produzidas. Não deve a Chefia sobrecarregar o servidor, "punindo-o" com uma carga excessiva de trabalho que inviabilize a sua defesa.

****

Brasão ou Timbre do Órgão
SERVIÇO PÚBLICO FEDERAL
COMISSÃO DE PROCESSO ADMINISTRATIVO DISCIPLINAR DE RITO SUMÁRIO

OFÍCIO..... CRS /nº 00.../202...

Cidade/UF, dia/mês/ano

Ao Senhor
Nome.......
cargo ou função.........
Ministério......
Endereço
CEP, Cidade e UF

Assunto: ....(resumir em uma linha) ....

Senhor ....,

1. Na condição de Presidente da Comissão de Processo Administrativo Disciplinar de Rito Sumário por .... (acumulação ilegal de cargos/abandono de cargos, empregos ou funções públicas/inassiduidade habitual), instaurada pela Portaria nº ...., de ....de .... de 20........, publicada no BS nº ...., de ..../..../...., anexo, tenho a honra de dirigir-me a V. Sª para comunicar que esta Comissão de .... que apura a denúncia constante no Processo Administrativo nº ...., apensos nºs ...., formulada pelo Sr. .... (nome do denunciante, se houver) contra o servidor ..... (nome do acusado), foi instalada desde as .... (horas) desta data, na sala da Comissão de ...., sita no prédio da .... (unidade), Av. ...., ..., ... andar – fone (.......) .... e formalizou o Processo Administrativo de nº....., para desenvolver seus trabalhos.

2. Informa, ainda, que deve ser conferido ao servidor acusado a flexibi-lidade de horário durante todo o curso processual, de modo que possa exercer em plenitude a garantia da ampla defesa (art. 5º, LV, CF/88 e art. 156, *caput*, Lei nº 8.112/90).

3. Os casos de afastamento para cursos de curta ou longa duração serão apreciados e autorizados mediante justificativa fundamentada apresentada pelo servidor acusado, com o compromisso firmado de comparecer, quando convocado, aos atos da comissão.

4. Na oportunidade, agradeço o apoio necessário para o bom desempenho das atividades pertinentes a referida Comissão.

Atenciosamente,

_____
PRESIDENTE

Modelo 10 – Termo de indiciação

Comentários

O Termo de Indiciação nada mais é do que a aplicação prática do contido no §1º do art. 133 da Lei nº 8.112/90, ou seja, dele deve constar o nome e matrícula do servidor e a indicação da *materialidade*, que será diferente conforme os casos de rito sumário:

a) na *acumulação ilegal de cargos, empregos ou funções públicas*: pela descrição dos cargos, empregos ou funções públicas em situação ilegal, dos órgãos ou entidades de vinculação, das datas de ingresso do horário de trabalho e do correspondente regime jurídico. A Comissão de Rito Sumário é instaurada quando o processo de denúncia está devidamente instruído do Setor de Recursos Humanos com todos esses dados;

b) no *abandono de cargo*: pela indicação precisa do período de ausência intencional do servidor ao serviço, superior a trinta dias (art. 140, I, alínea "a", da Lei nº 8.112/90);

c) na *inassiduidade habitual*: pela indicação dos dias de falta ao serviço sem causa justificada, por período igual ou superior a sessenta dias, interpoladamente, durante o período de doze meses (art. 140, I, alínea "b", da Lei nº 8.112/90);

Extrai-se da combinação do referido em todo o art. 133 c/c o art. 140 da Lei nº 8.112/90, três elementos que precisam constar no Despacho de Encerramento de Instrução e Indiciação, para garantir que o servidor indiciado possa exercer a mais ampla defesa:

a) a *tipificação*: assim entendido o enquadramento legal da irregularidade praticada pelo servidor investigado;

b) a *especificação dos fatos*: deve a Comissão Disciplinar descrever o *fato praticado pelo servidor*, constante na portaria inaugural, que é específica, e não copiar o texto da lei, constante nos arts. 133 e 140, como é comum e equivocado por parte de algumas comissões processantes;

c) a *especificação das provas*: não só mencionar e descrever as provas coletadas e juntadas aos autos, mas apontar as folhas do processo disciplinar, para que o indiciado, ao elaborar sua defesa, saiba qual a prova que deverá contrapor àquela apontada pela Comissão de Rito Sumário, defendendo-se satisfatoriamente.

Não deve constar no Termo de Encerramento de Instrução e Indiciação a penalidade correspondente aos deveres e/ou proibições funcionais violadas não sendo este o momento oportuno de se indicar a penalidade cabível, mas sim, se couber, no Relatório Final.

****

Brasão ou Timbre do Órgão
SERVIÇO PÚBLICO FEDERAL
COMISSÃO DE PROCESSO ADMINISTRATIVO DISCIPLINAR DE RITO SUMÁRIO
TERMO DE INDICIAÇÃO

(Acumulação ilegal de cargos)

A Comissão de Processo Administrativo Disciplinar de Rito Sumário instaurada pela Portaria nº ...., de ....de .... de 20........., publicada no BS nº ...., de ..../..../...., com o propósito de apurar a acumulação ilegal de cargos, empregos ou funções públicas, conforme noticiado na citada portaria e a denúncia constante no Processo Administrativo nº...................., após o exame das provas constantes nos autos e com fundamento no que preceitua o *caput* e o §§1º e 2º do art. 133 da Lei nº 8.112/90, INDICIA ...... *(nome do servidor), cargo, Matrícula SIAPE nº*..., lotado na ...., pela situação de acumulação dos seguintes cargos (empregos ou funções públicas):

> 1) nome e descrição do cargo, citar órgão ou entidade de vinculação, data de ingresso, horário de trabalho, horas semanais trabalhadas, pertencente ao Regime Jurídico....... (fls.....)
> 2) Simultaneamente, ocupante do ..... nome e descrição do cargo, citar órgão ou entidade de vinculação, data de ingresso, horário de trabalho, horas semanais trabalhadas, pertencente ao Regime Jurídico .... (fls......)

Em face do exposto, decidiu a Comissão Processante, por meio de seu Presidente, promover a CITAÇÃO pessoal indiciado ou por meio de sua chefia imediata, em razão dos fatos imputados e das respectivas provas constantes nos autos, para que apresente *DEFESA ESCRITA*, pessoalmente ou por advogado constituído com mandato, no PRAZO DE CINCO DIAS (§2, do art. 133) contados do dia seguinte ao do recebimento da citação (art. 238, da Lei nº 8.112/90), sob pena de revelia, sendo-lhe assegurado os direitos previstos no art. 156, da mesma lei, e acesso ao processo eletrônico para o indiciado e seu advogado.

Cidade/UF, dia/mês/ano

_____
PRESIDENTE

_____
MEMBRO-SECRETÁRIO

PARTE PRÁTICA | 393

CAPÍTULO 3 – MODELOS BÁSICOS – PROCESSO ADMINISTRATIVO DISCIPLINAR DE RITO SUMÁRIO: CUMULAÇÃO ILEGAL DE CARGOS...

Modelo 11 – Termo de Indiciação (Abandono de Cargo)

Brasão ou Timbre do Órgão
SERVIÇO PÚBLICO FEDERAL
COMISSÃO DE PROCESSO ADMINISTRATIVO DISCIPLINAR DE RITO SUMÁRIO
TERMO DE INDICIAÇÃO

(Abandono de cargo)

A Comissão de Processo Administrativo Disciplinar de Rito Sumário instaurada pela Portaria nº ...., de ....de .... de 20........., publicada no BS nº ...., de ..../..../...., com o propósito de apurar abandono de cargo, conforme noticiado na citada portaria e a denúncia constante no Processo Administrativo nº...................., após o exame das provas constantes nos autos e com fundamento no que preceitua o §2 º do art. 133 c/c o art. 140 da Lei nº 8.112/90, INDICIA ...... *(nome do servidor)*, *cargo, Matrícula SIAPE nº*..., lotado na ....,por abandono do cargo que ocupa, quando não compareceu ao serviço sem a devida justificativa por mais de 30 (trinta) dias consecutivos nos períodos compreendidos entre (dia e mês) do ano de .... e (dia e mês) do ano de ......, nos termos do art. 138 e alínea "a", do inc. I, do art. 140, da Lei nº 8.112/90, conforme fls. .... do Processo nº ....

Em face do exposto, decidiu a Comissão Processante, por meio de seu Presidente, promover a CITAÇÃO pessoal indiciado ou por meio de sua chefia imediata, em razão dos fatos imputados e das respectivas provas constantes nos autos, para que apresente *DEFESA ESCRITA*, pessoalmente ou por advogado constituído com mandato, no PRAZO DE CINCO DIAS (§2º, do art. 133) contados do dia seguinte ao do recebimento da citação (art. 238, da Lei nº 8.112/90), sob pena de revelia, sendo-lhe assegurados os direitos previstos no art. 156, da mesma lei, e acesso ao processo eletrônico para o indiciado e seu advogado.

Cidade/UF, dia/mês/ano

_____
PRESIDENTE

_____
MEMBRO-SECRETÁRIO

Modelo 12 – Termo de Indiciação (Inassiduidade habitual)

Brasão ou Timbre do Órgão
SERVIÇO PÚBLICO FEDERAL
COMISSÃO DE PROCESSO ADMINISTRATIVO DISCIPLINAR DE RITO SUMÁRIO

TERMO DE INDICIAÇÃO
(Inassiduidade habitual)

A Comissão de Processo Administrativo Disciplinar de Rito Sumário instaurada pela Portaria nº ...., de ....de .... de 20........., publicada no BS nº ...., de ..../..../...., com o propósito de apurar inassiduidade habitual, conforme noticiado na citada portaria e a denúncia constante no Processo Administrativo nº...................., após o exame das provas constantes nos autos e com fundamento no que preceitua o §2 º do art. 133 c/c o art. 140 da Lei nº 8.112/90, INDICIA ...... *(nome do servidor)*, *cargo*, *Matrícula SIAPE nº*..., lotado na ....,por inassiduidade habitual do cargo que ocupa, quando faltou ao serviço sem causa justificada nos seguintes dias: .... (indicar os dias), os quais somam....(sessenta dias ou mais)....... no período de doze meses *(Nota: as faltas injustificadas têm que ser iguais ou superiores a sessenta dias)* nos termos do art. 139 e alínea "b", do inc. I, do art. 140, da Lei nº 8.112/90, conforme fls. .... do Processo nº ....

Em face do exposto, decidiu a Comissão Processante, por meio de seu Presidente, promover a CITAÇÃO pessoal indiciado ou por meio de sua chefia imediata, em razão dos fatos imputados e das respectivas provas constantes nos autos, para que apresente *DEFESA ESCRITA*, pessoalmente ou por advogado constituído com mandato, no PRAZO DE CINCO DIAS (§2º, do art. 133) contados do dia seguinte ao do recebimento da citação (art. 238, da Lei nº 8.112/90), sob pena de revelia, sendo-lhe assegurados os direitos previstos no art. 156, da mesma lei, e acesso ao processo eletrônico para o indiciado e seu advogado.

Cidade/UF, dia/mês/ano

_____
PRESIDENTE

_____
MEMBRO-SECRETÁRIO

Modelo 13 – Mandado de citação

Comentários

O prazo para o servidor indiciado se defender é de cinco dias, contados do dia seguinte ao do recebimento da citação. Acompanha o mandado de citação a cópia do termo de indiciação, sendo facultativa a entrega de cópia digitalizada do processo em mídia, uma vez que há acesso ao processo eletrônico.

Aqui, além do próprio indiciado ou seu advogado constituído, *desde que tenha poderes especiais* no instrumento de mandato (procuração) constante nos autos, pode receber o mandado de citação, o *chefe imediato do servidor*, conforme faculta a lei (art. 133, §2º, da Lei nº 8.112/90).

Nunca, em hipótese alguma, deixar o mandado com terceiros, à exceção da citação por hora certa e a do chefe imediato, por expressa previsão legal, não se admitindo a entrega a colega do mesmo setor. Citações e intimações enviadas, via Correios, para o endereço residencial do servidor indiciado, com AR, são válidas.[12]

No que se refere às intimações, notificações e citação por aplicativo de mensagens (*WhatsApp* ou similares), o STJ entendeu pela sua possibilidade, com base no princípio *pas de nullité sans grief,* desde que observada a tripla verificação, que permite concluir pela autenticidade do receptor das mensagens: (a) o número telefônico disponível para contato com o acusado; (b) a confirmação de sua identidade por telefone; e (c) a foto individual do denunciado, no aplicativo, que, inclusive, coincide com a foto de identificação civil também constante dos autos.[13]

No âmbito da Controladoria-Geral da União houve regulamentação por meio da Portaria Normativa nº 27/2022, que disciplinou o uso de recursos tecnológicos para realização de atos de comunicação em processos correcionais no âmbito do Sistema de Correição do Poder Executivo Federal.

Assim, uma vez enviada a mensagem pelo correio eletrônico ou pelo aplicativo de mensagem instantânea, a confirmação do recebimento da comunicação se dará mediante: a) a manifestação do destinatário; b) a notificação de confirmação automática de leitura; c) o sinal gráfico característico do respectivo aplicativo, que demonstre, de maneira inequívoca, a leitura por parte do destinatário; d) a ciência ficta, quando encaminhada para o correio eletrônico ou número de telefone móvel informados ou confirmados pelo interessado; ou e) o atendimento da finalidade da comunicação. A contagem de prazos terá início no primeiro dia útil seguinte à data da primeira ocorrência de confirmação de recebimento da comunicação dentre aquelas previstas neste artigo.

---

[12] Nesse ponto, deve ser aberto um parênteses para consignar que, assim como ocorre na esfera judicial, também no Processo Administrativo Disciplinar é de ser reconhecida a validade da intimação realizada pelo correio, com aviso de recebimento (AR), sendo dispensada a assinatura do aviso de recebimento pelo próprio destinatário, bastando que reste inequívoca a entrega no seu endereço. (EDcl no MS 17873 / DF, Relator Ministro Mauro Campbell Marques, Primeira Seção, STJ, julg. 28/08/2013, public. DJe 09/09/2013).

[13] AgRg no RHC 141245 / DF, relator Ministro RIBEIRO DANTAS, 5ª Turma do STJ, julg. 13/04/2021, pub. DJe 16/04/2021.

Se não ocorrer alguma das hipóteses do artigo 101, no prazo de 5 (cinco) dias, o procedimento de comunicação deve ser cancelado e repetido por qualquer outro meio .

Por fim, a comunicação processual deve ser incorporada aos autos, com a juntada da mensagem de correio eletrônico, de aplicativo de mensagem instantânea ou de termo nos quais constem o dia, o horário e o número de telefone para o qual se enviou a comunicação, bem como o dia e o horário em que ocorreu a confirmação do recebimento da mensagem pelo destinatário, com imagem do ato (*print*).

A adoção de medidas para a mitigação dos riscos pode incluir a exigência, pelo agente público, do envio de foto do documento de identificação do acusado, de um termo de ciência do ato citatório assinado de próprio punho, quando houver algum documento do citando para poder comparar as assinaturas, ou qualquer outra medida que torne incontestável tratar-se de conversa travada com o verdadeiro denunciado. Neste caso, torna-se possível presumir que a citação ou intimação deu-se de forma válida.[14]

****

---

[14] HC 679962 / PR, Rel. Ministro JESUÍNO RISSATO (DESEMBARGADOR CONVOCADO DO TJDFT), 5ª Turma do STJ, julg. 05/10/2021, pub. DJe 08/10/2021.

Brasão ou Timbre do Órgão
SERVIÇO PÚBLICO FEDERAL
COMISSÃO DE PROCESSO ADMINISTRATIVO DISCIPLINAR DE RITO SUMÁRIO

MANDADO DE CITAÇÃO
(acumulação ilegal de cargos, empregos ou funções)

A Sua Senhoria o Senhor
(nome do servidor indiciado)
(cargo)

Em exercício na ......
Cidade/UF

O Presidente da Comissão de Processo Administrativo Disciplinar de Rito Sumário, instaurada pela Portaria nº ...., de ....de .... de 20........, publicada no BS nº ...., de ..../..../...., com a finalidade de apurar denúncia de acumulação ilegal de cargos, empregos ou funções por V. Sª, informa-lhe que a Comissão instalou seus trabalhos no dia ......, e formalizou o Processo Administrativo de nº...... para desenvolver a apuração, sendo-lhe facultado acompanhar, por si ou procurador legalmente constituído, todos os atos e diligências a serem praticados, produzir provas e contraprovas, e formular quesitos, quando se tratar de prova pericial, nos termos do inciso IV, do art. 5º, da Constituição Federal c/c §2º do art. 133 e artigos 153 e 156, da Lei nº 8.112/90, uma vez que V. Sª figura como *INDICIADO*.

Tendo em vista o que consta no Processo nº .... e o que dispõe o *caput* e o §§1º e 2º do art. 133, da Lei nº 8.112/90, promove a *CITAÇÃO* de V. Sª para, no prazo de cinco dias, contados do dia útil seguinte à juntada do presente mandado aos autos (art. 238, da mesma lei) apresentar *DEFESA ESCRITA*, sob pena de revelia, em razão dos fatos, fundamentos e provas contidas no Termo de Encerramento de Instrução e Indiciação, cópia anexa, o qual faz parte integrante deste como se aqui transcrito estivesse, constando também na mídia com cópia integral e atualizada do processo administrativo em epígrafe, ambos em anexo.

O acesso aos autos eletrônicos encontra-se liberado e também pode ser concedido ao seu defensor legalmente constituído.

Informamos que caso V. Sª mude de residência, deve obrigatoriamente comunicar à comissão o lugar onde poderá ser encontrado, conforme disposto no art. 162, da Lei nº 8.112/90.

Cidade/UF, dia/mês/ano

_____
PRESIDENTE

Recebi, em ..../........./20...
o original do presente mandado de citação, cópia do Termo de Indiciação, cópia digital do processo, na íntegra, em mídia.

_____
Indiciado/Representante legal/Chefe imediato

Modelo 14 – Mandado de citação – Abandono de cargo

Brasão ou Timbre do Órgão
SERVIÇO PÚBLICO FEDERAL
COMISSÃO DE PROCESSO ADMINISTRATIVO DISCIPLINAR DE RITO SUMÁRIO

MANDADO DE CITAÇÃO
(Abandono de cargo)

A Sua Senhoria o Senhor
(nome do servidor indiciado)
(cargo)

Em exercício na ......
Cidade/UF

O Presidente da Comissão de Processo Administrativo Disciplinar de Rito Sumário, instaurada pela Portaria nº ...., de ....de .... de 20........., publicada no BS nº ...., de ..../..../...., com a finalidade de apurar denúncia abandono de cargo por V. Sª, informa-lhe que a Comissão instalou seus trabalhos no dia ......, e formalizou o Processo Administrativo de nº...... para desenvolver a apuração, sendo-lhe facultado acompanhar, por si ou procurador legalmente constituído, todos os atos e diligências a serem praticados, produzir provas e contraprovas, e formular quesitos, quando se tratar de prova pericial, nos termos do inciso IV, do art. 5º, da Constituição Federal c/c §2º do art. 133 e artigos 153 e 156, da Lei nº 8.112/90, uma vez que V. Sª figura como *INDICIADO.*

Tendo em vista o que consta no Processo nº .... e o que dispõe o §2º do art. 133 c/c art. 138 c/c a alínea "a", do inc. I, do art. 140 da Lei nº 8.112/90, promove a *CITAÇÃO* de V. Sª para, no prazo de cinco dias, contados do dia útil seguinte à juntada do presente mandado aos autos (art. 238, da mesma lei) apresentar *DEFESA ESCRITA*, sob pena de revelia, em razão dos fatos, fundamentos e provas contidas no Termo de Encerramento de Instrução e Indiciação, cópia anexa, o qual faz parte integrante deste como se aqui transcrito estivesse, constando também na mídia com cópia integral e atualizada do processo administrativo em epígrafe, ambos em anexo.

O acesso aos autos eletrônicos encontra-se liberado e também pode ser concedido ao seu defensor legalmente constituído.

Informamos que caso V. Sª mude de residência, deve obrigatoriamente comunicar à comissão o lugar onde poderá ser encontrado, conforme disposto no art. 162, da Lei nº 8.112/90.

Cidade/UF, dia/mês/ano

_____
PRESIDENTE

Recebi, em ..../........./20...
o original do presente mandado de citação, cópia do Termo de Indiciação, cópia digital do processo, na íntegra, em mídia.

_____
Indiciado/Representante legal/Chefe imediato

Modelo 15 – Mandado de citação – Inassiduidade habitual

Brasão ou Timbre do Órgão
SERVIÇO PÚBLICO FEDERAL
COMISSÃO DE PROCESSO ADMINISTRATIVO DISCIPLINAR DE RITO SUMÁRIO

MANDADO DE CITAÇÃO
(Inassiduidade habitual)

A Sua Senhoria o Senhor
(nome do servidor indiciado)
(cargo)

Em exercício na ......
Cidade/UF

O Presidente da Comissão de Processo Administrativo Disciplinar de Rito Sumário, instaurada pela Portaria nº ...., de ....de .... de 20........, publicada no BS nº ...., de ..../..../...., com a finalidade de apurar denúncia de inassiduidade habitual por V. Sª, informa-lhe que a Comissão instalou seus trabalhos no dia ......, e formalizou o Processo Administrativo de nº...... para desenvolver a apuração, sendo-lhe facultado acompanhar, por si ou procurador legalmente constituído, todos os atos e diligências a serem praticados, produzir provas e contraprovas, e formular quesitos, quando se tratar de prova pericial, nos termos do inciso IV, do art. 5º, da Constituição Federal c/c §2º do art. 133 e artigos 153 e 156, da Lei nº 8.112/90, uma vez que V. Sª figura como indiciado.

Tendo em vista o que consta no Processo nº .... e o que dispõe o §2º do art. 133 c/c art. 139 c/c a alínea "b", do inc. I, do art. 140 da Lei nº 8.112/90, promove a *CITAÇÃO* de V. Sª para, no prazo de cinco dias, contados do dia útil seguinte à juntada do presente mandado aos autos (art. 238, da mesma lei) apresentar *DEFESA ESCRITA*, sob pena de revelia, em razão dos fatos, fundamentos e provas contidas no Termo de Encerramento de Instrução e Indiciação, cópia anexa, o qual faz parte integrante deste como se aqui transcrito estivesse, constando também na mídia com cópia integral e atualizada do processo administrativo em epígrafe, ambos em anexo.

O acesso aos autos eletrônicos encontra-se liberado e também pode ser concedido ao seu defensor legalmente constituído.

Informamos que caso V. Sª mude de residência, deve obrigatoriamente comunicar à comissão o lugar onde poderá ser encontrado, conforme disposto no art. 162, da Lei nº 8.112/90.

Cidade/UF, dia/mês/ano

_____
PRESIDENTE

Recebi, em ..../........./20...
o original do presente mandado de citação, cópia do Termo de Indiciação, cópia digital do processo, na íntegra, em mídia.

_____
Indiciado/Representante legal/Chefe imediato

Modelo 16 – Termo de juntada

Comentários

Dentre as atribuições do membro-secretário, ou do secretário *ad hoc,* encontra-se a de providenciar o termo de juntada para os documentos *não produzidos pela comissão,* a fim de manter registro confiável de data e horário de chegada dos documentos externos.

O interessado tanto pode enviar o documento já em meio digital, quanto em meio físico, o qual, depois de digitalizado e juntado ao processo, será imediatamente devolvido.[15]

****

---

[15] Vide arts 11 e 12 do Decreto nº 8.539, de 8 de outubro de 2015:

Art. 11. O interessado poderá enviar eletronicamente documentos digitais para juntada aos autos.

§1º O teor e a integridade dos documentos digitalizados são de responsabilidade do interessado, que responderá nos termos da legislação civil, penal e administrativa por eventuais fraudes.

§2º Os documentos digitalizados enviados pelo interessado terão valor de cópia simples.

§3º A apresentação do original do documento digitalizado será necessária quando a lei expressamente o exigir ou nas hipóteses previstas nos art. 13 e art. 14.

Art. 12. A digitalização de documentos recebidos ou produzidos no âmbito dos órgãos e das entidades da administração pública federal direta, autárquica e fundacional deverá ser acompanhada da conferência da integridade do documento digitalizado.

§1º A conferência prevista no caput deverá registrar se foi apresentado documento original, cópia autenticada em cartório, cópia autenticada administrativamente ou cópia simples.

§2º Os documentos resultantes da digitalização de originais serão considerados cópia autenticada administrativamente, e os resultantes da digitalização de cópia autenticada em cartório, de cópia autenticada administrativamente ou de cópia simples terão valor de cópia simples.

§3º A administração poderá, conforme definido em ato de cada órgão ou entidade:

I - proceder à digitalização imediata do documento apresentado e devolvê-lo imediatamente ao interessado;

II - determinar que a protocolização de documento original seja acompanhada de cópia simples, hipótese em que o protocolo atestará a conferência da cópia com o original, devolverá o documento original imediatamente ao interessado e descartará a cópia simples após a sua digitalização; e

III - receber o documento em papel para posterior digitalização, considerando que:

a) os documentos em papel recebidos que sejam originais ou cópias autenticadas em cartório devem ser devolvidos ao interessado, preferencialmente, ou ser mantidos sob guarda do órgão ou da entidade, nos termos da sua tabela de temporalidade e destinação; e

b) os documentos em papel recebidos que sejam cópias autenticadas administrativamente ou cópias simples podem ser descartados após realizada a sua digitalização, nos termos do caput e do §1º.

§4º Na hipótese de ser impossível ou inviável a digitalização do documento recebido, este ficará sob guarda da administração e será admitido o trâmite do processo de forma híbrida, conforme definido em ato de cada órgão ou entidade.

Brasão ou Timbre do Órgão
SERVIÇO PÚBLICO FEDERAL
COMISSÃO DE PROCESSO ADMINISTRATIVO DISCIPLINAR DE RITO SUMÁRIO

TERMO DE JUNTADA

De ordem do Sr. Presidente, eu, Membro-Secretário da COMISSÃO DE PROCESSO ADMINISTRATIVO DISCIPLINAR DE RITO SUMÁRIO, instituído pela Portaria nº ...., de ....de .... de 20........, publicada no BS nº ...., de ..../..../...., lavro o presente termo para constar que na data de ....../......./......, às .... horas, digitalizei e juntei aos autos os documentos de fls ....a.........., após o que procedi a devolução do documento em meio físico ao interessado. Nada mais.

_____
MEMBRO-SECRETÁRIO

Modelo 17 – Portaria de designação de secretário da comissão

Comentários

Compete ao presidente da comissão designar servidor para funcionar como secretário dos trabalhos, podendo a indicação recair sobre o outro membro ou um servidor estranho à comissão (art. 149, §1º, da Lei nº 8.112/90). Em ambos os casos, providencia-se a publicação da portaria referente ao encargo e do respectivo termo de fidelidade ou compromisso.

Caso a indicação recaia sobre servidor estranho à comissão, convém esclarecer que não se trata de um quarto membro, mas de secretário *ad hoc* (para o ato). Assim, o secretário *ad hoc* não tem poder de voto nas deliberações da comissão e nem assina as atas e o relatório final, visto que não integra o colegiado. Também não é necessária sua presença em todos os atos somente naqueles em que irá prestar serviço, e nem obrigatória seu comparecimento às diligências do colegiado.

Embora conste no corpo da portaria que ela entra em vigor na data de sua assinatura, convém providenciar sua publicação em boletim de pessoal ou boletim interno do órgão.

****

Brasão ou Timbre do Órgão
SERVIÇO PÚBLICO FEDERAL
COMISSÃO DE PROCESSO ADMINISTRATIVO DISCIPLINAR DE RITO SUMÁRIO

PORTARIA/CRS/nº 01/20.....

O PRESIDENTE DA COMISSÃO DE PROCESSO DISCIPLINAR DE RITO SUMÁRIO, instaurada pela Portaria nº ....., de ...... de ...... de 20...., do Senhor.... (autoridade instauradora e órgão) para apurar as supostas irregularidades noticiadas no Processo nº ...., no uso das suas atribuições legais e considerando o disposto no artigo 149, §1º da Lei nº 8.112, de 11.12.1990:

R E S O L V E

Art. 1º Designar o servidor ...., ...(cargo)......., Matrícula ...., em exercício na ...., para desempenhar as funções de **Secretário** da referida Comissão.

Art. 2º - o servidor acima designado ficará dispensado do ponto até a entrega do Relatório Final, nos termos do art. 152, §1º da lei supramencionada.

Art. 3º - Esta portaria entra em vigor nesta data.

Cidade/UF, dia/mês/ano

_____
PRESIDENTE

PARTE PRÁTICA | 407

CAPÍTULO 3 – MODELOS BÁSICOS – PROCESSO ADMINISTRATIVO DISCIPLINAR DE RITO SUMÁRIO: CUMULAÇÃO ILEGAL DE CARGOS...

Modelo 18 – Termo de fidelidade ou compromisso

Comentários

Trata-se de compromisso prestado pelo membro-secretário ou pelo secretário *ad hoc*, designados pelo presidente da comissão. Secretário *ad hoc* (para o ato) é aquele que não consta da portaria, servidor designado especificamente para exercer as atribuições de secretário dos trabalhos, não detém poder de voto nas deliberações da comissão, não assina as atas e nem o relatório final, não participa das audiências e, portanto, e não faz perguntas nos depoimentos, já que não é membro.

Importante ressaltar que o secretário deve estar sempre disposto a ouvir tudo e colaborar com o colegiado, repassando as informações que chegam ao seu conhecimento, mas deve falar somente o essencial quando interpelado por terceiros, ou não prestar nenhuma informação, se for o caso, a fim de não comprometer a investigação.

É muito comum o secretário ser abordado por outros servidores, estranhos ao processo administrativo, com o fim de obterem informações. O alerta sobre essas circunstâncias deve ser feito pelo presidente, a quem o membro-secretário se reporta após o cumprimento de seus deveres.

A ausência do Termo de Fidelidade ou Termo de Compromisso não fulmina de nulidade todos os atos, ante a presunção de legitimidade e veracidade de que gozam os atos dos servidores públicos, segundo decidiu recentemente o STF,[16] mas deve o Colegiado, tanto quanto possível, adotar os procedimentos de praxe.

****

---

[16] Não implica nulidade a ausência de termo de compromisso do secretário da comissão do PAD, porquanto tal designação recai necessariamente em servidor público, cujos atos funcionais gozam de presunção de legitimidade e veracidade. (RMS 32230 / DF – Relator Min. Celso de Mello, STF, Julgamento: 07/11/2013, DJe-223 Divulg. 11/11/2013 Public. 12/11/2013).

Brasão ou Timbre do Órgão
SERVIÇO PÚBLICO FEDERAL
COMISSÃO DE PROCESSO ADMINISTRATIVO DISCIPLINAR DE RITO SUMÁRIO

TERMO DE FIDELIDADE ou COMPROMISSO

Pelo presente termo, eu, ...nome do servidor....., ...cargo.........., Matrícula nº........, em exercício na ...., comprometo-me, perante os membros da Comissão de Processo Administrativo Disciplinar de Rito Sumário, instaurada pela Portaria nº ...., de ....de .... de 20........, publicada no BS nº ...., de ..../..../...., exercer as funções de Secretário e observar a imposição legal no tocante ao sigilo e à reserva das informações previstos no art. 150 da Lei nº 8.112/90, bem como praticar os demais atos necessários à consecução dos trabalhos sob minha responsabilidade com discrição. Pelo que, firmo este termo.

Cidade/UF, dia/mês/ano

_____
SECRETÁRIO

PARTE PRÁTICA | 409

CAPÍTULO 3 – MODELOS BÁSICOS – PROCESSO ADMINISTRATIVO DISCIPLINAR DE RITO SUMÁRIO: CUMULAÇÃO ILEGAL DE CARGOS...

Modelo 19 – Pedido de resumo da ficha funcional do servidor indiciado

Comentários

Dentre as providências preliminares tomadas pela comissão está o pedido de ficha funcional resumida do servidor indiciado. A informação facilita os trabalhos da investigação porque traz o conhecimento do colegiado os setores onde o servidor já trabalhou, as funções ou chefias porventura exercidas, bem como informações complementares sobre *idoneidade moral, disciplina, assiduidade, dedicação, aptidão, eficiência no serviço e penalidade anterior,* se existir.

Quanto aos aspectos acima destacados, não se trata em absoluto de certidão desabonadora do servidor, mas de um retrato fiel de sua vida funcional, constando somente o que se encontra anotado nos seus assentamentos. Ao contrário do que se pensa, se da certidão constar que o indiciado foi punido com suspensão há mais de cinco anos, ou com advertência há mais de três anos, a comissão não levará essa informação em conta para fins de reincidência, uma vez que tais registros já deveriam ter sido cancelados, a teor do art. 131 da Lei nº 8.112/90.

Importante também que o setor de Recursos Humanos forneça a programação de férias do acusado e os pedidos de licenças especiais ou de aposentadoria em andamento, para conhecimento da comissão e solicitação de alteração das férias marcadas para gozo durante os trabalhos investigatórios. Eventuais pedidos de licenças especiais e pedido de aposentadoria ficarão sobrestados até o término dos trabalhos.

Na hipótese de o indiciado estar inscrito em ação de capacitação (cursos de curta ou longa duração), o afastamento para o curso pretendido poderá ser autorizado pelo presidente da comissão disciplinar, caso o servidor apresente justificativa fundamentada e firme compromisso de comparecer, quando convocado, aos atos da comissão. Obviamente, essa hipótese não se aplica ao abandono de cargo.

O colegiado deve manter contato com o setor de Recursos Humanos e orientar no sentido de que aquela Unidade deve dar ciência de quaisquer pedidos formulados pelo servidor indiciado, inclusive os de licença médica,[17] para que a comissão tome as providências, como por exemplo, submeter o indiciado à Junta Médica Oficial, no âmbito de um Incidente de Sanidade Mental, no caso de doenças mentais. No mais, o fato de o servidor estar doente não impede o curso das investigações, porque todas as diligências podem ser acompanhadas procurador, não necessariamente advogado,[18] habilitado no processo administrativo.

****

---

[17] "IV – O fato de encontrar-se o servidor em gozo de licença médica para tratamento de saúde não constitui óbice à demissão" (STF. MS nº 23310/RJ. Relator: Min. Carlos Velloso. Tribunal Pleno. Julgamento: 01 jul. 2002. *DJ*, 27 jun. 2003, PP-00031, EMENT VOL-02116-03 PP-00476).

[18] "A falta de defesa técnica por advogado no processo administrativo disciplinar não ofende a Constituição." (Súmula Vinculante 5/STF).

Brasão ou Timbre do Órgão
SERVIÇO PÚBLICO FEDERAL
COMISSÃO DE PROCESSO ADMINISTRATIVO DISCIPLINAR DE RITO SUMÁRIO

OFÍCIO..... CRS /nº 00.../202...

Cidade/UF, dia/mês/ano

Ao Senhor
Nome.......
cargo ou função.........
Ministério......
Endereço
CEP, Cidade e UF

Assunto: ....(resumir em uma linha) ....

Senhor Chefe,

1. Na qualidade de Presidente da Comissão de Processo Disciplinar de Rito Sumário, instaurada pela Portaria nº ...., de ....de .... de 20........., publicada no BS nº ...., de ..../..../...., anexo, venho requerer a V. Sª o "Resumo" individual da vida funcional do servidor ..... (nome do indiciado), Matrícula SIAPE nº......, contendo data de admissão, afastamentos e outras ocorrências dignas de referência, especialmente quanto a *idoneidade moral*, *disciplina*, *assiduidade*, *dedicação*, *aptidão*, *eficiência no serviço e penalidade anterior*. Mencionar na informação a existência ou não de punições disciplinares nos últimos 05 (cinco) anos, observando-se o disposto no art. 131 da Lei nº 8.112/90.

2. Na oportunidade, informamos que deverá ser atendido o art. 172 da Lei nº 8.112/90, devendo essa chefia informar à Comissão quaisquer outros afastamentos do referido servidor, bem como do período de férias designadas, pedidos de licenças e aposentadoria.

3. Os casos de afastamento para cursos de curta ou longa duração serão apreciados e autorizados mediante justificativa fundamentada apresentada pelo servidor indiciado, com o compromisso firmado de comparecer, quando convocado, aos atos da comissão (*não para a hipótese de abandono de cargo*).

4. Solicito, ainda, que no prazo de 05 (cinco) dias, sejam também remetidas a esta Comissão (endereço inserto no rodapé) cópias do cadastro e dos assentamentos funcionais da pessoa acima indicada.

Atenciosamente,

_____
PRESIDENTE

Modelo 20 – Comunicação de dedicação integral e dispensa de ponto

Comentários

No caso dos trabalhos investigatórios de maior complexidade, que exigem a dedicação exclusiva do membro, faz-se a comunicação à chefia imediata do membro do funcionamento da comissão em tempo integral, com a respectiva dispensa do ponto, conforme faculta o art. 152, §1º, da Lei nº 8.112/90.

No caso de membros pertencentes a outros órgãos (portaria conjunta), pode-se solicitar às autoridades instauradoras a adoção dessas providências.

****

Brasão ou Timbre do Órgão
SERVIÇO PÚBLICO FEDERAL
COMISSÃO DE PROCESSO ADMINISTRATIVO DISCIPLINAR DE RITO SUMÁRIO

OFÍCIO..... CRS /nº 00.../202...

Cidade/UF, dia/mês/ano

Ao Senhor
Nome.......
cargo ou função.........
Ministério......
Endereço
CEP, Cidade e UF

Assunto: ....(resumir em uma linha) ....

Senhor ....(autoridade ou chefia)............,

1. Na qualidade de Presidente da Comissão de Processo Administrativo Disciplinar de Rito Sumário, instaurada pela Portaria nº ...., de ....de .... de 20........, publicada no BS nº ...., de ..../..../...., anexo, venho comunicar a necessidade de dedicação integral dos trabalhos desta Comissão, pelo que o servidor .... nome......, ...cargo......., em exercício na .... deverá ser dispensado do ponto, por força do art. 152, §1º, da Lei nº 8.112/90, a contar da data da instalação da Comissão, que ocorreu no dia .... de .... de 20............ .

2. Na oportunidade, solicitamos os préstimos de V. Sª, no sentido de comunicar ao setor de Recursos Humanos a dispensa do ponto acima mencionada, bem como a publicar no Boletim de Serviço, cópia da Portaria nº....... (designando secretário), anexa.

Atenciosamente,

_____
PRESIDENTE

Modelo 21 – Ata de trabalhos

Comentários

As reuniões da comissão são obrigatoriamente registradas em atas onde ficam consignadas as deliberações adotadas (art. 152, §1º, da Lei nº 8.112/90). Entretanto, não é necessário fazer uma ata todo dia, mas apenas quando a atividade descrita na ata anterior já se encontrar cumprida.

Assim, todas as diligências a serem efetuadas pela comissão, bem como datas de diligências e produção de provas devem ficar registrados nas atas de trabalho. Qualquer eventualidade que impossibilite o que foi deliberado pelo colegiado, ou a mudança de rumo na investigação, deve também ficar registrada em ata, mantendo-se um registro cronológico coerente.

O que não se admite é o fato de constar no processo uma diligência ou o resultado de uma pesquisa sem que se saiba onde e quando a comissão decidiu pela produção daquela prova.

Deliberações acerca de requerimentos do indiciado também ficam consignadas em ata, bem como a comunicação, via intimação, das decisões acerca dos deferimentos ou indeferimentos de pedidos ou provas formulados.

****

Brasão ou Timbre do Órgão
SERVIÇO PÚBLICO FEDERAL
COMISSÃO DE PROCESSO ADMINISTRATIVO DISCIPLINAR DE RITO SUMÁRIO

ATA DE TRABALHOS

Aos ...... dias do mês de .... do ano de dois mil ...., às .... horas, na sala de Comissão de Processo Administrativo Disciplinar de Rito Sumário, no ....º andar da ...., localizada à Av. ...., nº........., bairro .... – ...., presentes os servidores .... e ...., respectivamente Presidente e membro da Comissão de Rito Sumário....................., instituída pela Portaria nº ...., de ....de .... de 20........, publicada no BS nº ...., de ..../..../...., com a finalidade de apurar os fatos apontados nos autos do Processo Administrativo Disciplinar n. ...., DELIBEROU:

a).......... **(discriminar todos os trabalhos a serem efetuados).**

b) (ex.:Intimar o indiciado das diligências e da perícia a ser realizada na data acima mencionada.)

Nada mais havendo a ser tratado, foi lavrado o presente termo que vai assinado pelo Presidente e membro.

_____
PRESIDENTE

_____
MEMBRO-SECRETÁRIO

Modelo 22 – Solicitação de prorrogação do prazo da portaria instauradora

Comentários

Cerca de dez dias antes do término do prazo concedido na portaria inaugural, o presidente da comissão solicita à autoridade instauradora a sua prorrogação. É um prazo razoável para as providências de confecção da portaria pelo setor competente, ressaltando que *não se prorroga prazo vencido*.

Na oportunidade, convém encaminhar anexo ao memorando ou ofício, se for o caso, um relatório parcial das atividades, a demonstrar todo o trabalho desenvolvido até o presente momento e a necessidade da dilação da instrução com as provas que serão produzidas, para a apresentação de um trabalho investigatório de qualidade.

A informação do dia do término do prazo serve para que o setor competente tome as providências no sentido de prorrogar tempestivamente o prazo inicial, evitando-se que a comissão pratique atos que serão tidos por inexistentes, vez que a comissão fica automaticamente desconstituída após a expiração do prazo.

****

Brasão ou Timbre do Órgão
SERVIÇO PÚBLICO FEDERAL
COMISSÃO DE PROCESSO ADMINISTRATIVO DISCIPLINAR DE RITO SUMÁRIO

OFÍCIO..... CRS /nº 00.../202...

Cidade/UF, dia/mês/ano

Ao Senhor
Nome.......
cargo ou função.........
Ministério......
Endereço
CEP, Cidade e UF

Assunto: ....(resumir em uma linha) ....

Senhor ....,

1. O Presidente da Comissão de Processo Administrativo Disciplinar de Rito Sumário instaurada pela Portaria nº ...., de ....de .... de 20........, publicada no BS nº ...., de ..../..../...., anexo, solicita a V. Sª a PRORROGAÇÃO DO PRAZO *por mais quinze (15) dias*, nos termos do §7º do art. 133 da Lei nº 8.112/90, objetivando a conclusão dos trabalhos da Comissão de Rito Sumário que apura a denúncia constante no Processo Administrativo nº ...., apensos nºs ....

2. A dilação do prazo inicial é imperiosa, pois até o presente momento, ainda não foi possível o encerramento da fase instrutória do feito e a Comissão Processante necessita produzir mais provas antes da conclusão dos trabalhos, de acordo com as razões constantes no *Relatório Parcial*, anexo.

3. Por oportuno, informa que *o prazo inicial encerra-se na data de* ....

Sem mais para o presente, subscrevo-me.

Respeitosamente,

_____
PRESIDENTE

PARTE PRÁTICA | 417

CAPÍTULO 3 – MODELOS BÁSICOS – PROCESSO ADMINISTRATIVO DISCIPLINAR DE RITO SUMÁRIO: CUMULAÇÃO ILEGAL DE CARGOS...

Modelos 23 e 24 – Certidão pós mandado e certidão de decurso de prazo

Comentários

As certidões são importantes meios de prova da Comissão Processante, no sentido de provar que foram respeitados os princípios constitucionais do devido processo legal, da ampla defesa e no contraditório, principalmente se houver ação judicial em andamento (exemplo: mandados de segurança cuja informação — prestada pela autoridade coatora, o presidente da comissão, na maioria das vezes — deve vir acompanhada de todas as certidões comprovando a inexistência de cerceamento de defesa, já que o *mandamus* não comporta dilação probatória).

O membro-secretário (ou secretário *ad hoc*) deve zelar pela correta digitalização e pela ordem da inserção dos documentos no processo eletrônico. Caso exista alguma situação documental que precisa ser esclarecida, o secretário pode lavrar uma certidão explicativa, ainda que o sistema eletrônico tenha seus próprios mecanismos de proteção de supressão e troca de documentos.

Quando se tratar de diligência externa, indispensável levar dois servidores para servir de testemunhas (uma delas pode ser o próprio motorista da viatura oficial). O mesmo procedimento deve ser adotado quando for o caso de recusa do servidor indiciado em receber citação ou intimação.

O brasão do órgão deverá constar, sempre, em cima da certidão.

As certidões feitas e assinadas por servidor público gozam de presunção de legitimidade e veracidade, consoante jurisprudência do STF.[19]

---

[19] Não implica nulidade a ausência de termo de compromisso do secretário da comissão do PAD, porquanto tal designação recai necessariamente em servidor público, cujos atos funcionais gozam de presunção de legitimidade e veracidade. (RMS 32230 / DF – Relator Min. Celso de Mello, STF, Julgamento: 07/11/2013, DJe-223 Divulg. 11/11/2013 Public. 12/11/2013).

Modelo 23 – Certidão pós mandado

Brasão ou Timbre do Órgão
SERVIÇO PÚBLICO FEDERAL
COMISSÃO DE PROCESSO ADMINISTRATIVO DISCIPLINAR DE RITO SUMÁRIO

C E R T I D Ã O

Certifico e dou fé que em diligência ao setor de .... deste (órgão), no dia ..../..../20..., às .....horas, acompanhado pelo Sr. ....,....cargo...., em exercício na...................., com o fim de proceder à entrega do ofício n........ com o objetivo (especificar a diligência). Ante o acima exposto, encerrei a diligência e devolvo o presente ao Sr. Presidente para as providências.

Ou

C E R T I D Ã O

Certifico e dou fé, em atendimento ao §2º, do art. 133 da Lei nº 8.112/90 que me dirigi à sala..., setor ....., onde trabalha o servidor ...., indiciado no Processo nº ...., com o fim de proceder a sua citação nos autos de Processo de Rito Sumário, não o encontrando e sendo dito pelo seu Chefe que desde ontem o indiciado falta ao trabalho, procedi à leitura do inteiro teor do mandado, efetuei a entrega deste ao seu Chefe imediato, Sr........................, matrícula................ ocupante do cargo de ....e Chefe do Setor de ...., e o dei por citado nesta data, por intermédio de sua chefia, para que o indiciado apresente sua defesa no prazo de cinco dias, na forma da lei supramencionada. Ante o acima exposto, encerrei a diligência e devolvo o presente ao Sr. Presidente para as providências.

Cidade/UF, ... de.......de 20.....

_____
MEMBRO-SECRETÁRIO

Ou

PARTE PRÁTICA | 419

CAPÍTULO 3 – MODELOS BÁSICOS – PROCESSO ADMINISTRATIVO DISCIPLINAR DE RITO SUMÁRIO: CUMULAÇÃO ILEGAL DE CARGOS...

C E R T I D Ã O

Certifico, para os devidos fins, que procedi à intimação (ou notificação ou citação) por aplicativo de mensagens (*WhatsApp* ou outro app)*,* com a observância da tripla verificação, que compreende: (a) o número telefônico disponível para contato com o acusado; (b) a confirmação de identidade por telefone; e (c) a foto individual do denunciado, no aplicativo, que coincide com a foto de identificação civil também encaminhada pelo mesmo meio (ou a foto de identificação civil também constante dos autos).

Certifico, ainda, que o servidor .....(nome).... firmou um termo de ciência do ato (intimação, notificação ou ato citatório) assinado de próprio punho, que coincide com a assinatura constante no documento de identificação. Desta forma, comprovou-se que a conversa foi travada incontestavelmente com o servidor (..........), no dia... às .... horas, pelo que a intimação (ou notificação ou citação) deu-se de forma válida. Seguem-se os *prints* extraídos do aplicativo.

Cidade/UF, ... de.......de 20.....

_____
MEMBRO-SECRETÁRIO

Modelo 25 – Certidão de decurso de prazo

Brasão ou Timbre do Órgão
SERVIÇO PÚBLICO FEDERAL
COMISSÃO DE PROCESSO ADMINISTRATIVO DISCIPLINAR DE RITO SUMÁRIO

C E R T I D Ã O nº 00...

Certifico, de ordem do Sr. Presidente da Comissão de Processo Administrativo Disciplinar de Rito Sumário por .... (acumulação ilegal de cargos/abandono de cargo/inassiduidade habitual), instaurada pela Portaria nº ...., de ...... de ...... de 20......., publicada no Boletim de Serviço nº ......, de .... de ..... de 20...., que decorreu o prazo concedido ao servidor indiciado, sem que .... (*especificar a providência. Ex:.....se depositasse o rol de testemunhas).* O prazo expirou na data de ...../...../......, conforme Mandado de Intimação de fls. ....

Nada mais havendo a certificar, lavrei a presente, de ordem do Sr. Presidente, que vai por mim assinada e pelos demais membros.

Cidade/UF, ..., de........ de 20........

_____
MEMBRO-SECRETÁRIO

Modelo 26 – Mandado de intimação – Acesso aos documentos

Comentários

Sempre que a Comissão de Rito Sumário trouxer novos documentos para os autos, sejam resultados de diligências ou respostas a ofícios/memorandos, deve dar ciência ao servidor indiciado, em atendimento aos princípios constitucionais da ampla defesa e do contraditório.

****

Brasão ou Timbre do Órgão
SERVIÇO PÚBLICO FEDERAL
COMISSÃO DE PROCESSO ADMINISTRATIVO DISCIPLINAR DE RITO SUMÁRIO

INTIMAÇÃO
(Processo Administrativo nº ....)

A Sua Senhoria o Senhor
(nome do servidor indiciado)
(cargo)
Em exercício na ......
Cidade/UF

Comissão de Processo Administrativo Disciplinar de Rito Sumário instaurada pela Portaria nº ...., de ....de .... de 20........., publicada no BS nº ...., de ..../..../...., com o propósito de apurar as irregularidades noticiadas na citada portaria e a denúncia constante no Processo Administrativo nº..................., vem intimar V. Sª acerca da juntada aos autos dos...............(especificar documentos)......... os quais se encontram à sua disposição para acesso no processo eletrônico (Processo nº ...) e requerimentos que se entendam pertinentes.

Cidade/UF, dia/mês/ano

_____
PRESIDENTE

Recebi: Intimação
Data __/__/20....

Modelo 27 – Relatório final

Comentários

Após a apreciação da defesa, o §3º do art. 133, relativo à acumulação ilegal de cargos, empregos ou funções públicas, e os incisos I e II do art. 140, relativo ao abandono de cargo e à inassiduidade habitual, todos da Lei nº 8.112/90, estabelecem que a comissão elaborará relatório final minucioso, quanto à inocência ou responsabilidade do indiciado, *resumindo* as peças principais dos autos e mencionando as *provas em que se baseou para formar a sua convicção,* de acordo com as peculiaridades próprias de cada um.

Note-se que os artigos supracitados não mencionam nem oitiva de testemunhas, nem interrogatório. A explicação é simples: trata-se de um procedimento sumário, com *prova pré-constituída e documental.* As informações sobre acumumulação de cargos, empregos ou funções, abandono de cargo e inassiduidade habitual são feitas pelo Setor de Recursos Humanos. Provas escritas não são desconstituídas por provas orais, e estas, em especial, gozam de presunção de legitimidade e veracidade.[20]

Não é necessário resumir as atas, basta a sua remissão, ou seja, mencionar as páginas do processo onde se encontram todas as deliberações do colegiado.

O relatório não pode ser evasivo, falho ou abstrato na conclusão, uma vez que a comissão necessariamente:

a) concluirá sobre a inocência ou responsabilidade do servidor;

b) resumirá as peças principais dos autos;

c) opinará sobre a licitude da acumulação do cargo, com o respectivo dispositivo legal (§3º do art. 133, da Lei nº 8.112/90);

d) opinará sobre a intencionalidade da ausência ao serviço superior a trinta dias, na hipótese de abandono de cargo (inc. II, do art. 140, da Lei nº 8.112/90);

e) indicará os dias de falta ao serviço, sem causa justificada, por período igual ou superior a sessenta dias, interpoladamente, no período de doze meses, certificando-se de que não houve atestados médicos pendentes de homologação nos dias de falta (alínea "b", do inc. I, do art. 140, da Lei nº 8.112/90).

Ao apontar a responsabilidade do servidor, indicará o dispositivo legal ou regulamentar transgredido. Destaca-se a aplicação da Súmula 650 do STJ: A autoridade administrativa não dispõe de discricionariedade para aplicar ao servidor pena diversa de demissão quando caracterizadas as hipóteses previstas no artigo 132 da Lei nº 8.112/1990.

Por fim, destacamos que não existe na legislação específica dispositivo que determine a intimação do indiciado do conteúdo do relatório final da Comissão Disciplinar.[21]

****

---

[20] (RMS 32230 / DF – Relator Min. Celso de Mello, STF, Julgamento: 07/11/2013, DJe-223 Divulg. 11/11/2013 Public. 12/11/2013).

[21] O rito procedimental previsto pela Lei 8.112/90 não traz qualquer normatização que imponha a intimação do acusado após a apresentação do Relatório Final pela Comissão, nem a possibilidade de impugnação de seus termos, devendo o processo ser imediatamente remetido à autoridade competente para julgamento. (MS 13326 DF, Ministro Napoleão Nunes Maia Filho, Terceira Seção, STJ, julg. 27/10/2010, DJe 10/11/2010).

Brasão ou Timbre do Órgão
SERVIÇO PÚBLICO FEDERAL
COMISSÃO DE PROCESSO ADMINISTRATIVO DISCIPLINAR DE RITO SUMÁRIO

Cidade/UF, dia/mês/ano

A COMISSÃO DE PROCESSO ADMINISTRATIVO DISCIPLINAR DE RITO SUMÁRIO, instaurada pela Portaria nº......., de...... de..... de 20..., (fls. ...) prorrogada pela Portaria nº......., de.... de..... de 20..., publicada no BS nº ....de ..... de.........de 20...., (fls.), que apura o .... *(Acumulação Ilegal de Cargos, Empregos ou Funções Públicas/ Abandono de Cargo/Inassiduidade Habitual)* ....(descrever os fatos conforme consta na portaria inaugural)......consoante a denúncia formalizada no Processo Administrativo nº ...., apensado ao presente processo de nº........, com o fim de desenvolver os trabalhos investigatórios do Colegiado Processante, apresenta seu

RELATÓRIO FINAL

I Introdução

Senhor ..... (autoridade instauradora),

A Comissão de Processo Administrativo Disciplinar de Rito Sumário, em cumprimento às atribuições que lhes foram dadas por meio da Portaria e epígrafe, vem apresentar a V. Exª o Relatório Conclusivo de seus trabalhos.

Os trabalhos da Comissão Processante tiveram início com a análise do Processo nº e a instalação do Colegiado para deliberar pela indiciação e citação do servidor......nome........matrícula.....lotado.........

Instruiu a processo administrativo acima mencionado a portaria e as informações do Setor de Recursos Humanos sobre a........(acumulação ilegal de cargos, empregos ou funções/abandono de cargo/inassiduidade habitual)......descrever

II Breve Histórico
(Resumo dos fatos, caso seja necessário para melhor compreensão da matéria.)

III Das Medidas Preliminares
A presente Comissão, consoante determina o artigo 143 da Lei nº 8.112/90, envidou todos os esforços para conduzir os trabalhos, obedecendo aos princípios constitucionais do contraditório e da ampla defesa, estabelecido no artigo 153, da Lei nº 8.112/90.

As medidas preliminares à instalação da Comissão .... com o deslocamento dos membros para a cidade de ...., onde o Colegiado Processante instalou os trabalho na data de ..../..../.....

Os atos desta comissão estão identificados nas deliberações contidas às fls. ..... (mencionar folhas nas quais se encontram todas as atas de trabalho).

.... (Citar eventuais mudanças que ocasionaram *reinstalações* da Comissão Processante).

IV Do Processo e Das Provas Documentais

A Comissão procedeu, preliminarmente, à análise dos documentos juntados ao processo administrativo n........, extraindo-se dali as imputações que constaram no Termo de Indiciação e no Mandado de Citação, os quais lhes foi junto com cópias das Portarias nºs ...., da ata de instalação e início dos trabalhos e peças que a instruíram, com acesso à íntegra do processo eletrônico e cópia do processo administrativo e demais peças, digitalizadas e gravadas em mídia, que acompanhou o mandado.

Foram juntados aos autos as seguintes provas: (mencionar provas documentais existentes nos autos e coletadas pelo colegiado processante).

V Outras Provas: (fls. .... a ......)

VI Indiciamento

Pelas razões acima explicitadas, a Comissão de Rito Sumário para apurar ...., em reunião deliberativa, decidiu pelo indiciamento do servidor ....(nome do servidor), ... *(nome do servidor)*, cargo, *Matrícula SIAPE nº*..., lotado na ...., conforme *Termo de Indiciação* (fls. ....):..........(*utilizar uma das três hipóteses*)...............

> 1) pela situação de **acumulação dos seguintes cargos (empregos ou funções públicas)**, com fundamento no que preceitua o *caput* e o §§1º e 2º do art. 133 da Lei nº 8.112/90:
>> a) nome e descrição do cargo, citar órgão ou entidade de vinculação, data de ingresso, horário de trabalho, horas semanais trabalhadas, pertencente ao Regime Jurídico....... (fls.....)
>> b) Simultaneamente, ocupante do ..... nome e descrição do cargo, citar órgão ou entidade de vinculação, data de ingresso, horário de trabalho, horas semanais trabalhadas, pertencente ao Regime Jurídico .... (fls......)
> 2) por **abandono do cargo** que ocupa, quando não compareceu ao serviço sem a devida justificativa por mais de 30 (trinta) dias consecutivos nos períodos compreendidos entre (dia e mês) do ano de .... e (dia e mês) do ano de ......, nos termos do art. 138 e alínea "a", do inc. I, do art. 140, da Lei nº 8.112/90, conforme fls. .... do Processo nº ....
> 3) por **inassiduidade habitual** do cargo que ocupa, quando faltou ao serviço sem causa justificada nos seguintes dias: ....(indicar os dias), os quais

somam.... (sessenta dias ou mais)....... no período de doze meses *(Nota: as faltas injustificadas tem que ser iguais ou superiores a sessenta dias)* nos termos do art. 139 e alínea "b", do inc. I, do art. 140, da Lei nº 8.112/90, conforme fls. .... do Processo nº ....

A citação foi efetuada na pessoa do próprio indiciado (ou por seu chefe imediato, conforme faculta a Lei nº 8.112/90, em seu art. 133, §2º).

VII Da Defesa

(Aqui se faz um resumo das alegações feitas pelo indiciado.)

1) O indiciado .... *(nome do servidor)* apresentou defesa escrita, tempestivamente, no dia ..../......../........ (fls. ....), alegando, *preliminarmente*, que:

a) .... (apresentar resumo articulado);

b) ....;

1.1 No MÉRITO..............................

1.2 Finaliza afirmando que inexistiu (ex. o ânimo de abandonar o cargo,) ante as justificativas apresentadas e comprovadas documentalmente.

VIII – ....

a) Da análise da defesa pela comissão

(Nesta parte, a comissão rebate item por item levantado na defesa e fundamenta o acolhimento ou não da matéria, apontando as respectivas provas.)

Exemplo

No que tange às preliminares levantadas pelo indiciado .... *(nome do servidor)* (afronta ao princípio da legalidade e às regras da prescrição), não merece acolhimento. Senão, vejamos.

Quanto ao *princípio da legalidade*, ...

De igual forma, há que se afastar a preliminar de prescrição, seja porque se discutem atos praticados nos anos de .... a .... (v. quadro abaixo), seja porque a prescrição para apuração de ilícitos administrativos e a aplicação das penalidades começa a correr quando a autoridade tem ciência do fato, conforme prevê o art. 142, §1º ("o prazo de prescrição começa correr da data em que o fato se tornou conhecido") e Súmula 635 do STJ: *Os prazos prescricionais previstos no artigo 142 da Lei 8.112/1990 iniciam-se na data em que a autoridade competente para a abertura do procedimento administrativo toma conhecimento do fato, interrompem-se com o primeiro ato de instauração válido – sindicância de caráter punitivo ou processo disciplinar – e voltam a fluir por inteiro, após decorridos 140 dias desde a interrupção.*

Ante o exposto, analisada a defesa, somos pelo *indeferimento/acolhimento das razões arguidas em sede de preliminar, negando-se o pedido de arquivamento* formulado pelo indiciado/sugerindo o arquivamento dos autos ante a inexistência de ilícito administrativo.

b) Análise do mérito: peças que serviram de base à convicção da comissão processante nos termos do §3º do art. 133 (acumulação ilegal de cargos, empregos ou funções públicas) ou nos termos do incido II, do art. 140 (abandono de cargo ou inassiduidade habitual), da Lei nº 8.112/90.

Ressalte-se que a Comissão ateve-se aos *comentários* constantes nos itens .... de fls. ......e demonstra que os atos praticados pelo indiciado, quais sejam .... (resumir os fatos, ilícitos administrativos, vinculando com as provas).

Comentários

(Comentários da comissão quanto à prova documental acima discriminada.)

IX Conclusão

a) Penalidades sugeridas pela comissão

Exemplo: restou devidamente comprovado que o ..... *(nome do servidor)* praticou o ilícito administrativo relativo ao abandono de cargo, nos termos do art. 138 da Lei nº 8.112/90, (ou inassiduidade habitual, art. 139) ou acumulação ilegal de cargos, empregos ou funções públicas), passível da aplicação da pena de demissão, nos termos do §6 º do art. 133 (acumulação ilegal de cargos, empregos ou funções) c/c art. 132, inciso (II, III ou XII) da Lei nº 8.112/90, uma vez que ficou demonstrado que o servidor .....nome....., matrícula....., lotado ...., órgão, (ex.: ausentou-se de seu cargo desde ...., para seguir a carreira de cantor sertanejo, estando demonstrado, portanto, o *animus abandonandi)*.

b) Recomendações da comissão

Pelo fato da questão desbordar da competência delegada a esta Comissão de Processo Disciplinar de Rito Sumário que se volta para a apuração de faltas disciplinares dos servidores envolvidos na questão, a Comissão absteve-se de adentrar em seara técnica alheia à sua incumbência. Portanto, recomenda-se a adoção das medidas de cunho administrativa a seguir elencadas: ....

Na oportunidade, esta Comissão ressalta a importância de a autoridade instauradora determinar o cumprimento dessas medidas complementares, pelos setores competentes.

Recomenda, ainda, a teor do disposto no art. 171, da Lei n 8.112/90 e dos arts. .... da Lei nº 8.429/92, o envio de cópias dos autos ao Ministério Público Federal, para adoção referentes à instauração da ação penal.

Ante todo o exposto e certa de ter cumprido fielmente os trabalhos de que foi incumbida, a Comissão Processante submete o presente RELATÓRIO FINAL à consideração de V. Exª para os fins do §3 º do art. 133 (acumulação ilegal de cargos/empregos ou funções) ou inc. II, do art. 140, (abandono de cargo e inassiduidade habitual) da Lei nº 8.112/90, ao mesmo tempo em que agradece a honrosa indicação que lhe foi confiada.

Cidade/UF, ... de .... de 20....

_____
PRESIDENTE

_____
MEMBRO-SECRETÁRIO

1 Apensos:

a) Processo(s) Administrativo(s)

Denúncia: Processo nº ....

2 Anexos

a) Processos

ANEXO I – ....

ANEXO II – ....

ANEXO III – ....

3 Segunda via

(Quando há necessidade de se remeter cópia ao MPF, PF, Secretaria da Receita Federal, etc.)

Modelo 28 – Ofício encaminhando relatório parcial para continuidade dos trabalhos por outra comissão

Comentários

Pode ocorrer a necessidade de realização de prova pericial (Incidente de Sanidade Mental). Como proceder se o prazo para a conclusão dos trabalhos é exíguo (30 + 15 dias de prorrogação)?

Recomendamos a recondução da comissão processante, com os mesmos membros, caso a prova pericial seja marcada para data posterior à do prazo concedido para o término dos trabalhos.

Assim, encaminha-se um *Relatório Parcial* à autoridade instauradora da Comissão de Processo Administrativo Disciplinar de Rito Sumário, para dar *continuidade aos trabalhos*, considerando que a perícia será realizada após a expiração do prazo da comissão.

A data da perícia deverá ser informada para que a nova Comissão de Rito Sumário seja instaurada na véspera da perícia.

****

Brasão ou Timbre do Órgão
SERVIÇO PÚBLICO FEDERAL
COMISSÃO DE PROCESSO ADMINISTRATIVO DISCIPLINAR DE RITO SUMÁRIO

OFÍCIO..... CRS /nº 00.../202...

Cidade/UF, dia/mês/ano

Ao Senhor
Nome.......
cargo ou função.........
Ministério......
Endereço
CEP, Cidade e UF

Assunto: ....(resumir em uma linha) ....

Senhor ....

1. O Presidente da Comissão de Processo Administrativo Disciplinar de Rito Sumário por .... (acumulação ilegal de cargos, empregos ou função públicas/

abandono de cargo/inassiduidade habitual), instaurada pela Portaria nº ...., de ....de .... de 20........., publicada no BS nº ...., de ..../..../...., anexo, encaminha a V. Sª o RELATÓRIO PARCIAL, anexo, em razão da expiração do prazo para a conclusão dos trabalhos, ao tempo em que solicita seja instaurada nova Comissão de Processo Administrativo Disciplinar de Rito Sumário para dar continuidade aos trabalhos já iniciados, considerando que a perícia médica será realizada após a expiração do prazo da comissão.

2. A perícia médica supramencionada, solicitada no Incidente de Sanidade Mental, foi designada para o dia ..../......../........., às ....horas, e deverá ser acompanhada pelo novo colegiado, que dará continuidade aos trabalhos já iniciados.

3. Por oportuno, os membros deste colegiado colocam-se à disposição para compor a comissão processante acima referida.

Atenciosamente,

_____

PRESIDENTE

Modelo 29 – Devolução do material utilizado

Comentários

Através de memorando, a Comissão de Rito Sumário faz a devolução do saldo do material de consumo, do material permanente utilizado e das chaves da sala utilizada. O próprio secretário pode se desincumbir dessa função.

****

Brasão ou Timbre do Órgão
SERVIÇO PÚBLICO FEDERAL
COMISSÃO DE PROCESSO ADMINISTRATIVO DISCIPLINAR DE RITO SUMÁRIO

OFÍCIO..... CRS /nº 00.../202...

Cidade/UF, dia/mês/ano

Ao Senhor
Nome.......
cargo ou função.........
Ministério......
Endereço
CEP, Cidade e UF

Assunto: ....(resumir em uma linha) ....

Senhor Chefe,
Na qualidade de Presidente/Secretário da Comissão de Processo Administrativo Disciplinar de Rito Sumário, instaurada pela Portaria ..../......../nº ...., publicada no BS nº ......, de ..../......../......., prorrogada pela Portaria ..../......../nº ...., publicada no BS nº ......, de ..../......../......., anexo, procedo à devolução do saldo do material de expediente solicitado através do MEMO/nº .... de .... de .... de 20......., ao mesmo tempo em que passo a V. Sª as ..... (quantidade) chaves da sala da Comissão do ......º andar desta ...., com ..... mesas, ... cadeiras, ... armário de madeira com ...... portas.
O equipamento de informática (computador, impressora, *scanner* e triturador de papéis), equipamento de câmera para videoconferência e (material permanente) foram devolvidos ao Setor que os cedeu.
Nesta oportunidade, agradeço o apoio dispensado por V. Sª.
Atenciosamente,

_____
MEMBRO-SECRETÁRIO

Modelo 30 – Comunicação à Corregedoria ao setor de Recursos Humanos do encerramento dos trabalhos

Comentários

Através de ofício o Presidente da Comissão de Rito Sumário faz a comunicação à Corregedoria ou ao chefe do Recursos Humanos, de que os trabalhos investigatórios terminaram, para as anotações no sistema.

Essa comunicação é feita antes do Termo de Encerramento, porque após não se praticará mais nenhum ato.

****

Brasão ou Timbre do Órgão
SERVIÇO PÚBLICO FEDERAL
COMISSÃO DE PROCESSO ADMINISTRATIVO DISCIPLINAR DE RITO SUMÁRIO

OFÍCIO..... CRS /nº 00.../202...

Cidade/UF, dia/mês/ano

Ao Senhor
Nome.......
cargo ou função.........
Ministério......
Endereço
CEP, Cidade e UF

Assunto: ....(resumir em uma linha) ....

Senhor Corregedor,

1. Na qualidade de Presidente da Comissão de Processo Administrativo Disciplinar de Rito Sumário, instaurada pela Portaria ..../......../nº ...., publicada no BS nº ......, de ..../......./....... prorrogada pela Portaria ..../......../nº ...., publicada no BS nº ......, de ..../......./......., anexo, comunico a V. Sª que nesta data encerraram-se os trabalhos investigatórios da Comissão de Rito Sumário, para fins de registro no sistema.

Nesta oportunidade, agradeço o apoio dispensado por V. Sª.

Atenciosamente,

_____
PRESIDENTE

Modelo 31 – Termo de encerramento

Comentários

O termo de encerramento põe fim às atividades do colegiado. Alguns preferem utilizar ata de encerramento, mas como a ata pressupõe deliberação de uma atividade posterior à própria ata e, neste caso, o que se faz é o encerramento dos trabalhos, não havendo nenhum ato a ser praticado pelo colegiado, o encerramento por *termo* cumpre a finalidade.

****

Brasão ou Timbre do Órgão
SERVIÇO PÚBLICO FEDERAL
COMISSÃO DE PROCESSO ADMINISTRATIVO DISCIPLINAR DE RITO SUMÁRIO

TERMO DE ENCERRAMENTO

Aos .... dias do mês de .... de dois mil e ...., às .... horas, encerraram-se os trabalhos da Comissão de Processo Administrativo Disciplinar de Rito Sumário, instaurada pela Portaria ..../......../nº ...., publicada no BS nº ...... de ..../......./......., prorrogada pela Portaria ..../......../nº ...., publicada no BS nº ......, de ..../......./....... (fls. .....), referentes ao presente Processo Administrativo nº ...., e seus apensos nºs ...., totalizando .... volumes.

Cidade/UF, dia/mês/ano

_____
PRESIDENTE

_____
MEMBRO-SECRETÁRIO

Modelo 32 – Termo de entrega

Comentários

O termo de entrega serve para formalizar a data de entrega física dos processos, ou do processo eletrônico, mediante as opções constantes no sistema utilizado para movimentação dos autos, resultado dos trabalhos investigatórios.

A entrega dos autos fora do prazo da portaria não inquina de vício ou nulidade o procedimento (princípio *pas de nullité sans grief*).[22] A matéria encontra-se pacificada, conforme Súmula nº 592 do STJ: *O excesso de prazo para a conclusão do processo administrativo disciplinar só causa nulidade se houver demonstração de prejuízo à defesa.*

A partir deste momento, a comissão considera-se dissolvida, seus membros retornam às suas unidades e atividades rotineiras, e o colegiado, por não mais existir, fica impedido de praticar quaisquer atos referentes à investigação. Devem, entretanto, manter o sigilo sobre o trabalho realizado.

****

Brasão ou Timbre do Órgão
SERVIÇO PÚBLICO FEDERAL
COMISSÃO DE PROCESSO ADMINISTRATIVO DISCIPLINAR DE RITO SUMÁRIO

TERMO DE ENTREGA

Aos .... dias do mês de .... de dois mil e ...., procedi a tramitação do Processo Administrativo Disciplinar de Rito Sumário, autuado sob nº ...., com .... (volumes), ... (apensos), nºs.......................e ...., mais ..... anexos, à autoridade instauradora para os fins do §3 º do art. 133 (acumulação ilegal de cargos/empregos ou funções) ou inc. II, do art. 140, (abandono de cargo e inassiduidade habitual) da Lei nº 8.112/90.

Cidade/UF, dia/mês/ano

_____
PRESIDENTE

---

[22] Não configura nulidade, à falta de previsão legal nesse sentido, a não conclusão do processo administrativo no prazo do art. 152 da Lei nº 8.112/90. (MS 22656 / SC, Relator: Min. ILMAR GALVÃO, Tribunal Pleno, SFT, Julg. 30/06/1997, Public.DJ 05-09-1997 PP-41874 EMENT VOL-01881-01 PP-00074).

CAPÍTULO 4

MODELOS INCIDENTES

PROCESSO DISCIPLINAR, RITO SUMÁRIO E SINDICÂNCIA PUNITIVA

Modelo 01 – Pedido de substituição de membros

Comentários

O presidente, ao receber a portaria de instauração da Comissão Disciplinar, tem a incumbência de verificar se os demais membros estão aptos a desenvolver os trabalhos investigatórios.

Cabe ao presidente observar se existem os impedimentos elencados no art. 149, da Lei nº 8.112/90, principalmente os do §2º, quanto aos demais membros. O §2, do art. 149, da Lei nº 8.112/90 diz expressamente que *não poderá participar de comissão de sindicância ou de inquérito, cônjuge, companheiro ou parente do acusado, consanguíneo ou afim, em linha reta ou colateral, até o terceiro grau.*

Nos precisos termos do Enunciado CGU nº 16/2017, *a atuação de membro da comissão em outro procedimento correcional, em curso ou encerrado, a respeito de fato distinto envolvendo o mesmo acusado ou investigado, por si só, não compromete a sua imparcialidade.*

Os casos de impedimento e suspeição previstos nos arts. 18 a 20[1] da Lei nº 9.784, de 29 de janeiro de 1999 não afrontam as hipóteses previstas na Lei nº 8.112/90, considerando-se seu caráter subsidiário na constatação dessas hipóteses.[2]

---

[1] Art. 18. É impedido de atuar em processo administrativo o servidor ou autoridade que:
I - tenha interesse direto ou indireto na matéria;
II - tenha participado ou venha a participar como perito, testemunha ou representante, ou se tais situações ocorrem quanto ao cônjuge, companheiro ou parente e afins até o terceiro grau;
III - esteja litigando judicial ou administrativamente com o interessado ou respectivo cônjuge ou companheiro.
Art. 19. A autoridade ou servidor que incorrer em impedimento deve comunicar o fato à autoridade competente, abstendo-se de atuar.
Parágrafo único. A omissão do dever de comunicar o impedimento constitui falta grave, para efeitos disciplinares.
Art. 20. Pode ser arguida a suspeição de autoridade ou servidor que tenha amizade íntima ou inimizade notória com algum dos interessados ou com os respectivos cônjuges, companheiros, parentes e afins até o terceiro grau.
Art. 21. O indeferimento de alegação de suspeição poderá ser objeto de recurso, sem efeito suspensivo.

[2] Manual de Processo Administrativo Disciplinar-CGU, versão janeiro de 2021. Disponível em: https://repositorio.cgu.gov.br/bitstream/1/64869/6/Manual_PAD_2021_1.pdf. Acesso em: 22 dez. 2021, p. 112.

A designação de servidor para integrar comissão de processo disciplinar, em qualquer de suas modalidades, constitui encargo de natureza obrigatória, de cumprimento do dever funcional, exceto nos casos de suspeições e impedimentos legalmente admitidos. Suspeições e impedimentos constituem circunstâncias de ordem legal, individual, íntima, de parentesco (consanguíneo ou afim) que, envolvendo a pessoa do acusado com os membros da comissão, testemunhas, peritos e autoridade julgadora, impossibilitam estes de exercerem qualquer função no procedimento disciplinar.[3]

O impedimento se caracteriza por estar fundado em uma situação objetiva, não admite prova em contrário e gera presunção absoluta de parcialidade dos membros da comissão disciplinar: i) ter interesse direito ou indireto na matéria; ii) ter participado ou vir a participar como perito, testemunha ou representante, contra o acusado/indiciado ou quanto ao cônjuge, companheiro ou parente e afins até o terceiro grau; iii) estar litigando judicial ou administrativamente com o acusado ou indiciado ou seu cônjuge ou companheiro; iv) faltar estabilidade no serviço público (*caput* do art. 149, da Lei nº 8.112/90).[4]

A suspeição, por sua vez, deriva de uma situação subjetiva, admite prova em contrário e gera presunção relativa de parcialidade, pois pode ser refutada pelo próprio servidor apontado como suspeito ou pela autoridade instauradora. A suspeição alegada pelo próprio membro será apreciada pela autoridade instauradora e a apresentada pelo acusado, representante ou denunciante será avaliada pela comissão e remetida à autoridade instauradora.[5]

A amizade íntima pode ser caracterizada como aquela notoriamente conhecida por todos ou por um grande número de pessoas, em razão do permanente contato, o fato de frequentar juntos os mesmos lugares, de aproximação recíproca de duas pessoas, ostensiva socialmente. Por outro lado, a inimizade notória vem a ser o abismo ou profundo ódio entre os indivíduos, também reconhecido publicamente. Eventuais mal-entendidos, divergências, posições técnicas diversas ou mesmo antipatia natural, não se incluem como fundamento de suspeição.[6]

Um fato comum, quando da publicação da portaria ocorre quando um dos membros se encontra de licença médica, férias ou outro tipo de afastamento.

Nesse caso o presidente solicita à autoridade instauradora a interrupção das férias do membro ou a sua substituição, conforme o caso, com a máxima presteza.

Ao mesmo tempo pode até fazer uma pesquisa informal de um nome para indicação, a fim de não perder tempo, pois a nova portaria que irá excluir o membro impedido e incluir o novo *não suspende, nem interrompe o prazo inicial*.

****

[3] Manual de Processo Administrativo Disciplinar-CGU, versão janeiro de 2021. Disponível em: https://repositorio.cgu.gov.br/bitstream/1/64869/6/Manual_PAD_2021_1.pdf. Acesso em: 22 dez. 2021, p. 110.

[4] Manual de Processo Administrativo Disciplinar-CGU, versão janeiro de 2021. Disponível em: https://repositorio.cgu.gov.br/bitstream/1/64869/6/Manual_PAD_2021_1.pdf. Acesso em: 22 dez. 2021, p. 112.

[5] Manual de Processo Administrativo Disciplinar-CGU, versão janeiro de 2021. Disponível em: https://repositorio.cgu.gov.br/bitstream/1/64869/6/Manual_PAD_2021_1.pdf. Acesso em: 22 dez. 2021, p. 113.

[6] Manual de Processo Administrativo Disciplinar-CGU, versão janeiro de 2021. Disponível em: https://repositorio.cgu.gov.br/bitstream/1/64869/6/Manual_PAD_2021_1.pdf. Acesso em: 22 dez. 2021, p.114.

Brasão ou Timbre do Órgão
SERVIÇO PÚBLICO FEDERAL
COMISSÃO DE ..... (CPAD ou CSP)

OFÍCIO..... (CPAD ou CSP) /nº 00.../202...

Cidade/UF, dia/mês/ano

Ao Senhor
Nome.......
cargo ou função.........
Ministério......
Endereço
CEP, Cidade e UF

Assunto: ....(resumir em uma linha) ....

Senhor ... (autoridade instauradora),

Na condição de Presidente da Comissão de ..... (CPAD ou CSP), instaurada pela anexa Portaria nº ...., de ..../........./.........., publicada no BS nº ...., de ..../........./........, tenho a honra de dirigir-me a V. Sª para solicitar as providências no sentido de *substituir* .... (*nome do servidor*), cargo, Matrícula nº ...., membro desta Comissão ...., que se encontra de *licença médica*, conforme atestado em anexo, pelo servidor ..... (*nome*), *cargo, Matrícula SIAPE nº* ...., lotado na ..... (unidade).

Atenciosamente,

_____
PRESIDENTE

Modelo 02 – Pedido de afastamento de servidor acusado

Comentários

A Comissão Processante pode requerer à autoridade instauradora do processo disciplinar o *afastamento preventivo* do acusado do exercício do cargo, a qualquer momento para evitar a interferência na apuração da irregularidade, se a situação assim o exigir, conforme dispõe o art. 147 da Lei nº 8.112/90.[7]

No memorando ou ofício, se for o caso, dirigido à autoridade instauradora deve constar a fundamentação para o afastamento preventivo. Trata-se de medida extrema e não usual nas comissões disciplinares. Como os demais atos, dele se dá ciência do acusado, sob pena de violação dos princípios do contraditório e da ampla defesa.

O prazo de afastamento é de sessenta dias, admitindo-se prorrogação por igual prazo, sem prejuízo da remuneração do servidor afastado (parágrafo único, do art. 147, da Lei nº 8.112/90), Esgotado o prazo, ou a sua prorrogação, cessarão os seus efeitos, independente de o processo disciplinar ter sido concluído ou não.

Assim, os membros da Comissão Disciplinar podem deliberar, com o devido registro da decisão do colegiado em ata, pela necessidade do afastamento do servidor acusado do exercício de seu cargo, por 60 (sessenta) dias, sem prejuízo de sua remuneração, como medida cautelar, a fim de que não venha a influir na apuração da irregularidade (art. 147 da Lei nº 8.112/90).

O colegiado deve avaliar a situação e a sua justificativa, levando em conta que podem surgir dificuldades na entrega das intimações, notificações e citações, pela difícil localização do servidor afastado, embora se recomende que na Portaria de Afastamento e na notificação subsequente conste que o servidor informe à comissão local certo e conhecido onde poderá ser encontrado, durante o horário normal de expediente.

A solicitação é formalizada pelo presidente da comissão à autoridade instauradora, que detém a competência para editar a Portaria de Afastamento. Uma vez publicado o ato, sua vigência é imediata e o servidor acusado deve ser notificado do ato e receber a cópia da portaria. Como toda medida extrema, na prática revela alguns inconvenientes, razão pela qual se recomenda apenas excepcionalmente.

Apesar da possibilidade de se requerer o afastamento em qualquer fase do processo disciplinar, admite-se a prorrogação da medida uma única vez.

Em contrapartida, não se justifica o afastamento preventivo após a conclusão do processo. Finalizada a instrução – após a entrega da defesa e antes do relatório final – caso a comissão termine os trabalhos antes do prazo de vencimento da portaria de afastamento, o presidente da comissão disciplinar pode solicitar à autoridade instauradora a cessação dos efeitos do afastamento.

---

[7] Observe-se que o eventual afastamento cautelar do paciente do cargo constituiria medida suficiente para estorvar o receio de interferência em processo administrativo disciplinar, nos termos do art. 147 da Lei nº 8.112/90. (HC 189626 / SC, relator Ministro Og Fernandes, Sexta Turma, STJ, julg. 15/02/2011, public. DJe 09/03/2011).

Durante a instrução são tomados os depoimentos, feitas as acareações, investigações, diligências, perícias, juntada de documentos e produzidas todas as demais provas necessárias ao esclarecimento dos fatos (art. 155, da Lei nº 8.112/90).

Porém, deve a Comissão Processante estar sempre atenta aos princípios do contraditório e da ampla defesa (art. 5º, LV, da CF/88), dando vistas dos documentos juntados ao servidor acusado, mediante mandado de intimação/notificação. Deve também intimá-lo das datas e horários em que serão ouvidas as testemunhas arroladas pela comissão e das datas e horários das demais diligências garantindo-se ao acusado o cumprimento do art. 156, da Lei nº 8.112/90.

No que se refere ao prazo para intimações e notificações, o §2º, do art. 26, da Lei nº 9.784/99 prevê a antecedência mínima de três dias úteis.

O servidor afastado não poderá ficar transitando, à toa, nos corredores e salas do órgão público, porque teria acesso a dados da instituição em outros setores, por meio de computadores ligados em rede, e com isso a medida de afastamento seria inócua.

Há jurisprudência de que não constitui constrangimento ilegal a proibição de servidores afastados de suas atividades ficarem circulando livremente no local onde teriam ocorrido os eventuais ilícitos.[8]

****

---

[8] Não constitui hipótese de constrangimento ilegal a proibição de que funcionários envolvidos em sindicância acerca de desaparecimento de processos, e suspensos de suas atividades, continuem a circular no local aonde teriam ocorrido os eventuais ilícitos."Writ" desprovido. (HC nº 7309/AC, Relator: Min. Félix Fischer, 5ª Turma, STJ, Julg. 01/09/98, public. *DJ* 19/10/98, p. 113).

Brasão ou Timbre do Órgão
SERVIÇO PÚBLICO FEDERAL
COMISSÃO DE ...... (CPAD ou CSP)

OFÍCIO..... (CPAD ou CSP) /nº OO.../202...

Cidade/UF, dia/mês/ano

Ao Senhor
Nome.......
cargo ou função.........
Ministério......
Endereço
CEP, Cidade e UF

Assunto: ....(resumir em uma linha) ....

Senhor ...... (autoridade instauradora),

O Presidente da Comissão de ..... (CPAD ou CSP), instaurada pela anexa Portaria nº ...., de ..../........./.........., publicada no BS nº ...., de ..../........./........, solicita a V. Sª as providências no sentido de *determinar*, através da competente Portaria, o *afastamento do Sr. .... (nome do servidor)*, cargo, Matrícula nº ...., lotado na........no...... (órgão), servidor acusado nestes autos, sem prejuízo de sua remuneração, a fim de que não venha a influir na apuração da irregularidade, nos precisos termos do art. 147, da Lei nº 8.112/90, uma vez que os fatos noticiados nos autos são de extrema gravidade e as provas documentais encontram-se dispersas em vários setores do órgão.

Atenciosamente,

_____
PRESIDENTE

Modelo 03 – Notificação da portaria de afastamento ao servidor acusado

Comentários

Imediatamente após a publicação da portaria de afastamento do servidor acusado, a Comissão Disciplinar promove a notificação do interessado. Nessa oportunidade, dá ciência ao servidor de que a portaria tem vigência *imediata*.

Isso significa que, uma vez ciente da determinação oriunda da autoridade instauradora, resta ao servidor reunir seus objetos de uso pessoal e deixar a sala na qual trabalha.

Quanto ao alcance da portaria, sobre quais lugares o servidor pode adentrar dentro do órgão público — considerando-se que atualmente todos os computadores são ligados em rede —, o colegiado processante pode esclarecer, no corpo do mandado, que o servidor afastado tem acesso somente à sala onde se encontra instalada a Comissão Disciplinar; ao setor de Recursos Humanos para tratar de assuntos de seu interesse funcional; e ao posto bancário onde recebe seus proventos, onde houver agência.

Como toda medida extrema, há certo inconveniente no afastamento. Este reside na dificuldade de se proceder às comunicações de praxe, porque raramente o membro-secretário vai encontrar o servidor acusado em casa, de plantão, à espera de notificações e intimações. Essa dificuldade desaparece no caso de o servidor ter advogado constituído para acompanhar o processo, com poderes para receber notificações, intimações e citação.

O descumprimento da ordem de afastamento, com a continuidade do servidor afastado nas suas funções, deve ser imediatamente comunicado à autoridade instauradora, para as providências de instauração de sindicância punitiva, ante a violação do dever inscrito no art. 116, IV, da Lei nº 8.112/90, além de configurar crime previsto nos art. 324, 329, 330, 331 do Código Penal, com o que o presidente do colegiado pode solicitar a instauração de inquérito policial.

****

Brasão ou Timbre do Órgão
SERVIÇO PÚBLICO FEDERAL
COMISSÃO DE .... (CPAD ou CSP)

NOTIFICAÇÃO
(Processo .... nº ....)

A Sua Senhoria o Senhor
(nome do servidor acusado)
(cargo)
Em exercício na ......
Cidade/UF

     O Presidente da Comissão de ..... (CPAD ou CSP), instaurada pela Portaria nº ...., de ...... de .... de 20......, publicada no BS nº ...., de ...../......../......., notifica V. Sª de que o .... (autoridade instauradora) editou a Portaria nº ...., de ...... de .... de 20......, publicada no BS nº ...., de ...../......../....... (cópia anexa) na qual determinou o seu afastamento do exercício cargo, pelo prazo de sessenta dias, sem prejuízo de sua remuneração, nos termos do art. 147 da Lei nº 8.112/90.

     Na oportunidade, informamos que a Portaria tem vigência *imediata* e que V. Sª deverá ficar à disposição da Comissão, durante o horário normal de expediente, em local certo e conhecido, mediante comunicação do endereço onde poderá ser encontrado, para futuras comunicações de seu interesse.

Cidade/UF, dia/mês/ano

_____
PRESIDENTE

Recebi:
Original desta Notificação
Cópia da Portaria de Afastamento
Data ..../........../.............

_____
Assinatura do notificado

Modelo 04 – Ofício para solicitar portaria de continuidade

Comentários

Denomina-se "portaria de continuidade" o ato emanado da mesma autoridade instauradora, que constitui nova comissão de processo disciplinar, de sindicância punitiva, ou de processo disciplinar de rito sumário, conforme o caso, para dar continuidade aos trabalhos.

Assim, esgotado o prazo inicial de sessenta dias e sua prorrogação ou de trinta dias e sua prorrogação, conforme o caso, e estando incompleto o trabalho investigatório, deve o colegiado elaborar relatório parcial e encaminhá-lo à autoridade instauradora.

Nesse relatório, a comissão irá expor as justificativas e solicitar a constituição de outra comissão, com os mesmos membros ou outros, se assim entender a referida autoridade, a fim de dar continuidade aos trabalhos. Isto porque a lei só prevê a prorrogação uma única vez, não admitindo prorrogação de prorrogação.

****

Brasão ou Timbre do Órgão
SERVIÇO PÚBLICO FEDERAL
COMISSÃO DE ..... (CPAD ou CSP)

OFÍCIO..... (CPAD ou CSP) /nº 00.../202...

Cidade/UF, dia/mês/ano

Ao Senhor
Nome.......
cargo ou função.........
Ministério......
Endereço
CEP, Cidade e UF

Assunto: ....(resumir em uma linha) ....

Senhor .... (autoridade instauradora),

O Presidente da Comissão de ..... (CPAD ou CSP), instaurada pela Portaria nº ...., de ....de .... de 20........., publicada no BS nº ...., de ..../..../...., prorrogada pela Portaria nº ...., de .... de .... de 20......., publicada no BS nº......., de ..../....../........., solicita a V. S. constituição de nova Comissão de .... (CPAD ou CSP) para dar continuidade aos trabalhos iniciados pela presente Comissão de ...... (CPAD ou CSP), pois o prazo da Portaria acima citada encontra-se por expirar na data de ..../..../.... e o processo está na fase instrutória, conforme detalhamento dos trabalhos investigatórios executados até a presente data, constante no anexo Relatório Parcial.

Assim sendo, solicita-se a edição de *portaria de continuidade*, por mais .... *(........) dias*, possibilitando a conclusão dos trabalhos e a entrega do *Relatório Final*.

Atenciosamente

_____
PRESIDENTE

Modelo 05 – Ata de reinstalação dos trabalhos

Comentários

Após a publicação da portaria de continuidade deve ser feita ata de reinstalação dos trabalhos, na qual os membros deliberam pelas comunicações de estilo: autoridade instauradora, setor de recursos humanos ou corregedoria (onde houver) e aos acusados. Decidem os membros, ainda, pela produção das provas que ainda faltam para o encerramento da instrução e o término dos trabalhos investigatórios.

Como já foi dito em capítulos anteriores, a comissão não decide nada sem antes proceder à deliberação entre seus membros. As atas são exigência da Lei nº 8.112/90 (art. 152, §2º) e devem ser detalhadas, ou seja, não bastam citações genéricas, em código ou obscuras, mas devem ser claras, ainda que resumidas.

****

Brasão ou Timbre do Órgão
SERVIÇO PÚBLICO FEDERAL
COMISSÃO DE .... (CPAD ou CSP)

ATA DE TRABALHOS

Aos ...... dias do mês de .... do ano de dois mil ...., às ....
horas, na sala de Comissão de .... (CPAD ou CSP), no .....º andar da ....,
localizada à Av. ...., nº........., bairro .... – ...., presentes os servidores
................, ... e ...., respectivamente presidente e membros da
Comissão de .... instaurada pela Portaria nº ...., de .... de .... de
20........., publicada no BS nº ...., de ..../..../...., que apura a denúncia constante no
Processo Administrativo nº .... e apensos nºs ...., deu início aos trabalhos
referentes à sua instalação, com objetivo de apurar os fatos e irregularidades
a que se refere o processo administrativo supracitado, e deliberou acerca das
medidas a ser desenvolvidas e que, em resumo, são as seguintes: **a)** emissão
e expedição de ofício às Autoridades Instauradoras do feito, comunicando-lhe
sobre a instalação e o início dos trabalhos de que ora se cogita, bem como o
endereço da sede e o horário de funcionamento da Comissão; **b)** realização
de exame prévio e minucioso de todas as peças que instruem o processo,
visando uma avaliação mais criteriosa de toda a situação objetivando uma
melhor instrução processual, antes da adoção de quaisquer outras medidas;
c) autorizar a que todos os membros da CPAD possam, individualmente ou em
conjunto, colher as provas necessárias à instrução destes autos para posterior
apreciação conjunta da Comissão; d) notificar os acusados da reinstalação da
comissão, informando endereço e horário de funcionamento e cópia desta ata.
Do que, para constar, eu ......nome........, Membro-Secretário, lavrei a presente
Ata que segue assinada por todos os seus membros.

_____
PRESIDENTE

_____
MEMBRO

_____
MEMBRO-SECRETÁRIO

Modelo 06 – Notificação da portaria de continuidade

Comentários

Após a publicação da portaria de continuidade dos trabalhos, o colegiado procede à *notificação* do servidor acusado, ou indiciado, dependendo da fase em que se encontrar o processo, a fim de que tome ciência de que os trabalhos investigatórios terão continuidade *a partir do último ato praticado* nos autos do processo disciplinar, encaminhando-lhe, na oportunidade, cópia da nova portaria instauradora.

****

Brasão ou Timbre do Órgão
SERVIÇO PÚBLICO FEDERAL
COMISSÃO DE ..... (CPAD ou CSP)

NOTIFICAÇÃO
(Processo .... nº ....)

A Sua Senhoria o Senhor
(nome do servidor acusado)
(cargo)
Em exercício na ......
Cidade/UF

O Presidente da Comissão de ..... (CPAD ou CSP), instaurada pela Portaria nº ...., de ...... de .... de 20...... *(portaria nova)*, publicada no BS nº ...., de ...../......../......., com o fim de dar continuidade aos trabalhos iniciados pela Comissão de .... (CPAD ou CSP), instituída pela Portaria nº ...., de ...... de .... de 20...... *(portaria antiga)*, publicada no BS nº ...., de ...../......../......., com suas alterações e prorrogações posteriores, *notifica* V. Sª de que a presente Comissão continuará instalada no endereço constante no rodapé deste mandado, onde dará continuidade aos trabalhos, conforme Ata anexa.

2. Na oportunidade, informo que a Comissão funcionará no horário das 9h às 11h horas e das 14h às 16h, de segunda a sexta-feira.

Cidade/UF, dia/mês/ano

_____
PRESIDENTE

Recebi:
Original desta Notificação
Cópia da Portaria /nº ..../20...... e ....../20....... (portaria nova)

Cópia da ata de reinstalação

Data ..../........./.............

_____

Assinatura do notificado

Modelo 07 – Ação judicial de quebra de sigilo bancário

Comentários

O sigilo bancário não constitui direito absoluto, podendo ser afastado diante de fundadas razões ou da excepcionalidade do pedido, com a autorização judicial.[9]

Entretanto, tem-se que ter em vista que a regra consiste na inviolabilidade do sigilo, e a quebra, na sua exceção.[10]

A quebra de sigilo bancário serve para apurar movimentação financeira incompatível com a renda declarada pelo servidor e que tenha relação com a infração por ele praticada no exercício de suas atribuições ou com as atribuições do cargo em que se encontre investido. A quebra do sigilo bancário pela comissão processante sem a autorização judicial é ato ilícito.[11]

Assim, a prestação de informações e o fornecimento de documentos sigilosos dependem de prévia autorização do Poder Judiciário, consoante expressamente dispõe o §1º, do art. 3º da Lei Complementar nº 105, de 10 de janeiro de 2001:

> Art. 3º Serão prestadas pelo Banco Central do Brasil, pela Comissão de Valores Mobiliários e pelas instituições financeiras as informações ordenadas pelo Poder Judiciário, preservado o seu caráter sigiloso mediante acesso restrito às partes, que delas não poderão servir-se para fins estranhos à lide.
>
> §1º Dependem de prévia autorização do Poder Judiciário a prestação de informações e o fornecimento de documentos sigilosos solicitados por comissão de inquérito administrativo destinada a apurar responsabilidade de servidor público por infração praticada no exercício de suas atribuições, ou que tenha relação com as atribuições do cargo em que se encontre investido.
>
> §2º Nas hipóteses do §1º, o requerimento de quebra de sigilo independe da existência de processo judicial em curso.

Por essa razão, torna-se necessário o ajuizamento da ação de quebra de sigilo bancário, medida tomada quando imprescindível ao esclarecimento dos fatos, prevalecendo o interesse público sobre o privado.[12]

---

9 REsp 114.741/DF Rel. Min. Milton Luiz Pereira, STJM DJ de 18.12.1998, p. 291, ementou o seguinte entendimento: "O sigilo bancário não constitui direito absoluto, podendo ser desvendado diante de fundadas razões, ou da excepcionalidade do motivo, em medidas e procedimentos administrativos, com submissão a precedente autorização judicial. Constitui ilegalidade a sua quebra em processamento fiscal, deliberado ao alvitre de simples autorização administrativa.", citado no Dcl no REsp 684272 / SP, Relatora Ministra DENISE ARRUDA, Primeira Turma, STJ, julg. 13/11/2007, public. DJ 12/12/2007 p. 389).

10 HC 191378 / DF, Relator Ministro Sebastião Reis Júnior, Sexta Turma, STJ, julg. 15/09/2011, public. DJe 05/12/2011, RSTJ vol. 229 p. 731).

11 (REsp 678240 / RS, Relator Ministro Mauro Campbell Marques, Segunda Turma, STJ, julg. 21/10/2008, public. DJe 21/11/2008).

12 *Vide* HC 114846 / MG, Relator Ministro Arnaldo Esteves Lima, Quinta Turma, STJ, julg. 15/06/2010, public. DJe 02/08/2010.
Destarte, o sigilo bancário, como cediço, não tem caráter absoluto, devendo ceder ao princípio da moralidade aplicável de forma absoluta às relações de direito público e privado, devendo ser mitigado nas hipóteses em que as transações bancárias são denotadoras de ilicitude, porquanto não pode o cidadão, sob o alegado manto de garantias fundamentais, cometer ilícitos. Isto porque, conquanto o sigilo bancário seja garantido pela Constituição

O pedido pode ser formulado pelo presidente da Comissão Processante, que tenha o *jus postulandi*,[13] acompanhado das provas que convencerão o juízo da necessidade da medida.

Em alguns órgãos da Administração há norma interna que disciplina a matéria, no sentido de que, havendo necessidade de se ajuizar a quebra do sigilo bancário, a ação seja proposta por um dos membros da Unidade Jurídica, que deverá manter estreito contato com os membros da comissão processante.

Nessa hipótese, o modelo abaixo poderá ser convertido em ofício, prestando-se todos os subsídios necessários à propositura da ação de quebra de sigilo bancário.

Além das cópias das peças mais importantes do processo disciplinar, é muito importante especificar a *finalidade* das informações que serão obtidas (por exemplo, efetuar perícia) e o *período* para o fornecimento dos documentos.

Por fim, qualquer documento ou informação extraídos dos autos de quebra de sigilo bancário, com autorização judicial, para instruir o processo disciplinar, torna-se *sigiloso*, permitindo-se vista somente ao diretamente interessado.

Em razão desse fato, convém *restringir o acesso aos documentos recebidos e digitalizados* e liberar a visualização apenas aos membros da comissão processante, ao acusado ou indiciado e seu advogado e aos peritos, durante o tempo que durar os trabalhos da perícia.

Ao final dos trabalhos investigatórios, a Comissão Disciplinar recomendará à autoridade instauradora que após o julgamento os documentos continuem com restrição de acesso.

A quebra de sigilo bancário não pode ser utilizada sem critério ou levianamente. A motivação para a quebra há de ser de tal ordem necessária que encontre apoio no princípio da proporcionalidade, sob pena de se considerarem ilícitas as provas daí decorrentes.[14]

Portanto, deve-se demonstrar que há fortes indícios de que houve ou aplicação de dinheiro público na conta do servidor, ou recebimento de valores a título de vantagem indevida em razão do cargo ou função.[15]

Por fim, não há violação de sigilo bancário quando o titular da conta é a Administração e esta requisita extratos bancários para averiguação, e não do servidor, e nem quando há consentimento expresso do titular da conta.[16] Exclui-se também a

---

Federal como direito fundamental, não o é para preservar a intimidade das pessoas no afã de encobrir ilícitos. (AgRg no REsp 1174205 / RS, Relator Ministro Hamilton Carvalhido, Primeira Turma, STJ, julg. 17/08/2010, public. DJe 01/10/2010).

[13] Constituição Federal de 1988 – "Art. 133. O advogado é indispensável à administração da justiça, sendo inviolável por seus atos e manifestações no exercício da profissão, nos limites da lei".

[14] HC 52995 / AL, Relator Ministro Og Fernandes, Sexta Turma, STJ, julg. 16/09/2010 Public. DJe 04/10/2010, RSTJ vol. 220 p. 643.

[15] O servidor público que deposita valores destinados ao erário em sua conta pessoal comete o ilícito administrativo de valer-se do cargo para obter para si vantagem pessoal em detrimento da dignidade da função pública, nos termos do art. 117, IX, da Lei 8.112/90. Nesse contexto, pouco importa se posteriormente repassou esses valores aos cofres públicos, porquanto a norma pune o desvio de conduta do agente, e não eventuais prejuízos financeiros dele decorrentes. (MS 10470 / DF, Relator Ministro Arnaldo Esteves Lima, Terceira Seção, STJ, julg. 13/12/2006, public. DJ 18/06/2007 p. 242).

[16] Não se cogita de violação de sigilo bancário quando a autarquia titular, por meio de agente de seus quadros investido de poderes para tanto, requisita a emissão de extratos bancários de conta tipo "B", cuja titularidade é da unidade gestora, ou seja, o órgão da Administração, e não do servidor, nem tampouco quando há consentimento expresso do titular. (MS 10292 / DF, Relator Ministro Paulo Gallotti, Terceira Seção, STJ, julg. 22/08/2007, public. DJ 11/10/2007 p. 288).

aferição da evolução patrimonial baseada nas informações contidas nas declarações de bens e rendas prestadas pelo servidor à Administração (art. 1º da Lei nº 8.730/93).[17]

****

Brasão ou Timbre do Órgão
SERVIÇO PÚBLICO FEDERAL
COMISSÃO DE .... (CPAD ou CSP)

EXMº SENHOR JUIZ FEDERAL DA .... VARA FEDERAL DA SUBSEÇÃO JUDICIÁRIA DE ....

Quebra de sigilo bancário

O .... *nome do órgão* .... *qualificação*, com sede em Brasília-DF, ...endereço........., fones ...., CEP .... e órgão regional no Estado de ...., localizado à........................, neste ato representado pelo advogado público ao final subscrito, ..., *na qualidade de Presidente da Comissão de Processo Disciplinar*, instaurada pela Portaria nº ...., de .... de ....de 20....., publicada no BS nº ...., de .... de .... de 20....... (doc. ....), instalada na sala ...., vem, respeitosamente, perante V. Exª, com fundamento no *art. 3º, §§1º e 2º, da Lei Complementar nº 105, de 10.01.2001*, requerer a

QUEBRA DE SIGILO BANCÁRIO

das contas movimentadas pelo .... (servidor acusado ou movimentada por outro ente, pessoa jurídica), abertas para receber créditos oriundos dos cofres públicos (*crédito .... especificar*), pelas razões abaixo alinhavadas:

A .... (nome), na data de ..../........../........, ofertou denúncia informando .... (resumir denúncia);

O recurso público destinado a .... foi depositado na conta ...., entretanto, esta Comissão Disciplinar apurou que não foram aplicados ao objeto a que seriam destinados ....;

Os valores acima nominados eram repassados diretamente para o servidor acusado .... (nome), que movimentava a conta .... e que, de posse do número

_____

[17] Não se cogita de indevida quebra do sigilo bancário quando a aferição da evolução patrimonial vale-se das informações contidas nas próprias declarações de bens e de renda prestadas anualmente pelo servidor à Administração, nos termos do art. 1º da Lei nº 8.730/93. (MS 15848 / DF, Relator Ministro Castro Meira, Primeira Seção, STJ, julg. 24/04/2013, public. DJe 16/08/2013).

da conta-corrente, promove o seu cadastramento e envia ao (nome da instituição bancária), através de Ordem Bancária (OB), o valor correspondente à aplicação dos aludidos créditos, sendo sua movimentação realizada através de autorização do servidor .... ou técnico devidamente credenciado, de acordo com a *Portaria Normativa nº* .... (doc. ....);

O .... (nome do órgão) instaurou procedimento disciplinar na modalidade de sindicância investigatória, através da Portaria nº ...., sob nº ...., objetivando apurar os fatos e identificar os possíveis responsáveis (doc. ......);

O Relatório Final apresentado pela Comissão Sindicante (doc. .....), bem como os despachos subsequentes, apontaram a autoria e a materialidade dos ilícitos administrativos, pugnando ao final pela instauração do competente Processo Disciplinar, visando garantir os princípios constitucionais do devido processo legal, contraditório e ampla defesa, aos servidores envolvidos nas irregularidades em comento ...., nos termos do art. 145, III, da Lei nº 8.112/90 (doc. ....);

A Comissão de Sindicância de natureza investigativa, a qual precede o processo disciplinar, teve como função precípua identificar a *autoria* e a *materialidade* dos ilícitos administrativos, integrando o processo disciplinar como peça informativa.

Os servidores .... (nome) indicados como prováveis responsáveis pelos ilícitos em questão faziam parte da Comissão de Fiscalização de Pagamento de Créditos, criada pela Ordem de Serviço nº ...., de fls. .... do Processo nº..............., anexo (doc. ......), pelo que eram responsáveis pela fiscalização da aplicação dos recursos públicos creditados nas contas dos...............(nomes dos titulares), declinadas na peça vestibular. Do Relatório Final apresentado pela Comissão Sindicante, cujo Processo nº .... encontra-se anexo (doc. ....), colhe-se, *in verbis:*

Termo de Declaração do Sr. .... (fls...... do processo de sindicância):

(Resumir as principais declarações contidas nos autos e anexar cópia.)

Quanto aos demais servidores, ... *(nomes)*, a Comissão Sindicante entendeu, *verbis*, que (Resumir a conclusão do processo de sindicância, se houver – fls. .... do processo de sindicância).

Nos despachos subsequentes (fls. .... a .... dos autos de sindicância), os quais pugnaram pela instauração do processo disciplinar, consta no tocante à autoria, *in verbis:*

Resumir ....

Os indícios de autoria encontram-se patentes nos autos da sindicância, tanto que a autoridade julgadora determinou não só a instauração do processo disciplinar como, a pedido do presidente da Comissão de Processo Disciplinar, signatário da presente, com base no art.147, da Lei nº 8.112/90, *o afastamento dos servidores investigados, de suas funções, pelo prazo de 60 (sessenta) dias*, conforme Portaria nº ...., constante às fls. .... do processo disciplinar, anexo (doc. ....).

A prestação de contas é defeituosa porque sequer existem os recibos e notas fiscais exigidos pelas normas que regem a espécie (...........citar), não tendo a Comissão Disciplinar como quantificar ou apontar como ocorreram os desvios de recursos públicos. A Sindicância que a precedeu confirmou que os valores não foram aplicados onde deveriam, ou seja, ... (especificar a irregularidade).

Pretende-se com a quebra do sigilo bancário verificar, através de *PERÍCIA TÉCNICA CONTÁBIL* a ser realizada por técnico do órgão, indicado pelo seu presidente e devidamente compromissado, a saída de numerário e a efetiva participação dos servidores acima mencionados, que deveriam ter fiscalizado a aplicação desses recursos, obrigação esta decorrente de ato administrativo.

A *Comissão Processante encontra-se impedida de levar adiante seu encargo* pela falta de notas fiscais e documentos relativos à saída do dinheiro público, além dos que já juntou a estes autos. Encontra-se pacificada a orientação do Egrégio Tribunal Superior no sentido de que o sigilo bancário não se constitui direito absoluto, antes cede diante de interesse público superior, colhendo-se os seguintes arestos, *in verbis*:

> *A jurisprudência desta Corte Superior é firme no sentido de que a existência de indícios de improbidade administrativa constatados pelas instâncias ordinárias na espécie torna possível a decretação da quebra de sigilo bancário. (*AgRg no AREsp 354881 / SP, Relator Ministro Og Fernandes, Segunda Turma, STJ, julg. 19/11/2013, public. DJe 29/11/2013)

> *I - É possível a determinação por decisão judicial da quebra do sigilo bancário quando há fundado indício de ato ilícito, principalmente de ato de improbidade, nos moldes da Lei Complementar nº 105/2001, art. 1º, §4º. Precedentes: RMS nº 32.065/PR, Rel. Min. Mauro Campbell Marques, Segunda Turma, DJe de 10/03/2011; REsp nº 1.060.976/DF, Rel. Min. Luiz Fux, Primeira Turma, DJe de 04/12/2009; REsp nº 996.983/PE, Rel. Min. Herman Benjamin, Segunda Turma, DJe de 30/09/2010.*

> *II - In casu, a Corte de origem entendeu, com base no contexto dos fatos e nas provas apresentadas, haver fundado indício de ato ímprobo praticado pelo agravante a corroborar o pedido de quebra de sigilo bancário e fiscal. Inviável chegar a conclusão contrária sem análise do arcabouço probatório. Súmula 07/STJ.*
> (AgRg no Ag 1423453 / DF, Relator Ministro Francisco Falcão, Primeira Turma, STJ, julg. 22/05/2012, public. DJe 11/06/2012)

Ademais, a quebra de sigilo bancário é admitida, excepcionalmente, nas hipóteses em que se denotem a existência de interesse público superior, posto proteção não consubstanciadora de direito absoluto a sobrepor-se ao interesse coletivo. (REsp 1060976 / DF, Relator Ministro Luiz Fux, Primeira Turma, STJ, julg. 17/11/2009, public. DJe 04/12/2009).

O direito ao sigilo das informações bancárias e fiscais, eminentemente de caráter individual, não pode ser absoluto, a ponto de obstaculizar a legítima ação do Estado no sentido de, no interesse coletivo, zelar pela legalidade; ao revés, é sempre mitigado quando contraposto ao interesse maior da sociedade, e restarem devidamente evidenciadas circunstâncias que justifiquem a medida, como ocorre in casu. (HC 125846 / SP, Relatora Ministra Laurita Vaz, Quinta Turma, STJ, julg. 01/09/2009, public. DJe 30/11/2009, LEXSTJ vol. 245 p. 329)

Deveras, ressoa inadmissível que o ordenamento jurídico crie proteção de tal nível a quem, possivelmente, cometeu infração.

Isto porque o sigilo bancário não tem conteúdo absoluto, devendo ceder ao princípio da moralidade pública e privada, este sim, com força de natureza absoluta. A regra do sigilo bancário deve ceder todas as vezes que as transações bancárias são denotadoras de ilicitude, porquanto não pode o cidadão, sob o alegado manto de garantias fundamentais, cometer ilícitos. O sigilo bancário é garantido pela Constituição Federal como direito fundamental para guardar a intimidade das pessoas desde que não sirva para encobrir ilícitos.

(REsp 943304 / SP, Relator Ministro Luiz Fux, Primeira Turma, STJ, julg. 06/05/2008, public. DJe 18/06/2008).

O ordenamento jurídico constitucional, a despeito de elevar à dignidade de garantia fundamental o direito à inviolabilidade da intimidade e da vida privada, autoriza a quebra de sigilo mediante prévia autorização judicial, na qual se justifique a necessidade da medida para fins de investigação criminal ou instrução processual criminal.

Não se encontra eivada de ilegalidade a quebra de sigilo bancário determinada pela autoridade judiciária competente, fundada na *necessidade de se apurar a origem de dinheiro oferecido como propina em crime de corrupção ativa* (STJ. ROMS nº 10097. Rel. Min. Vicente Leal. Órgão julgador: 6ª Turma. Julgamento: 25 abr. 2000. *DJU*, p. 202, 15 maio 2000).

Caso não seja determinada judicialmente a quebra do sigilo bancário das contas ...., não só os servidores envolvidos serão inocentados, ante a falta de provas que levem a uma punição, como também terceiros, como a empresa contratada

......................................, suspeita de promiscuidades financeiras com verbas públicas. As pessoas físicas envolvidas nos desvios de crédito deixarão de ressarcir ao erário os prejuízos causados, bem como responder criminalmente mediante representação ao Ministério Público Federal e à Polícia Federal, nos termos do art. 171, da Lei nº 8.112/90.

A excepcionalidade do motivo nas medidas e procedimentos administrativos para a quebra do sigilo bancário, ora requerida, não constitui afronta à garantia constitucional insculpida no art. 5º X, XII e LV, da Carta Maior, razão pela qual a autorização judicial não configura ilegalidade (ROMS nº 8757/GO - STJ, anexo – doc. ....), mormente quando se encontra presente interesse público que se sobrepõe, neste caso, ao interesse individual.

A situação é de tamanha gravidade e relevância que a Comissão de Recursos Humanos da Câmara dos Deputados já requereu informações, através do Ofício nº ...., de ..../........./......., bem como a .... (denunciante).

A quebra do sigilo é imprescindível à continuidade dos trabalhos da Comissão Processante, cujo prazo inicial de 60 (sessenta) dias esgota-se no dia ....de .... do corrente ano, adentrando em sua fase de prorrogação do prazo (art. 152 da Lei nº 8.112/90) o que explica a urgência da medida requerida.

Exsurge dos autos administrativos a má aplicação dos recursos públicos, causando grave lesão ao erário e prejuízo a terceiros, a despeito da empresa contratada para os serviços — .... — ter recebido os valores para a realização destes.

Somente para se dar uma amostra da certeza da impunidade, a empresa .... (resumir o ocorrido) (doc. ....).

Entretanto, *não pode — o órgão — quantificar o prejuízo causado ao erário* e consequentemente *apurar a responsabilidade civil e punir administrativamente os responsáveis*, bem como *providenciar* a remessa de cópia dos autos ao Ministério Público Federal e à Polícia Federal, para adoção das providências de suas alçadas, como *a responsabilização criminal, sem a quebra do sigilo bancário* das contas movimentadas pela ...., nem *verificar como e quando ocorreram os desvios dos créditos*.

Ante todo o exposto, e tendo em vista a supremacia do interesse público, neste caso específico, requer a V. Exª:

a) que seja determinada a quebra do sigilo das contas abaixo especificadas, instruindo-se estes autos com as *cópias dos microfilmes dos cheques, devidamente autenticados*, bem como *os extratos de movimentação bancária*:

- Agência .... Conta Poupança nº ....

Titular: ....

CPF ....

Banco:...................................

Período: ....

- Agência .... Conta Poupança nº ....

Titular: ....

CPF ....

Banco ....

Período: ....

b) *que seja ouvido o ilustre Parquet* Federal;

c) que seja expedido *ofício à Gerência do Banco*, *Agência nº* ...., em ...., requisitando-se as informações e os documentos bancários ora requeridos.

Protesta pela apresentação de documentos e provas pertinentes, objetivando elucidação dos fatos, na medida em que o processo disciplinar tenha seu normal andamento.

Termos em que,

Pede deferimento.

Cidade/UF, ... de .... de 20........

<h1 style="text-align:center">Modelo 08 – Ofício à autoridade instauradora para requerer ajuizamento de Ação de Quebra de Sigilo Bancário</h1>

Comentários

Quando houver norma interna que discipline que as ações de interesse das comissões processantes serão ajuizadas por membros da Advocacia Geral da União – AGU, deve a Comissão Processante solicitar à autoridade instauradora que seja ajuizada a ação de quebra de sigilo bancário.

Ao ofício devem ser anexados todos os documentos nele referidos e as principais peças dos autos, fazendo prova da necessidade da adoção da medida excepcional e dos indícios de ilícitos (depósitos de dinheiro público em conta de servidor, improbidade administrativa, etc.).

A comissão processante deve estar atenta e acompanhar o ingresso da ação e a decisão judicial, mantendo estreito contato com o membro da AGU designado para a ação, fornecendo-lhe todos os subsídios necessários ao atingimento do objetivo: a quebra do sigilo bancário.

****

Brasão ou Timbre do Órgão
SERVIÇO PÚBLICO FEDERAL
COMISSÃO DE CPAD

OFÍCIO..... (CPAD ou CSP) /nº 00.../202...

Cidade/UF, dia/mês/ano

Ao Senhor
Nome.......
cargo ou função........
Ministério......
Endereço
CEP, Cidade e UF

Assunto: ....(resumir em uma linha) ....

Senhor ...... (autoridade instauradora),

1. O Presidente da Comissão de Processo Administrativo Disciplinar instaurada pela Portaria nº ...., de ..../........./.........., publicada no BS nº ...., de

........./........./........, solicita a V. Sª seja designado advogado público deste órgão, com a finalidade de ajuizar AÇÃO DE QUEBRA DE SIGILO BANCÁRIO perante o Juízo Penal Federal, das contas movimentadas pelo .... (servidor acusado ou movimentada por outro ente, pessoa jurídica), abertas para receber valores não oriundos de salário ou proventos (*crédito.......especificar*), pelas razões que se seguem.

2. *A Comissão Processante designada pela Portaria ...., firmou convicção da necessidade de acesso aos dados bancários do acusado, sem o que se encontra impedida de levar adiante seu encargo,* uma vez que a prova da existência de valores não justificáveis nas referidas contas bancárias é imprescindível aos autos nº.................

(inserir provas que demandam a quebra de sigilo). Assim, exsurge dos autos administrativos acima referidos a possibilidade de grave lesão ao erário e prejuízo a terceiros, conforme provas que ora anexa.

3. Caso não seja determinada judicialmente a quebra do sigilo bancário das contas ...., não só os servidores envolvidos serão inocentados, ante a falta de provas que levem a uma punição, como também terceiros possivelmente envolvidos.

4. A excepcionalidade do motivo nas medidas e procedimentos administrativos para a quebra do sigilo bancário, ora requerida, não constitui afronta à garantia constitucional insculpida no art. 5º X, XII e LV, da Carta Maior, razão pela qual a autorização judicial não configura ilegalidade (ROMS nº 8757/GO-STJ), mormente quando se encontra presente interesse público que se sobrepõe, neste caso, ao interesse individual.

5. A quebra do sigilo é medida ímpar à continuidade dos trabalhos da Comissão Processante, cujo prazo inicial de sessenta dias esgota-se no dia ....de .... do corrente ano, adentrando em sua fase de prorrogação do prazo (art. 152 da lei nº 8.112/90) o que explica a urgência da medida requerida.

6. Entretanto, *não pode — o órgão — quantificar o prejuízo causado ao erário* e consequentemente *apurar a responsabilidade civil e punir administrativamente os responsáveis*, bem como *providenciar* a remessa de cópia dos autos ao Ministério Público Federal e à Polícia Federal, para adoção das providências de suas alçadas, como *a responsabilização criminal, sem a quebra do sigilo bancário* das contas movimentadas pela ...., nem *verificar como e quando ocorreram os possíveis ilícitos*.

7. Ante todo o exposto, e tendo em vista a supremacia do interesse público, requer o ajuizamento da ação de quebra de sigilo bancário das contas a seguir, bem como seja disponibilizado ao Juízo, para fins de posterior instrução do processo disciplinar:

a) as *cópias dos microfilmes dos cheques, devidamente autenticados*;

b) *os extratos de movimentação bancária;*

c) *ofício à Gerência do Banco, Agência nº................., em ....,* requisitando-se as informações e os documentos bancários ora requeridos.:

- Agência .... Conta Poupança nº ....

Titular: ....

CPF ....

Banco:....................................

Período: ....

- Agência .... Conta Poupança nº ....

Titular: ....

CPF ....

Banco ....

Período: ....

Atenciosamente,

_____
PRESIDENTE

Modelo 09 – Termo de reinquirição de testemunha

Comentários

A Comissão Disciplinar faz uso do termo de reinquirição de testemunha quando surge fato novo, posterior ao depoimento daquela testemunha, que indique ter o depoente conhecimento das circunstâncias e que não lhe foi perguntado à época da sua oitiva. Como exemplo, citamos a hipótese do colegiado que, na oportunidade anterior, desconhecia certos dados e não inquiriu, quanto a um fato específico, determinada pessoa, justificando-se então a sua reinquirição.

****

Brasão ou Timbre do Órgão
SERVIÇO PÚBLICO FEDERAL
COMISSÃO DE ..... (CPAD ou CSP)

TERMO DE REINQUIRIÇÃO DE TESTEMUNHA
(nome)

Aos .... dias do mês de .... de dois mil e ...., às .... horas na sala da Comissão de ..... (CPAD ou CSP), no ....º andar do......, localizado à ..... (endereço) – (cidade/UF), na presença da Presidente, e dos demais membros da Comissão de ..... (CPAD ou CSP), instituída pela Portaria nº ...., de ...... de ...... de 20......., publicada no BS nº ......, de .... de ..... de 20....,na presença do Presidente da Comissão, ...nome......., e dos Membros .....nome........ e ....nome........ compareceu ....(nome).........., brasileiro, ...estado civil......, ...cargo......, matrícula...... residente e domiciliado......., na cidade de ...., a fim de ser REINQUIRIDA, na condição de testemunha, acerca dos fatos constantes no referido processo administrativo n......... Presentes os acusados **....nome.....**, acompanhado do **advogado ....nome.....**, **OAB/..... nº ....** Ausente o acusado .... e seus procuradores, apesar de devidamente intimados. Perguntada se é amigo íntimo ou inimigo notório dos acusados, respondeu que não. Perguntada se é parente até o terceiro grau, se atuou como procurador, ou se está litigando judicial ou administrativamente contra os acusados, ou ainda, se tem interesse direto ou indireto no desfecho deste processo, respondeu negativamente. Prestado o compromisso de dizer a verdade, foi advertido da penalidade de falso testemunho, nos termos do artigo 342 do Código Penal. **PERGUNTADO: .....? RESPONDEU: QUE:............. Registra-se que as respostas às perguntas**

dos membros da comissão estão contidas nas perguntas formuladas. Facultada a palavra ao acusado .....nome....., nada perguntou. Facultada a palavra ao acusado .....nome......., PERGUNTOU: .... A testemunha RESPONDEU: QUE ....; Dada a palavra ao Depoente para fazer algum acréscimo ao presente termo foi dito que....... . A seguir, foi realizada a leitura do presente termo para que o depoente efetivasse eventual correção nos registros. Nada mais havendo a registrar, encerro o presente termo que, lido e achado conforme, sem emendas ou rasuras, vai subscrito pelos presentes acima nominados. Eu, ... **nome**..........., Membro da Comissão ou Membro-Secretário, o digitei.

Cidade/UF, ... de ...... de 200....

_____

PRESIDENTE

_____

MEMBRO

_____

SECRETÁRIO

_____

DEPOENTE

_____

ACUSADO

Modelo 10 – Ofício expedido à testemunha (autoridade) da comissão

Comentários

Quando se tratar de autoridades, ou de pessoas que ocupam cargos de alta relevância, que prestarão depoimento como testemunhas, estas receberão ofício. As autoridades não devem ser intimadas diretamente em razão de haver um protocolo processual para o tratamento com dignitários, ocupantes de altos cargos ou funções e que tem prerrogativa de foro.

Assim, torna-se necessário o contato prévio, via telefone, do presidente da Comissão Processante com o chefe de gabinete da autoridade.

Uma dessas prerrogativas é a de ser inquirida em sua residência ou no local onde exerce sua função. Aplica-se aqui, subsidiariamente, o disposto no art. 454 do Código de Processo Civil/2015.[18]

Também são ouvidas em seus respectivos gabinetes: juízes, promotores, procuradores da República, defensores, dirigentes máximos de autarquias e fundações, e demais detentores de cargos ou funções do alto escalão da Administração Federal, Estadual ou Municipal, como deve estar previsto nos respectivos regulamentos internos e estatutos.

Somente após se inteirar de todas as questões protocolares sobre como se dirigir àquela autoridade, em geral normatizadas pela Administração Pública, deve-se expedir o *ofício* solicitando que a autoridade designe dia, hora e local para sua inquirição.

O objetivo desse contato preliminar é informar que a Comissão Processante encontra-se instalada e necessita colher depoimento testemunhal. Após, combina-se dia, hora e local para o depoimento da testemunha fazendo-se os acertos para que o local seja provido de computador, mesas e cadeiras.

---

[18] Art. 454. São inquiridos em sua residência ou onde exercem sua função:

I - o presidente e o vice-presidente da República;

II - os ministros de Estado;

III - os ministros do Supremo Tribunal Federal, os conselheiros do Conselho Nacional de Justiça e os ministros do Superior Tribunal de Justiça, do Superior Tribunal Militar, do Tribunal Superior Eleitoral, do Tribunal Superior do Trabalho e do Tribunal de Contas da União;

IV - o procurador-geral da República e os conselheiros do Conselho Nacional do Ministério Público;

V - o advogado-geral da União, o procurador-geral do Estado, o procurador-geral do Município, o defensor público-geral federal e o defensor público-geral do Estado;

VI - os senadores e os deputados federais;

VII - os governadores dos Estados e do Distrito Federal;

VIII - o prefeito;

IX - os deputados estaduais e distritais;

X - os desembargadores dos Tribunais de Justiça, dos Tribunais Regionais Federais, dos Tribunais Regionais do Trabalho e dos Tribunais Regionais Eleitorais e os conselheiros dos Tribunais de Contas dos Estados e do Distrito Federal;

XI - o procurador-geral de justiça;

XII - o embaixador de país que, por lei ou tratado, concede idêntica prerrogativa a agente diplomático do Brasil.

§1º O juiz solicitará à autoridade que indique dia, hora e local a fim de ser inquirida, remetendo-lhe cópia da petição inicial ou da defesa oferecida pela parte que a arrolou como testemunha.

§2º Passado 1 (um) mês sem manifestação da autoridade, o juiz designará dia, hora e local para o depoimento, preferencialmente na sede do juízo.

§3º O juiz também designará dia, hora e local para o depoimento, quando a autoridade não comparecer, injustificadamente, à sessão agendada para a colheita de seu testemunho no dia, hora e local por ela mesma indicados.

Só então se envia ofício, entregue pessoalmente por membro da comissão, via postal ou encaminhado pelo correio eletrônico (*e-mail*) em formato digital, solicitando a designação de dia, hora e lugar a fim de ser inquirida, acompanhando cópia da denúncia e peças onde a autoridade foi citada como testemunha.

Simultaneamente providencia-se a intimação do acusado, informando-o de que a testemunha será ouvida em outro lugar, consignando-se dia, hora e local. Nestes casos, a comissão desloca-se até a sala designada pela autoridade para a audiência.

Na tomada do depoimento o presidente da comissão pode levar as perguntas por escrito, entregá-las à autoridade e facultar que as respostas sejam ditadas diretamente para o secretário da comissão, que as digitará. Porém, permanece a vedação de que a autoridade entregue seu depoimento por escrito, consoante dispõe o art. 158, da Lei nº 8.112/90.

Antes do encerramento do termo, o presidente da Comissão Processante pode informar à autoridade depoente da faculdade de acrescentar ao seu depoimento dados ou circunstâncias que entender pertinentes ao esclarecimento dos fatos.

Se a autoridade se dispuser a se deslocar até o local da audiência, por sua livre iniciativa, o Colegiado deve concordar, pois como a Comissão já está instalada não terá nenhum problema de última hora, com a logística do deslocamento e equipamentos estranhos, por exemplo. Porém é comum a autoridade oferecer as instalações de seu gabinete para a oitiva, e inclusive colocar-se à disposição para atender o colegiado, no que concerne ao material de apoio.

Vê-se, portanto, que não existe impedimento legal que obste a inquirição de autoridade como testemunha, embora o ato requeira certas especificidades no momento da convocação e da audiência.

Brasão ou Timbre do Órgão
SERVIÇO PÚBLICO FEDERAL
COMISSÃO DE .... (CPAD ou CSP)

OFÍCIO..... (CPAD ou CSP) /nº 00.../202...

Cidade/UF, dia/mês/ano

Ao Senhor
Nome.......
cargo ou função.........
Ministério......
Endereço
CEP, Cidade e UF

Assunto: ....(resumir em uma linha) ....

   Senhor....
   O Presidente da Comissão de ..... (CPAD ou CSP), instaurada pela Portaria nº ...., de .... de .... de 20........., publicada no BS nº ...., de ..../..../....

(portaria anexa) vem solicitar a V. Exª que se digne designar dia, hora e local a fim de ser inquirida sobre os fatos constantes no Processo Administrativo nº ....

A Comissão de ..... (CPAD ou CSP) arrolou V. Exª como testemunha, objetivando elucidar os fatos, ressaltando que a busca da verdade visa atender interesse público.

Atenciosamente,

_____
PRESIDENTE

Modelo 11 – Ofício expedido à testemunha (autoridade) de defesa

Comentários

O colegiado deve proceder de forma idêntica ao do Modelo 10, nos trâmites protocolares prévios. Isso evita mal-entendidos e agiliza a instrução processual.

Tanto pode haver mais celeridade no caso da autoridade indicada como testemunha do servidor acusado (o que facilita os trâmites referentes à sua intimação, muitas vezes com a data para o depoimento já reservada pela autoridade) quanto o fato da autoridade sequer saber que foi indicada para ser ouvida como testemunha.

Por isso, nem sempre se pode supor que o servidor fez contato com a autoridade arrolada como testemunha.

****

Brasão ou Timbre do Órgão
SERVIÇO PÚBLICO FEDERAL
COMISSÃO DE........ (CPAD ou CSP)

OFÍCIO..... (CPAD ou CSP) /nº 00.../202...

Cidade/UF, dia/mês/ano

Ao Senhor
Nome.......
cargo ou função.........
Ministério......
Endereço
CEP, Cidade e UF

Assunto: ....(resumir em uma linha) ....

Senhor...

1. O Presidente da Comissão de ..... (CPAD ou CSP), instaurada pela Portaria nº ...., de ....de .... de 20........., publicada no BS nº ...., de ..../..../.... (portaria anexa) vem solicitar a V. Exª que se digne designar dia, hora e local a fim de ser inquirida sobre os fatos constantes no Processo Administrativo nº ....

2. Por pertinente, informamos que V. Exª foi arrolada como testemunha pelo Sr........, ... (cargo), ...(lotação)....., servidor acusado no presente processo administrativo disciplinar.

Atenciosamente,

_____

PRESIDENTE

Modelo 12 – Solicitação de perito

Comentários

O art. 155 da Lei nº 8.112/90 faculta à Comissão Disciplinar, em caso de necessidade, recorrer a técnicos e peritos, de modo a permitir a completa elucidação dos fatos.

Na hipótese de prova pericial, na qual um perito produzirá um laudo com o esclarecimento de dados técnicos à Comissão Processante, faz-se prévia e obrigatoriamente a comunicação ao acusado, mediante mandado de intimação.

No mandado de intimação informa-se o nome do perito, o objeto da perícia, o período de sua realização e, ao final, concede-se prazo ao acusado para formular quesitos, indicar assistente técnico e requerer a juntada dos quesitos aos autos (art. 156, da Lei nº 8.112/90).

Se a prova pericial for requerida pelo acusado, o presidente da Comissão Disciplinar analisa se a comprovação do fato depende de conhecimento específico e, caso positivo, procede da mesma forma acima descrita.

Quando a comprovação do fato não depender de conhecimento especial de perito, o pedido de prova pericial será indeferido, ou seja, a negativa será fundamentada em despacho, aduzindo que não há necessidade de atuação de *expert* (art. 156, §2º, da Lei nº 8.112/90).

O passo seguinte, então, é deliberar com os membros um nome, dentre os servidores do órgão, que possua o conhecimento técnico requerido, a habilidade e a experiência na elaboração de laudos técnicos periciais.

Após o registro da necessidade da produção de prova pericial em ata, formaliza-se o pedido à autoridade instauradora, que detém competência para autorizar o trabalho excepcional a ser desenvolvido pelo perito na confecção do laudo em resposta aos quesitos de ordem técnica, tanto os formulados pelo colegiado, quanto os apresentados pelo acusado, cuja natureza específica não faz parte do domínio de nenhum dos membros.

****

Brasão ou Timbre do Órgão
SERVIÇO PÚBLICO FEDERAL
COMISSÃO DE CPAD

OFÍCIO..... (CPAD ou CSP) /nº 00.../202...

Cidade/UF, dia/mês/ano

Ao Senhor
Nome.......
cargo ou função.........
Ministério......
Endereço
CEP, Cidade e UF

Assunto: ....(resumir em uma linha) ....

Senhor ...... (autoridade instauradora),

O Presidente da Comissão de Processo Administrativo Disciplinar instaurada pela Portaria nº ...., de ..../........./........., publicada no BS nº ...., de ..../........./........, comunica a V. Sª que a Comissão .... deliberou pela necessidade de realização de Perícia Contábil nos autos do Processo nº........., objetivando esclarecimento dos fatos, consoante disposto no art. 155, 2ª parte, da Lei nº 8.112/90.

Para tanto, solicitamos a indicação de um Contador/Economista/Engenheiro, etc. para a realizar o trabalho de perícia técnica ou contábil na data de ..../......./......... a ..../......../........, com elaboração de laudo em resposta aos quesitos formulados pela Comissão Processante e pelo acusado.

Atenciosamente,

_____
PRESIDENTE

Modelo 13 – Termo de compromisso de perito

Comentários

Da mesma forma que o secretário *ad hoc* da Comissão Processante, o perito também assina o termo de compromisso. Por meio dele o perito garante ao colegiado seu compromisso com os trabalhos desenvolvidos e também com os membros da comissão, tendo em vista que ele vai ter acesso a todas as informações contidas no processo.

Assegura-se, desta forma, o sigilo necessário à investigação, no que diz respeito aos documentos constantes nos autos, em destaque para o fato de que as reuniões concernentes à perícia têm caráter reservado[19] e sigilosas quando estiver sob análise dados *fiscais* (art. 198 do Código Tributário Nacional), *bancários* (art. 1º da Lei Complementar nº 105, de 10.01.2001) ou de *dados e comunicações telefônicas* (inciso XII, art. 5º da Constituição).

****

Brasão ou Timbre do Órgão
SERVIÇO PÚBLICO FEDERAL
COMISSÃO DE ..... (CPAD ou CSP)

TERMO DE COMPROMISSO
PERITO

Pelo presente termo eu, ...nome do servidor....., ...cargo.........., Matrícula nº........, comprometo-me a exercer as funções de Perito .... na Comissão de ..... (CPAD ou CSP), instaurada pela Portaria nº ...., de ....de .... de 20........., publicada no BS nº ...., de ..../..../...., observar as imposições legais no tocante ao sigilo e reserva de informações previstos nas leis que regem a matéria, e praticar os demais atos necessários à consecução dos trabalhos sob minha responsabilidade Pelo que, firmo este termo.

Cidade/UF, dia/mês/ano

_____
PERITO

_____
[19] Parágrafo único, art. 157, da Lei nº 8.112/90.

Modelo 14 – Intimação do acusado da realização de perícia (apresentação de quesitos e indicação de assistente técnico)

Comentários

O art. 156, 2ª parte, da Lei nº 8.112/90 assegura ao servidor acusado a formulação de quesitos, quando se tratar de prova pericial.

Para tanto, expede-se o mandado de intimação para o acusado, dando-se ciência da data e horário da realização da perícia técnica, oportunidade na qual irá apresentar seus quesitos e ter vista daqueles elaborados pela Comissão Processante, os quais seguem anexos ao mandado, em estrita observância dos princípios constitucionais do devido processo legal, da ampla defesa e do contraditório.

No mesmo ato de intimação, faculta-se ao servidor acusado a indicação de assistente técnico para acompanhar a produção da prova pericial, informando-se o período da perícia. O nome do profissional deve ser formalmente entregue ao presidente da Comissão Disciplinar (por escrito), para que se autorize seu ingresso no recinto onde se desenvolvem os trabalhos periciais.

A Comissão Processante tem por obrigação esgotar a matéria sob investigação, na oportunidade da confecção dos quesitos. Uma perícia completa há de ter um número de perguntas suficiente para não deixar mais nenhuma dúvida sobre o objeto periciado, ou seja, não bastam uma ou duas perguntas, mas, dependendo da complexidade da matéria, até 15 quesitos.

O custo para a Administração é alto para a manutenção das despesas do técnico ou perito designado para a produção da prova. Portanto o seu trabalho deve ser valorizado e aproveitado ao máximo.

Para se chegar ao esgotamento do assunto, os membros fazem as questões separadamente e depois reúnem todos os questionamentos, descartando aqueles repetidos. A prática tem demonstrado que como as impressões sobre as provas variam de membro para membro do colegiado, os quesitos ficam diversificados, chegando mesmo a esgotar a questão.

Recomenda-se que, ao final dos quesitos, a Comissão Processante deixe uma questão em aberto, exemplo: "Informe o senhor perito situações dignas de menção, detectadas durante os trabalhos periciais, e que não constam dos quesitos formulados pela Comissão Processante e pelo servidor acusado".

****

Brasão ou Timbre do Órgão
SERVIÇO PÚBLICO FEDERAL
COMISSÃO DE ..... (CPAD, CSP ou CRS)

INTIMAÇÃO
(Processo Administrativo Disciplinar/Sindicância Punitiva nº ....)

A Sua Senhoria o Senhor
(nome do servidor acusado)
(cargo)
Em exercício na ......
Cidade/UF

O Presidente da Comissão de ..... (CPAD, CSP ou CRS), instaurada pela Portaria nº ...., de ....de .... de 20........, publicada no BS nº ...., de ..../..../...., com a finalidade de apurar as denúncias constantes no Processo nº .... e apensos nº ...., vem intimar V. Sª da realização de *Perícia Técnica* nos autos em referência, para elucidação dos fatos referentes a (especificar), nos dias .... a ..... de.....(mês) de 20...., no mesmo horário e local de funcionamento da Comissão de ..... (CPAD, CSP ou CRS), para que, querendo, apresente seus *quesitos* no prazo de até *03 (três) dias* antes do início da Perícia, nos termos do art. 156, 2ª parte, da Lei nº 8.112/90.

Fica facultado a V. Sª a indicação de *assistente técnico* para acompanhar os trabalhos, cujo nome e qualificação deverão ser entregues à Comissão. Informamos que o assistente técnico deverá se apresentar antes do encerramento dos trabalhos, a fim de que tenha tempo hábil para se inteirar do seu desenvolvimento.

Os quesitos formulados pela Comissão Processante seguem anexos.

Cidade/UF, dia/mês/ano

_____
PRESIDENTE

Recebi: Intimação e quesitos da Comissão Processante
Data ..../......../20..........

Assinatura: _____

Modelo 15 – Intimação do acusado para ciência e manifestação sobre o laudo pericial

Comentários

Ao término dos trabalhos do perito, o colegiado procede à intimação do servidor acusado do resultado do laudo pericial e encaminha-lhe cópia dos trabalhos.

Nessa oportunidade concede-lhe prazo para, querendo, impugná-lo, garantindo-se o exercício da mais ampla defesa e do contraditório.

É concedido prazo para a impugnação, que pode ser de cinco, dez ou quinze dias, a depender da complexidade da perícia e do volume de trabalho resultante do laudo. Caso o servidor acusado solicite prorrogação do prazo, e fundamente justificadamente, pode ser deferida a prorrogação requerida ou o prazo que o colegiado julgar conveniente, desde que também fundamentado.

Havendo discordâncias ou dúvidas pertinentes, o colegiado pode submeter a questão ao perito para elucidação e, após, informa o resultado. Se a questão foi muito bem esclarecida e debatida, não pairando nenhuma dúvida e a impugnação for de natureza protelatória, o presidente pode despachar diretamente, apontando a resposta e indeferindo a reanálise pelo perito.

O impugnante (servidor acusado) será cientificado, mediante mandado de notificação, ocorrendo uma daquelas hipóteses.

****

Brasão ou Timbre do Órgão
SERVIÇO PÚBLICO FEDERAL
COMISSÃO DE ..... (CPAD, CSP ou CRS)

INTIMAÇÃO
(Processo Administrativo Disciplinar/Sindicância Punitiva/CRS nº...........)

A Sua Senhoria o Senhor
(nome do servidor acusado)
(cargo)
Em exercício na ......
Cidade/UF

  O Presidente da Comissão de ..... (CPAD, CSP ou CRS), instaurada pela Portaria INCRA/P/nº ...., de ...... de .... de 20....., publicada no BS nº ...., de .... de .... de 20...., prorrogada pela Portaria nº ...., de .... de .... de 20....., publicada no BS nº ......, de ...... de ....de 20....., intima V. Sª a, querendo, impugnar no prazo de cinco (dez ou quinze) dias, o *Laudo Pericial Técnico (ou Contábil)* em mídia anexa, realizado com base em dados solicitados, autorizados e coletados do processo judicial nº ...., em trâmite na ...... Vara Federal de ...., tarjado de "sigiloso" pelo MM. Juiz da Vara.

  Na oportunidade, comunica que foram juntados documentos às fls. ...., à disposição de V. Sª, digitalizados e insertos no processo eletrônico, cujo acesso encontra-se disponibilizado desde o início da apuração disciplinar.

  Cidade/UF/data

_____
PRESIDENTE

Recebi: Original desta
Cópia digitalizada do Laudo Pericial Contábil e documentos anexados ao processo administrativo n...........

Data ..../......./20.....

Assinatura do intimado: _____

Modelo 16 – Força policial

Comentários

Excepcionalmente, algumas diligências efetivadas pela comissão exigem cuidados especiais com a integridade física dos seus membros, mas somente para aquela determinada situação específica, que não é de natureza permanente.

A força policial é feita mediante pedido formal do Presidente ao Superintendente Regional da Polícia Federal, na qual se solicita a disponibilização de dois agentes para acompanhar os trabalhos, especificando-se os dias e a localidade, e arcando o requisitante com o custeio da força tarefa (passagens, diárias, combustível, etc.).

Recomenda-se sejam feitos todos os contatos prévios (pessoalmente, por telefone ou e-mail) antes de se expedir o ofício, a fim de se evitar contratempos ou a resposta de que não será possível atender à solicitação para aquele período.

****

Brasão ou Timbre do Órgão
SERVIÇO PÚBLICO FEDERAL
COMISSÃO DE ..... (CPAD ou CSP)

OFÍCIO..... (CPAD ou CSP) /nº 00.../202...

Cidade/UF, dia/mês/ano

Ao Senhor
Nome.......
cargo ou função........
Ministério......
Endereço
CEP, Cidade e UF

Assunto: ....(resumir em uma linha) ....

Senhor Superintendente Regional,

1. O Presidente da Comissão de ..... (CPAD ou CSP), instaurada pela Portaria nº ...., de ....de .... de 20........, publicada no BS nº ...., de ..../..../...., anexo, solicita os bons préstimos de V. Sª no sentido de disponibilizar dois agentes da Polícia Federal com o objetivo de acompanhar as diligências e prover a segurança dos membros da Comissão de ..... (CPAD ou CSP), nos períodos de .... (datas/locais).

2. Por oportuno, informamos que o (órgão solicitante) arcará com as despesas de deslocamentos (diárias/passagens), razão pela qual solicitamos o nome, CPF, cargo, matrícula, banco, agência e conta bancária dos policiais, na resposta a este expediente, para a adoção das devidas providências.

3. Sendo só o que se nos apresenta para o momento, renovamos nossos protestos de estima e apreço.

Atenciosamente,

_____
PRESIDENTE

Modelo 17 – Pedido de vista em ação judicial ou inquérito policial

Comentários

A Comissão Disciplinar, por meio de seu presidente, pode solicitar vista de ação judicial ou inquérito policial em andamento, referente aos fatos objeto da investigação, bem como autorização para compartilhamento de provas com o processo administrativo.

A Súmula 591 encontra-se assim ementada: *É permitida a prova emprestada no processo administrativo disciplinar, desde que devidamente autorizada pelo juízo competente e respeitados o contraditório e a ampla defesa.*[20]

Portanto, há possibilidade de utilização de prova emprestada que pode trazer elementos que servirão de base para a produção de outras provas.

Tão logo sejam juntadas aos autos os documentos selecionados pelo colegiado, é indispensável que se proceda à intimação do servidor acusado para ter ciência e vista dos documentos novos, em obediência aos princípios do contraditório e da ampla defesa.

O comparecimento do acusado e sua manifestação de interesse, ou não, é faculdade que lhe assiste, ou seja, pode ou não acessar as peças juntadas. A obrigação do colegiado é apenas a de proceder à intimação, não devendo se preocupar se o acusado não demonstrou interesse nos documentos.

****

---

[20] SÚMULA 591, PRIMEIRA SEÇÃO, julgado em 13/09/2017, DJe 18/09/2017.

Brasão ou Timbre do Órgão
SERVIÇO PÚBLICO FEDERAL
COMISSÃO DE ..... (CPAD ou CSP)

EXMº SENHOR JUIZ FEDERAL DA .... VARA FEDERAL DA SUBSEÇÃO JUDICIÁRIA DE
....

Autos nº ....

Ação de ....

  O *Presidente da Comissão de* ..... (CPAD ou CSP), instaurada pela Portaria nº ...., de .... de .... de 20......, publicada no BS nº ...., de .... de ....de 20....... (doc. ....), instalada no endereço constante no rodapé desta, vem, respeitosamente, perante V. Exª, expor e requerer o quanto segue:
  .... (*expor os fatos objeto de investigação*).

  Conforme documentos juntados nesta oportunidade (doc. ....) os servidores públicos apontados como possíveis autores dos ilícitos administrativos perpetrados contra a Administração e que causaram prejuízo ao erário público são .... (*citar os nomes*), os quais são demandados nos presentes autos.
  O Superior Tribunal de Justiça tem jurisprudência pacificada, como se vê no voto da relatora Ministra Eliana Calmon:

> A prova produzida em ação penal pode ser usada como prova emprestada em processo disciplinar, inclusive interceptações telefônicas válidas." (MS 19823 / DF, Primeira Seção, STJ, julg. 14/08/2013, public. DJe 23/08/2013).

  E o STJ editou a Súmula 591, que se encontra assim ementada: *É permitida a prova emprestada no processo administrativo disciplinar, desde que devidamente autorizada pelo juízo competente e respeitados o contraditório e a ampla defesa.*[21]

  Ante o exposto, e por ser imprescindível à apuração dos fatos ..... (*mencionar o ilícito administrativo*) e consequente reposição do prejuízo causado aos cofres públicos, requer o Presidente da Comissão ..... (*Disciplinar/Sindicância*) *vista dos autos* com a finalidade de compartilhar as provas que servirão para instruir o procedimento administrativo, mantendo-se o sigilo e a acesso restrito às informações, conforme determinado por V. Exa.

---

[21] SÚMULA 591, PRIMEIRA SEÇÃO, julgado em 13/09/2017, DJe 18/09/2017.

Termos em que,
P. deferimento.

Cidade/UF, ... de .... de 20...........

_____
PRESIDENTE

Modelo 18 – Despacho de indeferimento de pedido de dilação do prazo de defesa

Comentários

O art. 156, §1º, da Lei nº 8.112/90 diz que o presidente da comissão pode denegar pedidos considerados impertinentes, meramente protelatórios, ou de nenhum interesse para o esclarecimento dos fatos.

Trata-se de juízo valorativo do presidente do colegiado e o requerente há que demonstrar o indeferimento causou efetivo prejuízo à sua defesa para que fique caracterizado o cerceamento de defesa.[22]

O indeferimento deve ser feito em despacho bem fundamentado, assinado somente pelo presidente, pois se trata de sua atribuição.

Deve-se dar ciência, ao interessado, do despacho proferido, encaminhando-se cópia juntamente com o mandado de intimação.

****

Brasão ou Timbre do Órgão
SERVIÇO PÚBLICO FEDERAL
COMISSÃO DE .... (CPAD ou CSP)

DESPACHO: DO PRESIDENTE DA COMISSÃO DE PROCESSO DISCIPLINAR
À PETIÇÃO INTERPOSTA PELO SERVIDOR .... nos autos administrativos
....

Desta feita trata-se de requerimento do indiciado ...., protocolizado na data de ...., às ....horas, no qual renova o pleito de *dilação do prazo de defesa por mais 20 (vinte) dias*, aduzindo que agora sua defesa depende de despacho de..... (citar autoridade e órgão) .... no Estado de .... a fim de "ter vistas" de processos administrativos de ....(especificar)... que não são objeto de apuração desta Comissão de ..... (CPAD ou CSP).

Ora, além de estar o requerente vinculando sua defesa com outros processos que nada têm a ver com o objeto de apuração desta Comissão Disciplinar, depende também de decisão de servidor que não integra esta Comissão Processante, não

---

[22] A Lei nº 8.112/1990, no art. 156, §1º, confere ao presidente da comissão processante a faculdade de denegar pedidos que, a seu juízo, não levem ao esclarecimento dos fatos.
Não demonstrado o efetivo prejuízo causado pelo indeferimento de pedido, impossível vislumbrar o alegado cerceamento de defesa. Precedentes. (MS 8091 / DF, Relator Ministro Paulo Gallotti, Terceira Seção, STJ, julg. 24/06/2009, public. DJe 01/02/2010).

deixando dúvida, mais uma vez, que se trata de pedido protelatório, que não influenciará de forma alguma a convicção da Comissão Processante ou da autoridade instauradora.

Não se vislumbra em que a imensa relação de processos administrativos relativos a fatos diversos, mais precisamente um número de 50 (cinquenta) processos, pertencentes a divisões administrativas do órgão em outras cidades do Estado de ...., possa influir em apenas três processos em apuração, visto que à Comissão Disciplinar interessa somente matéria de prova referente aos processos sob investigação .... .O *pedido de vista* dos demais processos totalmente estranhos à lide não elucidará os fatos mais do que as provas já carreadas para os autos.

O requerente peticionou na data de ..... de .... de 202, o qual mereceu despacho favorável em data de ..... de .... de 202..., referente aos processos administrativos n. ...., *objetos de apuração desta Comissão Disciplinar e constantes na Portaria instauradora*, da qual foi-lhe dada ciência quando da notificação prévia. Deste despacho consta intimação às fls. ..... dos autos administrativos.

O presente processo disciplinar é resultado de 03 (três) sindicâncias investigativas, as quais têm apensos os processos de .... acima mencionados, não se tratando de "fusão de 10 (dez) processos administrativos disciplinares", como alega o requerente.

Improcede a alegação de expiração do prazo da comissão considerando que a presente Comissão Disciplinar foi instaurada pela Portaria nº ...., prorrogada pela de nº ...., com o fim de dar continuidade aos trabalhos iniciados pela Portaria nº ...., prorrogada pela de nº ...., pelo que o prazo encerrar-se-á no dia ..... de .... do corrente ano.

O objeto de apuração da comissão, propriamente dito, "não traz qualquer complexidade e extensão do conjunto probatório", vez que *as provas e diligências foram produzidas gradativamente durante os trabalhos de apuração*.

Se houve alguma "complexidade e extensão do conjunto probatório", conforme alegado pelo requerente, foi devido ao número excessivo de incidentes provocados pelo próprio requerente, à guisa de ampla defesa, os quais mereceram análise, manifestação e decisão da Comissão Processante, em *detrimento do tempo dedicado ao verdadeiro objeto* de investigação.

Por oportuno, cite-se jurisprudência do STJ a respeito do exercício da ampla defesa: "Não se pode confundir ampla defesa com defesa infinita" (AgRg no RMS 33373 / PE, Relator Ministro Herman Benjamin, Segunda Turma, STJ, julg. 07/04/2011, public. DJe 25/04/2011).

As demais argumentações já foram levantadas em outras oportunidades (Exceção de Impedimento e Suspeição), mereceram a devida resposta e as mesmas razões são apresentadas como se aqui transcritas estivessem (cópias anexas), não guardando conexão com o pedido de dilação em análise.

Ante o exposto, com fundamento no §1º, do art. 156, da Lei nº 8.112/90, *indefiro o pedido de dilação do prazo de defesa por mais 20 (vinte) dias*.

O requerente já foi alertado anteriormente, por escrito da não interrupção do prazo e da revelia, caso deixe de apresentar defesa no prazo assinalado.

Cidade/UF, dia/mês/ano

_____

PRESIDENTE

Modelo 19 – Intimação do despacho de Indeferimento

Comentários

O ato subsequente ao despacho de indeferimento, prolatado pelo Presidente do Colegiado Processante/Sindicante, é a comunicação ao servidor acusado/indiciado, da resposta ao seu requerimento.

Estabelece-se, assim, o contraditório, sem prejuízo do exercício da ampla defesa. Como já se pronunciou o STJ: "Não se pode confundir ampla defesa com defesa infinita".[23]

****

---

[23] (AgRg no RMS 33373 / PE, Relator Ministro Herman Benjamin, Segunda Turma, STJ, julg. 07/04/2011, public. DJe 25/04/2011).

Brasão ou Timbre do Órgão
SERVIÇO PÚBLICO FEDERAL
COMISSÃO DE ..... (CPAD ou CSP)

INTIMAÇÃO
(Processo .... nº ....)

A Sua Senhoria o Senhor
(nome do servidor acusado)
(cargo)
Em exercício na ......
Cidade/UF

     O Presidente da Comissão de ..... (CPAD ou CSP), instaurada pela Portaria nº ...., de ...... de .... de 20...... *(portaria nova)*, publicada no BS nº ...., de ...../......../......., com o fim de dar continuidade aos trabalhos iniciados pela Comissão de .... (CPAD ou CSP), instituída pela Portaria nº ...., de ...... de .... de 20...... *(portaria antiga)*, publicada no BS nº ...., de ...../......../......., com suas alterações e prorrogações posteriores, *intima* V. Sª do Despacho (cópia anexa) proferido pelo Presidente do Colegiado, na data de ...., em resposta ao requerimento formulado por V. Sª na data de ...../..../.... e protocolado junto ao colegiado na data de ..../..../......

Cidade/UF, dia/mês/ano

_____
PRESIDENTE

Recebi:
Original desta Intimação
Cópia do Despacho do Presidente, de ..../..../....

Data ..../........./.............

_____
Assinatura do notificado

Modelo 20 – Termo de revelia

Comentários

O art. 164 da Lei nº 8.112/90 considera revel o indiciado que, regularmente citado, não apresenta defesa no prazo legal. Para tanto, após o decurso do prazo sem a defesa, deve o colegiado registrar o fato em ata. Na sequência, inexistindo defesa, deve ser lavrado um *termo de revelia* devolvendo-se o prazo para que o defensor dativo elabore a defesa, em 10 (dez) ou 20 (vinte) dias, se mais de um indiciado.

O termo de revelia é usado não só quando o servidor indiciado deixa de *apresentar a defesa* no prazo legal, mas também quando a *defesa* apresentada é *imprestável* ou *ineficiente*, como por exemplo, o servidor que se defende em apenas umas poucas linhas de fatos constantes em dez volumes de processo, mas sua defesa não abrange todos os fatos a si imputados.

Neste último caso, a defesa deve ser analisada pelo colegiado, que após deliberação decide se é o caso de se decretar a revelia ou se o servidor indiciado atacou os fatos e conseguiu se defender, ainda que sucintamente.

Também se aplica a revelia quando o servidor se recusa a receber o mandado de citação e deixa de apresentar a defesa escrita. [24]

O termo de revelia vai *assinado* pelos membros do colegiado, que depois darão ciência à autoridade instauradora. A competência para designar *defensor dativo* para o servidor revel, é da autoridade instauradora, por meio de portaria específica.

A pessoa nomeada como defensor dativo deve atender ao requisito do §2º do art. 164 da Lei nº 8.112/90, não sendo obrigatório que seja um bacharel em Ciências Jurídicas ou um advogado, questão já sumulada pelo STF.[25] A Lei nº 8.112/90 *faculta* a assistência por advogado (art. 156), ou seja, não há obrigação do servidor acusado ou indiciado de constituir de um advogado para elaborar a sua defesa.[26]

Este é o único caso previsto em lei para a nomeação de um *defensor dativo*: a revelia do servidor indiciado.

Não confundir com *defensor ad hoc (para o ato), que é qualquer pessoa nomeada pelo presidente para acompanhar um ato efetivado pela comissão (perícia, diligência, etc) e que não precisa ser a mesma pessoa para os outros atos, podendo o encargo recair no servidor que estiver disponível no momento.*

Ao defensor dativo será assegurado acesso aos autos com a liberação do acesso ao processo eletrônico ou cópia da íntegra do processo em mídia digital.

---

[24] Em razão da recusa do impetrante em receber citação e apresentar defesa escrita, tendo sido lavrado Termo de Revelia, é correta a designação de defensor dativo por meio de portaria. (MS 15090 / DF, Relator Ministro Sebastião Reis Júnior, Terceira Seção do STJ, julg. 25/04/2012, public. DJe 03/09/2012).

[25] Súmula Vinculante n. 5/STF: "A falta de defesa técnica por advogado no processo administrativo disciplinar não ofende a Constituição."

[26] A Lei de regência do processo disciplinar - Lei nº 8.112/1990 - não obriga - apenas faculta - a assistência por advogado (art. 156). Na mesma direção está o Estatuto do Processo Administrativo (Lei nº 9.784/1999), como se extrai do teor do seu art. 3º. (MS 12953 / DF, Relator Ministro Haroldo Rodrigues (Desembargador Convocado do TJ/CE), Terceira Seção do STJ, julg. 28/10/2009, public. DJe 25/02/2010).

Os membros da Comissão Disciplinar têm o dever de proporcionar condições dignas e favoráveis para a elaboração de uma defesa eficaz, em atendimento aos princípios constitucionais da ampla defesa e do contraditório.

****

Brasão ou Timbre do Órgão
SERVIÇO PÚBLICO FEDERAL
COMISSÃO DE ..... (CPAD ou CSP)

TERMO DE REVELIA

Aos..............., ... (local), onde se encontra instalada a Comissão ..... (CPAD ou CSP), constatamos que os indiciados .... (nome e matrícula), embora regular e pessoalmente citados (art. 161, §2º, da Lei n º 8.112/90) *conforme citações constantes às fls.* .... deste processo, deixaram transcorrer o prazo legal para defesa escrita, sem formalizá-la. Em decorrência, fica declarada a revelia dos citados servidores, para que surta os devidos efeitos legais, com a designação de defensor dativo, pela autoridade administrativa que determinou o presente procedimento, para elaborar a defesa, no prazo de dez (ou vinte) dias.

Para constar, em atendimento ao disposto no art. 164 e parágrafos da Lei nº 8.112/90, eu (nome) Presidente da Comissão, lavrei o presente Termo que segue assinado pelos demais membros.

Cidade/UF, ... de ...... de 20....

_____
PRESIDENTE

_____
MEMBRO

_____
MEMBRO-SECRETÁRIO

Modelo 21 – Comunicado à autoridade instauradora da ocorrência de revelia e solicitação de nomeação de defensor dativo por portaria

Brasão ou Timbre do Órgão
SERVIÇO PÚBLICO FEDERAL
COMISSÃO DE ...... (CPAD ou CSP)

OFÍCIO..... (CPAD ou CSP) /nº 00.../202...

Cidade/UF, dia/mês/ano

Ao Senhor
Nome.......
cargo ou função.........
Ministério......
Endereço
CEP, Cidade e UF

Assunto: ....(resumir em uma linha) ....

Senhor ...... (autoridade instauradora),

1. O Presidente da Comissão de ..... (CPAD ou CSP), instaurada pela anexa Portaria nº ...., de ..../........./.........., publicada no BS nº ...., de ..../........./........, comunica a V. Sª que o Colegiado declarou a *revelia* do acusado...... *(nome do servidor)*, cargo, Matrícula nº ...., lotado na........no...... (órgão),..................., conforme Termo de Revelia anexo.

2. Assim, solicito a V. Sª providências no sentido de designar um *defensor dativo*, que deverá atender aos requisitos previstos no §2º do art. 164, da Lei nº 8.112/90.

3. Por pertinente, tão logo seja publicada a Portaria, a Comissão Processante tomará as providências subsequentes à defesa do servidor revel.

Atenciosamente,

_____
PRESIDENTE

Modelo 22 – Incidente de sanidade mental

Comentários

O art. 160 da Lei nº 8.112/90 trata do incidente de sanidade mental, na existência de dúvida razoável de problemas relativos à sanidade mental do servidor acusado/indiciado.[27]

O procedimento no qual o servidor é submetido à avaliação médica especializada, tanto a requerimento do próprio servidor ou seu defensor, quanto pelo Colegiado, deve ser formalizado e processado, se possível, ainda na *instrução*. Isso porque a comissão através dos contatos com o próprio acusado e com as testemunhas tem condições de avaliar a necessidade desse procedimento.

O incidente de sanidade mental deve ser instaurado sempre que o colegiado tiver dúvida sobre a sanidade mental do servidor acusado ou por provocação do defensor do servidor acusado ou indiciado, mediante apresentação de atestados ou laudos médicos que indiquem a existência de patologia mental comprometedora da capacidade de cognição. A questão pode ser levantada mediante a análise de atestados médicos existentes na pasta funcional do servidor, que apontam para a existência de uso de medicamentos prescritos por psiquiatra, internações, etc., além de desvios graves de comportamento no ambiente de trabalho, presenciado por colegas.

O art. 3º do Código Civil diz:

> Art. 3º São absolutamente incapazes de exercer pessoalmente os atos da vida civil:
> I - os menores de dezesseis anos;
> II - os que, por enfermidade ou deficiência mental, não tiverem o necessário discernimento para a prática desses atos;
> III - os que, mesmo por causa transitória, não puderem exprimir sua vontade.

Os portadores de doença mental de origem patológica ou acidental são representados por um curador (art. 1.767, I, do CC).[28] Não têm condições de reger sua pessoa e administrar seus bens.

No caso específico do processo disciplinar, não pode ser punido administrativamente o servidor que sofre de alienação mental ou doença mental temporária ou permanentemente incapacitante, devidamente comprovadas através de laudo médico emitido por junta médica oficial, na qual conste pelo menos um psiquiatra.

---

[27] Cabe à Comissão de Inquérito propor à autoridade competente a submissão do acusado em processo administrativo disciplinar à avaliação médica, em face da existência de dúvida, ao menos razoável, de problemas relativos à sanidade mental do agente público, a teor do que dispõe o art. 160 da Lei n. 8.112/90. (MS 16038 / DF, Relator Ministro Mauro Campbell Marques, Primeira Seção, STJ, julg. 09/11/2011, public. DJe 18/11/2011).

[28] Art. 1.767. Estão sujeitos a curatela:
I - aqueles que, por enfermidade ou deficiência mental, não tiverem o necessário discernimento para os atos da vida civil;
II - aqueles que, por outra causa duradoura, não puderem exprimir a sua vontade;
III - os deficientes mentais, os ébrios habituais e os viciados em tóxicos;
IV - os excepcionais sem completo desenvolvimento mental;
V - os pródigos.

A provocação do incidente de sanidade mental pela Comissão Processante configura-se medida preventiva de nulidade de todo o procedimento disciplinar. Se a questão for levantada como preliminar de defesa, ao presidente da comissão cabe deferir o seu processamento, e somente apresentar o relatório final após a emissão do laudo médico pericial, sempre que necessário.

Assim, havendo fundada dúvida de que o acusado não se encontra de posse de suas faculdades mentais ou que possui perturbação mental, o colegiado irá se reunir, deliberar e fazer constar em ata a necessidade do procedimento. Essa dúvida pode surgir pela quantidade de atestados, intercalados ou não, coincidentes ou não com os ilícitos administrativos supostamente cometidos pelo acusado que apontam para um comprometimento de sua capacidade mental.

A perícia feita por junta médica oficial e o incidente de sanidade mental visam a constatar o estado de saúde físico ou mental do indiciado.

O incidente de sanidade mental nada mais é do que um processo autônomo no qual se realiza a perícia por junta médica oficial, instaurado se houver suspeita acerca da sanidade mental do indiciado, tanto que a junta médica oficial tem que ser composta por um médico psiquiatra.

Se a dúvida diz respeito, apenas, ao estado de saúde do indiciado, o procedimento a ser instaurado é a perícia por junta médica oficial, devendo ou não ser composta por um médico psiquiatra, conforme o caso. A perícia e o incidente de sanidade mental estão previstos, respectivamente, nos arts. 155 e 160 da Lei nº 8.112/90.[29]

Após, o presidente da Comissão Processante expedirá memorando ou ofício *à autoridade instauradora propondo que o acusado seja submetido a junta médica oficial composta* de pelo menos um *médico psiquiatra* (art. 160 da Lei nº 8.112/90).

Este procedimento será processado em *autos apartados*, ou seja, a comissão deve criar um novo processo somente para este incidente, iniciando-se com o pedido à autoridade competente. Ao final, com a expedição do laudo pericial, os autos serão apensados ao processo disciplinar.

Entretanto, ressaltamos que cabe ao presidente da Comissão Processante expedir ofício à autoridade máxima daquele órgão, ocasião em que informará da necessidade da realização da perícia por junta médica oficial, composta por pelo menos um psiquiatra, e solicitará dia, hora e local para o exame.

A Administração Pública Federal dispõe de um Manual de Perícia Oficial em Saúde do Servidor Público Federal, elaborado pelo Subsistema Integrado de Atenção à Saúde do Servidor-SIASS, do Ministério do Planejamento, Orçamento e Gestão, que regulamentou integralmente a matéria, inclusive com os quesitos que serão feitos à Junta Oficial em Saúde, disponível eletronicamente na página do SIASS.[30]

---

[29] Art. 155. Na fase do inquérito, a comissão promoverá a tomada de depoimentos, acareações, investigações e diligências cabíveis, objetivando a coleta de prova, recorrendo, quando necessário, a técnicos e *peritos*, de modo a permitir a completa elucidação dos fatos.
Art. 160. Quando houver *dúvida sobre a sanidade mental* do acusado, a comissão proporá à autoridade competente que ele seja submetido a exame por *junta médica oficial*, da qual participe pelo menos um *médico psiquiatra*.
Parágrafo único. O incidente de sanidade mental será processado em auto apartado e apenso ao processo principal, após a expedição do laudo pericial. (Grifo nosso).

[30] Disponível em: https://www2.siapenet.gov.br/saude/portal/public/pesquisaPortal/pesquisaPortal.xhtml;jsessio nid=079B75F3BA93519816140EE312E48EA3.

O Manual de Perícia Oficial em Saúde do Servidor Público Federal fornece os seguintes conceitos e enquadramentos:[31]

Alienação Mental

Conceito:

Conceitua-se como alienação mental todo quadro de distúrbio psiquiátrico ou neuropsiquiátrico grave e persistente, no qual, esgotados os meios habituais de tratamento, haja alteração completa ou considerável da personalidade, comprometendo gravemente os juízos de valor e de realidade, bem como a capacidade de entendimento e de autodeterminação, tornando o indivíduo inválido total e permanentemente para qualquer trabalho.

O indivíduo torna-se incapaz de responder legalmente por seus atos na vida civil, mostrando-se inteiramente dependente de terceiros no que tange às diversas responsabilidades exigidas pelo convívio em sociedade.

O alienado mental pode representar riscos para si e para terceiros, sendo impedido por isso de qualquer atividade funcional.

Há indicação legal para que todos os servidores portadores de alienação mental sejam interditados judicialmente.

O perito deve avaliar se é conveniente e apropriado o enquadramento do indivíduo como alienado mental. O simples diagnóstico desses quadros não é indicativo de enquadramento.

Normas de Procedimentos para a Perícia Oficial em Saúde

Deverão constar dos laudos declaratórios da invalidez do portador de alienação mental os seguintes dados:

1 • Diagnóstico da enfermidade básica, inclusive o diagnóstico numérico, de acordo com a Classificação Internacional de Doenças;

2 • Estágio evolutivo;

3 • A expressão "alienação mental".

Critérios de Enquadramento

A alienação mental poderá ser identificada no curso de qualquer enfermidade psiquiátrica ou neuropsiquiátrica desde que, em seu estágio evolutivo, sejam atendidas todas as condições abaixo discriminadas:

1 • Seja grave e persistente;

2 • Seja refratária aos meios habituais de tratamento;

3 • Provoque alteração completa ou considerável da personalidade;

4 • Comprometa gravemente os juízos de valor e realidade, bem como a capacidade de entendimento e de autodeterminação;

5 • Torne o servidor inválido de forma total e permanente para qualquer trabalho.

São Passíveis de Enquadramento:

1 • Psicoses esquizofrênicas nos estados crônicos;

2 • Outras psicoses graves nos estados crônicos;

3 • Estados demenciais de qualquer etiologia (vascular, Alzheimer, doença de Parkinson etc.);

4 • Oligofrenias graves.

---

[31] _____ Capítulo VII, p. 98-100.

São Excepcionalmente Considerados Casos de Alienação Mental:

1 • Psicoses afetivas, mono ou bipolares, quando comprovadamente cronificadas e refratárias ao tratamento, ou quando exibirem elevada frequência de repetição física, ou ainda, quando configurarem comprometimento grave e irreversível da personalidade;

2 • Psicoses epiléticas, quando caracterizadamente cronificadas e resistentes à terapêutica, ou quando apresentarem elevada frequência de surtos psicóticos;

3 • Psicoses pós-traumáticas e outras psicoses orgânicas, quando caracterizadamente cronificadas e refratárias ao tratamento, ou quando configurarem um quadro irreversível de demência;

4 • Alcoolismo e outras dependências químicas nas formas graves.

Quadros Não Passíveis de Enquadramento:

1 • Transtornos da personalidade;

2 • Alcoolismo e outras dependências químicas nas formas leves e moderadas;

3 • Oligofrenias leves e moderadas;

4 • Psicoses do tipo reativo (reação de ajustamento, reação ao estresse);

5 • Psicoses orgânicas transitórias (estados confusionais reversíveis);

6 • Transtornos neuróticos (mesmo os mais graves).

Em se tratando de processo disciplinar no qual ocorre este incidente, em decorrência do resultado do laudo médico pericial, *duas situações distintas* e mutuamente excludentes têm lugar:

a) constata-se doença mental *tratável* e *curável:* o servidor será licenciado para tratamento e, se necessário, será verificada a *possibilidade de readaptação (permanente) ou reabilitação (temporária)* em outras atividades (art. 202 c/c art. 24 da Lei nº 8.112/90);

b) conclui-se que o servidor padece de *doença incurável* e *incapacitante* para o serviço público, sem possibilidade de readaptação: o servidor será *aposentado* por invalidez (inc. I, do art. 186 c/c §§1º e 2º, do art. 188[32] da Lei nº 8.112/90).

O §1º do art. 186, acima citado, traz a relação, embora não exaustivamente, das doenças que podem conduzir à aposentadoria por invalidez. O rol é exemplificativo, pois seria impossível a norma alcançar todas as doenças consideras graves pela medicina:[33]

---

[32] Art.188. A aposentadoria voluntária ou por invalidez vigorará a partir da data da publicação do respectivo ato.
§1º A aposentadoria por invalidez será precedida de licença para tratamento de saúde, por período não excedente a 24 (vinte e quatro) meses.
§2º Expirado o período de licença e não estando em condições de reassumir o cargo ou de ser readaptado, o servidor será aposentado.
§3º O lapso de tempo compreendido entre o término da licença e a publicação do ato da aposentadoria será considerado como de prorrogação da licença.
§4º Para os fins do disposto no §1º deste artigo, serão considerados apenas as licenças motivadas pela enfermidade ensejadora da invalidez ou doenças correlacionadas. *(Incluído pela Lei nº 11.907, de 2009).*
§5º A critério da Administração, o servidor em licença para tratamento de saúde ou aposentado por invalidez poderá ser convocado a qualquer momento, para avaliação das condições que ensejaram o afastamento ou a aposentadoria. *(Incluído pela Lei nº 11.907, de 2009).*

[33] É exemplificativo o rol descrito no art. 186, I, §1º, da Lei nº 8.112/1990, haja vista "a impossibilidade de a norma alcançar todas as doenças consideradas pela medicina como graves" (REsp 1.199.475/DF, Ministra Eliana Calmon, DJe de 26.8.2010). (AgRg no REsp 1222604 / PR, Relator Ministro Cesar Asfor Rocha, Segunda Turma, STJ, julg. 19/06/2012, public. DJe 28/06/2012).

Art. 186. O servidor será aposentado: (Vide art. 40 da Constituição)

I – por invalidez permanente, sendo os proventos integrais quando decorrente de acidente em serviço, moléstia profissional ou *doença grave, contagiosa ou incurável*, especificada em lei, e proporcionais nos demais casos;

(...)

§1º Consideram-se doenças graves, contagiosas ou incuráveis, a que se refere o inciso I deste artigo, tuberculose ativa, alienação mental, esclerose múltipla, neoplasia maligna, cegueira posterior ao ingresso no serviço público, hanseníase, cardiopatia grave, doença de Parkinson, paralisia irreversível e incapacitante, espondiloartrose anquilosante, nefropatia grave, estados avançados do mal de Paget (osteíte deformante), Síndrome de Imunodeficiência Adquirida – AIDS, e outras que a lei indicar, com base na medicina especializada. (Grifos nossos) [34]

Trata-se de vício insanável a não deflagração do incidente de sanidade mental pelo Colegiado, pois se ficar, mais tarde, comprovada a incapacidade mental do servidor inclusive de acompanhar o procedimento disciplinar, o processo é nulo a partir de então.[35]

Reconhecida a incapacidade mental do acusado, comprovada por meio do laudo médico pericial no incidente de sanidade mental, aplica-se, por analogia, a excludente de culpabilidade prevista no art. 26, do Código Penal:

Art. 26 - É isento de pena o agente que, por doença mental ou desenvolvimento mental incompleto ou retardado, era, ao tempo da ação ou da omissão, inteiramente incapaz de entender o caráter ilícito do fato ou de determinar-se de acordo com esse entendimento. (Redação dada pela Lei nº 7.209, de 11.7.1984)

Ante a ocorrência da inimputabilidade disciplinar, resta somente à Comissão Processante elaborar o relatório final e concluir pela absolvição sumária (quando não há indiciamento), remetendo o processo à autoridade competente para julgamento.

---

[34] A embriaguez habitual no serviço, ao contrário da embriaguez eventual, trata-se de patologia, associada a distúrbios psicológicos e mentais de que sofre o servidor.

O servidor acometido de dependência crônica de alcoolismo deve ser licenciado, mesmo compulsoriamente, para tratamento de saúde e, se for o caso, aposentado, por invalidez, mas, nunca, demitido, por ser titular de direito subjetivo à saúde e vitima do insucesso das políticas públicas sociais do Estado. (RMS 18017/SP, Relator Ministro Paulo Medina, Sexta Turma, STJ, julg. 09/02/2006, public. DJ 02/05/2006 p. 390).

[35] Se no curso processo administrativo disciplinar suscitar fundada dúvida quanto à sanidade mental do acusado, a instauração do respectivo incidente é medida que se impõe, com nomeação de curador para representá-lo e suspensão da marcha processual até o laudo pericial, conclusivo se a moléstia era contemporânea ou sobreveio aos fatos, e então retomando seu curso para a solução administrativa cabível. Aplicação subsidiária do Art. 149 e seguintes do Código de Processo Penal.

Na hipótese, se a perícia médica produzida nos autos da ação cautelar de nº 2002.3750-0 afirmou que o quadro patológico do servidor estava enquadrado como de "alcoolismo crônico", o qual evoluiu para incapacidade funcional, impõe-se reconhecer a nulidade do processo administrativo disciplinar, em face da inobservância do procedimento legal descrito no art. 160 da Lei 8.112/90, eis que à época das notificações, o autor encontrava-se internado para tratamento de alcoolismo crônico, sobretudo, com crises de visões e alucinações (fl. 46) e a posterior constatação de redução volumétrica dos hemisféricos cerebrais (fl.48).

Lídima a sentença que reconheceu o vício insanável do processo administrativo disciplinar por inobservância da instauração do incidente de sanidade mental, decretou a nulidade do ato de demissão, e uma vez reintegrado no cargo por força do provimento cautelar nº 2002.3750-0, reconheceu o direito a aposentadoria por invalidez, nos termos do art. 186, da Lei 8.112/90. (AREsp 082631, Relator Ministro Humberto Martins, Decisão monocrática, julg. 30/11/2011 , public. 07/12/2011).

Se o incidente de sanidade mental foi instaurado após o Despacho de Encerramento de Instrução e Indiciação, por ocasião da defesa, a comissão processante deve anular tanto o Despacho quanto a citação, por meio de ata, desconsiderando-os e, na sequência, elaborar Relatório Final conclusivo pela absolvição. Posteriores desdobramentos, como licença ou aposentadoria do servidor acusado, são medidas que deverão ser adotadas pelo Setor de Pessoal.

Como afirmado acima, a ausência desse incidente — de sanidade mental — acarreta a *nulidade de todo o processo disciplinar* se ficar comprovado, mesmo após o encerramento dos trabalhos da Comissão Processante, que havia *comprometimento mental* do servidor acusado na época do cometimento da infração administrativa.

Se, quando da ocorrência do ilícito administrativo encontrava-se mentalmente são, porém padece de doença mental tratável, que não compromete seu discernimento e que não impeça a tomada de depoimentos perante a comissão, entende-se que o servidor é passível de ser *responsabilizado disciplinarmente*.

O servidor que se recusar, injustificadamente, a ser sumetido a inspeção médica determinada por autoridade competente pode ser punido com suspensão de até quinze dias, nos termos do §1º, art. 130, da Lei nº 8.112/90:

> Art. 130. A suspensão será aplicada em caso de reincidência das faltas punidas com advertência e de violação das demais proibições que não tipifiquem infração sujeita a penalidade de demissão, não podendo exceder de 90 (noventa) dias.
>
> §1º Será punido com suspensão de até 15 (quinze) dias o servidor que, injustificadamente, recusar-se a ser submetido a inspeção médica determinada pela autoridade competente, cessando os efeitos da penalidade uma vez cumprida a determinação.
>
> §2º Quando houver conveniência para o serviço, a penalidade de suspensão poderá ser convertida em multa, na base de 50% (cinquenta por cento) por dia de vencimento ou remuneração, ficando o servidor obrigado a permanecer em serviço.

Não há, portanto, como forçar o servidor a se submeter a perícia médica, contra a sua vontade. Entretanto, caso haja recusa injustificada, deve o servidor ser comunicado de que será suspenso.

Na hipótese do servidor não ter representante legal no processo disciplinar, poderá ser designado defensor *ad hoc* para acompanhar os atos, inclusive para as questões periciais e indicação de assistente técnico, que deve ser médico. Embora a figura do defensor dativo reserve-se para a defesa, no caso de revelia, nada impede que a autoridade instauradora designe um defensor dativo especificamente para a perícia no incidente de sanidade mental.

O representante legal constituído nos autos, o defensor e o assistente técnico, no caso um médico indicado pela defesa, podem acompanhar a perícia, com a anuência do municiando, pois o sigilo é do paciente. Os quesitos formulados pelo acusado devem ser integralmente respondidos no laudo pericial, sob pena de nulidade do ato por cerceamento de defesa.

O assistente técnico necessariamente deverá ser um médico, pois terá o direito de intervir, realizar perguntas, propor diligência, dentre outros atos. Há, portanto, efetiva participação do assistente técnico no momento da perícia. Caso a sua conclusão seja divergente da conclusão do perito oficial, o assistente técnico fará o contraponto, em seu parecer técnico, com argumentos técnico-científicos sobre o caso concreto da perícia médica que foi designada pela autoridade competente. Por isso, inconteste que o assistente técnico seja médico, pois a perícia médica configura ato privativo do profissional médico previsto na Lei nº 12.842/2013.[36]

O DESPACHO COJUR nº 539/2020, do Conselho Federal de Medicina, manifestou-se sobre a presença do advogado durante a realização de exame pericial, inclusive sobre as limitações de sua atuação, acerca de não questionar ou intervir na realização e nos procedimentos e atos médicos adotados ou praticados pelo perito médico no decorrer da realização da perícia, que é competência exclusiva do médico-perito.[37] O CFM entende que a perícia médica judicial pode ser acompanhada por assistente técnico e pelo advogado do periciando. Portanto, não há óbice a que sejam observadas, no âmbito administrativo, as prerrogativas conferidas aos profissionais da advocacia consoante previsão constitucional e da Lei Federal nº 8.906/94, bem como o acompanhamento de assistente técnico, médico especializado no objeto da perícia, uma vez que a perícia médica é atividade privativa de médico, como disposto no inc. II, do art. 5º, da Lei nº 12.842, de 10 de julho de 2013, que regula o exercício da medicina.[38]

---

[36] O Parecer CFM nº 50/2017, que analisa a participação do assistente técnico nas perícias médicas judiciais, disponível em: https://sistemas.cfm.org.br/normas/arquivos/despachos/BR/2020/539_2020.pdf. Acesso em 02/01/2024, p. 3.

[37] Quanto ao acompanhamento de advogado na perícia médica, esta COJUR já se manifestou sobre por meio da Nota Técnica SJ nº 44/2012, a qual cumpre ser aqui transcrita, no que importa: (...) Com efeito, com o advento da Constituição Federal e do Novo Código de Ética Médica fica evidenciado que o respeito à dignidade da pessoa humana e à sua autonomia devem nortear a solução da questão em torno da presença do advogado no ato do exame médico-pericial. Não podemos perder de vista que o caso sob análise parte da seguinte e fundamental base fática: o paciente autorizou o advogado a participar do exame médico-pericial. Ora, os principais argumentos daqueles que pensam ser proibido ao advogado fazer-se acompanhar de seu cliente (paciente), por solicitação deste, quando da realização de exame pericial são: a) violação do sigilo profissional e, b) prática de atos atentatórios á integridade física e moral dos médicos peritos. Esses argumentos, no entanto, não resistem aos seguintes contra-argumentos: primeiro, o advogado também tem o dever ético de preservar o sigilo profissional, tal qual o médico. Depois, se o próprio paciente autorizar a presença do advogado não há se falar em quebra do sigilo profissional, pois o direito ao sigilo pertence ao paciente não ao médico ou ao advogado. Por outro lado, trata-se de um direito disponível do paciente. Segundo, não se tem notícias de que algum profissional da advocacia, no pleno exercício de sua profissão, tenha cometido algum ato atentatório à integridade física ou moral de médico perito. De toda sorte, se alguns poucos casos existirem não podem ser encarados como regra geral, mas exceção. Mas a relevância do tema não recomenda que a solução seja dada levando-se em conta hipóteses excepcionais. É de se destacar que o Poder Judiciário , pela caneta de seus juízes, tem autorizado a presença do advogado ao ato médico-pericial, quando o jurisdicionado faz solicitação nesse sentido. (...) entendemos que o advogado, no exercício de sua profissão, tem direito assegurado pelo art. 7º, inc. I, III e VI, letras "c" e "d" do EOAB, Lei 8.906/94 de fazer-se acompanhar de seu cliente, quando solicitado, nos exames periciais em âmbito judicial ou administrativo. Todavia, a atuação do advogado, nestes casos, limitar-se-á a dar conforto e segurança jurídica ao periciando com sua presença, não podendo interferir no ato médico-pericial a ser realizado, que é de competência exclusiva do médico-perito designado para o mister. Consignamos, também, que o exame pericial é um ato médico. Assim, na hipótese do médico-perito sentir-se, de alguma forma, pressionado por advogado que por ventura esteja acompanhando o periciando, assiste-lhe o direito – com fundamento em sua autonomia profissional -, de decidir acerca da presença do profissional da advocacia no recinto em que a perícia for realizada, mediante explicitação por escrito de seus motivos, sob pena de recusa da realização da perícia. Disponível em: https://sistemas.cfm.org.br/normas/arquivos/despachos/BR/2020/539_2020.pdf. Acesso em 02/01/2024, p. 3.

[38] Art. 5º São privativos de médico:
I - (VETADO);
II - perícia e auditoria médicas; coordenação e supervisão vinculadas, de forma imediata e direta, às atividades privativas de médico;
III - ensino de disciplinas especificamente médicas;

Comprovada a aptidão mental,[39] o processo disciplinar até então suspenso, retorna à sua marcha normal, do ponto onde foi praticado o último ato pelo Colegiado.

O simples fato de o servidor fazer terapia ou frequentar clínica psiquiátrica não o torna portador de moléstia mental que afete sua capacidade de determinação e entendimento.[40] Por esse critério, boa parte da humanidade, atualmente, seria mentalmente incapaz.

Por fim, registre-se o teor do Enunciado CGU nº 12, de 14 de janeiro de 2016: *o atestado médico particular não tem, necessariamente, o condão de sobrestar o processo disciplinar. Inexistindo dúvida razoável acerca da capacidade do acusado para o acompanhamento do processo, com base no conjunto probatório carreado aos autos, poderá a prova pericial ser indeferida.*

****

IV - coordenação dos cursos de graduação em Medicina, dos programas de residência médica e dos cursos de pós-graduação específicos para médicos.

Parágrafo único. A direção administrativa de serviços de saúde não constitui função privativa de médico.

[39] Tendo a Comissão do Processo Administrativo Disciplinar atuado com base em pronunciamentos da Junta Médica Oficial, a qual apontou que o impetrante se encontrava liberado para reassumir suas funções, bem como apto a responder perguntas, não se tratando de alienado mental, não há falar em descumprimento do art. 160 da Lei nº 8.112/1990. (MS 15090 / DF, Relator Ministro Sebastião Reis Júnior, Terceira Seção, STJ, julg. 24/04/2012, public. DJe 03/09/2012).

[40] Do mesmo modo, atendimento em clínica psiquiátrica não é prerrogativa de portadores de moléstia mental apta a afetar a capacidade de determinação e de entendimento. Ao contrário, cada vez mais a generalidade das pessoas tem frequentado consultórios de psiquiatria sem que isso sinalize abalo mental. (AREsp 248540, Relator Ministro Castro Meira, Decisão Monocrática, julg. 14/12/2012, public. 18/12/2012).

Modelo 22 – Ofício

Brasão ou Timbre do Órgão
SERVIÇO PÚBLICO FEDERAL
COMISSÃO DE ..... (CPAD, CSP ou CRS)

OFÍCIO..... (CPAD ou CSP) /nº 00.../202...

Cidade/UF, dia/mês/ano

Ao Senhor
Nome.......
cargo ou função.........
Ministério......
Endereço
CEP, Cidade e UF

Assunto: ....(resumir em uma linha) ....

Senhor...(autoridade instauradora)

1. O Presidente da Comissão de ..... (CPAD, CSP ou CRS), instaurada pela Portaria nº ...., de ....de .... de 20........., publicada no BS nº ...., de ..../..../...., informa a V. Sª que o Colegiado instaurou processo de Incidente de Sanidade Mental, em apartado, com a finalidade de submeter o servidor acusado ou indiciado à realização de exame médico pericial, ante a fundada dúvida de existência de problemas que afetam a sua capacidade de determinação e entendimento, conforme deliberação nas atas anexas e prova documental/testemunhal nos autos.

2. Assim sendo, o Colegiado Processante propõe a V. Sª que o servidor .... (nome), ... (cargo, matrícula e lotação), seja submetido a Junta Oficial em Saúde, composta por pelo menos um médico psiquiatra, a teor do disposto no art. 160 da Lei nº 8.112/90.

Atenciosamente,

_____
PRESIDENTE

Modelo 22 – Quesitos Complementares/exemplos

QUESITOS DA COMISSÃO DE PROCESSO ADMINISTRATIVO DISCIPLINAR PARA A JUNTA MÉDICA OFICIAL

1) O (A) periciando(a) .... (nome) é portador de alguma doença mental? Caso positivo, qual a sua classificação?

2) A doença mental é passível de tratamento e controle, de forma a possibilitar o exercício do cargo de ....(cargo exercido)

3) Houve prescrição médica de tratamento ao(à) periciando(a), associada ou não à psicoterapia? Discriminar os períodos de tempo de tratamento medicamentoso ou psicoterápico.

4) O(A) periciando(a) se submeteu aos tratamentos de forma adequada? Houve registro de efeitos colaterais?

5) É possível estabelecer um prazo de início da manifestação da doença mental?

6) Os episódios de manifestação da doença mental foram incapacitantes para o exercício do cargo? Caso afirmativo, pode-se especificar os períodos de tempo?

7) Pode ter sido adquirida em decorrência do ambiente de trabalho ou da função que exerce ou é congênita?

8) No período de.............(indicar o período em que supostamente foram praticados os ilícitos administrativos) o(a) periciando(a), em razão da doença mental, encontrava-se inteiramente incapaz de entender o caráter ilícito de sua conduta ou de determinar-se de acordo com esse entendimento?

9) Atualmente, o(a) periciando(a) apresenta doença mental que o(a) impossibilite de participar dos atos da Comissão Processante, como ser interrogado(a) sobre os fatos investigados?

10) O (A) periciando(a) apresenta, atualmente, incapacidade laboral? Em que grau? Há possibilidade de tratamento eficaz e controle da sintomatologia?

11) Há possibilidade de readaptação?

12) Há possibilidade de reabilitação?

13) Nos casos acima (readaptação ou reabilitação), existe alguma recomendação especial a ser observada pelo órgão com relação ao tipo de trabalho a ser desenvolvido pelo(a) periciando(a), bem como a duração da carga horária?

14) O(A) periciando(a) necessita de cuidados especiais das pessoas pertencentes ao seu meio profissional?

15) A doença incapacita temporária ou permanentemente o(a) periciando(a) para o trabalho?

16) Há alguma questão relevante que essa Junta queira mencionar ou esclarecer sobre o estado de saúde física e mental do(a) periciando(a)?

Modelo 23 – Citação por edital

Comentários

Antes de se proceder à citação por edital deve o colegiado efetuar diligência em todos os endereços conhecidos, lavrando a respectiva certidão para cada ocorrência negativa, para que fique provada a impossibilidade de localização do indiciado, de que tudo ficou registrado em ata e só então deliberar pela necessidade de sua realização.

Dispõe o art. 163 da Lei nº 8.112/90, *in verbis:*

> Art. 163. Achando-se o indiciado em lugar incerto e não sabido, será citado por edital, publicado no Diário Oficial da União e em jornal de grande circulação na localidade do último domicílio conhecido, para apresentar defesa.
>
> Parágrafo único. Na hipótese deste artigo, o prazo para defesa será de 15 (quinze) dias a partir da última publicação do edital.

A citação ficta é *medida excepcional*,[41] por isso somente deve ser levada a efeito quando *esgotadas* todas as maneiras de se encontrar o servidor indiciado, e estando todas as *diligências devidamente certificadas* nos autos. A comprovação *por escrito* do esgotamento dos meios possíveis e conhecidos faz prova de que a comissão obedeceu aos ditames constitucionais decorrentes do devido processo legal.

Se o indiciado estiver em lugar incerto e não sabido, a citação será feita por *edital*, *publicado* duas vezes, uma no *Diário Oficial da União* e outra em jornal de grande circulação *na localidade do último domicílio conhecido*, assinalando-se prazo para o indiciado apresentar sua defesa.

O prazo para defesa será de 15 (quinze) dias, contados da última publicação do edital, nos termos do parágrafo único, do art. 163 da Lei nº 8.112/90.

O Termo de Encerramento de Instrução e Indiciação deve estar transcrito no Edital,[42] sob pena de nulidade, para que cumpra sua finalidade: chegar ao interessado, tornar ciente do processo e possibilitar que apresente sua defesa.

---

[41] RMS 18203 / AM, Ministra Laurita Vaz, Quinta Turma, STJ, julg. 06/09/2005, public. DJ 03/10/2005 p. 289.

[42] MANDADO DE SEGURANÇA - PROCESSO ADMINISTRATIVO DISCIPLINAR - REVELIA - EDITAL DE CITAÇÃO - AUSÊNCIA DE DESCRIÇÃO E TIPIFICAÇÃO DA CONDUTA - CERCEAMENTO DE DEFESA. 1. O mandado de citação não cumpre sua destinação específica quando não se reporta à base fática ou jurídica que sirva para dar ciência ao investigado das imputações feitas contra si, impossibilitando o exercício do amplo direito de defesa, impondo-se reconhecer, em casos que tais, a ilegitimidade da atividade disciplinar, e, por conseguinte, a nulidade do processo administrativo. (MS 5612 / DF, Relator Ministro Anselmo Santiago, Terceira Seção, STJ, julg. 25/11/1998, public. DJ 01/02/1999 p. 103).

Brasão ou Timbre do Órgão
SERVIÇO PÚBLICO FEDERAL
COMISSÃO DE ..... (CPAD, CSP ou CRS)

EDITAL DE CITAÇÃO

O Presidente da Comissão de ..... (CPAD, CSP ou CRS), instaurada pela Portaria nº ...., de ....de .... de 20........, publicada no BS nº ...., de ..../..../...., (modificada pela Portaria nº ...., de .... de .... de 20......., publicada no BS nº......., de ..../......./.........), tendo em vista o que consta no Processo nº .... e o que dispõe o art. 163 da Lei nº 8.112/90, promove pelo presente edital a *CITAÇÃO* do servidor .... (nome), ... (*cargo),* .... *(matrícula* e *órgão de lotação)*, CPF nº.............., Carteira de Identidade nº......................, filho de .... (pai e mãe), residente e domiciliado na .... (endereço), ... (cidade, e Estado), atualmente em lugar incerto e não sabido, para, no prazo de quinze dias, a contar da última publicação deste, comparecer, na Sala da Comissão de .... (CPAD, CSP ou CRS), sita .... (endereço completo e telefone), no horário de funcionamento da Comissão Processante, das ......às.......horas, a fim de apresentar DEFESA ESCRITA, sob pena de revelia, em razão dos fatos, fundamentos e provas contidas no Termo de Encerramento de Instrução e Indiciação, no qual constou (transcrever o Termo, na íntegra) no processo administrativo disciplinar a que responde.

Cidade/UF, dia/mês/ano

_____
PRESIDENTE

Modelo 24 – Citação e notificação por hora certa

Comentários

Aplica-se àqueles casos em que há suspeita de que o servidor indiciado está se ocultando para não receber a citação ou a notificação.

Por analogia ao Código de Processo Civil (art. 252 a 254), quando por duas vezes o membro-secretário procurar o servidor indiciado, no setor onde trabalha, para entregar a citação e não o encontrando, irá intimar o chefe imediato de que no dia posterior voltará, durante o expediente normal da repartição, a fim de efetuar a citação, na hora designada.

No dia e hora designados, o membro-secretário comparecerá no setor onde trabalha o servidor indiciado, a fim de realizar a diligência.

Se o servidor indiciado não estiver presente, o membro-secretário procurará se informar das razões da ausência, dando por feita a citação, ainda que o servidor tenha se ausentado com o intuito de se esquivar do ato.

O membro-secretário lavrará certidão da ocorrência e deixará cópia do mandado com o chefe imediato do servidor acusado, mencionando-o na respectiva certidão.

Após, o colegiado registrará tudo em ata e o Presidente determinará que seja enviada ao servidor indiciado, para sua residência, por carta registrada com AR, cópia da certidão e do mandado, dando-lhe ciência.

Recomenda-se que a efetivação da Citação ou da notificação prévia realizadas por hora certa seja feita com a presença de duas testemunhas, embora a lei não exija, para evitar futuros questionamentos acerca de sua regularidade.

Por fim, o Enunciado CGU nº 11, de 30 de outubro de 2015 expressamente prevê essa modalidade de citação: *No âmbito do Processo Disciplinar, a citação poderá ser realizada por hora certa, nos termos da legislação processual civil, quando o indiciado encontrar-se em local certo e sabido, e houver suspeita de que se oculta para se esquivar do recebimento do respectivo mandado.*

****

C E R T I D Ã O

Certifico e dou fé que procurei por duas vezes o servidor indiciado em seu local de trabalho, no Setor ...., durante horário de expediente e não o encontrei, apesar de comunicar da necessidade da entrega do mandado de citação ao seu chefe imediato, Sr. ...., ocupante do cargo de ....

Após as diligências acima, INTIMEI o Sr. ...., Chefe do Setor ...., na data de ...., de que no dia posterior, às ....horas, voltaria para efetuar a referida CITAÇÃO do servidor ...., indiciado no Processo Administrativo nº ....

No dia e hora designados, encontrei o servidor indiciado ....(nome) e procedi à citação, encerrando a diligência.

Ante o acima exposto, devolvo a presente ao Sr. Presidente para as providências.

OU

Certifico e dou fé de que procurei por duas vezes o servidor indiciado em seu local de trabalho, no Setor ...., durante horário de expediente e não o encontrei, apesar de comunicar da necessidade da entrega do mandado de citação ao seu chefe imediato, Sr. ...., ocupante do cargo de ....

Após as diligências acima, INTIMEI o Sr. ...., Chefe do Setor. ...., na data de ...., de que no dia posterior, às ....horas, voltaria para efetuar a referida CITAÇÃO do servidor ...., indiciado no Processo Administrativo nº ....

No dia e hora designados, compareci ao Setor de .... e não encontrando o servidor indiciado indaguei ao chefe imediato sobre o seu paradeiro, sendo informado de que comparecera à repartição, mas saíra para resolver um problema particular.

Em atendimento à determinação do Sr. Presidente do Colegiado, dei por feita a CITAÇÃO e deixei cópia da certidão com o Sr. ...., ocupante do cargo de ...., Chefe do Setor ...., onde trabalha o servidor indiciado, tudo na presença das duas testemunhas abaixo assinadas.

Ante o acima exposto, encerrei a diligência e devolvo a presente ao Sr. Presidente para as providências.

Cidade/UF/Data

_____
MEMBRO-SECRETÁRIO

Testemunha 1: .... (nome e identificação).

Testemunha 2: .... (nome e identificação).

Modelo 25 – Notificação prévia por hora certa

C E R T I D Ã O

Certifico e dou fé de que procurei por duas vezes o servidor acusado em seu local de trabalho, no setor ...., durante horário de expediente, e não o encontrei, apesar de comunicar da necessidade da entrega do mandado de Notificação Prévia ao seu chefe imediato, Sr. ...., ocupante do cargo de ....

Após as diligências acima, INTIMEI o Sr. ...., chefe do setor.........., na data de ...., de que no dia posterior, às ....horas, voltaria para efetuar a referida NOTIFICAÇÃO PRÉVIA do servidor .... acusado no Processo Administrativo nº ....

No dia e hora designados encontrei o servidor acusado, ... (nome) e procedi à notificação, encerrando a diligência.

Ante o acima exposto, devolvo a presente ao Sr. Presidente para as providências.

OU

Certifico e dou fé de que procurei por duas vezes o servidor acusado em seu local de trabalho, no Setor ...., durante horário de expediente, e não o encontrei, apesar de comunicar da necessidade da entrega do mandado de Notificação Prévia ao seu chefe imediato, Sr. ...., ocupante do cargo de ....

Após as diligências acima, INTIMEI o Sr. ...., chefe do setor ...., na data de ...., de que no dia posterior, às ....horas, voltaria para efetuar a referida NOTIFICAÇÃO PRÉVIA do servidor .... acusado no Processo Administrativo nº ....

No dia e hora designados, compareci ao setor de .... e não encontrando o servidor acusado, indaguei ao chefe imediato sobre o seu paradeiro, sendo informado de que comparecera à repartição mas saíra para resolver um problema particular.

Em atendimento à determinação do Sr. Presidente do Colegiado, dei por feita a NOTIFICAÇÃO PRÉVIA e deixei cópia da certidão com o Sr. ...., ocupante do cargo de ...., chefe do Setor................., onde trabalha o servidor acusado, tudo na presença das duas testemunhas abaixo assinadas.

Ante o acima exposto, encerrei a diligência e devolvo a presente ao Sr. Presidente para as providências.

Cidade/UF/Data

_____
MEMBRO-SECRETÁRIO

Testemunha 1: .... (nome e identificação).
Testemunha 2: .... (nome e identificação).

Modelo 26 – Intimação para o servidor acusado designar representante para acompanhar diligência ou depoimento fora do local de instalação da comissão

Comentários

Esta intimação é específica para o caso de a Comissão Processante ou Sindicante Punitiva ter que efetuar uma diligência (perícia, busca e apreensão de documentos, etc.) ou uma audiência, em outra localidade, diversa daquela em que foi originalmente instalada.

Note-se que a comissão não vai desenvolver todos os seus trabalhos naquele local, mas apenas uma *atividade específica*.

Então, expede-se intimação para o servidor acusado fazer-se representar, quando este não tem condições de se deslocar por conta própria.

Isso em razão do contido no art. 173, I, da Lei nº 8.112/90,[43] que só permite que a Administração pague diárias e passagens para *o servidor que vai depor, fora da sede de sua repartição, na condição de testemunha, denunciado ou indiciado,* ou seja, não há previsão legal de pagamento de deslocamento de servidor acusado para acompanhar o processo, ou seja, acompanhar as diligências e depoimentos.

Entretanto, nada obsta que o servidor acusado nomeie representante legal naquela localidade, podendo o encargo recair sobre um parente, amigo ou colega de serviço.[44] Para tanto, concede-se o prazo de dez dias para essas providências, findos os quais deve o servidor informar ao colegiado e juntar instrumento de procuração.

****

---

[43] "O indiciado em processo administrativo disciplinar, na própria dicção do art. 173 da Lei nº 8.112/90, somente tem direito ao pagamento de transporte e diárias quando for convocado para prestar depoimento fora da sede de sua repartição, não fazendo jus ao recebimento das referidas verbas indenizatórias para acompanhar os demais atos praticados no curso do procedimento administrativo. Precedente: MS 12.457/DF, Rel. Ministra Maria Thereza de Assis Moura, Terceira Seção, DJe 08/02/2011." (MS 10072 / DF, Relator Ministro Rogerio Schietti Cruz, Terceira Seção, STJ, julg. 25/09/2013, public. DJe 01/10/2013).

[44] A Súmula Vinculante nº 5 assim preconiza: "A falta de defesa técnica por advogado no processo administrativo disciplinar não ofende a Constituição." Desse modo, não há falar em prejuízo à amplitude da defesa e ao contraditório, em face da ausência de defensor nas oitivas de testemunhas, uma vez que não é indispensável a presença de advogado no processo administrativo disciplinar. Ademais, o impetrante fez-se presente nos depoimentos das testemunhas. (MS 12895 / DF, Relator Ministro Og Fernandes, Terceira Seção, STJ, julg. 11/11/2009, public. DJe 18/12/2009).

Brasão ou Timbre do Órgão
SERVIÇO PÚBLICO FEDERAL
COMISSÃO DE ..... (CPAD ou CSP)

INTIMAÇÃO
(Processo ....nº ....)

A Sua Senhoria o Senhor
(nome do servidor acusado)
(cargo)
Em exercício na ......
Cidade/UF

     O Presidente da Comissão de ..... (CPAD ou CSP), instaurada pela Portaria nº ...., de ...... de .... de 20......, publicada no BS nº ...., de ...../......../......., para apurar ...... (objeto) no qual V. Sª figura como acusado, em observância ao art. 156, da Lei nº 8.112/90, INTIMA-o para, no prazo de dez dias, a contar do dia seguinte ao recebimento desta, caso queira, indicar um *representante legal* na cidade de ...., Estado ...., para acompanhar os trabalhos desta Comissão Processante (ou Sindicante Punitiva) referente à ....(especificar a diligência)......naquela localidade, garantindo-lhe assim seu amplo direito de defesa.

     Na oportunidade, solicito que caso efetive a nomeação de representante, faça juntar aos autos do processo disciplinar o instrumento de procuração para o fim específico de acompanhar os trabalhos supramencionados, nos termos do art. 156 supracitado, conforme ata de deliberação de diligência (ou audiência) anexa.

     Cidade, /UF, dia/mês/ano

_____
PRESIDENTE

Recebi:
Original desta Intimação
Cópia da Ata de deliberação da diligência/ ou audiência
Data ..../........../............
Assinatura do servidor acusado: _____

Modelo 27 – Despacho de indeferimento de pedido de acesso aos autos e cópia de processo disciplinar em andamento – requerimento de terceiro - Lei de Acesso à Informação

Comentários

O presidente do colegiado processante/sindicante pode despachar diretamente o pedido de informações formulado por terceiros, estranhos ao processo disciplinar (§1º, do art. 156, da Lei nº 8.112/90).

A Lei de Acesso à Informação – LAI (Lei nº 12.527/211) foi regulamentada, *no âmbito do Poder Executivo federal,* pelo Decreto nº 7.724/2012 (daqui em diante referido como "decreto") que, nos termos do art. 5º sujeitam ao decreto os órgãos da administração direta, as autarquias, as fundações públicas, as empresas públicas, as sociedades de economia mista e as demais entidades controladas direta ou indiretamente pela União.

Portanto, ao despachar o pedido de informação o presidente do colegiado deve observar as disposições do decreto de regulamentação da Lei de Acesso à Informação.

O art. 12 do citado decreto contém os requisitos do pedido, o qual deve conter o endereço físico ou eletrônico do requerente, para recebimento de comunicações ou da informação requerida (inciso IV).

O prazo para responder ao pedido solicitado é:
a) imediato, se a informação estiver disponível (*caput* do art. 15, do decreto);
b) de vinte dias (§1º, do art. 15 do decreto) prorrogável por mais dez, mediante justificativa encaminhada ao requerente antes do término do prazo inicial (art. 16 do decreto).

A indicação das razões da negativa total do acesso (inciso V, do §1º, do art. 15 do decreto) encontra fundamento no artigo 150, da Lei nº 8.112/90, que assegura o sigilo da tramitação do processo disciplinar:

> Art.150. A Comissão exercerá suas atividades com independência e imparcialidade, assegurado o sigilo necessário à elucidação do fato ou exigido pelo interesse da administração. Parágrafo único. As reuniões e as audiências das comissões terão caráter reservado.

Essa exceção encontra-se tanto no artigo 22 da Lei de Acesso à Informação,[45] quanto no art. 6º[46] do decreto que a regulamentou no âmbito do Poder Executivo federal.

O Enunciado CGU nº 14, de 31 de maio de 2016 diz que *os procedimentos disciplinares têm acesso restrito para terceiros até o julgamento, nos termos do art. 7º, parágrafo 3º, da Lei nº 12.527/2011, regulamentado pelo art. 20, caput, do Decreto nº 7.724/2012, sem prejuízo das demais hipóteses legais sobre informações sigilosas.*

---

[45] Art. 22. O disposto nesta Lei não exclui as demais hipóteses legais de sigilo e de segredo de justiça nem as hipóteses de segredo industrial decorrentes da exploração direta de atividade econômica pelo Estado ou por pessoa física ou entidade privada que tenha qualquer vínculo com o poder público.

[46] Art. 6º O acesso à informação disciplinado neste Decreto não se aplica:
I - às hipóteses de sigilo previstas na legislação (...).

A Portaria Normativa CGU nº 27/2022[47] também dispõe sobre a restrição de acesso às informações e aos documentos, sob seu controle, relacionados a: a) informações pessoais; b) informações e documentos caracterizados em lei como de natureza sigilosa, tais como sigilo bancário, fiscal, telefônico ou patrimonial; c) processos e inquéritos sob segredo de justiça, bem como apurações correcionais a estes relacionados; d) identificação do denunciante, observada a regulamentação específica; e e) procedimentos investigativos e processos correcionais que ainda não estejam concluídos.

Essa restrição não se aplica àquele que figurar como investigado, acusado ou indiciado, mas o denunciante, por essa única condição, não terá acesso às informações e aos documentos objeto de apuração. O acesso às informações e documentos continua restrito, mesmo após sua conclusão.

---

[47] Do Tratamento de Dados
Art. 113. A organização dos autos dos procedimentos investigativos e processos correcionais observará as normas gerais sobre o tratamento de dados e acesso à informação no setor público, bem como demais normas editadas pela CGU ou outros órgãos competentes atendendo as seguintes recomendações: I - as informações e documentos recebidos no curso do procedimento investigativo ou processo correcional que estejam resguardadas por sigilo legal comporão autos apartados, que serão apensados ou vinculados aos principais; II - os documentos dos quais constem informação sigilosa ou restrita, produzidos no curso do procedimento investigativo ou processo correcional, receberão indicativo apropriado; e III - os relatórios e os termos produzidos no curso da investigação farão apenas referência aos documentos que possuam natureza sigilosa ou restrita, sem a reprodução da informação de acesso restrito, a fim de resguardar a informação.
Art. 114. As unidades setoriais de correição do Poder Executivo Federal manterão, nos termos da Lei nº 12.527, de 18 de novembro de 2011, e sua regulamentação, independentemente de classificação, acesso restrito às informações e aos documentos sob seu controle, relacionados a: I - dados pessoais; II - informações e documentos caracterizados em lei como de natureza sigilosa, tais como sigilo bancário, fiscal, telefônico e patrimonial; III - processos e inquéritos sob segredo de justiça, bem como apurações correcionais a estes relacionados; IV - identificação do denunciante, observada a legislação e regulamentação específicas; e V - procedimentos investigativos e processos correcionais que ainda não estejam concluídos. §1º A restrição de acesso de que tratam os incisos I, II, III e V não poderá ser utilizada para impedir o acesso do investigado, acusado ou indiciado às informações juntadas aos autos que lhe sejam necessárias para o exercício da ampla defesa. §2º O denunciante não terá acesso às informações de que trata este artigo.
§3º A restrição de acesso às informações e documentos não se aplica ao Órgão Central do Siscor, nem às unidades setoriais de correição e aos seus servidores no exercício de suas respectivas atribuições.
Art. 115. Para efeitos do inciso V do art. 114, consideram-se concluídos: I – os processos correcionais com a decisão definitiva pela autoridade competente; e II – os procedimentos investigativos: a) com o encerramento por meio da decisão definitiva da autoridade competente que decidir pela não instauração de respectivo processo correcional; e b) com a decisão definitiva do processo correcional decorrente da investigação. Parágrafo único. Independente da conclusão do procedimento investigativo, do TAC ou do processo correcional, a restrição de acesso às informações e documentos de que tratam os incisos I a IV do art. 114 deverá ser mantida.
Art. 116. Nos procedimentos investigativos, no TAC e nos processos correcionais, os dados pessoais necessários à devida instrução probatória serão tratados em consonância com os princípios estabelecidos no art. 6º da Lei nº 13.709, de 14 de agosto de 2018. Parágrafo único. O tratamento de dados a que se refere o caput independe do consentimento do titular.
Art. 117. O acusado, seu procurador e demais intervenientes no processo correcional serão informados sobre a utilização dos seus dados pessoais para instrumentalização de procedimentos e processos de responsabilização administrativa, podendo ser compartilhados, nas hipóteses legais, com órgãos e instituições públicas responsáveis pelas atividades de persecução civil ou criminal. Art. 118. O acesso à informação classificada nos termos do art. 23 da Lei nº 12.527, de 2011, será dado em conformidade com o disposto no Decreto 7.845, de 14 de novembro de 2012.

Modelo 27

Brasão ou Timbre do Órgão
SERVIÇO PÚBLICO FEDERAL
COMISSÃO DE ..... (CPAD, CSP ou CRS)

DESPACHO DO PRESIDENTE DA COMISSÃO DE PROCESSO DISCIPLINAR/SINDICÂNCIA

Trata-se de requerimento formulado por .....nome......, ...identidade, ... residente/domiciliado à .....endereço......, no qual solicita o acesso a toda a informação constante no processo administrativo disciplinar em andamento, com vistas dos autos e cópia na íntegra, ou à parte não sigilosa, com fundamento na Lei de Acesso à Informação.

O requerente não é parte no procedimento disciplinar instaurado.

Em primeiro lugar, importante se faz ressalvar que tanto a Lei de Acesso à Informação quanto seu decreto regulamentador, no âmbito do Poder Executivo Federal, o Decreto nº 7.724, de 16.05.2012, mantiveram as hipóteses legais de sigilo, ou seja, o sigilo constante em lei específica. Senão, vejamos:

O artigo 22 da Lei de Acesso à Informação:

> Art. 22. O disposto nesta Lei não exclui as demais hipóteses legais de sigilo e de segredo de justiça nem as hipóteses de segredo industrial decorrentes da exploração direta de atividade econômica pelo Estado ou por pessoa física ou entidade privada que tenha qualquer vínculo com o poder público.

O reforço, no mesmo sentido, consta também no Decreto nº 7.724/2012:

> Art. 6º O acesso à informação disciplinado neste Decreto não se aplica:
> I - às hipóteses de sigilo previstas na legislação (...)

O segundo ponto reside no fato de que o processo administrativo disciplinar é regido especificamente pelas disposições constantes na Lei nº 8.112/90, e em seu artigo 150, a seguir transcrito, dispõe:

> Art.150. A Comissão exercerá suas atividades com independência e imparcialidade, assegurado o sigilo necessário à elucidação do fato ou exigido pelo interesse da administração.
>
> Parágrafo único. As reuniões e as audiências das comissões terão caráter reservado.

O sigilo, portanto, é instrumento da própria investigação, essencial ao esclarecimento dos fatos ou exigido pelo interesse da administração, imprescindível para o desenvolvimento dos trabalhos da comissão processante/sindicante. Portanto o acesso aos autos é restrito às partes e seus defensores.

Além do mais, há no processo disciplinar em desenvolvimento provas emprestadas de processo judicial em curso perante a Justiça Penal Federal – autos nº.................. – com sigilo decretado judicialmente em razão conter .... dados *fiscais* (art. 198 do Código Tributário Nacional) **OU** *bancários* (art. 1º. da Lei Complementar nº 105, de 10/01/2001) **OU** *dados e comunicações telefônicas* (inciso XII, art. 5º. da Constituição).

Assim, o processo administrativo disciplinar encontra-se acobertado pelo sigilo por disposição legal constante em lei específica e por essa razão refoge do alcance da Lei de Acesso à Informação.

Também é inviável o acesso à parte não sigilosa, como requerido, com fundamento no §2º do art. 7º da Lei de Acesso à Informação, porque todo o procedimento disciplinar, enquanto durar a investigação, está coberto pelo sigilo, a teor do disposto no art. 150, da Lei nº 8.112/90.

Ante todo o acima exposto, INDEFIRO o pedido de vistas e cópias, total e parcial, do processo administrativo disciplinar nº............................, acobertado pelo sigilo legal previsto na Lei nº 8.112/90.

Embora não exista previsão recursal na Lei nº 8.112/90, de requerimento formulado por terceiros, estranhos ao processo disciplinar, feito diretamente à Comissão Processante, indica o presidente deste colegiado a autoridade instauradora, ...nome, cargo, órgão e endereço ...., a quem o requerente poderá se dirigir em eventual irresignação, conforme previsão do inciso II, do art. 19, do Decreto nº. 7.724/2012.

Comunique-se o requerente, por meio de ofício, com cópia desta decisão.

Cidade/UF, .../......./..........

_____

PRESIDENTE

Portaria CPAD/........., de ...../..../.....

Modelo 28 – Despacho de orientação ao requerente: onde a informação disponível ao público pode ser obtida - Lei de Acesso à Informação

Comentários

Quando se tratar de informação que esteja disponível ao público (ex: portaria de instauração publicada no Diário Oficial e disponível na página da Imprensa Nacional na internet) ou outro pedido que não seja conexo ao objeto de investigação, o presidente da comissão processante pode, também, despachar diretamente.

Cabe então ao presidente do colegiado orientar o requerente, nos termos do art. 17, do Decreto nº. 7.724/2012:

> Art. 17. Caso a informação esteja disponível ao público em formato impresso, eletrônico ou em outro meio de acesso universal, o órgão ou entidade deverá orientar o requerente quanto ao local e modo para consultar, obter ou reproduzir a informação.
>
> Parágrafo único. Na hipótese do caput o órgão ou entidade desobriga-se do fornecimento direto da informação, salvo se o requerente declarar não dispor de meios para consultar, obter ou reproduzir a informação.

A comissão fica também desobrigada de fornecer a informação pública e que pode ser obtida por qualquer interessado, a não ser que o requerente não disponha de meios de consulta, obtenção ou reprodução, o que é raro atualmente.

Modelo 28

Brasão ou Timbre do Órgão
SERVIÇO PÚBLICO FEDERAL
COMISSÃO DE ..... (CPAD, CSP ou CRS)

DESPACHO DO PRESIDENTE DA COMISSÃO DE PROCESSO DISCIPLINAR/SINDICÂNCIA

Trata-se de requerimento formulado por .....nome......, ...identidade, ...residente/domiciliado à .....endereço......, no qual solicita cópia da portaria que instaurou o processo administrativo disciplinar em curso.

O requerente não é parte no procedimento disciplinar instaurado.

Nos termos do art. 17, do Decreto nº. 7.724/2012, esta comissão processante/sindicante, encontra-se desobrigada de do fornecimento direto da informação que esteja disponível ao público em formato impresso, eletrônico ou outro meio de acesso universal.

Para tanto, sugiro o acesso da página eletrônica do Diário Oficial, no sítio da Imprensa Nacional: http://portal.in.gov.br/, e proceder a busca no Diário Oficial do dia....., página......, onde se encontra o ato pretendido - Portaria nº......./20......... - que pode ser impresso.

Embora não exista previsão recursal na Lei nº 8.112/90, de requerimento formulado por terceiros, estranhos ao processo disciplinar, feito diretamente à Comissão Processante, indica o presidente deste colegiado a autoridade instauradora, ...nome, cargo, órgão e endereço ...., a quem o requerente poderá se dirigir em eventual irresignação, conforme previsão do inciso II, do art. 19, do Decreto nº. 7.724/2012.

Comunique-se o requerente, por meio de ofício, com cópia desta decisão.

Cidade/UF, .../......./..........

_____

PRESIDENTE
Portaria CPAD/........., de ...../..../.....

Modelo 29 – Ofício de comunicação de indeferimento do pedido de acesso e cópia de processo disciplinar em andamento – Lei de Acesso à Informação

Comentários

Brasão ou Timbre do Órgão
SERVIÇO PÚBLICO FEDERAL
COMISSÃO DE ..... (CPAD, CSP ou CRS)

OFÍCIO..... (CPAD ou CSP) /nº 00.../202...

Cidade/UF, dia/mês/ano

Ao Senhor
Nome.......
cargo ou função.........
Ministério......
Endereço
CEP, Cidade e UF

Assunto: ....(resumir em uma linha) ....

2ª VIA

Senhor...

Na qualidade de Presidente da Comissão do Processo Administrativo Disciplinar nº ...., designada por meio da Portaria...../nº......, de .... de .... de 20........., publicada no DOU nº ......, de ..../........../20......, Seção ...., p. ......, informo a Vossa Senhoria, nos termos do art. 19, do Decreto nº. 7.724/2012, que seu requerimento datado de ..../..../......protocolado junto a esta Comissão Processante na data de ..../..../..... requerendo informação acerca do processo administrativo disciplinar em epígrafe, com fundamento na Lei de Acesso à Informação, foi INDEFERIDO, conforme decisão anexa.

Sem mais para o presente, subscrevo-me.

Respeitosamente,

_____
PRESIDENTE

Modelo 30 – Termo de Entrega dos autos à autoridade instauradora (ou julgadora) com informação de que deverá ser mantido o sigilo legal dos dados referente à prova emprestada

Comentários

O termo de entrega serve para formalizar a data de entrega física dos processos, resultado dos trabalhos investigatórios.

Entretanto, torna-se imprescindível que se informe à autoridade instauradora, ou julgadora, da existência de documentos sigilosos, referentes a provas emprestadas de processo judicial ou inquérito policial, com sigilo decretado judicialmente ou em razão de se tratar de dados *fiscais* (art. 198 do Código Tributário Nacional), *bancários* (art. 1º da Lei Complementar nº 105, de 10.01.2001) ou *dados e comunicações telefônicas* (inciso XII, art. 5º da Constituição).

Nesse caso todos os documentos sigilosos precisam ter o acesso restrito aos interessados, e constará na configuração no sistema quem poderá visualizar esses dados.

A entrega dos autos fora do prazo da portaria não inquina de vício ou nulidade o procedimento (princípio *pas de nullité sans grief*).[48]

A matéria encontra-se pacificada conforme Súmula 592 do STJ: *O excesso de prazo para a conclusão do processo administrativo disciplinar só causa nulidade se houver demonstração de prejuízo à defesa.*

A partir deste momento, a comissão considera-se dissolvida, , seus membros retornam às suas unidades e atividades rotineiras, e o colegiado, por não mais existir, fica impedido de praticar quaisquer atos referentes à investigação Devem, entretanto, manter o sigilo sobre o trabalho realizado.

****

---

[48] Não configura nulidade, à falta de previsão legal nesse sentido, a não conclusão do processo administrativo no prazo do art. 152 da Lei nº 8.112/90. (MS 22656 / SC, Relator: Min. ILMAR GALVÃO, tribunal Pleno, SFT, Julg. 30/06/1997, Public.DJ 05-09-1997 PP-41874 EMENT VOL-01881-01 PP-00074).

Brasão ou Timbre do Órgão
SERVIÇO PÚBLICO FEDERAL
COMISSÃO DE .... (CPAD ou CSP)

TERMO DE ENTREGA

Aos .... dias do mês de .... de dois mil e ...., procedi a tramitação do Processo administrativo de .... (*CPAD ou CSP*) autuado sob nº ...., com .... (..........) volumes, ... (.........), ... apensos nºs..................... e .... mais ..... anexos, ao .... (cargo da autoridade instauradora) para os fins dos art. 166 da Lei nº 8.112/90.

Informo, por essencial, que há documentos com restrição de acesso, por conterem provas produzidas a partir de dados coletados de provas emprestadas de processo judicial (ou inquérito policial) com sigilo decretado judicialmente **ou** em razão de se tratar de dados *fiscais* (art. 198 do Código Tributário Nacional), **ou** *bancários* (art. 1º. da Lei Complementar nº 105, de 10/01/2001) **ou** *dados e comunicações telefônicas* (inciso XII, art. 5º. da Constituição).

Cidade/UF, dia/mês/ano

_____
PRESIDENTE

ANEXOS

LEGISLAÇÃO ESPECIAL – LEIS ORDINÁRIAS E DECRETOS FEDERAIS

LEI Nº 8.112, DE 11 DE DEZEMBRO DE 1990

*Dispõe sobre o regime jurídico dos servidores públicos civis da União,
das autarquias e das fundações públicas federais*

O PRESIDENTE DA REPÚBLICA Faço saber que o Congresso Nacional decreta e eu sanciono a seguinte Lei:

TÍTULO I
CAPÍTULO ÚNICO
DAS DISPOSIÇÕES PRELIMINARES

Art. 1º Esta Lei institui o Regime Jurídico dos Servidores Públicos Civis da União, das autarquias, inclusive as em regime especial, e das fundações públicas federais.

Art. 2º Para os efeitos desta Lei, servidor é a pessoa legalmente investida em cargo público.

Art. 3º Cargo público é o conjunto de atribuições e responsabilidades previstas na estrutura organizacional que devem ser cometidas a um servidor.

Parágrafo único. Os cargos públicos, acessíveis a todos os brasileiros, são criados por lei, com denominação própria e vencimento pago pelos cofres públicos, para provimento em caráter efetivo ou em comissão.

Art. 4º É proibida a prestação de serviços gratuitos, salvo os casos previstos em lei.

(....................................)

CAPÍTULO VIII
DO DIREITO DE PETIÇÃO

Art. 104. É assegurado ao servidor o direito de requerer aos Poderes Públicos, em defesa de direito ou interesse legítimo.

Art. 105. O requerimento será dirigido à autoridade competente para decidi-lo e encaminhado por intermédio daquela a que estiver imediatamente subordinado o requerente.

Art. 106. Cabe pedido de reconsideração à autoridade que houver expedido o ato ou proferido a primeira decisão, não podendo ser renovado. *(Vide Lei nº 12.300, de 2010)*

Parágrafo único. O requerimento e o pedido de reconsideração de que tratam os artigos anteriores deverão ser despachados no prazo de 5 (cinco) dias e decididos dentro de 30 (trinta) dias.

Art. 107. Caberá recurso: *(Vide Lei nº 12.300, de 2010)*

I - do indeferimento do pedido de reconsideração;

II - das decisões sobre os recursos sucessivamente interpostos.

§1º O recurso será dirigido à autoridade imediatamente superior à que tiver expedido o ato ou proferido a decisão, e, sucessivamente, em escala ascendente, às demais autoridades.

§2º O recurso será encaminhado por intermédio da autoridade a que estiver imediatamente subordinado o requerente.

Art. 108. O prazo para interposição de pedido de reconsideração ou de recurso é de 30 (trinta) dias, a contar da publicação ou da ciência, pelo interessado, da decisão recorrida. *(Vide Lei nº 12.300, de 2010)*

Art. 109. O recurso poderá ser recebido com efeito suspensivo, a juízo da autoridade competente.

Parágrafo único. Em caso de provimento do pedido de reconsideração ou do recurso, os efeitos da decisão retroagirão à data do ato impugnado.

Art. 110. O direito de requerer prescreve:

I - em 5 (cinco) anos, quanto aos atos de demissão e de cassação de aposentadoria ou disponibilidade, ou que afetem interesse patrimonial e créditos resultantes das relações de trabalho;

II - em 120 (cento e vinte) dias, nos demais casos, salvo quando outro prazo for fixado em lei.

Parágrafo único. O prazo de prescrição será contado da data da publicação do ato impugnado ou da data da ciência pelo interessado, quando o ato não for publicado.

Art. 111. O pedido de reconsideração e o recurso, quando cabíveis, interrompem a prescrição.

Art. 112. A prescrição é de ordem pública, não podendo ser relevada pela administração.

Art. 113. Para o exercício do direito de petição, é assegurada vista do processo ou documento, na repartição, ao servidor ou a procurador por ele constituído.

Art. 114. A administração deverá rever seus atos, a qualquer tempo, quando eivados de ilegalidade.

Art. 115. São fatais e improrrogáveis os prazos estabelecidos neste Capítulo, salvo motivo de força maior.

TÍTULO IV
DO REGIME DISCIPLINAR

CAPÍTULO I
DOS DEVERES

Art. 116. São deveres do servidor:

I - exercer com zelo e dedicação as atribuições do cargo;

II - ser leal às instituições a que servir;

III - observar as normas legais e regulamentares;

IV - cumprir as ordens superiores, exceto quando manifestamente ilegais;

V - atender com presteza:

a) ao público em geral, prestando as informações requeridas, ressalvadas as protegidas por sigilo;

b) à expedição de certidões requeridas para defesa de direito ou esclarecimento de situações de interesse pessoal;

c) às requisições para a defesa da Fazenda Pública.

VI - levar as irregularidades de que tiver ciência em razão do cargo ao conhecimento da autoridade superior ou, quando houver suspeita de envolvimento desta, ao conhecimento de outra autoridade competente para apuração; *(Redação dada pela Lei nº 12.527, de 2011)*

VII - zelar pela economia do material e a conservação do patrimônio público;

VIII - guardar sigilo sobre assunto da repartição;

IX - manter conduta compatível com a moralidade administrativa;

X - ser assíduo e pontual ao serviço;

XI - tratar com urbanidade as pessoas;

XII - representar contra ilegalidade, omissão ou abuso de poder.

Parágrafo único. A representação de que trata o inciso XII será encaminhada pela via hierárquica e apreciada pela autoridade superior àquela contra a qual é formulada, assegurando-se ao representando ampla defesa.

CAPÍTULO II

DAS PROIBIÇÕES

Art. 117. Ao servidor é proibido: (Vide Medida Provisória nº 2.225-45, de 4.9.2001)

I - ausentar-se do serviço durante o expediente, sem prévia autorização do chefe imediato;

II - retirar, sem prévia anuência da autoridade competente, qualquer documento ou objeto da repartição;

III - recusar fé a documentos públicos;

IV - opor resistência injustificada ao andamento de documento e processo ou execução de serviço;

V - promover manifestação de apreço ou desapreço no recinto da repartição;

VI - cometer a pessoa estranha à repartição, fora dos casos previstos em lei, o desempenho de atribuição que seja de sua responsabilidade ou de seu subordinado;

VII - coagir ou aliciar subordinados no sentido de filiarem-se a associação profissional ou sindical, ou a partido político;

VIII - manter sob sua chefia imediata, em cargo ou função de confiança, cônjuge, companheiro ou parente até o segundo grau civil;

IX - valer-se do cargo para lograr proveito pessoal ou de outrem, em detrimento da dignidade da função pública;

X - participar de gerência ou administração de sociedade privada, personificada ou não personificada, exercer o comércio, exceto na qualidade de acionista, cotista ou comanditário; *(Redação dada pela Lei nº 11.784, de 2008)*

XI - atuar, como procurador ou intermediário, junto a repartições públicas, salvo quando se tratar de benefícios previdenciários ou assistenciais de parentes até o segundo grau, e de cônjuge ou companheiro;

XII - receber propina, comissão, presente ou vantagem de qualquer espécie, em razão de suas atribuições;

XIII - aceitar comissão, emprego ou pensão de estado estrangeiro;

XIV - praticar usura sob qualquer de suas formas;

XV - proceder de forma desidiosa;

XVI - utilizar pessoal ou recursos materiais da repartição em serviços ou atividades particulares;

XVII - cometer a outro servidor atribuições estranhas ao cargo que ocupa, exceto em situações de emergência e transitórias;

XVIII - exercer quaisquer atividades que sejam incompatíveis com o exercício do cargo ou função e com o horário de trabalho;

XIX - recusar-se a atualizar seus dados cadastrais quando solicitado. (Incluído pela Lei nº 9.527, de 10.12.97)

Parágrafo único. A vedação de que trata o inciso X do caput deste artigo não se aplica nos seguintes casos: *(Incluído pela Lei nº 11.784, de 2008)*

I - participação nos conselhos de administração e fiscal de empresas ou entidades em que a União detenha, direta ou indiretamente, participação no capital social ou em sociedade cooperativa constituída para prestar serviços a seus membros; e *(Incluído pela Lei nº 11.784, de 2008)*

II - gozo de licença para o trato de interesses particulares, na forma do art. 91 desta Lei, observada a legislação sobre conflito de interesses. *(Incluído pela Lei nº 11.784, de 2008)*

CAPÍTULO III

DA ACUMULAÇÃO

Art. 118. Ressalvados os casos previstos na Constituição, é vedada a acumulação remunerada de cargos públicos.

§1º A proibição de acumular estende-se a cargos, empregos e funções em autarquias, fundações públicas, empresas públicas, sociedades de economia mista da União, do Distrito Federal, dos Estados, dos Territórios e dos Municípios.

§2º A acumulação de cargos, ainda que lícita, fica condicionada à comprovação da compatibilidade de horários.

§3º Considera-se acumulação proibida a percepção de vencimento de cargo ou emprego público efetivo com proventos da inatividade, salvo quando os cargos de que decorram essas remunerações forem acumuláveis na atividade. *(Incluído pela Lei nº 9.527, de 10.12.97)*

Art. 119. O servidor não poderá exercer mais de um cargo em comissão, exceto no caso previsto no parágrafo único do art. 9o, nem ser remunerado pela participação em órgão de deliberação coletiva. *(Redação dada pela Lei nº 9.527, de 10.12.97)*

Parágrafo único. O disposto neste artigo não se aplica à remuneração devida pela participação em conselhos de administração e fiscal das empresas públicas e sociedades de economia mista, suas subsidiárias e controladas, bem como quaisquer empresas ou entidades em que a União, direta ou indiretamente, detenha participação no capital social, observado o que, a respeito, dispuser legislação específica. *(Redação dada pela Medida Provisória nº 2.225-45, de 4.9.2001)*

Art. 120. O servidor vinculado ao regime desta Lei, que acumular licitamente dois cargos efetivos, quando investido em cargo de provimento em comissão, ficará afastado de ambos os cargos efetivos, salvo na hipótese em que houver compatibilidade de horário e local com o exercício de um deles, declarada pelas autoridades máximas dos órgãos ou entidades envolvidos. *(Redação dada pela Lei nº 9.527, de 10.12.97)*

CAPÍTULO IV

DAS RESPONSABILIDADES

Art. 121. O servidor responde civil, penal e administrativamente pelo exercício irregular de suas atribuições.

Art. 122. A responsabilidade civil decorre de ato omissivo ou comissivo, doloso ou culposo, que resulte em prejuízo ao erário ou a terceiros.

§1º A indenização de prejuízo dolosamente causado ao erário somente será liquidada na forma prevista no art. 46, na falta de outros bens que assegurem a execução do débito pela via judicial.

§2º Tratando-se de dano causado a terceiros, responderá o servidor perante a Fazenda Pública, em ação regressiva.

§3º A obrigação de reparar o dano estende-se aos sucessores e contra eles será executada, até o limite do valor da herança recebida.

Art. 123. A responsabilidade penal abrange os crimes e contravenções imputadas ao servidor, nessa qualidade.

Art. 124. A responsabilidade civil-administrativa resulta de ato omissivo ou comissivo praticado no desempenho do cargo ou função.

Art. 125. As sanções civis, penais e administrativas poderão cumular-se, sendo independentes entre si.

Art. 126. A responsabilidade administrativa do servidor será afastada no caso de absolvição criminal que negue a existência do fato ou sua autoria.

Art. 126-A. Nenhum servidor poderá ser responsabilizado civil, penal ou administrativamente por dar ciência à autoridade superior ou, quando houver suspeita de envolvimento desta, a outra autoridade competente para apuração de informação concernente à prática de crimes ou improbidade de que tenha conhecimento, ainda que em decorrência do exercício de cargo, emprego ou função pública. *(Incluído pela Lei nº 12.527, de 2011)*

CAPÍTULO V

DAS PENALIDADES

Art. 127. São penalidades disciplinares:

I - advertência;

II - suspensão;

III - demissão;

IV - cassação de aposentadoria ou disponibilidade; (Vide ADPF nº 418)

V - destituição de cargo em comissão;

VI - destituição de função comissionada.

Art. 128. Na aplicação das penalidades serão consideradas a natureza e a gravidade da infração cometida, os danos que dela provierem para o serviço público, as circunstâncias agravantes ou atenuantes e os antecedentes funcionais.

Parágrafo único. O ato de imposição da penalidade mencionará sempre o fundamento legal e a causa da sanção disciplinar. *(Incluído pela Lei nº 9.527, de 10.12.97)*

Art. 129. A advertência será aplicada por escrito, nos casos de violação de proibição constante do art. 117, incisos I a VIII e XIX, e de inobservância de dever funcional previsto em lei, regulamentação ou norma interna, que não justifique imposição de penalidade mais grave. *(Redação dada pela Lei nº 9.527, de 10.12.97)*

Art. 130. A suspensão será aplicada em caso de reincidência das faltas punidas com advertência e de violação das demais proibições que não tipifiquem infração sujeita a penalidade de demissão, não podendo exceder de 90 (noventa) dias.

§1º Será punido com suspensão de até 15 (quinze) dias o servidor que, injustificadamente, recusar-se a ser submetido a inspeção médica determinada pela autoridade competente, cessando os efeitos da penalidade uma vez cumprida a determinação.

§2º Quando houver conveniência para o serviço, a penalidade de suspensão poderá ser convertida em multa, na base de 50% (cinqüenta por cento) por dia de vencimento ou remuneração, ficando o servidor obrigado a permanecer em serviço.

Art. 131. As penalidades de advertência e de suspensão terão seus registros cancelados, após o decurso de 3 (três) e 5 (cinco) anos de efetivo exercício, respectivamente, se o servidor não houver, nesse período, praticado nova infração disciplinar.

Parágrafo único. O cancelamento da penalidade não surtirá efeitos retroativos.

Art. 132. A demissão será aplicada nos seguintes casos:

I - crime contra a administração pública;

II - abandono de cargo;

III - inassiduidade habitual;

IV - improbidade administrativa;

V - incontinência pública e conduta escandalosa, na repartição;

VI - insubordinação grave em serviço;

VII - ofensa física, em serviço, a servidor ou a particular, salvo em legítima defesa própria ou de outrem;

VIII - aplicação irregular de dinheiros públicos;

IX - revelação de segredo do qual se apropriou em razão do cargo;

X - lesão aos cofres públicos e dilapidação do patrimônio nacional;

XI - corrupção;

XII - acumulação ilegal de cargos, empregos ou funções públicas;

XIII - transgressão dos incisos IX a XVI do art. 117.

Art. 133. Detectada a qualquer tempo a acumulação ilegal de cargos, empregos ou funções públicas, a autoridade a que se refere o art. 143 notificará o servidor, por intermédio de sua chefia imediata, para apresentar opção no prazo improrrogável de dez dias, contados da data da ciência e, na hipótese de omissão, adotará procedimento sumário para a sua apuração e regularização imediata, cujo processo administrativo disciplinar se desenvolverá nas seguintes fases:*(Redação dada pela Lei nº 9.527, de 10.12.97)*

I - instauração, com a publicação do ato que constituir a comissão, a ser composta por dois servidores estáveis, e simultaneamente indicar a autoria e a materialidade da transgressão objeto da apuração; *(Incluído pela Lei nº 9.527, de 10.12.97)*

II - instrução sumária, que compreende indiciação, defesa e relatório; *(Incluído pela Lei nº 9.527, de 10.12.97)*

III - julgamento. *(Incluído pela Lei nº 9.527, de 10.12.97)*

§1º A indicação da autoria de que trata o inciso I dar-se-á pelo nome e matrícula do servidor, e a materialidade pela descrição dos cargos, empregos ou funções públicas em situação de acumulação ilegal, dos órgãos ou entidades de vinculação, das datas de ingresso, do horário de trabalho e do correspondente regime jurídico. *(Redação dada pela Lei nº 9.527, de 10.12.97)*

§2º A comissão lavrará, até três dias após a publicação do ato que a constituiu, termo de indiciação em que serão transcritas as informações de que trata o parágrafo anterior, bem como promoverá a citação pessoal do servidor indiciado, ou por intermédio de sua chefia imediata, para, no prazo de cinco dias, apresentar defesa escrita, assegurando-se-lhe vista do processo na repartição, observado o disposto nos arts. 163 e 164. *(Redação dada pela Lei nº 9.527, de 10.12.97)*

§3º Apresentada a defesa, a comissão elaborará relatório conclusivo quanto à inocência ou à responsabilidade do servidor, em que resumirá as peças principais dos autos, opinará sobre a licitude da acumulação em exame, indicará o respectivo dispositivo legal e remeterá o processo à autoridade instauradora, para julgamento. *(Incluído pela Lei nº 9.527, de 10.12.97)*

§4º No prazo de cinco dias, contados do recebimento do processo, a autoridade julgadora proferirá a sua decisão, aplicando-se, quando for o caso, o disposto no §3º do art. 167. *(Incluído pela Lei nº 9.527, de 10.12.97)*

§5º A opção pelo servidor até o último dia de prazo para defesa configurará sua boa-fé, hipótese em que se converterá automaticamente em pedido de exoneração do outro cargo. *(Incluído pela Lei nº 9.527, de 10.12.97)*

§6º Caracterizada a acumulação ilegal e provada a má-fé, aplicar-se-á a pena de demissão, destituição ou cassação de aposentadoria ou disponibilidade em relação aos cargos, empregos ou funções públicas em regime de acumulação ilegal, hipótese em que os órgãos ou entidades de vinculação serão comunicados. *(Incluído pela Lei nº 9.527, de 10.12.97)*

§7º O prazo para a conclusão do processo administrativo disciplinar submetido ao rito sumário não excederá trinta dias, contados da data de publicação do ato que constituir a comissão, admitida a sua prorrogação por até quinze dias, quando as circunstâncias o exigirem. *(Incluído pela Lei nº 9.527, de 10.12.97)*

§8º O procedimento sumário rege-se pelas disposições deste artigo, observando-se, no que lhe for aplicável, subsidiariamente, as disposições dos Títulos IV e V desta Lei. *(Incluído pela Lei nº 9.527, de 10.12.97)*

Art. 134. Será cassada a aposentadoria ou a disponibilidade do inativo que houver praticado, na atividade, falta punível com a demissão. (Vide ADPF nº 418)

Art. 135. A destituição de cargo em comissão exercido por não ocupante de cargo efetivo será aplicada nos casos de infração sujeita às penalidades de suspensão e de demissão.

Parágrafo único. Constatada a hipótese de que trata este artigo, a exoneração efetuada nos termos do art. 35 será convertida em destituição de cargo em comissão.

Art. 136. A demissão ou a destituição de cargo em comissão, nos casos dos incisos IV, VIII, X e XI do art. 132, implica a indisponibilidade dos bens e o ressarcimento ao erário, sem prejuízo da ação penal cabível.

Art. 137. A demissão ou a destituição de cargo em comissão, por infringência do art. 117, incisos IX e XI, incompatibiliza o ex-servidor para nova investidura em cargo público federal, pelo prazo de 5 (cinco) anos. (Vide ADIN 2975)

Parágrafo único. Não poderá retornar ao serviço público federal o servidor que for demitido ou destituído do cargo em comissão por infringência do art. 132, incisos I, IV, VIII, X e XI.

Art. 138. Configura abandono de cargo a ausência intencional do servidor ao serviço por mais de trinta dias consecutivos.

Art. 139. Entende-se por inassiduidade habitual a falta ao serviço, sem causa justificada, por sessenta dias, interpoladamente, durante o período de doze meses.

Art. 140. Na apuração de abandono de cargo ou inassiduidade habitual, também será adotado o procedimento sumário a que se refere o art. 133, observando-se especialmente que: *(Redação dada pela Lei nº 9.527, de 10.12.97)*

I - a indicação da materialidade dar-se-á: *(Incluído pela Lei nº 9.527, de 10.12.97)*

a) na hipótese de abandono de cargo, pela indicação precisa do período de ausência intencional do servidor ao serviço superior a trinta dias; *(Incluído pela Lei nº 9.527, de 10.12.97)*

b) no caso de inassiduidade habitual, pela indicação dos dias de falta ao serviço sem causa justificada, por período igual ou superior a sessenta dias interpoladamente, durante o período de doze meses; *(Incluído pela Lei nº 9.527, de 10.12.97)*

II - após a apresentação da defesa a comissão elaborará relatório conclusivo quanto à inocência ou à responsabilidade do servidor, em que resumirá as peças principais dos autos, indicará o respectivo dispositivo legal, opinará, na hipótese de abandono de cargo, sobre a intencionalidade da ausência ao serviço superior a trinta dias e remeterá o processo à autoridade instauradora para julgamento. *(Incluído pela Lei nº 9.527, de 10.12.97)*

Art. 141. As penalidades disciplinares serão aplicadas:

I - pelo Presidente da República, pelos Presidentes das Casas do Poder Legislativo e dos Tribunais Federais e pelo Procurador-Geral da República, quando se tratar de demissão e cassação de aposentadoria ou disponibilidade de servidor vinculado ao respectivo Poder, órgão, ou entidade;

II - pelas autoridades administrativas de hierarquia imediatamente inferior àquelas mencionadas no inciso anterior quando se tratar de suspensão superior a 30 (trinta) dias;

III - pelo chefe da repartição e outras autoridades na forma dos respectivos regimentos ou regulamentos, nos casos de advertência ou de suspensão de até 30 (trinta) dias;

IV - pela autoridade que houver feito a nomeação, quando se tratar de destituição de cargo em comissão.

Art. 142. A ação disciplinar prescreverá:

I - em 5 (cinco) anos, quanto às infrações puníveis com demissão, cassação de aposentadoria ou disponibilidade e destituição de cargo em comissão;

II - em 2 (dois) anos, quanto à suspensão;

III - em 180 (cento e oitenta) dias, quanto á advertência.

§1º O prazo de prescrição começa a correr da data em que o fato se tornou conhecido.

§2º Os prazos de prescrição previstos na lei penal aplicam-se às infrações disciplinares capituladas também como crime.

§3º A abertura de sindicância ou a instauração de processo disciplinar interrompe a prescrição, até a decisão final proferida por autoridade competente.

§4º Interrompido o curso da prescrição, o prazo começará a correr a partir do dia em que cessar a interrupção.

TÍTULO V

DO PROCESSO ADMINISTRATIVO DISCIPLINAR

CAPÍTULO I

DISPOSIÇÕES GERAIS

Art. 143. A autoridade que tiver ciência de irregularidade no serviço público é obrigada a promover a sua apuração imediata, mediante sindicância ou processo administrativo disciplinar, assegurada ao acusado ampla defesa.

§1º (Revogado pela Lei nº 11.204, de 2005)

§2o (Revogado pela Lei nº 11.204, de 2005)

§3º A apuração de que trata o **caput**, por solicitação da autoridade a que se refere, poderá ser promovida por autoridade de órgão ou entidade diverso daquele em que tenha ocorrido a irregularidade, mediante competência específica para tal finalidade, delegada em caráter permanente ou temporário pelo Presidente da República, pelos presidentes das Casas do Poder Legislativo e dos Tribunais Federais e pelo Procurador-Geral da República, no âmbito do respectivo Poder, órgão ou entidade, preservadas as competências para o julgamento que se seguir à apuração. *(Incluído pela Lei nº 9.527, de 10.12.97)*

Art. 144. As denúncias sobre irregularidades serão objeto de apuração, desde que contenham a identificação e o endereço do denunciante e sejam formuladas por escrito, confirmada a autenticidade.

Parágrafo único. Quando o fato narrado não configurar evidente infração disciplinar ou ilícito penal, a denúncia será arquivada, por falta de objeto.

Art. 145. Da sindicância poderá resultar:

I - arquivamento do processo;

II - aplicação de penalidade de advertência ou suspensão de até 30 (trinta) dias;

III - instauração de processo disciplinar.

Parágrafo único. O prazo para conclusão da sindicância não excederá 30 (trinta) dias, podendo ser prorrogado por igual período, a critério da autoridade superior.

Art. 146. Sempre que o ilícito praticado pelo servidor ensejar a imposição de penalidade de suspensão por mais de 30 (trinta) dias, de demissão, cassação de aposentadoria ou disponibilidade, ou destituição de cargo em comissão, será obrigatória a instauração de processo disciplinar.

CAPÍTULO II

DO AFASTAMENTO PREVENTIVO

Art. 147. Como medida cautelar e a fim de que o servidor não venha a influir na apuração da irregularidade, a autoridade instauradora do processo disciplinar poderá determinar o seu afastamento do exercício do cargo, pelo prazo de até 60 (sessenta) dias, sem prejuízo da remuneração.

Parágrafo único. O afastamento poderá ser prorrogado por igual prazo, findo o qual cessarão os seus efeitos, ainda que não concluído o processo.

CAPÍTULO III

DO PROCESSO DISCIPLINAR

Art. 148. O processo disciplinar é o instrumento destinado a apurar responsabilidade de servidor por infração praticada no exercício de suas atribuições, ou que tenha relação com as atribuições do cargo em que se encontre investido.

Art. 149. O processo disciplinar será conduzido por comissão composta de três servidores estáveis designados pela autoridade competente, observado o disposto no §3º do art. 143, que indicará, dentre eles, o seu presidente, que deverá ser ocupante de cargo efetivo superior ou de mesmo nível, ou ter nível de escolaridade igual ou superior ao do indiciado. *(Redação dada pela Lei nº 9.527, de 10.12.97)*

§1º A Comissão terá como secretário servidor designado pelo seu presidente, podendo a indicação recair em um de seus membros.

§2º Não poderá participar de comissão de sindicância ou de inquérito, cônjuge, companheiro ou parente do acusado, consangüíneo ou afim, em linha reta ou colateral, até o terceiro grau.

Art. 150. A Comissão exercerá suas atividades com independência e imparcialidade, assegurado o sigilo necessário à elucidação do fato ou exigido pelo interesse da administração.

Parágrafo único. As reuniões e as audiências das comissões terão caráter reservado.

Art. 151. O processo disciplinar se desenvolve nas seguintes fases:

I - instauração, com a publicação do ato que constituir a comissão;

II - inquérito administrativo, que compreende instrução, defesa e relatório;

III - julgamento.

Art. 152. O prazo para a conclusão do processo disciplinar não excederá 60 (sessenta) dias, contados da data de publicação do ato que constituir a comissão, admitida a sua prorrogação por igual prazo, quando as circunstâncias o exigirem.

§1º Sempre que necessário, a comissão dedicará tempo integral aos seus trabalhos, ficando seus membros dispensados do ponto, até a entrega do relatório final.

§2º As reuniões da comissão serão registradas em atas que deverão detalhar as deliberações adotadas.

Seção I

Do Inquérito

Art. 153. O inquérito administrativo obedecerá ao princípio do contraditório, assegurada ao acusado ampla defesa, com a utilização dos meios e recursos admitidos em direito.

Art. 154. Os autos da sindicância integrarão o processo disciplinar, como peça informativa da instrução.

Parágrafo único. Na hipótese de o relatório da sindicância concluir que a infração está capitulada como ilícito penal, a autoridade competente encaminhará cópia dos autos ao Ministério Público, independentemente da imediata instauração do processo disciplinar.

Art. 155. Na fase do inquérito, a comissão promoverá a tomada de depoimentos, acareações, investigações e diligências cabíveis, objetivando a coleta de prova, recorrendo, quando necessário, a técnicos e peritos, de modo a permitir a completa elucidação dos fatos.

Art. 156. É assegurado ao servidor o direito de acompanhar o processo pessoalmente ou por intermédio de procurador, arrolar e reinquirir testemunhas, produzir provas e contraprovas e formular quesitos, quando se tratar de prova pericial.

§1º O presidente da comissão poderá denegar pedidos considerados impertinentes, meramente protelatórios, ou de nenhum interesse para o esclarecimento dos fatos.

§2º Será indeferido o pedido de prova pericial, quando a comprovação do fato independer de conhecimento especial de perito.

Art. 157. As testemunhas serão intimadas a depor mediante mandado expedido pelo presidente da comissão, devendo a segunda via, com o ciente do interessado, ser anexada aos autos.

Parágrafo único. Se a testemunha for servidor público, a expedição do mandado será imediatamente comunicada ao chefe da repartição onde serve, com a indicação do dia e hora marcados para inquirição.

Art. 158. O depoimento será prestado oralmente e reduzido a termo, não sendo lícito à testemunha trazê-lo por escrito.

§1º As testemunhas serão inquiridas separadamente.

§2º Na hipótese de depoimentos contraditórios ou que se infirmem, proceder-se-á à acareação entre os depoentes.

Art. 159. Concluída a inquirição das testemunhas, a comissão promoverá o interrogatório do acusado, observados os procedimentos previstos nos arts. 157 e 158.

§1º No caso de mais de um acusado, cada um deles será ouvido separadamente, e sempre que divergirem em suas declarações sobre fatos ou circunstâncias, será promovida a acareação entre eles.

§2º O procurador do acusado poderá assistir ao interrogatório, bem como à inquirição das testemunhas, sendo-lhe vedado interferir nas perguntas e respostas, facultando-se-lhe, porém, reinquiri-las, por intermédio do presidente da comissão.

Art. 160. Quando houver dúvida sobre a sanidade mental do acusado, a comissão proporá à autoridade competente que ele seja submetido a exame por junta médica oficial, da qual participe pelo menos um médico psiquiatra.

Parágrafo único. O incidente de sanidade mental será processado em auto apartado e apenso ao processo principal, após a expedição do laudo pericial.

Art. 161. Tipificada a infração disciplinar, será formulada a indiciação do servidor, com a especificação dos fatos a ele imputados e das respectivas provas.

§1º O indiciado será citado por mandado expedido pelo presidente da comissão para apresentar defesa escrita, no prazo de 10 (dez) dias, assegurando-se-lhe vista do processo na repartição.

§2º Havendo dois ou mais indiciados, o prazo será comum e de 20 (vinte) dias.

§3º O prazo de defesa poderá ser prorrogado pelo dobro, para diligências reputadas indispensáveis.

§4º No caso de recusa do indiciado em apor o ciente na cópia da citação, o prazo para defesa contar-se-á da data declarada, em termo próprio, pelo membro da comissão que fez a citação, com a assinatura de (2) duas testemunhas.

Art. 162. O indiciado que mudar de residência fica obrigado a comunicar à comissão o lugar onde poderá ser encontrado.

Art. 163. Achando-se o indiciado em lugar incerto e não sabido, será citado por edital, publicado no Diário Oficial da União e em jornal de grande circulação na localidade do último domicílio conhecido, para apresentar defesa.

Parágrafo único. Na hipótese deste artigo, o prazo para defesa será de 15 (quinze) dias a partir da última publicação do edital.

Art. 164. Considerar-se-á revel o indiciado que, regularmente citado, não apresentar defesa no prazo legal.

§1º A revelia será declarada, por termo, nos autos do processo e devolverá o prazo para a defesa.

§2º Para defender o indiciado revel, a autoridade instauradora do processo designará um servidor como defensor dativo, que deverá ser ocupante de cargo efetivo superior ou de mesmo nível, ou ter nível de escolaridade igual ou superior ao do indiciado. *(Redação dada pela Lei nº 9.527, de 10.12.97)*

Art. 165. Apreciada a defesa, a comissão elaborará relatório minucioso, onde resumirá as peças principais dos autos e mencionará as provas em que se baseou para formar a sua convicção.

§1º O relatório será sempre conclusivo quanto à inocência ou à responsabilidade do servidor.

§2º Reconhecida a responsabilidade do servidor, a comissão indicará o dispositivo legal ou regulamentar transgredido, bem como as circunstâncias agravantes ou atenuantes.

Art. 166. O processo disciplinar, com o relatório da comissão, será remetido à autoridade que determinou a sua instauração, para julgamento.

Seção II

Do Julgamento

Art. 167. No prazo de 20 (vinte) dias, contados do recebimento do processo, a autoridade julgadora proferirá a sua decisão.

§1º Se a penalidade a ser aplicada exceder a alçada da autoridade instauradora do processo, este será encaminhado à autoridade competente, que decidirá em igual prazo.

§2º Havendo mais de um indiciado e diversidade de sanções, o julgamento caberá à autoridade competente para a imposição da pena mais grave.

§3º Se a penalidade prevista for a demissão ou cassação de aposentadoria ou disponibilidade, o julgamento caberá às autoridades de que trata o inciso I do art. 141.

§4º Reconhecida pela comissão a inocência do servidor, a autoridade instauradora do processo determinará o seu arquivamento, salvo se flagrantemente contrária à prova dos autos. *(Incluído pela Lei nº 9.527, de 10.12.97)*

Art. 168. O julgamento acatará o relatório da comissão, salvo quando contrário às provas dos autos.

Parágrafo único. Quando o relatório da comissão contrariar as provas dos autos, a autoridade julgadora poderá, motivadamente, agravar a penalidade proposta, abrandá-la ou isentar o servidor de responsabilidade.

Art. 169. Verificada a ocorrência de vício insanável, a autoridade que determinou a instauração do processo ou outra de hierarquia superior declarará a sua nulidade, total ou parcial, e ordenará, no mesmo ato, a constituição de outra comissão para instauração de novo processo. *(Redação dada pela Lei nº 9.527, de 10.12.97)*

§1º O julgamento fora do prazo legal não implica nulidade do processo.

§2º A autoridade julgadora que der causa à prescrição de que trata o art. 142, §2º, será responsabilizada na forma do Capítulo IV do Título IV.

Art. 170. Extinta a punibilidade pela prescrição, a autoridade julgadora determinará o registro do fato nos assentamentos individuais do servidor.

Art. 171. Quando a infração estiver capitulada como crime, o processo disciplinar será remetido ao Ministério Público para instauração da ação penal, ficando trasladado na repartição.

Art. 172. O servidor que responder a processo disciplinar só poderá ser exonerado a pedido, ou aposentado voluntariamente, após a conclusão do processo e o cumprimento da penalidade, acaso aplicada.

Parágrafo único. Ocorrida a exoneração de que trata o parágrafo único, inciso I do art. 34, o ato será convertido em demissão, se for o caso.

Art. 173. Serão assegurados transporte e diárias:

I - ao servidor convocado para prestar depoimento fora da sede de sua repartição, na condição de testemunha, denunciado ou indiciado;

II - aos membros da comissão e ao secretário, quando obrigados a se deslocarem da sede dos trabalhos para a realização de missão essencial ao esclarecimento dos fatos.

Seção III

Da Revisão do Processo

Art. 174. O processo disciplinar poderá ser revisto, a qualquer tempo, a pedido ou de ofício, quando se aduzirem fatos novos ou circunstâncias suscetíveis de justificar a inocência do punido ou a inadequação da penalidade aplicada.

§1º Em caso de falecimento, ausência ou desaparecimento do servidor, qualquer pessoa da família poderá requerer a revisão do processo.

§2º No caso de incapacidade mental do servidor, a revisão será requerida pelo respectivo curador.

Art. 175. No processo revisional, o ônus da prova cabe ao requerente.

Art. 176. A simples alegação de injustiça da penalidade não constitui fundamento para a revisão, que requer elementos novos, ainda não apreciados no processo originário.

Art. 177. O requerimento de revisão do processo será dirigido ao Ministro de Estado ou autoridade equivalente, que, se autorizar a revisão, encaminhará o pedido ao dirigente do órgão ou entidade onde se originou o processo disciplinar.

Parágrafo único. Deferida a petição, a autoridade competente providenciará a constituição de comissão, na forma do art. 149.

Art. 178. A revisão correrá em apenso ao processo originário.

Parágrafo único. Na petição inicial, o requerente pedirá dia e hora para a produção de provas e inquirição das testemunhas que arrolar.

Art. 179. A comissão revisora terá 60 (sessenta) dias para a conclusão dos trabalhos.

Art. 180. Aplicam-se aos trabalhos da comissão revisora, no que couber, as normas e procedimentos próprios da comissão do processo disciplinar.

Art. 181. O julgamento caberá à autoridade que aplicou a penalidade, nos termos do art. 141.

Parágrafo único. O prazo para julgamento será de 20 (vinte) dias, contados do recebimento do processo, no curso do qual a autoridade julgadora poderá determinar diligências.

Art. 182. Julgada procedente a revisão, será declarada sem efeito a penalidade aplicada, restabelecendo-se todos os direitos do servidor, exceto em relação à destituição do cargo em comissão, que será convertida em exoneração.

Parágrafo único. Da revisão do processo não poderá resultar agravamento de penalidade.

(..)

TÍTULO VIII

CAPÍTULO ÚNICO

DAS DISPOSIÇÕES GERAIS

Art. 236. O Dia do Servidor Público será comemorado a vinte e oito de outubro.

Art. 237. Poderão ser instituídos, no âmbito dos Poderes Executivo, Legislativo e Judiciário, os seguintes incentivos funcionais, além daqueles já previstos nos respectivos planos de carreira:

I - prêmios pela apresentação de idéias, inventos ou trabalhos que favoreçam o aumento de produtividade e a redução dos custos operacionais;

II - concessão de medalhas, diplomas de honra ao mérito, condecoração e elogio.

Art. 238. Os prazos previstos nesta Lei serão contados em dias corridos, excluindo-se o dia do começo e incluindo-se o do vencimento, ficando prorrogado, para o primeiro dia útil seguinte, o prazo vencido em dia em que não haja expediente.

Art. 239. Por motivo de crença religiosa ou de convicção filosófica ou política, o servidor não poderá ser privado de quaisquer dos seus direitos, sofrer discriminação em sua vida funcional, nem eximir-se do cumprimento de seus deveres.

Art. 240. Ao servidor público civil é assegurado, nos termos da Constituição Federal, o direito à livre associação sindical e os seguintes direitos, entre outros, dela decorrentes:

a) de ser representado pelo sindicato, inclusive como substituto processual;

b) de inamovibilidade do dirigente sindical, até um ano após o final do mandato, exceto se a pedido;

c) de descontar em folha, sem ônus para a entidade sindical a que for filiado, o valor das mensalidades e contribuições definidas em assembléia geral da categoria.

d) (Revogado pela Lei nº 9.527, de 10.12.97)

e) (Revogado pela Lei nº 9.527, de 10.12.97)

Art. 241. Consideram-se da família do servidor, além do cônjuge e filhos, quaisquer pessoas que vivam às suas expensas e constem do seu assentamento individual.

Parágrafo único. Equipara-se ao cônjuge a companheira ou companheiro, que comprove união estável como entidade familiar.

Art. 242. Para os fins desta Lei, considera-se sede o município onde a repartição estiver instalada e onde o servidor tiver exercício, em caráter permanente.

TÍTULO IX
CAPÍTULO ÚNICO
DAS DISPOSIÇÕES TRANSITÓRIAS E FINAIS

Art. 243. Ficam submetidos ao regime jurídico instituído por esta Lei, na qualidade de servidores públicos, os servidores dos Poderes da União, dos ex-Territórios, das autarquias, inclusive as em regime especial, e das fundações públicas, regidos pela Lei nº 1.711, de 28 de outubro de 1952 - Estatuto dos Funcionários Públicos Civis da União, ou pela Consolidação das Leis do Trabalho, aprovada pelo Decreto-Lei nº 5.452, de 1º de maio de 1943, exceto os contratados por prazo determinado, cujos contratos não poderão ser prorrogados após o vencimento do prazo de prorrogação.

§1º Os empregos ocupados pelos servidores incluídos no regime instituído por esta Lei ficam transformados em cargos, na data de sua publicação.

§2º As funções de confiança exercidas por pessoas não integrantes de tabela permanente do órgão ou entidade onde têm exercício ficam transformadas em cargos em comissão, e mantidas enquanto não for implantado o plano de cargos dos órgãos ou entidades na forma da lei.

§3º As Funções de Assessoramento Superior - FAS, exercidas por servidor integrante de quadro ou tabela de pessoal, ficam extintas na data da vigência desta Lei.

§4º (VETADO).

§5º O regime jurídico desta Lei é extensivo aos serventuários da Justiça, remunerados com recursos da União, no que couber.

§6º Os empregos dos servidores estrangeiros com estabilidade no serviço público, enquanto não adquirirem a nacionalidade brasileira, passarão a integrar tabela em extinção, do respectivo órgão ou entidade, sem prejuízo dos direitos inerentes aos planos de carreira aos quais se encontrem vinculados os empregos.

§7º Os servidores públicos de que trata o **caput** deste artigo, não amparados pelo art. 19 do Ato das Disposições Constitucionais Transitórias, poderão, no interesse da Administração e conforme critérios estabelecidos em regulamento, ser exonerados mediante indenização de um mês de remuneração por ano de efetivo exercício no serviço público federal. *(Incluído pela Lei nº 9.527, de 10.12.97)*

§8º Para fins de incidência do imposto de renda na fonte e na declaração de rendimentos, serão considerados como indenizações isentas os pagamentos efetuados a título de indenização prevista no parágrafo anterior. *(Incluído pela Lei nº 9.527, de 10.12.97)*

§9º Os cargos vagos em decorrência da aplicação do disposto no §7º poderão ser extintos pelo Poder Executivo quando considerados desnecessários. *(Incluído pela Lei nº 9.527, de 10.12.97)*

Art. 244. Os adicionais por tempo de serviço, já concedidos aos servidores abrangidos por esta Lei, ficam transformados em anuênio.

Art. 245. A licença especial disciplinada pelo art. 116 da Lei nº 1.711, de 1952, ou por outro diploma legal, fica transformada em licença-prêmio por assiduidade, na forma prevista nos arts. 87 a 90.

Art. 246. (VETADO).

Art. 247. Para efeito do disposto no Título VI desta Lei, haverá ajuste de contas com a Previdência Social, correspondente ao período de contribuição por parte dos servidores celetistas abrangidos pelo art. 243. *(Redação dada pela Lei nº 8.162, de 8.1.91)*

Art. 248. As pensões estatutárias, concedidas até a vigência desta Lei, passam a ser mantidas pelo órgão ou entidade de origem do servidor.

Art. 249. Até a edição da lei prevista no §1º do art. 231, os servidores abrangidos por esta Lei contribuirão na forma e nos percentuais atualmente estabelecidos para o servidor civil da União conforme regulamento próprio.

Art. 250. O servidor que já tiver satisfeito ou vier a satisfazer, dentro de 1 (um) ano, as condições necessárias para a aposentadoria nos termos do inciso II do art. 184 do antigo Estatuto dos Funcionários Públicos Civis da União, Lei nº 1.711, de 28 de outubro de 1952, aposentar-se-á com a vantagem prevista naquele dispositivo. *(Mantido pelo Congresso Nacional)*

Art. 251. (Revogado pela Lei nº 9.527, de 10.12.97)

Art. 252. Esta Lei entra em vigor na data de sua publicação, com efeitos financeiros a partir do primeiro dia do mês subseqüente.

Art. 253. Ficam revogadas a *Lei nº 1.711, de 28 de outubro de 1952,* e respectiva legislação complementar, bem como as demais disposições em contrário.

Brasília, 11 de dezembro de 1990; 169º da Independência e 102º da República.

FERNANDO COLLOR

Jarbas Passarinho

Este texto não substitui o publicado no DOU de 12.12.1990 e Republicado no DOU. de 18.3.1998

LEI GERAL DE PROTEÇÃO DE DADOS

LEI Nº 13.709, DE 14 DE AGOSTO DE 2018

Lei Geral de Proteção de Dados Pessoais (LGPD). (Redação dada pela Lei nº 13.853, de 2019) Vigência

O PRESIDENTE DA REPÚBLICA Faço saber que o Congresso Nacional decreta e eu sanciono a seguinte Lei:

CAPÍTULO I
DISPOSIÇÕES PRELIMINARES

Art. 1º Esta Lei dispõe sobre o tratamento de dados pessoais, inclusive nos meios digitais, por pessoa natural ou por pessoa jurídica de direito público ou privado, com o objetivo de proteger os direitos fundamentais de liberdade e de privacidade e o livre desenvolvimento da personalidade da pessoa natural.

Parágrafo único. As normas gerais contidas nesta Lei são de interesse nacional e devem ser observadas pela União, Estados, Distrito Federal e Municípios. (Incluído pela Lei nº 13.853, de 2019) Vigência

Art. 2º A disciplina da proteção de dados pessoais tem como fundamentos:

I - o respeito à privacidade;

II - a autodeterminação informativa;

III - a liberdade de expressão, de informação, de comunicação e de opinião;

IV - a inviolabilidade da intimidade, da honra e da imagem;

V - o desenvolvimento econômico e tecnológico e a inovação;

VI - a livre iniciativa, a livre concorrência e a defesa do consumidor; e

VII - os direitos humanos, o livre desenvolvimento da personalidade, a dignidade e o exercício da cidadania pelas pessoas naturais.

Art. 3º Esta Lei aplica-se a qualquer operação de tratamento realizada por pessoa natural ou por pessoa jurídica de direito público ou privado, independentemente do meio, do país de sua sede ou do país onde estejam localizados os dados, desde que:

I - a operação de tratamento seja realizada no território nacional;

II - a atividade de tratamento tenha por objetivo a oferta ou o fornecimento de bens ou serviços ou o tratamento de dados de indivíduos localizados no território nacional; ou (Redação dada pela Lei nº 13.853, de 2019) Vigência

III - os dados pessoais objeto do tratamento tenham sido coletados no território nacional.

§1º Consideram-se coletados no território nacional os dados pessoais cujo titular nele se encontre no momento da coleta.

§2º Excetua-se do disposto no inciso I deste artigo o tratamento de dados previsto no inciso IV do caput do art. 4º desta Lei.

Art. 4º Esta Lei não se aplica ao tratamento de dados pessoais:

I - realizado por pessoa natural para fins exclusivamente particulares e não econômicos;

II - realizado para fins exclusivamente:

a) jornalístico e artísticos; ou

b) acadêmicos, aplicando-se a esta hipótese os arts. 7º e 11 desta Lei;

III - realizado para fins exclusivos de:

a) segurança pública;

b) defesa nacional;

c) segurança do Estado; ou

d) atividades de investigação e repressão de infrações penais; ou

IV - provenientes de fora do território nacional e que não sejam objeto de comunicação, uso compartilhado de dados com agentes de tratamento brasileiros ou objeto de transferência internacional de dados com outro país que não o de proveniência, desde que o país de proveniência proporcione grau de proteção de dados pessoais adequado ao previsto nesta Lei.

§1º O tratamento de dados pessoais previsto no inciso III será regido por legislação específica, que deverá prever medidas proporcionais e estritamente necessárias ao atendimento do interesse público, observados o devido processo legal, os princípios gerais de proteção e os direitos do titular previstos nesta Lei.

§2º É vedado o tratamento dos dados a que se refere o inciso III do caput deste artigo por pessoa de direito privado, exceto em procedimentos sob tutela de pessoa jurídica de direito público, que serão objeto de informe específico à autoridade nacional e que deverão observar a limitação imposta no §4º deste artigo.

§3º A autoridade nacional emitirá opiniões técnicas ou recomendações referentes às exceções previstas no inciso III do caput deste artigo e deverá solicitar aos responsáveis relatórios de impacto à proteção de dados pessoais.

§4º Em nenhum caso a totalidade dos dados pessoais de banco de dados de que trata o inciso III do caput deste artigo poderá ser tratada por pessoa de direito privado, salvo por aquela que possua capital integralmente constituído pelo poder público. *(Redação dada pela Lei nº 13.853, de 2019) Vigência*

Art. 5º Para os fins desta Lei, considera-se:

I - dado pessoal: informação relacionada a pessoa natural identificada ou identificável;

II - dado pessoal sensível: dado pessoal sobre origem racial ou étnica, convicção religiosa, opinião política, filiação a sindicato ou a organização de caráter religioso, filosófico ou político, dado referente à saúde ou à vida sexual, dado genético ou biométrico, quando vinculado a uma pessoa natural;

III - dado anonimizado: dado relativo a titular que não possa ser identificado, considerando a utilização de meios técnicos razoáveis e disponíveis na ocasião de seu tratamento;

IV - banco de dados: conjunto estruturado de dados pessoais, estabelecido em um ou em vários locais, em suporte eletrônico ou físico;

V - titular: pessoa natural a quem se referem os dados pessoais que são objeto de tratamento;

VI - controlador: pessoa natural ou jurídica, de direito público ou privado, a quem competem as decisões referentes ao tratamento de dados pessoais;

VII - operador: pessoa natural ou jurídica, de direito público ou privado, que realiza o tratamento de dados pessoais em nome do controlador;

VIII - encarregado: pessoa indicada pelo controlador e operador para atuar como canal de comunicação entre o controlador, os titulares dos dados e a Autoridade Nacional de Proteção de Dados (ANPD); *(Redação dada pela Lei nº 13.853, de 2019) Vigência*

IX - agentes de tratamento: o controlador e o operador;

X - tratamento: toda operação realizada com dados pessoais, como as que se referem a coleta, produção, recepção, classificação, utilização, acesso, reprodução, transmissão, distribuição, processamento, arquivamento, armazenamento, eliminação, avaliação ou controle da informação, modificação, comunicação, transferência, difusão ou extração;

XI - anonimização: utilização de meios técnicos razoáveis e disponíveis no momento do tratamento, por meio dos quais um dado perde a possibilidade de associação, direta ou indireta, a um indivíduo;

XII - consentimento: manifestação livre, informada e inequívoca pela qual o titular concorda com o tratamento de seus dados pessoais para uma finalidade determinada;

XIII - bloqueio: suspensão temporária de qualquer operação de tratamento, mediante guarda do dado pessoal ou do banco de dados;

XIV - eliminação: exclusão de dado ou de conjunto de dados armazenados em banco de dados, independentemente do procedimento empregado;

XV - transferência internacional de dados: transferência de dados pessoais para país estrangeiro ou organismo internacional do qual o país seja membro;

XVI - uso compartilhado de dados: comunicação, difusão, transferência internacional, interconexão de dados pessoais ou tratamento compartilhado de bancos de dados pessoais por órgãos e entidades públicos no cumprimento de suas competências legais, ou entre esses e entes privados, reciprocamente, com autorização específica, para uma ou mais modalidades de tratamento permitidas por esses entes públicos, ou entre entes privados;

XVII - relatório de impacto à proteção de dados pessoais: documentação do controlador que contém a descrição dos processos de tratamento de dados pessoais que podem gerar riscos às liberdades civis e aos direitos fundamentais, bem como medidas, salvaguardas e mecanismos de mitigação de risco;

XVIII - órgão de pesquisa: órgão ou entidade da administração pública direta ou indireta ou pessoa jurídica de direito privado sem fins lucrativos legalmente constituída sob as leis brasileiras, com sede e foro no País, que inclua em sua missão institucional ou em seu objetivo social ou estatutário a pesquisa básica ou aplicada de caráter histórico, científico, tecnológico ou estatístico; e *(Redação dada pela Lei nº 13.853, de 2019) Vigência*

XIX - autoridade nacional: órgão da administração pública responsável por zelar, implementar e fiscalizar o cumprimento desta Lei em todo o território nacional. (Redação dada pela Lei nº 13.853, de 2019) Vigência

Art. 6º As atividades de tratamento de dados pessoais deverão observar a boa-fé e os seguintes princípios:

I - finalidade: realização do tratamento para propósitos legítimos, específicos, explícitos e informados ao titular, sem possibilidade de tratamento posterior de forma incompatível com essas finalidades;

II - adequação: compatibilidade do tratamento com as finalidades informadas ao titular, de acordo com o contexto do tratamento;

III - necessidade: limitação do tratamento ao mínimo necessário para a realização de suas finalidades, com abrangência dos dados pertinentes, proporcionais e não excessivos em relação às finalidades do tratamento de dados;

IV - livre acesso: garantia, aos titulares, de consulta facilitada e gratuita sobre a forma e a duração do tratamento, bem como sobre a integralidade de seus dados pessoais;

V - qualidade dos dados: garantia, aos titulares, de exatidão, clareza, relevância e atualização dos dados, de acordo com a necessidade e para o cumprimento da finalidade de seu tratamento;

VI - transparência: garantia, aos titulares, de informações claras, precisas e facilmente acessíveis sobre a realização do tratamento e os respectivos agentes de tratamento, observados os segredos comercial e industrial;

VII - segurança: utilização de medidas técnicas e administrativas aptas a proteger os dados pessoais de acessos não autorizados e de situações acidentais ou ilícitas de destruição, perda, alteração, comunicação ou difusão;

VIII - prevenção: adoção de medidas para prevenir a ocorrência de danos em virtude do tratamento de dados pessoais;

IX - não discriminação: impossibilidade de realização do tratamento para fins discriminatórios ilícitos ou abusivos;

X - responsabilização e prestação de contas: demonstração, pelo agente, da adoção de medidas eficazes e capazes de comprovar a observância e o cumprimento das normas de proteção de dados pessoais e, inclusive, da eficácia dessas medidas.

CAPÍTULO II

DO TRATAMENTO DE DADOS PESSOAIS

Seção I

Dos Requisitos para o Tratamento de Dados Pessoais

Art. 7º O tratamento de dados pessoais somente poderá ser realizado nas seguintes hipóteses:

I - mediante o fornecimento de consentimento pelo titular;

II - para o cumprimento de obrigação legal ou regulatória pelo controlador;

III - pela administração pública, para o tratamento e uso compartilhado de dados necessários à execução de políticas públicas previstas em leis e regulamentos ou respaldadas em contratos, convênios ou instrumentos congêneres, observadas as disposições do Capítulo IV desta Lei;

IV - para a realização de estudos por órgão de pesquisa, garantida, sempre que possível, a anonimização dos dados pessoais;

V - quando necessário para a execução de contrato ou de procedimentos preliminares relacionados a contrato do qual seja parte o titular, a pedido do titular dos dados;

VI - para o exercício regular de direitos em processo judicial, administrativo ou arbitral, esse último nos termos da Lei nº 9.307, de 23 de setembro de 1996 (Lei de Arbitragem);

VII - para a proteção da vida ou da incolumidade física do titular ou de terceiro;

VIII - para a tutela da saúde, exclusivamente, em procedimento realizado por profissionais de saúde, serviços de saúde ou autoridade sanitária; (Redação dada pela Lei nº 13.853, de 2019) Vigência

IX - quando necessário para atender aos interesses legítimos do controlador ou de terceiro, exceto no caso de prevalecerem direitos e liberdades fundamentais do titular que exijam a proteção dos dados pessoais; ou

X - para a proteção do crédito, inclusive quanto ao disposto na legislação pertinente.

§1º (Revogado). (Redação dada pela Lei nº 13.853, de 2019) Vigência

§2º (Revogado). (Redação dada pela Lei nº 13.853, de 2019) Vigência

§3º O tratamento de dados pessoais cujo acesso é público deve considerar a finalidade, a boa-fé e o interesse público que justificaram sua disponibilização.

§4º É dispensada a exigência do consentimento previsto no caput deste artigo para os dados tornados manifestamente públicos pelo titular, resguardados os direitos do titular e os princípios previstos nesta Lei.

§5º O controlador que obteve o consentimento referido no inciso I do caput deste artigo que necessitar comunicar ou compartilhar dados pessoais com outros controladores deverá obter consentimento específico do titular para esse fim, ressalvadas as hipóteses de dispensa do consentimento previstas nesta Lei.

§6º A eventual dispensa da exigência do consentimento não desobriga os agentes de tratamento das demais obrigações previstas nesta Lei, especialmente da observância dos princípios gerais e da garantia dos direitos do titular.

§7º O tratamento posterior dos dados pessoais a que se referem os §§3º e 4º deste artigo poderá ser realizado para novas finalidades, desde que observados os propósitos legítimos e específicos para o novo tratamento e a preservação dos direitos do titular, assim como os fundamentos e os princípios previstos nesta Lei. (Incluído pela Lei nº 13.853, de 2019) Vigência

Art. 8º O consentimento previsto no inciso I do art. 7º desta Lei deverá ser fornecido por escrito ou por outro meio que demonstre a manifestação de vontade do titular.

§1º Caso o consentimento seja fornecido por escrito, esse deverá constar de cláusula destacada das demais cláusulas contratuais.

§2º Cabe ao controlador o ônus da prova de que o consentimento foi obtido em conformidade com o disposto nesta Lei.

§3º É vedado o tratamento de dados pessoais mediante vício de consentimento.

§4º O consentimento deverá referir-se a finalidades determinadas, e as autorizações genéricas para o tratamento de dados pessoais serão nulas.

§5º O consentimento pode ser revogado a qualquer momento mediante manifestação expressa do titular, por procedimento gratuito e facilitado, ratificados os tratamentos realizados sob amparo do consentimento anteriormente manifestado enquanto não houver requerimento de eliminação, nos termos do inciso VI do caput do art. 18 desta Lei.

§6º Em caso de alteração de informação referida nos incisos I, II, III ou V do art. 9º desta Lei, o controlador deverá informar ao titular, com destaque de forma específica do teor das alterações, podendo o titular, nos casos em que o seu consentimento é exigido, revogá-lo caso discorde da alteração.

Art. 9º O titular tem direito ao acesso facilitado às informações sobre o tratamento de seus dados, que deverão ser disponibilizadas de forma clara, adequada e ostensiva acerca de, entre outras características previstas em regulamentação para o atendimento do princípio do livre acesso:

I - finalidade específica do tratamento;

II - forma e duração do tratamento, observados os segredos comercial e industrial;

III - identificação do controlador;

IV - informações de contato do controlador;

V - informações acerca do uso compartilhado de dados pelo controlador e a finalidade;

VI - responsabilidades dos agentes que realizarão o tratamento; e

VII - direitos do titular, com menção explícita aos direitos contidos no art. 18 desta Lei.

§1º Na hipótese em que o consentimento é requerido, esse será considerado nulo caso as informações fornecidas ao titular tenham conteúdo enganoso ou abusivo ou não tenham sido apresentadas previamente com transparência, de forma clara e inequívoca.

§2º Na hipótese em que o consentimento é requerido, se houver mudanças da finalidade para o tratamento de dados pessoais não compatíveis com o consentimento original, o controlador deverá informar previamente o titular sobre as mudanças de finalidade, podendo o titular revogar o consentimento, caso discorde das alterações.

§3º Quando o tratamento de dados pessoais for condição para o fornecimento de produto ou de serviço ou para o exercício de direito, o titular será informado com destaque sobre esse fato e sobre os meios pelos quais poderá exercer os direitos do titular elencados no art. 18 desta Lei.

Art. 10. O legítimo interesse do controlador somente poderá fundamentar tratamento de dados pessoais para finalidades legítimas, consideradas a partir de situações concretas, que incluem, mas não se limitam a:

I - apoio e promoção de atividades do controlador; e

II - proteção, em relação ao titular, do exercício regular de seus direitos ou prestação de serviços que o beneficiem, respeitadas as legítimas expectativas dele e os direitos e liberdades fundamentais, nos termos desta Lei.

§1º Quando o tratamento for baseado no legítimo interesse do controlador, somente os dados pessoais estritamente necessários para a finalidade pretendida poderão ser tratados.

§2º O controlador deverá adotar medidas para garantir a transparência do tratamento de dados baseado em seu legítimo interesse.

§3º A autoridade nacional poderá solicitar ao controlador relatório de impacto à proteção de dados pessoais, quando o tratamento tiver como fundamento seu interesse legítimo, observados os segredos comercial e industrial.

Seção II

Do Tratamento de Dados Pessoais Sensíveis

Art. 11. O tratamento de dados pessoais sensíveis somente poderá ocorrer nas seguintes hipóteses:

I - quando o titular ou seu responsável legal consentir, de forma específica e destacada, para finalidades específicas;

II - sem fornecimento de consentimento do titular, nas hipóteses em que for indispensável para:

a) cumprimento de obrigação legal ou regulatória pelo controlador;

b) tratamento compartilhado de dados necessários à execução, pela administração pública, de políticas públicas previstas em leis ou regulamentos;

c) realização de estudos por órgão de pesquisa, garantida, sempre que possível, a anonimização dos dados pessoais sensíveis;

d) exercício regular de direitos, inclusive em contrato e em processo judicial, administrativo e arbitral, este último nos termos da Lei nº 9.307, de 23 de setembro de 1996 (Lei de Arbitragem);

e) proteção da vida ou da incolumidade física do titular ou de terceiro;

f) tutela da saúde, exclusivamente, em procedimento realizado por profissionais de saúde, serviços de saúde ou autoridade sanitária; ou (Redação dada pela Lei nº 13.853, de 2019) Vigência

g) garantia da prevenção à fraude e à segurança do titular, nos processos de identificação e autenticação de cadastro em sistemas eletrônicos, resguardados os direitos mencionados no art. 9º desta Lei e exceto no caso de prevalecerem direitos e liberdades fundamentais do titular que exijam a proteção dos dados pessoais.

§1º Aplica-se o disposto neste artigo a qualquer tratamento de dados pessoais que revele dados pessoais sensíveis e que possa causar dano ao titular, ressalvado o disposto em legislação específica.

§2º Nos casos de aplicação do disposto nas alíneas "a" e "b" do inciso II do caput deste artigo pelos órgãos e pelas entidades públicas, será dada publicidade à referida dispensa de consentimento, nos termos do inciso I do caput do art. 23 desta Lei.

§3º A comunicação ou o uso compartilhado de dados pessoais sensíveis entre controladores com objetivo de obter vantagem econômica poderá ser objeto de vedação ou de regulamentação por parte da autoridade nacional, ouvidos os órgãos setoriais do Poder Público, no âmbito de suas competências.

§4º É vedada a comunicação ou o uso compartilhado entre controladores de dados pessoais sensíveis referentes à saúde com objetivo de obter vantagem econômica, exceto nas hipóteses relativas a prestação de serviços de saúde, de assistência farmacêutica e de assistência à saúde, desde que observado o §5º deste artigo, incluídos os serviços auxiliares de diagnose e terapia, em benefício dos interesses dos titulares de dados, e para permitir: (Redação dada pela Lei nº 13.853, de 2019) Vigência

I - a portabilidade de dados quando solicitada pelo titular; ou (Incluído pela Lei nº 13.853, de 2019) Vigência

II - as transações financeiras e administrativas resultantes do uso e da prestação dos serviços de que trata este parágrafo. (Incluído pela Lei nº 13.853, de 2019) Vigência

§5º É vedado às operadoras de planos privados de assistência à saúde o tratamento de dados de saúde para a prática de seleção de riscos na contratação de qualquer modalidade, assim como na contratação e exclusão de beneficiários. (Incluído pela Lei nº 13.853, de 2019) Vigência

Art. 12. Os dados anonimizados não serão considerados dados pessoais para os fins desta Lei, salvo quando o processo de anonimização ao qual foram submetidos for revertido, utilizando exclusivamente meios próprios, ou quando, com esforços razoáveis, puder ser revertido.

§1º A determinação do que seja razoável deve levar em consideração fatores objetivos, tais como custo e tempo necessários para reverter o processo de anonimização, de acordo com as tecnologias disponíveis, e a utilização exclusiva de meios próprios.

§2º Poderão ser igualmente considerados como dados pessoais, para os fins desta Lei, aqueles utilizados para formação do perfil comportamental de determinada pessoa natural, se identificada.

§3º A autoridade nacional poderá dispor sobre padrões e técnicas utilizados em processos de anonimização e realizar verificações acerca de sua segurança, ouvido o Conselho Nacional de Proteção de Dados Pessoais.

Art. 13. Na realização de estudos em saúde pública, os órgãos de pesquisa poderão ter acesso a bases de dados pessoais, que serão tratados exclusivamente dentro do órgão e estritamente para a finalidade de realização de estudos e pesquisas e mantidos em ambiente controlado e seguro, conforme práticas de segurança previstas em regulamento específico e que incluam, sempre que possível, a anonimização ou pseudonimização dos dados, bem como considerem os devidos padrões éticos relacionados a estudos e pesquisas.

§1º A divulgação dos resultados ou de qualquer excerto do estudo ou da pesquisa de que trata o caput deste artigo em nenhuma hipótese poderá revelar dados pessoais.

§2º O órgão de pesquisa será o responsável pela segurança da informação prevista no caput deste artigo, não permitida, em circunstância alguma, a transferência dos dados a terceiro.

§3º O acesso aos dados de que trata este artigo será objeto de regulamentação por parte da autoridade nacional e das autoridades da área de saúde e sanitárias, no âmbito de suas competências.

§4º Para os efeitos deste artigo, a pseudonimização é o tratamento por meio do qual um dado perde a possibilidade de associação, direta ou indireta, a um indivíduo, senão pelo uso de informação adicional mantida separadamente pelo controlador em ambiente controlado e seguro.

Seção III

Do Tratamento de Dados Pessoais de Crianças e de Adolescentes

Art. 14. O tratamento de dados pessoais de crianças e de adolescentes deverá ser realizado em seu melhor interesse, nos termos deste artigo e da legislação pertinente.

§1º O tratamento de dados pessoais de crianças deverá ser realizado com o consentimento específico e em destaque dado por pelo menos um dos pais ou pelo responsável legal.

§2º No tratamento de dados de que trata o §1º deste artigo, os controladores deverão manter pública a informação sobre os tipos de dados coletados, a forma de sua utilização e os procedimentos para o exercício dos direitos a que se refere o art. 18 desta Lei.

§3º Poderão ser coletados dados pessoais de crianças sem o consentimento a que se refere o §1º deste artigo quando a coleta for necessária para contatar os pais ou o responsável legal, utilizados uma única vez e sem armazenamento, ou para sua proteção, e em nenhum caso poderão ser repassados a terceiro sem o consentimento de que trata o §1º deste artigo.

§4º Os controladores não deverão condicionar a participação dos titulares de que trata o §1º deste artigo em jogos, aplicações de internet ou outras atividades ao fornecimento de informações pessoais além das estritamente necessárias à atividade.

§5º O controlador deve realizar todos os esforços razoáveis para verificar que o consentimento a que se refere o §1º deste artigo foi dado pelo responsável pela criança, consideradas as tecnologias disponíveis.

§6º As informações sobre o tratamento de dados referidas neste artigo deverão ser fornecidas de maneira simples, clara e acessível, consideradas as características físico-motoras, perceptivas, sensoriais, intelectuais e mentais do usuário, com uso de recursos audiovisuais quando adequado, de forma a proporcionar a informação necessária aos pais ou ao responsável legal e adequada ao entendimento da criança.

Seção IV

Do Término do Tratamento de Dados

Art. 15. O término do tratamento de dados pessoais ocorrerá nas seguintes hipóteses:

I - verificação de que a finalidade foi alcançada ou de que os dados deixaram de ser necessários ou pertinentes ao alcance da finalidade específica almejada;

II - fim do período de tratamento;

III - comunicação do titular, inclusive no exercício de seu direito de revogação do consentimento conforme disposto no §5º do art. 8º desta Lei, resguardado o interesse público; ou

IV - determinação da autoridade nacional, quando houver violação ao disposto nesta Lei.

Art. 16. Os dados pessoais serão eliminados após o término de seu tratamento, no âmbito e nos limites técnicos das atividades, autorizada a conservação para as seguintes finalidades:

I - cumprimento de obrigação legal ou regulatória pelo controlador;

II - estudo por órgão de pesquisa, garantida, sempre que possível, a anonimização dos dados pessoais;

III - transferência a terceiro, desde que respeitados os requisitos de tratamento de dados dispostos nesta Lei; ou

IV - uso exclusivo do controlador, vedado seu acesso por terceiro, e desde que anonimizados os dados.

CAPÍTULO III

DOS DIREITOS DO TITULAR

Art. 17. Toda pessoa natural tem assegurada a titularidade de seus dados pessoais e garantidos os direitos fundamentais de liberdade, de intimidade e de privacidade, nos termos desta Lei.

Art. 18. O titular dos dados pessoais tem direito a obter do controlador, em relação aos dados do titular por ele tratados, a qualquer momento e mediante requisição:

I - confirmação da existência de tratamento;

II - acesso aos dados;

III - correção de dados incompletos, inexatos ou desatualizados;

IV - anonimização, bloqueio ou eliminação de dados desnecessários, excessivos ou tratados em desconformidade com o disposto nesta Lei;

V - portabilidade dos dados a outro fornecedor de serviço ou produto, mediante requisição expressa, de acordo com a regulamentação da autoridade nacional, observados os segredos comercial e industrial; (Redação dada pela Lei nº 13.853, de 2019) Vigência

VI - eliminação dos dados pessoais tratados com o consentimento do titular, exceto nas hipóteses previstas no art. 16 desta Lei;

VII - informação das entidades públicas e privadas com as quais o controlador realizou uso compartilhado de dados;

VIII - informação sobre a possibilidade de não fornecer consentimento e sobre as consequências da negativa;

IX - revogação do consentimento, nos termos do §5º do art. 8º desta Lei.

§1º O titular dos dados pessoais tem o direito de peticionar em relação aos seus dados contra o controlador perante a autoridade nacional.

§2º O titular pode opor-se a tratamento realizado com fundamento em uma das hipóteses de dispensa de consentimento, em caso de descumprimento ao disposto nesta Lei.

§3º Os direitos previstos neste artigo serão exercidos mediante requerimento expresso do titular ou de representante legalmente constituído, a agente de tratamento.

§4º Em caso de impossibilidade de adoção imediata da providência de que trata o §3º deste artigo, o controlador enviará ao titular resposta em que poderá:

I - comunicar que não é agente de tratamento dos dados e indicar, sempre que possível, o agente; ou

II - indicar as razões de fato ou de direito que impedem a adoção imediata da providência.

§5º O requerimento referido no §3º deste artigo será atendido sem custos para o titular, nos prazos e nos termos previstos em regulamento.

§6º O responsável deverá informar, de maneira imediata, aos agentes de tratamento com os quais tenha realizado uso compartilhado de dados a correção, a eliminação, a anonimização ou o bloqueio dos dados, para que repitam idêntico procedimento, exceto nos casos em que esta comunicação seja comprovadamente impossível ou implique esforço desproporcional. (Redação dada pela Lei nº 13.853, de 2019) Vigência

§7º A portabilidade dos dados pessoais a que se refere o inciso V do caput deste artigo não inclui dados que já tenham sido anonimizados pelo controlador.

§8º O direito a que se refere o §1º deste artigo também poderá ser exercido perante os organismos de defesa do consumidor.

Art. 19. A confirmação de existência ou o acesso a dados pessoais serão providenciados, mediante requisição do titular:

I - em formato simplificado, imediatamente; ou

II - por meio de declaração clara e completa, que indique a origem dos dados, a inexistência de registro, os critérios utilizados e a finalidade do tratamento, observados os segredos comercial e industrial, fornecida no prazo de até 15 (quinze) dias, contado da data do requerimento do titular.

§1º Os dados pessoais serão armazenados em formato que favoreça o exercício do direito de acesso.

§2º As informações e os dados poderão ser fornecidos, a critério do titular:

I - por meio eletrônico, seguro e idôneo para esse fim; ou

II - sob forma impressa.

§3º Quando o tratamento tiver origem no consentimento do titular ou em contrato, o titular poderá solicitar cópia eletrônica integral de seus dados pessoais, observados os segredos comercial e industrial, nos termos de regulamentação da autoridade nacional, em formato que permita a sua utilização subsequente, inclusive em outras operações de tratamento.

§4º A autoridade nacional poderá dispor de forma diferenciada acerca dos prazos previstos nos incisos I e II do caput deste artigo para os setores específicos.

Art. 20. O titular dos dados tem direito a solicitar a revisão de decisões tomadas unicamente com base em tratamento automatizado de dados pessoais que afetem seus interesses, incluídas as decisões destinadas a definir o seu perfil pessoal, profissional, de consumo e de crédito ou os aspectos de sua personalidade. (Redação dada pela Lei nº 13.853, de 2019) Vigência

§1º O controlador deverá fornecer, sempre que solicitadas, informações claras e adequadas a respeito dos critérios e dos procedimentos utilizados para a decisão automatizada, observados os segredos comercial e industrial.

§2º Em caso de não oferecimento de informações de que trata o §1º deste artigo baseado na observância de segredo comercial e industrial, a autoridade nacional poderá realizar auditoria para verificação de aspectos discriminatórios em tratamento automatizado de dados pessoais.

§3º (VETADO). (Incluído pela Lei nº 13.853, de 2019) Vigência

Art. 21. Os dados pessoais referentes ao exercício regular de direitos pelo titular não podem ser utilizados em seu prejuízo.

Art. 22. A defesa dos interesses e dos direitos dos titulares de dados poderá ser exercida em juízo, individual ou coletivamente, na forma do disposto na legislação pertinente, acerca dos instrumentos de tutela individual e coletiva.

CAPÍTULO IV
DO TRATAMENTO DE DADOS PESSOAIS PELO PODER PÚBLICO

Seção I
Das Regras

Art. 23. O tratamento de dados pessoais pelas pessoas jurídicas de direito público referidas no parágrafo único do art. 1º da Lei nº 12.527, de 18 de novembro de 2011 (Lei de Acesso à Informação), deverá ser realizado para o atendimento de sua finalidade pública, na persecução do interesse público, com o objetivo de executar as competências legais ou cumprir as atribuições legais do serviço público, desde que:

I - sejam informadas as hipóteses em que, no exercício de suas competências, realizam o tratamento de dados pessoais, fornecendo informações claras e atualizadas sobre a previsão legal, a finalidade, os procedimentos e as práticas utilizadas para a execução dessas atividades, em veículos de fácil acesso, preferencialmente em seus sítios eletrônicos;

II - (VETADO); e

III - seja indicado um encarregado quando realizarem operações de tratamento de dados pessoais, nos termos do art. 39 desta Lei; e (Redação dada pela Lei nº 13.853, de 2019) Vigência

IV - (VETADO). (Incluído pela Lei nº 13.853, de 2019) Vigência

§1º A autoridade nacional poderá dispor sobre as formas de publicidade das operações de tratamento.

§2º O disposto nesta Lei não dispensa as pessoas jurídicas mencionadas no caput deste artigo de instituir as autoridades de que trata a Lei nº 12.527, de 18 de novembro de 2011 (Lei de Acesso à Informação).

§3º Os prazos e procedimentos para exercício dos direitos do titular perante o Poder Público observarão o disposto em legislação específica, em especial as disposições constantes da Lei nº 9.507, de 12 de novembro de 1997 (Lei do Habeas Data), da Lei nº 9.784, de 29 de janeiro de 1999 (Lei Geral do Processo Administrativo), e da Lei nº 12.527, de 18 de novembro de 2011 (Lei de Acesso à Informação).

§4º Os serviços notariais e de registro exercidos em caráter privado, por delegação do Poder Público, terão o mesmo tratamento dispensado às pessoas jurídicas referidas no caput deste artigo, nos termos desta Lei.

§5º Os órgãos notariais e de registro devem fornecer acesso aos dados por meio eletrônico para a administração pública, tendo em vista as finalidades de que trata o caput deste artigo.

Art. 24. As empresas públicas e as sociedades de economia mista que atuam em regime de concorrência, sujeitas ao disposto no art. 173 da Constituição Federal, terão o mesmo tratamento dispensado às pessoas jurídicas de direito privado particulares, nos termos desta Lei.

Parágrafo único. As empresas públicas e as sociedades de economia mista, quando estiverem operacionalizando políticas públicas e no âmbito da execução delas, terão o mesmo tratamento dispensado aos órgãos e às entidades do Poder Público, nos termos deste Capítulo.

Art. 25. Os dados deverão ser mantidos em formato interoperável e estruturado para o uso compartilhado, com vistas à execução de políticas públicas, à prestação de serviços públicos, à descentralização da atividade pública e à disseminação e ao acesso das informações pelo público em geral.

Art. 26. O uso compartilhado de dados pessoais pelo Poder Público deve atender a finalidades específicas de execução de políticas públicas e atribuição legal pelos órgãos e pelas entidades públicas, respeitados os princípios de proteção de dados pessoais elencados no art. 6º desta Lei.

§1º É vedado ao Poder Público transferir a entidades privadas dados pessoais constantes de bases de dados a que tenha acesso, exceto:

I - em casos de execução descentralizada de atividade pública que exija a transferência, exclusivamente para esse fim específico e determinado, observado o disposto na Lei nº 12.527, de 18 de novembro de 2011 (Lei de Acesso à Informação) ;

II - (VETADO);

III - nos casos em que os dados forem acessíveis publicamente, observadas as disposições desta Lei.

IV - quando houver previsão legal ou a transferência for respaldada em contratos, convênios ou instrumentos congêneres; ou (Incluído pela Lei nº 13.853, de 2019) Vigência

V - na hipótese de a transferência dos dados objetivar exclusivamente a prevenção de fraudes e irregularidades, ou proteger e resguardar a segurança e a integridade do titular dos dados, desde que vedado o tratamento para outras finalidades. (Incluído pela Lei nº 13.853, de 2019) Vigência

§2º Os contratos e convênios de que trata o §1º deste artigo deverão ser comunicados à autoridade nacional.

Art. 27. A comunicação ou o uso compartilhado de dados pessoais de pessoa jurídica de direito público a pessoa de direito privado será informado à autoridade nacional e dependerá de consentimento do titular, exceto:

I - nas hipóteses de dispensa de consentimento previstas nesta Lei;

II - nos casos de uso compartilhado de dados, em que será dada publicidade nos termos do inciso I do caput do art. 23 desta Lei; ou

III - nas exceções constantes do §1º do art. 26 desta Lei.

Parágrafo único. A informação à autoridade nacional de que trata o caput deste artigo será objeto de regulamentação. (Incluído pela Lei nº 13.853, de 2019) Vigência

Art. 28. (VETADO).

Art. 29. A autoridade nacional poderá solicitar, a qualquer momento, aos órgãos e às entidades do poder público a realização de operações de tratamento de dados pessoais, informações específicas sobre o âmbito e a natureza dos dados e outros detalhes do tratamento realizado e poderá emitir parecer técnico complementar para garantir o cumprimento desta Lei. (Redação dada pela Lei nº 13.853, de 2019) Vigência

Art. 30. A autoridade nacional poderá estabelecer normas complementares para as atividades de comunicação e de uso compartilhado de dados pessoais.

Seção II

Da Responsabilidade

Art. 31. Quando houver infração a esta Lei em decorrência do tratamento de dados pessoais por órgãos públicos, a autoridade nacional poderá enviar informe com medidas cabíveis para fazer cessar a violação.

Art. 32. A autoridade nacional poderá solicitar a agentes do Poder Público a publicação de relatórios de impacto à proteção de dados pessoais e sugerir a adoção de padrões e de boas práticas para os tratamentos de dados pessoais pelo Poder Público.

CAPÍTULO V

DA TRANSFERÊNCIA INTERNACIONAL DE DADOS

Art. 33. A transferência internacional de dados pessoais somente é permitida nos seguintes casos:

I - para países ou organismos internacionais que proporcionem grau de proteção de dados pessoais adequado ao previsto nesta Lei;

II - quando o controlador oferecer e comprovar garantias de cumprimento dos princípios, dos direitos do titular e do regime de proteção de dados previstos nesta Lei, na forma de:

a) cláusulas contratuais específicas para determinada transferência;

b) cláusulas-padrão contratuais;

c) normas corporativas globais;

d) selos, certificados e códigos de conduta regularmente emitidos;

III - quando a transferência for necessária para a cooperação jurídica internacional entre órgãos públicos de inteligência, de investigação e de persecução, de acordo com os instrumentos de direito internacional;

IV - quando a transferência for necessária para a proteção da vida ou da incolumidade física do titular ou de terceiro;

V - quando a autoridade nacional autorizar a transferência;

VI - quando a transferência resultar em compromisso assumido em acordo de cooperação internacional;

VII - quando a transferência for necessária para a execução de política pública ou atribuição legal do serviço público, sendo dada publicidade nos termos do inciso I do caput do art. 23 desta Lei;

VIII - quando o titular tiver fornecido o seu consentimento específico e em destaque para a transferência, com informação prévia sobre o caráter internacional da operação, distinguindo claramente esta de outras finalidades; ou

IX - quando necessário para atender as hipóteses previstas nos incisos II, V e VI do art. 7º desta Lei.

Parágrafo único. Para os fins do inciso I deste artigo, as pessoas jurídicas de direito público referidas no parágrafo único do art. 1º da Lei nº 12.527, de 18 de novembro de 2011 (Lei de Acesso à Informação), no âmbito de suas competências legais, e responsáveis, no âmbito de suas atividades, poderão requerer à autoridade nacional a avaliação do nível de proteção a dados pessoais conferido por país ou organismo internacional.

Art. 34. O nível de proteção de dados do país estrangeiro ou do organismo internacional mencionado no inciso I do caput do art. 33 desta Lei será avaliado pela autoridade nacional, que levará em consideração:

I - as normas gerais e setoriais da legislação em vigor no país de destino ou no organismo internacional;

II - a natureza dos dados;

III - a observância dos princípios gerais de proteção de dados pessoais e direitos dos titulares previstos nesta Lei;

IV - a adoção de medidas de segurança previstas em regulamento;

V - a existência de garantias judiciais e institucionais para o respeito aos direitos de proteção de dados pessoais; e

VI - outras circunstâncias específicas relativas à transferência.

Art. 35. A definição do conteúdo de cláusulas-padrão contratuais, bem como a verificação de cláusulas contratuais específicas para uma determinada transferência, normas corporativas globais ou selos, certificados e códigos de conduta, a que se refere o inciso II do caput do art. 33 desta Lei, será realizada pela autoridade nacional.

§1º Para a verificação do disposto no caput deste artigo, deverão ser considerados os requisitos, as condições e as garantias mínimas para a transferência que observem os direitos, as garantias e os princípios desta Lei.

§2º Na análise de cláusulas contratuais, de documentos ou de normas corporativas globais submetidas à aprovação da autoridade nacional, poderão ser requeridas informações suplementares ou realizadas diligências de verificação quanto às operações de tratamento, quando necessário.

§3º A autoridade nacional poderá designar organismos de certificação para a realização do previsto no caput deste artigo, que permanecerão sob sua fiscalização nos termos definidos em regulamento.

§4º Os atos realizados por organismo de certificação poderão ser revistos pela autoridade nacional e, caso em desconformidade com esta Lei, submetidos a revisão ou anulados.

§5º As garantias suficientes de observância dos princípios gerais de proteção e dos direitos do titular referidas no caput deste artigo serão também analisadas de acordo com as medidas técnicas e organizacionais adotadas pelo operador, de acordo com o previsto nos §§1º e 2º do art. 46 desta Lei.

Art. 36. As alterações nas garantias apresentadas como suficientes de observância dos princípios gerais de proteção e dos direitos do titular referidas no inciso II do art. 33 desta Lei deverão ser comunicadas à autoridade nacional.

CAPÍTULO VI

DOS AGENTES DE TRATAMENTO DE DADOS PESSOAIS

Seção I

Do Controlador e do Operador

Art. 37. O controlador e o operador devem manter registro das operações de tratamento de dados pessoais que realizarem, especialmente quando baseado no legítimo interesse.

Art. 38. A autoridade nacional poderá determinar ao controlador que elabore relatório de impacto à proteção de dados pessoais, inclusive de dados sensíveis, referente a suas operações de tratamento de dados, nos termos de regulamento, observados os segredos comercial e industrial.

Parágrafo único. Observado o disposto no caput deste artigo, o relatório deverá conter, no mínimo, a descrição dos tipos de dados coletados, a metodologia utilizada para a coleta e para a garantia da segurança das informações e a análise do controlador com relação a medidas, salvaguardas e mecanismos de mitigação de risco adotados.

Art. 39. O operador deverá realizar o tratamento segundo as instruções fornecidas pelo controlador, que verificará a observância das próprias instruções e das normas sobre a matéria.

Art. 40. A autoridade nacional poderá dispor sobre padrões de interoperabilidade para fins de portabilidade, livre acesso aos dados e segurança, assim como sobre o tempo de guarda dos registros, tendo em vista especialmente a necessidade e a transparência.

Seção II

Do Encarregado pelo Tratamento de Dados Pessoais

Art. 41. O controlador deverá indicar encarregado pelo tratamento de dados pessoais.

§1º A identidade e as informações de contato do encarregado deverão ser divulgadas publicamente, de forma clara e objetiva, preferencialmente no sítio eletrônico do controlador.

§2º As atividades do encarregado consistem em:

I - aceitar reclamações e comunicações dos titulares, prestar esclarecimentos e adotar providências;

II - receber comunicações da autoridade nacional e adotar providências;

III - orientar os funcionários e os contratados da entidade a respeito das práticas a serem tomadas em relação à proteção de dados pessoais; e

IV - executar as demais atribuições determinadas pelo controlador ou estabelecidas em normas complementares.

§3º A autoridade nacional poderá estabelecer normas complementares sobre a definição e as atribuições do encarregado, inclusive hipóteses de dispensa da necessidade de sua indicação, conforme a natureza e o porte da entidade ou o volume de operações de tratamento de dados.

§4º (VETADO). (Incluído pela Lei nº 13.853, de 2019) Vigência

Seção III

Da Responsabilidade e do Ressarcimento de Danos

Art. 42. O controlador ou o operador que, em razão do exercício de atividade de tratamento de dados pessoais, causar a outrem dano patrimonial, moral, individual ou coletivo, em violação à legislação de proteção de dados pessoais, é obrigado a repará-lo.

§1º A fim de assegurar a efetiva indenização ao titular dos dados:

I - o operador responde solidariamente pelos danos causados pelo tratamento quando descumprir as obrigações da legislação de proteção de dados ou quando não tiver seguido as instruções lícitas do controlador, hipótese em que o operador equipara-se ao controlador, salvo nos casos de exclusão previstos no art. 43 desta Lei;

II - os controladores que estiverem diretamente envolvidos no tratamento do qual decorreram danos ao titular dos dados respondem solidariamente, salvo nos casos de exclusão previstos no art. 43 desta Lei.

§2º O juiz, no processo civil, poderá inverter o ônus da prova a favor do titular dos dados quando, a seu juízo, for verossímil a alegação, houver hipossuficiência para fins de produção de prova ou quando a produção de prova pelo titular resultar-lhe excessivamente onerosa.

§3º As ações de reparação por danos coletivos que tenham por objeto a responsabilização nos termos do caput deste artigo podem ser exercidas coletivamente em juízo, observado o disposto na legislação pertinente.

§4º Aquele que reparar o dano ao titular tem direito de regresso contra os demais responsáveis, na medida de sua participação no evento danoso.

Art. 43. Os agentes de tratamento só não serão responsabilizados quando provarem:

I - que não realizaram o tratamento de dados pessoais que lhes é atribuído;

II - que, embora tenham realizado o tratamento de dados pessoais que lhes é atribuído, não houve violação à legislação de proteção de dados; ou

III - que o dano é decorrente de culpa exclusiva do titular dos dados ou de terceiro.

Art. 44. O tratamento de dados pessoais será irregular quando deixar de observar a legislação ou quando não fornecer a segurança que o titular dele pode esperar, consideradas as circunstâncias relevantes, entre as quais:

I - o modo pelo qual é realizado;

II - o resultado e os riscos que razoavelmente dele se esperam;

III - as técnicas de tratamento de dados pessoais disponíveis à época em que foi realizado.

Parágrafo único. Responde pelos danos decorrentes da violação da segurança dos dados o controlador ou o operador que, ao deixar de adotar as medidas de segurança previstas no art. 46 desta Lei, der causa ao dano.

Art. 45. As hipóteses de violação do direito do titular no âmbito das relações de consumo permanecem sujeitas às regras de responsabilidade previstas na legislação pertinente.

CAPÍTULO VII

DA SEGURANÇA E DAS BOAS PRÁTICAS

Seção I

Da Segurança e do Sigilo de Dados

Art. 46. Os agentes de tratamento devem adotar medidas de segurança, técnicas e administrativas aptas a proteger os dados pessoais de acessos não autorizados e de situações acidentais ou ilícitas de destruição, perda, alteração, comunicação ou qualquer forma de tratamento inadequado ou ilícito.

§1º A autoridade nacional poderá dispor sobre padrões técnicos mínimos para tornar aplicável o disposto no caput deste artigo, considerados a natureza das informações tratadas, as características específicas do tratamento e o estado atual da tecnologia, especialmente no caso de dados pessoais sensíveis, assim como os princípios previstos no caput do art. 6º desta Lei.

§2º As medidas de que trata o caput deste artigo deverão ser observadas desde a fase de concepção do produto ou do serviço até a sua execução.

Art. 47. Os agentes de tratamento ou qualquer outra pessoa que intervenha em uma das fases do tratamento obriga-se a garantir a segurança da informação prevista nesta Lei em relação aos dados pessoais, mesmo após o seu término.

Art. 48. O controlador deverá comunicar à autoridade nacional e ao titular a ocorrência de incidente de segurança que possa acarretar risco ou dano relevante aos titulares.

§1º A comunicação será feita em prazo razoável, conforme definido pela autoridade nacional, e deverá mencionar, no mínimo:

I - a descrição da natureza dos dados pessoais afetados;

II - as informações sobre os titulares envolvidos;

III - a indicação das medidas técnicas e de segurança utilizadas para a proteção dos dados, observados os segredos comercial e industrial;

IV - os riscos relacionados ao incidente;

V - os motivos da demora, no caso de a comunicação não ter sido imediata; e

VI - as medidas que foram ou que serão adotadas para reverter ou mitigar os efeitos do prejuízo.

§2º A autoridade nacional verificará a gravidade do incidente e poderá, caso necessário para a salvaguarda dos direitos dos titulares, determinar ao controlador a adoção de providências, tais como:

I - ampla divulgação do fato em meios de comunicação; e

II - medidas para reverter ou mitigar os efeitos do incidente.

§3º No juízo de gravidade do incidente, será avaliada eventual comprovação de que foram adotadas medidas técnicas adequadas que tornem os dados pessoais afetados ininteligíveis, no âmbito e nos limites técnicos de seus serviços, para terceiros não autorizados a acessá-los.

Art. 49. Os sistemas utilizados para o tratamento de dados pessoais devem ser estruturados de forma a atender aos requisitos de segurança, aos padrões de boas práticas e de governança e aos princípios gerais previstos nesta Lei e às demais normas regulamentares.

Seção II

Das Boas Práticas e da Governança

Art. 50. Os controladores e operadores, no âmbito de suas competências, pelo tratamento de dados pessoais, individualmente ou por meio de associações, poderão formular regras de boas práticas e de governança que estabeleçam as condições de organização, o regime de funcionamento, os procedimentos, incluindo reclamações e petições de titulares, as normas de segurança, os padrões técnicos, as obrigações específicas para os diversos envolvidos no tratamento, as ações educativas, os mecanismos internos de supervisão e de mitigação de riscos e outros aspectos relacionados ao tratamento de dados pessoais.

§1º Ao estabelecer regras de boas práticas, o controlador e o operador levarão em consideração, em relação ao tratamento e aos dados, a natureza, o escopo, a finalidade e a probabilidade e a gravidade dos riscos e dos benefícios decorrentes de tratamento de dados do titular.

§2º Na aplicação dos princípios indicados nos incisos VII e VIII do caput do art. 6º desta Lei, o controlador, observados a estrutura, a escala e o volume de suas operações, bem como a sensibilidade dos dados tratados e a probabilidade e a gravidade dos danos para os titulares dos dados, poderá:

I - implementar programa de governança em privacidade que, no mínimo:

a) demonstre o comprometimento do controlador em adotar processos e políticas internas que assegurem o cumprimento, de forma abrangente, de normas e boas práticas relativas à proteção de dados pessoais;

b) seja aplicável a todo o conjunto de dados pessoais que estejam sob seu controle, independentemente do modo como se realizou sua coleta;

c) seja adaptado à estrutura, à escala e ao volume de suas operações, bem como à sensibilidade dos dados tratados;

d) estabeleça políticas e salvaguardas adequadas com base em processo de avaliação sistemática de impactos e riscos à privacidade;

e) tenha o objetivo de estabelecer relação de confiança com o titular, por meio de atuação transparente e que assegure mecanismos de participação do titular;

f) esteja integrado a sua estrutura geral de governança e estabeleça e aplique mecanismos de supervisão internos e externos;

g) conte com planos de resposta a incidentes e remediação; e

h) seja atualizado constantemente com base em informações obtidas a partir de monitoramento contínuo e avaliações periódicas;

II - demonstrar a efetividade de seu programa de governança em privacidade quando apropriado e, em especial, a pedido da autoridade nacional ou de outra entidade responsável por promover o cumprimento de boas práticas ou códigos de conduta, os quais, de forma independente, promovam o cumprimento desta Lei.

§3º As regras de boas práticas e de governança deverão ser publicadas e atualizadas periodicamente e poderão ser reconhecidas e divulgadas pela autoridade nacional.

Art. 51. A autoridade nacional estimulará a adoção de padrões técnicos que facilitem o controle pelos titulares dos seus dados pessoais.

CAPÍTULO VIII

DA FISCALIZAÇÃO

Seção I

Das Sanções Administrativas

Art. 52. Os agentes de tratamento de dados, em razão das infrações cometidas às normas previstas nesta Lei, ficam sujeitos às seguintes sanções administrativas aplicáveis pela autoridade nacional: (Vigência)

I - advertência, com indicação de prazo para adoção de medidas corretivas;

II - multa simples, de até 2% (dois por cento) do faturamento da pessoa jurídica de direito privado, grupo ou conglomerado no Brasil no seu último exercício, excluídos os tributos, limitada, no total, a R$ 50.000.000,00 (cinquenta milhões de reais) por infração;

III - multa diária, observado o limite total a que se refere o inciso II;

IV - publicização da infração após devidamente apurada e confirmada a sua ocorrência;

V - bloqueio dos dados pessoais a que se refere a infração até a sua regularização;

VI - eliminação dos dados pessoais a que se refere a infração;

VII - (VETADO);

VIII - (VETADO);

IX - (VETADO).

X - suspensão parcial do funcionamento do banco de dados a que se refere a infração pelo período máximo de 6 (seis) meses, prorrogável por igual período, até a regularização da atividade de tratamento pelo controlador; (Incluído pela Lei nº 13.853, de 2019)

XI - suspensão do exercício da atividade de tratamento dos dados pessoais a que se refere a infração pelo período máximo de 6 (seis) meses, prorrogável por igual período; (Incluído pela Lei nº 13.853, de 2019)

XII - proibição parcial ou total do exercício de atividades relacionadas a tratamento de dados. (Incluído pela Lei nº 13.853, de 2019)

§1º As sanções serão aplicadas após procedimento administrativo que possibilite a oportunidade da ampla defesa, de forma gradativa, isolada ou cumulativa, de acordo com as peculiaridades do caso concreto e considerados os seguintes parâmetros e critérios:

I - a gravidade e a natureza das infrações e dos direitos pessoais afetados;

II - a boa-fé do infrator;

III - a vantagem auferida ou pretendida pelo infrator;

IV - a condição econômica do infrator;

V - a reincidência;

VI - o grau do dano;

VII - a cooperação do infrator;

VIII - a adoção reiterada e demonstrada de mecanismos e procedimentos internos capazes de minimizar o dano, voltados ao tratamento seguro e adequado de dados, em consonância com o disposto no inciso II do §2º do art. 48 desta Lei;

IX - a adoção de política de boas práticas e governança;

X - a pronta adoção de medidas corretivas; e

XI - a proporcionalidade entre a gravidade da falta e a intensidade da sanção.

§2º O disposto neste artigo não substitui a aplicação de sanções administrativas, civis ou penais definidas na Lei nº 8.078, de 11 de setembro de 1990, e em legislação específica. (Redação dada pela Lei nº 13.853, de 2019)

§3º O disposto nos incisos I, IV, V, VI, X, XI e XII do **caput** deste artigo poderá ser aplicado às entidades e aos órgãos públicos, sem prejuízo do disposto na Lei nº 8.112, de 11 de dezembro de 1990, na Lei nº 8.429, de 2 de junho de 1992, e na Lei nº 12.527, de 18 de novembro de 2011. (Promulgação partes vetadas)

§4º No cálculo do valor da multa de que trata o inciso II do caput deste artigo, a autoridade nacional poderá considerar o faturamento total da empresa ou grupo de empresas, quando não dispuser do valor do faturamento no ramo de atividade empresarial em que ocorreu a infração, definido pela autoridade nacional, ou quando o valor for apresentado de forma incompleta ou não for demonstrado de forma inequívoca e idônea.

§5º O produto da arrecadação das multas aplicadas pela ANPD, inscritas ou não em dívida ativa, será destinado ao Fundo de Defesa de Direitos Difusos de que tratam o art. 13 da Lei nº 7.347, de 24 de julho de 1985, e a Lei nº 9.008, de 21 de março de 1995. (Incluído pela Lei nº 13.853, de 2019)

§6º As sanções previstas nos incisos X, XI e XII do **caput** deste artigo serão aplicadas: (Incluído pela Lei nº 13.853, de 2019)

I - somente após já ter sido imposta ao menos 1 (uma) das sanções de que tratam os incisos II, III, IV, V e VI do **caput** deste artigo para o mesmo caso concreto; e (Incluído pela Lei nº 13.853, de 2019)

II - em caso de controladores submetidos a outros órgãos e entidades com competências sancionatórias, ouvidos esses órgãos. (Incluído pela Lei nº 13.853, de 2019)

§7º Os vazamentos individuais ou os acessos não autorizados de que trata o caput do art. 46 desta Lei poderão ser objeto de conciliação direta entre controlador e titular e, caso não haja acordo, o controlador estará sujeito à aplicação das penalidades de que trata este artigo. (Incluído pela Lei nº 13.853, de 2019)

Art. 53. A autoridade nacional definirá, por meio de regulamento próprio sobre sanções administrativas a infrações a esta Lei, que deverá ser objeto de consulta pública, as metodologias que orientarão o cálculo do valor-base das sanções de multa. (Vigência)

§1º As metodologias a que se refere o caput deste artigo devem ser previamente publicadas, para ciência dos agentes de tratamento, e devem apresentar objetivamente as formas e dosimetrias para o cálculo do valor-base das sanções de multa, que deverão conter fundamentação detalhada de todos os seus elementos, demonstrando a observância dos critérios previstos nesta Lei.

§2º O regulamento de sanções e metodologias correspondentes deve estabelecer as circunstâncias e as condições para a adoção de multa simples ou diária.

Art. 54. O valor da sanção de multa diária aplicável às infrações a esta Lei deve observar a gravidade da falta e a extensão do dano ou prejuízo causado e ser fundamentado pela autoridade nacional. (Vigência)

Parágrafo único. A intimação da sanção de multa diária deverá conter, no mínimo, a descrição da obrigação imposta, o prazo razoável e estipulado pelo órgão para o seu cumprimento e o valor da multa diária a ser aplicada pelo seu descumprimento.

CAPÍTULO IX

DA AUTORIDADE NACIONAL DE PROTEÇÃO DE DADOS (ANPD) E DO CONSELHO NACIONAL DE PROTEÇÃO DE DADOS PESSOAIS E DA PRIVACIDADE

Seção I

Da Autoridade Nacional de Proteção de Dados (ANPD)

Art. 55. (VETADO).

Art. 55-A. Fica criada, sem aumento de despesa, a Autoridade Nacional de Proteção de Dados (ANPD), órgão da administração pública federal, integrante da Presidência da República. (Incluído pela Lei nº 13.853, de 2019)

§1º A natureza jurídica da ANPD é transitória e poderá ser transformada pelo Poder Executivo em entidade da administração pública federal indireta, submetida a regime autárquico especial e vinculada à Presidência da República. (Incluído pela Lei nº 13.853, de 2019)

§2º A avaliação quanto à transformação de que dispõe o §1º deste artigo deverá ocorrer em até 2 (dois) anos da data da entrada em vigor da estrutura regimental da ANPD. (Incluído pela Lei nº 13.853, de 2019)

§3º O provimento dos cargos e das funções necessários à criação e à atuação da ANPD está condicionado à expressa autorização física e financeira na lei orçamentária anual e à permissão na lei de diretrizes orçamentárias. (Incluído pela Lei nº 13.853, de 2019)

Art. 55-B. É assegurada autonomia técnica e decisória à ANPD. (Incluído pela Lei nº 13.853, de 2019)

Art. 55-C. A ANPD é composta de: (Incluído pela Lei nº 13.853, de 2019)

I - Conselho Diretor, órgão máximo de direção; (Incluído pela Lei nº 13.853, de 2019)

II - Conselho Nacional de Proteção de Dados Pessoais e da Privacidade; (Incluído pela Lei nº 13.853, de 2019)

III - Corregedoria; (Incluído pela Lei nº 13.853, de 2019)

IV - Ouvidoria; (Incluído pela Lei nº 13.853, de 2019)

V - órgão de assessoramento jurídico próprio; e (Incluído pela Lei nº 13.853, de 2019)

VI - unidades administrativas e unidades especializadas necessárias à aplicação do disposto nesta Lei. (Incluído pela Lei nº 13.853, de 2019)

Art. 55-D. O Conselho Diretor da ANPD será composto de 5 (cinco) diretores, incluído o Diretor-Presidente. (Incluído pela Lei nº 13.853, de 2019)

§1º Os membros do Conselho Diretor da ANPD serão escolhidos pelo Presidente da República e por ele nomeados, após aprovação pelo Senado Federal, nos termos da alínea 'f' do inciso III do art. 52 da Constituição Federal, e ocuparão cargo em comissão do Grupo-Direção e Assessoramento Superiores - DAS, no mínimo, de nível 5. (Incluído pela Lei nº 13.853, de 2019)

§2º Os membros do Conselho Diretor serão escolhidos dentre brasileiros que tenham reputação ilibada, nível superior de educação e elevado conceito no campo de especialidade dos cargos para os quais serão nomeados. (Incluído pela Lei nº 13.853, de 2019)

§3º O mandato dos membros do Conselho Diretor será de 4 (quatro) anos. (Incluído pela Lei nº 13.853, de 2019)

§4º Os mandatos dos primeiros membros do Conselho Diretor nomeados serão de 2 (dois), de 3 (três), de 4 (quatro), de 5 (cinco) e de 6 (seis) anos, conforme estabelecido no ato de nomeação. (Incluído pela Lei nº 13.853, de 2019)

§5º Na hipótese de vacância do cargo no curso do mandato de membro do Conselho Diretor, o prazo remanescente será completado pelo sucessor. (Incluído pela Lei nº 13.853, de 2019)

Art. 55-E. Os membros do Conselho Diretor somente perderão seus cargos em virtude de renúncia, condenação judicial transitada em julgado ou pena de demissão decorrente de processo administrativo disciplinar. (Incluído pela Lei nº 13.853, de 2019)

§1º Nos termos do caput deste artigo, cabe ao Ministro de Estado Chefe da Casa Civil da Presidência da República instaurar o processo administrativo disciplinar, que será conduzido por comissão especial constituída por servidores públicos federais estáveis. (Incluído pela Lei nº 13.853, de 2019)

§2º Compete ao Presidente da República determinar o afastamento preventivo, somente quando assim recomendado pela comissão especial de que trata o §1º deste artigo, e proferir o julgamento. (Incluído pela Lei nº 13.853, de 2019)

Art. 55-F. Aplica-se aos membros do Conselho Diretor, após o exercício do cargo, o disposto no art. 6º da Lei nº 12.813, de 16 de maio de 2013. (Incluído pela Lei nº 13.853, de 2019)

Parágrafo único. A infração ao disposto no caput deste artigo caracteriza ato de improbidade administrativa. (Incluído pela Lei nº 13.853, de 2019)

Art. 55-G. Ato do Presidente da República disporá sobre a estrutura regimental da ANPD. (Incluído pela Lei nº 13.853, de 2019)

§1º Até a data de entrada em vigor de sua estrutura regimental, a ANPD receberá o apoio técnico e administrativo da Casa Civil da Presidência da República para o exercício de suas atividades. (Incluído pela Lei nº 13.853, de 2019)

§2º O Conselho Diretor disporá sobre o regimento interno da ANPD. (Incluído pela Lei nº 13.853, de 2019)

Art. 55-H. Os cargos em comissão e as funções de confiança da ANPD serão remanejados de outros órgãos e entidades do Poder Executivo federal. (Incluído pela Lei nº 13.853, de 2019)

Art. 55-I. Os ocupantes dos cargos em comissão e das funções de confiança da ANPD serão indicados pelo Conselho Diretor e nomeados ou designados pelo Diretor-Presidente. (Incluído pela Lei nº 13.853, de 2019)

Art. 55-J. Compete à ANPD: (Incluído pela Lei nº 13.853, de 2019)

I - zelar pela proteção dos dados pessoais, nos termos da legislação; (Incluído pela Lei nº 13.853, de 2019)

II - zelar pela observância dos segredos comercial e industrial, observada a proteção de dados pessoais e do sigilo das informações quando protegido por lei ou quando a quebra do sigilo violar os fundamentos do art. 2º desta Lei; (Incluído pela Lei nº 13.853, de 2019)

III - elaborar diretrizes para a Política Nacional de Proteção de Dados Pessoais e da Privacidade; (Incluído pela Lei nº 13.853, de 2019)

IV - fiscalizar e aplicar sanções em caso de tratamento de dados realizado em descumprimento à legislação, mediante processo administrativo que assegure o contraditório, a ampla defesa e o direito de recurso; (Incluído pela Lei nº 13.853, de 2019)

V - apreciar petições de titular contra controlador após comprovada pelo titular a apresentação de reclamação ao controlador não solucionada no prazo estabelecido em regulamentação; (Incluído pela Lei nº 13.853, de 2019)

VI - promover na população o conhecimento das normas e das políticas públicas sobre proteção de dados pessoais e das medidas de segurança; (Incluído pela Lei nº 13.853, de 2019)

VII - promover e elaborar estudos sobre as práticas nacionais e internacionais de proteção de dados pessoais e privacidade; (Incluído pela Lei nº 13.853, de 2019)

VIII - estimular a adoção de padrões para serviços e produtos que facilitem o exercício de controle dos titulares sobre seus dados pessoais, os quais deverão levar em consideração as especificidades das atividades e o porte dos responsáveis; (Incluído pela Lei nº 13.853, de 2019)

IX - promover ações de cooperação com autoridades de proteção de dados pessoais de outros países, de natureza internacional ou transnacional; (Incluído pela Lei nº 13.853, de 2019)

X - dispor sobre as formas de publicidade das operações de tratamento de dados pessoais, respeitados os segredos comercial e industrial; (Incluído pela Lei nº 13.853, de 2019)

XI - solicitar, a qualquer momento, às entidades do poder público que realizem operações de tratamento de dados pessoais informe específico sobre o âmbito, a natureza dos dados e os demais detalhes do tratamento realizado, com a possibilidade de emitir parecer técnico complementar para garantir o cumprimento desta Lei; (Incluído pela Lei nº 13.853, de 2019)

XII - elaborar relatórios de gestão anuais acerca de suas atividades; (Incluído pela Lei nº 13.853, de 2019)

XIII - editar regulamentos e procedimentos sobre proteção de dados pessoais e privacidade, bem como sobre relatórios de impacto à proteção de dados pessoais para os casos em que o tratamento representar alto risco à garantia dos princípios gerais de proteção de dados pessoais previstos nesta Lei; (Incluído pela Lei nº 13.853, de 2019)

XIV - ouvir os agentes de tratamento e a sociedade em matérias de interesse relevante e prestar contas sobre suas atividades e planejamento; (Incluído pela Lei nº 13.853, de 2019)

XV - arrecadar e aplicar suas receitas e publicar, no relatório de gestão a que se refere o inciso XII do caput deste artigo, o detalhamento de suas receitas e despesas; (Incluído pela Lei nº 13.853, de 2019)

XVI - realizar auditorias, ou determinar sua realização, no âmbito da atividade de fiscalização de que trata o inciso IV e com a devida observância do disposto no inciso II do caput deste artigo, sobre o tratamento de dados pessoais efetuado pelos agentes de tratamento, incluído o poder público; (Incluído pela Lei nº 13.853, de 2019)

XVII - celebrar, a qualquer momento, compromisso com agentes de tratamento para eliminar irregularidade, incerteza jurídica ou situação contenciosa no âmbito de processos administrativos, de acordo com o previsto no Decreto-Lei nº 4.657, de 4 de setembro de 1942; (Incluído pela Lei nº 13.853, de 2019)

XVIII - editar normas, orientações e procedimentos simplificados e diferenciados, inclusive quanto aos prazos, para que microempresas e empresas de pequeno porte, bem como iniciativas empresariais de caráter incremental ou disruptivo que se autodeclarem startups ou empresas de inovação, possam adequar-se a esta Lei; (Incluído pela Lei nº 13.853, de 2019)

XIX - garantir que o tratamento de dados de idosos seja efetuado de maneira simples, clara, acessível e adequada ao seu entendimento, nos termos desta Lei e da Lei nº 10.741, de 1º de outubro de 2003 (Estatuto do Idoso); (Incluído pela Lei nº 13.853, de 2019)

XX - deliberar, na esfera administrativa, em caráter terminativo, sobre a interpretação desta Lei, as suas competências e os casos omissos; (Incluído pela Lei nº 13.853, de 2019)

XXI - comunicar às autoridades competentes as infrações penais das quais tiver conhecimento; (Incluído pela Lei nº 13.853, de 2019)

XXII - comunicar aos órgãos de controle interno o descumprimento do disposto nesta Lei por órgãos e entidades da administração pública federal; (Incluído pela Lei nº 13.853, de 2019)

XXIII - articular-se com as autoridades reguladoras públicas para exercer suas competências em setores específicos de atividades econômicas e governamentais sujeitas à regulação; e (Incluído pela Lei nº 13.853, de 2019)

XXIV - implementar mecanismos simplificados, inclusive por meio eletrônico, para o registro de reclamações sobre o tratamento de dados pessoais em desconformidade com esta Lei. (Incluído pela Lei nº 13.853, de 2019)

§1º Ao impor condicionantes administrativas ao tratamento de dados pessoais por agente de tratamento privado, sejam eles limites, encargos ou sujeições, a ANPD deve observar a exigência de mínima intervenção, assegurados os fundamentos, os princípios e os direitos dos titulares previstos no art. 170 da Constituição Federal e nesta Lei. (Incluído pela Lei nº 13.853, de 2019)

§2º Os regulamentos e as normas editados pela ANPD devem ser precedidos de consulta e audiência públicas, bem como de análises de impacto regulatório. (Incluído pela Lei nº 13.853, de 2019)

§3º A ANPD e os órgãos e entidades públicos responsáveis pela regulação de setores específicos da atividade econômica e governamental devem coordenar suas atividades, nas correspondentes esferas de atuação, com vistas a assegurar o cumprimento de suas atribuições com a maior eficiência e promover o adequado funcionamento dos setores regulados, conforme legislação específica, e o tratamento de dados pessoais, na forma desta Lei. (Incluído pela Lei nº 13.853, de 2019)

§4º A ANPD manterá fórum permanente de comunicação, inclusive por meio de cooperação técnica, com órgãos e entidades da administração pública responsáveis pela regulação de setores específicos da atividade econômica e governamental, a fim de facilitar as competências regulatória, fiscalizatória e punitiva da ANPD. (Incluído pela Lei nº 13.853, de 2019)

§5º No exercício das competências de que trata o caput deste artigo, a autoridade competente deverá zelar pela preservação do segredo empresarial e do sigilo das informações, nos termos da lei. (Incluído pela Lei nº 13.853, de 2019)

§6º As reclamações colhidas conforme o disposto no inciso V do caput deste artigo poderão ser analisadas de forma agregada, e as eventuais providências delas decorrentes poderão ser adotadas de forma padronizada. (Incluído pela Lei nº 13.853, de 2019)

Art. 55-K. A aplicação das sanções previstas nesta Lei compete exclusivamente à ANPD, e suas competências prevalecerão, no que se refere à proteção de dados pessoais, sobre as competências correlatas de outras entidades ou órgãos da administração pública. (Incluído pela Lei nº 13.853, de 2019)

Parágrafo único. A ANPD articulará sua atuação com outros órgãos e entidades com competências sancionatórias e normativas afetas ao tema de proteção de dados pessoais e será o órgão central de interpretação desta Lei e do estabelecimento de normas e diretrizes para a sua implementação. (Incluído pela Lei nº 13.853, de 2019)

Art. 55-L. Constituem receitas da ANPD: (Incluído pela Lei nº 13.853, de 2019)

I - as dotações, consignadas no orçamento geral da União, os créditos especiais, os créditos adicionais, as transferências e os repasses que lhe forem conferidos; (Incluído pela Lei nº 13.853, de 2019)

II - as doações, os legados, as subvenções e outros recursos que lhe forem destinados; (Incluído pela Lei nº 13.853, de 2019)

III - os valores apurados na venda ou aluguel de bens móveis e imóveis de sua propriedade; (Incluído pela Lei nº 13.853, de 2019)

IV - os valores apurados em aplicações no mercado financeiro das receitas previstas neste artigo; (Incluído pela Lei nº 13.853, de 2019)

V - (VETADO); (Incluído pela Lei nº 13.853, de 2019)

VI - os recursos provenientes de acordos, convênios ou contratos celebrados com entidades, organismos ou empresas, públicos ou privados, nacionais ou internacionais; (Incluído pela Lei nº 13.853, de 2019)

VII - o produto da venda de publicações, material técnico, dados e informações, inclusive para fins de licitação pública. (Incluído pela Lei nº 13.853, de 2019)

Art. 56. (VETADO).

Art. 5 7. (VETADO).

Seção II

Do Conselho Nacional de Proteção de Dados Pessoais e da Privacidade

Art. 58. (VETADO).

Art. 58-A. O Conselho Nacional de Proteção de Dados Pessoais e da Privacidade será composto de 23 (vinte e três) representantes, titulares e suplentes, dos seguintes órgãos: (Incluído pela Lei nº 13.853, de 2019)

I - 5 (cinco) do Poder Executivo federal; (Incluído pela Lei nº 13.853, de 2019)

II - 1 (um) do Senado Federal; (Incluído pela Lei nº 13.853, de 2019)

III - 1 (um) da Câmara dos Deputados; (Incluído pela Lei nº 13.853, de 2019)

IV - 1 (um) do Conselho Nacional de Justiça; (Incluído pela Lei nº 13.853, de 2019)

V - 1 (um) do Conselho Nacional do Ministério Público; (Incluído pela Lei nº 13.853, de 2019)

VI - 1 (um) do Comitê Gestor da Internet no Brasil; (Incluído pela Lei nº 13.853, de 2019)

VII - 3 (três) de entidades da sociedade civil com atuação relacionada a proteção de dados pessoais; (Incluído pela Lei nº 13.853, de 2019)

VIII - 3 (três) de instituições científicas, tecnológicas e de inovação; (Incluído pela Lei nº 13.853, de 2019)

IX - 3 (três) de confederações sindicais representativas das categorias econômicas do setor produtivo; (Incluído pela Lei nº 13.853, de 2019)

X - 2 (dois) de entidades representativas do setor empresarial relacionado à área de tratamento de dados pessoais; e (Incluído pela Lei nº 13.853, de 2019)

XI - 2 (dois) de entidades representativas do setor laboral. (Incluído pela Lei nº 13.853, de 2019)

§1º Os representantes serão designados por ato do Presidente da República, permitida a delegação. (Incluído pela Lei nº 13.853, de 2019)

§2º Os representantes de que tratam os incisos I, II, III, IV, V e VI do caput deste artigo e seus suplentes serão indicados pelos titulares dos respectivos órgãos e entidades da administração pública. (Incluído pela Lei nº 13.853, de 2019)

§3º Os representantes de que tratam os incisos VII, VIII, IX, X e XI do caput deste artigo e seus suplentes: (Incluído pela Lei nº 13.853, de 2019)

I - serão indicados na forma de regulamento; (Incluído pela Lei nº 13.853, de 2019)

II - não poderão ser membros do Comitê Gestor da Internet no Brasil; (Incluído pela Lei nº 13.853, de 2019)

III - terão mandato de 2 (dois) anos, permitida 1 (uma) recondução. (Incluído pela Lei nº 13.853, de 2019)

§4º A participação no Conselho Nacional de Proteção de Dados Pessoais e da Privacidade será considerada prestação de serviço público relevante, não remunerada. (Incluído pela Lei nº 13.853, de 2019)

Art. 58-B. Compete ao Conselho Nacional de Proteção de Dados Pessoais e da Privacidade: (Incluído pela Lei nº 13.853, de 2019)

I - propor diretrizes estratégicas e fornecer subsídios para a elaboração da Política Nacional de Proteção de Dados Pessoais e da Privacidade e para a atuação da ANPD; (Incluído pela Lei nº 13.853, de 2019)

II - elaborar relatórios anuais de avaliação da execução das ações da Política Nacional de Proteção de Dados Pessoais e da Privacidade; (Incluído pela Lei nº 13.853, de 2019)

III - sugerir ações a serem realizadas pela ANPD; (Incluído pela Lei nº 13.853, de 2019)

IV - elaborar estudos e realizar debates e audiências públicas sobre a proteção de dados pessoais e da privacidade; e (Incluído pela Lei nº 13.853, de 2019)

V - disseminar o conhecimento sobre a proteção de dados pessoais e da privacidade à população. (Incluído pela Lei nº 13.853, de 2019)

Art. 59. (VETADO).

CAPÍTULO X

DISPOSIÇÕES FINAIS E TRANSITÓRIAS

Art. 60. A Lei nº 12.965, de 23 de abril de 2014 (Marco Civil da Internet), passa a vigorar com as seguintes alterações:

"Art. 7º...

....

X - exclusão definitiva dos dados pessoais que tiver fornecido a determinada aplicação de internet, a seu requerimento, ao término da relação entre as partes, ressalvadas as hipóteses de guarda obrigatória de registros previstas nesta Lei e na que dispõe sobre a proteção de dados pessoais;

...." (NR)

"Art. 16...

....

II - de dados pessoais que sejam excessivos em relação à finalidade para a qual foi dado consentimento pelo seu titular, exceto nas hipóteses previstas na Lei que dispõe sobre a proteção de dados pessoais." (NR)

Art. 61. A empresa estrangeira será notificada e intimada de todos os atos processuais previstos nesta Lei, independentemente de procuração ou de disposição contratual ou estatutária, na pessoa do agente ou representante ou pessoa responsável por sua filial, agência, sucursal, estabelecimento ou escritório instalado no Brasil.

Art. 62. A autoridade nacional e o Instituto Nacional de Estudos e Pesquisas Educacionais Anísio Teixeira (Inep), no âmbito de suas competências, editarão regulamentos específicos para o acesso a dados tratados pela União para o cumprimento do disposto no §2º do art. 9º da Lei nº 9.394, de 20 de dezembro de 1996 (Lei de Diretrizes e Bases da Educação Nacional), e aos referentes ao Sistema Nacional de Avaliação da Educação Superior (Sinaes), de que trata a Lei nº 10.861, de 14 de abril de 2004.

Art. 63. A autoridade nacional estabelecerá normas sobre a adequação progressiva de bancos de dados constituídos até a data de entrada em vigor desta Lei, consideradas a complexidade das operações de tratamento e a natureza dos dados.

Art. 64. Os direitos e princípios expressos nesta Lei não excluem outros previstos no ordenamento jurídico pátrio relacionados à matéria ou nos tratados internacionais em que a República Federativa do Brasil seja parte.

Art. 65. Esta Lei entra em vigor: (Redação dada pela Lei nº 13.853, de 2019)

I - dia 28 de dezembro de 2018, quanto aos arts. 55-A, 55-B, 55-C, 55-D, 55-E, 55-F, 55-G, 55-H, 55-I, 55-J, 55-K, 55-L, 58-A e 58-B; e (Incluído pela Lei nº 13.853, de 2019)

I-A – dia 1º de agosto de 2021, quanto aos arts. 52, 53 e 54; (Incluído pela Lei nº 14.010, de 2020)

II - 24 (vinte e quatro) meses após a data de sua publicação, quanto aos demais artigos. (Incluído pela Lei nº 13.853, de 2019)

Brasília, 14 de agosto de 2018; 197º da Independência e 130º da República.

MICHEL TEMER

Torquato Jardim

Aloysio Nunes Ferreira Filho

Eduardo Refinetti Guardia

Esteves Pedro Colnago Junior

Gilberto Magalhães Occhi

Gilberto Kassab

Wagner de Campos Rosário

Gustavo do Vale Rocha

Ilan Goldfajn

Raul Jungmann

Eliseu Padilha

LEI Nº 12.846, DE 1º DE AGOSTO DE 2013

Dispõe sobre a responsabilização administrativa e civil de pessoas jurídicas pela prática de atos contra a administração pública, nacional ou estrangeira, e dá outras providências.

A PRESIDENTA DA REPÚBLICA

Faço saber que o Congresso Nacional decreta e eu sanciono a seguinte Lei:

CAPÍTULO I
DISPOSIÇÕES GERAIS

Art. 1º Esta Lei dispõe sobre a responsabilização objetiva administrativa e civil de pessoas jurídicas pela prática de atos contra a administração pública, nacional ou estrangeira.

Parágrafo único. Aplica-se o disposto nesta Lei às sociedades empresárias e às sociedades simples, personificadas ou não, independentemente da forma de organização ou modelo societário adotado, bem como a quaisquer fundações, associações de entidades ou pessoas, ou sociedades estrangeiras, que tenham sede, filial ou representação no território brasileiro, constituídas de fato ou de direito, ainda que temporariamente.

Art. 2º As pessoas jurídicas serão responsabilizadas objetivamente, nos âmbitos administrativo e civil, pelos atos lesivos previstos nesta Lei praticados em seu interesse ou benefício, exclusivo ou não.

Art. 3º A responsabilização da pessoa jurídica não exclui a responsabilidade individual de seus dirigentes ou administradores ou de qualquer pessoa natural, autora, coautora ou partícipe do ato ilícito.

§1º A pessoa jurídica será responsabilizada independentemente da responsabilização individual das pessoas naturais referidas no caput.

§2º Os dirigentes ou administradores somente serão responsabilizados por atos ilícitos na medida da sua culpabilidade.

Art. 4º Subsiste a responsabilidade da pessoa jurídica na hipótese de alteração contratual, transformação, incorporação, fusão ou cisão societária.

§1º Nas hipóteses de fusão e incorporação, a responsabilidade da sucessora será restrita à obrigação de pagamento de multa e reparação integral do dano causado, até o limite do patrimônio transferido, não lhe sendo aplicáveis as demais sanções previstas nesta Lei decorrentes de atos e fatos ocorridos antes da data da fusão ou incorporação, exceto no caso de simulação ou evidente intuito de fraude, devidamente comprovados.

§2º As sociedades controladoras, controladas, coligadas ou, no âmbito do respectivo contrato, as consorciadas serão solidariamente responsáveis pela prática dos atos previstos nesta Lei, restringindo-se tal responsabilidade à obrigação de pagamento de multa e reparação integral do dano causado.

CAPÍTULO II
DOS ATOS LESIVOS À ADMINISTRAÇÃO PÚBLICA NACIONAL OU ESTRANGEIRA

Art. 5º Constituem atos lesivos à administração pública, nacional ou estrangeira, para os fins desta Lei, todos aqueles praticados pelas pessoas jurídicas mencionadas no parágrafo único do art. 1º, que atentem contra o patrimônio público nacional ou estrangeiro, contra princípios da administração pública ou contra os compromissos internacionais assumidos pelo Brasil, assim definidos:

I - prometer, oferecer ou dar, direta ou indiretamente, vantagem indevida a agente público, ou a terceira pessoa a ele relacionada;

II - comprovadamente, financiar, custear, patrocinar ou de qualquer modo subvencionar a prática dos atos ilícitos previstos nesta Lei;

III - comprovadamente, utilizar-se de interposta pessoa física ou jurídica para ocultar ou dissimular seus reais interesses ou a identidade dos beneficiários dos atos praticados;

IV - no tocante a licitações e contratos:

a) frustrar ou fraudar, mediante ajuste, combinação ou qualquer outro expediente, o caráter competitivo de procedimento licitatório público;

b) impedir, perturbar ou fraudar a realização de qualquer ato de procedimento licitatório público;

c) afastar ou procurar afastar licitante, por meio de fraude ou oferecimento de vantagem de qualquer tipo;

d) fraudar licitação pública ou contrato dela decorrente;

e) criar, de modo fraudulento ou irregular, pessoa jurídica para participar de licitação pública ou celebrar contrato administrativo;

f) obter vantagem ou benefício indevido, de modo fraudulento, de modificações ou prorrogações de contratos celebrados com a administração pública, sem autorização em lei, no ato convocatório da licitação pública ou nos respectivos instrumentos contratuais; ou

g) manipular ou fraudar o equilíbrio econômico-financeiro dos contratos celebrados com a administração pública;

V - dificultar atividade de investigação ou fiscalização de órgãos, entidades ou agentes públicos, ou intervir em sua atuação, inclusive no âmbito das agências reguladoras e dos órgãos de fiscalização do sistema financeiro nacional.

§1º Considera-se administração pública estrangeira os órgãos e entidades estatais ou representações diplomáticas de país estrangeiro, de qualquer nível ou esfera de governo, bem como as pessoas jurídicas controladas, direta ou indiretamente, pelo poder público de país estrangeiro.

§2º Para os efeitos desta Lei, equiparam-se à administração pública estrangeira as organizações públicas internacionais.

§3º Considera-se agente público estrangeiro, para os fins desta Lei, quem, ainda que transitoriamente ou sem remuneração, exerça cargo, emprego ou função pública em órgãos, entidades estatais ou em representações diplomáticas de país estrangeiro, assim como em pessoas jurídicas controladas, direta ou indiretamente, pelo poder público de país estrangeiro ou em organizações públicas internacionais.

CAPÍTULO III

DA RESPONSABILIZAÇÃO ADMINISTRATIVA

Art. 6º Na esfera administrativa, serão aplicadas às pessoas jurídicas consideradas responsáveis pelos atos lesivos previstos nesta Lei as seguintes sanções:

I - multa, no valor de 0,1% (um décimo por cento) a 20% (vinte por cento) do faturamento bruto do último exercício anterior ao da instauração do processo administrativo, excluídos os tributos, a qual nunca será inferior à vantagem auferida, quando for possível sua estimação; e

II - publicação extraordinária da decisão condenatória.

§1º As sanções serão aplicadas fundamentadamente, isolada ou cumulativamente, de acordo com as peculiaridades do caso concreto e com a gravidade e natureza das infrações.

§2º A aplicação das sanções previstas neste artigo será precedida da manifestação jurídica elaborada pela Advocacia Pública ou pelo órgão de assistência jurídica, ou equivalente, do ente público.

§3º A aplicação das sanções previstas neste artigo não exclui, em qualquer hipótese, a obrigação da reparação integral do dano causado.

§4º Na hipótese do inciso I do caput, caso não seja possível utilizar o critério do valor do faturamento bruto da pessoa jurídica, a multa será de R$ 6.000,00 (seis mil reais) a R$ 60.000.000,00 (sessenta milhões de reais).

§5º A publicação extraordinária da decisão condenatória ocorrerá na forma de extrato de sentença, a expensas da pessoa jurídica, em meios de comunicação de grande circulação na área da prática da infração e de atuação da pessoa jurídica ou, na sua falta, em publicação de circulação nacional, bem como por meio de afixação de edital, pelo prazo mínimo de 30 (trinta) dias, no próprio estabelecimento ou no local de exercício da atividade, de modo visível ao público, e no sítio eletrônico na rede mundial de computadores.

§6º (VETADO).

Art. 7º Serão levados em consideração na aplicação das sanções:

I - a gravidade da infração;

II - a vantagem auferida ou pretendida pelo infrator;

III - a consumação ou não da infração;

IV - o grau de lesão ou perigo de lesão;

V - o efeito negativo produzido pela infração;

VI - a situação econômica do infrator;

VII - a cooperação da pessoa jurídica para a apuração das infrações;

VIII - a existência de mecanismos e procedimentos internos de integridade, auditoria e incentivo à denúncia de irregularidades e a aplicação efetiva de códigos de ética e de conduta no âmbito da pessoa jurídica;

IX - o valor dos contratos mantidos pela pessoa jurídica com o órgão ou entidade pública lesados; e

X - (VETADO).

Parágrafo único. Os parâmetros de avaliação de mecanismos e procedimentos previstos no inciso VIII do caput serão estabelecidos em regulamento do Poder Executivo federal.

CAPÍTULO IV

DO PROCESSO ADMINISTRATIVO DE RESPONSABILIZAÇÃO

Art. 8º A instauração e o julgamento de processo administrativo para apuração da responsabilidade de pessoa jurídica cabem à autoridade máxima de cada órgão ou entidade dos Poderes Executivo, Legislativo e Judiciário, que agirá de ofício ou mediante provocação, observados o contraditório e a ampla defesa.

§1º A competência para a instauração e o julgamento do processo administrativo de apuração de responsabilidade da pessoa jurídica poderá ser delegada, vedada a subdelegação.

§2º No âmbito do Poder Executivo federal, a Controladoria-Geral da União - CGU terá competência concorrente para instaurar processos administrativos de responsabilização de pessoas jurídicas ou para avocar os processos instaurados com fundamento nesta Lei, para exame de sua regularidade ou para corrigir-lhes o andamento.

Art. 9º Competem à Controladoria-Geral da União - CGU a apuração, o processo e o julgamento dos atos ilícitos previstos nesta Lei, praticados contra a administração pública estrangeira, observado o disposto no Artigo 4 da Convenção sobre o Combate da Corrupção de Funcionários Públicos Estrangeiros em Transações Comerciais Internacionais, promulgada pelo Decreto nº 3.678, de 30 de novembro de 2000.

Art. 10. O processo administrativo para apuração da responsabilidade de pessoa jurídica será conduzido por comissão designada pela autoridade instauradora e composta por 2 (dois) ou mais servidores estáveis.

§1º O ente público, por meio do seu órgão de representação judicial, ou equivalente, a pedido da comissão a que se refere o caput, poderá requerer as medidas judiciais necessárias para a investigação e o processamento das infrações, inclusive de busca e apreensão.

§2º A comissão poderá, cautelarmente, propor à autoridade instauradora que suspenda os efeitos do ato ou processo objeto da investigação.

§3º A comissão deverá concluir o processo no prazo de 180 (cento e oitenta) dias contados da data da publicação do ato que a instituir e, ao final, apresentar relatórios sobre os fatos apurados e eventual responsabilidade da pessoa jurídica, sugerindo de forma motivada as sanções a serem aplicadas.

§4º O prazo previsto no §3º poderá ser prorrogado, mediante ato fundamentado da autoridade instauradora.

Art. 11. No processo administrativo para apuração de responsabilidade, será concedido à pessoa jurídica prazo de 30 (trinta) dias para defesa, contados a partir da intimação.

Art. 12. O processo administrativo, com o relatório da comissão, será remetido à autoridade instauradora, na forma do art. 10, para julgamento.

Art. 13. A instauração de processo administrativo específico de reparação integral do dano não prejudica a aplicação imediata das sanções estabelecidas nesta Lei.

Parágrafo único. Concluído o processo e não havendo pagamento, o crédito apurado será inscrito em dívida ativa da fazenda pública.

Art. 14. A personalidade jurídica poderá ser desconsiderada sempre que utilizada com abuso do direito para facilitar, encobrir ou dissimular a prática dos atos ilícitos previstos nesta Lei ou para provocar confusão patrimonial, sendo estendidos todos os efeitos das sanções aplicadas à pessoa jurídica aos seus administradores e sócios com poderes de administração, observados o contraditório e a ampla defesa.

Art. 15. A comissão designada para apuração da responsabilidade de pessoa jurídica, após a conclusão do procedimento administrativo, dará conhecimento ao Ministério Público de sua existência, para apuração de eventuais delitos.

CAPÍTULO V

DO ACORDO DE LENIÊNCIA

Art. 16. A autoridade máxima de cada órgão ou entidade pública poderá celebrar acordo de leniência com as pessoas jurídicas responsáveis pela prática dos atos previstos nesta Lei que colaborem efetivamente com as investigações e o processo administrativo, sendo que dessa colaboração resulte:

I - a identificação dos demais envolvidos na infração, quando couber; e

II - a obtenção célere de informações e documentos que comprovem o ilícito sob apuração.

§1º O acordo de que trata o caput somente poderá ser celebrado se preenchidos, cumulativamente, os seguintes requisitos:

I - a pessoa jurídica seja a primeira a se manifestar sobre seu interesse em cooperar para a apuração do ato ilícito;

II - a pessoa jurídica cesse completamente seu envolvimento na infração investigada a partir da data de propositura do acordo;

III - a pessoa jurídica admita sua participação no ilícito e coopere plena e permanentemente com as investigações e o processo administrativo, comparecendo, sob suas expensas, sempre que solicitada, a todos os atos processuais, até seu encerramento.

§2º A celebração do acordo de leniência isentará a pessoa jurídica das sanções previstas no inciso II do art. 6º e no inciso IV do art. 19 e reduzirá em até 2/3 (dois terços) o valor da multa aplicável.

§3º O acordo de leniência não exime a pessoa jurídica da obrigação de reparar integralmente o dano causado.

§4º O acordo de leniência estipulará as condições necessárias para assegurar a efetividade da colaboração e o resultado útil do processo.

§5º Os efeitos do acordo de leniência serão estendidos às pessoas jurídicas que integram o mesmo grupo econômico, de fato e de direito, desde que firmem o acordo em conjunto, respeitadas as condições nele estabelecidas.

§6º A proposta de acordo de leniência somente se tornará pública após a efetivação do respectivo acordo, salvo no interesse das investigações e do processo administrativo.

§7º Não importará em reconhecimento da prática do ato ilícito investigado a proposta de acordo de leniência rejeitada.

§8º Em caso de descumprimento do acordo de leniência, a pessoa jurídica ficará impedida de celebrar novo acordo pelo prazo de 3 (três) anos contados do conhecimento pela administração pública do referido descumprimento.

§9º A celebração do acordo de leniência interrompe o prazo prescricional dos atos ilícitos previstos nesta Lei.

§10. A Controladoria-Geral da União - CGU é o órgão competente para celebrar os acordos de leniência no âmbito do Poder Executivo federal, bem como no caso de atos lesivos praticados contra a administração pública estrangeira.

Art. 17. A administração pública poderá também celebrar acordo de leniência com a pessoa jurídica responsável pela prática de ilícitos previstos na Lei nº 8.666, de 21 de junho de 1993, com vistas à isenção ou atenuação das sanções administrativas estabelecidas em seus arts. 86 a 88.

CAPÍTULO VI

DA RESPONSABILIZAÇÃO JUDICIAL

Art. 18. Na esfera administrativa, a responsabilidade da pessoa jurídica não afasta a possibilidade de sua responsabilização na esfera judicial.

Art. 19. Em razão da prática de atos previstos no art. 5º desta Lei, a União, os Estados, o Distrito Federal e os Municípios, por meio das respectivas Advocacias Públicas ou órgãos de representação judicial, ou equivalentes, e o Ministério Público, poderão ajuizar ação com vistas à aplicação das seguintes sanções às pessoas jurídicas infratoras:

I - perdimento dos bens, direitos ou valores que representem vantagem ou proveito direta ou indiretamente obtidos da infração, ressalvado o direito do lesado ou de terceiro de boa-fé;

II - suspensão ou interdição parcial de suas atividades;

III - dissolução compulsória da pessoa jurídica;

IV - proibição de receber incentivos, subsídios, subvenções, doações ou empréstimos de órgãos ou entidades públicas e de instituições financeiras públicas ou controladas pelo poder público, pelo prazo mínimo de 1 (um) e máximo de 5 (cinco) anos.

§1º A dissolução compulsória da pessoa jurídica será determinada quando comprovado:

I - ter sido a personalidade jurídica utilizada de forma habitual para facilitar ou promover a prática de atos ilícitos; ou

II - ter sido constituída para ocultar ou dissimular interesses ilícitos ou a identidade dos beneficiários dos atos praticados.

§2º (VETADO).

§3º As sanções poderão ser aplicadas de forma isolada ou cumulativa.

§4º O Ministério Público ou a Advocacia Pública ou órgão de representação judicial, ou equivalente, do ente público poderá requerer a indisponibilidade de bens, direitos ou valores necessários à garantia do pagamento da multa ou da reparação integral do dano causado, conforme previsto no art. 7º, ressalvado o direito do terceiro de boa-fé.

Art. 20. Nas ações ajuizadas pelo Ministério Público, poderão ser aplicadas as sanções previstas no art. 6º, sem prejuízo daquelas previstas neste Capítulo, desde que constatada a omissão das autoridades competentes para promover a responsabilização administrativa.

Art. 21. Nas ações de responsabilização judicial, será adotado o rito previsto na Lei nº 7.347, de 24 de julho de 1985.

Parágrafo único. A condenação torna certa a obrigação de reparar, integralmente, o dano causado pelo ilícito, cujo valor será apurado em posterior liquidação, se não constar expressamente da sentença.

CAPÍTULO VII

DISPOSIÇÕES FINAIS

Art. 22. Fica criado no âmbito do Poder Executivo federal o Cadastro Nacional de Empresas Punidas - CNEP, que reunirá e dará publicidade às sanções aplicadas pelos órgãos ou entidades dos Poderes Executivo, Legislativo e Judiciário de todas as esferas de governo com base nesta Lei.

§1º Os órgãos e entidades referidos no caput deverão informar e manter atualizados, no Cnep, os dados relativos às sanções por eles aplicadas.

§2º O Cnep conterá, entre outras, as seguintes informações acerca das sanções aplicadas:

I - razão social e número de inscrição da pessoa jurídica ou entidade no Cadastro Nacional da Pessoa Jurídica - CNPJ;

II - tipo de sanção; e

III - data de aplicação e data final da vigência do efeito limitador ou impeditivo da sanção, quando for o caso.

§3º As autoridades competentes, para celebrarem acordos de leniência previstos nesta Lei, também deverão prestar e manter atualizadas no Cnep, após a efetivação do respectivo acordo, as informações acerca do acordo de leniência celebrado, salvo se esse procedimento vier a causar prejuízo às investigações e ao processo administrativo.

§4º Caso a pessoa jurídica não cumpra os termos do acordo de leniência, além das informações previstas no §3º, deverá ser incluída no Cnep referência ao respectivo descumprimento.

§5º Os registros das sanções e acordos de leniência serão excluídos depois de decorrido o prazo previamente estabelecido no ato sancionador ou do cumprimento integral do acordo de leniência e da reparação do eventual dano causado, mediante solicitação do órgão ou entidade sancionadora.

Art. 23. Os órgãos ou entidades dos Poderes Executivo, Legislativo e Judiciário de todas as esferas de governo deverão informar e manter atualizados, para fins de publicidade, no Cadastro Nacional de Empresas Inidôneas e Suspensas - CEIS, de caráter público, instituído no âmbito do Poder Executivo federal, os dados relativos às sanções por eles aplicadas, nos termos do disposto nos arts. 87 e 88 da Lei no 8.666, de 21 de junho de 1993.

Art. 24. A multa e o perdimento de bens, direitos ou valores aplicados com fundamento nesta Lei serão destinados preferencialmente aos órgãos ou entidades públicas lesadas.

Art. 25. Prescrevem em 5 (cinco) anos as infrações previstas nesta Lei, contados da data da ciência da infração ou, no caso de infração permanente ou continuada, do dia em que tiver cessado.

Parágrafo único. Na esfera administrativa ou judicial, a prescrição será interrompida com a instauração de processo que tenha por objeto a apuração da infração.

Art. 26. A pessoa jurídica será representada no processo administrativo na forma do seu estatuto ou contrato social.

§1º As sociedades sem personalidade jurídica serão representadas pela pessoa a quem couber a administração de seus bens.

§2º A pessoa jurídica estrangeira será representada pelo gerente, representante ou administrador de sua filial, agência ou sucursal aberta ou instalada no Brasil.

Art. 27. A autoridade competente que, tendo conhecimento das infrações previstas nesta Lei, não adotar providências para a apuração dos fatos será responsabilizada penal, civil e administrativamente nos termos da legislação específica aplicável.

Art. 28. Esta Lei aplica-se aos atos lesivos praticados por pessoa jurídica brasileira contra a administração pública estrangeira, ainda que cometidos no exterior.

Art. 29. O disposto nesta Lei não exclui as competências do Conselho Administrativo de Defesa Econômica, do Ministério da Justiça e do Ministério da Fazenda para processar e julgar fato que constitua infração à ordem econômica.

Art. 30. A aplicação das sanções previstas nesta Lei não afeta os processos de responsabilização e aplicação de penalidades decorrentes de:

I - ato de improbidade administrativa nos termos da Lei nº 8.429, de 2 de junho de 1992 ; e

II - atos ilícitos alcançados pela Lei nº 8.666, de 21 de junho de 1993, ou outras normas de licitações e contratos da administração pública, inclusive no tocante ao Regime Diferenciado de Contratações Públicas - RDC instituído pela Lei nº 12.462, de 4 de agosto de 2011.

Art. 31. Esta Lei entra em vigor 180 (cento e oitenta) dias após a data de sua publicação.

Brasília, 1º de agosto de 2013; 192º da Independência e 125º da República.

DILMA ROUSSEFF

José Eduardo Cardozo

Luís Inácio Lucena Adams

Jorge Hage Sobrinho

Este texto não substitui o publicado no DOU de 2.8.2013

LEI Nº 12.813, DE 16 DE MAIO DE 2013

Mensagem de veto

Dispõe sobre o conflito de interesses no exercício de cargo ou emprego do Poder Executivo federal e impedimentos posteriores ao exercício do cargo ou emprego; e revoga dispositivos da Lei nº 9.986, de 18 de julho de 2000, e das Medidas Provisórias nº 2.216-37, de 31 de agosto de 2001, e 2.225-45, de 4 de setembro de 2001.

A PRESIDENTA DA REPÚBLICA Faço saber que o Congresso Nacional decreta e eu sanciono a seguinte Lei:

CAPÍTULO I
DISPOSIÇÕES GERAIS

Art. 1º As situações que configuram conflito de interesses envolvendo ocupantes de cargo ou emprego no âmbito do Poder Executivo federal, os requisitos e restrições a ocupantes de cargo ou emprego que tenham acesso a informações privilegiadas, os impedimentos posteriores ao exercício do cargo ou emprego e as competências para fiscalização, avaliação e prevenção de conflitos de interesses regulam-se pelo disposto nesta Lei.

Art. 2º Submetem-se ao regime desta Lei os ocupantes dos seguintes cargos e empregos:

I - de ministro de Estado;

II - de natureza especial ou equivalentes;

III - de presidente, vice-presidente e diretor, ou equivalentes, de autarquias, fundações públicas, empresas públicas ou sociedades de economia mista; e

IV - do Grupo-Direção e Assessoramento Superiores - DAS, níveis 6 e 5 ou equivalentes.

Parágrafo único. Além dos agentes públicos mencionados nos incisos I a IV, sujeitam-se ao disposto nesta Lei os ocupantes de cargos ou empregos cujo exercício proporcione acesso a informação privilegiada capaz de trazer vantagem econômica ou financeira para o agente público ou para terceiro, conforme definido em regulamento.

Art. 3º Para os fins desta Lei, considera-se:

I - conflito de interesses: a situação gerada pelo confronto entre interesses públicos e privados, que possa comprometer o interesse coletivo ou influenciar, de maneira imprópria, o desempenho da função pública; e

II - informação privilegiada: a que diz respeito a assuntos sigilosos ou aquela relevante ao processo de decisão no âmbito do Poder Executivo federal que tenha repercussão econômica ou financeira e que não seja de amplo conhecimento público.

Art. 4º O ocupante de cargo ou emprego no Poder Executivo federal deve agir de modo a prevenir ou a impedir possível conflito de interesses e a resguardar informação privilegiada.

§1º No caso de dúvida sobre como prevenir ou impedir situações que configurem conflito de interesses, o agente público deverá consultar a Comissão de Ética Pública, criada no âmbito do Poder Executivo federal, ou a Controladoria-Geral da União, conforme o disposto no parágrafo único do art. 8º desta Lei.

§2º A ocorrência de conflito de interesses independe da existência de lesão ao patrimônio público, bem como do recebimento de qualquer vantagem ou ganho pelo agente público ou por terceiro.

CAPÍTULO II

DAS SITUAÇÕES QUE CONFIGURAM CONFLITO DE INTERESSES NO EXERCÍCIO DO CARGO OU EMPREGO

Art. 5º Configura conflito de interesses no exercício de cargo ou emprego no âmbito do Poder Executivo federal:

I - divulgar ou fazer uso de informação privilegiada, em proveito próprio ou de terceiro, obtida em razão das atividades exercidas;

II - exercer atividade que implique a prestação de serviços ou a manutenção de relação de negócio com pessoa física ou jurídica que tenha interesse em decisão do agente público ou de colegiado do qual este participe;

III - exercer, direta ou indiretamente, atividade que em razão da sua natureza seja incompatível com as atribuições do cargo ou emprego, considerando-se como tal, inclusive, a atividade desenvolvida em áreas ou matérias correlatas;

IV - atuar, ainda que informalmente, como procurador, consultor, assessor ou intermediário de interesses privados nos órgãos ou entidades da administração pública direta ou indireta de qualquer dos Poderes da União, dos Estados, do Distrito Federal e dos Municípios;

V - praticar ato em benefício de interesse de pessoa jurídica de que participe o agente público, seu cônjuge, companheiro ou parentes, consanguíneos ou afins, em linha reta ou colateral, até o terceiro grau, e que possa ser por ele beneficiada ou influir em seus atos de gestão;

VI - receber presente de quem tenha interesse em decisão do agente público ou de colegiado do qual este participe fora dos limites e condições estabelecidos em regulamento; e

VII - prestar serviços, ainda que eventuais, a empresa cuja atividade seja controlada, fiscalizada ou regulada pelo ente ao qual o agente público está vinculado.

Parágrafo único. As situações que configuram conflito de interesses estabelecidas neste artigo aplicam-se aos ocupantes dos cargos ou empregos mencionados no art. 2º ainda que em gozo de licença ou em período de afastamento.

CAPÍTULO III

DAS SITUAÇÕES QUE CONFIGURAM CONFLITO DE INTERESSES APÓS O EXERCÍCIO DO CARGO OU EMPREGO

Art. 6º Configura conflito de interesses após o exercício de cargo ou emprego no âmbito do Poder Executivo federal:

I - a qualquer tempo, divulgar ou fazer uso de informação privilegiada obtida em razão das atividades exercidas; e

II - no período de 6 (seis) meses, contado da data da dispensa, exoneração, destituição, demissão ou aposentadoria, salvo quando expressamente autorizado, conforme o caso, pela Comissão de Ética Pública ou pela Controladoria-Geral da União:

a) prestar, direta ou indiretamente, qualquer tipo de serviço a pessoa física ou jurídica com quem tenha estabelecido relacionamento relevante em razão do exercício do cargo ou emprego;

b) aceitar cargo de administrador ou conselheiro ou estabelecer vínculo profissional com pessoa física ou jurídica que desempenhe atividade relacionada à área de competência do cargo ou emprego ocupado;

c) celebrar com órgãos ou entidades do Poder Executivo federal contratos de serviço, consultoria, assessoramento ou atividades similares, vinculados, ainda que indiretamente, ao órgão ou entidade em que tenha ocupado o cargo ou emprego; ou

d) intervir, direta ou indiretamente, em favor de interesse privado perante órgão ou entidade em que haja ocupado cargo ou emprego ou com o qual tenha estabelecido relacionamento relevante em razão do exercício do cargo ou emprego.

Art. 7º (VETADO).

CAPÍTULO IV

DA FISCALIZAÇÃO E DA AVALIAÇÃO DO CONFLITO DE INTERESSES

Art. 8º Sem prejuízo de suas competências institucionais, compete à Comissão de Ética Pública, instituída no âmbito do Poder Executivo federal, e à Controladoria-Geral da União, conforme o caso:

I - estabelecer normas, procedimentos e mecanismos que objetivem prevenir ou impedir eventual conflito de interesses;

II - avaliar e fiscalizar a ocorrência de situações que configuram conflito de interesses e determinar medidas para a prevenção ou eliminação do conflito;

III - orientar e dirimir dúvidas e controvérsias acerca da interpretação das normas que regulam o conflito de interesses, inclusive as estabelecidas nesta Lei;

IV - manifestar-se sobre a existência ou não de conflito de interesses nas consultas a elas submetidas;

V - autorizar o ocupante de cargo ou emprego no âmbito do Poder Executivo federal a exercer atividade privada, quando verificada a inexistência de conflito de interesses ou sua irrelevância;

VI - dispensar a quem haja ocupado cargo ou emprego no âmbito do Poder Executivo federal de cumprir o período de impedimento a que se refere o inciso II do art. 6º, quando verificada a inexistência de conflito de interesses ou sua irrelevância;

VII – dispor, em conjunto com o Ministério do Planejamento, Orçamento e Gestão, sobre a comunicação pelos ocupantes de cargo ou emprego no âmbito do Poder Executivo federal de alterações patrimoniais relevantes, exercício de atividade privada ou recebimento de propostas de trabalho, contrato ou negócio no setor privado; e

VIII - fiscalizar a divulgação da agenda de compromissos públicos, conforme prevista no art. 11.

Parágrafo único. A Comissão de Ética Pública atuará nos casos que envolvam os agentes públicos mencionados nos incisos I a IV do art. 2º e a Controladoria-Geral da União, nos casos que envolvam os demais agentes, observado o disposto em regulamento.

Art. 9º Os agentes públicos mencionados no art. 2º desta Lei, inclusive aqueles que se encontram em gozo de licença ou em período de afastamento, deverão:

I - enviar à Comissão de Ética Pública ou à Controladoria-Geral da União, conforme o caso, anualmente, declaração com informações sobre situação patrimonial, participações societárias, atividades econômicas ou profissionais e indicação sobre a existência de cônjuge, companheiro ou parente, por consanguinidade ou afinidade, em linha reta ou colateral, até o terceiro grau, no exercício de atividades que possam suscitar conflito de interesses; e

II - comunicar por escrito à Comissão de Ética Pública ou à unidade de recursos humanos do órgão ou entidade respectivo, conforme o caso, o exercício de atividade privada ou o recebimento de propostas de trabalho que pretende aceitar, contrato ou negócio no setor privado, ainda que não vedadas pelas normas vigentes, estendendo-se esta obrigação ao período a que se refere o inciso II do art. 6º.

Parágrafo único. As unidades de recursos humanos, ao receber a comunicação de exercício de atividade privada ou de recebimento de propostas de trabalho, contrato ou negócio no setor privado, deverão informar ao servidor e à Controladoria-Geral da União as situações que suscitem potencial conflito de interesses entre a atividade pública e a atividade privada do agente.

CAPÍTULO V

DISPOSIÇÕES FINAIS

Art. 10. As disposições contidas nos arts. 4º e 5º e no inciso I do art. 6º estendem-se a todos os agentes públicos no âmbito do Poder Executivo federal.

Art. 11. Os agentes públicos mencionados nos incisos I a IV do art. 2º deverão, ainda, divulgar, diariamente, por meio da rede mundial de computadores - internet, sua agenda de compromissos públicos.

Art. 12. O agente público que praticar os atos previstos nos arts. 5º e 6º desta Lei incorre em improbidade administrativa, na forma do art. 11 da Lei nº 8.429, de 2 de junho de 1992, quando não caracterizada qualquer das condutas descritas nos arts. 9º e 10 daquela Lei.

Parágrafo único. Sem prejuízo do disposto no **caput** e da aplicação das demais sanções cabíveis, fica o agente público que se encontrar em situação de conflito de interesses sujeito à aplicação da penalidade disciplinar de demissão, prevista no inciso III do art. 127 e no art. 132 da Lei nº 8.112, de 11 de dezembro de 1990, ou medida equivalente.

Art. 13. O disposto nesta Lei não afasta a aplicabilidade da Lei nº 8.112, de 11 de dezembro de 1990, especialmente no que se refere à apuração das responsabilidades e possível aplicação de sanção em razão de prática de ato que configure conflito de interesses ou ato de improbidade nela previstos.

Art. 14. (VETADO).

Art. 15. (VETADO).

Brasília, 16 de maio de 2013; 192º da Independência e 125º da República.

DILMA ROUSSEFF

Miriam Belchior

Jorge Hage Sobrinho

Este texto não substitui o publicado no DOU de 17.5.2013 e retificado em 20.5.2013

LEI DE ACESSO À INFORMAÇÃO

LEI Nº 12.527, DE 18 DE NOVEMBRO DE 2011

Regula o acesso a informações previsto no inciso XXXIII do art. 5º, no inciso II do §3º do art. 37 e no §2º do art. 216 da Constituição Federal; altera a Lei nº 8.112, de 11 de dezembro de 1990; revoga a Lei nº 11.111, de 5 de maio de 2005, e dispositivos da Lei nº 8.159, de 8 de janeiro de 1991; e dá outras providências.

A PRESIDENTA DA REPÚBLICA Faço saber que o Congresso Nacional decreta e eu sanciono a seguinte Lei:

CAPÍTULO I

DISPOSIÇÕES GERAIS

Art. 1º Esta Lei dispõe sobre os procedimentos a serem observados pela União, Estados, Distrito Federal e Municípios, com o fim de garantir o acesso a informações previsto *no inciso XXXIII do art. 5º, no inciso II do §3º do art. 37 e no §2º do art. 216 da Constituição Federal.*

Parágrafo único. Subordinam-se ao regime desta Lei:

I - os órgãos públicos integrantes da administração direta dos Poderes Executivo, Legislativo, incluindo as Cortes de Contas, e Judiciário e do Ministério Público;

II - as autarquias, as fundações públicas, as empresas públicas, as sociedades de economia mista e demais entidades controladas direta ou indiretamente pela União, Estados, Distrito Federal e Municípios.

Art. 2º Aplicam-se as disposições desta Lei, no que couber, às entidades privadas sem fins lucrativos que recebam, para realização de ações de interesse público, recursos públicos diretamente do orçamento ou mediante subvenções sociais, contrato de gestão, termo de parceria, convênios, acordo, ajustes ou outros instrumentos congêneres.

Parágrafo único. A publicidade a que estão submetidas as entidades citadas no **caput** refere-se à parcela dos recursos públicos recebidos e à sua destinação, sem prejuízo das prestações de contas a que estejam legalmente obrigadas.

Art. 3º Os procedimentos previstos nesta Lei destinam-se a assegurar o direito fundamental de acesso à informação e devem ser executados em conformidade com os princípios básicos da administração pública e com as seguintes diretrizes:

I - observância da publicidade como preceito geral e do sigilo como exceção;

II - divulgação de informações de interesse público, independentemente de solicitações;

III - utilização de meios de comunicação viabilizados pela tecnologia da informação;

IV - fomento ao desenvolvimento da cultura de transparência na administração pública;

V - desenvolvimento do controle social da administração pública.

Art. 4º Para os efeitos desta Lei, considera-se:

I - informação: dados, processados ou não, que podem ser utilizados para produção e transmissão de conhecimento, contidos em qualquer meio, suporte ou formato;

II - documento: unidade de registro de informações, qualquer que seja o suporte ou formato;

III - informação sigilosa: aquela submetida temporariamente à restrição de acesso público em razão de sua imprescindibilidade para a segurança da sociedade e do Estado;

IV - informação pessoal: aquela relacionada à pessoa natural identificada ou identificável;

V - tratamento da informação: conjunto de ações referentes à produção, recepção, classificação, utilização, acesso, reprodução, transporte, transmissão, distribuição, arquivamento, armazenamento, eliminação, avaliação, destinação ou controle da informação;

VI - disponibilidade: qualidade da informação que pode ser conhecida e utilizada por indivíduos, equipamentos ou sistemas autorizados;

VII - autenticidade: qualidade da informação que tenha sido produzida, expedida, recebida ou modificada por determinado indivíduo, equipamento ou sistema;

VIII - integridade: qualidade da informação não modificada, inclusive quanto à origem, trânsito e destino;

IX - primariedade: qualidade da informação coletada na fonte, com o máximo de detalhamento possível, sem modificações.

Art. 5º É dever do Estado garantir o direito de acesso à informação, que será franqueada, mediante procedimentos objetivos e ágeis, de forma transparente, clara e em linguagem de fácil compreensão.

CAPÍTULO II

DO ACESSO A INFORMAÇÕES A DA SUA DIVULGAÇÃO

Art. 6º Cabe aos órgãos e entidades do poder público, observadas as normas e procedimentos específicos aplicáveis, assegurar a:

I - gestão transparente da informação, propiciando amplo acesso a ela e sua divulgação;

II - proteção da informação, garantindo-se sua disponibilidade, autenticidade e integridade; e

III - proteção da informação sigilosa e da informação pessoal, observada a sua disponibilidade, autenticidade, integridade e eventual restrição de acesso.

Art. 7º O acesso à informação de que trata esta Lei compreende, entre outros, os direitos de obter:

I - orientação sobre os procedimentos para a consecução de acesso, bem como sobre o local onde poderá ser encontrada ou obtida a informação almejada;

II - informação contida em registros ou documentos, produzidos ou acumulados por seus órgãos ou entidades, recolhidos ou não a arquivos públicos;

III - informação produzida ou custodiada por pessoa física ou entidade privada decorrente de qualquer vínculo com seus órgãos ou entidades, mesmo que esse vínculo já tenha cessado;

IV - informação primária, íntegra, autêntica e atualizada;

V - informação sobre atividades exercidas pelos órgãos e entidades, inclusive as relativas à sua política, organização e serviços;

VI - informação pertinente à administração do patrimônio público, utilização de recursos públicos, licitação, contratos administrativos; e

VII - informação relativa:

a) à implementação, acompanhamento e resultados dos programas, projetos e ações dos órgãos e entidades públicas, bem como metas e indicadores propostos;

b) ao resultado de inspeções, auditorias, prestações e tomadas de contas realizadas pelos órgãos de controle interno e externo, incluindo prestações de contas relativas a exercícios anteriores.

§1º O acesso à informação previsto no **caput** não compreende as informações referentes a projetos de pesquisa e desenvolvimento científicos ou tecnológicos cujo sigilo seja imprescindível à segurança da sociedade e do Estado.

§2º Quando não for autorizado acesso integral à informação por ser ela parcialmente sigilosa, é assegurado o acesso à parte não sigilosa por meio de certidão, extrato ou cópia com ocultação da parte sob sigilo.

§3º O direito de acesso aos documentos ou às informações neles contidas utilizados como fundamento da tomada de decisão e do ato administrativo será assegurado com a edição do ato decisório respectivo.

§4º A negativa de acesso às informações objeto de pedido formulado aos órgãos e entidades referidas no art. 1º, quando não fundamentada, sujeitará o responsável a medidas disciplinares, nos termos do art. 32 desta Lei.

§5º Informado do extravio da informação solicitada, poderá o interessado requerer à autoridade competente a imediata abertura de sindicância para apurar o desaparecimento da respectiva documentação.

§6º Verificada a hipótese prevista no §5º deste artigo, o responsável pela guarda da informação extraviada deverá, no prazo de 10 (dez) dias, justificar o fato e indicar testemunhas que comprovem sua alegação.

Art. 8º É dever dos órgãos e entidades públicas promover, independentemente de requerimentos, a divulgação em local de fácil acesso, no âmbito de suas competências, de informações de interesse coletivo ou geral por eles produzidas ou custodiadas.

§1º Na divulgação das informações a que se refere o **caput**, deverão constar, no mínimo:

I - registro das competências e estrutura organizacional, endereços e telefones das respectivas unidades e horários de atendimento ao público;

II - registros de quaisquer repasses ou transferências de recursos financeiros;

III - registros das despesas;

IV - informações concernentes a procedimentos licitatórios, inclusive os respectivos editais e resultados, bem como a todos os contratos celebrados;

V - dados gerais para o acompanhamento de programas, ações, projetos e obras de órgãos e entidades; e

VI - respostas a perguntas mais frequentes da sociedade.

§2º Para cumprimento do disposto no **caput**, os órgãos e entidades públicas deverão utilizar todos os meios e instrumentos legítimos de que dispuserem, sendo obrigatória a divulgação em sítios oficiais da rede mundial de computadores (internet).

§3º Os sítios de que trata o §2º deverão, na forma de regulamento, atender, entre outros, aos seguintes requisitos:

I - conter ferramenta de pesquisa de conteúdo que permita o acesso à informação de forma objetiva, transparente, clara e em linguagem de fácil compreensão;

II - possibilitar a gravação de relatórios em diversos formatos eletrônicos, inclusive abertos e não proprietários, tais como planilhas e texto, de modo a facilitar a análise das informações;

III - possibilitar o acesso automatizado por sistemas externos em formatos abertos, estruturados e legíveis por máquina;

IV - divulgar em detalhes os formatos utilizados para estruturação da informação;

V - garantir a autenticidade e a integridade das informações disponíveis para acesso;

VI - manter atualizadas as informações disponíveis para acesso;

VII - indicar local e instruções que permitam ao interessado comunicar-se, por via eletrônica ou telefônica, com o órgão ou entidade detentora do sítio; e

VIII - adotar as medidas necessárias para garantir a acessibilidade de conteúdo para pessoas com deficiência, nos termos do *art. 17 da Lei no 10.098, de 19 de dezembro de 2000, e do art. 9o da Convenção sobre os Direitos das Pessoas com Deficiência, aprovada pelo Decreto Legislativo no 186, de 9 de julho de 2008.*

§4º Os Municípios com população de até 10.000 (dez mil) habitantes ficam dispensados da divulgação obrigatória na internet a que se refere o §2º, mantida a obrigatoriedade de divulgação, em tempo real, de informações relativas à execução orçamentária e financeira, nos critérios e prazos previstos no *art. 73-B da Lei Complementar nº 101, de 4 de maio de 2000* (Lei de Responsabilidade Fiscal).

Art. 9º O acesso a informações públicas será assegurado mediante:

I - criação de serviço de informações ao cidadão, nos órgãos e entidades do poder público, em local com condições apropriadas para:

a) atender e orientar o público quanto ao acesso a informações;

b) informar sobre a tramitação de documentos nas suas respectivas unidades;

c) protocolizar documentos e requerimentos de acesso a informações; e

II - realização de audiências ou consultas públicas, incentivo à participação popular ou a outras formas de divulgação.

CAPÍTULO III

DO PROCEDIMENTO DE ACESSO À INFORMAÇÃO

Seção I

Do Pedido de Acesso

Art. 10. Qualquer interessado poderá apresentar pedido de acesso a informações aos órgãos e entidades referidos no art. 1º desta Lei, por qualquer meio legítimo, devendo o pedido conter a identificação do requerente e a especificação da informação requerida.

§1º Para o acesso a informações de interesse público, a identificação do requerente não pode conter exigências que inviabilizem a solicitação.

§2º Os órgãos e entidades do poder público devem viabilizar alternativa de encaminhamento de pedidos de acesso por meio de seus sítios oficiais na internet.

§3º São vedadas quaisquer exigências relativas aos motivos determinantes da solicitação de informações de interesse público.

Art. 11. O órgão ou entidade pública deverá autorizar ou conceder o acesso imediato à informação disponível.

§1º Não sendo possível conceder o acesso imediato, na forma disposta no **caput**, o órgão ou entidade que receber o pedido deverá, em prazo não superior a 20 (vinte) dias:

I - comunicar a data, local e modo para se realizar a consulta, efetuar a reprodução ou obter a certidão;

II - indicar as razões de fato ou de direito da recusa, total ou parcial, do acesso pretendido; ou

III - comunicar que não possui a informação, indicar, se for do seu conhecimento, o órgão ou a entidade que a detém, ou, ainda, remeter o requerimento a esse órgão ou entidade, cientificando o interessado da remessa de seu pedido de informação.

§2º O prazo referido no §1º poderá ser prorrogado por mais 10 (dez) dias, mediante justificativa expressa, da qual será cientificado o requerente.

§3º Sem prejuízo da segurança e da proteção das informações e do cumprimento da legislação aplicável, o órgão ou entidade poderá oferecer meios para que o próprio requerente possa pesquisar a informação de que necessitar.

§4º Quando não for autorizado o acesso por se tratar de informação total ou parcialmente sigilosa, o requerente deverá ser informado sobre a possibilidade de recurso, prazos e condições para sua interposição, devendo, ainda, ser-lhe indicada a autoridade competente para sua apreciação.

§5º A informação armazenada em formato digital será fornecida nesse formato, caso haja anuência do requerente.

§6º Caso a informação solicitada esteja disponível ao público em formato impresso, eletrônico ou em qualquer outro meio de acesso universal, serão informados ao requerente, por escrito, o lugar e a forma pela qual se poderá consultar, obter ou reproduzir a referida informação, procedimento esse que desonerará o órgão ou entidade pública da obrigação de seu fornecimento direto, salvo se o requerente declarar não dispor de meios para realizar por si mesmo tais procedimentos.

Art. 12. O serviço de busca e de fornecimento de informação é gratuito. (Redação dada pela Lei nº 14.129, de 2021) (Vigência)

§1º O órgão ou a entidade poderá cobrar exclusivamente o valor necessário ao ressarcimento dos custos dos serviços e dos materiais utilizados, quando o serviço de busca e de fornecimento da informação exigir reprodução de documentos pelo órgão ou pela entidade pública consultada. (Incluído pela Lei nº 14.129, de 2021) (Vigência)

§2º Estará isento de ressarcir os custos previstos no §1º deste artigo aquele cuja situação econômica não lhe permita fazê-lo sem prejuízo do sustento próprio ou da família, declarada nos termos da Lei nº 7.115, de 29 de agosto de 1983. (Incluído pela Lei nº 14.129, de 2021) (Vigência)

Art. 13. Quando se tratar de acesso à informação contida em documento cuja manipulação possa prejudicar sua integridade, deverá ser oferecida a consulta de cópia, com certificação de que esta confere com o original.

Parágrafo único. Na impossibilidade de obtenção de cópias, o interessado poderá solicitar que, a suas expensas e sob supervisão de servidor público, a reprodução seja feita por outro meio que não ponha em risco a conservação do documento original.

Art. 14. É direito do requerente obter o inteiro teor de decisão de negativa de acesso, por certidão ou cópia.

Seção II

Dos Recursos

Art. 15. No caso de indeferimento de acesso a informações ou às razões da negativa do acesso, poderá o interessado interpor recurso contra a decisão no prazo de 10 (dez) dias a contar da sua ciência.

Parágrafo único. O recurso será dirigido à autoridade hierarquicamente superior à que exarou a decisão impugnada, que deverá se manifestar no prazo de 5 (cinco) dias.

Art. 16. Negado o acesso a informação pelos órgãos ou entidades do Poder Executivo Federal, o requerente poderá recorrer à Controladoria-Geral da União, que deliberará no prazo de 5 (cinco) dias se:

I - o acesso à informação não classificada como sigilosa for negado;

II - a decisão de negativa de acesso à informação total ou parcialmente classificada como sigilosa não indicar a autoridade classificadora ou a hierarquicamente superior a quem possa ser dirigido pedido de acesso ou desclassificação;

III - os procedimentos de classificação de informação sigilosa estabelecidos nesta Lei não tiverem sido observados; e

IV - estiverem sendo descumpridos prazos ou outros procedimentos previstos nesta Lei.

§1º O recurso previsto neste artigo somente poderá ser dirigido à Controladoria-Geral da União depois de submetido à apreciação de pelo menos uma autoridade hierarquicamente superior àquela que exarou a decisão impugnada, que deliberará no prazo de 5 (cinco) dias.

§2º Verificada a procedência das razões do recurso, a Controladoria-Geral da União determinará ao órgão ou entidade que adote as providências necessárias para dar cumprimento ao disposto nesta Lei.

§3º Negado o acesso à informação pela Controladoria-Geral da União, poderá ser interposto recurso à Comissão Mista de Reavaliação de Informações, a que se refere o art. 35.

Art. 17. No caso de indeferimento de pedido de desclassificação de informação protocolado em órgão da administração pública federal, poderá o requerente recorrer ao Ministro de Estado da área, sem prejuízo das competências da Comissão Mista de Reavaliação de Informações, previstas no art. 35, e do disposto no art. 16.

§1º O recurso previsto neste artigo somente poderá ser dirigido às autoridades mencionadas depois de submetido à apreciação de pelo menos uma autoridade hierarquicamente superior à autoridade que exarou a decisão impugnada e, no caso das Forças Armadas, ao respectivo Comando.

§2º Indeferido o recurso previsto no **caput** que tenha como objeto a desclassificação de informação secreta ou ultrassecreta, caberá recurso à Comissão Mista de Reavaliação de Informações prevista no art. 35.

Art. 18. Os procedimentos de revisão de decisões denegatórias proferidas no recurso previsto no art. 15 e de revisão de classificação de documentos sigilosos serão objeto de regulamentação própria dos Poderes Legislativo e Judiciário e do Ministério Público, em seus respectivos âmbitos, assegurado ao solicitante, em qualquer caso, o direito de ser informado sobre o andamento de seu pedido.

Art. 19. (VETADO).

§1º (VETADO).

§2º Os órgãos do Poder Judiciário e do Ministério Público informarão ao Conselho Nacional de Justiça e ao Conselho Nacional do Ministério Público, respectivamente, as decisões que, em grau de recurso, negarem acesso a informações de interesse público.

Art. 20. Aplica-se subsidiariamente, no que couber, a *Lei nº 9.784, de 29 de janeiro de 1999*, ao procedimento de que trata este Capítulo.

CAPÍTULO IV

DAS RESTRIÇÕES DE ACESSO À INFORMAÇÃO

Seção I

Disposições Gerais

Art. 21. Não poderá ser negado acesso à informação necessária à tutela judicial ou administrativa de direitos fundamentais.

Parágrafo único. As informações ou documentos que versem sobre condutas que impliquem violação dos direitos humanos praticada por agentes públicos ou a mando de autoridades públicas não poderão ser objeto de restrição de acesso.

Art. 22. O disposto nesta Lei não exclui as demais hipóteses legais de sigilo e de segredo de justiça nem as hipóteses de segredo industrial decorrentes da exploração direta de atividade econômica pelo Estado ou por pessoa física ou entidade privada que tenha qualquer vínculo com o poder público.

Seção II

Da Classificação da Informação quanto ao Grau e Prazos de Sigilo

Art. 23. São considerados imprescindíveis à segurança da sociedade ou do Estado e, portanto, passíveis de classificação as informações cuja divulgação ou acesso irrestrito possam:

I - pôr em risco a defesa e a soberania nacionais ou a integridade do território nacional;

II - prejudicar ou pôr em risco a condução de negociações ou as relações internacionais do País, ou as que tenham sido fornecidas em caráter sigiloso por outros Estados e organismos internacionais;

III - pôr em risco a vida, a segurança ou a saúde da população;

IV - oferecer elevado risco à estabilidade financeira, econômica ou monetária do País;

V - prejudicar ou causar risco a planos ou operações estratégicos das Forças Armadas;

VI - prejudicar ou causar risco a projetos de pesquisa e desenvolvimento científico ou tecnológico, assim como a sistemas, bens, instalações ou áreas de interesse estratégico nacional;

VII - pôr em risco a segurança de instituições ou de altas autoridades nacionais ou estrangeiras e seus familiares; ou

VIII - comprometer atividades de inteligência, bem como de investigação ou fiscalização em andamento, relacionadas com a prevenção ou repressão de infrações.

Art. 24. A informação em poder dos órgãos e entidades públicas, observado o seu teor e em razão de sua imprescindibilidade à segurança da sociedade ou do Estado, poderá ser classificada como ultrassecreta, secreta ou reservada.

§1º Os prazos máximos de restrição de acesso à informação, conforme a classificação prevista no **caput**, vigoram a partir da data de sua produção e são os seguintes:

I - ultrassecreta: 25 (vinte e cinco) anos;

II - secreta: 15 (quinze) anos; e

III - reservada: 5 (cinco) anos.

§2º As informações que puderem colocar em risco a segurança do Presidente e Vice-Presidente da República e respectivos cônjuges e filhos(as) serão classificadas como reservadas e ficarão sob sigilo até o término do mandato em exercício ou do último mandato, em caso de reeleição.

§3º Alternativamente aos prazos previstos no §1º, poderá ser estabelecida como termo final de restrição de acesso a ocorrência de determinado evento, desde que este ocorra antes do transcurso do prazo máximo de classificação.

§4º Transcorrido o prazo de classificação ou consumado o evento que defina o seu termo final, a informação tornar-se-á, automaticamente, de acesso público.

§5º Para a classificação da informação em determinado grau de sigilo, deverá ser observado o interesse público da informação e utilizado o critério menos restritivo possível, considerados:

I - a gravidade do risco ou dano à segurança da sociedade e do Estado; e

II - o prazo máximo de restrição de acesso ou o evento que defina seu termo final.

Seção III

Da Proteção e do Controle de Informações Sigilosas

Art. 25. É dever do Estado controlar o acesso e a divulgação de informações sigilosas produzidas por seus órgãos e entidades, assegurando a sua proteção. *(Regulamento)*

§1º O acesso, a divulgação e o tratamento de informação classificada como sigilosa ficarão restritos a pessoas que tenham necessidade de conhecê-la e que sejam devidamente credenciadas na forma do regulamento, sem prejuízo das atribuições dos agentes públicos autorizados por lei.

§2º O acesso à informação classificada como sigilosa cria a obrigação para aquele que a obteve de resguardar o sigilo.

§3º Regulamento disporá sobre procedimentos e medidas a serem adotados para o tratamento de informação sigilosa, de modo a protegê-la contra perda, alteração indevida, acesso, transmissão e divulgação não autorizados.

Art. 26. As autoridades públicas adotarão as providências necessárias para que o pessoal a elas subordinado hierarquicamente conheça as normas e observe as medidas e procedimentos de segurança para tratamento de informações sigilosas.

Parágrafo único. A pessoa física ou entidade privada que, em razão de qualquer vínculo com o poder público, executar atividades de tratamento de informações sigilosas adotará as providências necessárias para que seus empregados, prepostos ou representantes observem as medidas e procedimentos de segurança das informações resultantes da aplicação desta Lei.

Seção IV

Dos Procedimentos de Classificação, Reclassificação e Desclassificação

Art. 27. A classificação do sigilo de informações no âmbito da administração pública federal é de competência: *(Regulamento)*

I - no grau de ultrassecreto, das seguintes autoridades:

a) Presidente da República;

b) Vice-Presidente da República;

c) Ministros de Estado e autoridades com as mesmas prerrogativas;

d) Comandantes da Marinha, do Exército e da Aeronáutica; e

e) Chefes de Missões Diplomáticas e Consulares permanentes no exterior;

II - no grau de secreto, das autoridades referidas no inciso I, dos titulares de autarquias, fundações ou empresas públicas e sociedades de economia mista; e

III - no grau de reservado, das autoridades referidas nos incisos I e II e das que exerçam funções de direção, comando ou chefia, nível DAS 101.5, ou superior, do Grupo-Direção e Assessoramento Superiores, ou de hierarquia equivalente, de acordo com regulamentação específica de cada órgão ou entidade, observado o disposto nesta Lei.

§1º A competência prevista nos incisos I e II, no que se refere à classificação como ultrassecreta e secreta, poderá ser delegada pela autoridade responsável a agente público, inclusive em missão no exterior, vedada a subdelegação.

§2º A classificação de informação no grau de sigilo ultrassecreto pelas autoridades previstas nas alíneas "d" e "e" do inciso I deverá ser ratificada pelos respectivos Ministros de Estado, no prazo previsto em regulamento.

§3º A autoridade ou outro agente público que classificar informação como ultrassecreta deverá encaminhar a decisão de que trata o art. 28 à Comissão Mista de Reavaliação de Informações, a que se refere o art. 35, no prazo previsto em regulamento.

Art. 28. A classificação de informação em qualquer grau de sigilo deverá ser formalizada em decisão que conterá, no mínimo, os seguintes elementos:

I - assunto sobre o qual versa a informação;

II - fundamento da classificação, observados os critérios estabelecidos no art. 24;

III - indicação do prazo de sigilo, contado em anos, meses ou dias, ou do evento que defina o seu termo final, conforme limites previstos no art. 24; e

IV - identificação da autoridade que a classificou.

Parágrafo único. A decisão referida no **caput** será mantida no mesmo grau de sigilo da informação classificada.

Art. 29. A classificação das informações será reavaliada pela autoridade classificadora ou por autoridade hierarquicamente superior, mediante provocação ou de ofício, nos termos e prazos previstos em regulamento, com vistas à sua desclassificação ou à redução do prazo de sigilo, observado o disposto no art. 24. *(Regulamento)*

§1º O regulamento a que se refere o **caput** deverá considerar as peculiaridades das informações produzidas no exterior por autoridades ou agentes públicos.

§2º Na reavaliação a que se refere o **caput**, deverão ser examinadas a permanência dos motivos do sigilo e a possibilidade de danos decorrentes do acesso ou da divulgação da informação.

§3º Na hipótese de redução do prazo de sigilo da informação, o novo prazo de restrição manterá como termo inicial a data da sua produção.

Art. 30. A autoridade máxima de cada órgão ou entidade publicará, anualmente, em sítio à disposição na internet e destinado à veiculação de dados e informações administrativas, nos termos de regulamento:

I - rol das informações que tenham sido desclassificadas nos últimos 12 (doze) meses;

II - rol de documentos classificados em cada grau de sigilo, com identificação para referência futura;

III - relatório estatístico contendo a quantidade de pedidos de informação recebidos, atendidos e indeferidos, bem como informações genéricas sobre os solicitantes.

§1º Os órgãos e entidades deverão manter exemplar da publicação prevista no **caput** para consulta pública em suas sedes.

§2º Os órgãos e entidades manterão extrato com a lista de informações classificadas, acompanhadas da data, do grau de sigilo e dos fundamentos da classificação.

Seção V

Das Informações Pessoais

Art. 31. O tratamento das informações pessoais deve ser feito de forma transparente e com respeito à intimidade, vida privada, honra e imagem das pessoas, bem como às liberdades e garantias individuais.

§1º As informações pessoais, a que se refere este artigo, relativas à intimidade, vida privada, honra e imagem:

I - terão seu acesso restrito, independentemente de classificação de sigilo e pelo prazo máximo de 100 (cem) anos a contar da sua data de produção, a agentes públicos legalmente autorizados e à pessoa a que elas se referirem; e

II - poderão ter autorizada sua divulgação ou acesso por terceiros diante de previsão legal ou consentimento expresso da pessoa a que elas se referirem.

§2º Aquele que obtiver acesso às informações de que trata este artigo será responsabilizado por seu uso indevido.

§3º O consentimento referido no inciso II do §1º não será exigido quando as informações forem necessárias:

I - à prevenção e diagnóstico médico, quando a pessoa estiver física ou legalmente incapaz, e para utilização única e exclusivamente para o tratamento médico;

II - à realização de estatísticas e pesquisas científicas de evidente interesse público ou geral, previstos em lei, sendo vedada a identificação da pessoa a que as informações se referirem;

III - ao cumprimento de ordem judicial;

IV - à defesa de direitos humanos; ou

V - à proteção do interesse público e geral preponderante.

§4º A restrição de acesso à informação relativa à vida privada, honra e imagem de pessoa não poderá ser invocada com o intuito de prejudicar processo de apuração de irregularidades em que o titular das informações estiver envolvido, bem como em ações voltadas para a recuperação de fatos históricos de maior relevância.

§5º Regulamento disporá sobre os procedimentos para tratamento de informação pessoal.

CAPÍTULO V

DAS RESPONSABILIDADES

Art. 32. Constituem condutas ilícitas que ensejam responsabilidade do agente público ou militar:

I - recusar-se a fornecer informação requerida nos termos desta Lei, retardar deliberadamente o seu fornecimento ou fornecê-la intencionalmente de forma incorreta, incompleta ou imprecisa;

II - utilizar indevidamente, bem como subtrair, destruir, inutilizar, desfigurar, alterar ou ocultar, total ou parcialmente, informação que se encontre sob sua guarda ou a que tenha acesso ou conhecimento em razão do exercício das atribuições de cargo, emprego ou função pública;

III - agir com dolo ou má-fé na análise das solicitações de acesso à informação;

IV - divulgar ou permitir a divulgação ou acessar ou permitir acesso indevido à informação sigilosa ou informação pessoal;

V - impor sigilo à informação para obter proveito pessoal ou de terceiro, ou para fins de ocultação de ato ilegal cometido por si ou por outrem;

VI - ocultar da revisão de autoridade superior competente informação sigilosa para beneficiar a si ou a outrem, ou em prejuízo de terceiros; e

VII - destruir ou subtrair, por qualquer meio, documentos concernentes a possíveis violações de direitos humanos por parte de agentes do Estado.

§1º Atendido o princípio do contraditório, da ampla defesa e do devido processo legal, as condutas descritas no **caput** serão consideradas:

I - para fins dos regulamentos disciplinares das Forças Armadas, transgressões militares médias ou graves, segundo os critérios neles estabelecidos, desde que não tipificadas em lei como crime ou contravenção penal; ou

II - para fins do disposto na *Lei nº 8.112, de 11 de dezembro de 1990,* e suas alterações, infrações administrativas, que deverão ser apenadas, no mínimo, com suspensão, segundo os critérios nela estabelecidos.

§2º Pelas condutas descritas no **caput**, poderá o militar ou agente público responder, também, por improbidade administrativa, conforme o disposto nas *Leis nºs 1.079, de 10 de abril de 1950,* e *8.429, de 2 de junho de 1992.*

Art. 33. A pessoa física ou entidade privada que detiver informações em virtude de vínculo de qualquer natureza com o poder público e deixar de observar o disposto nesta Lei estará sujeita às seguintes sanções:

I - advertência;

II - multa;

III - rescisão do vínculo com o poder público;

IV - suspensão temporária de participar em licitação e impedimento de contratar com a administração pública por prazo não superior a 2 (dois) anos; e

V - declaração de inidoneidade para licitar ou contratar com a administração pública, até que seja promovida a reabilitação perante a própria autoridade que aplicou a penalidade.

§1º As sanções previstas nos incisos I, III e IV poderão ser aplicadas juntamente com a do inciso II, assegurado o direito de defesa do interessado, no respectivo processo, no prazo de 10 (dez) dias.

§2º A reabilitação referida no inciso V será autorizada somente quando o interessado efetivar o ressarcimento ao órgão ou entidade dos prejuízos resultantes e após decorrido o prazo da sanção aplicada com base no inciso IV.

§3º A aplicação da sanção prevista no inciso V é de competência exclusiva da autoridade máxima do órgão ou entidade pública, facultada a defesa do interessado, no respectivo processo, no prazo de 10 (dez) dias da abertura de vista.

Art. 34. Os órgãos e entidades públicas respondem diretamente pelos danos causados em decorrência da divulgação não autorizada ou utilização indevida de informações sigilosas ou informações pessoais, cabendo a apuração de responsabilidade funcional nos casos de dolo ou culpa, assegurado o respectivo direito de regresso.

Parágrafo único. O disposto neste artigo aplica-se à pessoa física ou entidade privada que, em virtude de vínculo de qualquer natureza com órgãos ou entidades, tenha acesso a informação sigilosa ou pessoal e a submeta a tratamento indevido.

CAPÍTULO VI

DISPOSIÇÕES FINAIS E TRANSITÓRIAS

Art. 35. (VETADO).

§1º É instituída a Comissão Mista de Reavaliação de Informações, que decidirá, no âmbito da administração pública federal, sobre o tratamento e a classificação de informações sigilosas e terá competência para:

I - requisitar da autoridade que classificar informação como ultrassecreta e secreta esclarecimento ou conteúdo, parcial ou integral da informação;

II - rever a classificação de informações ultrassecretas ou secretas, de ofício ou mediante provocação de pessoa interessada, observado o disposto no art. 7º e demais dispositivos desta Lei; e

III - prorrogar o prazo de sigilo de informação classificada como ultrassecreta, sempre por prazo determinado, enquanto o seu acesso ou divulgação puder ocasionar ameaça externa à soberania nacional ou à integridade do território nacional ou grave risco às relações internacionais do País, observado o prazo previsto no §1º do art. 24.

§2º O prazo referido no inciso III é limitado a uma única renovação.

§3º A revisão de ofício a que se refere o inciso II do §1º deverá ocorrer, no máximo, a cada 4 (quatro) anos, após a reavaliação prevista no art. 39, quando se tratar de documentos ultrassecretos ou secretos.

§4º A não deliberação sobre a revisão pela Comissão Mista de Reavaliação de Informações nos prazos previstos no §3º implicará a desclassificação automática das informações.

§5º Regulamento disporá sobre a composição, organização e funcionamento da Comissão Mista de Reavaliação de Informações, observado o mandato de 2 (dois) anos para seus integrantes e demais disposições desta Lei. *(Regulamento)*

Art. 36. O tratamento de informação sigilosa resultante de tratados, acordos ou atos internacionais atenderá às normas e recomendações constantes desses instrumentos.

Art. 37. É instituído, no âmbito do Gabinete de Segurança Institucional da Presidência da República, o Núcleo de Segurança e Credenciamento (NSC), que tem por objetivos: *(Regulamento)*

I - promover e propor a regulamentação do credenciamento de segurança de pessoas físicas, empresas, órgãos e entidades para tratamento de informações sigilosas; e

II - garantir a segurança de informações sigilosas, inclusive aquelas provenientes de países ou organizações internacionais com os quais a República Federativa do Brasil tenha firmado tratado, acordo, contrato ou qualquer outro ato internacional, sem prejuízo das atribuições do Ministério das Relações Exteriores e dos demais órgãos competentes.

Parágrafo único. Regulamento disporá sobre a composição, organização e funcionamento do NSC.

Art. 38. Aplica-se, no que couber, a *Lei nº 9.507, de 12 de novembro de 1997*, em relação à informação de pessoa, física ou jurídica, constante de registro ou banco de dados de entidades governamentais ou de caráter público.

Art. 39. Os órgãos e entidades públicas deverão proceder à reavaliação das informações classificadas como ultrassecretas e secretas no prazo máximo de 2 (dois) anos, contado do termo inicial de vigência desta Lei.

§1º A restrição de acesso a informações, em razão da reavaliação prevista no **caput**, deverá observar os prazos e condições previstos nesta Lei.

§2º No âmbito da administração pública federal, a reavaliação prevista no **caput** poderá ser revista, a qualquer tempo, pela Comissão Mista de Reavaliação de Informações, observados os termos desta Lei.

§3º Enquanto não transcorrido o prazo de reavaliação previsto no **caput**, será mantida a classificação da informação nos termos da legislação precedente.

§4º As informações classificadas como secretas e ultrassecretas não reavaliadas no prazo previsto no **caput** serão consideradas, automaticamente, de acesso público.

Art. 40. No prazo de 60 (sessenta) dias, a contar da vigência desta Lei, o dirigente máximo de cada órgão ou entidade da administração pública federal direta e indireta designará autoridade que lhe seja diretamente subordinada para, no âmbito do respectivo órgão ou entidade, exercer as seguintes atribuições:

I - assegurar o cumprimento das normas relativas ao acesso a informação, de forma eficiente e adequada aos objetivos desta Lei;

II - monitorar a implementação do disposto nesta Lei e apresentar relatórios periódicos sobre o seu cumprimento;

III - recomendar as medidas indispensáveis à implementação e ao aperfeiçoamento das normas e procedimentos necessários ao correto cumprimento do disposto nesta Lei; e

IV - orientar as respectivas unidades no que se refere ao cumprimento do disposto nesta Lei e seus regulamentos.

Art. 41. O Poder Executivo Federal designará órgão da administração pública federal responsável:

I - pela promoção de campanha de abrangência nacional de fomento à cultura da transparência na administração pública e conscientização do direito fundamental de acesso à informação;

II - pelo treinamento de agentes públicos no que se refere ao desenvolvimento de práticas relacionadas à transparência na administração pública;

III - pelo monitoramento da aplicação da lei no âmbito da administração pública federal, concentrando e consolidando a publicação de informações estatísticas relacionadas no art. 30;

IV - pelo encaminhamento ao Congresso Nacional de relatório anual com informações atinentes à implementação desta Lei.

Art. 42. O Poder Executivo regulamentará o disposto nesta Lei no prazo de 180 (cento e oitenta) dias a contar da data de sua publicação.

Art. 43. O inciso VI do art. 116 da Lei nº 8.112, de 11 de dezembro de 1990, passa a vigorar com a seguinte redação:

"Art. 116..

....

VI - levar as irregularidades de que tiver ciência em razão do cargo ao conhecimento da autoridade superior ou, quando houver suspeita de envolvimento desta, ao conhecimento de outra autoridade competente para apuração;

...." (NR)

Art. 44. O Capítulo IV do Título IV da Lei nº 8.112, de 1990, passa a vigorar acrescido do seguinte art. 126-A:

"Art. 126-A. Nenhum servidor poderá ser responsabilizado civil, penal ou administrativamente por dar ciência à autoridade superior ou, quando houver suspeita de envolvimento desta, a outra autoridade competente para apuração de informação concernente à prática de crimes ou improbidade de que tenha conhecimento, ainda que em decorrência do exercício de cargo, emprego ou função pública."

Art. 45. Cabe aos Estados, ao Distrito Federal e aos Municípios, em legislação própria, obedecidas as normas gerais estabelecidas nesta Lei, definir regras específicas, especialmente quanto ao disposto no art. 9º e na Seção II do Capítulo III.

Art. 46. Revogam-se:

I - a *Lei nº 11.111, de 5 de maio de 2005*; e

II - os *arts. 22 a 24 da Lei nº 8.159, de 8 de janeiro de 1991*.

Art. 47. Esta Lei entra em vigor 180 (cento e oitenta) dias após a data de sua publicação.

Brasília, 18 de novembro de 2011; 190º da Independência e 123º da República.

DILMA ROUSSEFF

José Eduardo Cardoso

Celso Luiz Nunes Amorim

Antonio de Aguiar Patriota

Miriam Belchior

Paulo Bernardo Silva

Gleisi Hoffmann

José Elito Carvalho Siqueira

Helena Chagas

Luís Inácio Lucena Adams

Jorge Hage Sobrinho

Maria do Rosário Nunes

Este texto não substitui o publicado no DOU de 18.11.2011 - Edição extra

DECRETO Nº 7.724, DE 16 DE MAIO DE 2012

*Regulamenta a Lei nº 12.527, de 18 de novembro de 2011, que dispõe sobre o acesso a informações previsto no inciso XXXIII do **caput** do art. 5º, no inciso II do §3º do art. 37 e no §2º do art. 216 da Constituição.*

A PRESIDENTA DA REPÚBLICA, no uso das atribuições que lhe confere o art. 84, **caput**, incisos IV e VI, alínea "a", da Constituição, e tendo em vista o disposto na Lei nº 12.527, de 18 de novembro de 2011,

DECRETA:

CAPÍTULO I

DISPOSIÇÕES GERAIS

Art. 1º Este Decreto regulamenta, no âmbito do Poder Executivo federal, os procedimentos para a garantia do acesso à informação e para a classificação de informações sob restrição de acesso, observados grau e prazo de sigilo, conforme o disposto na Lei nº 12.527, de 18 de novembro de 2011, que dispõe sobre o acesso a informações previsto no inciso XXXIII do **caput** do art. 5º, no inciso II do §3º do art. 37 e no §2º do art. 216 da Constituição.

Art. 2º Os órgãos e as entidades do Poder Executivo federal assegurarão, às pessoas naturais e jurídicas, o direito de acesso à informação, que será proporcionado mediante procedimentos objetivos e ágeis, de forma transparente, clara e em linguagem de fácil compreensão, observados os princípios da administração pública e as diretrizes previstas na Lei nº 12.527, de 2011.

Art. 3º Para os efeitos deste Decreto, considera-se:

I - informação - dados, processados ou não, que podem ser utilizados para produção e transmissão de conhecimento, contidos em qualquer meio, suporte ou formato;

II - dados processados - dados submetidos a qualquer operação ou tratamento por meio de processamento eletrônico ou por meio automatizado com o emprego de tecnologia da informação;

III - documento - unidade de registro de informações, qualquer que seja o suporte ou formato;

IV - informação sigilosa - informação submetida temporariamente à restrição de acesso público em razão de sua imprescindibilidade para a segurança da sociedade e do Estado, e aquelas abrangidas pelas demais hipóteses legais de sigilo;

V - informação pessoal - informação relacionada à pessoa natural identificada ou identificável, relativa à intimidade, vida privada, honra e imagem;

VI - tratamento da informação - conjunto de ações referentes à produção, recepção, classificação, utilização, acesso, reprodução, transporte, transmissão, distribuição, arquivamento, armazenamento, eliminação, avaliação, destinação ou controle da informação;

VII - disponibilidade - qualidade da informação que pode ser conhecida e utilizada por indivíduos, equipamentos ou sistemas autorizados;

VIII - autenticidade - qualidade da informação que tenha sido produzida, expedida, recebida ou modificada por determinado indivíduo, equipamento ou sistema;

IX - integridade - qualidade da informação não modificada, inclusive quanto à origem, trânsito e destino;

X - primariedade - qualidade da informação coletada na fonte, com o máximo de detalhamento possível, sem modificações;

XI - informação atualizada - informação que reúne os dados mais recentes sobre o tema, de acordo com sua natureza, com os prazos previstos em normas específicas ou conforme a periodicidade estabelecida nos sistemas informatizados que a organizam; e

XII - documento preparatório - documento formal utilizado como fundamento da tomada de decisão ou de ato administrativo, a exemplo de pareceres e notas técnicas.

Art. 4º A busca e o fornecimento da informação são gratuitos, ressalvada a cobrança do valor referente ao custo dos serviços e dos materiais utilizados, tais como reprodução de documentos, mídias digitais e postagem.

Parágrafo único. Está isento de ressarcir os custos dos serviços e dos materiais utilizados aquele cuja situação econômica não lhe permita fazê-lo sem prejuízo do sustento próprio ou da família, declarada nos termos da Lei nº 7.115, de 29 de agosto de 1983.

CAPÍTULO II

DA ABRANGÊNCIA

Art. 5º Sujeitam-se ao disposto neste Decreto os órgãos da administração direta, as autarquias, as fundações públicas, as empresas públicas, as sociedades de economia mista e as demais entidades controladas direta ou indiretamente pela União.

§1º A divulgação de informações de empresas públicas, sociedade de economia mista e demais entidades controladas pela União que atuem em regime de concorrência, sujeitas ao disposto no art. 173 da Constituição, estará submetida às normas pertinentes da Comissão de Valores Mobiliários, a fim de assegurar sua competitividade, governança corporativa e, quando houver, os interesses de acionistas minoritários.

§2º Não se sujeitam ao disposto neste Decreto as informações relativas à atividade empresarial de pessoas físicas ou jurídicas de direito privado obtidas pelo Banco Central do Brasil, pelas agências reguladoras ou por outros órgãos ou entidades no exercício de atividade de controle, regulação e supervisão da atividade econômica cuja divulgação possa representar vantagem competitiva a outros agentes econômicos.

Art. 6º O acesso à informação disciplinado neste Decreto não se aplica:

I - às hipóteses de sigilo previstas na legislação, como fiscal, bancário, de operações e serviços no mercado de capitais, comercial, profissional, industrial e segredo de justiça; e

II - às informações referentes a projetos de pesquisa e desenvolvimento científicos ou tecnológicos cujo sigilo seja imprescindível à segurança da sociedade e do Estado, na forma do §1º do art. 7º da Lei nº 12.527, de 2011.

CAPÍTULO III

DA TRANSPARÊNCIA ATIVA

Art. 7º É dever dos órgãos e entidades promover, independente de requerimento, a divulgação em seus sítios na Internet de informações de interesse coletivo ou geral por eles produzidas ou custodiadas, observado o disposto nos arts. 7º e 8º da Lei nº 12.527, de 2011.

§1º Os órgãos e entidades deverão implementar em seus sítios na Internet seção específica para a divulgação das informações de que trata o **caput.**

§2º Serão disponibilizados nos sítios na Internet dos órgãos e entidades, conforme padrão estabelecido pela Secretaria de Comunicação Social da Presidência da República:

I - **banner** na página inicial, que dará acesso à seção específica de que trata o §1º ; e

II - barra de identidade do Governo federal, contendo ferramenta de redirecionamento de página para o Portal Brasil e para o sítio principal sobre a Lei nº 12.527, de 2011.

§3º Deverão ser divulgadas, na seção específica de que trata o §1º, informações sobre:

I - estrutura organizacional, competências, legislação aplicável, principais cargos e seus ocupantes, endereço e telefones das unidades, horários de atendimento ao público;

II - programas, projetos, ações, obras e atividades, com indicação da unidade responsável, principais metas e resultados e, quando existentes, indicadores de resultado e impacto;

III - repasses ou transferências de recursos financeiros;

IV - execução orçamentária e financeira detalhada;

V - licitações realizadas e em andamento, com editais, anexos e resultados, além dos contratos firmados e notas de empenho emitidas;

VI - remuneração e subsídio recebidos por ocupante de cargo, posto, graduação, função e emprego público, incluídos os auxílios, as ajudas de custo, os **jetons** e outras vantagens pecuniárias, além dos proventos de aposentadoria e das pensões daqueles servidores e empregados públicos que estiverem na ativa, de maneira individualizada, conforme estabelecido em ato do Ministro de Estado da Economia; (Redação dada pelo Decreto nº 9.690, de 2019)

VII - respostas a perguntas mais frequentes da sociedade; (Redação dada pelo Decreto nº 8.408, de 2015)

VIII - contato da autoridade de monitoramento, designada nos termos do art. 40 da Lei nº 12.527, de 2011, e telefone e correio eletrônico do Serviço de Informações ao Cidadão - SIC; e (Redação dada pelo Decreto nº 8.408, de 2015)

IX - programas financiados pelo Fundo de Amparo ao Trabalhador - FAT. (Incluído pelo Decreto nº 8.408, de 2015)

§4º As informações poderão ser disponibilizadas por meio de ferramenta de redirecionamento de página na Internet, quando estiverem disponíveis em outros sítios governamentais.

§5º No caso das empresas públicas, sociedades de economia mista e demais entidades controladas pela União que atuem em regime de concorrência, sujeitas ao disposto no art. 173 da Constituição, aplica-se o disposto no §1º do art. 5º.

§6º O Banco Central do Brasil divulgará periodicamente informações relativas às operações de crédito praticadas pelas instituições financeiras, inclusive as taxas de juros mínima, máxima e média e as respectivas tarifas bancárias.

§7º A divulgação das informações previstas no §3º não exclui outras hipóteses de publicação e divulgação de informações previstas na legislação.

§8º Ato conjunto dos Ministros de Estado da Controladoria-Geral da União e da Economia disporá sobre a divulgação dos programas de que trata o inciso IX do §3º, que será feita, observado o disposto no Capítulo VII: (Redação dada pelo Decreto nº 9.690, de 2019)

I - de maneira individualizada; (Incluído pelo Decreto nº 8.408, de 2015)

II - por meio de informações consolidadas disponibilizadas no sítio eletrônico do Ministério da Economia; e (Redação dada pelo Decreto nº 9.690, de 2019)

III - por meio de disponibilização de variáveis das bases de dados para execução de cruzamentos, para fins de estudos e pesquisas, observado o disposto no art. 13. (Incluído pelo Decreto nº 8.408, de 2015)

Art. 8º Os sítios eletrônicos dos órgãos e das entidades, em cumprimento às normas estabelecidas pelo Ministério da Economia, atenderão aos seguintes requisitos, entre outros. (Redação dada pelo Decreto nº 9.690, de 2019)

I - conter formulário para pedido de acesso à informação;

II - conter ferramenta de pesquisa de conteúdo que permita o acesso à informação de forma objetiva, transparente, clara e em linguagem de fácil compreensão;

III - possibilitar gravação de relatórios em diversos formatos eletrônicos, inclusive abertos e não proprietários, tais como planilhas e texto, de modo a facilitar a análise das informações;

IV - possibilitar acesso automatizado por sistemas externos em formatos abertos, estruturados e legíveis por máquina;

V - divulgar em detalhes os formatos utilizados para estruturação da informação;

VI - garantir autenticidade e integridade das informações disponíveis para acesso;

VII - indicar instruções que permitam ao requerente comunicar-se, por via eletrônica ou telefônica, com o órgão ou entidade; e

VIII - garantir a acessibilidade de conteúdo para pessoas com deficiência.

CAPÍTULO IV

DA TRANSPARÊNCIA PASSIVA

Seção I

Do Serviço de Informação ao Cidadão

Art. 9º Os órgãos e entidades deverão criar Serviço de Informações ao Cidadão - SIC, com o objetivo de:

I - atender e orientar o público quanto ao acesso à informação;

II - informar sobre a tramitação de documentos nas unidades; e

III - receber e registrar pedidos de acesso à informação.

Parágrafo único. Compete ao SIC:

I - o recebimento do pedido de acesso e, sempre que possível, o fornecimento imediato da informação;

II - o registro do pedido de acesso em sistema eletrônico específico e a entrega de número do protocolo, que conterá a data de apresentação do pedido; e

III - o encaminhamento do pedido recebido e registrado à unidade responsável pelo fornecimento da informação, quando couber.

Art. 10. O SIC será instalado em unidade física identificada, de fácil acesso e aberta ao público.

§1º Nas unidades descentralizadas em que não houver SIC será oferecido serviço de recebimento e registro dos pedidos de acesso à informação.

§2º Se a unidade descentralizada não detiver a informação, o pedido será encaminhado ao SIC do órgão ou entidade central, que comunicará ao requerente o número do protocolo e a data de recebimento do pedido, a partir da qual se inicia o prazo de resposta.

Seção II

Do Pedido de Acesso à Informação

Art. 11. Qualquer pessoa, natural ou jurídica, poderá formular pedido de acesso à informação.

§1º O pedido será apresentado em formulário padrão, disponibilizado em meio eletrônico e físico, no sítio na Internet e no SIC dos órgãos e entidades.

§2º O prazo de resposta será contado a partir da data de apresentação do pedido ao SIC.

§3º É facultado aos órgãos e entidades o recebimento de pedidos de acesso à informação por qualquer outro meio legítimo, como contato telefônico, correspondência eletrônica ou física, desde que atendidos os requisitos do art. 12.

§4º Na hipótese do §3º, será enviada ao requerente comunicação com o número de protocolo e a data do recebimento do pedido pelo SIC, a partir da qual se inicia o prazo de resposta.

Art. 12. O pedido de acesso à informação deverá conter:

I - nome do requerente;

II - número de documento de identificação válido;

III - especificação, de forma clara e precisa, da informação requerida; e

IV - endereço físico ou eletrônico do requerente, para recebimento de comunicações ou da informação requerida.

Art. 13. Não serão atendidos pedidos de acesso à informação:

I - genéricos;

II - desproporcionais ou desarrazoados; ou

III - que exijam trabalhos adicionais de análise, interpretação ou consolidação de dados e informações, ou serviço de produção ou tratamento de dados que não seja de competência do órgão ou entidade.

Parágrafo único. Na hipótese do inciso III do **caput,** o órgão ou entidade deverá, caso tenha conhecimento, indicar o local onde se encontram as informações a partir das quais o requerente poderá realizar a interpretação, consolidação ou tratamento de dados.

Art. 14. São vedadas exigências relativas aos motivos do pedido de acesso à informação.

Seção III

Do Procedimento de Acesso à Informação

Art. 15. Recebido o pedido e estando a informação disponível, o acesso será imediato.

§1º Caso não seja possível o acesso imediato, o órgão ou entidade deverá, no prazo de até vinte dias:

I - enviar a informação ao endereço físico ou eletrônico informado;

II - comunicar data, local e modo para realizar consulta à informação, efetuar reprodução ou obter certidão relativa à informação;

III - comunicar que não possui a informação ou que não tem conhecimento de sua existência;

IV - indicar, caso tenha conhecimento, o órgão ou entidade responsável pela informação ou que a detenha; ou

V - indicar as razões da negativa, total ou parcial, do acesso.

§2º Nas hipóteses em que o pedido de acesso demandar manuseio de grande volume de documentos, ou a movimentação do documento puder comprometer sua regular tramitação, será adotada a medida prevista no inciso II do §1º.

§3º Quando a manipulação puder prejudicar a integridade da informação ou do documento, o órgão ou entidade deverá indicar data, local e modo para consulta, ou disponibilizar cópia, com certificação de que confere com o original.

§4º Na impossibilidade de obtenção de cópia de que trata o §3º, o requerente poderá solicitar que, às suas expensas e sob supervisão de servidor público, a reprodução seja feita por outro meio que não ponha em risco a integridade do documento original.

Art. 16. O prazo para resposta do pedido poderá ser prorrogado por dez dias, mediante justificativa encaminhada ao requerente antes do término do prazo inicial de vinte dias.

Art. 17. Caso a informação esteja disponível ao público em formato impresso, eletrônico ou em outro meio de acesso universal, o órgão ou entidade deverá orientar o requerente quanto ao local e modo para consultar, obter ou reproduzir a informação.

Parágrafo único. Na hipótese do **caput** o órgão ou entidade desobriga-se do fornecimento direto da informação, salvo se o requerente declarar não dispor de meios para consultar, obter ou reproduzir a informação.

Art. 18. Quando o fornecimento da informação implicar reprodução de documentos, o órgão ou entidade, observado o prazo de resposta ao pedido, disponibilizará ao requerente Guia de Recolhimento da União - GRU ou documento equivalente, para pagamento dos custos dos serviços e dos materiais utilizados.

Parágrafo único. A reprodução de documentos ocorrerá no prazo de dez dias, contado da comprovação do pagamento pelo requerente ou da entrega de declaração de pobreza por ele firmada, nos termos da Lei nº 7.115, de 1983, ressalvadas hipóteses justificadas em que, devido ao volume ou ao estado dos documentos, a reprodução demande prazo superior.

Art. 19. Negado o pedido de acesso à informação, será enviada ao requerente, no prazo de resposta, comunicação com:

I - razões da negativa de acesso e seu fundamento legal;

II - possibilidade e prazo de recurso, com indicação da autoridade que o apreciará; e

III - possibilidade de apresentação de pedido de desclassificação da informação, quando for o caso, com indicação da autoridade classificadora que o apreciará.

§1º As razões de negativa de acesso a informação classificada indicarão o fundamento legal da classificação, a autoridade que a classificou e o código de indexação do documento classificado.

§2º Os órgãos e entidades disponibilizarão formulário padrão para apresentação de recurso e de pedido de desclassificação.

Art. 20. O acesso a documento preparatório ou informação nele contida, utilizados como fundamento de tomada de decisão ou de ato administrativo, será assegurado a partir da edição do ato ou decisão.

Parágrafo único. O Ministério da Fazenda e o Banco Central do Brasil classificarão os documentos que embasarem decisões de política econômica, tais como fiscal, tributária, monetária e regulatória.

Seção IV

Dos Recursos

Art. 21. No caso de negativa de acesso à informação ou de não fornecimento das razões da negativa do acesso, poderá o requerente apresentar recurso no prazo de dez dias, contado da ciência da decisão, à autoridade hierarquicamente superior à que adotou a decisão, que deverá apreciá-lo no prazo de cinco dias, contado da sua apresentação.

Parágrafo único. Desprovido o recurso de que trata o **caput,** poderá o requerente apresentar recurso no prazo de dez dias, contado da ciência da decisão, à autoridade máxima do órgão ou entidade, que deverá se manifestar em cinco dias contados do recebimento do recurso.

Art. 22. No caso de omissão de resposta ao pedido de acesso à informação, o requerente poderá apresentar reclamação no prazo de dez dias à autoridade de monitoramento de que trata o art. 40 da Lei nº 12.527, de 2011, que deverá se manifestar no prazo de cinco dias, contado do recebimento da reclamação.

§1º O prazo para apresentar reclamação começará trinta dias após a apresentação do pedido.

§2º A autoridade máxima do órgão ou entidade poderá designar outra autoridade que lhe seja diretamente subordinada como responsável pelo recebimento e apreciação da reclamação.

Art. 23. Desprovido o recurso de que trata o parágrafo único do art. 21 ou infrutífera a reclamação de que trata o art. 22, poderá o requerente apresentar recurso no prazo de dez dias, contado da ciência da decisão, à Controladoria-Geral da União, que deverá se manifestar no prazo de cinco dias, contado do recebimento do recurso.

§1º A Controladoria-Geral da União poderá determinar que o órgão ou entidade preste esclarecimentos.

§2º Provido o recurso, a Controladoria-Geral da União fixará prazo para o cumprimento da decisão pelo órgão ou entidade.

Art. 24. No caso de negativa de acesso à informação, ou às razões da negativa do acesso de que trata o **caput** do art. 21, desprovido o recurso pela Controladoria-Geral da União, o requerente poderá apresentar, no prazo de dez dias, contado da ciência da decisão, recurso à Comissão Mista de Reavaliação de Informações, observados os procedimentos previstos no Capítulo VI.

CAPÍTULO V
DAS INFORMAÇÕES CLASSIFICADAS EM GRAU DE SIGILO

Seção I
Da Classificação de Informações quanto ao Grau e Prazos de Sigilo

Art. 25. São passíveis de classificação as informações consideradas imprescindíveis à segurança da sociedade ou do Estado, cuja divulgação ou acesso irrestrito possam:

I - pôr em risco a defesa e a soberania nacionais ou a integridade do território nacional;

II - prejudicar ou pôr em risco a condução de negociações ou as relações internacionais do País;

III - prejudicar ou pôr em risco informações fornecidas em caráter sigiloso por outros Estados e organismos internacionais;

IV - pôr em risco a vida, a segurança ou a saúde da população;

V - oferecer elevado risco à estabilidade financeira, econômica ou monetária do País;

VI - prejudicar ou causar risco a planos ou operações estratégicos das Forças Armadas;

VII - prejudicar ou causar risco a projetos de pesquisa e desenvolvimento científico ou tecnológico, assim como a sistemas, bens, instalações ou áreas de interesse estratégico nacional, observado o disposto no inciso II do **caput** do art. 6º ;

VIII - pôr em risco a segurança de instituições ou de altas autoridades nacionais ou estrangeiras e seus familiares; ou

IX - comprometer atividades de inteligência, de investigação ou de fiscalização em andamento, relacionadas com prevenção ou repressão de infrações.

Art. 26. A informação em poder dos órgãos e entidades, observado o seu teor e em razão de sua imprescindibilidade à segurança da sociedade ou do Estado, poderá ser classificada no grau ultrassecreto, secreto ou reservado.

Art. 27. Para a classificação da informação em grau de sigilo, deverá ser observado o interesse público da informação e utilizado o critério menos restritivo possível, considerados:

I - a gravidade do risco ou dano à segurança da sociedade e do Estado; e

II - o prazo máximo de classificação em grau de sigilo ou o evento que defina seu termo final.

Art. 28. Os prazos máximos de classificação são os seguintes:

I - grau ultrassecreto: vinte e cinco anos;

II - grau secreto: quinze anos; e

III - grau reservado: cinco anos.

Parágrafo único. Poderá ser estabelecida como termo final de restrição de acesso a ocorrência de determinado evento, observados os prazos máximos de classificação.

Art. 29. As informações que puderem colocar em risco a segurança do Presidente da República, Vice-Presidente e seus cônjuges e filhos serão classificadas no grau reservado e ficarão sob sigilo até o término do mandato em exercício ou do último mandato, em caso de reeleição.

Art. 30. A classificação de informação é de competência:

I - no grau ultrassecreto, das seguintes autoridades:

a) Presidente da República;

b) Vice-Presidente da República;

c) Ministros de Estado e autoridades com as mesmas prerrogativas;

d) Comandantes da Marinha, do Exército, da Aeronáutica; e

e) Chefes de Missões Diplomáticas e Consulares permanentes no exterior;

II - no grau secreto, das autoridades referidas no inciso I do **caput,** dos titulares de autarquias, fundações, empresas públicas e sociedades de economia mista; e

III - no grau reservado, das autoridades referidas nos incisos I e II do **caput** e das que exerçam funções de direção, comando ou chefia do Grupo-Direção e Assessoramento Superiores - DAS, nível DAS 101.5 ou superior, e seus equivalentes.

§1º É vedada a delegação da competência de classificação nos graus de sigilo ultrassecreto ou secreto. (Repristinado pelo Decreto nº 9.716, de 2019)

§2º O dirigente máximo do órgão ou entidade poderá delegar a competência para classificação no grau reservado a agente público que exerça função de direção, comando ou chefia. (Repristinado pelo Decreto nº 9.716, de 2019)

§3º É vedada a subdelegação da competência de que trata o §2º. (Repristinado pelo Decreto nº 9.716, de 2019)

§4º Os agentes públicos referidos no §2º deverão dar ciência do ato de classificação à autoridade delegante, no prazo de noventa dias. (Repristinado pelo Decreto nº 9.716, de 2019)

§5º A classificação de informação no grau ultrassecreto pelas autoridades previstas nas alíneas "d" e "e" do inciso I do **caput** deverá ser ratificada pelo Ministro de Estado, no prazo de trinta dias.

§6º Enquanto não ratificada, a classificação de que trata o §5º considera-se válida, para todos os efeitos legais.

Seção II

Dos Procedimentos para Classificação de Informação

Art. 31. A decisão que classificar a informação em qualquer grau de sigilo deverá ser formalizada no Termo de Classificação de Informação - TCI, conforme modelo contido no Anexo, e conterá o seguinte:

I - código de indexação de documento;

II - grau de sigilo;

III - categoria na qual se enquadra a informação;

IV - tipo de documento;

V - data da produção do documento;

VI - indicação de dispositivo legal que fundamenta a classificação;

VII - razões da classificação, observados os critérios estabelecidos no art. 27;

VIII - indicação do prazo de sigilo, contado em anos, meses ou dias, ou do evento que defina o seu termo final, observados os limites previstos no art. 28;

IX - data da classificação; e

X - identificação da autoridade que classificou a informação.

§1º O TCI seguirá anexo à informação.

§2º As informações previstas no inciso VII do **caput** deverão ser mantidas no mesmo grau de sigilo que a informação classificada.

§3º A ratificação da classificação de que trata o §5º do art. 30 deverá ser registrada no TCI.

Art. 32. A autoridade ou outro agente público que classificar informação no grau ultrassecreto ou secreto deverá encaminhar cópia do TCI à Comissão Mista de Reavaliação de Informações no prazo de trinta dias, contado da decisão de classificação ou de ratificação.

Art. 33. Na hipótese de documento que contenha informações classificadas em diferentes graus de sigilo, será atribuído ao documento tratamento do grau de sigilo mais elevado, ficando assegurado o acesso às partes não classificadas por meio de certidão, extrato ou cópia, com ocultação da parte sob sigilo.

Art. 34. Os órgãos e entidades poderão constituir Comissão Permanente de Avaliação de Documentos Sigilosos - CPADS, com as seguintes atribuições:

I - opinar sobre a informação produzida no âmbito de sua atuação para fins de classificação em qualquer grau de sigilo;

II - assessorar a autoridade classificadora ou a autoridade hierarquicamente superior quanto à desclassificação, reclassificação ou reavaliação de informação classificada em qualquer grau de sigilo;

III - propor o destino final das informações desclassificadas, indicando os documentos para guarda permanente, observado o disposto na Lei nº 8.159, de 8 de janeiro de 1991 ; e

IV - subsidiar a elaboração do rol anual de informações desclassificadas e documentos classificados em cada grau de sigilo, a ser disponibilizado na Internet.

Seção III

Da Desclassificação e Reavaliação da Informação Classificada em Grau de Sigilo

Art. 35. A classificação das informações será reavaliada pela autoridade classificadora ou por autoridade hierarquicamente superior, mediante provocação ou de ofício, para desclassificação ou redução do prazo de sigilo.

Parágrafo único. Para o cumprimento do disposto no **caput,** além do disposto no art. 27, deverá ser observado:

I - o prazo máximo de restrição de acesso à informação, previsto no art. 28;

II - o prazo máximo de quatro anos para revisão de ofício das informações classificadas no grau ultrassecreto ou secreto, previsto no inciso I do **caput** do art. 47;

III - a permanência das razões da classificação;

IV - a possibilidade de danos ou riscos decorrentes da divulgação ou acesso irrestrito da informação; e

V - a peculiaridade das informações produzidas no exterior por autoridades ou agentes públicos.

Art. 36. O pedido de desclassificação ou de reavaliação da classificação poderá ser apresentado aos órgãos e entidades independente de existir prévio pedido de acesso à informação.

Parágrafo único. O pedido de que trata o **caput** será endereçado à autoridade classificadora, que decidirá no prazo de trinta dias.

Art. 37. Negado o pedido de desclassificação ou de reavaliação pela autoridade classificadora, o requerente poderá apresentar recurso no prazo de dez dias, contado da ciência da negativa, ao Ministro de Estado ou à autoridade com as mesmas prerrogativas, que decidirá no prazo de trinta dias.

§1º Nos casos em que a autoridade classificadora esteja vinculada a autarquia, fundação, empresa pública ou sociedade de economia mista, o recurso será apresentado ao dirigente máximo da entidade.

§2º No caso das Forças Armadas, o recurso será apresentado primeiramente perante o respectivo Comandante, e, em caso de negativa, ao Ministro de Estado da Defesa.

§3º No caso de informações produzidas por autoridades ou agentes públicos no exterior, o requerimento de desclassificação e reavaliação será apreciado pela autoridade hierarquicamente superior que estiver em território brasileiro.

§4º Desprovido o recurso de que tratam o **caput** e os §§1º a 3º, poderá o requerente apresentar recurso à Comissão Mista de Reavaliação de Informações, no prazo de dez dias, contado da ciência da decisão.

Art. 38. A decisão da desclassificação, reclassificação ou redução do prazo de sigilo de informações classificadas deverá constar das capas dos processos, se houver, e de campo apropriado no TCI.

Seção IV

Disposições Gerais

Art. 39. As informações classificadas no grau ultrassecreto ou secreto serão definitivamente preservadas, nos termos da Lei nº 8.159, de 1991, observados os procedimentos de restrição de acesso enquanto vigorar o prazo da classificação.

Art. 40. As informações classificadas como documentos de guarda permanente que forem objeto de desclassificação serão encaminhadas ao Arquivo Nacional, ao arquivo permanente do órgão público, da entidade pública ou da instituição de caráter público, para fins de organização, preservação e acesso.

Art. 41. As informações sobre condutas que impliquem violação dos direitos humanos praticada por agentes públicos ou a mando de autoridades públicas não poderão ser objeto de classificação em qualquer grau de sigilo nem ter seu acesso negado.

Art. 42. Não poderá ser negado acesso às informações necessárias à tutela judicial ou administrativa de direitos fundamentais.

Parágrafo único. O requerente deverá apresentar razões que demonstrem a existência de nexo entre as informações requeridas e o direito que se pretende proteger.

Art. 43. O acesso, a divulgação e o tratamento de informação classificada em qualquer grau de sigilo ficarão restritos a pessoas que tenham necessidade de conhecê-la e que sejam credenciadas segundo as normas fixadas pelo Núcleo de Segurança e Credenciamento, instituído no âmbito do Gabinete de Segurança Institucional da Presidência da República, sem prejuízo das atribuições de agentes públicos autorizados por lei.

Art. 44. As autoridades do Poder Executivo federal adotarão as providências necessárias para que o pessoal a elas subordinado conheça as normas e observe as medidas e procedimentos de segurança para tratamento de informações classificadas em qualquer grau de sigilo.

Parágrafo único. A pessoa natural ou entidade privada que, em razão de qualquer vínculo com o Poder Público, executar atividades de tratamento de informações classificadas, adotará as providências necessárias para que seus empregados, prepostos ou representantes observem as medidas e procedimentos de segurança das informações.

Art. 45. A autoridade máxima de cada órgão ou entidade publicará anualmente, até o dia 1º de junho, em sítio na Internet:

I - rol das informações desclassificadas nos últimos doze meses;

II - rol das informações classificadas em cada grau de sigilo, que deverá conter:

a) código de indexação de documento;

b) categoria na qual se enquadra a informação;

c) indicação de dispositivo legal que fundamenta a classificação; e

d) data da produção, data da classificação e prazo da classificação;

III - relatório estatístico com a quantidade de pedidos de acesso à informação recebidos, atendidos e indeferidos; e

IV - informações estatísticas agregadas dos requerentes.

Parágrafo único. Os órgãos e entidades deverão manter em meio físico as informações previstas no **caput,** para consulta pública em suas sedes.

CAPÍTULO VI

DA COMISSÃO MISTA DE REAVALIAÇÃO DE INFORMAÇÕES CLASSIFICADAS

Art. 46. A Comissão Mista de Reavaliação de Informações, instituída nos termos do §1º do art. 35 da Lei nº 12.527, de 2011, será integrada pelos titulares dos seguintes órgãos:

I - Casa Civil da Presidência da República, que a presidirá;

II - Ministério da Justiça e Segurança Pública; (Redação dada pelo Decreto nº 9.690, de 2019)

III - Ministério das Relações Exteriores;

IV - Ministério da Defesa;

V - Ministério da Economia; (Redação dada pelo Decreto nº 9.690, de 2019)

VI - Ministério da Mulher, da Família e dos Direitos Humanos; (Redação dada pelo Decreto nº 9.690, de 2019)

VII - Gabinete de Segurança Institucional da Presidência da República ; (Redação dada pelo Decreto nº 9.690, de 2019)

VIII - Advocacia-Geral da União; e (Redação dada pelo Decreto nº 9.690, de 2019)

IX - Controladoria-Geral da União. (Redação dada pelo Decreto nº 9.690, de 2019)

Parágrafo único. Cada integrante indicará suplente a ser designado por ato do Presidente da Comissão.

Art. 47. Compete à Comissão Mista de Reavaliação de Informações :

I - rever, de ofício ou mediante provocação, a classificação de informação no grau ultrassecreto ou secreto ou sua reavaliação, no máximo a cada quatro anos;

II - requisitar da autoridade que classificar informação no grau ultrassecreto ou secreto esclarecimento ou conteúdo, parcial ou integral, da informação, quando as informações constantes do TCI não forem suficientes para a revisão da classificação;

III - decidir recursos apresentados contra decisão proferida:

a) pela Controladoria-Geral da União, em grau recursal, a pedido de acesso à informação ou de abertura de base de dados, ou às razões da negativa de acesso à informação ou de abertura de base de dados; ou (Redação dada pelo Decreto nº 9.690, de 2019)

b) pelo Ministro de Estado ou autoridade com a mesma prerrogativa, em grau recursal, a pedido de desclassificação ou reavaliação de informação classificada;

IV - prorrogar por uma única vez, e por período determinado não superior a vinte e cinco anos, o prazo de sigilo de informação classificada no grau ultrassecreto, enquanto seu acesso ou divulgação puder ocasionar ameaça externa à soberania nacional, à integridade do território nacional ou grave risco às relações internacionais do País, limitado ao máximo de cinquenta anos o prazo total da classificação; e

V - estabelecer orientações normativas de caráter geral a fim de suprir eventuais lacunas na aplicação da Lei nº 12.527, de 2011.

Parágrafo único. A não deliberação sobre a revisão de ofício no prazo previsto no inciso I do **caput** implicará a desclassificação automática das informações.

Art. 48. A Comissão Mista de Reavaliação de Informações se reunirá, ordinariamente, uma vez por mês, e, extraordinariamente, sempre que convocada por seu Presidente.

Parágrafo único. As reuniões serão realizadas com a presença de no mínimo seis integrantes.

Art. 49. Os requerimentos de prorrogação do prazo de classificação de informação no grau ultrassecreto, a que se refere o inciso IV do **caput** do art. 47, deverão ser encaminhados à Comissão Mista de Reavaliação de Informações em até um ano antes do vencimento do termo final de restrição de acesso.

Parágrafo único. O requerimento de prorrogação do prazo de sigilo de informação classificada no grau ultrassecreto deverá ser apreciado, impreterivelmente, em até três sessões subsequentes à data de sua autuação, ficando sobrestadas, até que se ultime a votação, todas as demais deliberações da Comissão.

Art. 50. A Comissão Mista de Reavaliação de Informações deverá apreciar os recursos previstos no inciso III do **caput** do art. 47, impreterivelmente, até a terceira reunião ordinária subsequente à data de sua autuação.

Art. 51. A revisão de ofício da informação classificada no grau ultrassecreto ou secreto será apreciada em até três sessões anteriores à data de sua desclassificação automática.

Art. 52. As deliberações da Comissão Mista de Reavaliação de Informações serão tomadas:

I - por maioria absoluta, quando envolverem as competências previstas nos incisos I e IV do **caput** do art.47; e

II - por maioria simples dos votos, nos demais casos.

Parágrafo único. A Casa Civil da Presidência da República poderá exercer, além do voto ordinário, o voto de qualidade para desempate.

Art. 53. A Casa Civil da Presidência da República exercerá as funções de Secretaria-Executiva da Comissão Mista de Reavaliação de Informações, cujas competências serão definidas em regimento interno.

Art. 54. A Comissão Mista de Reavaliação de Informações aprovará, por maioria absoluta, regimento interno que disporá sobre sua organização e funcionamento.

Parágrafo único. O regimento interno deverá ser publicado no Diário Oficial da União no prazo de noventa dias após a instalação da Comissão.

CAPÍTULO VII

DAS INFORMAÇÕES PESSOAIS

Art. 55. As informações pessoais relativas à intimidade, vida privada, honra e imagem detidas pelos órgãos e entidades:

I - terão acesso restrito a agentes públicos legalmente autorizados e a pessoa a que se referirem, independentemente de classificação de sigilo, pelo prazo máximo de cem anos a contar da data de sua produção; e

II - poderão ter sua divulgação ou acesso por terceiros autorizados por previsão legal ou consentimento expresso da pessoa a que se referirem.

Parágrafo único. Caso o titular das informações pessoais esteja morto ou ausente, os direitos de que trata este artigo assistem ao cônjuge ou companheiro, aos descendentes ou ascendentes, conforme o disposto no parágrafo único do art. 20 da Lei nº 10.406, de 10 de janeiro de 2002, e na Lei nº 9.278, de 10 de maio de 1996.

Art. 56. O tratamento das informações pessoais deve ser feito de forma transparente e com respeito à intimidade, vida privada, honra e imagem das pessoas, bem como às liberdades e garantias individuais.

Art. 57. O consentimento referido no inciso II do **caput** do art. 55 não será exigido quando o acesso à informação pessoal for necessário:

I - à prevenção e diagnóstico médico, quando a pessoa estiver física ou legalmente incapaz, e para utilização exclusivamente para o tratamento médico;

II - à realização de estatísticas e pesquisas científicas de evidente interesse público ou geral, previstos em lei, vedada a identificação da pessoa a que a informação se referir;

III - ao cumprimento de decisão judicial;

IV - à defesa de direitos humanos de terceiros; ou

V - à proteção do interesse público geral e preponderante.

Art. 58. A restrição de acesso a informações pessoais de que trata o art. 55 não poderá ser invocada:

I - com o intuito de prejudicar processo de apuração de irregularidades, conduzido pelo Poder Público, em que o titular das informações for parte ou interessado; ou

II - quando as informações pessoais não classificadas estiverem contidas em conjuntos de documentos necessários à recuperação de fatos históricos de maior relevância.

Art. 59. O dirigente máximo do órgão ou entidade poderá, de ofício ou mediante provocação, reconhecer a incidência da hipótese do inciso II do **caput** do art. 58, de forma fundamentada, sobre documentos que tenha produzido ou acumulado, e que estejam sob sua guarda.

§1º Para subsidiar a decisão de reconhecimento de que trata o **caput,** o órgão ou entidade poderá solicitar a universidades, instituições de pesquisa ou outras entidades com notória experiência em pesquisa historiográfica a emissão de parecer sobre a questão.

§2º A decisão de reconhecimento de que trata o **caput** será precedida de publicação de extrato da informação, com descrição resumida do assunto, origem e período do conjunto de documentos a serem considerados de acesso irrestrito, com antecedência de no mínimo trinta dias.

§3º Após a decisão de reconhecimento de que trata o §2º, os documentos serão considerados de acesso irrestrito ao público.

§4º Na hipótese de documentos de elevado valor histórico destinados à guarda permanente, caberá ao dirigente máximo do Arquivo Nacional, ou à autoridade responsável pelo arquivo do órgão ou entidade pública que os receber, decidir, após seu recolhimento, sobre o reconhecimento, observado o procedimento previsto neste artigo.

Art. 60. O pedido de acesso a informações pessoais observará os procedimentos previstos no Capítulo IV e estará condicionado à comprovação da identidade do requerente.

Parágrafo único. O pedido de acesso a informações pessoais por terceiros deverá ainda estar acompanhado de:

I - comprovação do consentimento expresso de que trata o inciso II do **caput** do art. 55, por meio de procuração;

II - comprovação das hipóteses previstas no art. 58;

III - demonstração do interesse pela recuperação de fatos históricos de maior relevância, observados os procedimentos previstos no art. 59; ou

IV - demonstração da necessidade do acesso à informação requerida para a defesa dos direitos humanos ou para a proteção do interesse público e geral preponderante.

Art. 61. O acesso à informação pessoal por terceiros será condicionado à assinatura de um termo de responsabilidade, que disporá sobre a finalidade e a destinação que fundamentaram sua autorização, sobre as obrigações a que se submeterá o requerente.

§1º A utilização de informação pessoal por terceiros vincula-se à finalidade e à destinação que fundamentaram a autorização do acesso, vedada sua utilização de maneira diversa.

§2º Aquele que obtiver acesso às informações pessoais de terceiros será responsabilizado por seu uso indevido, na forma da lei.

Art. 62. Aplica-se, no que couber, a Lei nº 9.507, de 12 de novembro de 1997, em relação à informação de pessoa, natural ou jurídica, constante de registro ou banco de dados de órgãos ou entidades governamentais ou de caráter público.

CAPÍTULO VIII

DAS ENTIDADES PRIVADAS SEM FINS LUCRATIVOS

Art. 63. As entidades privadas sem fins lucrativos que receberem recursos públicos para realização de ações de interesse público deverão dar publicidade às seguintes informações:

I - cópia do estatuto social atualizado da entidade;

II - relação nominal atualizada dos dirigentes da entidade; e

III - cópia integral dos convênios, contratos, termos de parcerias, acordos, ajustes ou instrumentos congêneres realizados com o Poder Executivo federal, respectivos aditivos, e relatórios finais de prestação de contas, na forma da legislação aplicável.

§1º As informações de que trata o **caput** serão divulgadas em sítio na Internet da entidade privada e em quadro de avisos de amplo acesso público em sua sede.

§2º A divulgação em sítio na Internet referida no §1º poderá ser dispensada, por decisão do órgão ou entidade pública, e mediante expressa justificação da entidade, nos casos de entidades privadas sem fins lucrativos que não disponham de meios para realizá-la.

§3º As informações de que trata o **caput** deverão ser publicadas a partir da celebração do convênio, contrato, termo de parceria, acordo, ajuste ou instrumento congênere, serão atualizadas periodicamente e ficarão disponíveis até cento e oitenta dias após a entrega da prestação de contas final.

Art. 64. Os pedidos de informação referentes aos convênios, contratos, termos de parcerias, acordos, ajustes ou instrumentos congêneres previstos no art. 63 deverão ser apresentados diretamente aos órgãos e entidades responsáveis pelo repasse de recursos.

Parágrafo único. As entidades com personalidade jurídica de direito privado constituídas sob a forma de serviço social autônomo, destinatárias de contribuições, são diretamente responsáveis por fornecer as informações referentes à parcela dos recursos provenientes das contribuições e dos demais recursos públicos recebidos. (Redação dada pelo Decreto nº 9.781, de 2019) (Vigência)

Art. 64-A. As entidades com personalidade jurídica de direito privado constituídas sob a forma de serviço social autônomo, destinatárias de contribuições, divulgarão, independentemente de requerimento, as informações de interesse coletivo ou geral por elas produzidas ou custodiadas, inclusive aquelas a que se referem os incisos I ao VIII do §3º do art. 7º, em local de fácil visualização em sítios oficiais na internet. (Incluído pelo Decreto nº 9.781, de 2019) (Vigência)

§1º A publicidade a que estão submetidas as entidades citadas no **caput** refere-se à parcela dos recursos provenientes das contribuições e dos demais recursos públicos recebidos e à sua destinação, sem prejuízo das prestações de contas a que estejam legalmente obrigadas. (Incluído pelo Decreto nº 9.781, de 2019) (Vigência)

§2º A divulgação das informações previstas no **caput** não exclui outras hipóteses de publicação e divulgação de informações previstas na legislação, inclusive na Lei de Diretrizes Orçamentárias. (Incluído pelo Decreto nº 9.781, de 2019) (Vigência)

§3º A divulgação de informações atenderá ao disposto no §1º do art. 7º e no art. 8º. (Incluído pelo Decreto nº 9.781, de 2019) (Vigência)

Art. 64-B. As entidades com personalidade jurídica de direito privado constituídas sob a forma de serviço social autônomo, destinatárias de contribuições, também deverão criar SIC, observado o disposto nos arts. 9º ao art. 24. (Incluído pelo Decreto nº 9.781, de 2019) (Vigência)

Parágrafo único. A reclamação de que trata o art. 22 será encaminhada à autoridade máxima da entidade solicitada. (Incluído pelo Decreto nº 9.781, de 2019) (Vigência)

Art. 64-C. As entidades com personalidade jurídica de direito privado constituídas sob a forma de serviço social autônomo, destinatárias de contribuições, estarão sujeitas às sanções e aos procedimentos de que trata o art. 66, hipótese em que a aplicação da sanção de declaração de inidoneidade é de competência exclusiva da autoridade máxima do órgão ou da entidade da administração pública responsável por sua supervisão. (Incluído pelo Decreto nº 9.781, de 2019) (Vigência)

CAPÍTULO IX

DAS RESPONSABILIDADES

Art. 65. Constituem condutas ilícitas que ensejam responsabilidade do agente público ou militar:

I - recusar-se a fornecer informação requerida nos termos deste Decreto, retardar deliberadamente o seu fornecimento ou fornecê-la intencionalmente de forma incorreta, incompleta ou imprecisa;

II - utilizar indevidamente, subtrair, destruir, inutilizar, desfigurar, alterar ou ocultar, total ou parcialmente, informação que se encontre sob sua guarda, a que tenha acesso ou sobre que tenha conhecimento em razão do exercício das atribuições de cargo, emprego ou função pública;

III - agir com dolo ou má-fé na análise dos pedidos de acesso à informação;

IV - divulgar, permitir a divulgação, acessar ou permitir acesso indevido a informação classificada em grau de sigilo ou a informação pessoal;

V - impor sigilo à informação para obter proveito pessoal ou de terceiro, ou para fins de ocultação de ato ilegal cometido por si ou por outrem;

VI - ocultar da revisão de autoridade superior competente informação classificada em grau de sigilo para beneficiar a si ou a outrem, ou em prejuízo de terceiros; e

VII - destruir ou subtrair, por qualquer meio, documentos concernentes a possíveis violações de direitos humanos por parte de agentes do Estado.

§1º Atendido o princípio do contraditório, da ampla defesa e do devido processo legal, as condutas descritas no **caput** serão consideradas:

I - para fins dos regulamentos disciplinares das Forças Armadas, transgressões militares médias ou graves, segundo os critérios neles estabelecidos, desde que não tipificadas em lei como crime ou contravenção penal; ou

II - para fins do disposto na Lei nº 8.112, de 11 de dezembro de 1990, infrações administrativas, que deverão ser apenadas, no mínimo, com suspensão, segundo os critérios estabelecidos na referida lei.

§2º Pelas condutas descritas no **caput,** poderá o militar ou agente público responder, também, por improbidade administrativa, conforme o disposto nas Leis nº 1.079, de 10 de abril de 1950, e nº 8.429, de 2 de junho de 1992.

Art. 66. A pessoa natural ou entidade privada que detiver informações em virtude de vínculo de qualquer natureza com o Poder Público e praticar conduta prevista no art. 65, estará sujeita às seguintes sanções:

I - advertência;

II - multa;

III - rescisão do vínculo com o Poder Público;

IV - suspensão temporária de participar em licitação e impedimento de contratar com a administração pública por prazo não superior a dois anos; e

V - declaração de inidoneidade para licitar ou contratar com a administração pública, até que seja promovida a reabilitação perante a autoridade que aplicou a penalidade.

§1º A sanção de multa poderá ser aplicada juntamente com as sanções previstas nos incisos I, III e IV do **caput**.

§2º A multa prevista no inciso II do **caput** será aplicada sem prejuízo da reparação pelos danos e não poderá ser:

I - inferior a R$ 1.000,00 (mil reais) nem superior a R$ 200.000,00 (duzentos mil reais), no caso de pessoa natural; ou

II - inferior a R$ 5.000,00 (cinco mil reais) nem superior a R$ 600.000,00 (seiscentos mil reais), no caso de entidade privada.

§3º A reabilitação referida no inciso V do **caput** será autorizada somente quando a pessoa natural ou entidade privada efetivar o ressarcimento ao órgão ou entidade dos prejuízos resultantes e depois de decorrido o prazo da sanção aplicada com base no inciso IV do **caput**.

§4º A aplicação da sanção prevista no inciso V do **caput** é de competência exclusiva da autoridade máxima do órgão ou entidade pública.

§5º O prazo para apresentação de defesa nas hipóteses previstas neste artigo é de dez dias, contado da ciência do ato.

CAPÍTULO X

DO MONITORAMENTO DA APLICAÇÃO DA LEI

Seção I

Da Autoridade de Monitoramento

Art. 67. O dirigente máximo de cada órgão ou entidade designará autoridade que lhe seja diretamente subordinada para exercer as seguintes atribuições:

I - assegurar o cumprimento das normas relativas ao acesso à informação, de forma eficiente e adequada aos objetivos da Lei nº 12.527, de 2011 ;

II - avaliar e monitorar a implementação do disposto neste Decreto e apresentar ao dirigente máximo de cada órgão ou entidade relatório anual sobre o seu cumprimento, encaminhando-o à Controladoria-Geral da União;

III - recomendar medidas para aperfeiçoar as normas e procedimentos necessários à implementação deste Decreto;

IV - orientar as unidades no que se refere ao cumprimento deste Decreto; e

V - manifestar-se sobre reclamação apresentada contra omissão de autoridade competente, observado o disposto no art. 22.

Seção II

Das Competências Relativas ao Monitoramento

Art. 68. Compete à Controladoria-Geral da União, observadas as competências dos demais órgãos e entidades e as previsões específicas neste Decreto:

I - definir o formulário padrão, disponibilizado em meio físico e eletrônico, que estará à disposição no sítio na Internet e no SIC dos órgãos e entidades, de acordo com o §1º do art. 11;

II - promover campanha de abrangência nacional de fomento à cultura da transparência na administração pública e conscientização sobre o direito fundamental de acesso à informação;

III - promover o treinamento dos agentes públicos e, no que couber, a capacitação das entidades privadas sem fins lucrativos, no que se refere ao desenvolvimento de práticas relacionadas à transparência na administração pública;

IV - monitorar a implementação da Lei nº 12.527, de 2011, concentrando e consolidando a publicação de informações estatísticas relacionadas no art. 45;

V - preparar relatório anual com informações referentes à implementação da Lei nº 12.527, de 2011, a ser encaminhado ao Congresso Nacional;

VI - monitorar a aplicação deste Decreto, especialmente o cumprimento dos prazos e procedimentos; e

VII - definir, em conjunto com a Casa Civil da Presidência da República, diretrizes e procedimentos complementares necessários à implementação da Lei nº 12.527, de 2011.

Art. 69. Compete à Controladoria-Geral da União e ao Ministério da Economia, observadas as competências dos demais órgãos e entidades e as previsões específicas deste Decreto, por meio de ato conjunto: (Redação dada pelo Decreto nº 9.690, de 2019)

I - estabelecer procedimentos, regras e padrões de divulgação de informações ao público, fixando prazo máximo para atualização; e

II - detalhar os procedimentos necessários à busca, estruturação e prestação de informações no âmbito do SIC.

Art. 70. Compete ao Gabinete de Segurança Institucional da Presidência da República, observadas as competências dos demais órgãos e entidades e as previsões específicas neste Decreto:

I - estabelecer regras de indexação relacionadas à classificação de informação;

II - expedir atos complementares e estabelecer procedimentos relativos ao credenciamento de segurança de pessoas, órgãos e entidades públicos ou privados, para o tratamento de informações classificadas ; e

III - promover, por meio do Núcleo de Credenciamento de Segurança, o credenciamento de segurança de pessoas, órgãos e entidades públicos ou privados, para o tratamento de informações classificadas.

CAPÍTULO XI

DISPOSIÇÕES TRANSITÓRIAS E FINAIS

Art. 71. Os órgãos e entidades adequarão suas políticas de gestão da informação, promovendo os ajustes necessários aos processos de registro, processamento, trâmite e arquivamento de documentos e informações.

Art. 72. Os órgãos e entidades deverão reavaliar as informações classificadas no grau ultrassecreto e secreto no prazo máximo de dois anos, contado do termo inicial de vigência da Lei nº 12.527, de 2011.

§1º A restrição de acesso a informações, em razão da reavaliação prevista no **caput,** deverá observar os prazos e condições previstos neste Decreto.

§2º Enquanto não transcorrido o prazo de reavaliação previsto no **caput,** será mantida a classificação da informação, observados os prazos e disposições da legislação precedente.

§3º As informações classificadas no grau ultrassecreto e secreto não reavaliadas no prazo previsto no **caput** serão consideradas, automaticamente, desclassificadas.

Art. 73. A publicação anual de que trata o art. 45 terá início em junho de 2013.

Art. 74. O tratamento de informação classificada resultante de tratados, acordos ou atos internacionais atenderá às normas e recomendações desses instrumentos.

Art. 75. Aplica-se subsidiariamente a Lei nº 9.784, de 29 de janeiro de 1999, aos procedimentos previstos neste Decreto.

Art. 76. Este Decreto entra em vigor em 16 de maio de 2012.

Brasília, 16 de maio de 2012; 191º da Independência e 124º da República.

DILMA ROUSSEFF

José Eduardo Cardozo

Celso Luiz Nunes Amorim

Antonio de Aguiar Patriota

Guido Mantega

Miriam Belchior

Paulo Bernardo Silva

Marco Antonio Raupp

Alexandre Antonio Tombini

Gleisi Hoffmann

Gilberto Carvalho

José Elito Carvalho Siqueira

Helena Chagas

Luis Inácio Lucena Adams

Jorge Hage Sobrinho

Maria do Rosário Nunes

Este texto não substitui o publicado no DOU de 16.5.2012 - Edição extra e retificado em 18.5.2012.

ANEXO

GRAU DE SIGILO:

(idêntico ao grau de sigilo do documento)

TERMO DE CLASSIFICAÇÃO DE INFORMAÇÃO	
ÓRGÃO/ENTIDADE:	
CÓDIGO DE INDEXAÇÃO:	
GRAU DE SIGILO:	
CATEGORIA:	
TIPO DE DOCUMENTO:	
DATA DE PRODUÇÃO:	
FUNDAMENTO LEGAL PARA CLASSIFICAÇÃO:	
RAZÕES PARA A CLASSIFICAÇÃO: (idêntico ao grau de sigilo do documento)	
PRAZO DA RESTRIÇÃO DE ACESSO:	
DATA DE CLASSIFICAÇÃO:	
AUTORIDADE CLASSIFICADORA	Nome:
	Cargo:
AUTORIDADE RATIFICADORA (quando aplicável)	Nome:
	Cargo:
DESCLASSIFICAÇÃO em ___/___/_____ (quando aplicável)	Nome:
	Cargo:
RECLASSIFICAÇÃO em ___/___/_____ (quando aplicável)	Nome:
	Cargo:
REDUÇÃO DE PRAZO em ___/___/_____ (quando aplicável)	Nome:
	Cargo:
PRORROGAÇÃO DE PRAZO em ___/___/____ (quando aplicável)	Nome:
	Cargo:

_____
ASSINATURA DA AUTORIDADE RATIFICADORA (quando aplicável)

_____
ASSINATURA DA AUTORIDADE responsável por DESCLASSIFICAÇÃO (quando aplicável)

_____
ASSINATURA DA AUTORIDADE responsável por RECLASSIFICAÇÃO (quando aplicável)

_____
ASSINATURA DA AUTORIDADE responsável por REDUÇÃO DE PRAZO (quando aplicável)

_____
ASSINATURA DA AUTORIDADE responsável por PRORROGAÇÃO DE PRAZO (quando aplicável)

LEI Nº 11.440, DE 29 DE DEZEMBRO DE 2006

Institui o Regime Jurídico dos Servidores do Serviço Exterior Brasileiro, altera a Lei nº 8.829, de 22 de dezembro de 1993, que cria, no Serviço Exterior Brasileiro, as Carreiras de Oficial de Chancelaria e de Assistente de Chancelaria, altera a Lei nº 8.829, de 22 de dezembro de 1993; revoga as Leis nº 7.501, de 27 de junho de 1986, 9.888, de 8 de dezembro de 1999, e 10.872, de 25 de maio de 2004, e dispositivos das Leis nº 8.028, de 12 de abril de 1990, 8.745, de 9 de dezembro de 1993, e 8.829, de 22 de dezembro de 1993; e dá outras providências.

O PRESIDENTE DA REPÚBLICA

Faço saber que o Congresso Nacional decreta e eu sanciono a seguinte Lei:

TÍTULO I
DO SERVIÇO EXTERIOR BRASILEIRO

CAPÍTULO I
DISPOSIÇÕES PRELIMINARES

Art. 1º O Serviço Exterior Brasileiro, essencial à execução da política exterior da República Federativa do Brasil, constitui-se do corpo de servidores, ocupantes de cargos de provimento efetivo, capacitados profissionalmente como agentes do Ministério das Relações Exteriores, no País e no exterior, organizados em carreiras definidas e hierarquizadas, ressalvadas as nomeações para cargos em comissão e para funções de chefia, incluídas as atribuições correspondentes, nos termos de ato do Poder Executivo. (Redação dada pela Lei nº 13.844, de 2019)

Parágrafo único. Aplica-se aos integrantes do Serviço Exterior Brasileiro o disposto nesta Lei, na Lei nº 8.829, de 22 de dezembro de 1993, e na legislação relativa aos servidores públicos civis da União.

Art. 2º O Serviço Exterior Brasileiro é composto da Carreira de Diplomata, da Carreira de Oficial de Chancelaria e da Carreira de Assistente de Chancelaria.

Art. 3º Aos servidores da Carreira de Diplomata incumbem atividades de natureza diplomática e consular, em seus aspectos específicos de representação, negociação, informação e proteção de interesses brasileiros no campo internacional.

Art. 4º Aos servidores integrantes da Carreira de Oficial de Chancelaria, de nível superior, incumbem atividades de formulação, implementação e execução dos atos de análise técnica e gestão administrativa necessários ao desenvolvimento da política externa brasileira.

Art. 5º Aos servidores integrantes da Carreira de Assistente de Chancelaria, de nível médio, incumbem tarefas de apoio técnico e administrativo.

(...)

CAPÍTULO III
DO REGIME DISCIPLINAR

Art. 25. Ao servidor do Serviço Exterior Brasileiro, submetido aos princípios de hierarquia e disciplina, incumbe observar o conjunto de deveres, atribuições e responsabilidades previstas nesta Lei e em disposições regulamentares, tanto no exercício de suas funções, quanto em sua conduta pessoal na vida privada.

Art. 26. As questões relativas à conduta dos efetivos do corpo permanente do Serviço Exterior Brasileiro - Diplomatas, Oficiais de Chancelaria, Assistentes de Chancelaria - e dos demais servidores do Quadro de Pessoal do Ministério das Relações Exteriores serão, sem prejuízo das disposições do Regime Jurídico Único dos Servidores Públicos Civis da União, tratadas pela Corregedoria do Serviço Exterior.

Art. 27. Além dos deveres previstos no Regime Jurídico Único dos Servidores Públicos Civis da União, constituem deveres específicos do servidor do Serviço Exterior Brasileiro:

I - atender pronta e solicitamente ao público em geral, em especial quando no desempenho de funções de natureza consular e de assistência a brasileiros no exterior;

II - respeitar as leis, os usos e os costumes dos países onde servir, observadas as práticas internacionais;

III - manter comportamento correto e decoroso na vida pública e privada;

IV - dar conhecimento à autoridade superior de qualquer fato relativo à sua vida pessoal, que possa afetar interesse de serviço ou da repartição em que estiver servindo; e

V - solicitar, previamente, anuência da autoridade competente, na forma regulamentar, para manifestar-se publicamente sobre matéria relacionada com a formulação e execução da política exterior do Brasil.

Art. 28. São deveres do servidor do Serviço Exterior Brasileiro no exercício de função de chefia, no Brasil e no exterior:

I - defender os interesses legítimos de seus subordinados, orientá-los no desempenho de suas tarefas, estimular-lhes espírito de iniciativa, disciplina e respeito ao patrimônio público;

II - exigir de seus subordinados ordem, atendimento pronto e cortês ao público em geral e exação no cumprimento de seus deveres, bem como, dentro de sua competência, responsabilizar e punir os que o mereçam, comunicando as infrações à autoridade competente; e

III - dar conta à autoridade competente do procedimento público dos subordinados, quando incompatível com a disciplina e a dignidade de seus cargos ou funções.

Art. 29. Além das proibições capituladas no Regime Jurídico Único dos Servidores Públicos Civis da União, ao servidor do Serviço Exterior Brasileiro é proibido:

I - divulgar, sem anuência da autoridade competente, informação relevante para a política exterior do Brasil, a que tenha tido acesso em razão de desempenho de cargo no Serviço Exterior Brasileiro;

II - aceitar comissão, emprego ou pensão de governo estrangeiro sem licença expressa do Presidente da República;

III - renunciar às imunidades de que goze em serviço no exterior sem expressa autorização da Secretaria de Estado;

IV - valer-se abusivamente de imunidades ou privilégios de que goze em país estrangeiro; e

V - utilizar, para fim ilícito, meio de comunicação de qualquer natureza do Ministério das Relações Exteriores.

Art. 30. A Corregedoria do Serviço Exterior, em caso de dúvida razoável quanto à veracidade ou exatidão de informação ou denúncia sobre qualquer irregularidade no âmbito do Serviço Exterior Brasileiro, determinará a realização de sindicância prévia, com o objetivo de coligir dados para eventual instauração de processo administrativo disciplinar.

Art. 31. O processo administrativo disciplinar será instaurado pela Corregedoria do Serviço Exterior, que designará, para realizá-lo, Comissão constituída por 3 (três) membros efetivos.

§1º A Comissão contará entre seus membros com, pelo menos, 2 (dois) servidores de classe igual ou superior à do indiciado e, sempre que possível, de maior antiguidade do que este.

§2º Ao designar a Comissão, a Corregedoria do Serviço Exterior indicará, dentre seus membros, o respectivo presidente, ao qual incumbirá a designação do secretário.

Art. 32. Durante o processo administrativo disciplinar, a Corregedoria do Serviço Exterior poderá determinar o afastamento do indiciado do exercício do cargo ou função, sem prejuízo de seus vencimentos e vantagens, ou a sua reassunção a qualquer tempo.

Art. 33. O servidor do Serviço Exterior Brasileiro deverá solicitar autorização do Ministro de Estado das Relações Exteriores para casar com pessoa de nacionalidade estrangeira.

§1º A critério do Ministro de Estado das Relações Exteriores, serão apresentados, com o pedido de autorização, quaisquer documentos julgados necessários.

§2º O disposto neste artigo aplica-se ao aluno de curso do Instituto Rio Branco.

§3º Dependerá, igualmente, de autorização do Ministro de Estado das Relações Exteriores a inscrição de candidato casado com pessoa de nacionalidade estrangeira em concurso para ingresso em Carreira do Serviço Exterior Brasileiro.

§4º A transgressão do estabelecido no caput deste artigo e em seus §§2º e 3º acarretará, conforme o caso:

I - o cancelamento da inscrição do candidato;

II - a denegação de matrícula em curso ministrado pelo Instituto Rio Branco;

III - o desligamento do aluno de curso ministrado pelo Instituto Rio Branco;

IV - a impossibilidade de nomeação para cargo do Serviço Exterior Brasileiro; e

V - a demissão do servidor, mediante processo administrativo.

Art. 34. O servidor do Serviço Exterior Brasileiro deverá solicitar autorização do Ministro de Estado das Relações Exteriores para casar com pessoa empregada de governo estrangeiro ou que dele receba comissão ou pensão.

§1º Poder-se-á exigir que sejam apresentados, com o pedido de autorização, quaisquer documentos julgados necessários.

§2º O disposto neste artigo aplica-se ao aluno de curso do Instituto Rio Branco e será considerado, nos termos desta Lei, como requisito prévio à nomeação.

§3º Dependerá, igualmente, de autorização do Ministro de Estado das Relações Exteriores a inscrição de candidato, casado com pessoa nas situações previstas no caput deste artigo, em concurso para ingresso em Carreira de Serviço Exterior Brasileiro.

§4º A transgressão do estabelecido no caput deste artigo e em seus §§2º e 3º acarretará, conforme o caso, a aplicação do disposto no §4º do art. 33 desta Lei.

(...)

TÍTULO II
DISPOSIÇÕES FINAIS E TRANSITÓRIAS

(.......................)

Art. 59. As disposições desta Lei aplicar-se-ão, no que couber, aos servidores do Quadro Permanente do Ministério das Relações Exteriores não pertencentes às Carreiras do Serviço Exterior Brasileiro quando se encontrarem em serviço no exterior.

(.......................)

Art. 68. Ficam vedadas redistribuições de servidores para o Ministério das Relações Exteriores.

Art. 69. Não haverá, nas unidades administrativas do Ministério das Relações Exteriores no exterior, o exercício provisório de que trata o §2º do art. 84 da Lei nº 8.112, de 11 de dezembro de 1990.

Art. 70. Fica estabelecido o prazo de 30 (trinta) dias, a partir da publicação desta Lei, para que os servidores de que trata o parágrafo único do *art. 1º da Lei nº 11.357, de 19 de outubro de 2006*, possam se retratar quanto à opção pelo não enquadramento no Plano Geral de Cargos do Poder Executivo – PGPE, conforme §3º do art. 3º da mencionada Lei.

Art. 71. Esta Lei entra em vigor na data de sua publicação.

Art. 72. Revogam-se a Lei nº 7.501, de 27 de junho de 1986, os arts. 40 e 41 da Lei nº 8.028, de 12 de abril de 1990, os arts. 13, 14 e 15 da Lei nº 8.745, de 9 de dezembro de 1993, o art. 23 da Lei nº 8.829, de 22 de dezembro de 1993, a Lei nº 9.888, de 8 de dezembro de 1999, e a Lei nº 10.872, de 25 de maio de 2004.

Brasília, 29 de dezembro de 2006; 185º da Independência e 118º da República.

LUIZ INÁCIO LULA DA SILVA

Celso Luiz Nunes Amorim

Este texto não substitui o publicado no DOU de 29.12.2006 - Edição extra

LEI Nº 9.704, DE 17 DE NOVEMBRO DE 1998

Conversão da MPv nº 1.722, de 1998

Institui normas relativas ao exercício, pelo Advogado-Geral da União, de orientação normativa e de supervisão técnica sobre os órgãos jurídicos das autarquias federais e das fundações instituídas e mantidas pela União.

Faço saber que o **PRESIDENTE DA REPÚBLICA**, adotou a *Medida Provisória nº 1.722, de 1998*, que o Congresso Nacional aprovou, e eu, Antonio Carlos Magalhães, Presidente, para os efeitos do disposto no parágrafo único do art. 62 da Constituição Federal, promulgo a seguinte Lei:

Art. 1º Os órgãos jurídicos das autarquias federais e das fundações instituídas e mantidas pela União estão sujeitos à orientação normativa e à supervisão técnica do Advogado-Geral da União.

§1º A supervisão técnica a que se refere este artigo compreende a prévia anuência do Advogado-Geral da União ao nome indicado para a chefia dos órgãos jurídicos das autarquias federais e das fundações instituídas e mantidas pela União. *(Renumerado pela Medida provisória nº 2.180-35, de 2001)*

§2º Para a chefia de órgão jurídico de autarquia e de fundação federal será preferencialmente indicado Procurador Federal, de reconhecidas idoneidade, capacidade e experiência para o cargo. *(Incluído pela Medida provisória nº 2.180-35, de 2001)*

§3º Na hipótese de a indicação recair sobre Bacharel em Direito que não seja Procurador Federal, deverá ser suficientemente justificada assim como atendidos todos os demais requisitos do §2º. *(Incluído pela Medida provisória nº 2.180-35, de 2001)*

Art. 2º O Advogado-Geral da União, caso considere necessário, poderá recomendar, aos órgãos jurídicos dessas entidades, a alteração da tese jurídica sustentada nas manifestações produzidas, para adequá-la à jurisprudência prevalecente nos Tribunais Superiores e no Supremo Tribunal Federal.

Parágrafo único. Terão natureza vinculante, e serão de observância obrigatória, as recomendações de alteração da tese jurídica sustentada, feitas pelo Advogado-Geral da União.

Art. 3º De ofício ou mediante solicitação, justificada, dos representantes legais das autarquias federais e das fundações instituídas e mantidas pela União, o Advogado-Geral da União poderá promover ou determinar que se promova a apuração de irregularidade no serviço público, ocorrida no âmbito interno daquelas entidades, podendo cometer a órgão da Advocacia-Geral da União, expressamente, o exercício de tal encargo.

Art. 4º Ressalvado o disposto no parágrafo único do art. 1º, o Advogado-Geral da União poderá delegar a prática dos atos de orientação normativa e de supervisão técnica previstos nesta Lei.

Art. 5º O Advogado-Geral da União expedirá as normas necessárias à aplicação do disposto nesta Lei.

Art. 6º Esta Lei entra em vigor na data de sua publicação.

Congresso Nacional, em 17 de novembro de 1998; 177º da Independência e 110º da República.

Senador ANTONIO CARLOS MAGALHÃES

Presidente

Este texto não substitui o publicado no D.O.U. de 18.11.1998

LEI Nº 9.784, DE 29 DE JANEIRO DE 1999

Regula o processo administrativo no âmbito da Administração Pública Federal.

O PRESIDENTE DA REPÚBLICA Faço saber que o Congresso Nacional decreta e eu sanciono a seguinte Lei:

CAPÍTULO I
DAS DISPOSIÇÕES GERAIS

Art. 1º Esta Lei estabelece normas básicas sobre o processo administrativo no âmbito da Administração Federal direta e indireta, visando, em especial, à proteção dos direitos dos administrados e ao melhor cumprimento dos fins da Administração.

§1º Os preceitos desta Lei também se aplicam aos órgãos dos Poderes Legislativo e Judiciário da União, quando no desempenho de função administrativa.

§2º Para os fins desta Lei, consideram-se:

I - órgão - a unidade de atuação integrante da estrutura da Administração direta e da estrutura da Administração indireta;

II - entidade - a unidade de atuação dotada de personalidade jurídica;

III - autoridade - o servidor ou agente público dotado de poder de decisão.

Art. 2º A Administração Pública obedecerá, dentre outros, aos princípios da legalidade, finalidade, motivação, razoabilidade, proporcionalidade, moralidade, ampla defesa, contraditório, segurança jurídica, interesse público e eficiência.

Parágrafo único. Nos processos administrativos serão observados, entre outros, os critérios de:

I - atuação conforme a lei e o Direito;

II - atendimento a fins de interesse geral, vedada a renúncia total ou parcial de poderes ou competências, salvo autorização em lei;

III - objetividade no atendimento do interesse público, vedada a promoção pessoal de agentes ou autoridades;

IV - atuação segundo padrões éticos de probidade, decoro e boa-fé;

V - divulgação oficial dos atos administrativos, ressalvadas as hipóteses de sigilo previstas na Constituição;

VI - adequação entre meios e fins, vedada a imposição de obrigações, restrições e sanções em medida superior àquelas estritamente necessárias ao atendimento do interesse público;

VII - indicação dos pressupostos de fato e de direito que determinarem a decisão;

VIII – observância das formalidades essenciais à garantia dos direitos dos administrados;

IX - adoção de formas simples, suficientes para propiciar adequado grau de certeza, segurança e respeito aos direitos dos administrados;

X - garantia dos direitos à comunicação, à apresentação de alegações finais, à produção de provas e à interposição de recursos, nos processos de que possam resultar sanções e nas situações de litígio;

XI - proibição de cobrança de despesas processuais, ressalvadas as previstas em lei;

XII - impulsão, de ofício, do processo administrativo, sem prejuízo da atuação dos interessados;

XIII - interpretação da norma administrativa da forma que melhor garanta o atendimento do fim público a que se dirige, vedada aplicação retroativa de nova interpretação.

CAPÍTULO II
DOS DIREITOS DOS ADMINISTRADOS

Art. 3º O administrado tem os seguintes direitos perante a Administração, sem prejuízo de outros que lhe sejam assegurados:

I - ser tratado com respeito pelas autoridades e servidores, que deverão facilitar o exercício de seus direitos e o cumprimento de suas obrigações;

II - ter ciência da tramitação dos processos administrativos em que tenha a condição de interessado, ter vista dos autos, obter cópias de documentos neles contidos e conhecer as decisões proferidas;

III - formular alegações e apresentar documentos antes da decisão, os quais serão objeto de consideração pelo órgão competente;

IV - fazer-se assistir, facultativamente, por advogado, salvo quando obrigatória a representação, por força de lei.

CAPÍTULO III
DOS DEVERES DO ADMINISTRADO

Art. 4º São deveres do administrado perante a Administração, sem prejuízo de outros previstos em ato normativo:

I - expor os fatos conforme a verdade;

II - proceder com lealdade, urbanidade e boa-fé;

III - não agir de modo temerário;

IV - prestar as informações que lhe forem solicitadas e colaborar para o esclarecimento dos fatos.

CAPÍTULO IV
DO INÍCIO DO PROCESSO

Art. 5º O processo administrativo pode iniciar-se de ofício ou a pedido de interessado.

Art. 6º O requerimento inicial do interessado, salvo casos em que for admitida solicitação oral, deve ser formulado por escrito e conter os seguintes dados:

I - órgão ou autoridade administrativa a que se dirige;

II - identificação do interessado ou de quem o represente;

III - domicílio do requerente ou local para recebimento de comunicações;

IV - formulação do pedido, com exposição dos fatos e de seus fundamentos;

V - data e assinatura do requerente ou de seu representante.

Parágrafo único. É vedada à Administração a recusa imotivada de recebimento de documentos, devendo o servidor orientar o interessado quanto ao suprimento de eventuais falhas.

Art. 7º Os órgãos e entidades administrativas deverão elaborar modelos ou formulários padronizados para assuntos que importem pretensões equivalentes.

Art. 8º Quando os pedidos de uma pluralidade de interessados tiverem conteúdo e fundamentos idênticos, poderão ser formulados em um único requerimento, salvo preceito legal em contrário.

CAPÍTULO V
DOS INTERESSADOS

Art. 9º São legitimados como interessados no processo administrativo:

I - pessoas físicas ou jurídicas que o iniciem como titulares de direitos ou interesses individuais ou no exercício do direito de representação;

II - aqueles que, sem terem iniciado o processo, têm direitos ou interesses que possam ser afetados pela decisão a ser adotada;

III - as organizações e associações representativas, no tocante a direitos e interesses coletivos;

IV - as pessoas ou as associações legalmente constituídas quanto a direitos ou interesses difusos.

Art. 10. São capazes, para fins de processo administrativo, os maiores de dezoito anos, ressalvada previsão especial em ato normativo próprio.

CAPÍTULO VI

DA COMPETÊNCIA

Art. 11. A competência é irrenunciável e se exerce pelos órgãos administrativos a que foi atribuída como própria, salvo os casos de delegação e avocação legalmente admitidos.

Art. 12. Um órgão administrativo e seu titular poderão, se não houver impedimento legal, delegar parte da sua competência a outros órgãos ou titulares, ainda que estes não lhe sejam hierarquicamente subordinados, quando for conveniente, em razão de circunstâncias de índole técnica, social, econômica, jurídica ou territorial.

Parágrafo único. O disposto no *caput* deste artigo aplica-se à delegação de competência dos órgãos colegiados aos respectivos presidentes.

Art. 13. Não podem ser objeto de delegação:

I - a edição de atos de caráter normativo;

II - a decisão de recursos administrativos;

III - as matérias de competência exclusiva do órgão ou autoridade.

Art. 14. O ato de delegação e sua revogação deverão ser publicados no meio oficial.

§1º O ato de delegação especificará as matérias e poderes transferidos, os limites da atuação do delegado, a duração e os objetivos da delegação e o recurso cabível, podendo conter ressalva de exercício da atribuição delegada.

§2º O ato de delegação é revogável a qualquer tempo pela autoridade delegante.

§3º As decisões adotadas por delegação devem mencionar explicitamente esta qualidade e considerar-se-ão editadas pelo delegado.

Art. 15. Será permitida, em caráter excepcional e por motivos relevantes devidamente justificados, a avocação temporária de competência atribuída a órgão hierarquicamente inferior.

Art. 16. Os órgãos e entidades administrativas divulgarão publicamente os locais das respectivas sedes e, quando conveniente, a unidade fundacional competente em matéria de interesse especial.

Art. 17. Inexistindo competência legal específica, o processo administrativo deverá ser iniciado perante a autoridade de menor grau hierárquico para decidir.

CAPÍTULO VII

DOS IMPEDIMENTOS E DA SUSPEIÇÃO

Art. 18. É impedido de atuar em processo administrativo o servidor ou autoridade que:

I - tenha interesse direto ou indireto na matéria;

II - tenha participado ou venha a participar como perito, testemunha ou representante, ou se tais situações ocorrem quanto ao cônjuge, companheiro ou parente e afins até o terceiro grau;

III - esteja litigando judicial ou administrativamente com o interessado ou respectivo cônjuge ou companheiro.

Art. 19. A autoridade ou servidor que incorrer em impedimento deve comunicar o fato à autoridade competente, abstendo-se de atuar.

Parágrafo único. A omissão do dever de comunicar o impedimento constitui falta grave, para efeitos disciplinares.

Art. 20. Pode ser argüida a suspeição de autoridade ou servidor que tenha amizade íntima ou inimizade notória com algum dos interessados ou com os respectivos cônjuges, companheiros, parentes e afins até o terceiro grau.

Art. 21. O indeferimento de alegação de suspeição poderá ser objeto de recurso, sem efeito suspensivo.

CAPÍTULO VIII

DA FORMA, TEMPO E LUGAR DOS ATOS DO PROCESSO

Art. 22. Os atos do processo administrativo não dependem de forma determinada senão quando a lei expressamente a exigir.

§1º Os atos do processo devem ser produzidos por escrito, em vernáculo, com a data e o local de sua realização e a assinatura da autoridade responsável.

§2º Salvo imposição legal, o reconhecimento de firma somente será exigido quando houver dúvida de autenticidade.

§3º A autenticação de documentos exigidos em cópia poderá ser feita pelo órgão administrativo.

§4º O processo deverá ter suas páginas numeradas seqüencialmente e rubricadas.

Art. 23. Os atos do processo devem realizar-se em dias úteis, no horário normal de funcionamento da repartição na qual tramitar o processo.

Parágrafo único. Serão concluídos depois do horário normal os atos já iniciados, cujo adiamento prejudique o curso regular do procedimento ou cause dano ao interessado ou à Administração.

Art. 24. Inexistindo disposição específica, os atos do órgão ou autoridade responsável pelo processo e dos administrados que dele participem devem ser praticados no prazo de cinco dias, salvo motivo de força maior.

Parágrafo único. O prazo previsto neste artigo pode ser dilatado até o dobro, mediante comprovada justificação.

Art. 25. Os atos do processo devem realizar-se preferencialmente na sede do órgão, cientificando-se o interessado se outro for o local de realização.

CAPÍTULO IX

DA COMUNICAÇÃO DOS ATOS

Art. 26. O órgão competente perante o qual tramita o processo administrativo determinará a intimação do interessado para ciência de decisão ou a efetivação de diligências.

§1º A intimação deverá conter:

I - identificação do intimado e nome do órgão ou entidade administrativa;

II - finalidade da intimação;

III - data, hora e local em que deve comparecer;

IV - se o intimado deve comparecer pessoalmente, ou fazer-se representar;

V - informação da continuidade do processo independentemente do seu comparecimento;

VI - indicação dos fatos e fundamentos legais pertinentes.

§2º A intimação observará a antecedência mínima de três dias úteis quanto à data de comparecimento.

§3º A intimação pode ser efetuada por ciência no processo, por via postal com aviso de recebimento, por telegrama ou outro meio que assegure a certeza da ciência do interessado.

§4º No caso de interessados indeterminados, desconhecidos ou com domicílio indefinido, a intimação deve ser efetuada por meio de publicação oficial.

§5º As intimações serão nulas quando feitas sem observância das prescrições legais, mas o comparecimento do administrado supre sua falta ou irregularidade.

Art. 27. O desatendimento da intimação não importa o reconhecimento da verdade dos fatos, nem a renúncia a direito pelo administrado.

Parágrafo único. No prosseguimento do processo, será garantido direito de ampla defesa ao interessado.

Art. 28. Devem ser objeto de intimação os atos do processo que resultem para o interessado em imposição de deveres, ônus, sanções ou restrição ao exercício de direitos e atividades e os atos de outra natureza, de seu interesse.

CAPÍTULO X

DA INSTRUÇÃO

Art. 29. As atividades de instrução destinadas a averiguar e comprovar os dados necessários à tomada de decisão realizam-se de ofício ou mediante impulsão do órgão responsável pelo processo, sem prejuízo do direito dos interessados de propor atuações probatórias.

§1º O órgão competente para a instrução fará constar dos autos os dados necessários à decisão do processo.

§2º Os atos de instrução que exijam a atuação dos interessados devem realizar-se do modo menos oneroso para estes.

Art. 30. São inadmissíveis no processo administrativo as provas obtidas por meios ilícitos.

Art. 31. Quando a matéria do processo envolver assunto de interesse geral, o órgão competente poderá, mediante despacho motivado, abrir período de consulta pública para manifestação de terceiros, antes da decisão do pedido, se não houver prejuízo para a parte interessada.

§1º A abertura da consulta pública será objeto de divulgação pelos meios oficiais, a fim de que pessoas físicas ou jurídicas possam examinar os autos, fixando-se prazo para oferecimento de alegações escritas.

§2º O comparecimento à consulta pública não confere, por si, a condição de interessado do processo, mas confere o direito de obter da Administração resposta fundamentada, que poderá ser comum a todas as alegações substancialmente iguais.

Art. 32. Antes da tomada de decisão, a juízo da autoridade, diante da relevância da questão, poderá ser realizada audiência pública para debates sobre a matéria do processo.

Art. 33. Os órgãos e entidades administrativas, em matéria relevante, poderão estabelecer outros meios de participação de administrados, diretamente ou por meio de organizações e associações legalmente reconhecidas.

Art. 34. Os resultados da consulta e audiência pública e de outros meios de participação de administrados deverão ser apresentados com a indicação do procedimento adotado.

Art. 35. Quando necessária à instrução do processo, a audiência de outros órgãos ou entidades administrativas poderá ser realizada em reunião conjunta, com a participação de titulares ou representantes dos órgãos competentes, lavrando-se a respectiva ata, a ser juntada aos autos.

Art. 36. Cabe ao interessado a prova dos fatos que tenha alegado, sem prejuízo do dever atribuído ao órgão competente para a instrução e do disposto no art. 37 desta Lei.

Art. 37. Quando o interessado declarar que fatos e dados estão registrados em documentos existentes na própria Administração responsável pelo processo ou em outro órgão administrativo, o órgão competente para a instrução proverá, de ofício, à obtenção dos documentos ou das respectivas cópias.

Art. 38. O interessado poderá, na fase instrutória e antes da tomada da decisão, juntar documentos e pareceres, requerer diligências e perícias, bem como aduzir alegações referentes à matéria objeto do processo.

§1º Os elementos probatórios deverão ser considerados na motivação do relatório e da decisão.

§2º Somente poderão ser recusadas, mediante decisão fundamentada, as provas propostas pelos interessados quando sejam ilícitas, impertinentes, desnecessárias ou protelatórias.

Art. 39. Quando for necessária a prestação de informações ou a apresentação de provas pelos interessados ou terceiros, serão expedidas intimações para esse fim, mencionando-se data, prazo, forma e condições de atendimento.

Parágrafo único. Não sendo atendida a intimação, poderá o órgão competente, se entender relevante a matéria, suprir de ofício a omissão, não se eximindo de proferir a decisão.

Art. 40. Quando dados, atuações ou documentos solicitados ao interessado forem necessários à apreciação de pedido formulado, o não atendimento no prazo fixado pela Administração para a respectiva apresentação implicará arquivamento do processo.

Art. 41. Os interessados serão intimados de prova ou diligência ordenada, com antecedência mínima de três dias úteis, mencionando-se data, hora e local de realização.

Art. 42. Quando deva ser obrigatoriamente ouvido um órgão consultivo, o parecer deverá ser emitido no prazo máximo de quinze dias, salvo norma especial ou comprovada necessidade de maior prazo.

§1º Se um parecer obrigatório e vinculante deixar de ser emitido no prazo fixado, o processo não terá seguimento até a respectiva apresentação, responsabilizando-se quem der causa ao atraso.

§2º Se um parecer obrigatório e não vinculante deixar de ser emitido no prazo fixado, o processo poderá ter prosseguimento e ser decidido com sua dispensa, sem prejuízo da responsabilidade de quem se omitiu no atendimento.

Art. 43. Quando por disposição de ato normativo devam ser previamente obtidos laudos técnicos de órgãos administrativos e estes não cumprirem o encargo no prazo assinalado, o órgão responsável pela instrução deverá solicitar laudo técnico de outro órgão dotado de qualificação e capacidade técnica equivalentes.

Art. 44. Encerrada a instrução, o interessado terá o direito de manifestar-se no prazo máximo de dez dias, salvo se outro prazo for legalmente fixado.

Art. 45. Em caso de risco iminente, a Administração Pública poderá motivadamente adotar providências acauteladoras sem a prévia manifestação do interessado.

Art. 46. Os interessados têm direito à vista do processo e a obter certidões ou cópias reprográficas dos dados e documentos que o integram, ressalvados os dados e documentos de terceiros protegidos por sigilo ou pelo direito à privacidade, à honra e à imagem.

Art. 47. O órgão de instrução que não for competente para emitir a decisão final elaborará relatório indicando o pedido inicial, o conteúdo das fases do procedimento e formulará proposta de decisão, objetivamente justificada, encaminhando o processo à autoridade competente.

CAPÍTULO XI

DO DEVER DE DECIDIR

Art. 48. A Administração tem o dever de explicitamente emitir decisão nos processos administrativos e sobre solicitações ou reclamações, em matéria de sua competência.

Art. 49. Concluída a instrução de processo administrativo, a Administração tem o prazo de até trinta dias para decidir, salvo prorrogação por igual período expressamente motivada.

CAPÍTULO XI-A

DA DECISÃO COORDENADA

(Incluído pela Lei nº 14.210, de 2021)

Art. 49-A. No âmbito da Administração Pública federal, as decisões administrativas que exijam a participação de 3 (três) ou mais setores, órgãos ou entidades poderão ser tomadas mediante decisão coordenada, sempre que: (Incluído pela Lei nº 14.210, de 2021)

I - for justificável pela relevância da matéria; e (Incluído pela Lei nº 14.210, de 2021)

II - houver discordância que prejudique a celeridade do processo administrativo decisório. (Incluído pela Lei nº 14.210, de 2021)

§1º Para os fins desta Lei, considera-se decisão coordenada a instância de natureza interinstitucional ou intersetorial que atua de forma compartilhada com a finalidade de simplificar o processo administrativo mediante participação concomitante de todas as autoridades e agentes decisórios e dos responsáveis pela instrução técnico-jurídica, observada a natureza do objeto e a compatibilidade do procedimento e de sua formalização com a legislação pertinente. (Incluído pela Lei nº 14.210, de 2021)

§2º (VETADO). (Incluído pela Lei nº 14.210, de 2021)

§3º (VETADO). (Incluído pela Lei nº 14.210, de 2021)

§4º A decisão coordenada não exclui a responsabilidade originária de cada órgão ou autoridade envolvida. (Incluído pela Lei nº 14.210, de 2021)

§5º A decisão coordenada obedecerá aos princípios da legalidade, da eficiência e da transparência, com utilização, sempre que necessário, da simplificação do procedimento e da concentração das instâncias decisórias. (Incluído pela Lei nº 14.210, de 2021)

§6º Não se aplica a decisão coordenada aos processos administrativos: (Incluído pela Lei nº 14.210, de 2021)

I - de licitação; (Incluído pela Lei nº 14.210, de 2021)

II - relacionados ao poder sancionador; ou (Incluído pela Lei nº 14.210, de 2021)

III - em que estejam envolvidas autoridades de Poderes distintos. (Incluído pela Lei nº 14.210, de 2021)

Art. 49-B. Poderão habilitar-se a participar da decisão coordenada, na qualidade de ouvintes, os interessados de que trata o art. 9º desta Lei. (Incluído pela Lei nº 14.210, de 2021)

Parágrafo único. A participação na reunião, que poderá incluir direito a voz, será deferida por decisão irrecorrível da autoridade responsável pela convocação da decisão coordenada. (Incluído pela Lei nº 14.210, de 2021)

Art. 49-C. (VETADO). (Incluído pela Lei nº 14.210, de 2021)

Art. 49-D. Os participantes da decisão coordenada deverão ser intimados na forma do art. 26 desta Lei. (Incluído pela Lei nº 14.210, de 2021)

Art. 49-E. Cada órgão ou entidade participante é responsável pela elaboração de documento específico sobre o tema atinente à respectiva competência, a fim de subsidiar os trabalhos e integrar o processo da decisão coordenada. (Incluído pela Lei nº 14.210, de 2021)

Parágrafo único. O documento previsto no **caput** deste artigo abordará a questão objeto da decisão coordenada e eventuais precedentes. (Incluído pela Lei nº 14.210, de 2021)

Art. 49-F. Eventual dissenso na solução do objeto da decisão coordenada deverá ser manifestado durante as reuniões, de forma fundamentada, acompanhado das propostas de solução e de alteração necessárias para a resolução da questão. (Incluído pela Lei nº 14.210, de 2021)

Parágrafo único. Não poderá ser arguida matéria estranha ao objeto da convocação. (Incluído pela Lei nº 14.210, de 2021)

Art. 49-G. A conclusão dos trabalhos da decisão coordenada será consolidada em ata, que conterá as seguintes informações: (Incluído pela Lei nº 14.210, de 2021)

I - relato sobre os itens da pauta; (Incluído pela Lei nº 14.210, de 2021)

II - síntese dos fundamentos aduzidos; (Incluído pela Lei nº 14.210, de 2021)

III - síntese das teses pertinentes ao objeto da convocação; (Incluído pela Lei nº 14.210, de 2021)

IV - registro das orientações, das diretrizes, das soluções ou das propostas de atos governamentais relativos ao objeto da convocação; (Incluído pela Lei nº 14.210, de 2021)

V - posicionamento dos participantes para subsidiar futura atuação governamental em matéria idêntica ou similar; e (Incluído pela Lei nº 14.210, de 2021)

VI - decisão de cada órgão ou entidade relativa à matéria sujeita à sua competência. (Incluído pela Lei nº 14.210, de 2021)

§1º Até a assinatura da ata, poderá ser complementada a fundamentação da decisão da autoridade ou do agente a respeito de matéria de competência do órgão ou da entidade representada. (Incluído pela Lei nº 14.210, de 2021)

§2º (VETADO). (Incluído pela Lei nº 14.210, de 2021)

§3º A ata será publicada por extrato no Diário Oficial da União, do qual deverão constar, além do registro referido no inciso IV do **caput** deste artigo, os dados identificadores da decisão coordenada e o órgão e o local em que se encontra a ata em seu inteiro teor, para conhecimento dos interessados. (Incluído pela Lei nº 14.210, de 2021)

CAPÍTULO XII

DA MOTIVAÇÃO

Art. 50. Os atos administrativos deverão ser motivados, com indicação dos fatos e dos fundamentos jurídicos, quando:

I - neguem, limitem ou afetem direitos ou interesses;

II - imponham ou agravem deveres, encargos ou sanções;

III - decidam processos administrativos de concurso ou seleção pública;

IV - dispensem ou declarem a inexigibilidade de processo licitatório;

V - decidam recursos administrativos;

VI - decorram de reexame de ofício;

VII - deixem de aplicar jurisprudência firmada sobre a questão ou discrepem de pareceres, laudos, propostas e relatórios oficiais;

VIII - importem anulação, revogação, suspensão ou convalidação de ato administrativo.

§1º A motivação deve ser explícita, clara e congruente, podendo consistir em declaração de concordância com fundamentos de anteriores pareceres, informações, decisões ou propostas, que, neste caso, serão parte integrante do ato.

§2º Na solução de vários assuntos da mesma natureza, pode ser utilizado meio mecânico que reproduza os fundamentos das decisões, desde que não prejudique direito ou garantia dos interessados.

§3º A motivação das decisões de órgãos colegiados e comissões ou de decisões orais constará da respectiva ata ou de termo escrito.

CAPÍTULO XIII

DA DESISTÊNCIA E OUTROS CASOS DE EXTINÇÃO DO PROCESSO

Art. 51. O interessado poderá, mediante manifestação escrita, desistir total ou parcialmente do pedido formulado ou, ainda, renunciar a direitos disponíveis.

§1º Havendo vários interessados, a desistência ou renúncia atinge somente quem a tenha formulado.

§2º A desistência ou renúncia do interessado, conforme o caso, não prejudica o prosseguimento do processo, se a Administração considerar que o interesse público assim o exige.

Art. 52. O órgão competente poderá declarar extinto o processo quando exaurida sua finalidade ou o objeto da decisão se tornar impossível, inútil ou prejudicado por fato superveniente.

CAPÍTULO XIV

DA ANULAÇÃO, REVOGAÇÃO E CONVALIDAÇÃO

Art. 53. A Administração deve anular seus próprios atos, quando eivados de vício de legalidade, e pode revogá-los por motivo de conveniência ou oportunidade, respeitados os direitos adquiridos.

Art. 54. O direito da Administração de anular os atos administrativos de que decorram efeitos favoráveis para os destinatários decai em cinco anos, contados da data em que foram praticados, salvo comprovada má-fé.

§1º No caso de efeitos patrimoniais contínuos, o prazo de decadência contar-se-á da percepção do primeiro pagamento.

§2º Considera-se exercício do direito de anular qualquer medida de autoridade administrativa que importe impugnação à validade do ato.

Art. 55. Em decisão na qual se evidencie não acarretarem lesão ao interesse público nem prejuízo a terceiros, os atos que apresentarem defeitos sanáveis poderão ser convalidados pela própria Administração.

CAPÍTULO XV

DO RECURSO ADMINISTRATIVO E DA REVISÃO

Art. 56. Das decisões administrativas cabe recurso, em face de razões de legalidade e de mérito.

§1º O recurso será dirigido à autoridade que proferiu a decisão, a qual, se não a reconsiderar no prazo de cinco dias, o encaminhará à autoridade superior.

§2º Salvo exigência legal, a interposição de recurso administrativo independe de caução.

§3º Se o recorrente alegar que a decisão administrativa contraria enunciado da súmula vinculante, caberá à autoridade prolatora da decisão impugnada, se não a reconsiderar, explicitar, antes de encaminhar o recurso à autoridade superior, as razões da aplicabilidade ou inaplicabilidade da súmula, conforme o caso. *(Incluído pela Lei nº 11.417, de 2006).*

Art. 57. O recurso administrativo tramitará no máximo por três instâncias administrativas, salvo disposição legal diversa.

Art. 58. Têm legitimidade para interpor recurso administrativo:

I – os titulares de direitos e interesses que forem parte no processo;

II – aqueles cujos direitos ou interesses forem indiretamente afetados pela decisão recorrida;

III – as organizações e associações representativas, no tocante a direitos e interesses coletivos;

IV – os cidadãos ou associações, quanto a direitos ou interesses difusos.

Art. 59. Salvo disposição legal específica, é de dez dias o prazo para interposição de recurso administrativo, contado a partir da ciência ou divulgação oficial da decisão recorrida.

§1º Quando a lei não fixar prazo diferente, o recurso administrativo deverá ser decidido no prazo máximo de trinta dias, a partir do recebimento dos autos pelo órgão competente.

§2º O prazo mencionado no parágrafo anterior poderá ser prorrogado por igual período, ante justificativa explícita.

Art. 60. O recurso interpõe-se por meio de requerimento no qual o recorrente deverá expor os fundamentos do pedido de reexame, podendo juntar os documentos que julgar convenientes.

Art. 61. Salvo disposição legal em contrário, o recurso não tem efeito suspensivo.

Parágrafo único. Havendo justo receio de prejuízo de difícil ou incerta reparação decorrente da execução, a autoridade recorrida ou a imediatamente superior poderá, de ofício ou a pedido, dar efeito suspensivo ao recurso.

Art. 62. Interposto o recurso, o órgão competente para dele conhecer deverá intimar os demais interessados para que, no prazo de cinco dias úteis, apresentem alegações.

Art. 63. O recurso não será conhecido quando interposto:

I – fora do prazo;

II – perante órgão incompetente;

III – por quem não seja legitimado;

IV – após exaurida a esfera administrativa.

§1º Na hipótese do inciso II, será indicada ao recorrente a autoridade competente, sendo-lhe devolvido o prazo para recurso.

§2º O não conhecimento do recurso não impede a Administração de rever de ofício o ato ilegal, desde que não ocorrida preclusão administrativa.

Art. 64. O órgão competente para decidir o recurso poderá confirmar, modificar, anular ou revogar, total ou parcialmente, a decisão recorrida, se a matéria for de sua competência.

Parágrafo único. Se da aplicação do disposto neste artigo puder decorrer gravame à situação do recorrente, este deverá ser cientificado para que formule suas alegações antes da decisão.

Art. 64-A. Se o recorrente alegar violação de enunciado da súmula vinculante, o órgão competente para decidir o recurso explicitará as razões da aplicabilidade ou inaplicabilidade da súmula, conforme o caso. *(Incluído pela Lei nº 11.417, de 2006).*

Art. 64-B. Acolhida pelo Supremo Tribunal Federal a reclamação fundada em violação de enunciado da súmula vinculante, dar-se-á ciência à autoridade prolatora e ao órgão competente para o julgamento do recurso, que deverão adequar as futuras decisões administrativas em casos semelhantes, sob pena de responsabilização pessoal nas esferas cível, administrativa e penal. *(Incluído pela Lei nº 11.417, de 2006).*

Art. 65. Os processos administrativos de que resultem sanções poderão ser revistos, a qualquer tempo, a pedido ou de ofício, quando surgirem fatos novos ou circunstâncias relevantes suscetíveis de justificar a inadequação da sanção aplicada.

Parágrafo único. Da revisão do processo não poderá resultar agravamento da sanção.

CAPÍTULO XVI

DOS PRAZOS

Art. 66. Os prazos começam a correr a partir da data da cientificação oficial, excluindo-se da contagem o dia do começo e incluindo-se o do vencimento.

§1º Considera-se prorrogado o prazo até o primeiro dia útil seguinte se o vencimento cair em dia em que não houver expediente ou este for encerrado antes da hora normal.

§2º Os prazos expressos em dias contam-se de modo contínuo.

§3º Os prazos fixados em meses ou anos contam-se de data a data. Se no mês do vencimento não houver o dia equivalente àquele do início do prazo, tem-se como termo o último dia do mês.

Art. 67. Salvo motivo de força maior devidamente comprovado, os prazos processuais não se suspendem.

CAPÍTULO XVII

DAS SANÇÕES

Art. 68. As sanções, a serem aplicadas por autoridade competente, terão natureza pecuniária ou consistirão em obrigação de fazer ou de não fazer, assegurado sempre o direito de defesa.

CAPÍTULO XVIII

DAS DISPOSIÇÕES FINAIS

Art. 69. Os processos administrativos específicos continuarão a reger-se por lei própria, aplicando-se-lhes apenas subsidiariamente os preceitos desta Lei.

Art. 69-A. Terão prioridade na tramitação, em qualquer órgão ou instância, os procedimentos administrativos em que figure como parte ou interessado: *(Incluído pela Lei nº 12.008, de 2009).*

I - pessoa com idade igual ou superior a 60 (sessenta) anos; *(Incluído pela Lei nº 12.008, de 2009).*

II - pessoa portadora de deficiência, física ou mental; *(Incluído pela Lei nº 12.008, de 2009).*

III – *(VETADO) (Incluído pela Lei nº 12.008, de 2009).*

IV - pessoa portadora de tuberculose ativa, esclerose múltipla, neoplasia maligna, hanseníase, paralisia irreversível e incapacitante, cardiopatia grave, doença de Parkinson, espondiloartrose anquilosante, nefropatia grave, hepatopatia grave, estados avançados da doença de Paget (osteíte deformante), contaminação por radiação, síndrome de imunodeficiência adquirida, ou outra doença grave, com base em conclusão da medicina especializada, mesmo que a doença tenha sido contraída após o início do processo. *(Incluído pela Lei nº 12.008, de 2009).*

§1º A pessoa interessada na obtenção do benefício, juntando prova de sua condição, deverá requerê-lo à autoridade administrativa competente, que determinará as providências a serem cumpridas. *(Incluído pela Lei nº 12.008, de 2009).*

§2º Deferida a prioridade, os autos receberão identificação própria que evidencie o regime de tramitação prioritária. *(Incluído pela Lei nº 12.008, de 2009).*

§3º *(VETADO) (Incluído pela Lei nº 12.008, de 2009).*

§4º *(VETADO) (Incluído pela Lei nº 12.008, de 2009).*

Art. 70. Esta Lei entra em vigor na data de sua publicação.

Brasília 29 de janeiro de 1999; 178º da Independência e 111º da República.

FERNANDO HENRIQUE CARDOSO

Renan Calheiros

Paulo Paiva

Este texto não substitui o publicado no D.O.U. de 1.2.1999 e Retificado no D.O.U de 11.3.1999

LEI Nº 9.265, DE 12 DE FEVEREIRO DE 1996

Regulamenta o inciso LXXVII do art. 5º da Constituição, dispondo sobre a gratuidade dos atos necessários ao exercício da cidadania.

O PRESIDENTE DA REPÚBLICA

Faço saber que o Congresso Nacional decreta e eu sanciono a seguinte Lei:

Art. 1º São gratuitos os atos necessários ao exercício da cidadania, assim considerados:

I - os que capacitam o cidadão ao exercício da soberania popular, a que se reporta o *art. 14 da Constituição;*

II - aqueles referentes ao alistamento militar;

III - os pedidos de informações ao poder público, em todos os seus âmbitos, objetivando a instrução de defesa ou a denúncia de irregularidades administrativas na órbita pública;

IV - as ações de impugnação de mandato eletivo por abuso do poder econômico, corrupção ou fraude;

V - quaisquer requerimentos ou petições que visem as garantias individuais e a defesa do interesse público.

VI - O registro civil de nascimento e o assento de óbito, bem como a primeira certidão respectiva. *(Incluído pela Lei nº 9.534, de 1997)*

VII - o requerimento e a emissão de documento de identificação específico, ou segunda via, para pessoa com transtorno do espectro autista. (Incluído pela Lei nº 13.977, de 2020)

Art. 2º Esta Lei entra em vigor na data de sua publicação.

Art. 3º Revogam-se as disposições em contrário.

Art. 4º (VETADO) (Incluído pela Lei nº9.534, de 1997)

Brasília, 12 de fevereiro de 1996; 175º da Independência e 108º da República.

FERNANDO HENRIQUE CARDOSO

Nelson A. Jobim

Este texto não substitui o publicado no D.O.U. de 13.2.1996

LEI Nº 9.296, DE 24 DE JULHO DE 1996

Regulamenta o inciso XII, parte final, do art. 5º da Constituição Federal.

O PRESIDENTE DA REPÚBLICA

Faço saber que o Congresso Nacional decreta e eu sanciono a seguinte Lei:

Art. 1º A interceptação de comunicações telefônicas, de qualquer natureza, para prova em investigação criminal e em instrução processual penal, observará o disposto nesta Lei e dependerá de ordem do juiz competente da ação principal, sob segredo de justiça.

Parágrafo único. O disposto nesta Lei aplica-se à interceptação do fluxo de comunicações em sistemas de informática e telemática.

Art. 2º Não será admitida a interceptação de comunicações telefônicas quando ocorrer qualquer das seguintes hipóteses:

I - não houver indícios razoáveis da autoria ou participação em infração penal;

II - a prova puder ser feita por outros meios disponíveis;

III - o fato investigado constituir infração penal punida, no máximo, com pena de detenção.

Parágrafo único. Em qualquer hipótese deve ser descrita com clareza a situação objeto da investigação, inclusive com a indicação e qualificação dos investigados, salvo impossibilidade manifesta, devidamente justificada.

Art. 3º A interceptação das comunicações telefônicas poderá ser determinada pelo juiz, de ofício ou a requerimento:

I - da autoridade policial, na investigação criminal;

II - do representante do Ministério Público, na investigação criminal e na instrução processual penal.

Art. 4º O pedido de interceptação de comunicação telefônica conterá a demonstração de que a sua realização é necessária à apuração de infração penal, com indicação dos meios a serem empregados.

§1º Excepcionalmente, o juiz poderá admitir que o pedido seja formulado verbalmente, desde que estejam presentes os pressupostos que autorizem a interceptação, caso em que a concessão será condicionada à sua redução a termo.

§2º O juiz, no prazo máximo de vinte e quatro horas, decidirá sobre o pedido.

Art. 5º A decisão será fundamentada, sob pena de nulidade, indicando também a forma de execução da diligência, que não poderá exceder o prazo de quinze dias, renovável por igual tempo uma vez comprovada a indispensabilidade do meio de prova.

Art. 6º Deferido o pedido, a autoridade policial conduzirá os procedimentos de interceptação, dando ciência ao Ministério Público, que poderá acompanhar a sua realização.

§1º No caso de a diligência possibilitar a gravação da comunicação interceptada, será determinada a sua transcrição.

§2º Cumprida a diligência, a autoridade policial encaminhará o resultado da interceptação ao juiz, acompanhado de auto circunstanciado, que deverá conter o resumo das operações realizadas.

§3º Recebidos esses elementos, o juiz determinará a providência do art. 8º, ciente o Ministério Público.

Art. 7º Para os procedimentos de interceptação de que trata esta Lei, a autoridade policial poderá requisitar serviços e técnicos especializados às concessionárias de serviço público.

Art. 8º A interceptação de comunicação telefônica, de qualquer natureza, ocorrerá em autos apartados, apensados aos autos do inquérito policial ou do processo criminal, preservando-se o sigilo das diligências, gravações e transcrições respectivas.

Parágrafo único. A apensação somente poderá ser realizada imediatamente antes do relatório da autoridade, quando se tratar de inquérito policial *(Código de Processo Penal, art.10, §1º)* ou na conclusão do processo ao juiz para o despacho decorrente do disposto nos *arts. 407, 502* ou *538 do Código de Processo Penal.*

Art. 9º A gravação que não interessar à prova será inutilizada por decisão judicial, durante o inquérito, a instrução processual ou após esta, em virtude de requerimento do Ministério Público ou da parte interessada.

Parágrafo único. O incidente de inutilização será assistido pelo Ministério Público, sendo facultada a presença do acusado ou de seu representante legal.

Art. 10. Constitui crime realizar interceptação de comunicações telefônicas, de informática ou telemática, ou quebrar segredo da Justiça, sem autorização judicial ou com objetivos não autorizados em lei.

Pena: reclusão, de dois a quatro anos, e multa.

Art. 11. Esta Lei entra em vigor na data de sua publicação.

Art. 12. Revogam-se as disposições em contrário.

Brasília, 24 de julho de 1996; 175º da Independência e 108º da República.

FERNANDO HENRIQUE CARDOSO

Nelson A. Jobim

Este texto não substitui o publicado no D.O.U. de 25.7.1996

LEI Nº 8.429, DE 2 DE JUNHO DE 1992

Dispõe sobre as sanções aplicáveis em virtude da prática de atos de improbidade administrativa, de que trata o §4º do art. 37 da Constituição Federal; e dá outras providências. (Redação dada pela Lei nº 14.230, de 2021)

O PRESIDENTE DA REPÚBLICA, Faço saber que o Congresso Nacional decreta e eu sanciono a seguinte lei:

CAPÍTULO I

Das Disposições Gerais

Art. 1º O sistema de responsabilização por atos de improbidade administrativa tutelará a probidade na organização do Estado e no exercício de suas funções, como forma de assegurar a integridade do patrimônio público e social, nos termos desta Lei. (Redação dada pela Lei nº 14.230, de 2021)

Parágrafo único. (Revogado). (Redação dada pela Lei nº 14.230, de 2021)

§1º Consideram-se atos de improbidade administrativa as condutas dolosas tipificadas nos arts. 9º, 10 e 11 desta Lei, ressalvados tipos previstos em leis especiais. (Incluído pela Lei nº 14.230, de 2021)

§2º Considera-se dolo a vontade livre e consciente de alcançar o resultado ilícito tipificado nos arts. 9º, 10 e 11 desta Lei, não bastando a voluntariedade do agente. (Incluído pela Lei nº 14.230, de 2021)

§3º O mero exercício da função ou desempenho de competências públicas, sem comprovação de ato doloso com fim ilícito, afasta a responsabilidade por ato de improbidade administrativa. (Incluído pela Lei nº 14.230, de 2021)

§4º Aplicam-se ao sistema da improbidade disciplinado nesta Lei os princípios constitucionais do direito administrativo sancionador. (Incluído pela Lei nº 14.230, de 2021)

§5º Os atos de improbidade violam a probidade na organização do Estado e no exercício de suas funções e a integridade do patrimônio público e social dos Poderes Executivo, Legislativo e Judiciário, bem como da administração direta e indireta, no âmbito da União, dos Estados, dos Municípios e do Distrito Federal. (Incluído pela Lei nº 14.230, de 2021)

§6º Estão sujeitos às sanções desta Lei os atos de improbidade praticados contra o patrimônio de entidade privada que receba subvenção, benefício ou incentivo, fiscal ou creditício, de entes públicos ou governamentais, previstos no §5º deste artigo. (Incluído pela Lei nº 14.230, de 2021)

§7º Independentemente de integrar a administração indireta, estão sujeitos às sanções desta Lei os atos de improbidade praticados contra o patrimônio de entidade privada para cuja criação ou custeio o erário haja concorrido ou concorra no seu patrimônio ou receita atual, limitado o ressarcimento de prejuízos, nesse caso, à repercussão do ilícito sobre a contribuição dos cofres públicos. (Incluído pela Lei nº 14.230, de 2021)

§8º Não configura improbidade a ação ou omissão decorrente de divergência interpretativa da lei, baseada em jurisprudência, ainda que não pacificada, mesmo que não venha a ser posteriormente prevalecente nas decisões dos órgãos de controle ou dos tribunais do Poder Judiciário. (Incluído pela Lei nº 14.230, de 2021)

Art. 2º Para os efeitos desta Lei, consideram-se agente público o agente político, o servidor público e todo aquele que exerce, ainda que transitoriamente ou sem remuneração, por eleição, nomeação, designação, contratação ou qualquer outra forma de investidura ou vínculo, mandato, cargo, emprego ou função nas entidades referidas no art. 1º desta Lei. (Redação dada pela Lei nº 14.230, de 2021)

Parágrafo único. No que se refere a recursos de origem pública, sujeita-se às sanções previstas nesta Lei o particular, pessoa física ou jurídica, que celebra com a administração pública convênio, contrato de repasse, contrato de gestão, termo de parceria, termo de cooperação ou ajuste administrativo equivalente. (Incluído pela Lei nº 14.230, de 2021)

Art. 3º As disposições desta Lei são aplicáveis, no que couber, àquele que, mesmo não sendo agente público, induza ou concorra dolosamente para a prática do ato de improbidade. (Redação dada pela Lei nº 14.230, de 2021)

§1º Os sócios, os cotistas, os diretores e os colaboradores de pessoa jurídica de direito privado não respondem pelo ato de improbidade que venha a ser imputado à pessoa jurídica, salvo se, comprovadamente, houver participação e benefícios diretos, caso em que responderão nos limites da sua participação. (Incluído pela Lei nº 14.230, de 2021)

§2º As sanções desta Lei não se aplicarão à pessoa jurídica, caso o ato de improbidade administrativa seja também sancionado como ato lesivo à administração pública de que trata a Lei nº 12.846, de 1º de agosto de 2013. (Incluído pela Lei nº 14.230, de 2021)

Art. 4º (Revogado pela Lei nº 14.230, de 2021)

Art. 5º (Revogado pela Lei nº 14.230, de 2021)

Art. 6º (Revogado pela Lei nº 14.230, de 2021)

Art. 7º Se houver indícios de ato de improbidade, a autoridade que conhecer dos fatos representará ao Ministério Público competente, para as providências necessárias. (Redação dada pela Lei nº 14.230, de 2021)

Parágrafo único. (Revogado). (Redação dada pela Lei nº 14.230, de 2021)

Art. 8º O sucessor ou o herdeiro daquele que causar dano ao erário ou que se enriquecer ilicitamente estão sujeitos apenas à obrigação de repará-lo até o limite do valor da herança ou do patrimônio transferido. (Redação dada pela Lei nº 14.230, de 2021)

Art. 8º-A A responsabilidade sucessória de que trata o art. 8º desta Lei aplica-se também na hipótese de alteração contratual, de transformação, de incorporação, de fusão ou de cisão societária. (Incluído pela Lei nº 14.230, de 2021)

Parágrafo único. Nas hipóteses de fusão e de incorporação, a responsabilidade da sucessora será restrita à obrigação de reparação integral do dano causado, até o limite do patrimônio transferido, não lhe sendo aplicáveis as demais sanções previstas nesta Lei decorrentes de atos e de fatos ocorridos antes da data da fusão ou da incorporação, exceto no caso de simulação ou de evidente intuito de fraude, devidamente comprovados. (Incluído pela Lei nº 14.230, de 2021)

CAPÍTULO II

Dos Atos de Improbidade Administrativa

Seção I

Dos Atos de Improbidade Administrativa que Importam Enriquecimento Ilícito

Art. 9º Constitui ato de improbidade administrativa importando em enriquecimento ilícito auferir, mediante a prática de ato doloso, qualquer tipo de vantagem patrimonial indevida em razão do exercício de cargo, de mandato, de função, de emprego ou de atividade nas entidades referidas no art. 1º desta Lei, e notadamente: (Redação dada pela Lei nº 14.230, de 2021)

I - receber, para si ou para outrem, dinheiro, bem móvel ou imóvel, ou qualquer outra vantagem econômica, direta ou indireta, a título de comissão, percentagem, gratificação ou presente de quem tenha interesse, direto ou indireto, que possa ser atingido ou amparado por ação ou omissão decorrente das atribuições do agente público;

II - perceber vantagem econômica, direta ou indireta, para facilitar a aquisição, permuta ou locação de bem móvel ou imóvel, ou a contratação de serviços pelas entidades referidas no art. 1º por preço superior ao valor de mercado;

III - perceber vantagem econômica, direta ou indireta, para facilitar a alienação, permuta ou locação de bem público ou o fornecimento de serviço por ente estatal por preço inferior ao valor de mercado;

IV - utilizar, em obra ou serviço particular, qualquer bem móvel, de propriedade ou à disposição de qualquer das entidades referidas no art. 1º desta Lei, bem como o trabalho de servidores, de empregados ou de terceiros contratados por essas entidades; (Redação dada pela Lei nº 14.230, de 2021)

V - receber vantagem econômica de qualquer natureza, direta ou indireta, para tolerar a exploração ou a prática de jogos de azar, de lenocínio, de narcotráfico, de contrabando, de usura ou de qualquer outra atividade ilícita, ou aceitar promessa de tal vantagem;

VI - receber vantagem econômica de qualquer natureza, direta ou indireta, para fazer declaração falsa sobre qualquer dado técnico que envolva obras públicas ou qualquer outro serviço ou sobre quantidade, peso, medida, qualidade ou característica de mercadorias ou bens fornecidos a qualquer das entidades referidas no art. 1º desta Lei; (Redação dada pela Lei nº 14.230, de 2021)

VII - adquirir, para si ou para outrem, no exercício de mandato, de cargo, de emprego ou de função pública, e em razão deles, bens de qualquer natureza, decorrentes dos atos descritos no **caput** deste artigo, cujo valor seja desproporcional à evolução do patrimônio ou à renda do agente público, assegurada a demonstração pelo agente da licitude da origem dessa evolução; (Redação dada pela Lei nº 14.230, de 2021)

VIII - aceitar emprego, comissão ou exercer atividade de consultoria ou assessoramento para pessoa física ou jurídica que tenha interesse suscetível de ser atingido ou amparado por ação ou omissão decorrente das atribuições do agente público, durante a atividade;

IX - perceber vantagem econômica para intermediar a liberação ou aplicação de verba pública de qualquer natureza;

X - receber vantagem econômica de qualquer natureza, direta ou indiretamente, para omitir ato de ofício, providência ou declaração a que esteja obrigado;

XI - incorporar, por qualquer forma, ao seu patrimônio bens, rendas, verbas ou valores integrantes do acervo patrimonial das entidades mencionadas no art. 1º desta lei;

XII - usar, em proveito próprio, bens, rendas, verbas ou valores integrantes do acervo patrimonial das entidades mencionadas no art. 1º desta lei.

Seção II

Dos Atos de Improbidade Administrativa que Causam Prejuízo ao Erário

Art. 10. Constitui ato de improbidade administrativa que causa lesão ao erário qualquer ação ou omissão dolosa, que enseje, efetiva e comprovadamente, perda patrimonial, desvio, apropriação, malbaratamento ou dilapidação dos bens ou haveres das entidades referidas no art. 1º desta Lei, e notadamente: (Redação dada pela Lei nº 14.230, de 2021)

I - facilitar ou concorrer, por qualquer forma, para a indevida incorporação ao patrimônio particular, de pessoa física ou jurídica, de bens, de rendas, de verbas ou de valores integrantes do acervo patrimonial das entidades referidas no art. 1º desta Lei; (Redação dada pela Lei nº 14.230, de 2021)

II - permitir ou concorrer para que pessoa física ou jurídica privada utilize bens, rendas, verbas ou valores integrantes do acervo patrimonial das entidades mencionadas no art. 1º desta lei, sem a observância das formalidades legais ou regulamentares aplicáveis à espécie;

III - doar à pessoa física ou jurídica bem como ao ente despersonalizado, ainda que de fins educativos ou assistências, bens, rendas, verbas ou valores do patrimônio de qualquer das entidades mencionadas no art. 1º desta lei, sem observância das formalidades legais e regulamentares aplicáveis à espécie;

IV - permitir ou facilitar a alienação, permuta ou locação de bem integrante do patrimônio de qualquer das entidades referidas no art. 1º desta lei, ou ainda a prestação de serviço por parte delas, por preço inferior ao de mercado;

V - permitir ou facilitar a aquisição, permuta ou locação de bem ou serviço por preço superior ao de mercado;

VI - realizar operação financeira sem observância das normas legais e regulamentares ou aceitar garantia insuficiente ou inidônea;

VII - conceder benefício administrativo ou fiscal sem a observância das formalidades legais ou regulamentares aplicáveis à espécie;

VIII - frustrar a licitude de processo licitatório ou de processo seletivo para celebração de parcerias com entidades sem fins lucrativos, ou dispensá-los indevidamente, acarretando perda patrimonial efetiva; (Redação dada pela Lei nº 14.230, de 2021)

IX - ordenar ou permitir a realização de despesas não autorizadas em lei ou regulamento;

X - agir ilicitamente na arrecadação de tributo ou de renda, bem como no que diz respeito à conservação do patrimônio público; (Redação dada pela Lei nº 14.230, de 2021)

XI - liberar verba pública sem a estrita observância das normas pertinentes ou influir de qualquer forma para a sua aplicação irregular;

XII - permitir, facilitar ou concorrer para que terceiro se enriqueça ilicitamente;

XIII - permitir que se utilize, em obra ou serviço particular, veículos, máquinas, equipamentos ou material de qualquer natureza, de propriedade ou à disposição de qualquer das entidades mencionadas no art. 1º desta lei, bem como o trabalho de servidor público, empregados ou terceiros contratados por essas entidades.

XIV – celebrar contrato ou outro instrumento que tenha por objeto a prestação de serviços públicos por meio da gestão associada sem observar as formalidades previstas na lei; (Incluído pela Lei nº 11.107, de 2005)

XV – celebrar contrato de rateio de consórcio público sem suficiente e prévia dotação orçamentária, ou sem observar as formalidades previstas na lei. (Incluído pela Lei nº 11.107, de 2005)

XVI - facilitar ou concorrer, por qualquer forma, para a incorporação, ao patrimônio particular de pessoa física ou jurídica, de bens, rendas, verbas ou valores públicos transferidos pela administração pública a entidades privadas mediante celebração de parcerias, sem a observância das formalidades legais ou regulamentares aplicáveis à espécie; (Incluído pela Lei nº 13.019, de 2014) (Vigência)

XVII - permitir ou concorrer para que pessoa física ou jurídica privada utilize bens, rendas, verbas ou valores públicos transferidos pela administração pública a entidade privada mediante celebração de parcerias, sem a observância das formalidades legais ou regulamentares aplicáveis à espécie; (Incluído pela Lei nº 13.019, de 2014) (Vigência)

XVIII - celebrar parcerias da administração pública com entidades privadas sem a observância das formalidades legais ou regulamentares aplicáveis à espécie; (Incluído pela Lei nº 13.019, de 2014) (Vigência)

XIX - agir para a configuração de ilícito na celebração, na fiscalização e na análise das prestações de contas de parcerias firmadas pela administração pública com entidades privadas; (Redação dada pela Lei nº 14.230, de 2021)

XX - liberar recursos de parcerias firmadas pela administração pública com entidades privadas sem a estrita observância das normas pertinentes ou influir de qualquer forma para a sua aplicação irregular. (Incluído pela Lei nº 13.019, de 2014, com a redação dada pela Lei nº 13.204, de 2015)

XXI - (revogado); (Redação dada pela Lei nº 14.230, de 2021)

XXII - conceder, aplicar ou manter benefício financeiro ou tributário contrário ao que dispõem o **caput** e o §1º do art. 8º-A da Lei Complementar nº 116, de 31 de julho de 2003. (Incluído pela Lei nº 14.230, de 2021)

§1º Nos casos em que a inobservância de formalidades legais ou regulamentares não implicar perda patrimonial efetiva, não ocorrerá imposição de ressarcimento, vedado o enriquecimento sem causa das entidades referidas no art. 1º desta Lei. (Incluído pela Lei nº 14.230, de 2021)

§2º A mera perda patrimonial decorrente da atividade econômica não acarretará improbidade administrativa, salvo se comprovado ato doloso praticado com essa finalidade. (Incluído pela Lei nº 14.230, de 2021)

Seção II-A
(Revogado pela Lei nº 14.230, de 2021)

Art. 10-A. (Revogado pela Lei nº 14.230, de 2021)

Seção III
Dos Atos de Improbidade Administrativa que Atentam Contra os Princípios da Administração Pública

Art. 11. Constitui ato de improbidade administrativa que atenta contra os princípios da administração pública a ação ou omissão dolosa que viole os deveres de honestidade, de imparcialidade e de legalidade, caracterizada por uma das seguintes condutas: (Redação dada pela Lei nº 14.230, de 2021)

I - (revogado); (Redação dada pela Lei nº 14.230, de 2021)

II - (revogado); (Redação dada pela Lei nº 14.230, de 2021)

III - revelar fato ou circunstância de que tem ciência em razão das atribuições e que deva permanecer em segredo, propiciando beneficiamento por informação privilegiada ou colocando em risco a segurança da sociedade e do Estado; (Redação dada pela Lei nº 14.230, de 2021)

IV - negar publicidade aos atos oficiais, exceto em razão de sua imprescindibilidade para a segurança da sociedade e do Estado ou de outras hipóteses instituídas em lei; (Redação dada pela Lei nº 14.230, de 2021)

V - frustrar, em ofensa à imparcialidade, o caráter concorrencial de concurso público, de chamamento ou de procedimento licitatório, com vistas à obtenção de benefício próprio, direto ou indireto, ou de terceiros; (Redação dada pela Lei nº 14.230, de 2021)

VI - deixar de prestar contas quando esteja obrigado a fazê-lo, desde que disponha das condições para isso, com vistas a ocultar irregularidades; (Redação dada pela Lei nº 14.230, de 2021)

VII - revelar ou permitir que chegue ao conhecimento de terceiro, antes da respectiva divulgação oficial, teor de medida política ou econômica capaz de afetar o preço de mercadoria, bem ou serviço.

VIII - descumprir as normas relativas à celebração, fiscalização e aprovação de contas de parcerias firmadas pela administração pública com entidades privadas. (Vide Medida Provisória nº 2.088-35, de 2000) (Redação dada pela Lei nº 13.019, de 2014) (Vigência)

IX - (revogado); (Redação dada pela Lei nº 14.230, de 2021)

X - (revogado); (Redação dada pela Lei nº 14.230, de 2021)

XI - nomear cônjuge, companheiro ou parente em linha reta, colateral ou por afinidade, até o terceiro grau, inclusive, da autoridade nomeante ou de servidor da mesma pessoa jurídica investido em cargo de direção, chefia ou assessoramento, para o exercício de cargo em comissão ou de confiança ou, ainda, de função gratificada na administração pública direta e indireta em qualquer dos Poderes da União, dos Estados, do Distrito Federal e dos Municípios, compreendido o ajuste mediante designações recíprocas; (Incluído pela Lei nº 14.230, de 2021)

XII - praticar, no âmbito da administração pública e com recursos do erário, ato de publicidade que contrarie o disposto no §1º do art. 37 da Constituição Federal, de forma a promover inequívoco enaltecimento do agente público e personalização de atos, de programas, de obras, de serviços ou de campanhas dos órgãos públicos. (Incluído pela Lei nº 14.230, de 2021)

§1º Nos termos da Convenção das Nações Unidas contra a Corrupção, promulgada pelo Decreto nº 5.687, de 31 de janeiro de 2006, somente haverá improbidade administrativa, na aplicação deste artigo, quando for comprovado na conduta funcional do agente público o fim de obter proveito ou benefício indevido para si ou para outra pessoa ou entidade. (Incluído pela Lei nº 14.230, de 2021)

§2º Aplica-se o disposto no §1º deste artigo a quaisquer atos de improbidade administrativa tipificados nesta Lei e em leis especiais e a quaisquer outros tipos especiais de improbidade administrativa instituídos por lei. (Incluído pela Lei nº 14.230, de 2021)

§3º O enquadramento de conduta funcional na categoria de que trata este artigo pressupõe a demonstração objetiva da prática de ilegalidade no exercício da função pública, com a indicação das normas constitucionais, legais ou infralegais violadas. (Incluído pela Lei nº 14.230, de 2021)

§4º Os atos de improbidade de que trata este artigo exigem lesividade relevante ao bem jurídico tutelado para serem passíveis de sancionamento e independem do reconhecimento da produção de danos ao erário e de enriquecimento ilícito dos agentes públicos. (Incluído pela Lei nº 14.230, de 2021)

§5º Não se configurará improbidade a mera nomeação ou indicação política por parte dos detentores de mandatos eletivos, sendo necessária a aferição de dolo com finalidade ilícita por parte do agente. (Incluído pela Lei nº 14.230, de 2021)

CAPÍTULO III

Das Penas

Art. 12. Independentemente do ressarcimento integral do dano patrimonial, se efetivo, e das sanções penais comuns e de responsabilidade, civis e administrativas previstas na legislação específica, está o responsável pelo ato de improbidade sujeito às seguintes cominações, que podem ser aplicadas isolada ou cumulativamente, de acordo com a gravidade do fato: (Redação dada pela Lei nº 14.230, de 2021)

I - na hipótese do art. 9º desta Lei, perda dos bens ou valores acrescidos ilicitamente ao patrimônio, perda da função pública, suspensão dos direitos políticos até 14 (catorze) anos, pagamento de multa civil equivalente ao valor do acréscimo patrimonial e proibição de contratar com o poder público ou de receber benefícios ou incentivos fiscais ou creditícios, direta ou indiretamente, ainda que por intermédio de pessoa jurídica da qual seja sócio majoritário, pelo prazo não superior a 14 (catorze) anos; (Redação dada pela Lei nº 14.230, de 2021)

II - na hipótese do art. 10 desta Lei, perda dos bens ou valores acrescidos ilicitamente ao patrimônio, se concorrer esta circunstância, perda da função pública, suspensão dos direitos políticos até 12 (doze) anos, pagamento de multa civil equivalente ao valor do dano e proibição de contratar com o poder público ou de receber benefícios ou incentivos fiscais ou creditícios, direta ou indiretamente, ainda que por intermédio de pessoa jurídica da qual seja sócio majoritário, pelo prazo não superior a 12 (doze) anos; (Redação dada pela Lei nº 14.230, de 2021)

III - na hipótese do art. 11 desta Lei, pagamento de multa civil de até 24 (vinte e quatro) vezes o valor da remuneração percebida pelo agente e proibição de contratar com o poder público ou de receber benefícios ou incentivos fiscais ou creditícios, direta ou indiretamente, ainda que por intermédio de pessoa jurídica da qual seja sócio majoritário, pelo prazo não superior a 4 (quatro) anos; (Redação dada pela Lei nº 14.230, de 2021)

IV - (revogado). (Redação dada pela Lei nº 14.230, de 2021)

Parágrafo único. (Revogado). (Redação dada pela Lei nº 14.230, de 2021)

§1º A sanção de perda da função pública, nas hipóteses dos incisos I e II do **caput** deste artigo, atinge apenas o vínculo de mesma qualidade e natureza que o agente público ou político detinha com o poder público na época do cometimento da infração, podendo o magistrado, na hipótese do inciso I do **caput** deste artigo, e em caráter excepcional, estendê-la aos demais vínculos, consideradas as circunstâncias do caso e a gravidade da infração. (Incluído pela Lei nº 14.230, de 2021)

§2º A multa pode ser aumentada até o dobro, se o juiz considerar que, em virtude da situação econômica do réu, o valor calculado na forma dos incisos I, II e III do **caput** deste artigo é ineficaz para reprovação e prevenção do ato de improbidade. (Incluído pela Lei nº 14.230, de 2021)

§3º Na responsabilização da pessoa jurídica, deverão ser considerados os efeitos econômicos e sociais das sanções, de modo a viabilizar a manutenção de suas atividades. (Incluído pela Lei nº 14.230, de 2021)

§4º Em caráter excepcional e por motivos relevantes devidamente justificados, a sanção de proibição de contratação com o poder público pode extrapolar o ente público lesado pelo ato de improbidade, observados os impactos econômicos e sociais das sanções, de forma a preservar a função social da pessoa jurídica, conforme disposto no §3º deste artigo. (Incluído pela Lei nº 14.230, de 2021)

§5º No caso de atos de menor ofensa aos bens jurídicos tutelados por esta Lei, a sanção limitar-se-á à aplicação de multa, sem prejuízo do ressarcimento do dano e da perda dos valores obtidos, quando for o caso, nos termos do **caput** deste artigo. (Incluído pela Lei nº 14.230, de 2021)

§6º Se ocorrer lesão ao patrimônio público, a reparação do dano a que se refere esta Lei deverá deduzir o ressarcimento ocorrido nas instâncias criminal, civil e administrativa que tiver por objeto os mesmos fatos. (Incluído pela Lei nº 14.230, de 2021)

§7º As sanções aplicadas a pessoas jurídicas com base nesta Lei e na Lei nº 12.846, de 1º de agosto de 2013, deverão observar o princípio constitucional do **non bis in idem**. (Incluído pela Lei nº 14.230, de 2021)

§8º A sanção de proibição de contratação com o poder público deverá constar do Cadastro Nacional de Empresas Inidôneas e Suspensas (CEIS) de que trata a Lei nº 12.846, de 1º de agosto de 2013, observadas as limitações territoriais contidas em decisão judicial, conforme disposto no §4º deste artigo. (Incluído pela Lei nº 14.230, de 2021)

§9º As sanções previstas neste artigo somente poderão ser executadas após o trânsito em julgado da sentença condenatória. (Incluído pela Lei nº 14.230, de 2021)

§10. Para efeitos de contagem do prazo da sanção de suspensão dos direitos políticos, computar-se-á retroativamente o intervalo de tempo entre a decisão colegiada e o trânsito em julgado da sentença condenatória. (Incluído pela Lei nº 14.230, de 2021)

CAPÍTULO IV

Da Declaração de Bens

Art. 13. A posse e o exercício de agente público ficam condicionados à apresentação de declaração de imposto de renda e proventos de qualquer natureza, que tenha sido apresentada à Secretaria Especial da Receita Federal do Brasil, a fim de ser arquivada no serviço de pessoal competente. (Redação dada pela Lei nº 14.230, de 2021)

§1º (Revogado). (Redação dada pela Lei nº 14.230, de 2021)

§2º A declaração de bens a que se refere o **caput** deste artigo será atualizada anualmente e na data em que o agente público deixar o exercício do mandato, do cargo, do emprego ou da função. (Redação dada pela Lei nº 14.230, de 2021)

§3º Será apenado com a pena de demissão, sem prejuízo de outras sanções cabíveis, o agente público que se recusar a prestar a declaração dos bens a que se refere o **caput** deste artigo dentro do prazo determinado ou que prestar declaração falsa. (Redação dada pela Lei nº 14.230, de 2021)

§4º (Revogado). (Redação dada pela Lei nº 14.230, de 2021)

CAPÍTULO V

Do Procedimento Administrativo e do Processo Judicial

Art. 14. Qualquer pessoa poderá representar à autoridade administrativa competente para que seja instaurada investigação destinada a apurar a prática de ato de improbidade.

§1º A representação, que será escrita ou reduzida a termo e assinada, conterá a qualificação do representante, as informações sobre o fato e sua autoria e a indicação das provas de que tenha conhecimento.

§2º A autoridade administrativa rejeitará a representação, em despacho fundamentado, se esta não contiver as formalidades estabelecidas no §1º deste artigo. A rejeição não impede a representação ao Ministério Público, nos termos do art. 22 desta lei.

§3º Atendidos os requisitos da representação, a autoridade determinará a imediata apuração dos fatos, observada a legislação que regula o processo administrativo disciplinar aplicável ao agente. (Redação dada pela Lei nº 14.230, de 2021)

Art. 15. A comissão processante dará conhecimento ao Ministério Público e ao Tribunal ou Conselho de Contas da existência de procedimento administrativo para apurar a prática de ato de improbidade.

Parágrafo único. O Ministério Público ou Tribunal ou Conselho de Contas poderá, a requerimento, designar representante para acompanhar o procedimento administrativo.

Art. 16. Na ação por improbidade administrativa poderá ser formulado, em caráter antecedente ou incidente, pedido de indisponibilidade de bens dos réus, a fim de garantir a integral recomposição do erário ou do acréscimo patrimonial resultante de enriquecimento ilícito. (Redação dada pela Lei nº 14.230, de 2021)

§1º (Revogado). (Redação dada pela Lei nº 14.230, de 2021)

§1º-A O pedido de indisponibilidade de bens a que se refere o **caput** deste artigo poderá ser formulado independentemente da representação de que trata o art. 7º desta Lei. (Incluído pela Lei nº 14.230, de 2021)

§2º Quando for o caso, o pedido de indisponibilidade de bens a que se refere o **caput** deste artigo incluirá a investigação, o exame e o bloqueio de bens, contas bancárias e aplicações financeiras mantidas pelo indiciado no exterior, nos termos da lei e dos tratados internacionais. (Redação dada pela Lei nº 14.230, de 2021)

§3º O pedido de indisponibilidade de bens a que se refere o **caput** deste artigo apenas será deferido mediante a demonstração no caso concreto de perigo de dano irreparável ou de risco ao resultado útil do processo, desde que o juiz se convença da probabilidade da ocorrência dos atos descritos na petição inicial com fundamento nos respectivos elementos de instrução, após a oitiva do réu em 5 (cinco) dias. (Incluído pela Lei nº 14.230, de 2021)

§4º A indisponibilidade de bens poderá ser decretada sem a oitiva prévia do réu, sempre que o contraditório prévio puder comprovadamente frustrar a efetividade da medida ou houver outras circunstâncias que recomendem a proteção liminar, não podendo a urgência ser presumida. (Incluído pela Lei nº 14.230, de 2021)

§5º Se houver mais de um réu na ação, a somatória dos valores declarados indisponíveis não poderá superar o montante indicado na petição inicial como dano ao erário ou como enriquecimento ilícito. (Incluído pela Lei nº 14.230, de 2021)

§6º O valor da indisponibilidade considerará a estimativa de dano indicada na petição inicial, permitida a sua substituição por caução idônea, por fiança bancária ou por seguro-garantia judicial, a requerimento do réu, bem como a sua readequação durante a instrução do processo. (Incluído pela Lei nº 14.230, de 2021)

§7º A indisponibilidade de bens de terceiro dependerá da demonstração da sua efetiva concorrência para os atos ilícitos apurados ou, quando se tratar de pessoa jurídica, da instauração de incidente de desconsideração da personalidade jurídica, a ser processado na forma da lei processual. (Incluído pela Lei nº 14.230, de 2021)

§8º Aplica-se à indisponibilidade de bens regida por esta Lei, no que for cabível, o regime da tutela provisória de urgência da Lei nº 13.105, de 16 de março de 2015 (Código de Processo Civil). (Incluído pela Lei nº 14.230, de 2021)

§9º Da decisão que deferir ou indeferir a medida relativa à indisponibilidade de bens caberá agravo de instrumento, nos termos da Lei nº 13.105, de 16 de março de 2015 (Código de Processo Civil). (Incluído pela Lei nº 14.230, de 2021)

§10. A indisponibilidade recairá sobre bens que assegurem exclusivamente o integral ressarcimento do dano ao erário, sem incidir sobre os valores a serem eventualmente aplicados a título de multa civil ou sobre acréscimo patrimonial decorrente de atividade lícita. (Incluído pela Lei nº 14.230, de 2021)

§11. A ordem de indisponibilidade de bens deverá priorizar veículos de via terrestre, bens imóveis, bens móveis em geral, semoventes, navios e aeronaves, ações e quotas de sociedades simples e empresárias, pedras e metais preciosos e, apenas na inexistência desses, o bloqueio de contas bancárias, de forma a garantir a subsistência do acusado e a manutenção da atividade empresária ao longo do processo. (Incluído pela Lei nº 14.230, de 2021)

§12. O juiz, ao apreciar o pedido de indisponibilidade de bens do réu a que se refere o **caput** deste artigo, observará os efeitos práticos da decisão, vedada a adoção de medida capaz de acarretar prejuízo à prestação de serviços públicos. (Incluído pela Lei nº 14.230, de 2021)

§13. É vedada a decretação de indisponibilidade da quantia de até 40 (quarenta) salários mínimos depositados em caderneta de poupança, em outras aplicações financeiras ou em conta-corrente. (Incluído pela Lei nº 14.230, de 2021)

§14. É vedada a decretação de indisponibilidade do bem de família do réu, salvo se comprovado que o imóvel seja fruto de vantagem patrimonial indevida, conforme descrito no art. 9º desta Lei. (Incluído pela Lei nº 14.230, de 2021)

Art. 17. A ação para a aplicação das sanções de que trata esta Lei será proposta pelo Ministério Público e seguirá o procedimento comum previsto na Lei nº 13.105, de 16 de março de 2015 (Código de Processo Civil), salvo o disposto nesta Lei. (Redação dada pela Lei nº 14.230, de 2021)

§1º (Revogado). (Redação dada pela Lei nº 14.230, de 2021)

§2º (Revogado). (Redação dada pela Lei nº 14.230, de 2021)

§3º (Revogado). (Redação dada pela Lei nº 14.230, de 2021)

§4º (Revogado). (Redação dada pela Lei nº 14.230, de 2021)

§4º-A A ação a que se refere o **caput** deste artigo deverá ser proposta perante o foro do local onde ocorrer o dano ou da pessoa jurídica prejudicada. (Incluído pela Lei nº 14.230, de 2021)

§5º A propositura da ação a que se refere o **caput** deste artigo prevenirá a competência do juízo para todas as ações posteriormente intentadas que possuam a mesma causa de pedir ou o mesmo objeto. (Redação dada pela Lei nº 14.230, de 2021)

§6º A petição inicial observará o seguinte: (Redação dada pela Lei nº 14.230, de 2021)

I - deverá individualizar a conduta do réu e apontar os elementos probatórios mínimos que demonstrem a ocorrência das hipóteses dos arts. 9º, 10 e 11 desta Lei e de sua autoria, salvo impossibilidade devidamente fundamentada; (Incluído pela Lei nº 14.230, de 2021)

II - será instruída com documentos ou justificação que contenham indícios suficientes da veracidade dos fatos e do dolo imputado ou com razões fundamentadas da impossibilidade de apresentação de qualquer dessas provas, observada a legislação vigente, inclusive as disposições constantes dos arts. 77 e 80 da Lei nº 13.105, de 16 de março de 2015 (Código de Processo Civil). (Incluído pela Lei nº 14.230, de 2021)

§6º-A O Ministério Público poderá requerer as tutelas provisórias adequadas e necessárias, nos termos dos arts. 294 a 310 da Lei nº 13.105, de 16 de março de 2015 (Código de Processo Civil (Incluído pela Lei nº 14.230, de 2021)

§6º-B A petição inicial será rejeitada nos casos do art. 330 da Lei nº 13.105, de 16 de março de 2015 (Código de Processo Civil), bem como quando não preenchidos os requisitos a que se referem os incisos I e II do §6º deste artigo, ou ainda quando manifestamente inexistente o ato de improbidade imputado. (Incluído pela Lei nº 14.230, de 2021)

§7º Se a petição inicial estiver em devida forma, o juiz mandará autuá-la e ordenará a citação dos requeridos para que a contestem no prazo comum de 30 (trinta) dias, iniciado o prazo na forma do art. 231 da Lei nº 13.105, de 16 de março de 2015 (Código de Processo Civil). (Redação dada pela Lei nº 14.230, de 2021)

§8º (Revogado). (Redação dada pela Lei nº 14.230, de 2021)

§9º (Revogado). (Redação dada pela Lei nº 14.230, de 2021)

§9º-A Da decisão que rejeitar questões preliminares suscitadas pelo réu em sua contestação caberá agravo de instrumento. (Incluído pela Lei nº 14.230, de 2021)

§10. (Revogado). (Redação dada pela Lei nº 14.230, de 2021)

§10-A. Havendo a possibilidade de solução consensual, poderão as partes requerer ao juiz a interrupção do prazo para a contestação, por prazo não superior a 90 (noventa) dias. (Incluído pela Lei nº 13.964, de 2019)

§10-B. Oferecida a contestação e, se for o caso, ouvido o autor, o juiz: (Incluído pela Lei nº 14.230, de 2021)

I - procederá ao julgamento conforme o estado do processo, observada a eventual inexistência manifesta do ato de improbidade; (Incluído pela Lei nº 14.230, de 2021)

II - poderá desmembrar o litisconsórcio, com vistas a otimizar a instrução processual. (Incluído pela Lei nº 14.230, de 2021)

§10-C. Após a réplica do Ministério Público, o juiz proferirá decisão na qual indicará com precisão a tipificação do ato de improbidade administrativa imputável ao réu, sendo-lhe vedado modificar o fato principal e a capitulação legal apresentada pelo autor. (Incluído pela Lei nº 14.230, de 2021)

§10-D. Para cada ato de improbidade administrativa, deverá necessariamente ser indicado apenas um tipo dentre aqueles previstos nos arts. 9º, 10 e 11 desta Lei. (Incluído pela Lei nº 14.230, de 2021)

§10-E. Proferida a decisão referida no §10-C deste artigo, as partes serão intimadas a especificar as provas que pretendem produzir. (Incluído pela Lei nº 14.230, de 2021)

§10-F. Será nula a decisão de mérito total ou parcial da ação de improbidade administrativa que: (Incluído pela Lei nº 14.230, de 2021)

I - condenar o requerido por tipo diverso daquele definido na petição inicial; (Incluído pela Lei nº 14.230, de 2021)

II - condenar o requerido sem a produção das provas por ele tempestivamente especificadas. (Incluída pela Lei nº 14.230, de 2021)

§11. Em qualquer momento do processo, verificada a inexistência do ato de improbidade, o juiz julgará a demanda improcedente. (Redação dada pela Lei nº 14.230, de 2021)

§12. (Revogado). (Redação dada pela Lei nº 14.230, de 2021)

§13. (Revogado). (Redação dada pela Lei nº 14.230, de 2021)

§14. Sem prejuízo da citação dos réus, a pessoa jurídica interessada será intimada para, caso queira, intervir no processo. (Incluído pela Lei nº 14.230, de 2021)

§15. Se a imputação envolver a desconsideração de pessoa jurídica, serão observadas as regras previstas nos arts. 133, 134, 135, 136 e 137 da Lei nº 13.105, de 16 de março de 2015 (Código de Processo Civil). (Incluído pela Lei nº 14.230, de 2021)

§16. A qualquer momento, se o magistrado identificar a existência de ilegalidades ou de irregularidades administrativas a serem sanadas sem que estejam presentes todos os requisitos para a imposição das sanções aos agentes incluídos no polo passivo da demanda, poderá, em decisão motivada, converter a ação de improbidade administrativa em ação civil pública, regulada pela Lei nº 7.347, de 24 de julho de 1985. (Incluído pela Lei nº 14.230, de 2021)

§17. Da decisão que converter a ação de improbidade em ação civil pública caberá agravo de instrumento. (Incluído pela Lei nº 14.230, de 2021)

§18. Ao réu será assegurado o direito de ser interrogado sobre os fatos de que trata a ação, e a sua recusa ou o seu silêncio não implicarão confissão. (Incluído pela Lei nº 14.230, de 2021)

§19. Não se aplicam na ação de improbidade administrativa: (Incluído pela Lei nº 14.230, de 2021)

I - a presunção de veracidade dos fatos alegados pelo autor em caso de revelia; (Incluído pela Lei nº 14.230, de 2021)

II - a imposição de ônus da prova ao réu, na forma dos §§1º e 2º do art. 373 da Lei nº 13.105, de 16 de março de 2015 (Código de Processo Civil); (Incluído pela Lei nº 14.230, de 2021)

III - o ajuizamento de mais de uma ação de improbidade administrativa pelo mesmo fato, competindo ao Conselho Nacional do Ministério Público dirimir conflitos de atribuições entre membros de Ministérios Públicos distintos; (Incluído pela Lei nº 14.230, de 2021)

IV - o reexame obrigatório da sentença de improcedência ou de extinção sem resolução de mérito. (Incluído pela Lei nº 14.230, de 2021)

§20. A assessoria jurídica que emitiu o parecer atestando a legalidade prévia dos atos administrativos praticados pelo administrador público ficará obrigada a defendê-lo judicialmente, caso este venha a responder ação por improbidade administrativa, até que a decisão transite em julgado. (Incluído pela Lei nº 14.230, de 2021)

§21. Das decisões interlocutórias caberá agravo de instrumento, inclusive da decisão que rejeitar questões preliminares suscitadas pelo réu em sua contestação. (Incluído pela Lei nº 14.230, de 2021)

Art. 17-A. (VETADO): (Incluído pela Lei nº 13.964, de 2019)

I - (VETADO); (Incluído pela Lei nº 13.964, de 2019)

II - (VETADO); (Incluído pela Lei nº 13.964, de 2019)

III - (VETADO). (Incluído pela Lei nº 13.964, de 2019)

§1º (VETADO). (Incluído pela Lei nº 13.964, de 2019)

§2º (VETADO). (Incluído pela Lei nº 13.964, de 2019)

§3º (VETADO). (Incluído pela Lei nº 13.964, de 2019)

§4º (VETADO). (Incluído pela Lei nº 13.964, de 2019)

§5º (VETADO). (Incluído pela Lei nº 13.964, de 2019)

Art. 17-B. O Ministério Público poderá, conforme as circunstâncias do caso concreto, celebrar acordo de não persecução civil, desde que dele advenham, ao menos, os seguintes resultados: (Incluído pela Lei nº 14.230, de 2021)

I - o integral ressarcimento do dano; (Incluído pela Lei nº 14.230, de 2021)

II - a reversão à pessoa jurídica lesada da vantagem indevida obtida, ainda que oriunda de agentes privados. (Incluído pela Lei nº 14.230, de 2021)

§1º A celebração do acordo a que se refere o **caput** deste artigo dependerá, cumulativamente: (Incluído pela Lei nº 14.230, de 2021)

I - da oitiva do ente federativo lesado, em momento anterior ou posterior à propositura da ação; (Incluído pela Lei nº 14.230, de 2021)

II - de aprovação, no prazo de até 60 (sessenta) dias, pelo órgão do Ministério Público competente para apreciar as promoções de arquivamento de inquéritos civis, se anterior ao ajuizamento da ação; (Incluído pela Lei nº 14.230, de 2021)

III - de homologação judicial, independentemente de o acordo ocorrer antes ou depois do ajuizamento da ação de improbidade administrativa. (Incluído pela Lei nº 14.230, de 2021)

§2º Em qualquer caso, a celebração do acordo a que se refere o **caput** deste artigo considerará a personalidade do agente, a natureza, as circunstâncias, a gravidade e a repercussão social do ato de improbidade, bem como as vantagens, para o interesse público, da rápida solução do caso. (Incluído pela Lei nº 14.230, de 2021)

§3º Para fins de apuração do valor do dano a ser ressarcido, deverá ser realizada a oitiva do Tribunal de Contas competente, que se manifestará, com indicação dos parâmetros utilizados, no prazo de 90 (noventa) dias. (Incluído pela Lei nº 14.230, de 2021)

§4º O acordo a que se refere o **caput** deste artigo poderá ser celebrado no curso da investigação de apuração do ilícito, no curso da ação de improbidade ou no momento da execução da sentença condenatória. (Incluído pela Lei nº 14.230, de 2021)

§5º As negociações para a celebração do acordo a que se refere o **caput** deste artigo ocorrerão entre o Ministério Público, de um lado, e, de outro, o investigado ou demandado e o seu defensor. (Incluído pela Lei nº 14.230, de 2021)

§6º O acordo a que se refere o **caput** deste artigo poderá contemplar a adoção de mecanismos e procedimentos internos de integridade, de auditoria e de incentivo à denúncia de irregularidades e a aplicação efetiva de códigos de ética e de conduta no âmbito da pessoa jurídica, se for o caso, bem como de outras medidas em favor do interesse público e de boas práticas administrativas. (Incluído pela Lei nº 14.230, de 2021)

§7º Em caso de descumprimento do acordo a que se refere o **caput** deste artigo, o investigado ou o demandado ficará impedido de celebrar novo acordo pelo prazo de 5 (cinco) anos, contado do conhecimento pelo Ministério Público do efetivo descumprimento. (Incluído pela Lei nº 14.230, de 2021)

Art. 17-C. A sentença proferida nos processos a que se refere esta Lei deverá, além de observar o disposto no art. 489 da Lei nº 13.105, de 16 de março de 2015 (Código de Processo Civil): (Incluído pela Lei nº 14.230, de 2021)

I - indicar de modo preciso os fundamentos que demonstram os elementos a que se referem os arts. 9º, 10 e 11 desta Lei, que não podem ser presumidos; (Incluído pela Lei nº 14.230, de 2021)

II - considerar as consequências práticas da decisão, sempre que decidir com base em valores jurídicos abstratos; (Incluído pela Lei nº 14.230, de 2021)

III - considerar os obstáculos e as dificuldades reais do gestor e as exigências das políticas públicas a seu cargo, sem prejuízo dos direitos dos administrados e das circunstâncias práticas que houverem imposto, limitado ou condicionado a ação do agente; (Incluído pela Lei nº 14.230, de 2021)

IV - considerar, para a aplicação das sanções, de forma isolada ou cumulativa: (Incluído pela Lei nº 14.230, de 2021)

a) os princípios da proporcionalidade e da razoabilidade; (Incluído pela Lei nº 14.230, de 2021)

b) a natureza, a gravidade e o impacto da infração cometida; (Incluído pela Lei nº 14.230, de 2021)

c) a extensão do dano causado; (Incluído pela Lei nº 14.230, de 2021)

d) o proveito patrimonial obtido pelo agente; (Incluído pela Lei nº 14.230, de 2021)

e) as circunstâncias agravantes ou atenuantes; (Incluído pela Lei nº 14.230, de 2021)

f) a atuação do agente em minorar os prejuízos e as consequências advindas de sua conduta omissiva ou comissiva; (Incluído pela Lei nº 14.230, de 2021)

g) os antecedentes do agente; (Incluído pela Lei nº 14.230, de 2021)

V - considerar na aplicação das sanções a dosimetria das sanções relativas ao mesmo fato já aplicadas ao agente; (Incluído pela Lei nº 14.230, de 2021)

VI - considerar, na fixação das penas relativamente ao terceiro, quando for o caso, a sua atuação específica, não admitida a sua responsabilização por ações ou omissões para as quais não tiver concorrido ou das quais não tiver obtido vantagens patrimoniais indevidas; (Incluído pela Lei nº 14.230, de 2021)

VII - indicar, na apuração da ofensa a princípios, critérios objetivos que justifiquem a imposição da sanção. (Incluído pela Lei nº 14.230, de 2021)

§1º A ilegalidade sem a presença de dolo que a qualifique não configura ato de improbidade. (Incluído pela Lei nº 14.230, de 2021)

§2º Na hipótese de litisconsórcio passivo, a condenação ocorrerá no limite da participação e dos benefícios diretos, vedada qualquer solidariedade. (Incluído pela Lei nº 14.230, de 2021)

§3º Não haverá remessa necessária nas sentenças de que trata esta Lei. (Incluído pela Lei nº 14.230, de 2021)

Art. 17-D. A ação por improbidade administrativa é repressiva, de caráter sancionatório, destinada à aplicação de sanções de caráter pessoal previstas nesta Lei, e não constitui ação civil, vedado seu ajuizamento para o controle de legalidade de políticas públicas e para a proteção do patrimônio público e social, do meio ambiente e de outros interesses difusos, coletivos e individuais homogêneos. (Incluído pela Lei nº 14.230, de 2021)

Parágrafo único. Ressalvado o disposto nesta Lei, o controle de legalidade de políticas públicas e a responsabilidade de agentes públicos, inclusive políticos, entes públicos e governamentais, por danos ao meio ambiente, ao consumidor, a bens e direitos de valor artístico, estético, histórico, turístico e paisagístico, a qualquer outro interesse difuso ou coletivo, à ordem econômica, à ordem urbanística, à honra e à dignidade de grupos raciais, étnicos ou religiosos e ao patrimônio público e social submetem-se aos termos da Lei nº 7.347, de 24 de julho de 1985. (Incluído pela Lei nº 14.230, de 2021)

Art. 18. A sentença que julgar procedente a ação fundada nos arts. 9º e 10 desta Lei condenará ao ressarcimento dos danos e à perda ou à reversão dos bens e valores ilicitamente adquiridos, conforme o caso, em favor da pessoa jurídica prejudicada pelo ilícito. (Redação dada pela Lei nº 14.230, de 2021)

§1º Se houver necessidade de liquidação do dano, a pessoa jurídica prejudicada procederá a essa determinação e ao ulterior procedimento para cumprimento da sentença referente ao ressarcimento do patrimônio público ou à perda ou à reversão dos bens. (Incluído pela Lei nº 14.230, de 2021)

§2º Caso a pessoa jurídica prejudicada não adote as providências a que se refere o §1º deste artigo no prazo de 6 (seis) meses, contado do trânsito em julgado da sentença de procedência da ação, caberá ao Ministério Público proceder à respectiva liquidação do dano e ao cumprimento da sentença referente ao ressarcimento do patrimônio público ou à perda ou à reversão dos bens, sem prejuízo de eventual responsabilização pela omissão verificada. (Incluído pela Lei nº 14.230, de 2021)

§3º Para fins de apuração do valor do ressarcimento, deverão ser descontados os serviços efetivamente prestados. (Incluído pela Lei nº 14.230, de 2021)

§4º O juiz poderá autorizar o parcelamento, em até 48 (quarenta e oito) parcelas mensais corrigidas monetariamente, do débito resultante de condenação pela prática de improbidade administrativa se o réu demonstrar incapacidade financeira de saldá-lo de imediato. (Incluído pela Lei nº 14.230, de 2021)

Art. 18-A. A requerimento do réu, na fase de cumprimento da sentença, o juiz unificará eventuais sanções aplicadas com outras já impostas em outros processos, tendo em vista a eventual continuidade de ilícito ou a prática de diversas ilicitudes, observado o seguinte: (Incluído pela Lei nº 14.230, de 2021)

I - no caso de continuidade de ilícito, o juiz promoverá a maior sanção aplicada, aumentada de 1/3 (um terço), ou a soma das penas, o que for mais benéfico ao réu; (Incluído pela Lei nº 14.230, de 2021)

II - no caso de prática de novos atos ilícitos pelo mesmo sujeito, o juiz somará as sanções. (Incluído pela Lei nº 14.230, de 2021)

Parágrafo único. As sanções de suspensão de direitos políticos e de proibição de contratar ou de receber incentivos fiscais ou creditícios do poder público observarão o limite máximo de 20 (vinte) anos. (Incluído pela Lei nº 14.230, de 2021)

CAPÍTULO VI

Das Disposições Penais

Art. 19. Constitui crime a representação por ato de improbidade contra agente público ou terceiro beneficiário, quando o autor da denúncia o sabe inocente.

Pena: detenção de seis a dez meses e multa.

Parágrafo único. Além da sanção penal, o denunciante está sujeito a indenizar o denunciado pelos danos materiais, morais ou à imagem que houver provocado.

Art. 20. A perda da função pública e a suspensão dos direitos políticos só se efetivam com o trânsito em julgado da sentença condenatória.

§1º A autoridade judicial competente poderá determinar o afastamento do agente público do exercício do cargo, do emprego ou da função, sem prejuízo da remuneração, quando a medida for necessária à instrução processual ou para evitar a iminente prática de novos ilícitos. (Incluído pela Lei nº 14.230, de 2021)

§2º O afastamento previsto no §1º deste artigo será de até 90 (noventa) dias, prorrogáveis uma única vez por igual prazo, mediante decisão motivada. (Incluído pela Lei nº 14.230, de 2021)

Art. 21. A aplicação das sanções previstas nesta lei independe:

I - da efetiva ocorrência de dano ao patrimônio público, salvo quanto à pena de ressarcimento e às condutas previstas no art. 10 desta Lei; (Redação dada pela Lei nº 14.230, de 2021)

II - da aprovação ou rejeição das contas pelo órgão de controle interno ou pelo Tribunal ou Conselho de Contas.

§1º Os atos do órgão de controle interno ou externo serão considerados pelo juiz quando tiverem servido de fundamento para a conduta do agente público. (Incluído pela Lei nº 14.230, de 2021)

§2º As provas produzidas perante os órgãos de controle e as correspondentes decisões deverão ser consideradas na formação da convicção do juiz, sem prejuízo da análise acerca do dolo na conduta do agente. (Incluído pela Lei nº 14.230, de 2021)

§3º As sentenças civis e penais produzirão efeitos em relação à ação de improbidade quando concluírem pela inexistência da conduta ou pela negativa da autoria. (Incluído pela Lei nº 14.230, de 2021)

§4º A absolvição criminal em ação que discuta os mesmos fatos, confirmada por decisão colegiada, impede o trâmite da ação da qual trata esta Lei, havendo comunicação com todos os fundamentos de absolvição previstos no art. 386 do Decreto-Lei nº 3.689, de 3 de outubro de 1941 (Código de Processo Penal). (Incluído pela Lei nº 14.230, de 2021)

§5º Sanções eventualmente aplicadas em outras esferas deverão ser compensadas com as sanções aplicadas nos termos desta Lei. (Incluído pela Lei nº 14.230, de 2021)

Art. 22. Para apurar qualquer ilícito previsto nesta Lei, o Ministério Público, de ofício, a requerimento de autoridade administrativa ou mediante representação formulada de acordo com o disposto no art. 14 desta Lei, poderá instaurar inquérito civil ou procedimento investigativo assemelhado e requisitar a instauração de inquérito policial. (Redação dada pela Lei nº 14.230, de 2021)

Parágrafo único. Na apuração dos ilícitos previstos nesta Lei, será garantido ao investigado a oportunidade de manifestação por escrito e de juntada de documentos que comprovem suas alegações e auxiliem na elucidação dos fatos. (Incluído pela Lei nº 14.230, de 2021)

CAPÍTULO VII

Da Prescrição

Art. 23. A ação para a aplicação das sanções previstas nesta Lei prescreve em 8 (oito) anos, contados a partir da ocorrência do fato ou, no caso de infrações permanentes, do dia em que cessou a permanência. (Redação dada pela Lei nº 14.230, de 2021)

I - (revogado); (Redação dada pela Lei nº 14.230, de 2021)

II - (revogado); (Redação dada pela Lei nº 14.230, de 2021)

III - (revogado). (Redação dada pela Lei nº 14.230, de 2021)

§1º A instauração de inquérito civil ou de processo administrativo para apuração dos ilícitos referidos nesta Lei suspende o curso do prazo prescricional por, no máximo, 180 (cento e oitenta) dias corridos, recomeçando a correr após a sua conclusão ou, caso não concluído o processo, esgotado o prazo de suspensão. (Incluído pela Lei nº 14.230, de 2021)

§2º O inquérito civil para apuração do ato de improbidade será concluído no prazo de 365 (trezentos e sessenta e cinco) dias corridos, prorrogável uma única vez por igual período, mediante ato fundamentado submetido à revisão da instância competente do órgão ministerial, conforme dispuser a respectiva lei orgânica. (Incluído pela Lei nº 14.230, de 2021)

§3º Encerrado o prazo previsto no §2º deste artigo, a ação deverá ser proposta no prazo de 30 (trinta) dias, se não for caso de arquivamento do inquérito civil. (Incluído pela Lei nº 14.230, de 2021)

§4º O prazo da prescrição referido no **caput** deste artigo interrompe-se: (Incluído pela Lei nº 14.230, de 2021)

I - pelo ajuizamento da ação de improbidade administrativa; (Incluído pela Lei nº 14.230, de 2021)

II - pela publicação da sentença condenatória; (Incluído pela Lei nº 14.230, de 2021)

III - pela publicação de decisão ou acórdão de Tribunal de Justiça ou Tribunal Regional Federal que confirma sentença condenatória ou que reforma sentença de improcedência; (Incluído pela Lei nº 14.230, de 2021)

IV - pela publicação de decisão ou acórdão do Superior Tribunal de Justiça que confirma acórdão condenatório ou que reforma acórdão de improcedência; (Incluído pela Lei nº 14.230, de 2021)

V - pela publicação de decisão ou acórdão do Supremo Tribunal Federal que confirma acórdão condenatório ou que reforma acórdão de improcedência. (Incluído pela Lei nº 14.230, de 2021)

§5º Interrompida a prescrição, o prazo recomeça a correr do dia da interrupção, pela metade do prazo previsto no **caput** deste artigo. (Incluído pela Lei nº 14.230, de 2021)

§6º A suspensão e a interrupção da prescrição produzem efeitos relativamente a todos os que concorreram para a prática do ato de improbidade. (Incluído pela Lei nº 14.230, de 2021)

§7º Nos atos de improbidade conexos que sejam objeto do mesmo processo, a suspensão e a interrupção relativas a qualquer deles estendem-se aos demais. (Incluído pela Lei nº 14.230, de 2021)

§8º O juiz ou o tribunal, depois de ouvido o Ministério Público, deverá, de ofício ou a requerimento da parte interessada, reconhecer a prescrição intercorrente da pretensão sancionadora e decretá-la de imediato, caso, entre os marcos interruptivos referidos no §4º, transcorra o prazo previsto no §5º deste artigo. (Incluído pela Lei nº 14.230, de 2021)

Art. 23-A. É dever do poder público oferecer contínua capacitação aos agentes públicos e políticos que atuem com prevenção ou repressão de atos de improbidade administrativa. (Incluído pela Lei nº 14.230, de 2021)

Art. 23-B. Nas ações e nos acordos regidos por esta Lei, não haverá adiantamento de custas, de preparo, de emolumentos, de honorários periciais e de quaisquer outras despesas. (Incluído pela Lei nº 14.230, de 2021)

§1º No caso de procedência da ação, as custas e as demais despesas processuais serão pagas ao final. (Incluído pela Lei nº 14.230, de 2021)

§2º Haverá condenação em honorários sucumbenciais em caso de improcedência da ação de improbidade se comprovada má-fé. (Incluído pela Lei nº 14.230, de 2021)

Art. 23-C. Atos que ensejem enriquecimento ilícito, perda patrimonial, desvio, apropriação, malbaratamento ou dilapidação de recursos públicos dos partidos políticos, ou de suas fundações, serão responsabilizados nos termos da Lei nº 9.096, de 19 de setembro de 1995. (Incluído pela Lei nº 14.230, de 2021)

CAPÍTULO VIII

Das Disposições Finais

Art. 24. Esta lei entra em vigor na data de sua publicação.

Art. 25. Ficam revogadas as Leis nºs 3.164, de 1º de junho de 1957, e 3.502, de 21 de dezembro de 1958 e demais disposições em contrário.

Rio de Janeiro, 2 de junho de 1992; 171º da Independência e 104º da República

FERNANDO COLLOR

Célio Borja

Este texto não substitui o publicado no DOU de 3.6.1992

LEI COMPLEMENTAR Nº 105, DE 10 DE JANEIRO DE 2001

Dispõe sobre o sigilo das operações de instituições financeiras e dá outras providências.

O PRESIDENTE DA REPÚBLICA Faço saber que o Congresso Nacional decreta e eu sanciono a seguinte Lei Complementar:

Art. 1º As instituições financeiras conservarão sigilo em suas operações ativas e passivas e serviços prestados.

§1º São consideradas instituições financeiras, para os efeitos desta Lei Complementar:

I – os bancos de qualquer espécie;

II – distribuidoras de valores mobiliários;

III – corretoras de câmbio e de valores mobiliários;

IV – sociedades de crédito, financiamento e investimentos;

V – sociedades de crédito imobiliário;

VI – administradoras de cartões de crédito;

VII – sociedades de arrendamento mercantil;

VIII – administradoras de mercado de balcão organizado;

IX – cooperativas de crédito;

X – associações de poupança e empréstimo;

XI – bolsas de valores e de mercadorias e futuros;

XII – entidades de liquidação e compensação;

XIII – outras sociedades que, em razão da natureza de suas operações, assim venham a ser consideradas pelo Conselho Monetário Nacional.

§2º As empresas de fomento comercial ou factoring, para os efeitos desta Lei Complementar, obedecerão às normas aplicáveis às instituições financeiras previstas no §1º.

§3º Não constitui violação do dever de sigilo:

I – a troca de informações entre instituições financeiras, para fins cadastrais, inclusive por intermédio de centrais de risco, observadas as normas baixadas pelo Conselho Monetário Nacional e pelo Banco Central do Brasil;

II - o fornecimento de informações constantes de cadastro de emitentes de cheques sem provisão de fundos e de devedores inadimplentes, a entidades de proteção ao crédito, observadas as normas baixadas pelo Conselho Monetário Nacional e pelo Banco Central do Brasil;

III – o fornecimento das informações de que trata o *§2º do art. 11 da Lei nº 9.311, de 24 de outubro de 1996;*

IV – a comunicação, às autoridades competentes, da prática de ilícitos penais ou administrativos, abrangendo o fornecimento de informações sobre operações que envolvam recursos provenientes de qualquer prática criminosa;

V – a revelação de informações sigilosas com o consentimento expresso dos interessados;

VI – a prestação de informações nos termos e condições estabelecidos nos artigos 2º, 3º, 4º, 5º, 6º, 7º e 9 desta Lei Complementar.

VII – o fornecimento de dados financeiros e de pagamentos, relativos a operações de crédito e obrigações de pagamento adimplidas ou em andamento de pessoas naturais ou jurídicas, a gestores de bancos de dados, para formação de histórico de crédito, nos termos de lei específica. (Incluído pela Lei Complementar nº 166, de 2019) (Vigência)

§4º A quebra de sigilo poderá ser decretada, quando necessária para apuração de ocorrência de qualquer ilícito, em qualquer fase do inquérito ou do processo judicial, e especialmente nos seguintes crimes:

I – de terrorismo;

II – de tráfico ilícito de substâncias entorpecentes ou drogas afins;

III – de contrabando ou tráfico de armas, munições ou material destinado a sua produção;

IV – de extorsão mediante seqüestro;

V – contra o sistema financeiro nacional;

VI – contra a Administração Pública;

VII – contra a ordem tributária e a previdência social;

VIII – lavagem de dinheiro ou ocultação de bens, direitos e valores;

IX – praticado por organização criminosa.

Art. 2º O dever de sigilo é extensivo ao Banco Central do Brasil, em relação às operações que realizar e às informações que obtiver no exercício de suas atribuições.

§1º O sigilo, inclusive quanto a contas de depósitos, aplicações e investimentos mantidos em instituições financeiras, não pode ser oposto ao Banco Central do Brasil:

I – no desempenho de suas funções de fiscalização, compreendendo a apuração, a qualquer tempo, de ilícitos praticados por controladores, administradores, membros de conselhos estatutários, gerentes, mandatários e prepostos de instituições financeiras;

II – ao proceder a inquérito em instituição financeira submetida a regime especial.

§2º As comissões encarregadas dos inquéritos a que se refere o inciso II do §1º poderão examinar quaisquer documentos relativos a bens, direitos e obrigações das instituições financeiras, de seus controladores, administradores, membros de conselhos estatutários, gerentes, mandatários e prepostos, inclusive contas correntes e operações com outras instituições financeiras.

§3º O disposto neste artigo aplica-se à Comissão de Valores Mobiliários, quando se tratar de fiscalização de operações e serviços no mercado de valores mobiliários, inclusive nas instituições financeiras que sejam companhias abertas.

§4º O Banco Central do Brasil e a Comissão de Valores Mobiliários, em suas áreas de competência, poderão firmar convênios:

I - com outros órgãos públicos fiscalizadores de instituições financeiras, objetivando a realização de fiscalizações conjuntas, observadas as respectivas competências;

II - com bancos centrais ou entidades fiscalizadoras de outros países, objetivando:

a) a fiscalização de filiais e subsidiárias de instituições financeiras estrangeiras, em funcionamento no Brasil e de filiais e subsidiárias, no exterior, de instituições financeiras brasileiras;

b) a cooperação mútua e o intercâmbio de informações para a investigação de atividades ou operações que impliquem aplicação, negociação, ocultação ou transferência de ativos financeiros e de valores mobiliários relacionados com a prática de condutas ilícitas.

§5º O dever de sigilo de que trata esta Lei Complementar estende-se aos órgãos fiscalizadores mencionados no §4º e a seus agentes.

§6º O Banco Central do Brasil, a Comissão de Valores Mobiliários e os demais órgãos de fiscalização, nas áreas de suas atribuições, fornecerão ao Conselho de Controle de Atividades Financeiras – COAF, de que trata o *art. 14 da Lei nº 9.613, de 3 de março de 1998*, as informações cadastrais e de movimento de valores relativos às operações previstas no inciso I do art. 11 da referida Lei.

Art. 3º Serão prestadas pelo Banco Central do Brasil, pela Comissão de Valores Mobiliários e pelas instituições financeiras as informações ordenadas pelo Poder Judiciário, preservado o seu caráter sigiloso mediante acesso restrito às partes, que delas não poderão servir-se para fins estranhos à lide.

§1º Dependem de prévia autorização do Poder Judiciário a prestação de informações e o fornecimento de documentos sigilosos solicitados por comissão de inquérito administrativo destinada a apurar responsabilidade de servidor público por infração praticada no exercício de suas atribuições, ou que tenha relação com as atribuições do cargo em que se encontre investido.

§2º Nas hipóteses do §1º, o requerimento de quebra de sigilo independe da existência de processo judicial em curso.

§3º Além dos casos previstos neste artigo o Banco Central do Brasil e a Comissão de Valores Mobiliários fornecerão à Advocacia-Geral da União as informações e os documentos necessários à defesa da União nas ações em que seja parte.

Art. 4º O Banco Central do Brasil e a Comissão de Valores Mobiliários, nas áreas de suas atribuições, e as instituições financeiras fornecerão ao Poder Legislativo Federal as informações e os documentos sigilosos que, fundamentadamente, se fizerem necessários ao exercício de suas respectivas competências constitucionais e legais.

§1º As comissões parlamentares de inquérito, no exercício de sua competência constitucional e legal de ampla investigação, obterão as informações e documentos sigilosos de que necessitarem, diretamente das instituições financeiras, ou por intermédio do Banco Central do Brasil ou da Comissão de Valores Mobiliários.

§2º As solicitações de que trata este artigo deverão ser previamente aprovadas pelo Plenário da Câmara dos Deputados, do Senado Federal, ou do plenário de suas respectivas comissões parlamentares de inquérito.

Art. 5º O Poder Executivo disciplinará, inclusive quanto à periodicidade e aos limites de valor, os critérios segundo os quais as instituições financeiras informarão à administração tributária da União, as operações financeiras efetuadas pelos usuários de seus serviços.

§1º Consideram-se operações financeiras, para os efeitos deste artigo:

I – depósitos à vista e a prazo, inclusive em conta de poupança;

II – pagamentos efetuados em moeda corrente ou em cheques;

III – emissão de ordens de crédito ou documentos assemelhados;

IV – resgates em contas de depósitos à vista ou a prazo, inclusive de poupança;

V – contratos de mútuo;

VI – descontos de duplicatas, notas promissórias e outros títulos de crédito;

VII – aquisições e vendas de títulos de renda fixa ou variável;

VIII – aplicações em fundos de investimentos;

IX – aquisições de moeda estrangeira;

X – conversões de moeda estrangeira em moeda nacional;

XI – transferências de moeda e outros valores para o exterior;

XII – operações com ouro, ativo financeiro;

XIII - operações com cartão de crédito;

XIV - operações de arrendamento mercantil; e

XV – quaisquer outras operações de natureza semelhante que venham a ser autorizadas pelo Banco Central do Brasil, Comissão de Valores Mobiliários ou outro órgão competente.

§2º As informações transferidas na forma do *caput* deste artigo restringir-se-ão a informes relacionados com a identificação dos titulares das operações e os montantes globais mensalmente movimentados, vedada a inserção de qualquer elemento que permita identificar a sua origem ou a natureza dos gastos a partir deles efetuados.

§3º Não se incluem entre as informações de que trata este artigo as operações financeiras efetuadas pelas administrações direta e indireta da União, dos Estados, do Distrito Federal e dos Municípios.

§4º Recebidas as informações de que trata este artigo, se detectados indícios de falhas, incorreções ou omissões, ou de cometimento de ilícito fiscal, a autoridade interessada poderá requisitar as informações e os documentos de que necessitar, bem como realizar fiscalização ou auditoria para a adequada apuração dos fatos.

§5º As informações a que refere este artigo serão conservadas sob sigilo fiscal, na forma da legislação em vigor.

Art. 6º As autoridades e os agentes fiscais tributários da União, dos Estados, do Distrito Federal e dos Municípios somente poderão examinar documentos, livros e registros de instituições financeiras, inclusive os referentes a contas de depósitos e aplicações financeiras, quando houver processo administrativo instaurado ou procedimento fiscal em curso e tais exames sejam considerados indispensáveis pela autoridade administrativa competente.

Parágrafo único. O resultado dos exames, as informações e os documentos a que se refere este artigo serão conservados em sigilo, observada a legislação tributária.

Art. 7º Sem prejuízo do disposto no §3º do art. 2º, a Comissão de Valores Mobiliários, instaurado inquérito administrativo, poderá solicitar à autoridade judiciária competente o levantamento do sigilo junto às instituições financeiras de informações e documentos relativos a bens, direitos e obrigações de pessoa física ou jurídica submetida ao seu poder disciplinar.

Parágrafo único. O Banco Central do Brasil e a Comissão de Valores Mobiliários, manterão permanente intercâmbio de informações acerca dos resultados das inspeções que realizarem, dos inquéritos que instaurarem e das penalidades que aplicarem, sempre que as informações forem necessárias ao desempenho de suas atividades.

Art. 8º O cumprimento das exigências e formalidades previstas nos artigos 4º, 6º e 7º, será expressamente declarado pelas autoridades competentes nas solicitações dirigidas ao Banco Central do Brasil, à Comissão de Valores Mobiliários ou às instituições financeiras.

Art. 9º Quando, no exercício de suas atribuições, o Banco Central do Brasil e a Comissão de Valores Mobiliários verificarem a ocorrência de crime definido em lei como de ação pública, ou indícios da prática de tais crimes, informarão ao Ministério Público, juntando à comunicação os documentos necessários à apuração ou comprovação dos fatos.

§1º A comunicação de que trata este artigo será efetuada pelos Presidentes do Banco Central do Brasil e da Comissão de Valores Mobiliários, admitida delegação de competência, no prazo máximo de quinze dias, a contar do recebimento do processo, com manifestação dos respectivos serviços jurídicos.

§2º Independentemente do disposto no *caput* deste artigo, o Banco Central do Brasil e a Comissão de Valores Mobiliários comunicarão aos órgãos públicos competentes as irregularidades e os ilícitos administrativos de que tenham conhecimento, ou indícios de sua prática, anexando os documentos pertinentes.

Art. 10. A quebra de sigilo, fora das hipóteses autorizadas nesta Lei Complementar, constitui crime e sujeita os responsáveis à pena de reclusão, de um a quatro anos, e multa, aplicando-se, no que couber, o Código Penal, sem prejuízo de outras sanções cabíveis.

Parágrafo único. Incorre nas mesmas penas quem omitir, retardar injustificadamente ou prestar falsamente as informações requeridas nos termos desta Lei Complementar.

Art. 11. O servidor público que utilizar ou viabilizar a utilização de qualquer informação obtida em decorrência da quebra de sigilo de que trata esta Lei Complementar responde pessoal e diretamente pelos danos decorrentes, sem prejuízo da responsabilidade objetiva da entidade pública, quando comprovado que o servidor agiu de acordo com orientação oficial.

Art. 12. Esta Lei Complementar entra em vigor na data de sua publicação.

Art. 13. Revoga-se o *art. 38 da Lei nº 4.595, de 31 de dezembro de 1964.*

Brasília, 10 de janeiro de 2001; 180º da Independência e 113º da República.

FERNANDO HENRIQUE CARDOSO

José Gregori

Pedro Malan

Martus Tavares

Este texto não substitui o publicado no D.O.U de 11.1.2001

DECRETO Nº 10.571, DE 9 DE DEZEMBRO DE 2020

Vigência

Dispõe sobre a apresentação e a análise das declarações de bens e de situações que possam gerar conflito de interesses por agentes públicos civis da administração pública federal.

O PRESIDENTE DA REPÚBLICA, no uso das atribuições que lhe confere o art. 84, **caput**, incisos IV e VI, alínea "a", da Constituição, e tendo em vista o disposto no art. 13, §5º, da Lei nº 8.112, de 11 de dezembro de 1990, no art. 13 da Lei nº 8.429, de 2 de junho de 1992, e no art. 9º, **caput**, inciso I, da Lei nº 12.813, de 16 de maio de 2013,

DECRETA:

Objeto

Art. 1º Este Decreto estabelece as normas para a apresentação e a análise das declarações de bens e de conflitos de interesses de que tratam o §5º do art. 13 da Lei nº 8.112, de 11 de dezembro de 1990, o art. 13 da Lei nº 8.429, de 2 de junho de 1992, e o inciso I do **caput** do art. 9º da Lei nº 12.813, de 16 de maio de 2013.

Âmbito de aplicação

Art. 2º O disposto neste Decreto aplica-se a todos os agentes públicos civis da administração pública federal direta e indireta.

Parágrafo único. O disposto neste Decreto aplica-se aos empregados, aos dirigentes e aos conselheiros de empresas estatais, inclusive aquelas não dependentes de recursos do Tesouro Nacional para o custeio de despesas de pessoal ou para o custeio em geral.

Forma de apresentação das declarações

Art. 3º As declarações de que trata este Decreto serão apresentadas, exclusivamente, por meio de sistema eletrônico administrado pela Controladoria-Geral da União.

§1º As declarações sobre bens e atividades econômicas ou profissionais de que trata este Decreto poderão ser substituídas por autorização, em meio eletrônico, de acesso às declarações anuais de Imposto sobre a Renda e Proventos de Qualquer Natureza das pessoas físicas apresentadas pelo agente público à Secretaria Especial da Receita Federal do Brasil do Ministério da Economia.

§2º A autorização de que trata o §1º:

I - terá validade por tempo indeterminado;

II - poderá ser tornada sem efeito, por meio eletrônico, a qualquer momento, pelo agente público;

III - será assinada em meio eletrônico pelo agente público, com utilização dos tipos de assinatura eletrônica reconhecidos como válidos para o caso, nos termos do disposto no Decreto nº 10.543, de 13 de novembro de 2020;

IV - não exime o agente público de informar, na forma prevista no **caput**, seus bens e atividades econômicas ou profissionais que não constem da declaração do Imposto sobre a Renda e Proventos de Qualquer Natureza das pessoas físicas;

V - implica autorização para acesso e armazenamento de todos os dados da declaração do Imposto sobre a Renda e Proventos de Qualquer Natureza das pessoas físicas pela Controladoria-Geral da União e, quando aplicável, para acesso pela Comissão de Ética Pública, de que trata a Lei nº 12.813, de 2013; e

VI - poderá ser apresentada por meio do Sistema de Gestão de Pessoas - Sigepe, na hipótese de o agente público estar cadastrado no referido sistema.

Momento de declaração

Art. 4º As declarações de que trata este Decreto serão apresentadas, conforme o caso:

I - no ato da posse ou da contratação em cargo, função ou emprego nos órgãos ou nas entidades do Poder Executivo federal;

II - no prazo de dez dias úteis, contado da data da designação, quando se tratar de função de confiança equivalente ou superior à Função Comissionada do Poder Executivo de nível 5;

III - no prazo de dez dias úteis, contado da data do efetivo retorno ao serviço, no caso de agente público federal que se encontrava, a qualquer título, afastado ou licenciado, sem remuneração, do serviço, por período igual ou superior a um ano;

IV - na data da exoneração, da rescisão contratual, da dispensa, da devolução à origem ou da aposentadoria, no caso de o agente público federal deixar o cargo, o emprego ou a função que estiver ocupando ou exercendo; e

V - anualmente.

Parágrafo único. O disposto nos incisos II ao V do **caput** não se aplica nas hipóteses de que tratam os §1º e §2º do art. 3º.

Fiscalização da entrega das declarações

Art. 5º Compete à Controladoria-Geral da União e à Comissão de Ética Pública, no âmbito de suas competências, fiscalizar o cumprimento da exigência de apresentação das declarações de que trata este Decreto ou de autorização de acesso nos termos do disposto nos §1º e §2º do art. 3º pelos agentes públicos.

Não apresentação das declarações

Art. 6º Poderá ser instaurado processo administrativo disciplinar e, quando cabível, processo ético contra o agente público que se recusar a apresentar ou apresentar falsamente a declaração de que trata este Decreto, observado o disposto nos §1º e §2º do art. 3º.

Banco de dados das declarações

Art. 7º A Controladoria-Geral da União manterá e gerenciará banco de dados com o histórico e o inteiro teor de todas as declarações de que trata este Decreto, observado o disposto nos §2º e §3º do art. 8º.

Parágrafo único. A Controladoria-Geral da União e a Comissão de Ética Pública acessarão as informações contidas no banco de dados de que trata o **caput**, no limite de suas competências.

Gestão e acesso ao banco de dados das declarações

Art. 8º A Controladoria-Geral da União informará à Secretaria Especial da Receita Federal do Brasil do Ministério da Economia as declarações cujo acesso tenha sido autorizado nos termos do disposto nos §1º e §2º do art. 3º.

§1º A Secretaria Especial da Receita Federal do Brasil do Ministério da Economia disponibilizará à Controladoria-Geral da União e à Comissão de Ética Pública, por meio eletrônico, as declarações de que tratam os §1º e §2º do art. 3º.

§2º Compete à Controladoria-Geral da União:

I - informar à Secretaria Especial da Receita Federal do Brasil do Ministério da Economia o número de inscrição no Cadastro de Pessoas Físicas dos titulares das declarações de Imposto sobre a Renda e Proventos de Qualquer Natureza das pessoas físicas cujo acesso tenha sido autorizado;

II - certificar a existência e a validade das autorizações eletrônicas de acesso às declarações de que trata o inciso I;

III - garantir que os dados e as informações sigilosas encaminhadas pela Secretaria Especial da Receita Federal do Brasil do Ministério da Economia permanecerão sob sigilo, com vedação de divulgação ou de utilização para finalidade diversa da prevista neste Decreto;

IV - zelar pela integridade e pela rastreabilidade dos dados e das informações, observado o disposto na Lei nº 13.709, de 14 de agosto de 2018;

V - assegurar, no mínimo, os mesmos requisitos de segurança da informação e de comunicação adotados pela Secretaria Especial da Receita Federal do Brasil do Ministério da Economia;

VI - vedar o acesso ao banco de dados por terceiros não autorizados;

VII - custear eventuais despesas orçamentárias ou financeiras para a extração e a transferência dos dados; e

VIII - permitir o acesso direto da Comissão de Ética Pública ao banco de dados, observado o disposto no art. 3º do Decreto nº 10.046, de 9 de outubro de 2019.

§3º Os agentes públicos da Controladoria-Geral da União e da Comissão de Ética Pública são obrigados a zelar pelo sigilo dos dados e informações recebidas.

Agentes públicos obrigados a apresentar declarações sobre conflito de interesses

Art. 9º São obrigados a apresentar declarações sobre conflito de interesses à Comissão de Ética Pública, por meio do sistema eletrônico de que trata o art. 3º:

I - os Ministros de Estado;

II - os ocupantes de cargo em comissão ou função de confiança de nível igual ou superior a 5 do Grupo-Direção e Assessoramento Superiores - DAS; e

III - os presidentes, os vice-presidentes e os diretores, ou equivalentes, de entidades da administração pública federal indireta.

Informações sobre conflitos de interesse a serem disponibilizadas

Art. 10. Os agentes públicos de que trata o art. 9º devem:

I - indicar a existência de cônjuge, de companheiro ou de parente, por consanguinidade ou por afinidade, em linha reta ou colateral, até o terceiro grau, no exercício de atividades que possam suscitar conflito de interesses;

II - relacionar as atividades privadas exercidas no ano-calendário anterior e, se for o caso, indicar o respectivo pedido de autorização para exercício de atividade privada encaminhado à Comissão de Ética Pública; e

III - identificar toda situação patrimonial específica que suscite ou possa eventualmente suscitar conflito de interesses e, se for o caso, o modo pelo qual pretende evitá-lo.

Parágrafo único. Caso os agentes públicos federais de que trata o art. 9º identifiquem familiares que exerçam atividades que possam suscitar conflito com o interesse público, deverão comprovar que realizaram consulta à Comissão de Ética Pública de acordo com o disposto no §1º do art. 4º da Lei nº 12.813, de 2013.

Análise da evolução patrimonial

Art. 11. A Controladoria-Geral da União analisará a evolução patrimonial dos agentes públicos federais de que trata este Decreto.

Parágrafo único. A Comissão de Ética Pública poderá utilizar a análise da evolução patrimonial para instruir os processos administrativos no âmbito de sua competência.

Informações complementares sobre declarações

Art. 12. O agente público poderá ser notificado para prestar esclarecimentos ou informações complementares:

I - pela Controladoria-Geral da União, caso sejam detectadas inconsistências na declaração apresentada; e

II - pela Comissão de Ética Pública, quando for necessário à análise de conflito de interesses.

Sindicância e processo administrativo disciplinar

Art. 13. A análise das declarações poderá ensejar, após o procedimento disposto no art. 11 e no inciso I do **caput** do art. 12, a instauração de sindicância patrimonial ou, conforme o caso, de processo administrativo disciplinar, caso haja fundado indício de evolução patrimonial incompatível com os rendimentos auferidos de modo legítimo e comprovado.

Sindicância patrimonial

Art. 14. A sindicância patrimonial consiste em procedimento administrativo, sigiloso e não punitivo, destinado a investigar indícios de enriquecimento ilícito por parte de agentes públicos federais, inclusive evolução patrimonial incompatível com os seus recursos e disponibilidades por eles informados na sua declaração patrimonial.

§1º O prazo para conclusão da sindicância patrimonial é de trinta dias, contado da data de sua instauração.

§2º O prazo de que trata o §1º poderá ser prorrogado pela autoridade instauradora.

§3º Após a conclusão da apuração no âmbito da sindicância patrimonial, será elaborado relatório conclusivo sobre os fatos apurados, que deverá conter recomendação à autoridade instauradora:

I - pelo arquivamento dos autos; ou

II - pela instauração de processo administrativo disciplinar, caso tenham sido identificados indícios de autoria e de materialidade de enriquecimento ilícito por parte do agente público federal investigado.

Normas complementares

Art. 15. As normas complementares necessárias ao cumprimento do disposto neste Decreto competem:

I - a ato conjunto do Ministro de Estado da Economia, do Ministro de Estado da Controladoria-Geral da União e da Comissão de Ética Pública, quanto à aplicação do disposto no §2º do art. 3º e no art. 8º; e

II - à Comissão de Ética Pública e ao Ministro de Estado da Controladoria-Geral da União, no âmbito de suas competências, quanto à aplicação dos demais dispositivos deste Decreto.

Revogações

Art. 16. Ficam revogados:

I - o Decreto nº 5.483, de 30 de junho de 2005;

II - o Decreto nº 6.906, de 21 de julho de 2009; e

III - o art. 4º do Código de Conduta da Alta Administração Federal, instituído pela Exposição de Motivos nº 37, de 18 de agosto de 2000, aprovada em 21 de agosto de 2000.

Vigência

Art. 17. Este Decreto entra em vigor em 9 de dezembro de 2021.

Brasília, 9 de dezembro de 2020; 199º da Independência e 132º da República.

JAIR MESSIAS BOLSONARO

Paulo Guedes

Wagner de Campos Rosário

Jorge Antonio de Oliveira Francisco

DECRETO Nº 11.123, DE 7 DE JULHO DE 2022

Delega competência para a prática de atos administrativo-disciplinares.

O PRESIDENTE DA REPÚBLICA, no uso das atribuições que lhe confere o art. 84, **caput**, incisos IV e VI, alínea "a", da Constituição, e tendo em vista o disposto na Lei nº 8.112, de 11 de dezembro de 1990, e no art. 9º, **caput**, incisos II e III, da Lei nº 9.986, de 18 de julho de 2000,

DECRETA:

Objeto e âmbito de aplicação

Art. 1º Este Decreto dispõe sobre a delegação de competência em matéria administrativa-disciplinar no âmbito dos órgãos e das entidades da administração pública federal.

Delegações

Art. 2º Ressalvadas as hipóteses previstas no art. 4º, fica delegada a competência aos Ministros de Estado e ao Presidente do Banco Central do Brasil para:

I - o julgamento de processos administrativos disciplinares e a aplicação de penalidades, nas hipóteses de:

a) demissão, cassação de aposentadoria ou disponibilidade de servidores; e

b) destituição ou conversão de exoneração em destituição de ocupante de Cargo Comissionado Executivo - CCE-15 ou CCE-16 ou equivalente ou de cargo ou função de Chefe de Assessoria Parlamentar; e

II - a reintegração de ex-servidores em cumprimento de decisão judicial ou administrativa.

Parágrafo único. O Ministro de Estado Chefe da Casa Civil da Presidência da República exercerá a competência de que trata o **caput** para os órgãos diretamente subordinados ao Presidente da República cujos titulares não sejam Ministros de Estado.

Subdelegações

Art. 3º Poderá haver subdelegação das competências de que trata o art. 2º:

I - aos ocupantes de cargo em comissão ou de função de confiança de nível mínimo igual a CCE-17;

II - aos dirigentes máximos singulares das autarquias e fundações, se houver unidade correcional instituída na respectiva entidade; e

III - aos Comandantes da Marinha, do Exército e da Aeronáutica, pelo Ministro de Estado da Defesa.

Delegação de competência para a Controladoria-Geral da União

Art. 4º Fica delegada a competência ao Ministro de Estado da Controladoria-Geral da União para julgar os procedimentos disciplinares e aplicar as penalidades cabíveis no caso de atos praticados, no exercício da função, pelos ocupantes de cargo em comissão ou função de confiança de nível equivalente a CCE-17 ou superior.

Parágrafo único. O Ministro de Estado da Controladoria-Geral da União poderá subdelegar a competência de que trata o **caput** apenas a ocupante de cargo em comissão ou de função de confiança de nível equivalente a CCE-17 ou superior.

Manifestação do órgão de assessoramento jurídico

Art. 5º As delegações e subdelegações de que trata este Decreto não afastam a necessidade de aplicação de outras normas sobre a matéria ou a necessidade de prévia manifestação do órgão de assessoramento jurídico.

Consequências procedimentais

Art. 6º Caberá pedido de reconsideração à autoridade que houver proferido a decisão com fundamento nas delegações ou subdelegações previstas neste Decreto.

Parágrafo único. O pedido de que trata o **caput** não poderá ser renovado.

Art. 7º Não caberá interposição de recurso hierárquico ao Presidente da República ou ao Ministro de Estado em face de decisão proferida em processo administrativo disciplinar proferida com fundamento nas delegações ou subdelegações previstas neste Decreto.

Atos complementares

Art. 8º Caberá à Controladoria-Geral da União dirimir dúvidas sobre a aplicação do disposto neste Decreto e a edição de atos complementares necessários à sua execução.

Cláusula de revogação

Art. 9º Ficam revogados:

I - o Decreto nº 3.035, de 27 de abril de 1999;

II - o Decreto nº 8.468, de 17 de junho de 2015;

III - o art. 2º do Decreto nº 9.533, de 17 de outubro de 2018;

IV - o Decreto nº 10.156, de 4 de dezembro de 2019;

V - o art. 6º do Decreto nº 10.789, de 8 de setembro de 2021; e

VI - o art. 8º do Decreto nº 10.827, de 30 de setembro de 2021.

Cláusula de vigência

Art. 10. Este Decreto entra em vigor em 1º de agosto de 2022.

Brasília, 7 de julho de 2022; 201º da Independência e 134º da República

JAIR MESSIAS BOLSONARO

Wagner de Campos Rosário

Este texto não substitui o publicado no DOU de 8.7.2022

LEI Nº 9.327, DE 9 DE DEZEMBRO DE 1996

Dispõe sobre a condução de veículo oficial.

O PRESIDENTE DA REPÚBLICA Faço saber que o Congresso Nacional decreta e eu sanciono a seguinte Lei:

Art. 1º Os servidores públicos federais, dos órgãos e entidades integrantes da Administração Pública Federal direta, autárquica e fundacional, no interesse do serviço e no exercício de suas próprias atribuições, quando houver insuficiência de servidores ocupantes do cargo de Motorista Oficial, poderão dirigir veículos oficiais, de transporte individual de passageiros, desde que possuidores da Carteira Nacional de Habilitação e devidamente autorizados pelo dirigente máximo do órgão ou entidade a que pertençam.

Art. 2º Esta Lei entra em vigor na data de sua publicação.

Art. 3º Revogam-se o *art. 9º da Lei nº 1.081, de 13 de abril de 1950,* e demais disposições em contrário.

Brasília, 9 de dezembro de 1996; 175º da Independência e 108º da República.

FERNANDO HENRIQUE CARDOSO

Luis Carlos Bresser Pereira

Este texto não substitui o publicado no D.O.U. de 10.12.1996

DECRETO Nº 9.287, DE 15 DE FEVEREIRO DE 2018

Dispõe sobre a utilização de veículos oficiais pela administração pública federal direta, autárquica e fundacional.

O PRESIDENTE DA REPÚBLICA, no uso da atribuição que lhe confere o art. 84, **caput,** incisos IV e VI, alínea "a", da Constituição, e tendo em vista o disposto na Lei nº 1.081, de 13 de abril de 1950,

DECRETA:

Art. 1º Este Decreto dispõe sobre o uso de veículos oficiais, próprios ou contratados de prestadores de serviços, pela administração pública federal direta, autárquica e fundacional.

Parágrafo único. Este Decreto não se aplica aos militares das Forças Armadas.

Art. 2º Para fins de utilização, os veículos oficiais da administração pública federal direta, autárquica e fundacional serão classificados nas seguintes categorias:

I - veículos de representação;

II - veículos de serviços comuns; e

III - veículos de serviços especiais.

Art. 3º Os veículos de representação serão utilizados exclusivamente:

I - pelo Presidente da República;

II - pelo Vice-Presidente da República;

III - pelos Ministros de Estado;

IV - pelos ex-Presidentes da República; e

V - pelos ocupantes do cargo de Natureza Especial ou pelo Presidente, Diretor-Presidente ou Diretor-Geral do Conselho Diretor ou da Diretoria Colegiada das agências reguladoras. (Redação dada pelo Decreto nº 10.309, de 2020)

§1º Os veículos de representação podem ser utilizados em todos os deslocamentos, no território nacional, das autoridades referidas no **caput.**

§2º Os substitutos dos ocupantes dos cargos de que trata o inciso III do **caput** farão jus à utilização do veículo de representação enquanto exercerem a substituição.

§3º Os veículos de representação poderão ter identificação própria.

Art. 4º Para os fins do disposto neste Decreto, consideram-se veículos de serviços comuns:

I - os utilizados em transporte de material; e

II - os utilizados em transporte de pessoal a serviço.

§1º Para os fins do disposto neste Decreto, os integrantes de comitiva do Presidente da República e do Vice-Presidente da República e os colaboradores eventuais serão equiparados a pessoal a serviço, quando no estrito cumprimento de atividade solicitada pela administração.

§2º Os veículos de serviços comuns de que trata o **caput** serão de modelo básico.

Art. 5º Os veículos de serviços especiais serão utilizados para prestar serviços relacionados a:

I - segurança pública;

II - segurança nacional;

III - atividades de inteligência;

IV - saúde pública;

V - fiscalização;

VI - coleta de dados;

VII - peculiaridades do Ministério das Relações Exteriores não abrangidas pelo disposto no art. 3º;

VIII - necessidades dos ex-Presidentes da República, nos termos da Lei nº 7.474, de 8 de maio de 1986 ; e

IX - segurança dos familiares do Presidente e do Vice-Presidente da República.

Art. 6º É vedado:

I - o uso de veículos de empresas públicas e de sociedades de economia mista para os fins do disposto neste Decreto;

II - o uso de veículos oficiais para o provimento de serviços de transporte coletivo de pessoal a partir da residência ao local de trabalho e vice-versa, exceto nas hipóteses de atendimento a unidades localizadas em áreas de difícil acesso ou não servidas por transporte público regular;

III - o uso de veículos oficiais nos sábados, domingos e feriados, exceto para eventual desempenho de encargos inerentes ao exercício da função pública ou nas hipóteses previstas nos incisos VIII e IX do **caput** do art. 5º;

IV - o uso de veículos oficiais para o transporte individual da residência ao local de trabalho e vice-versa e para o transporte a locais de embarque e desembarque, na origem e no destino, em viagens a serviço, quando houver o pagamento da indenização estabelecida no art. 8º do Decreto nº 5.992, de 19 de dezembro de 2006 ;

V - o uso de veículos oficiais em excursões de lazer ou passeios;

VI - o uso de veículos oficiais no transporte de familiares de servidor público ou de pessoas estranhas ao serviço público e no traslado internacional de funcionários, ressalvadas as hipóteses estabelecidas nas alíneas "b" e "c" do art. 3º e no art. 14º do Anexo ao Decreto nº 1.280, de 14 de outubro de 1994 ;

VII - o uso de placa não oficial em veículo oficial ou de placa oficial em veículo particular, ressalvado o disposto no §1º; e

VIII - a guarda dos veículos oficiais em garagem residencial, exceto quando houver autorização da autoridade máxima do órgão ou da entidade.

§1º Os veículos de que trata o art. 116 da Lei nº 9.503, de 23 de setembro de 1997 - Código de Trânsito Brasileiro e os veículos destinados especialmente a serviços incompatíveis com a identificação oficial poderão ter placas não oficiais e o seu uso ficará sujeito a regime especial de controle.

§2º O servidor público que utilizar veículo de serviços especiais em regime de permanente sobreaviso, em razão de atividades de investigação, fiscalização e atendimento a serviços públicos essenciais que exijam o máximo de aproveitamento de tempo, poderá ser dispensado, a critério do dirigente do órgão, da entidade ou da unidade regional, das vedações estabelecidas neste artigo, exceto as vedações estabelecidas nos incisos I, V e VI do **caput** do art. 6º.

§3º Na hipótese de o horário de trabalho de servidor público que esteja diretamente a serviço das pessoas de que tratam os incisos I, II, III e V do **caput** do art. 3º ser estendido além da jornada de trabalho regular e no interesse da administração, poderão ser utilizados veículos de serviços comuns para transportá-lo da residência ao local de trabalho e vice-versa.

§4º Entende-se como extrapolada a jornada de trabalho regular, para fins do disposto no §3º, as atividades exercidas no período noturno e em sábados, domingos e feriados.

Art. 7º Aplica-se o disposto neste Decreto aos veículos apreendidos pelos órgãos policiais e pelos órgãos ou entidades de fiscalização que temporariamente estejam sendo utilizados pela administração pública federal em decorrência de autorização judicial.

Art. 8º Os órgãos, as autarquias e as fundações da administração pública federal deverão considerar todos os modelos de contratação praticados pela administração pública federal para prestação de serviço de transporte de material e de pessoal a serviço, de que trata o art. 4º, e adotar aquele que for comprovadamente mais vantajoso em comparação ao modelo vigente.

§1º A aquisição de veículos deverá ser adotada somente quando comprovada a sua vantajosidade econômica em relação à adoção de qualquer dos demais modelos de contratação praticados pela administração pública federal.

§2º Quando da substituição dos veículos próprios pelos modelos praticados pela administração pública federal, seus órgãos, suas autarquias e suas fundações elaborarão e executarão plano de desmobilização, que será encaminhado para a aprovação pela Secretaria de Gestão do Ministério do Planejamento, Desenvolvimento e Gestão.

§3º A Secretaria de Gestão do Ministério do Ministério do Planejamento, Desenvolvimento e Gestão conduzirá o processo de inventário dos veículos enquadrados na categoria de transporte institucional e dos veículos próprios que forem substituídos pelos modelos de contratação praticados pela administração pública federal.

Art. 9º Os Ministérios das Relações Exteriores e do Planejamento, Desenvolvimento e Gestão poderão expedir normas complementares ao disposto neste Decreto.

Parágrafo único. Os órgãos e as entidades da administração pública federal direta, autárquica e fundacional poderão expedir normas operacionais complementares ao disposto neste Decreto, para dispor sobre as situações específicas no seu âmbito de atuação, desde que não conflitem com as normas deste Decreto ou com as normas complementares de que trata o **caput.**

Art. 10. Fica revogado o Decreto nº 6.403, de 17 de março de 2008.

Art. 11. Este Decreto entra em vigor no dia 15 de março de 2018.

Brasília, 15 de fevereiro de 2018; 197º da Independência e 130º da República.

MICHEL TEMER

Dyogo Henrique de Oliveira

Este texto não substitui o publicado no DOU de 16.2.2018

DECRETO Nº 5.480, DE 30 DE JUNHO DE 2005

Dispõe sobre o Sistema de Correição do Poder Executivo Federal, e dá outras providências.

O PRESIDENTE DA REPÚBLICA, no uso das atribuições que lhe confere o art. 84, incisos IV e VI, alínea "a", da Constituição, e tendo em vista o disposto nos arts. 47 e 50 da Lei nº 10.683, de 28 de maio de 2003, e no art. 30 do Decreto-Lei nº 200, de 25 de fevereiro de 1967,

DECRETA:

Art. 1º São organizadas sob a forma de sistema as atividades de correição do Poder Executivo Federal, a fim de promover sua coordenação e harmonização.

§§1º O Sistema de Correição do Poder Executivo Federal compreende as atividades relacionadas à prevenção e apuração de irregularidades, no âmbito do Poder Executivo Federal, por meio da instauração e condução de procedimentos correcionais.

§2º A atividade de correição utilizará como instrumentos a investigação preliminar, a inspeção, a sindicância, o processo administrativo geral e o processo administrativo disciplinar.

Art. 2º Integram o Sistema de Correição:

I - como Órgão Central, a Controladoria-Geral da União, por meio da Corregedoria-Geral da União; e (Redação dada pelo Decreto nº 10.768, de 2021)

II - como unidades setoriais, as unidades de correição dos órgãos e das entidades que sejam responsáveis pelas atividades de correição. (Redação dada pelo Decreto nº 10.768, de 2021)

§1º (Revogado pelo Decreto nº 10.768, de 2021)

§2º As unidades setoriais ficam sujeitas à orientação normativa e à supervisão técnica do Órgão Central do Sistema de Correição. (Redação dada pelo Decreto nº 10.768, de 2021)

§3º (Revogado pelo Decreto nº 10.768, de 2021)

§4º (Revogado pelo Decreto nº 10.768, de 2021)

Art. 3º (Revogado pelo Decreto nº 10.087, de 2019) (Vigência)

Art. 4º Compete ao Órgão Central do Sistema:

I - definir, padronizar, sistematizar e normatizar, mediante a edição de enunciados e instruções, os procedimentos atinentes às atividades de correição;

II - aprimorar os procedimentos relativos aos processos administrativos disciplinares e sindicâncias;

III - gerir e exercer o controle técnico das atividades correcionais desempenhadas no âmbito do Poder Executivo Federal; (Redação dada pelo Decreto nº 7.128, de 2010).

IV - coordenar as atividades que exijam ações conjugadas das unidades integrantes do Sistema de Correição;

V - avaliar a execução dos procedimentos relativos às atividades de correição;

VI - definir procedimentos de integração de dados, especialmente no que se refere aos resultados das sindicâncias e processos administrativos disciplinares, bem como às penalidades aplicadas;

VII - propor medidas que visem a inibir, a reprimir e a diminuir a prática de faltas ou irregularidades cometidas por servidores contra o patrimônio público;

VIII - instaurar sindicâncias, procedimentos e processos administrativos disciplinares, em razão: (Redação dada pelo Decreto nº 7.128, de 2010).

a) da inexistência de condições objetivas para sua realização no órgão ou entidade de origem; (Redação dada pelo Decreto nº 7.128, de 2010).

b) da complexidade e relevância da matéria;

c) da autoridade envolvida; ou

d) do envolvimento de servidores de mais de um órgão ou entidade;

IX - requisitar, em caráter irrecusável, servidores para compor comissões disciplinares; (Redação dada pelo Decreto nº 7.128, de 2010).

X - realizar inspeções nas unidades de correição; (Redação dada pelo Decreto nº 7.128, de 2010).

XI - recomendar a instauração de sindicâncias, procedimentos e processos administrativos disciplinares; (Incluído pelo Decreto nº 7.128, de 2010).

XII - avocar sindicâncias, procedimentos e processos administrativos disciplinares em curso em órgãos ou entidades do Poder Executivo Federal, quando verificada qualquer das hipóteses prevista no inciso VIII, inclusive promovendo a aplicação da penalidade cabível; (Incluído pelo Decreto nº 7.128, de 2010).

XIII - requisitar as sindicâncias, procedimentos e processos administrativos disciplinares julgados há menos de cinco anos por órgãos ou entidades do Poder Executivo Federal, para reexame; e (Incluído pelo Decreto nº 7.128, de 2010).

XIV - representar ao superior hierárquico, para apurar a omissão da autoridade responsável por instauração de sindicância, procedimento ou processo administrativo disciplinar. (Incluído pelo Decreto nº 7.128, de 2010).

§1º (Revogado pelo Decreto nº 7.128, de 2010).

§2º (Revogado pelo Decreto nº 7.128, de 2010).

§3º Incluem-se dentre os procedimentos e processos administrativos de instauração e avocação facultadas à Controladoria-Geral da União aqueles objeto do Título V da Lei nº 8.112, de 11 de dezembro de 1990, e do Capítulo V da Lei nº 8.429, de 2 junho de 1992, assim como outros a ser desenvolvidos, ou já em curso, em órgão ou entidade da administração pública federal, desde que relacionados a lesão ou ameaça de lesão ao patrimônio público.

§4º O julgamento dos processos, procedimentos e sindicâncias resultantes da instauração, avocação ou requisição previstas neste artigo compete: (Redação dada pelo Decreto nº 7.128, de 2010).

I - ao Ministro de Estado da Controladoria-Geral da União, nas hipóteses de aplicação das penas de demissão, suspensão superior a trinta dias, cassação de aposentadoria ou disponibilidade, destituição de cargo em comissão ou destituição de função de confiança; e (Redação dada pelo Decreto nº 10.768, de 2021)

II - ao Corregedor-Geral da União, nas hipóteses de aplicação das penas de suspensão de até trinta dias ou de advertência. (Redação dada pelo Decreto nº 10.768, de 2021)

Art. 5º Compete às unidades setoriais do Sistema de Correição: (Redação dada pelo Decreto nº 10.768, de 2021)

I - propor ao Órgão Central do Sistema medidas que visem a definição, padronização, sistematização e normatização dos procedimentos operacionais atinentes à atividade de correição;

II - participar de atividades que exijam ações conjugadas das unidades integrantes do Sistema de Correição, com vistas ao aprimoramento do exercício das atividades que lhes são comuns;

III - sugerir ao Órgão Central do Sistema procedimentos relativos ao aprimoramento das atividades relacionadas às sindicâncias e aos processos administrativos disciplinares;

IV - instaurar ou determinar a instauração de procedimentos e processos disciplinares, sem prejuízo de sua iniciativa pela autoridade a que se refere o art. 143 da Lei nº 8.112, de 1990;

V - manter registro atualizado da tramitação e resultado dos processos e expedientes em curso;

VI - encaminhar ao Órgão Central do Sistema dados consolidados e sistematizados, relativos aos resultados das sindicâncias e processos administrativos disciplinares, bem como à aplicação das penas respectivas;

VII - supervisionar as atividades de correição desempenhadas pelos órgãos e entidades submetidos à sua esfera de competência; (Redação dada pelo Decreto nº 7.128, de 2010).

VIII - prestar apoio ao Órgão Central do Sistema na instituição e manutenção de informações, para o exercício das atividades de correição; e

IX - propor medidas ao Órgão Central do Sistema visando à criação de condições melhores e mais eficientes para o exercício da atividade de correição.

Art. 6º (Revogado pelo Decreto nº 10.087, de 2019) (Vigência)

Art. 7º Para fins do disposto neste Decreto, os Ministros de Estado encaminharão, ao Ministério do Planejamento, Orçamento e Gestão, no prazo de trinta dias, a contar da publicação deste Decreto, proposta de adequação de suas estruturas regimentais, sem aumento de despesas, com vistas a destinar um cargo em comissão do Grupo-Direção e Assessoramento Superiores - DAS, nível 4, para as respectivas unidades integrantes do Sistema de Correição.

Parágrafo único. Os órgãos e entidades referidos neste Decreto darão o suporte administrativo necessário à instalação e ao funcionamento das unidades integrantes do Sistema de Correição.

Art. 8º Os cargos em comissão e as funções de confiança dos titulares das unidades setoriais de correição são privativos daqueles que possuam nível de escolaridade superior e sejam: (Redação dada pelo Decreto nº 10.768, de 2021)

I - servidores ou empregados permanentes da administração pública federal: (Redação dada pelo Decreto nº 10.768, de 2021)

a) graduados em Direito; (Incluída pelo Decreto nº 10.768, de 2021)

b) integrantes da carreira de Finanças e Controle; ou (Incluída pelo Decreto nº 10.768, de 2021)

c) integrantes do quadro permanente de órgão ou entidade; ou (Incluída pelo Decreto nº 10.768, de 2021)

II - ex-servidor ou ex-empregado permanente aposentado no exercício de cargo ou emprego: (Redação dada pelo Decreto nº 10.768, de 2021)

a) da carreira de Finanças e Controle; ou (Incluída pelo Decreto nº 10.768, de 2021)

b) do órgão ou da entidade para o qual será nomeado ou designado. (Incluída pelo Decreto nº 10.768, de 2021)

§1º A indicação dos titulares das unidades setoriais de correição será submetida previamente à apreciação do Órgão Central do Sistema de Correição. (Redação dada pelo Decreto nº 10.768, de 2021)

§2º Ao servidor da administração pública federal em exercício em cargo ou função de corregedoria ou correição são assegurados todos os direitos e vantagens a que faça jus na respectiva carreira, considerando-se o período de desempenho das atividades de que trata este Decreto, para todos os efeitos da vida funcional, como efetivo exercício no cargo ou emprego que ocupe no órgão ou entidade de origem.

§3º A exigência contida no caput deste artigo não se aplica aos titulares das unidades de correição em exercício na data de publicação deste Decreto.

§4º Os titulares das unidades setoriais de correição serão nomeados ou designados para mandato de dois anos, salvo disposição em contrário na legislação. (Redação dada pelo Decreto nº 10.768, de 2021)

Art. 9º (Revogado pelo Decreto nº 10.087, de 2019) (Vigência)

Art. 10. O Órgão Central do Sistema expedirá as normas regulamentares que se fizerem necessárias ao funcionamento do Sistema de Correição do Poder Executivo Federal.

Art. 11. Este Decreto entra em vigor na data de sua publicação.

Brasília, 30 de junho de 2005; 184º da Independência e 117º da República.

LUIZ INÁCIO LULA DA SILVA

Waldir Pires

Este texto não substitui o publicado no D.O.U. de 1º.7.2005

SÚMULAS DO STF E DO STJ

ENUNCIADOS E INSTRUÇÕES NORMATIVAS DA CONTROLADORIA-GERAL DA UNIÃO

SÚMULAS DO SUPREMO TRIBUNAL FEDERAL

SÚMULA VINCULANTE Nº 5

A FALTA DE DEFESA TÉCNICA POR ADVOGADO NO PROCESSO ADMINISTRATIVO DISCIPLINAR NÃO OFENDE A CONSTITUIÇÃO.

SÚMULA VINCULANTE Nº 14

É DIREITO DO DEFENSOR, NO INTERESSE DO REPRESENTADO, TER ACESSO AMPLO AOS ELEMENTOS DE PROVA QUE, JÁ DOCUMENTADOS EM PROCEDIMENTO INVESTIGATÓRIO REALIZADO POR ÓRGÃO COM COMPETÊNCIA DE POLÍCIA JUDICIÁRIA, DIGAM RESPEITO AO EXERCÍCIO DO DIREITO DE DEFESA.

SÚMULA Nº 18

PELA FALTA RESIDUAL, NÃO COMPREENDIDA NA ABSOLVIÇÃO PELO JUÍZO CRIMINAL, É ADMISSÍVEL A PUNIÇÃO ADMINISTRATIVA DO SERVIDOR PÚBLICO.

SÚMULA Nº 19

É INADMISSÍVEL SEGUNDA PUNIÇÃO DE SERVIDOR PÚBLICO, BASEADA NO MESMO PROCESSO EM QUE SE FUNDOU A PRIMEIRA.

SÚMULA Nº 20

É NECESSÁRIO PROCESSO ADMINISTRATIVO COM AMPLA DEFESA, PARA DEMISSÃO DE FUNCIONÁRIO ADMITIDO POR CONCURSO.

SÚMULA Nº 21

FUNCIONÁRIO EM ESTÁGIO PROBATÓRIO NÃO PODE SER EXONERADO NEM DEMITIDO SEM INQUÉRITO OU SEM AS FORMALIDADES LEGAIS DE APURAÇÃO DE SUA CAPACIDADE.

SÚMULA Nº 22

O ESTÁGIO PROBATÓRIO NÃO PROTEGE O FUNCIONÁRIO CONTRA A EXTINÇÃO DO CARGO.

SÚMULA Nº 24

FUNCIONÁRIO INTERINO SUBSTITUTO É DEMISSÍVEL, MESMO ANTES DE CESSAR A CAUSA DA SUBSTITUIÇÃO.

SÚMULA Nº 25 A NOMEAÇÃO A TERMO NÃO IMPEDE A LIVRE DEMISSÃO PELO PRESIDENTE DA REPÚBLICA, DE OCUPANTE DE CARGO DIRIGENTE DE AUTARQUIA.

SÚMULA Nº 266

NÃO CABE MANDADO DE SEGURANÇA CONTRA LEI EM TESE.

SÚMULA Nº 346

A ADMINISTRAÇÃO PÚBLICA PODE DECLARAR A NULIDADE DOS SEUS PRÓPRIOS ATOS.

SÚMULA Nº 430

PEDIDO DE RECONSIDERAÇÃO NA VIA ADMINISTRATIVA NÃO INTERROMPE O PRAZO PARA O MANDADO DE SEGURANÇA

SÚMULA Nº 473

A ADMINISTRAÇÃO PODE ANULAR SEUS PRÓPRIOS ATOS, QUANDO EIVADOS DE VÍCIOS QUE OS TORNAM ILEGAIS, PORQUE DELES NÃO SE ORIGINAM DIREITOS; OU REVOGÁ-LOS, POR MOTIVO DE CONVENIÊNCIA OU OPORTUNIDADE, RESPEITADOS OS DIREITOS ADQUIRIDOS, E RESSALVADA, EM TODOS OS CASOS, A APRECIAÇÃO JUDICIAL.

SÚMULAS DO SUPERIOR TRIBUNAL DE JUSTIÇA

SÚMULA Nº 147

Compete à Justiça Federal processar e julgar os crimes praticados contra funcionário público federal, quando relacionados com o exercício da função. (Terceira Seção, em 07/12/1995, DJ 18/12/1995, p. 44.864)

SÚMULA Nº 591

É permitida a "prova emprestada" no processo administrativo disciplinar, desde que devidamente autorizada pelo juízo competente e respeitados o contraditório e a ampla defesa. (Primeira Seção, em 13/09/2017, DJe 18/09/2017, ed. 2.283)

SÚMULA Nº 592

O excesso de prazo para a conclusão do processo administrativo disciplinar só causa nulidade se houver demonstração de prejuízo à defesa. (Primeira Seção, em 13/09/2017, DJe 18/09/2017, ed. 2.283)

SÚMULA Nº 599

O princípio da insignificância é inaplicável aos crimes contra a administração pública. (Corte Especial, em 20/11/2017. DJe 27/11/2017, ed. 2.328)

SÚMULA Nº 611

Desde que devidamente motivada e com amparo em investigação ou sindicância, é permitida a instauração de processo administrativo disciplinar com base em denúncia anônima, em face do poder-dever de autotutela imposto à Administração. (Primeira Seção, em 09/05/2018. DJe 14/05/2018, ed. 2.432.)

SÚMULA Nº 635

"Os prazos prescricionais previstos no artigo 142 da Lei 8.112/1990 iniciam-se na data em que a autoridade competente para a abertura do procedimento administrativo toma conhecimento do fato, interrompem-se com o primeiro ato de instauração válido – sindicância de caráter punitivo ou processo disciplinar – e voltam a fluir por inteiro, após decorridos 140 dias desde a interrupção."

SÚMULA Nº 641

A portaria de instauração do processo administrativo disciplinar prescinde da exposição detalhada dos fatos a serem apurados. (Primeira Seção, em 18/02/2020. DJe 19/02/2020, ed. 2.853)

SÚMULA Nº 650

A autoridade administrativa não dispõe de discricionariedade para aplicar ao servidor pena diversa de demissão quando caraterizadas as hipóteses previstas no art. 132 da Lei n. 8.112/1990.

SÚMULA Nº 651

Compete à autoridade administrativa aplicar a servidor público a pena de demissão em razão da prática de improbidade administrativa, independentemente de prévia condenação, por autoridade judiciária, à perda da função pública.

SÚMULA Nº 665

O controle jurisdicional do processo administrativo disciplinar restringe-se ao exame da regularidade do procedimento e da legalidade do ato, à luz dos princípios do contraditório, da ampla defesa e do devido processo legal, não sendo possível incursão no mérito administrativo, ressalvadas as hipóteses de flagrante ilegalidade, teratologia ou manifesta desproporcionalidade da sanção aplicada.

CONTROLADORIA-GERAL DA UNIÃO

ENUNCIADOS E INSTRUÇÕES NORMATIVAS

Enunciado CGU nº 01 (publicado no DOU de 05/05/2011, Seção 01, pag. 22) Prescrição. Interrupção *O processo administrativo disciplinar e a sindicância acusatória, ambos previstos pela lei nº 8.112/90, são os únicos procedimentos aptos a interromper o prazo prescricional.*

Enunciado CGU nº 02 (publicado no DOU de 05/05/2011, Seção 01, pag. 22)

Ex-servidor. Apuração. *A aposentadoria, a demissão, a exoneração de cargo efetivo ou em comissão e a destituição do cargo em comissão não obstam a instauração de procedimento disciplinar visando à apuração de irregularidade verificada quando do exercício da função ou cargo público.*

Enunciado CGU nº 03 (publicado no DOU de 05/05/2011, Seção 01, pag. 22) Delação anônima. Instauração. *A delação anônima é apta a deflagrar apuração preliminar no âmbito da Administração Pública, devendo ser colhidos outros elementos que a comprovem.*

Enunciado CGU nº 04 (publicado no DOU de 05/05/2011, Seção 01, pag. 22) Prescrição. Instauração. *A Administração Pública pode, motivadamente, deixar de deflagrar procedimento disciplinar, caso verifique a ocorrência de prescrição antes da sua instauração, devendo ponderar a utilidade e a importância de se decidir pela instauração em cada caso.*

Enunciado CGU nº 05, de 19 de outubro de 2011 (Publicado no DOU de 24/10/2011 Seção I pág. 06) Prescrição Disciplinar. Crime. Persecução Penal. *Para aplicação de prazo prescricional, nos moldes do §2º do art. 142 da lei 8.112/90, não é necessário o início da persecução penal. (cancelado pela Portaria n. 1.598, de 9 de maio de 2019)*

Enunciado CGU nº 07, de 13 de dezembro de 2013 (Publicado no DOU de 16/12/2013, Seção I, pág. 11) Videoconferência. Possibilidade. Interrogatório. PAD e Sindicância. *No âmbito do Processo Administrativo Disciplinar e da Sindicância é possível a utilização de videoconferência para fins de interrogatório do acusado.*

Enunciado CGU nº 08, de 09 de dezembro de 2014 (Publicado no DOU de 10/12/2014, Seção 1, pág. 2). Art. 132, IV, Lei nº 8.112/90 c/c art. 9º, VII, da Lei nº 8.429/92. Ônus da Administração. Demonstração da desproporcionalidade. *Nos casos de ato de improbidade que importem em enriquecimento ilícito pelo agente público,* *cujo valor seja desproporcional à evolução do seu patrimônio ou à sua renda, compete à Administração Pública apenas demonstrá-lo, não sendo necessário provar que os bens foram adquiridos com numerário obtido através de atividade ilícita.*

Enunciado CGU nº 09, de 30 de outubro de 2015 (Publicado no DOU de 16/11/2015, Seção I, pág. 42). Ilícito Sócio. Gerência. Atuação fática e reiterada. *Para restar configurada a infração disciplinar capitulada no inciso X do art. 117 da Lei nº 8.112/90, é preciso que o servidor, necessariamente, tenha atuado de fato e de forma reiterada como gerente ou administrador de sociedade privada.*

Enunciado CGU nº 10, de 30 de outubro de 2015 (Publicado no DOU de 16/11/2015, Seção I, pág. 42) Validade da notificação de atos processuais. *A validade de uma intimação ou notificação real fica condicionada a ter sido realizada por escrito e com a comprovação da ciência pelo interessado ou seu procurador, independentemente da forma ou do meio utilizado para sua entrega.*

Enunciado CGU nº 11, de 30 de outubro de 2015 (Publicado no DOU de 16/11/2015, Seção I, pág. 42). Citação por hora certa no procedimento disciplinar. *No âmbito do Processo Disciplinar, a citação poderá ser realizada por hora certa, nos termos da legislação processual civil, quando o indiciado encontrar-se em local certo e sabido, e houver suspeita de que se oculta para se esquivar do recebimento do respectivo mandado.*

Enunciado CGU nº 12, de 14 de janeiro de 2016 (Publicado no DOU de 14/01/2016, Seção I, pág. 10). Atestado médico particular. Indeferimento de prova pericial. *O atestado médico particular não tem, necessariamente, o condão de sobrestar o processo disciplinar. Inexistindo dúvida razoável acerca da capacidade do acusado para o acompanhamento do processo, com base no conjunto probatório carreado aos autos, poderá a prova pericial ser indeferida.*

Enunciado CGU nº 13, de 28 de abril de 2016 (Publicado no DOU de 02/05/2016, Seção I, pág. 8). Repercussão da destituição do cargo em comissão no vínculo celetista. *A penalidade de destituição de cargo em comissão aplicada ao empregado público cedido a órgão da Administração Pública Direta, Autárquica e Fundacional poderá repercutir no vínculo empregatício, sendo desnecessária a instauração de novo processo disciplinar no âmbito da empresa estatal.*

Enunciado CGU nº 14, de 31 de maio de 2016 (Publicado no DOU 01/06/2016, Seção I, pág. 48) Restrição de acesso dos procedimentos disciplinares. *Os procedimentos disciplinares têm acesso restrito para terceiros até o julgamento, nos termos do art. 7º, parágrafo 3º, da Lei nº 12.527/2011, regulamentado pelo art. 20, caput, do Decreto nº 7.724/2012, sem prejuízo das demais hipóteses legais sobre informações sigilosas.*

Enunciado CGU nº 15, de 18 de janeiro de 2017 (Publicado no DOU de 23/01/2017, Seção I, pág. 49). Aplicação da Lei nº 8.112/90 em processos disciplinares no âmbito das estatais. *Inexistente normativo interno no âmbito da empresa estatal que estabeleça o rito processual prévio à aplicação de penalidades, admite-se a adoção, no que couber, do procedimento disciplinar previsto na Lei nº 8.112/90 para a apuração de responsabilidade de empregados públicos.*

Enunciado CGU nº 16, de 11 de setembro de 2017 (Publicado no DOU de 12/09/2017, Seção I, pág. 31). Imparcialidade de membro de comissão de procedimento correcional. *A atuação de membro da comissão em outro procedimento correcional, em curso ou encerrado, a respeito de fato distinto envolvendo o mesmo acusado ou investigado, por si só, não compromete sua imparcialidade.*

Enunciado CGU nº 17, de 11 de setembro de 2017 (Publicado no DOU de 12/09/2017, Seção I, pág. 31). Aplicação da Lei nº 12.846, de 1º de agosto de 2013 à empresa individual de responsabilidade limitada – EIRELI. *A empresa individual de responsabilidade limitada (EIRELI) está sujeita à responsabilização administrativa prevista na Lei nº 12.846, de 1º de agosto de 2013.*

Enunciado CGU nº 18, de 10 de outubro de 2017 (Publicado no DOU de 11/10/2017, Seção I, pág. 93). A admissibilidade da prova emprestada, oriunda de interceptação telefônica, nos processos administrativos sancionadores. *É lícita a utilização de interceptações telefônicas autorizadas judicialmente para fins de instrução de procedimento correcional.*

Enunciado CGU nº 19, de 10 de outubro de 2017 (Publicado no DOU de 11/10/2017, Seção I, pág. 93). Direito de acesso integral ao procedimento correcional por todos os acusados. *Havendo conexão a justificar a instauração de procedimento correcional com mais de um acusado, a todos eles será garantido o acesso integral aos documentos autuados.*

Enunciado CGU nº 20, de 26 de fevereiro de 2018 (Publicado no DOU de 28/02/2018, Seção I, pág. 81). Admissibilidade de compartilhamento de provas entre procedimentos administrativos. *O compartilhamento de provas entre procedimentos administrativos é admitido, independentemente de apurarem fatos imputados a pessoa física ou a pessoa jurídica, ressalvadas as hipóteses legais de sigilo e de segredo de justiça.*

Enunciado CGU nº 21, de 26 de fevereiro de 2018 (Publicado no DOU de 28/02/2018, Seção I, pág. 81). Agravamento da sanção pela autoridade julgadora sem nova manifestação da defesa. *A autoridade julgadora poderá, motivadamente, agravar a penalidade proposta, sendo desnecessária a abertura de novo prazo para a apresentação da defesa.*

Enunciado CGU nº 22, de 26 de fevereiro de 2018 (Publicado no DOU de 28/02/2018, Seção I, pág. 81). Presunção relativa de *animus abandonandi*. As ausências injustificadas por mais de trinta dias consecutivos geram presunção relativa da intenção de abandonar o cargo.

Enunciado nº 23, de 31 de outubro de 2018 (Diário Oficial da União n. 212, Seção 1, p. 76) INSTAURAÇÃO DE PROCESSO ADMINISTRATIVO DISCIPLINAR EM FACE DE AGENTES POLÍTICOS. "São passíveis de apuração administrativas disciplinar as infrações cometidas por agentes em razão do exercício de cargo ou emprego público federal".

Enunciado nº 24, de 23 de janeiro de 2019 (Diário Oficial da União n. 58, Seção 1, p.74) PRORROGAÇÕES DE PRAZO DE COMISSÃO DE PROCESSO ADMINISTRATIVO DE RESPONSABILIZAÇÃO - PAR. "O prazo dos trabalhos das comissões de Processo Administrativo de Responsabilização - PAR, de que trata a Lei nº 12.846, de 1º de agosto de 2013, poderá ser prorrogado, por mais de uma vez, mediante ato fundamentado da autoridade instauradora, para possibilitar a regular conclusão do processo".

Enunciado nº 25, de 22 de março de 2019 (Diário Oficial da União n. 33, Seção 1, p. 59) INFRAÇÕES DISCIPLINARES - REINCIDÊNCIA. "A reincidência prevista na Lei nº 8.112, de 11 de dezembro de 1990, é a genérica"

Enunciado nº 26, de 24 de agosto de 2020 (Diário Oficial da União n. Nº 16527 de agosto de 2020, p. 173) VEDAÇÃO DE EXERCÍCIO DO COMÉRCIO. "A proibição ao exercício do comércio prevista no art. 117, X, da Lei nº 8.112, de 11 de dezembro de 1990, veda a atuação do servidor público federal como empresário individual ou como administrador de Eireli Empresária".

Enunciado nº 4, de 10 de março de 2022. "Nos pedidos de acesso à informação e respectivo recursos, as decisões que tratam da publicidade de dados de pessoas naturais devem ser fundamentadas nos arts. 3º e 31 da Lei nº 12.527/2011 (Lei de Acesso à Informação - LAI), vez que: A LAI, por ser mais específica, é a norma de regência processual e material a ser aplicada no processamento desta espécie de processo administrativo; e A LAI, a Lei nº 14.129/2021 (Lei de Governo Digital) e a Lei nº 13.709/2018 (Lei Geral de Proteção de Dados Pessoais - LGPD) são sistematicamente compatíveis entre si e harmonizam os direitos fundamentais do acesso à informação, da intimidade e da proteção aos dados pessoais, não havendo antinomia entre seus dispositivos".

Publicado em: 14/10/2022 | Edição: 196 | Seção: 1 | Página: 143
Órgão: Controladoria-Geral da União/Gabinete do Ministro

PORTARIA NORMATIVA CGU Nº 27, DE 11 DE OUTUBRO DE 2022

Dispõe sobre o Sistema de Correição do Poder Executivo Federal de que trata o Decreto nº 5.480, de 30 de junho de 2005, e sobre a atividade correcional nos órgãos e entidades do Poder Executivo Federal.

O MINISTRO DE ESTADO DA CONTROLADORIA-GERAL DA UNIÃO, no uso das atribuições que lhe conferem o art. 87, parágrafo único, incisos I e II, da Constituição, com fundamento no inciso XIII do art. 1º do Anexo I do Decreto nº 11.102, de 23 de junho de 2022, e no inciso I do art. 6º da Portaria CGU nº 1.973, de 31 de agosto de 2021, e tendo em vista o disposto nos artigos 4º, incisos I e II, 8º e 10 do Decreto nº 5.480, de 30 de junho de 2005, no art. 14 do Decreto-lei nº 200, de 25 de fevereiro de 1967, no art. 2º, caput e parágrafo único, incisos VI, VIII e IX, da Lei nº 9.784, de 29 de janeiro de 1999, e o que consta no processo nº 00190.100572/2021-31, resolve:

Art. 1º Esta Portaria Normativa dispõe sobre o Sistema de Correição do Poder Executivo Federal de que trata o Decreto nº 5.480, de 30 de junho de 2005, e sobre a atividade correcional nos órgãos e entidades do Poder Executivo Federal.

TÍTULO I
DO SISTEMA DE CORREIÇÃO DO PODER EXECUTIVO FEDERAL

CAPÍTULO I
DA ORGANIZAÇÃO DO SISTEMA

Art. 2º Integram o Sistema de Correição do Poder Executivo Federal - Siscor:

I - como Órgão Central, a Controladoria-Geral da União - CGU, por meio da Corregedoria-Geral da União - CRG; e

II - como unidades setoriais, as unidades de correição dos órgãos e das entidades que sejam responsáveis pelas atividades de correição.

Parágrafo único. As unidades setoriais de correição ficam sujeitas à orientação normativa e à supervisão técnica do Órgão Central do Sistema.

CAPÍTULO II
DOS OBJETIVOS E DIRETRIZES DO SISTEMA

Art. 3º São objetivos do Siscor:

I – prevenir a prática de ilícitos administrativos;

II - combater a corrupção;

III - contribuir para a melhoria da gestão da Administração Pública;

IV - atuar de forma cooperativa com os órgãos e entidades; e

V - participar ativamente do sistema de integridade pública.

Art. 4º São diretrizes do Siscor:

I - plena observação dos princípios constitucionais, em especial os do devido processo legal, do contraditório, da ampla defesa e da proporcionalidade;

II - célere e efetiva responsabilização administrativa das infrações;

III - atuação técnica especializada, com ênfase na prevenção;

IV - uso dos dados e informações correcionais para a melhoria da gestão; e

V - uso do planejamento como ferramenta de gestão.

CAPÍTULO III
DA UNIDADE SETORIAL DE CORREIÇÃO

Art. 5º São atividades típicas das unidades setoriais de correição:

I - instaurar e conduzir procedimentos investigativos;

II - realizar o juízo de admissibilidade das denúncias, das representações e dos demais meios de notícias de infrações disciplinares e de atos lesivos à Administração Pública;

III - propor a celebração e celebrar Termo de Ajustamento de Conduta - TAC;

IV - instaurar e conduzir processos correcionais;

V - julgar processos correcionais, respeitadas as competências legais;

VI - instruir os procedimentos investigativos e os processos correcionais, emitindo manifestação técnica prévia ao julgamento da autoridade competente;

VII - propor ao Órgão Central medidas que visem à definição, padronização, sistematização e normatização dos procedimentos investigativos e processos correcionais atinentes à atividade de correição;

VIII - participar de atividades que exijam ações conjuntas das unidades integrantes do Siscor, com vistas ao aprimoramento do exercício das atividades que lhes são comuns;

IX - utilizar os resultados da autoavaliação do Modelo de Maturidade Correcional - CRG-MM de que trata o art. 25 desta Portaria Normativa como base para a elaboração de planos de ação destinados à elevação do nível de maturidade;

X – manter registro atualizado, gerir, tramitar procedimentos investigativos e processos correcionais e realizar a comunicação e a transmissão de atos processuais por meio de sistema informatizado, de uso obrigatório, mantido e regulamentado pelo Órgão Central;

XI - promover ações educativas e de prevenção de ilícitos;

XII - promover a divulgação e transparência de dados acerca das atividades de correição, de modo a propiciar o controle social, com resguardo das informações restritas ou sigilosas; XIII - efetuar a prospecção, análise e estudo das informações correcionais para subsidiar a formulação de estratégias visando à prevenção e mitigação de riscos organizacionais;

XIV - exercer função de integridade no âmbito das atividades correcionais da organização; XV - manter registro atualizado dos cadastros de sanções relativas às atividades de correição, conforme regulamentação editada pelo Órgão Central; e

XVI - atender às demandas oriundas do Órgão Central acerca de procedimentos investigativos e processos correcionais, documentos, dados e informações sobre as atividades de correição, dentro do prazo estabelecido.

Parágrafo único. Para o exercício das atividades previstas no caput, as unidades setoriais de correição poderão, junto às demais áreas do órgão ou entidade a que se vincula, requisitar informações necessárias para a instrução de procedimentos investigativos e processos correcionais, as quais deverão ser prestadas no prazo máximo de 20 (vinte) dias, contado da data de recebimento do pedido pela área competente, prorrogável uma vez por igual período, mediante justificativa expressa.

Art. 6º A unidade setorial de correição deve estar preferencialmente vinculada à autoridade ou instância máxima do órgão ou entidade.

CAPÍTULO IV

DO TITULAR DE UNIDADE SETORIAL DE CORREIÇÃO

Art. 7º Os cargos em comissão e as funções de confiança dos titulares das unidades setoriais de correição são privativos daqueles que atendam aos requisitos previstos no caput do art. 8º do Decreto nº 5.480, de 30 de junho de 2005, e que cumpram os critérios previstos nos artigos 1º a 5º do Decreto nº 9.727, de 15 de março de 2019, de acordo com o nível do cargo ou função.

Art. 8º As indicações para nomeação e recondução do titular da unidade setorial do Siscor serão encaminhadas, pelo dirigente máximo do órgão ou entidade, para avaliação da CRG, nos termos do §1º do art. 8º do Decreto nº 5.480, de 2005.

Art. 9º A unidade setorial de correição dos órgãos e entidades integrantes do Siscor não poderá permanecer sem indicação de titular por prazo superior a 90 (noventa) dias, a contar do término ou interrupção do mandato.

Art. 10. A discricionariedade na escolha do indicado não impede a realização de processo seletivo pelo órgão ou entidade, com o objetivo de identificar interessados que atendam aos requisitos estabelecidos nesse normativo.

Art. 11. As indicações serão instruídas com a apresentação dos seguintes documentos:

I - ofício com a indicação formal, para nomeação e recondução do titular da unidade setorial de correição, pelo dirigente máximo do órgão ou entidade;

II - currículo, no qual deverá constar, além da formação acadêmica, a discriminação dos cargos efetivos e cargos ou funções em comissão eventualmente exercidos na Administração Pública;

III - comprovante de vínculo jurídico de servidor ou empregado público federal ou aposentado;

IV - comprovante do nível de escolaridade superior; e

V - declaração preenchida e assinada pelo indicado, conforme modelo constante do Anexo Único a esta Portaria Normativa.

Art. 12. Nos casos de aprovação obrigatória do indicado pelo colegiado competente, em conformidade com seus regulamentos internos, a aprovação deverá ser encaminhada com a indicação formal de que trata o inciso I do caput do art. 11.

Art. 13. É de responsabilidade do órgão ou entidade verificar, previamente à submissão da indicação à CRG, o cumprimento das condições previstas nesta Portaria Normativa e na legislação para o exercício de cargo ou função, bem como aquelas relacionadas a conflito de interesses e nepotismo, sem prejuízo da assunção de responsabilidade do indicado pela veracidade das informações prestadas.

Parágrafo único. Não será aprovada a indicação daquele servidor ou empregado público que não atenda aos requisitos previstos no caput do art. 8º do Decreto nº 5.480, de 2005, ou que não cumpra os critérios previstos nos artigos 1º a 5º do Decreto nº 9.727, de 2019, em especial se ele estiver enquadrado em alguma das hipóteses de inelegibilidade previstas no inciso I do caput do art. 1º da Lei Complementar nº 64, de 18 de maio de 1990.

Art. 14. Compete à CRG a avaliação do cumprimento dos requisitos previstos para a nomeação do titular da unidade setorial de correição do órgão ou entidade do Siscor.

§1º A avaliação referida no caput deverá ocorrer no prazo de 20 (vinte) dias, contados da submissão da indicação pelo dirigente máximo do órgão ou entidade, por intermédio de formulário disponibilizado pela CRG, acompanhado dos documentos e informações referidos no art. 11.

§2º No decorrer da análise, a CRG poderá requerer documentos e informações adicionais ao indicado, ao órgão ou à entidade.

§3º Em caso de necessidade de complementação de informações, o prazo de avaliação será prorrogado por igual período.

§4º A falta de qualquer dos documentos mencionados no art. 11 ou de documentos ou informações adicionais solicitadas poderá constituir fato impeditivo à nomeação.

§5º A aprovação da indicação pela CRG terá validade de 90 (noventa) dias contados da data da sua manifestação formal.

§6º Caso o ato de nomeação não seja encaminhado à CRG dentro do prazo de validade indicado no §5º, o dirigente máximo do órgão ou entidade deverá apresentar à CRG nova indicação.

Art. 15. A titularidade de unidade setorial de correição poderá exigir dedicação exclusiva, conforme disposição em ato normativo interno.

Art. 16. O titular da unidade setorial de correição será investido em mandato de 2 (dois) anos, salvo disposição em contrário prevista em legislação.

§1º Compete ao titular de unidade setorial de correição:

I - planejar, coordenar, orientar e supervisionar a execução das atividades de correição;

II - zelar pela adequada, tempestiva e completa apuração correcional;

III - proceder ao juízo de admissibilidade das denúncias, representações e demais meios de notícias de infrações disciplinares e de atos lesivos à Administração Pública;

IV - instaurar e julgar os procedimentos investigativos e processos correcionais, nos limites de sua competência;

V - propor e celebrar TAC, respeitadas as competência normativas; e

VI - realizar a gestão administrativa, de recursos, de pessoas, de informações e de conhecimentos.

§2º Havendo unidade setorial de correição no órgão ou entidade, as competências previstas nos incisos III e V serão exclusivamente desempenhadas por seu titular ou responsável.

Art. 17. A permanência no cargo ou função de titular de unidade setorial de correição será de acordo com o período do mandato, podendo ser reconduzido pelo mesmo período, não excedendo o limite de 6 (seis) anos.

§1º A proposta de recondução deverá ser submetida à avaliação da CRG pelo dirigente máximo do órgão ou entidade, no prazo mínimo de 30 (trinta) dias e máximo de 60 (sessenta) dias, antes do término do mandato, acompanhada dos seguintes documentos:

I - relatório de gestão correcional do último exercício de que trata o art. 34; e

II - balanço da implementação das providências e compromissos decorrentes das ações de supervisão pelo Órgão Central do Siscor, quando houver.

§2º A avaliação da proposta de recondução deverá ocorrer no prazo de 20 (vinte) dias, contado da submissão da proposta pelo dirigente máximo do órgão ou entidade, por intermédio de formulário disponibilizado pela CRG, acompanhado dos documentos e informações referidos no §1º, acrescidos daqueles indicados nos incisos I e V do caput do art. 11.

§3º No decorrer da análise, a CRG poderá requerer documentos e informações adicionais ao indicado, ao órgão ou à entidade.

§4º Em caso de necessidade de complementação de informações, o prazo da avaliação de que trata o §2º será prorrogado por igual período.

§5º A não apresentação de qualquer dos documentos ou informações adicionais solicitadas, assim como a avaliação insatisfatória, pela CRG, do desempenho da gestão do titular da unidade setorial de correição em face da qualidade dos trabalhos, atingimento de metas, tempestividade e atendimento das providências e compromissos previstos nos itens I e II do §1º, poderão ser consideradas como obstáculo à recondução.

§6º No caso de recondução, o prazo do novo mandato será contado a partir da data de encerramento do mandato anterior.

Art. 18. Caso a proposta de indicação ou recondução não seja aprovada, o dirigente máximo do órgão ou entidade deverá submeter nova indicação, no prazo de 60 (sessenta) dias, contados da ciência do resultado da avaliação da CRG.

Parágrafo único. São nulos os atos de nomeação e a recondução de titular de unidade setorial de correição do Siscor sem a prévia aprovação da CRG.

Art. 19. A CRG poderá recomendar à autoridade máxima do órgão ou entidade a perda do mandato e a exoneração do titular da unidade setorial de correição quando ocorrer:

I - ao menos uma das hipóteses mencionadas no parágrafo único do art. 13;

II - omissão ou recusa injustificada quanto ao atendimento de solicitações do Órgão Central, incluindo a utilização indevida ou o uso deficiente de sistemas informatizados de responsabilidade e gestão da CRG, aos quais lhe forem concedidos acessos de uso; ou

III - avaliação de desempenho insatisfatória, pela CRG, do período de gestão do titular da unidade setorial de correição em face da qualidade dos trabalhos, atingimento de metas, tempestividade e atendimento das providências e compromissos previstos nos incisos I e II do §1º do art. 17.

§1º A ocorrência de fato impeditivo à continuidade das condições a que se refere o art. 13 ensejará o encaminhamento de comunicação formal à CRG pelo dirigente máximo do órgão ou entidade, em até 15 (quinze) dias, contados da sua ciência do fato.

§2º A avaliação de desempenho tratada no inciso III do caput considerará, dentre outros, a evolução da maturidade correcional, os resultados da avaliação e acompanhamento da gestão correcional e a alimentação tempestiva e fidedigna dos sistemas correcionais, que subsidiarão as análises realizadas pela CRG.

Art. 20. A proposta de exoneração de ofício do titular da unidade setorial de correição do Siscor, antes do término do mandato, deverá ser motivada e a justificativa encaminhada à CRG.

§1º As exonerações a pedido deverão ser informadas à CRG em até 15 (quinze) dias, contados do protocolo do referido pedido.

§2º A CRG se manifestará motivadamente por meio da emissão de expediente encaminhado à autoridade máxima do órgão ou entidade em até 20 (vinte) dias, contados do recebimento da proposta a que se refere o caput ou do pedido a que se refere o §1º.

§3º São nulas as exonerações, antes do término do mandato, de titulares de unidades setoriais de correição do SisCor sem a manifestação da CRG. §4º O titular que for exonerado, inclusive a pedido, só poderá ser novamente indicado no mesmo órgão ou entidade após o interstício de 1 (um) ano.

Art. 21. Ao término de cada mandato, o titular da unidade setorial de correição deverá encaminhar à CRG o relatório de gestão correcional do último exercício, que será considerado para fins da análise de sua eventual indicação para ocupar cargo ou função de titular de unidade setorial de correição de outro órgão ou entidade.

Art. 22. No caso em que ocorrer reestruturação administrativa, inexistindo previsão legal em contrário, os mandatos dos titulares das unidades setoriais de correição do Siscor submeter-se-ão às seguintes disposições:

I - nos órgãos e entidades em que não houver alteração da estrutura básica, não desfigurando a estrutura que originalmente já existia, os mandatos em curso deverão ser preservados; e

II - nos órgãos e entidades que, em decorrência da transformação, a estrutura original for praticamente extinta ou fundida com outra, os mandatos oriundos das estruturas absorvidas serão extintos.

TÍTULO II

DA GESTÃO CORRECIONAL

CAPÍTULO I

DA POLÍTICA DE GESTÃO CORRECIONAL

Art. 23. A Política de Gestão Correcional tem por objetivo promover a melhoria das atividades correcionais e contribuir para o fortalecimento da integridade pública dos órgãos e entidades do Poder Executivo federal.

Art. 24. São instrumentos prioritários da Política de Gestão Correcional:

I - o Modelo de Maturidade Correcional - CRG-MM;

II - a avaliação e acompanhamento da gestão correcional dos órgãos e entidades do Poder Executivo federal;

III - os sistemas correcionais;

IV - a transparência ativa dos dados e informações da gestão correcional; e

V - o relatório de gestão correcional.

Parágrafo único. Os instrumentos da Política de Gestão Correcional apoiam e integram a supervisão técnica da Corregedoria-Geral da União.

Seção I

Do Modelo de Maturidade Correcional.

Art. 25. O CRG-MM tem por objetivo orientar o desenvolvimento e o aperfeiçoamento das atividades correcionais dos órgãos e entidades do Poder Executivo federal.

§1º As autoavaliações do CRG-MM, de caráter obrigatório, serão periódicas e realizadas de acordo com calendário estabelecido pela Corregedoria-Geral da União.

§2º Os relatórios produzidos a partir dos resultados do CRG-MM serão considerados para fins de tomada de decisão e avaliação do desempenho do titular da unidade setorial de correição, inclusive para iniciativas de capacitação.

Seção II

Da Avaliação e Acompanhamento da Gestão Correcional

Art. 26. A Avaliação e Acompanhamento da Gestão Correcional é procedimento ordinário, realizado pela CRG nas unidades setoriais de correição.

Art. 27. A Avaliação e Acompanhamento da Gestão Correcional tem por objetivos:

I - promover a melhoria da gestão e contribuir para o fortalecimento da integridade pública; II - monitorar os resultados e demais dados referentes às atividades de correição;

III - propor aprimoramentos na gestão correcional; e

IV - identificar e disseminar boas práticas e inovações.

Art. 28. A Avaliação e Acompanhamento da Gestão Correcional poderá contar com a realização de inspeções e visitas técnicas.

§1º A Inspeção é procedimento administrativo de verificação da gestão correcional de órgão ou entidade do Poder Executivo federal, destinado a avaliar aspectos previamente determinados, bem como colher e validar informações e documentos relativos à matéria correcional.

§2º A Visita Técnica Correcional é procedimento administrativo que tem como objetivo prestar orientações e coletar informações acerca da atividade correcional.

Art. 29. A Avaliação e Acompanhamento da Gestão Correcional contempla:

I - a coleta e a análise de informações relativas às atividades correcionais;

II - a identificação das causas de desempenho insatisfatório;

III - a interação com o gestor para a busca conjunta de soluções; e

IV - o monitoramento do atendimento às propostas de aprimoramento.

Seção III

Dos Sistemas Correcionais

Art. 30. A CRG disponibilizará sistemas correcionais que visem auxiliar:

I - a gestão das unidades setoriais de correição;

II - a condução de procedimentos investigativos e processos correcionais;

III - a realização da autoavaliação de maturidade da unidade setorial de correição;

IV - a supervisão correcional; e

V - o registro das penalidades decorrentes de processos correcionais, bem como aquelas impeditivas do direito de licitar e contratar com o poder público e outros acordos congêneres.

Parágrafo único. Os sistemas correcionais a que se refere o caput serão disponibilizados no Portal de Corregedorias e mantidos pela CRG.

Art. 31. Os sistemas correcionais a que se refere o caput do art. 30 são de uso obrigatório para todos os órgãos e entidades do Siscor, cabendo ao titular da unidade setorial de correição:

I - designar, junto ao Órgão Central, os gestores dos sistemas no âmbito de sua unidade;

II - criar, administrar, atualizar e inativar, quando necessário, usuários dos sistemas correcionais;

III - assegurar o provimento da infraestrutura tecnológica interna necessária à adequada utilização dos sistemas correcionais;

IV - preencher adequadamente os dados parametrizados e informações;

V - adotar medidas que visem garantir o sigilo das informações contidas nos sistemas correcionais; e

VI - estabelecer fluxo de informações com a unidade de licitações e contratos, de modo a assegurar o adequado registro das sanções impeditivas de licitar e contratar com o poder público, para fins de sua publicização no Cadastro de Empresas Inidôneas e Suspensas - CEIS. A

rt. 32. Os dados contidos nos sistemas correcionais disponibilizados pela CRG serão utilizados na formação dos indicadores divulgados em painel de dados disponibilizado em portal administrado pela CRG.

Seção IV

Da Transparência Ativa

Art. 33. As unidades setoriais de correição adotarão as providências necessárias para disponibilizar e manter atualizada, no portal do órgão ou entidade a que estejam vinculadas, em local de fácil acesso, seção específica na qual constem, no mínimo, as seguintes informações:

I - formas de contato com a unidade setorial de correição, com e-mail e telefone;

II - o nome, o currículo e o período do mandato no cargo do titular da unidade setorial de correição;

III - normas vigentes inerentes à atividade correcional; e

IV - banner de acesso direto ao painel de corregedorias da CRG.

Seção V

Do Relatório de Gestão Correcional

Art. 34. As unidades setoriais de correição deverão elaborar relatório de gestão correcional, abrangendo de forma objetiva e sucinta as seguintes informações referentes ao ano anterior: I - as informações decorrentes da autoavaliação do CRG-MM do art. 25 desta Portaria Normativa, indicando o nível em que se encontra a unidade setorial de correição, o nível alvo e as medidas necessárias para alcançá-lo;

II - as informações sobre a força de trabalho e estrutura administrativa da unidade setorial de correição;

III - o número de procedimentos investigativos e processos correcionais instaurados no ano anterior;

IV - a análise gerencial quanto aos principais motivos das apurações; V - a análise dos problemas recorrentes e das soluções adotadas;

VI - as ações consideradas exitosas;

VII - os riscos de corrupção identificados; e

VIII - as principais dificuldades enfrentadas e propostas de ações para superá-las, com indicação dos responsáveis pela implementação destas e respectivos prazos.

Parágrafo único. O relatório de gestão correcional deverá ser encaminhado anualmente à autoridade máxima do órgão ou entidade a que esteja vinculada a unidade setorial de correição, sendo o prazo máximo para entrega até cada data de um ano de mandato do seu titular.

TÍTULO III

DA ATIVIDADE CORRECIONAL

CAPÍTULO I

DA ADMISSIBILIDADE

Seção I

Do Recebimento de Denúncias

Art. 35. O tratamento estabelecido no Decreto nº 10.153, de 3 de dezembro de 2019, será dado às denúncias ou aos relatos de irregularidade recebidos, observadas as orientações contidas em normas complementares.

Art. 36. Os relatos de irregularidades e as denúncias recebidas pela unidade setorial de correição do órgão ou entidade deverão ser imediatamente encaminhadas à respectiva unidade de ouvidoria competente, sem que seja dada a terceiros publicidade quanto ao seu conteúdo e a qualquer elemento de identificação do denunciante.

Parágrafo único. As unidades setoriais de correição devem orientar o denunciante acerca do canal competente para o recebimento de relatos de irregularidades e denúncias, nos termos do que dispõe o art. 4º do Decreto nº 10.153, de 2019.

Seção II

Do Juízo de Admissibilidade

Art. 37. O juízo de admissibilidade é o ato administrativo por meio do qual o titular de unidade setorial de correição decide, de forma fundamentada:

I - pelo arquivamento de denúncia, representação ou relato de irregularidade;

II - pela celebração de Termo de Ajustamento de Conduta - TAC;

III - pela instauração de procedimento investigativo, no caso de falta de informações ou impossibilidade de obtê-las; ou

IV - pela instauração de processo correcional.

Parágrafo único. Caso sejam identificados indícios de irregularidade cuja competência para apuração não seja da unidade setorial de correição, a matéria deverá ser encaminhada à autoridade competente para a instauração da respectiva apuração.

Art. 38. As denúncias, as representações ou os relatos que noticiem a ocorrência de suposta infração disciplinar ou de ato lesivo contra a Administração Pública praticado por pessoa jurídica, inclusive anônimos, deverão ser objeto de juízo de admissibilidade que avalie a existência de indícios que justifiquem a sua apuração, bem como a espécie de procedimento investigativo ou processo correcional cabível.

§1º Para subsidiar o juízo de admissibilidade, o titular da unidade setorial de correição poderá se valer dos procedimentos investigativos previstos neste Capítulo.

§2º A denúncia ou representação que não contiver os indícios mínimos que possibilitem sua apuração será motivadamente arquivada.

§3º A autoridade competente pode, motivadamente, deixar de deflagrar processo correcional, caso verifique a ocorrência de prescrição antes da sua instauração.

§4º No caso de infração disciplinar de menor potencial ofensivo a que se refere o caput do art. 62 desta Portaria Normativa, deverá ser proposta a celebração de TAC.

Art. 39. Se presentes indícios de autoria e materialidade, será determinada a instauração de processo correcional, sendo desnecessária a existência de procedimento investigativo prévio.

Parágrafo único. As informações que constituírem comunicação de ocorrência de suposta infração disciplinar ou de ato lesivo contra a Administração Pública praticado por pessoa jurídica poderá deflagrar a instauração de processo correcional, desde que devidamente motivada e com amparo em investigação prévia.

Seção III

Dos Procedimentos Investigativos

Subseção I

Da Investigação Preliminar Sumária

Art. 40. A Investigação Preliminar Sumária - IPS constitui procedimento investigativo de caráter preparatório no âmbito correcional, não contraditório e não punitivo, de acesso restrito, que objetiva a coleta de elementos de informação para a análise acerca da existência dos elementos de autoria e materialidade relevantes para a instauração de processo correcional.

Parágrafo único. No âmbito da IPS podem ser apurados atos lesivos cometidos por pessoa jurídica contra a Administração Pública e falta disciplinar praticada por servidor ou empregado público federal.

Art. 41. A IPS será instaurada de ofício ou com base em representação ou denúncia recebida pelo titular da unidade setorial de correição, inclusive denúncia anônima, podendo a instauração ser objeto de delegação.

§1º A autoridade instauradora supervisionará a instrução da IPS e aprovará as diligências na sua esfera de competência, zelando pela completa apuração dos fatos, observância ao cronograma de trabalho estabelecido e utilização dos meios probatórios adequados.

§2º A instauração da IPS será realizada por despacho, dispensada a sua publicação.

Art. 42. A IPS será processada diretamente pela unidade setorial de correição, devendo ser adotados atos de instrução que compreendam:

I - exame inicial das informações e provas existentes no momento da ciência dos fatos pela autoridade instauradora;

II - realização de diligências e oitivas;

III - produção de informações necessárias para averiguar a procedência da representação ou denúncia a que se refere o caput do art. 41; e

IV - manifestação conclusiva e fundamentada que indique o cabimento de instauração de processo correcional, a possibilidade de celebração de TAC ou o arquivamento da representação ou denúncia a que se refere o caput do art. 41.

§1º A autoridade instauradora poderá solicitar a participação de servidores ou empregados públicos não lotados na unidade setorial de correição para fins de instrução da IPS.

§2º Os atos no âmbito da IPS poderão ser praticados individualmente por servidor ou empregado público designado, observado o disposto no §1º do art. 41.

Art. 43. O prazo para a conclusão da IPS não excederá 180 (cento e oitenta) dias.

Parágrafo único. O prazo de que trata o caput poderá ser suspenso quando houver necessidade de aguardar a obtenção de informações ou a realização de diligências necessárias ao desfecho da apuração.

Art. 44. Ao final da IPS, o responsável pela condução deverá recomendar:

I - o arquivamento, caso ausentes indícios de autoria e indícios da materialidade da infração e não sejam aplicáveis penalidades administrativas;

II - a instauração de processo correcional cabível, caso conclua pela existência de indícios de autoria, prova de materialidade e viabilidade da aplicação de penalidades administrativas; ou

III - a celebração de TAC.

Art. 45. No âmbito da Corregedoria-Geral da União, a instauração da IPS e a decisão quanto ao seu arquivamento competem aos titulares das unidades da Diretoria de Responsabilização de Agentes Públicos e da Diretoria de Responsabilização de Entes Privados.

Subseção II

Da Sindicância Investigativa

Art. 46. A Sindicância Investigativa - SINVE constitui procedimento investigativo de caráter preparatório, não contraditório e não punitivo, de acesso restrito, destinado a investigar falta disciplinar praticada por servidor ou empregado público federal, quando a complexidade ou os indícios de autoria e materialidade não justificarem a instauração imediata de processo correcional.

Art. 47. A SINVE poderá ser conduzida por um único servidor efetivo ou empregado público, ou por comissão composta por dois ou mais servidores efetivos ou empregados públicos, atribuindo-se a presidência a um de seus membros no ato instaurador.

§1º A instauração da SINVE será realizada por despacho, dispensada a sua publicação.

§2º Não se exige o requisito da estabilidade para o sindicante ou para os membros da comissão de SINVE.

§3º Admite-se a designação de suplente para substituir membro da comissão durante os afastamentos legais deste, devendo o substituto atuar exclusivamente nestes períodos.

Art. 48. O prazo para a conclusão da SINVE não excederá 60 (sessenta) dias e poderá ser prorrogado por iguais períodos sucessivamente.

Parágrafo único. O prazo previsto no caput poderá ser suspenso quando houver necessidade de aguardar a obtenção de informações ou realização de diligências necessárias ao desfecho da apuração.

Art. 49. O relatório final da SINVE deverá ser conclusivo quanto à existência ou não de indícios de autoria e materialidade de infração disciplinar, e recomendar:

I - o arquivamento, caso ausentes indícios de autoria e materialidade da infração e não sejam aplicáveis penalidades administrativas;

II - a instauração de processo correcional cabível, caso conclua pela existência de indícios de autoria e materialidade e de viabilidade da aplicação de penalidades administrativas; ou III - a celebração de TAC.

Subseção III

Da Sindicância Patrimonial

Art. 50. A Sindicância Patrimonial - SINPA constitui procedimento investigativo de caráter preparatório, não contraditório e não punitivo, de acesso restrito, destinado a avaliar indícios de enriquecimento ilícito, inclusive evolução patrimonial incompatível com os recursos e disponibilidades do servidor ou empregado público federal.

Art. 51. A SINPA será instaurada e conduzida nos termos desta Portaria Normativa.

§1º A comissão de SINPA será composta por, no mínimo, dois servidores efetivos ou empregados públicos designados pela titular da unidade setorial de correição, que indicará, dentre eles, o seu presidente.

§2º Não se exige o requisito da estabilidade para qualquer dos membros da comissão de SINPA.

§3º Admite-se a designação de suplente para substituir membro da comissão durante os afastamentos legais deste, devendo o substituto atuar exclusivamente nestes períodos.

Art. 52. O prazo para a conclusão da SINPA não excederá 30 (trinta) dias e poderá ser prorrogado por iguais períodos sucessivamente.

Parágrafo único. O prazo previsto no caput poderá ser suspenso quando houver necessidade de aguardar a obtenção de informações ou realização de diligências necessárias ao desfecho da apuração.

Art. 53. A comissão de SINPA poderá solicitar a quaisquer órgãos e entidades detentoras de dados, tais como cartórios, departamentos estaduais de trânsito e juntas comerciais, informações relativas ao patrimônio do servidor ou empregado público sob investigação, e de outras pessoas físicas e jurídicas que possam guardar relação com o fato sob apuração. Art. 54. A apresentação de informações e documentos fiscais ou bancários pelo sindicado ou pelas demais pessoas que possam guardar relação com o fato sob apuração, independentemente de solicitação da comissão, implicará renúncia dos sigilos fiscal e bancário das informações apresentadas para fins da apuração disciplinar.

Art. 55. O relatório final da SINPA deverá ser conclusivo quanto à existência ou não de indícios de enriquecimento ilícito, devendo recomendar:

I - o arquivamento, caso ausentes indícios de autoria e de materialidade da infração e não sejam aplicáveis penalidades administrativas; ou

II - a instauração de processo correcional cabível, caso conclua pela existência de indícios de autoria, prova de materialidade e viabilidade da aplicação de penalidades administrativas.

Art. 56. Confirmados os indícios de enriquecimento ilícito, a autoridade julgadora dará imediato conhecimento do fato ao Ministério Público Federal, ao Tribunal de Contas da União, à CGU, à Secretaria Especial da Receita Federal do Brasil, ao Conselho de Controle de Atividades Financeiras e à Advocacia Geral da União.

Subseção IV

Da Investigação Preliminar

Art. 57. A Investigação Preliminar - IP constitui procedimento investigativo de caráter preparatório, não contraditório e não punitivo, de acesso restrito, com a finalidade de investigar cometimento de ato lesivo contra a Administração Pública por pessoa jurídica, nos termos do art. 5º da Lei nº 12.846, de 1º de agosto de 2013, quando a complexidade ou os indícios de autoria ou materialidade não justificarem a instauração imediata de Processo Administrativo de Responsabilização - PAR.

Parágrafo único. No âmbito da IP, também podem ser apurados ilícitos disciplinares correlatos aos atos lesivos objeto da investigação.

Art. 58. A IP será instaurada e conduzida nos termos da regulamentação da Lei nº 12.846, de 2013, e seus atos normativos complementares.

§1º A instauração da IP será realizada por despacho, dispensada a sua publicação.

§2º A IP deverá ser conduzida por comissão composta, no mínimo, por dois servidores efetivos ou empregados públicos, atribuindo-se a presidência a um de seus membros no ato instaurador.

§3º Não se exige o requisito da estabilidade para qualquer dos membros da comissão de IP.

§4º Admite-se a designação de suplente para substituir membro da comissão durante os afastamentos legais deste, devendo o substituto atuar exclusivamente nestes períodos.

Art. 59. O prazo para conclusão da IP não excederá 60 (sessenta) dias e poderá ser prorrogado por iguais períodos sucessivamente.

Parágrafo único. O prazo previsto no caput poderá ser suspenso quando houver necessidade de aguardar a obtenção de informações ou realização de diligências necessárias ao desfecho da apuração.

Art. 60. O relatório final da IP deverá ser conclusivo quanto à existência ou não de indícios de autoria e materialidade de atos lesivos contra a Administração Pública, devendo recomendar a instauração do PAR ou o arquivamento, conforme o caso.

CAPÍTULO II

DO TERMO DE AJUSTAMENTO DE CONDUTA

Art. 61. O Termo de Ajustamento de Conduta - TAC consiste em procedimento administrativo voltado à resolução consensual de conflitos em casos de infração disciplinar de menor potencial ofensivo.

Parágrafo único. Os órgãos e entidades do Poder Executivo federal deverão optar pela celebração do TAC, visando à eficiência, à efetividade e à racionalização de recursos públicos, desde que atendidos os requisitos previstos nesta Portaria Normativa.

Art. 62. Considera-se infração disciplinar de menor potencial ofensivo a conduta punível com advertência ou suspensão de até 30 (trinta) dias, nos termos do inciso II do art. 145 da Lei nº 8.112, de 11 de dezembro de 1990, ou com penalidade similar, prevista em lei ou regulamento interno.

Parágrafo único. No caso de servidor público não ocupante de cargo efetivo e de empregado público, o TAC somente poderá ser celebrado nas infrações puníveis com a penalidade de advertência.

Art. 63. O TAC somente será celebrado quando o investigado:

I - não tenha registro vigente de penalidade disciplinar em seus assentamentos funcionais; II - não tenha firmado TAC nos últimos 2 (dois) anos, contados a partir da publicação do instrumento; e

III - tenha ressarcido, ou se comprometido a ressarcir, eventual dano causado à Administração Pública.

§1º Não incide a restrição do inciso II quando a infração de menor potencial ofensivo tiver sido cometida em momento prévio ao TAC anteriormente celebrado.

§2º O eventual ressarcimento ou compromisso de ressarcimento de dano causado à Administração Pública deve ser comunicado à área de gestão de pessoas do órgão ou entidade para aplicação, se for o caso, do disposto no art. 46 da Lei nº 8.112, de 1990.

Art. 64. Por meio do TAC o agente público interessado se compromete a ajustar sua conduta e observar os deveres e proibições previstos na legislação vigente, bem como cumprir eventuais outros compromissos propostos pelo órgão ou entidade e com os quais o agente público voluntariamente tenha concordado.

Art. 65. A celebração do TAC será realizada preferencialmente pelo titular da unidade setorial de correição ou, na inexistência deste, pela autoridade competente para instauração do respectivo processo correcional de responsabilização de agentes públicos.

Art. 66. A proposta de TAC poderá:

I - ser oferecida de ofício pelo titular da unidade setorial de correição ou, na inexistência deste, pela autoridade competente para instauração do respectivo processo correcional de responsabilização de agentes públicos;

II – ser sugerida pela comissão responsável pela condução do processo correcional de responsabilização de agentes públicos; ou

III - ser apresentada pelo agente público interessado.

§1º Em processos correcionais de responsabilização de agentes públicos em curso, a proposta de TAC poderá ser apresentada pelo interessado à autoridade instauradora em até 10 (dez) dias após o recebimento da notificação de sua condição de acusado.

§2º A proposta de TAC poderá ser sugerida pela comissão antes da apresentação do relatório final, nos casos em que as provas produzidas durante a fase de inquérito indicarem a necessidade de reenquadramento da conduta do acusado, passando esta a ser considerada de menor potencial ofensivo, nos termos do art. 62 desta Portaria Normativa.

§3º A proposta de TAC sugerida por comissão responsável pela condução de processo correcional de responsabilização de agentes públicos ou apresentada pelo interessado poderá ser indeferida quando ausente alguma das condições para sua celebração.

§4º O prazo estabelecido no §1º aplica-se às hipóteses de oferecimento de ofício de proposta de TAC pelo titular da unidade setorial de correição ou pela autoridade competente para instauração do respectivo processo correcional de responsabilização de agentes públicos, que fixará no mesmo ato o prazo para a manifestação do investigado.

Art. 67. O TAC deverá conter:

I - a qualificação do agente público envolvido;

II - os fundamentos de fato e de direito para sua celebração;

III - a descrição das obrigações assumidas;

IV - o prazo e o modo para o cumprimento das obrigações; e V - a forma de fiscalização das obrigações assumidas.

Art. 68. As obrigações estabelecidas pela Administração devem ser proporcionais e adequadas à conduta praticada, visando mitigar a ocorrência de nova infração e compensar eventual dano.

§1º As obrigações estabelecidas no TAC poderão compreender, dentre outras:

I - a reparação do dano causado;

II- a retratação do interessado;

III – a participação em cursos visando à correta compreensão dos seus deveres e proibições ou à melhoria da qualidade do serviço desempenhado;

IV - o acordo relativo ao cumprimento de horário de trabalho e compensação de horas não trabalhadas;

V - o cumprimento de metas de desempenho; e

VI - a sujeição a controles específicos relativos à conduta irregular praticada.

§2º O prazo de cumprimento das obrigações previstas no TAC não poderá ser superior a 2 (dois) anos.

§3º A inobservância das obrigações estabelecidas no TAC caracteriza o descumprimento do dever previsto no inciso III do art. 116 da Lei nº 8.112, de 1990.

Art. 69. Após a celebração do TAC, será publicado extrato do termo em boletim interno ou no Diário Oficial da União, contendo:

I - o número do processo;

II - o nome do servidor celebrante; e

III - a descrição genérica do fato.

§1º O disposto no inciso II deste artigo não se aplica às empresas públicas e sociedades de economia mista.

§2º A celebração do TAC será comunicada à chefia imediata do agente público, com o envio de cópia do termo para acompanhamento do seu efetivo cumprimento.

§3º O acompanhamento de que trata o §2º poderá ser realizado pela unidade correcional do órgão nos casos em que o agente público não esteja submetido à subordinação hierárquica.

Art. 70. O TAC será registrado nos assentamentos funcionais do agente público.

§1º Declarado o cumprimento das condições do TAC pela chefia imediata do agente público, não será instaurado processo correcional de responsabilização de agentes públicos pelos mesmos fatos objeto do ajuste.

§2º No caso de descumprimento do TAC, a chefia adotará imediatamente as providências necessárias à instauração ou continuidade do respectivo processo correcional de responsabilização de agentes públicos, sem prejuízo da apuração relativa à inobservância das obrigações previstas no ajustamento de conduta.

§3º A celebração do TAC suspende a prescrição até o recebimento pela autoridade celebrante da declaração a que se refere o §1º deste artigo, nos termos do inciso I do art. 199 da Lei nº 10.406, de 10 de janeiro de 2002 - Código Civil.

Art. 71. Compete aos órgãos e entidades, incluídas as empresas públicas e sociedades de economia mista, manter registro atualizado sobre o cumprimento das condições estabelecidas no TAC.

Art. 72. É nulo o TAC firmado sem a observância do disposto nesta Portaria Normativa.

CAPÍTULO III

DOS PROCESSOS CORRECIONAIS

Seção I

Dos Processos de Responsabilização de Agentes Públicos

Subseção I

Da Sindicância Acusatória

Art. 73. A Sindicância Acusatória - SINAC constitui processo destinado a apurar responsabilidade de servidor público federal por infração disciplinar de menor potencial ofensivo a que se refere o art. 62 desta Portaria Normativa, quando não for o caso de TAC, observados os princípios do contraditório e da ampla defesa.

§1º Da SINAC poderá resultar a aplicação de penalidade de advertência ou de suspensão de até 30 (trinta) dias.

§2º Quando houver dúvida acerca da gravidade da infração a ser apurada, a autoridade competente deverá decidir pela instauração de Processo Administrativo Disciplinar - PAD. Art. 74. A SINAC será instaurada e conduzida nos termos da Lei nº 8.112, de 1990, observando, no que couber, as disposições aplicáveis ao PAD.

§1º A comissão de SINAC será composta por pelo menos dois servidores estáveis, designados pela autoridade competente, por meio de publicação de ato instaurador que indicará, dentre eles, o seu presidente, o qual deverá ser ocupante de cargo efetivo superior ou de mesmo nível, ou ter nível de escolaridade igual ou superior ao do acusado.

§2º Admite-se a designação de suplente para substituir membro da comissão durante os afastamentos legais deste, devendo o substituto atuar exclusivamente nestes períodos.

§3º O prazo para conclusão da SINAC não excederá 30 (trinta) dias e poderá ser prorrogado por igual período.

§4º A comissão de SINAC poderá ser reconduzida após o encerramento de seu prazo de prorrogação, quando necessário à conclusão dos trabalhos.

Subseção II

Do Processo Administrativo Disciplinar

Art. 75. O Processo Administrativo Disciplinar - PAD é o instrumento destinado a apurar responsabilidade de servidor por infração disciplinar praticada no exercício de suas atribuições ou que tenha relação com as atribuições do cargo em que se encontre investido, observados os princípios do contraditório e da ampla defesa. Parágrafo único. Poderão ser aplicadas por meio do PAD as penalidades de advertência, suspensão de até 90 (noventa) dias, demissão, destituição do cargo em comissão ou cassação de aposentadoria ou disponibilidade.

Art. 76. O PAD será instaurado e conduzido nos termos da Lei nº 8.112, de 1990.

§1º A comissão de PAD será composta por três servidores estáveis, designados pela autoridade competente por meio de publicação de ato instaurador que indicará, dentre eles, o seu presidente, o qual deverá ser ocupante de cargo efetivo superior ou de mesmo nível, ou ter nível de escolaridade igual ou superior ao do acusado.

§2º Admite-se a designação de suplente para substituir membro da comissão durante os afastamentos legais deste, devendo o substituto atuar exclusivamente nestes períodos.

§3º O prazo para conclusão do PAD não excederá 60 (sessenta) dias e poderá ser prorrogado por igual período, mediante decisão fundamentada.

§4º A comissão de PAD poderá ser reconduzida após o encerramento de seu prazo de prorrogação, quando necessário à conclusão dos trabalhos.

Art. 77. O acusado deverá ser notificado pela comissão sobre a instauração do PAD, sendo-lhe facultado o direito de acompanhar todos os atos instrutórios, pessoalmente ou por meio de procurador.

§1º O acusado que se encontrar em local incerto e não sabido deverá ser notificado da instauração do PAD por edital publicado no Diário Oficial da União e em jornal de grande circulação na localidade do último domicílio conhecido.

§2º A comissão de PAD deverá comunicar a unidade de recursos humanos tão logo realize a notificação prévia do acusado, a fim de que seja observado o disposto no art. 172 da Lei nº 8.112, de 1990.

Art. 78. Em quaisquer atos de comunicação processual, no caso de recusa de seu recebimento, deverá ser lavrado termo próprio por membro ou secretário da comissão de PAD, com assinatura de duas testemunhas, o que implicará a presunção de ciência do destinatário.

Subseção III

Do Processo Administrativo Disciplinar Sumário

Art. 79. O processo administrativo disciplinar sumário destina-se a apurar responsabilidade de servidor público federal no caso das infrações de acúmulo ilegal de cargos públicos, de inassiduidade habitual ou de abandono de cargo, observados os princípios do contraditório e da ampla defesa.

§1º Poderão ser aplicadas por meio do processo administrativo disciplinar sumário as penalidades de demissão, destituição do cargo em comissão ou cassação de aposentadoria ou disponibilidade.

§2º Quando houver dúvida acerca da natureza da infração disciplinar a ser apurada, a autoridade competente deverá decidir pela instauração de PAD.

Art. 80. O processo administrativo disciplinar sumário será instaurado e conduzido nos termos da Lei nº 8.112, de 1990, observando-se, no que couber, as disposições aplicáveis ao PAD.

§1º O processo administrativo disciplinar sumário deverá ser instruído previamente à instauração com as provas que caracterizem a autoria e a materialidade da falta disciplinar sob apuração.

§2º O prazo para conclusão do processo administrativo disciplinar sumário não excederá 30 (trinta) dias e poderá ser prorrogado por 15 (quinze) dias.

§3º A notificação prévia do acusado não é cabível no processo administrativo disciplinar sumário.

§4º Quando houver necessidade justificada de produção de atos instrutórios não consubstanciados em prova documental, deverá, preferencialmente, ocorrer a conversão do rito sumário em ordinário.

Art. 81. A comissão de processo administrativo disciplinar sumário será composta por dois servidores estáveis, designados pela autoridade competente por meio da publicação de ato instaurador.

§1º Admite-se a designação de suplente para substituir membro da comissão durante os afastamentos legais deste, devendo o substituto atuar exclusivamente nestes períodos.

§2º O ato instaurador que designar a comissão de processo administrativo disciplinar sumário descreverá os fatos que caracterizam a autoria e a materialidade da suposta infração disciplinar.

§3º A comissão de processo administrativo disciplinar sumário poderá ser reconduzida após o encerramento de seu prazo de prorrogação, quando necessário à conclusão dos trabalhos.

Subseção IV

Da Sindicância Disciplinar para Servidores Temporários

Art. 82. As infrações disciplinares atribuídas aos contratados nos termos da Lei nº 8.745, de 9 de dezembro de 1993, serão apuradas mediante sindicância, observados os princípios do contraditório e da ampla defesa.

Parágrafo único. Poderão ser aplicadas por meio de sindicância as penalidades de advertência, suspensão de até 90 (noventa) dias ou demissão.

Art. 83. A sindicância disciplinar de que trata esta Subseção será instaurada e conduzida nos termos da Lei nº 8.745, de 1993, observando, no que couber, as disposições contidas na Lei nº 9.784, de 29 de janeiro de 1999.

Art. 84. A sindicância poderá ser conduzida por um agente público, por comissão composta por dois ou mais agentes públicos ou pela unidade setorial de correição, conforme designação da autoridade competente por meio de publicação de ato instaurador.

§1º A sindicância será concluída no prazo de 30 (trinta) dias, admitidas prorrogações sucessivas quando necessárias à conclusão da instrução probatória.

§2º Não se exige o requisito da estabilidade para o agente público designado para atuar na sindicância.

§3º Admite-se a designação de suplente para substituir membro da comissão durante os afastamentos legais deste, devendo o substituto atuar exclusivamente nestes períodos.

Art. 85. Para os casos de acumulação ilícita previstos nos incisos XVI e XVII do art. 37 da Constituição Federal, poderá ser aplicado, por analogia, o rito processual previsto no art. 133, caput, da Lei nº 8.112, de 1990.

Subseção V

Do Processo Disciplinar para Empregados Públicos regidos pela Lei nº 9.962, de 22 de fevereiro de 2000

Art. 86. A apuração de infração disciplinar cometida por empregado público regido pela Lei nº 9.962, de 22 de fevereiro de 2000, se dará por intermédio de processo disciplinar, observados os princípios do contraditório e da ampla defesa. Parágrafo único. Poderão ser aplicadas por meio de processo disciplinar as penalidades de advertência, suspensão de até 30 (trinta) dias ou rescisão do contrato de trabalho por justa causa.

Art. 87. O processo disciplinar de que trata esta Subseção será instaurado e conduzido nos termos da Lei nº 9.962, de 2000, observando, no que couber, as disposições da Lei nº 8.112, de 1990.

§1º O processo disciplinar de que trata esta Subseção será conduzido por comissão composta por pelo menos dois servidores efetivos ou empregados públicos regidos pela Lei nº 9.962, de 2000, designados pelo titular da unidade setorial de correição por meio de publicação de ato instaurador.

§2º O processo disciplinar será concluído no prazo de 30 (trinta) dias, admitidas prorrogações sucessivas quando necessárias à conclusão da instrução probatória.

§3º Não se exige o requisito da estabilidade para os servidores designados para atuar na comissão do processo disciplinar para empregados públicos regidos pela Lei nº 9.962, de 2000.

§4º Admite-se a designação de suplente para substituir membro da comissão durante os afastamentos legais deste, devendo o substituto atuar exclusivamente nestes períodos.

Art. 88. O perdão tácito não é aplicável no âmbito da atividade correcional exercida pela Administração Pública.

Art. 89. Para os casos de acumulação ilícita previstos nos incisos XVI e XVII do art. 37 da Constituição Federal, poderá ser aplicado, por analogia, o rito processual previsto no caput do art. 133 da Lei nº 8.112, de 1990.

Subseção VI

Do Processo Administrativo Sancionador relativo aos Empregados Públicos das Empresas Públicas e Sociedades de Economia Mista

Art. 90. A apuração da infração disciplinar cometida por empregado público de empresa pública ou de sociedade de economia mista se dará por processo previsto em regulamento interno, observados os princípios do contraditório e da ampla defesa.

Parágrafo único. Inexistindo regulamento interno que estabeleça o rito processual, admite-se a adoção, no que couber, dos procedimentos previstos na Lei nº 9.784, de 1999.

Art. 91. São admitidas como penalidades aplicáveis aos empregados públicos das empresas públicas e sociedades de economia mista a advertência, a suspensão de até 30 (trinta) dias, a rescisão do contrato de trabalho por justa causa, bem como outras penalidades previstas em regulamento interno.

Art. 92. O perdão tácito não é aplicável no âmbito da atividade correcional exercida pela Administração Pública.

Art. 93. Para os casos de acumulação ilícita previstos nos incisos XVI e XVII do art. 37 da Constituição Federal, poderá ser aplicado, por analogia, o rito processual previsto no caput do art. 133 da Lei nº 8.112, de 1990.

Seção II

Do Processo Administrativo de Responsabilização de Entes Privados

Art. 94. O Processo Administrativo de Responsabilização - PAR constitui processo destinado à responsabilização administrativa de pessoa jurídica em decorrência de atos lesivos contra a Administração Pública nacional ou estrangeira, nos termos do art. 5º da Lei nº 12.846, de 2013.

§1º Os atos previstos como infrações administrativas na Lei nº 14.133, de 1º de abril de 2021, ou em outras normas de licitações e contratos da Administração Pública nas quais também sejam tipificados como atos lesivos, serão apurados, conjuntamente, no PAR.

§2º Poderão ser aplicadas por meio do PAR a penalidade de multa e de publicação extraordinária de decisão condenatória, nos termos do art. 6º da Lei nº 12.846, de 2013, e de penalidade que implique restrição ao direito de contratar e licitar com a Administração Pública.

Art. 95. O PAR será instaurado e conduzido nos termos da regulamentação da Lei nº 12.846, de 2013, e dos atos normativos complementares que venham a ser editados.

§1º A comissão de PAR será composta por, no mínimo, dois servidores estáveis, designados pela autoridade competente, por meio de publicação de ato instaurador que indicará, dentre eles, o seu presidente.

§2º Em entidades da Administração Pública cujos quadros funcionais não sejam formados por servidores estatutários, a comissão a que se refere o §1º deste artigo será composta por dois ou mais empregados públicos.

§3º Admite-se a designação de suplente para substituir membro da comissão durante os afastamentos legais deste, devendo o substituto atuar exclusivamente nestes períodos.

Art. 96. O prazo para conclusão do PAR não excederá 180 (cento e oitenta) dias e poderá ser prorrogado por igual período.

Parágrafo único. A comissão de PAR poderá ser reconduzida após o encerramento de seu prazo de prorrogação, quando necessário à conclusão dos trabalhos.

CAPÍTULO IV

DAS COMUNICAÇÕES PROCESSUAIS, DA REALIZAÇÃO DE ATOS DO PROCESSO COM UTILIZAÇÃO DE RECURSO TECNOLÓGICO E DO TRATAMENTO DE DADOS

Seção I

Das Comunicações Processuais

Art. 97. As comunicações referentes aos procedimentos investigativos e processos correcionais que tramitam nos órgãos e entidades do Poder Executivo Federal devem ser realizadas por escrito e, preferencialmente, por meio de correio eletrônico institucional, aplicativos de mensagens instantâneas ou recursos tecnológicos similares, observadas as diretrizes e as condições estabelecidas nesta Portaria Normativa.

Parágrafo único. Os recursos tecnológicos podem ser utilizados para a realização de qualquer ato de comunicação processual, inclusive:

I - notificação prévia;

II - intimação de testemunha ou declarante;

III - intimação de investigado ou acusado;

IV - intimação para apresentação de alegações escritas e alegações finais; e

V - citação para apresentação de defesa escrita.

Art. 98. O encaminhamento de comunicações processuais por meio de recursos tecnológicos pode ocorrer mediante mensagem para o endereço de correio eletrônico ou para o número de telefone móvel, funcional ou pessoal.

§1º As comunicações processuais direcionadas a entes privados podem ser encaminhadas para o endereço de correio eletrônico ou número de telefone móvel institucional.

§2º O interessado, o representante legal e o seu procurador constituído devem informar e manter atualizados o endereço de correio eletrônico e o número de telefone móvel para os fins previstos no caput, sob pena de incorrer na conduta prevista no inciso XIX do art. 117 da Lei nº 8.112, de 1990.

§3º Quando não identificado endereço de correio eletrônico ou número de telefone móvel, funcional ou pessoal, devem ser utilizados os meios convencionais de comunicação dos atos processuais que assegurem a certeza de ciência da comunicação dos atos processuais.

§4º O interessado, o representante legal e o procurador constituído devem indicar o nome completo, a profissão ou função pública exercida, o endereço de correio eletrônico e o número de telefone móvel das testemunhas por ele indicadas.

Art. 99. A comunicação feita com o interessado, seu representante legal ou procurador, por meio de correio eletrônico ou aplicativo de mensagem instantânea deve ocorrer na forma de mensagem escrita acompanhada de arquivo de imagem do ato administrativo.

§1º O arquivo deve estar preferencialmente em formato não editável.

§2º Tratando-se de comunicação com mais de uma página e que demande fragmentação em mais de um arquivo, as mídias devem ser devidamente identificadas, de modo a permitir sua leitura com observância da ordem cronológica da produção do documento original.

§3º Os anexos dos atos de comunicação poderão ser disponibilizados mediante indicação do endereço de acesso ou link ao documento armazenado em servidor online.

Art. 100. Os aplicativos de mensagem instantânea utilizados para comunicações processuais devem possuir as seguintes funcionalidades:

I - troca de mensagem de texto; e

II - troca de arquivos de imagem.

Art. 101. Enviada a mensagem pelo correio eletrônico ou pelo aplicativo de mensagem instantânea, a confirmação do recebimento da comunicação se dará mediante:

I - a manifestação do destinatário;

II - a notificação de confirmação automática de leitura;

III - o sinal gráfico característico do respectivo aplicativo que demonstre, de maneira inequívoca, a leitura por parte do destinatário;

IV - a ciência ficta, quando encaminhada para o correio eletrônico ou número de telefone móvel informados ou confirmados pelo interessado; ou

V - o atendimento da finalidade da comunicação.

Parágrafo único. A contagem de prazos terá início no primeiro dia útil seguinte à data da primeira ocorrência de confirmação de recebimento da comunicação dentre aquelas previstas neste artigo.

Art. 102. Não ocorrendo alguma das hipóteses do art. 101, no prazo de 5 (cinco) dias o procedimento de comunicação deve ser cancelado e repetido por qualquer meio.

Parágrafo único. Para a realização dos atos de comunicação, admite-se a utilização da citação por hora certa, nos termos da legislação processual civil, quando o acusado ou indiciado encontrar-se em local certo e sabido e houver suspeita de que se oculta para se esquivar do recebimento do respectivo mandado.

Art. 103. A comunicação processual deve ser incorporada aos autos, mediante a juntada da mensagem de correio eletrônico, de aplicativo de mensagem instantânea ou de termo nos quais constem o dia, o horário e o número de telefone para o qual se enviou a comunicação, bem como o dia e o horário em que ocorreu a confirmação do recebimento da mensagem pelo destinatário, com imagem do ato.

Art. 104. O comparecimento espontâneo do acusado em ato processual supre eventuais vícios formais relativos à comunicação de sua realização.

Art. 105. Os órgãos e entidades do Poder Executivo Federal podem editar atos normativos complementares a respeito da matéria desta Seção, a fim de adequar e especificar a comunicação dos atos processuais às suas necessidades.

Seção II

Dos Depoimentos, Audiências e Reuniões com Utilização de Recurso Tecnológico

Art. 106. A tomada de depoimentos será realizada, preferencialmente, por meio de recurso tecnológico de transmissão de sons e imagens em tempo real, assegurados os direitos ao contraditório e à ampla defesa.

§1º Nos procedimentos investigativos e processos correcionais, audiências e reuniões destinadas a garantir a adequada produção da informação ou prova também poderão ser realizadas por meio de recurso tecnológico de transmissão de sons e imagens em tempo real, assegurado o caráter reservado daquelas.

§2º A utilização de recurso tecnológico de transmissão de sons e imagens em tempo real, o registro audiovisual e o seu armazenamento devem observar os princípios e diretrizes relacionados à segurança da informação para o tratamento de dados.

Art. 107. Nos procedimentos investigativos e processos correcionais, a realização de audiência por meio de recurso tecnológico de transmissão de sons e imagens em tempo real deverá:

I - assegurar a todos a razoável duração do processo e os meios que garantam a celeridade de sua tramitação; e

II - viabilizar a participação do investigado, acusado, testemunha, técnico ou perito quando residirem em local diverso da sede dos trabalhos da comissão disciplinar. Parágrafo único. Havendo receio de que o investigado possa causar temor ou constrangimento à pessoa que será ouvida, poderá ser solicitado que ele desligue a câmera ou que o ato seja realizado sem a sua participação.

Art. 108. O presidente da comissão deverá intimar a pessoa a ser ouvida com antecedência mínima de 3 (três) dias úteis, informando data, horário e local em que será realizada a audiência ou reunião por meio de videoconferência,

§1º Em qualquer caso, a defesa será notificada, nos termos do caput, para acompanhar a realização do ato.

§2º A comissão atentará para eventual diferença de fuso horário entre as localidades envolvidas ao deliberar pelo horário da realização da audiência ou reunião por meio de recurso tecnológico de transmissão de sons e imagens em tempo real.

§3º A necessidade de utilização de equipamento com câmera e microfone para a participação na audiência ou reunião deverá ser informada na intimação.

Art. 109. Ao investigado ou acusado e seu procurador é facultado acompanhar a audiência ou reunião realizada por recurso tecnológico de transmissão de som e imagem em tempo real na sala da repartição pública designada ou em local diverso, conforme decidido pela comissão.

§1º A comissão poderá solicitar ao responsável pela repartição pública envolvida a designação de servidor para o exercício da função de secretário ad hoc.

§2º O secretário ad hoc desempenhará atividades de apoio aos trabalhos da comissão disciplinar, tais como identificação dos participantes do ato, encaminhamento e recebimento de documentos, extração de cópias, colheita de assinaturas, dentre outras determinadas pelo presidente da comissão disciplinar.

§3º Cabe ainda ao secretário ad hoc acompanhar os testes de equipamento e conexões antes da realização do ato, devendo comunicar imediatamente à comissão acerca de eventual circunstância que impossibilite seu uso.

Art. 110. O registro audiovisual gerado em audiência deverá ser juntado aos autos, sem necessidade de transcrição em ata, sendo disponibilizado à defesa o acesso ao seu conteúdo ou à respectiva cópia.

§1º O presidente da comissão assinará a ata de audiência lavrada, na qual serão registrados, pelo menos, a data, os locais e os participantes do ato.

§2º O registro nominal e individualizado da presença de cada um dos participantes na gravação dispensa as suas assinaturas na ata de audiência.

Art. 111. Não sendo possível o registro audiovisual e o seu armazenamento, o depoimento será reduzido a termo com elaboração do termo de depoimento.

Parágrafo único. O termo de depoimento deve ser redigido de forma clara, concisa e objetiva, sem rasuras ou emendas, sendo ao final assinado pelos depoentes, pelo procuradores e pelos membros da comissão e rubricado em todas as suas folhas.

Art. 112. Todas as formalidades necessárias para a concretização dos atos instrutórios devem observar, no que couber, o disposto na Lei nº 8.112, de 1990, na Lei nº 12.846, de 2013, e na Lei nº 9.784, de 1999, devendo as questões de ordem ser dirimidas pelo presidente da comissão ou responsável pela condução do procedimento investigativo ou processo correcional.

Seção III

Do Tratamento de Dados

Art. 113. A organização dos autos dos procedimentos investigativos e processos correcionais observará as normas gerais sobre o tratamento de dados e acesso à informação no setor público, bem como demais normas editadas pela CGU ou outros órgãos competentes atendendo as seguintes recomendações:

I - as informações e documentos recebidos no curso do procedimento investigativo ou processo correcional que estejam resguardadas por sigilo legal comporão autos apartados, que serão apensados ou vinculados aos principais;

II - os documentos dos quais constem informação sigilosa ou restrita, produzidos no curso do procedimento investigativo ou processo correcional, receberão indicativo apropriado; e III - os relatórios e os termos produzidos no curso da investigação farão apenas referência aos documentos que possuam natureza sigilosa ou restrita, sem a reprodução da informação de acesso restrito, a fim de resguardar a informação.

Art. 114. As unidades setoriais de correição do Poder Executivo Federal manterão, nos termos da Lei nº 12.527, de 18 de novembro de 2011, e sua regulamentação, independentemente de classificação, acesso restrito às informações e aos documentos sob seu controle, relacionados a:

I - dados pessoais;

II - informações e documentos caracterizados em lei como de natureza sigilosa, tais como sigilo bancário, fiscal, telefônico e patrimonial;

III - processos e inquéritos sob segredo de justiça, bem como apurações correcionais a estes relacionados;

IV - identificação do denunciante, observada a legislação e regulamentação específicas; e

V – procedimentos investigativos e processos correcionais que ainda não estejam concluídos.

§1º A restrição de acesso de que tratam os incisos I, II, III e V não poderá ser utilizada para impedir o acesso do investigado, acusado ou indiciado às informações juntadas aos autos que lhe sejam necessárias para o exercício da ampla defesa.

§2º O denunciante não terá acesso às informações de que trata este artigo.

§3º A restrição de acesso às informações e documentos não se aplica ao Órgão Central do Siscor, nem às unidades setoriais de correição e aos seus servidores no exercício de suas respectivas atribuições.

Art. 115. Para efeitos do inciso V do art. 114, consideram-se concluídos:

I – os processos correcionais com a decisão definitiva pela autoridade competente; e

II - os procedimentos investigativos: a) com o encerramento por meio da decisão definitiva da autoridade competente que decidir pela não instauração de respectivo processo correcional; e b) com a decisão definitiva do processo correcional decorrente da investigação.

Parágrafo único. Independente da conclusão do procedimento investigativo, do TAC ou do processo correcional, a restrição de acesso às informações e documentos de que tratam os incisos I a IV do art. 114 deverá ser mantida.

Art. 116. Nos procedimentos investigativos, no TAC e nos processos correcionais, os dados pessoais necessários à devida instrução probatória serão tratados em consonância com os princípios estabelecidos no art. 6º da Lei nº 13.709, de 14 de agosto de 2018.

Parágrafo único. O tratamento de dados a que se refere o caput independe do consentimento do titular.

Art. 117. O acusado, seu procurador e demais intervenientes no processo correcional serão informados sobre a utilização dos seus dados pessoais para instrumentalização de procedimentos e processos de responsabilização administrativa, podendo ser compartilhados, nas hipóteses legais, com órgãos e instituições públicas responsáveis pelas atividades de persecução civil ou criminal.

Art. 118. O acesso à informação classificada nos termos do art. 23 da Lei nº 12.527, de 2011, será dado em conformidade com o disposto no Decreto 7.845, de 14 de novembro de 2012.

CAPÍTULO V

DOS MEIOS DE PROVA

Art. 119. Nos procedimentos investigativos e processos correcionais poderão ser utilizados quaisquer dos meios probatórios admitidos em lei, tais como prova documental, manifestação técnica, tomada de depoimentos e diligências necessárias à elucidação dos fatos.

§1º A comissão deverá produzir as provas necessárias à elucidação dos fatos, excetuando-se as:

I - ilícitas;

II - desnecessárias;

III - que versarem sobre fatos já provados;

IV - que não tiverem pertinência com o objeto da causa;

V - que forem de produção impossível; ou

VI - relacionadas com fato sobre o qual a lei exige forma própria de provar.

§2º Será possível a utilização de prova emprestada, respeitados o contraditório e a ampla defesa, devendo ser autorizadas pelo juízo competente quando oriundas de processos judiciais.

§3º Quando houver utilização de provas ou documentos produzidos em outros processos, a respectiva cópia deverá ser juntada aos autos por meio de certidão onde conste a identificação do processo do qual foi extraída a cópia.

§4º Para fins de efetivação do contraditório, o acusado deverá ser intimado para a ciência da produção de quaisquer provas, podendo participar da produção probatória, inclusive por meio da apresentação de quesitos ou perguntas.

Art. 120. Para a elucidação de fatos específicos e mediante decisão fundamentada, poderá ser acessado e monitorado, independentemente de notificação do investigado ou do acusado, o conteúdo dos instrumentos disponibilizados pelo órgão ou entidade para uso funcional de servidor ou empregado público, tais como equipamentos e aplicações de tecnologia da informação e comunicação, dados de sistemas, correios eletrônicos, agendas de compromissos, mobiliários e registros de ligações.

Art. 121. O acesso às informações fiscais de investigado, acusado ou indiciado poderá ser solicitado com fundamento no inciso II do §1º do art. 198 da Lei nº 5.172, de 25 de outubro de 1966 - Código Tributário Nacional, ficando o órgão solicitante obrigado a observar os requisitos ali e a preservar o sigilo fiscal das informações recebidas.

Parágrafo único. As solicitações de informações fiscais direcionadas à Secretaria da Receita Federal do Brasil e demais órgãos de administração tributária serão expedidas pela autoridade instauradora ou por aquela que tenha competência nos termos de regulamentação interna, devendo estar acompanhadas dos elementos comprobatórios para o atendimento dos requisitos previstos no inciso II do §1º do art. 198 da Lei nº 5.172, de 1966.

Art. 122. Será realizada no prazo mínimo de 3 (três) dias úteis de antecedência:

I - a intimação para atos do processo que dependam da participação do interessado ou que possam ser realizados em prejuízo da defesa; e

II - a comunicação à chefia imediata do servidor ou empregado público que seja convocado na condição de testemunha, perito ou informante.

CAPÍTULO VI

DA PRESCRIÇÃO

Art. 123. O prazo prescricional dos processos disciplinares regidos pela Lei nº 8.112, de 1990, observará o disposto no seu art. 142.

Art. 124. O prazo prescricional de processos disciplinares no âmbito de empresas públicas e sociedades de economia mista observará o que for estabelecido nos respectivos regulamentos internos.

Parágrafo único. Inexistindo o regulamento interno a que refere o caput, admite-se a adoção dos prazos previstos no art. 142 da Lei nº 8.112, de 1990.

Art. 125. O prazo de prescrição começa a correr da data da ciência do fato pela autoridade competente para a instauração do processo no âmbito disciplinar.

Art. 126. O prazo prescricional é interrompido com a instauração dos processos correcionais previstos na Lei nº 8.112, de 1990, na Lei nº 8.745, de 1993, e na Lei nº 12.846, de 2013.

Parágrafo único. A interrupção e a suspensão dos processos de responsabilização de agentes públicos no âmbito de empresas públicas e sociedades de economia mista somente são aplicáveis caso haja previsão expressa nos respectivos regulamentos internos.

Art. 127. Transcorrido o prazo prescricional da sanção administrativa a ser aplicada em perspectiva, a autoridade competente poderá deixar de realizar a instauração do processo correcional, mediante decisão fundamentada.

Parágrafo único. Verificado o transcurso do prazo prescricional:

I - entre a instauração do processo e a realização do interrogatório, caberá a comissão processante relatar a situação, podendo a autoridade instauradora decidir pelo arquivamento do processo; ou

II - após a realização do interrogatório, o processo deve prosseguir até o julgamento.

Art. 128. Os prazos de prescrição previstos na lei penal aplicam-se às infrações disciplinares capituladas também como crime nos termos do §2º do art. 142 da Lei nº 8.112, de 1990, independentemente da existência de persecução penal, e serão calculados:

I - pela pena cominada em abstrato, nos termos do art. 109 do Código Penal, enquanto não houver sentença penal condenatória; e

II - pela pena aplicada em concreto, após o trânsito em julgado ou o não provimento do recurso da acusação nos termos do §1º do art. 110 e do art. 109 do Código Penal. Parágrafo único. O prazo prescricional previsto na lei penal apenas será aplicável às infrações disciplinares no âmbito de empresas públicas e sociedades de economia mista quando houver previsão nos respectivos regulamentos internos.

Art. 129. A sanção prescrita não será considerada para fins de reincidência.

CAPÍTULO VII

DO JULGAMENTO, DOS RECURSOS E DA REVISÃO

Art. 130. O julgamento, os recursos e a revisão dos processos correcionais são regulados pela legislação específica aplicável. Parágrafo único. O julgamento fora do prazo legal não implica nulidade do processo.

Art. 131. A proposta de sanção contida no relatório final da comissão definirá a autoridade julgadora do processo correcional.

§1º A autoridade poderá discordar das conclusões da comissão processante, desde que mediante decisão devidamente fundamentada.

§2º A autoridade julgadora determinará a recondução da comissão ou a instauração de novo processo quando se fizer necessário o aprofundamento da instrução probatória, ainda que a instauração tenha ocorrido em órgão não vinculado.

Art. 132. O investigado, o acusado, o indiciado ou seu procurador tem direito de acesso integral aos autos de procedimentos investigativos e processos correcionais, incluindo pareceres jurídicos, ainda quando conclusos para julgamento.

TÍTULO IV

DA INSTAURAÇÃO, AVOCAÇÃO E REQUISIÇÃO PELO ÓRGÃO CENTRAL DO SISTEMA DE CORREIÇÃO DO PODER EXECUTIVO FEDERAL

Art. 133. No âmbito do Órgão Central do Sistema de Correição do Poder Executivo Federal, a instauração de procedimentos investigativos e processos correcionais caberá ao Ministro de Estado da CGU, ao Secretário-Executivo, ao Corregedor-Geral da União e aos Diretores da Corregedoria-Geral da União, conforme ato normativo complementar do Ministro de Estado da CGU.

Art. 134. A Controladoria-Geral da União tem competência concorrente para instaurar e julgar procedimentos investigativos e processos correcionais.

§1º O Ministro de Estado da CGU e o Corregedor-Geral da União poderão, de ofício ou mediante provocação, a qualquer tempo, avocar procedimentos investigativos e processos correcionais em curso no Poder Executivo federal, para exame de sua regularidade, podendo propor providências ou corrigir falhas.

§2º O procedimento ou processo avocado poderá ter continuidade a partir da fase em que se encontra, com aproveitamento de todas as provas já carreadas aos autos, podendo ser designada nova comissão.

Art. 135. Os procedimentos investigativos e processos disciplinares poderão ser diretamente instaurados ou avocados, a qualquer tempo, em razão de:

I – omissão da autoridade responsável;

II - inexistência de condições objetivas para sua realização no órgão ou entidade de origem;

III - complexidade e relevância da matéria;

IV - autoridade envolvida;

V - envolvimento de servidores de mais de um órgão ou entidade; ou

VI - ocorrência de fatos conexos em mais de um órgão ou entidade.

Art. 136. O Ministro de Estado da Controladoria-Geral da União e o Corregedor-Geral da União poderão, de ofício ou mediante provocação, requisitar os procedimentos investigativos e processos disciplinares julgados há menos de 5 (cinco) anos por órgãos ou entidades do Poder Executivo federal, para reexame.

Art. 137. No âmbito do Órgão Central do Sistema de Correição do Poder Executivo Federal, a instauração, avocação e reexame de PAR e IP observará o disposto na Lei nº 12.846, de 2013, no seu decreto regulamentador e em ato normativo complementar do Ministro de Estado da CGU.

Art. 138. O procedimento investigativo ou processo correcional avocado poderá ter continuidade a partir da fase em que se encontra, facultada a designação de nova comissão. §1º Poderão ser aproveitadas todas as provas já produzidas nos autos;

§2º O acusado ou seu procurador deverão ser notificados da decisão de avocação do procedimento investigativo ou do processo correcional.

Art. 139. Do reexame de procedimento ou processo correcional poderá decorrer a determinação ou declaração de nulidade dos atos viciados. Parágrafo único. Se a decisão do reexame da matéria agravar situação do interessado, este será intimado para, querendo, formular suas alegações.

TÍTULO V

DAS DISPOSIÇÕES FINAIS

Art. 140. Na dosimetria da sanção disciplinar serão considerados os critérios estabelecidos no art. 128 da Lei nº 8.112, de 1990, e no §2º do art. 22 do Decreto-Lei nº 4.657, de 4 de setembro de 1942.

Art. 141. A sanção disciplinar a ser aplicada ao agente público será calculada com o auxílio da Calculadora de Penalidade Administrativa, disponibilizada no Portal de Corregedorias. Art. 142. A multa administrativa a ser aplicada ao ente privado deverá ser calculada conforme as orientações contidas nos manuais técnicos da Corregedoria-Geral da União. Art. 143. Os casos omissos serão resolvidos pelo Corregedor-Geral da União. Art. 144. Ficam revogadas:

I - a Instrução Normativa nº 12, de 1º de novembro de 2011;

II - a Instrução Normativa nº 14, de 14 de novembro de 2018;

III - a Instrução Normativa nº 4, de 21 de fevereiro de 2020;

IV – a Instrução Normativa nº 8, de 19 de março de 2020;

V - a Instrução Normativa nº 9, de 24 de março de 2020;

VI - a Portaria nº 1.182, de 10 de junho de 2020; e

VII – a Portaria nº 3.108, de 31 de dezembro de 2020.

Art. 145. Esta Portaria Normativa entra em vigor em 1º de novembro de 2022.

WAGNER DE CAMPOS ROSÁRIO

DECLARAÇÃO DO INDICADO PARA TITULAR
DA UNIDADE SETORIAL DE CORREIÇÃO

Nome: CPF nº:

CPF nº:

Matrícula / SIAPE:

Ocupação atual: Órgão ou entidade da unidade setorial de correição para a qual está sendo indicado:

DECLARO cumprir os requisitos previstos na legislação para a ocupação do cargo/ função de titular de unidade setorial de correição do Sistema de Correição do Poder Executivo federal.

DECLARO não ter sido responsabilizado por ato julgado irregular pelo Tribunal de Contas da União, Tribunais de Contas dos Estados e do Distrito Federal, ou Tribunais de Contas dos Municípios, nos últimos 4 (quatro) anos.

DECLARO não ter sido responsabilizado por contas certificadas como irregulares pela CGU ou pelos órgãos setoriais do Sistema de Controle Interno do Poder Executivo federal nos últimos 4 (quatro) anos.

DECLARO não ter sido condenado pela prática de ato de improbidade administrativa ou por crime doloso.

DECLARO não ter praticado ato tipificado como causa de inelegibilidade prevista na legislação eleitoral.

DECLARO que as informações curriculares estão completas e são verdadeiras;

ASSUMO, ainda, o compromisso de comunicar à autoridade que me nomeou/designou eventual impedimento superveniente à data desta declaração.

ASSEGURO que todas as informações aqui prestadas são verdadeiras, pelas quais assumo integral responsabilidade.

Local e data Assinatura do indicado

Esta obra foi composta em fonte Palatino Linotype, corpo 10
e impressa em papel Offset 75g (miolo) e Supremo 250g (capa)
pela Gráfica Forma Certa.